# 琳琅萃珍

PRECIOUS TREASURE

奥莱美术馆

唐宋元明清典籍特展

主编／翁连溪 金亮

中国书店

# 序

一次好的展览，必须有好的展品做基础。古籍界“好”的标准从来没有改变，改变的是人们认识、理解古籍的方式和效率。在科技高度发达的今天，更多人选择通过图像甚至视频获得知识，任何一次互联网检索都会带来小规模知识爆炸。面对如此直观、直接、洪流式的信息加载方式，聪明的大脑变得更“贪婪”了。无论中外，传统的“秘而不宣”的收藏方式很快被淘汰了。世界各大博物馆、图书馆陆续将藏品数字化，向公众提供免费下载服务（不可商用）；近几年来，国内外令人印象深刻的文物艺术品展览层出不穷，它们有的立意高远，有的另辟蹊径，有的纵横古今中外，有的跨界音乐、建筑、纺织等设计领域；配套展览图录的制作更是极尽翔实、精美之能事，将学术公器变成了可以珍藏的艺术品。可以说，这些令传统古籍人目眩的成果，有赖于现代科技文明下生活方式的推动。那么，在这样一个争奇斗艳的时代，私人古籍收藏家可以做些什么呢？

吾友金亮，笃好收藏，斋号“缉熙堂”。从商之暇，慕晋唐法书之高古，追宋元楮墨之佳椠，捐金沉珠，传为美谈。今年十一月，他创立了“奥莱美术馆”并举办“**琳琅萃珍——唐宋元明清典籍特展**”，就是金亮等私人收藏家在新时代下的探索和践行——让人们在美术馆里像欣赏雕塑一样欣赏古籍。一个卷轴或一册书，是图文的载体，有体积、有造型，有历代藏书家珍之、爱之、护之的痕迹，何尝不能先将其作为整体的艺术佳构摩挲欣赏，再咀嚼其中蕴藏的知识呢？唯有美统御心灵，唯有文铸造灵魂，唯有人创造历史，书籍函三为一，是为艺术中之艺术，文明中之文明。

“**琳琅萃珍——唐宋元明清典籍特展**”在“展示书籍之美、流略书籍之史、昭彰书籍之魂、书籍之为艺术”的宗旨下，设计了四个板块。第一部分“印古烁今”，基本可以代表我国书籍史从写本时代到雕版印刷时代的各个高峰。吐鲁番所出六朝写经残卷自然朴厚，脱胎秦汉成法，片纸弥珍；五代时期敦煌曹元忠舍资雕印的《大慈大悲救苦观世音菩萨像》刀法雄浑，品相一流，举世所稀；九种陀罗尼经咒形式多样，可补宿白先生研究之白；四种乙亥本《雷峰塔经》完美地向观众展示了中国传统收藏家是如何通过装潢来体现个性并保护古籍的；《东莱吕太史文集》可建立顶级宋版书之标准；扑朔迷离的大和宁国藏；几种西夏文献则形成了一个小专题，与大理国写经一起体现出当时与中原政权并立的少数民族政权对中华文化充分、高度的认同。此外，彰显中华文脉力量的海外回归的《永乐大典》，中国历史上规模最大的丛书文渊阁本《四库全书》，体现清代内府藏书精华的《天禄琳琅》，也是此次展览的独特版块。

第二部分“法宝瑰藏”是一部大藏经雕印史。相较于以往的介绍佛经版本的书籍、佛经主题的展览，这次的展览更直观、丰富、脉络清晰。其中代表北方版刻风格的几种金刻本、元官藏职官名录、几种民间单刻经都有较大的研究空间。特别有意思的是一个小册子，叫作《佛说造塔功德经》，这个经的体量比较小，大概 600 余字。清末书画家民国四公子之一溥侗集元普宁藏剪字本。这是一个文人藏书的情趣，他很聪明，既做到了“敬惜字纸”，又做了功德，在中国书籍史上并不常见。

第三部分“熠彩流光”最能体现我国文化多彩风姿、博大精深，展品涉及的品类特别多。明宣德御制羊脑笺泥金写经、明清瓷青笺泥金写经、明内府彩绘本、清内府菩提叶彩绘本、清乾隆内府刊仿金粟山藏经纸印本、少数民族大藏经刻本、泥金蒙藏文写经、清乾隆内府乌金拓本……无一不展现出书籍在各个时空中登峰造极的魅力。

第四部分“盛世华章”展现的是古代中国的对外交流。除了大家喜闻乐见的“出口”的姑苏版画，“进口”的《平定准部回部战图》也颇具欣赏价值。它是乾隆皇帝“十全武功”的“首功”，制作于乾隆二十九年（1764），由西方传教士郎世宁、王致诚、艾启蒙、安得义四人先绘制底稿，万里迢迢送到法国，由巴黎工匠按照奥格斯堡铜版画雕刻家奥尔格·菲利普·卢根达斯（Georg Philipp Rugendas，1666—1742）的风格转刻铜版印制，再将铜版和版画一起送回中国，制作历时十三年之久，直至乾隆四十二年（1777），十六幅原稿、铜版、印画才全部完成送回宫廷。这些作品刀法细腻，明暗处理得当，刷印技法高明，毫不夸张地说，超过了原作，堪称艺术史上“来料加工”的鼻祖和典范。

与其说“琳琅萃珍——唐宋元明清典籍特展”是一场古籍展览，不如说它是一场关于中华文化及其广泛影响的展览。顺着展览的线索，我们可以看到从丝绸之路和茶马古道，到亚洲文化圈和欧洲大陆，中国古籍所负载的文化与科技的力量在重要时间点上释放出来的能量，点燃了世界的光彩。展卷，如晤千年。是为序。

翁连溪

# 目录

## 二、法宝瑰藏 121

## 三、熠彩流光

前言
館

# 展览前言

*Exhibition Preface*

书籍是文明的载体。源远流长的中华文明以文字和图像的形式贮藏于书籍之中，将卓越思想者的智慧精髓代代相传。但书籍自一诞生就超越了传承文本的单一目的，一本书被编纂、被抄写或印刷、被装潢、被收藏钤印、被阅读、被批校和题跋、被再版，使它渐渐拥有了自己独特的历史，成为人类文化遗产的重要组成部分。

此次展览集中展示反映中国书籍史从写本走向印刷术的繁荣时代。我们希望以时间为线索的展品陈设，能够直观地通过字体、版式、材料、装潢表现出书籍的特征；通过大量首次公开展览的泥金彩绘写本，解释强烈的装饰手段如何增强文本的力量，并使书籍成为独立的艺术品；通过我国斑斓多姿的写本、刻本，日本、朝鲜等亚洲国家早期刻本实物和清代姑苏版画的西传，发掘中华传统文化对世界文明深远的影响和巨大的贡献；在展览中感受古籍的视觉效果和阅读体验，探讨承载文本的物质形式如何影响文本所要传达的意义。

书籍自有其历史，书籍永存。

# 一 印古烁金

*Chapter One*

观书散遗帙，探古穷至妙。这一单元将以时间为线索展示中国古代早期写本、刻本、西夏文刻本、活字本和受中华传统文化影响的日本、朝鲜古籍风貌。

在印刷术流行之前，写本是中国文字的主要载体。魏、晋、南北朝、隋、唐、五代时期被称为中国书籍史上的“写本时代”。然而这一时期流传下来的实物很少，主要有敦煌遗书、吐鲁番文书及其他少量传世或出土文献，它们每一卷都独一无二，既是记录文明的典籍，又是“钟王”法书的实录，弥足珍贵。

唐代发明的雕版印刷技术最早应用于历书和作为护身符的梵文陀罗尼经咒。这项技术上承碑刻的巧艺，在不断扩大的市场需求刺激下得以迅速成熟，至五代时期印刷术已大为流行，从现存具有明确纪年的五代印刷品中，我们可以在字体、版式、装潢形式等方面清晰地领略书籍从写本演进到刻本的历程。

古代刻书至宋代渐登高峰，传世宋刻本校勘精审，字体端雅，刻工精湛，版式美观实用，楮墨俱佳，给予读者其他古籍难以逾越的视觉享受和心灵共鸣，是后世刻书的榜样与范本。惜历代兵燹水火之灾致宋版存世十不及一，引古今中外无数藏书家竞折腰。宋版书的鉴藏史体现了几千年来中国传统文化积淀的价值观，它们身上留下的历代藏家的印记不断丰富着书籍本身的内涵与外延，值得被反复诠释、重新理解。

纸张、印刷术的发明和进步使汉文化的影响范围进一步扩大，我们周围那些曾经使用汉字、汉唐律令制度，奉有儒学、道教、汉传佛教观念的民族和国家，逐渐形成了“东亚文化圈”。西夏作为11—13世纪中国的一个王朝，通过模仿汉字创造出自己的文字，其遗存的文献与艺术表现出对中华文化充分、高度的认同。西夏文献与殷墟甲骨文、居延汉简、敦煌遗书、明清档案一起，被誉为二十世纪重大的文化考古发现，是“丝绸之路文化带”上熠熠生辉的瑰宝。

文化可以超越时代、文字、语言、种族、国界，文化无疆。

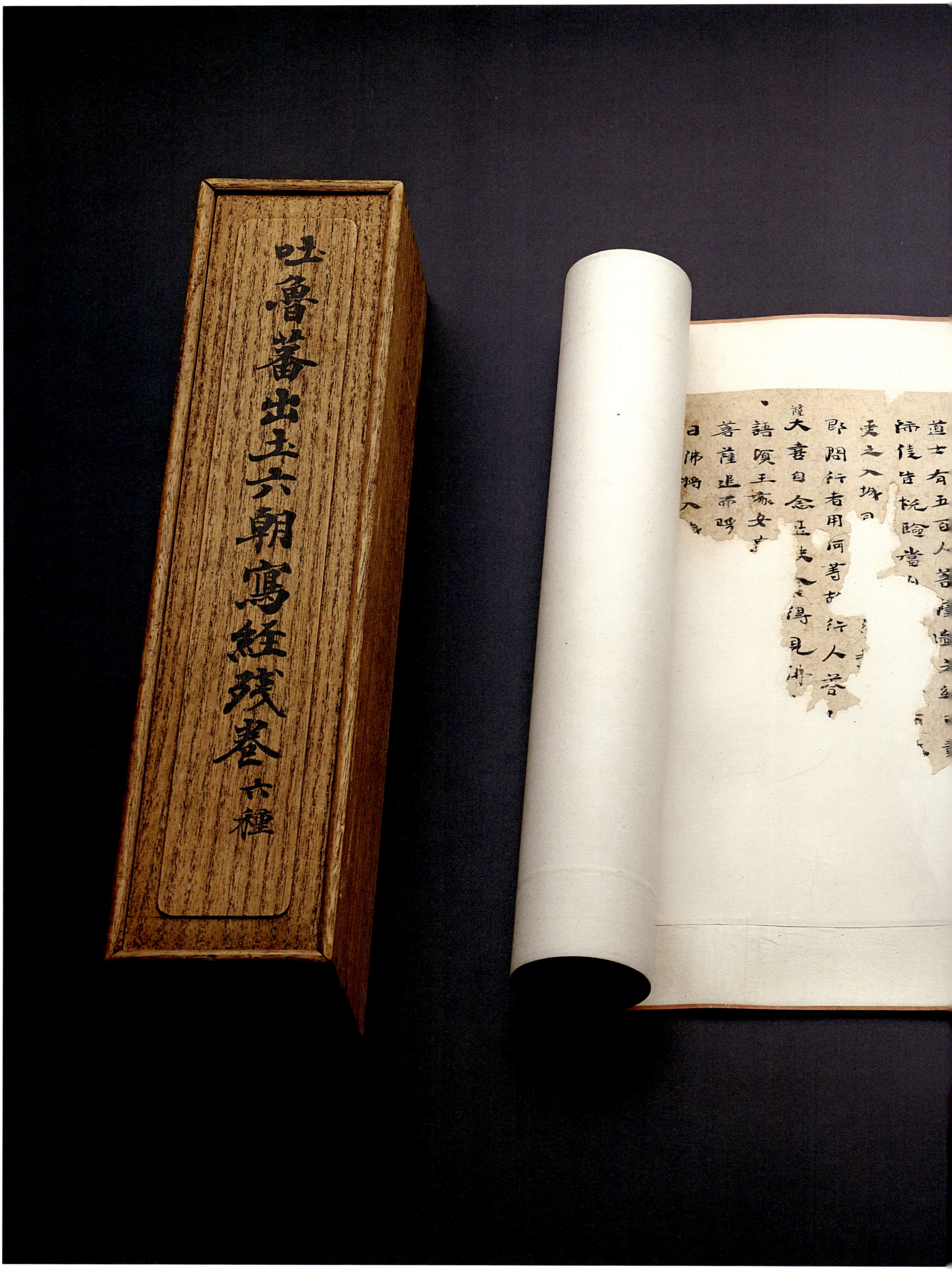
吐魯番出土六朝寫經殘卷
六種

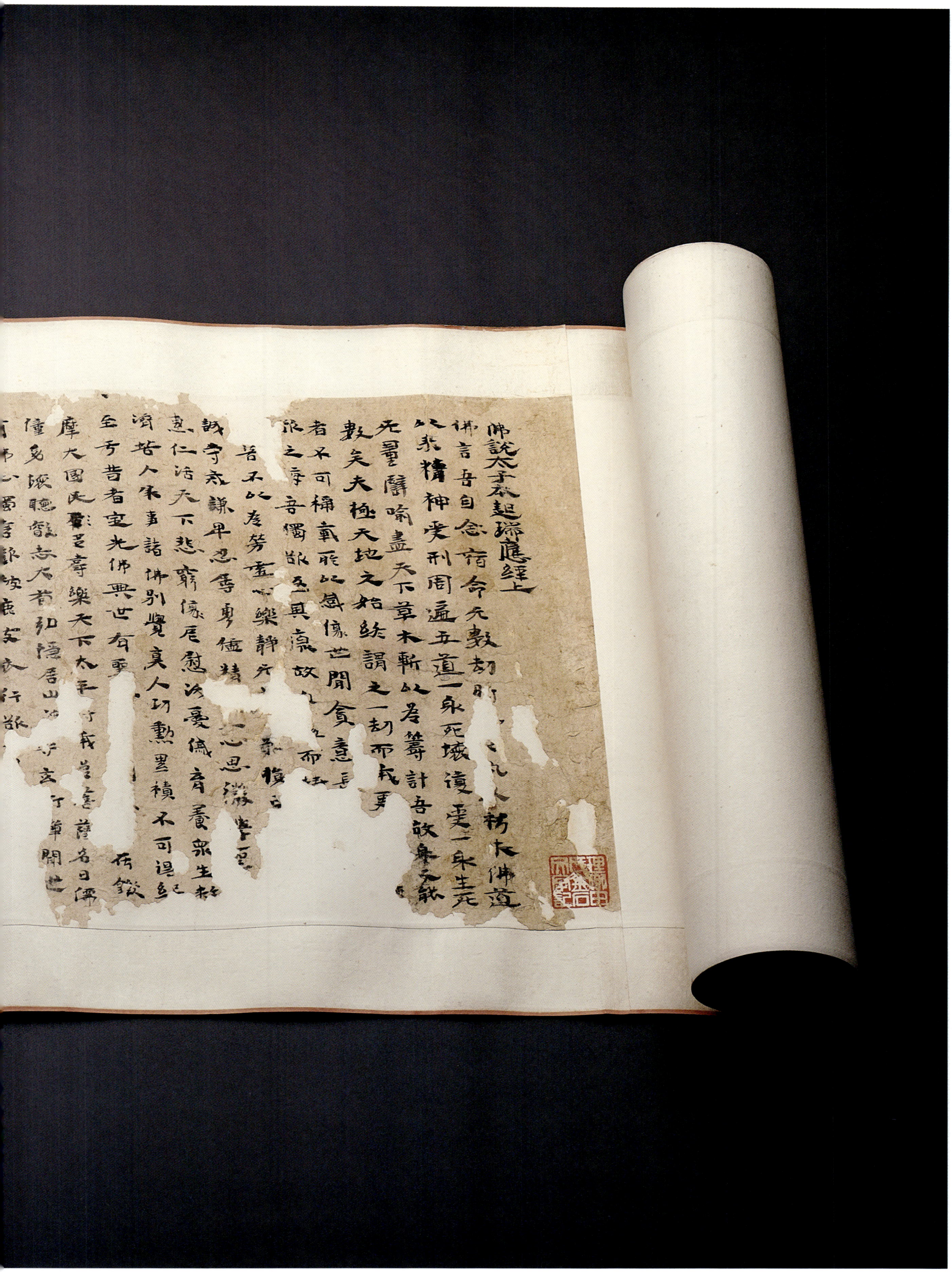
佛說太子本起瑞應經上

吐魯蕃出土六朝寫經残卷
六種
六朝寫經残卷
出吐魯番
素文珍藏

001

# 吐鲁番出土六朝写经残卷六种

东晋至南北朝时期写本

一卷，卷轴装，高 26.5 厘米，长 474 厘米。木盒题签：1.吐鲁番出土六朝写经残卷。六种。2.西域出土北凉写经残简六种。卷轴题识：六朝写经残卷。出吐鲁番。素文珍藏。

是卷内收《佛说太子本起瑞应经》卷上，存 23 行；《优婆塞戒经》卷五，上残，存 26 行；《金刚般若波罗蜜经》，存 12 行，后有王树枏题识；《大智度论》卷二十三，存 10 行；《大智度论》卷十五，存 24 行；《大宝积经》卷一百，存 24 行。

全卷末有辛亥年（1911）王树枏、日本昭和四十一年（1966）桑鳩道人、民国三年（1914）梁素文（玉书）跋。

梁素文，名玉书，字素文。清末奉使监理新疆财务，在新疆当地收集了不少敦煌、吐鲁番出土文书，多在文书上题跋。日本藏敦煌、西域文献多有从梁素文处搜得。

王树枏（1851—1936），字晋卿。直隶（今河北）人。历任宁夏中卫知县、兰州道、新疆布政使。光绪三十二年（1906）八月进疆。编有《新疆图志》等。

吐鲁番文书主要为吐鲁番古墓葬区以及一些古城、洞窟遗址出土的纸质写本文书，绝大多数属于东晋十六国到元代（4—14 世纪）这一历史时期。此地古为车师前部，西汉置戊己校尉，建高昌、交河诸壁垒。东晋成帝咸和二年（327），前凉张骏于此建高昌郡，历经前秦、后凉、西凉、北凉。444 年北魏灭北凉，北凉残部西迁高昌，460 年为柔然所灭，立阚氏为高昌王。9 世纪中叶后，为回鹘所据。吐鲁番文书主要为这一历史时期的政治、经济、文化生活诸方面的原始资料。由于本地区气候炎热、干燥，故能长期保存，就目前所出文书时代而言，多数早于敦煌文书。

钤印：理卿田氏金石文字记（白）阚江堂主（白）理卿（朱）晋卿（朱）桑鳩（朱）桑·鳩（朱）树枏之印（白）桑鳩（白）

出版：《六朝写经残卷》，日本昭和三十一年（1956）西东书房。

（李林昊）

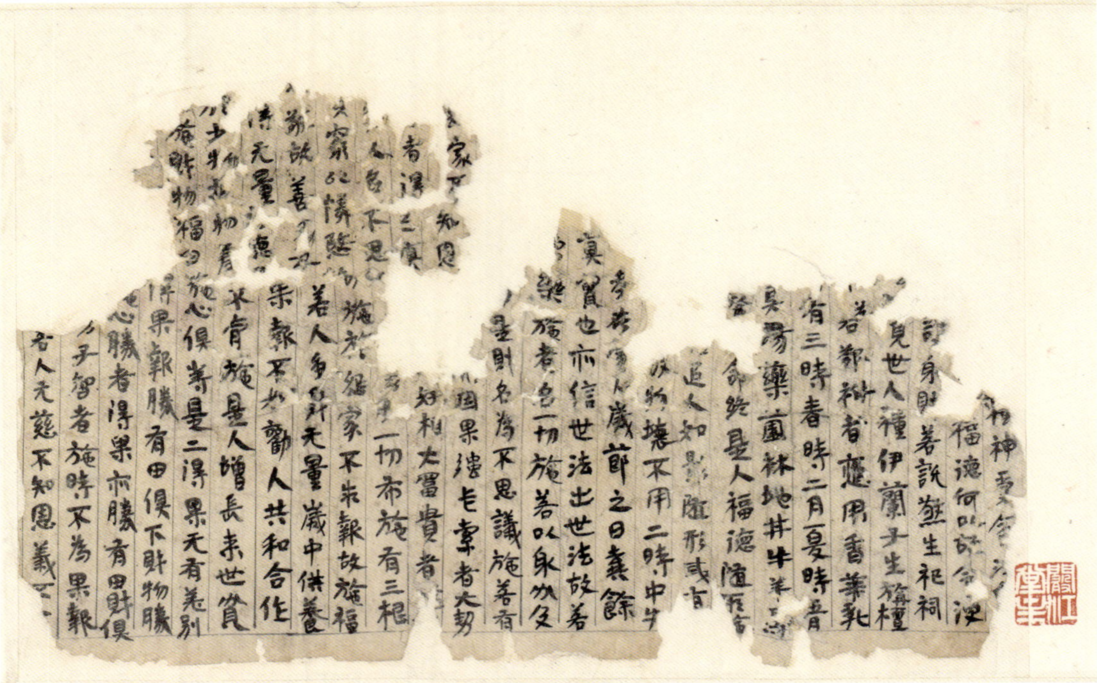

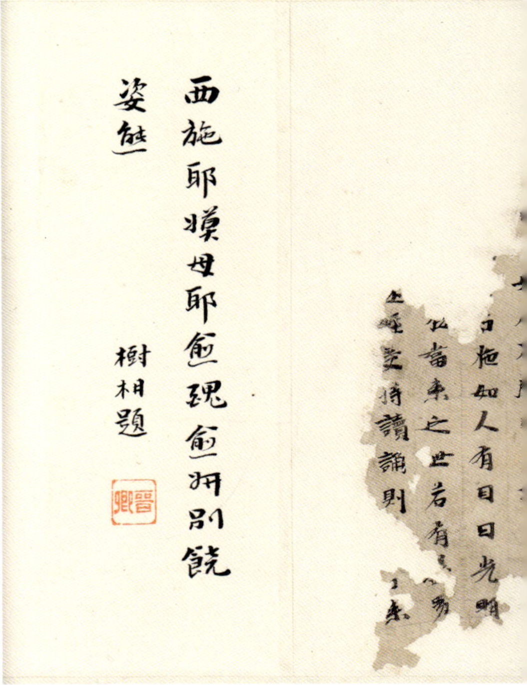

西施耶摸母耶愈琬愈湃剮餞
姿蝕

樹柑題

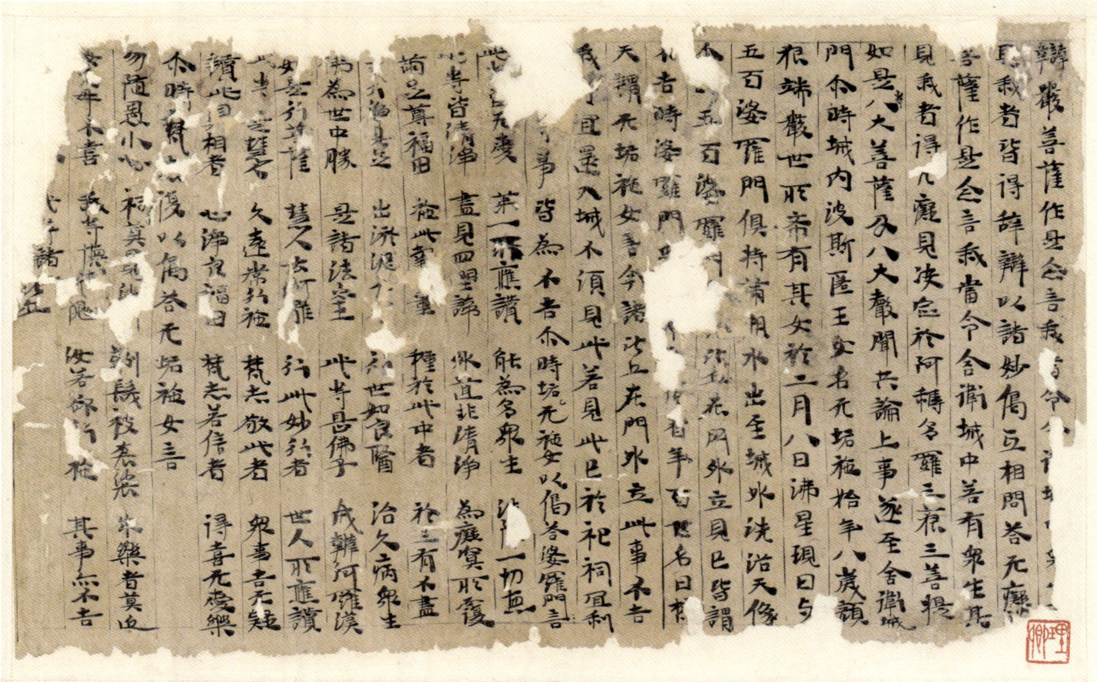

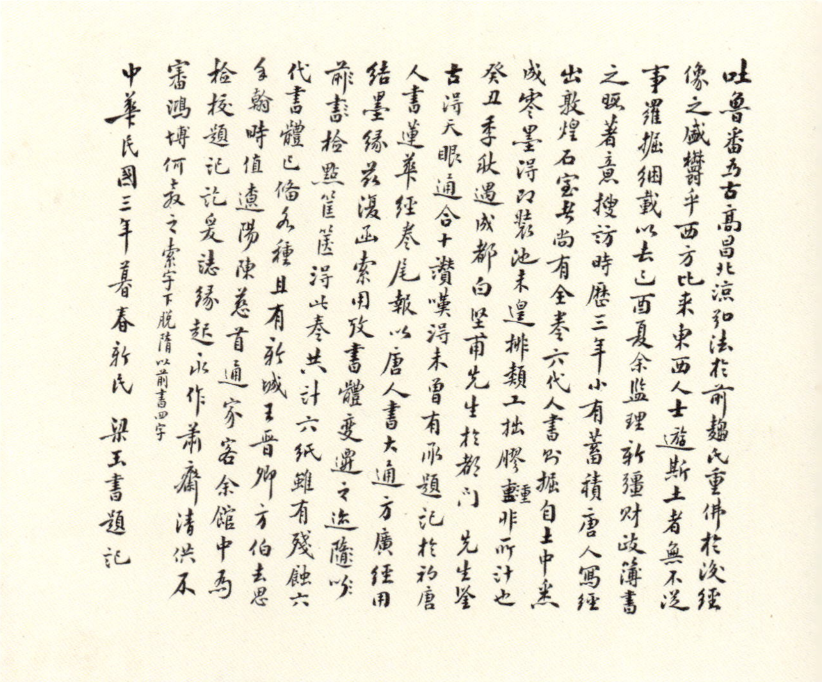

吐魯番為古高昌北涼弘法於前麴氏重佛於後經
像之盛擬乎西方比來東西人士遊斯土者無不從
事羅掘網載以去己酉夏余監理新疆財政簿書
之暇著意搜訪時歷三年小有蓄積唐人寫經
出敦煌石室者尚有全卷六代人書則掘自土中类
成零墨得如鱗爪未遑排類工拙輕重非所計也
癸丑季秋過成都白堅甫先生於都門 先生鑒
古得天眼通合十讚嘆得未曾有承題記於初唐
人書蓮華經卷尾報以唐人書大通方廣經用
結墨緣茲復函索用致書體變遷之迹隨以
所書檢點箧笥得此卷共計六紙雖有殘蝕六
代書體已備多種且有新城王晋卿方伯去思
手翰時值遼陽陳慈首通家客余館中為
檢校題記記爰誌緣起永作萧齋清供不
審鴻博何叔之索字下脫隋以前書四字
中華民國三年暮春新民 梁玉書題記

03 02 01
06 05 04
07

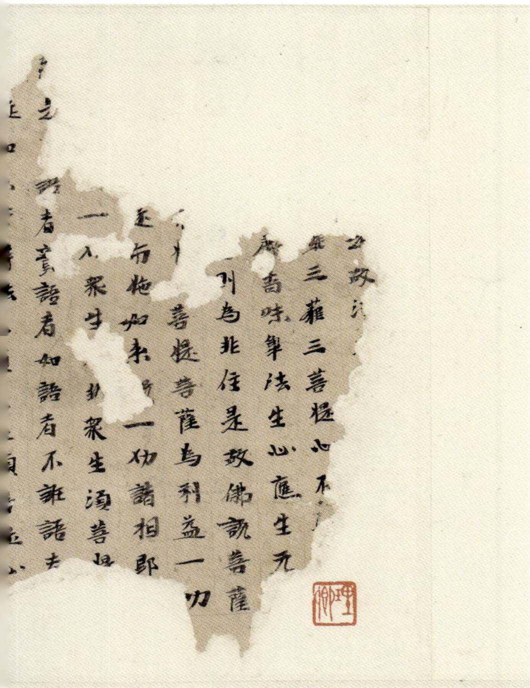

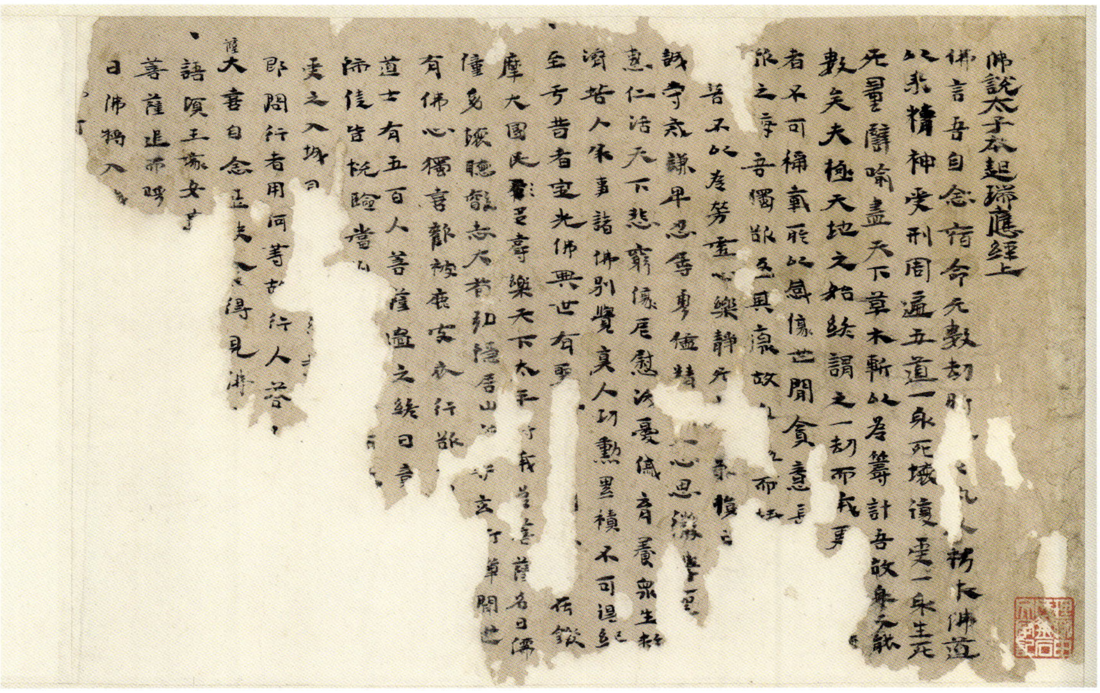
佛說太子本起瑞應經上

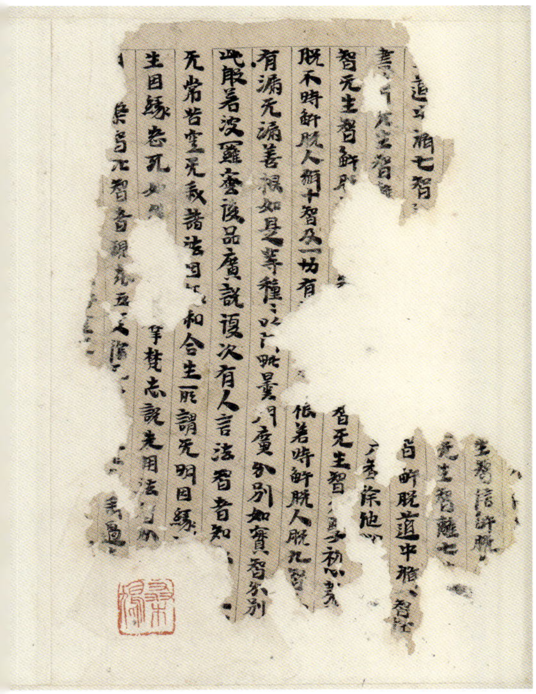

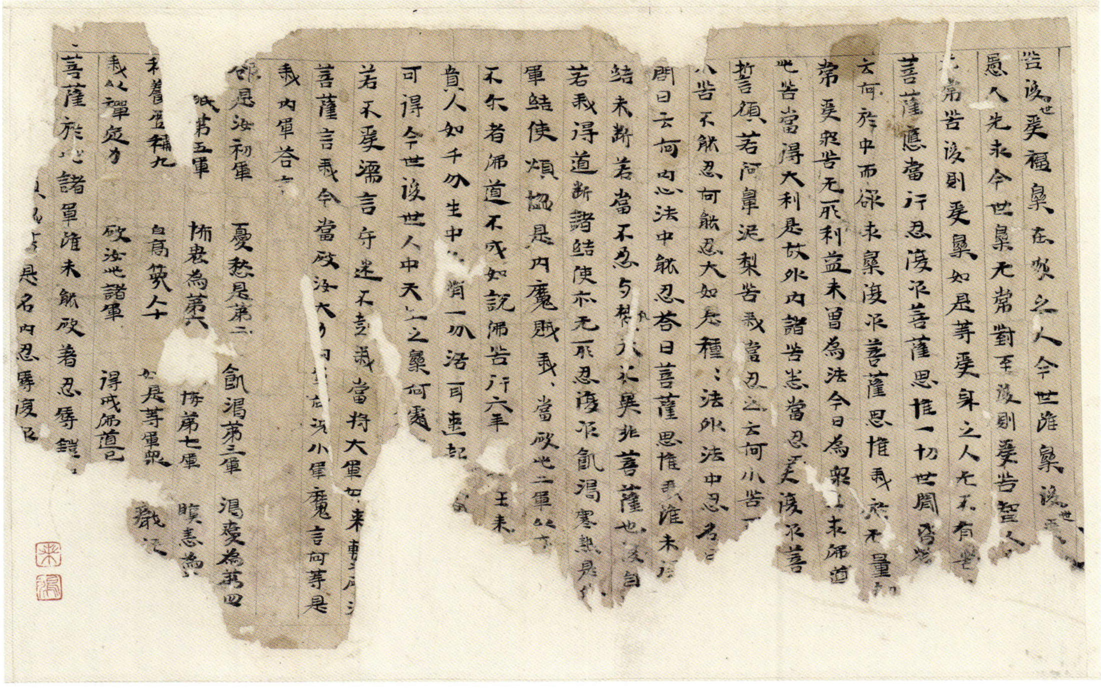

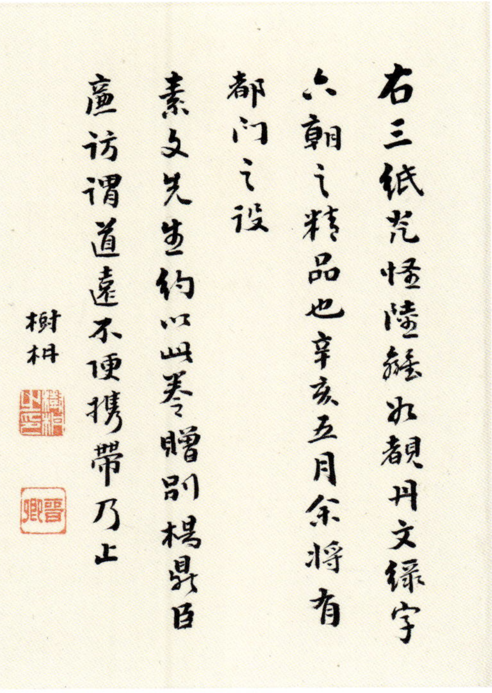
右三紙光怪陸離丸覩丹文綠字
六朝之精品也辛亥五月余將有
都門之役
素文先生約以此卷贈別楊昌日
廬訪謂道遠不便携帶乃止
樹枏

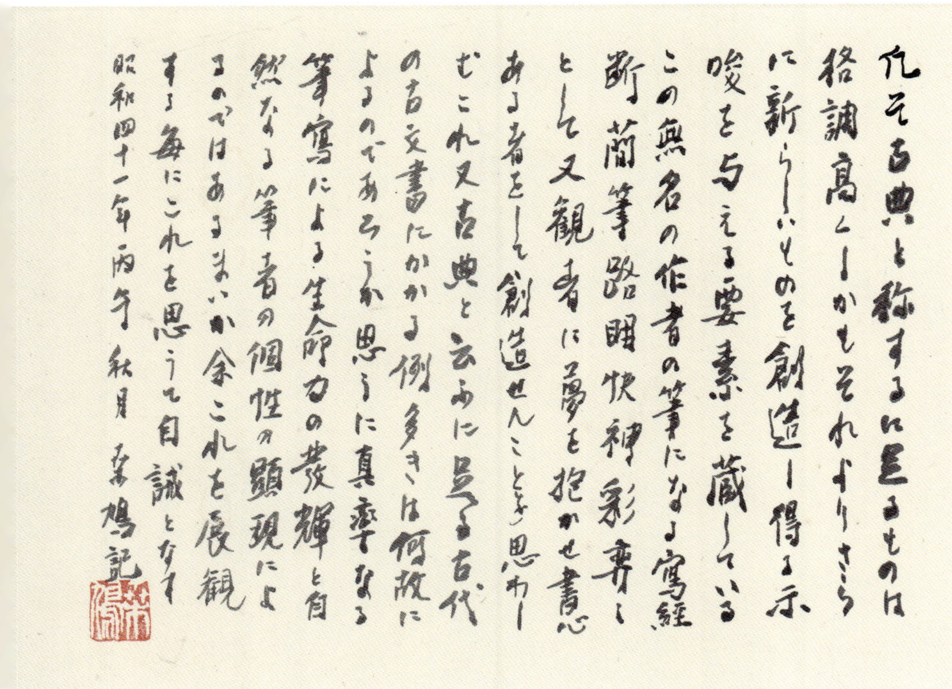
凡そ古典と称するに足るものは
格調高くしかもそれよりさら
に新らしいものを創造し得る示
唆を与える要素を蔵している
この無名の作者の筆になる写経
断簡等踏明快神彩奕々
として又観者に夢を抱かせ書意
あるものをして創造せんことを思わし
むこれ又古典と云ふに足る古代
の古文書にかかる例多きは何故に
よるのであろうか思うに真率なる
筆写による生命力の発輝と自
然なる筆者の個性の顕現によ
るのではあるまいか余これを展観
する毎にこれを思うて自誠となす
昭和四十一年丙午秋月　東鳩記

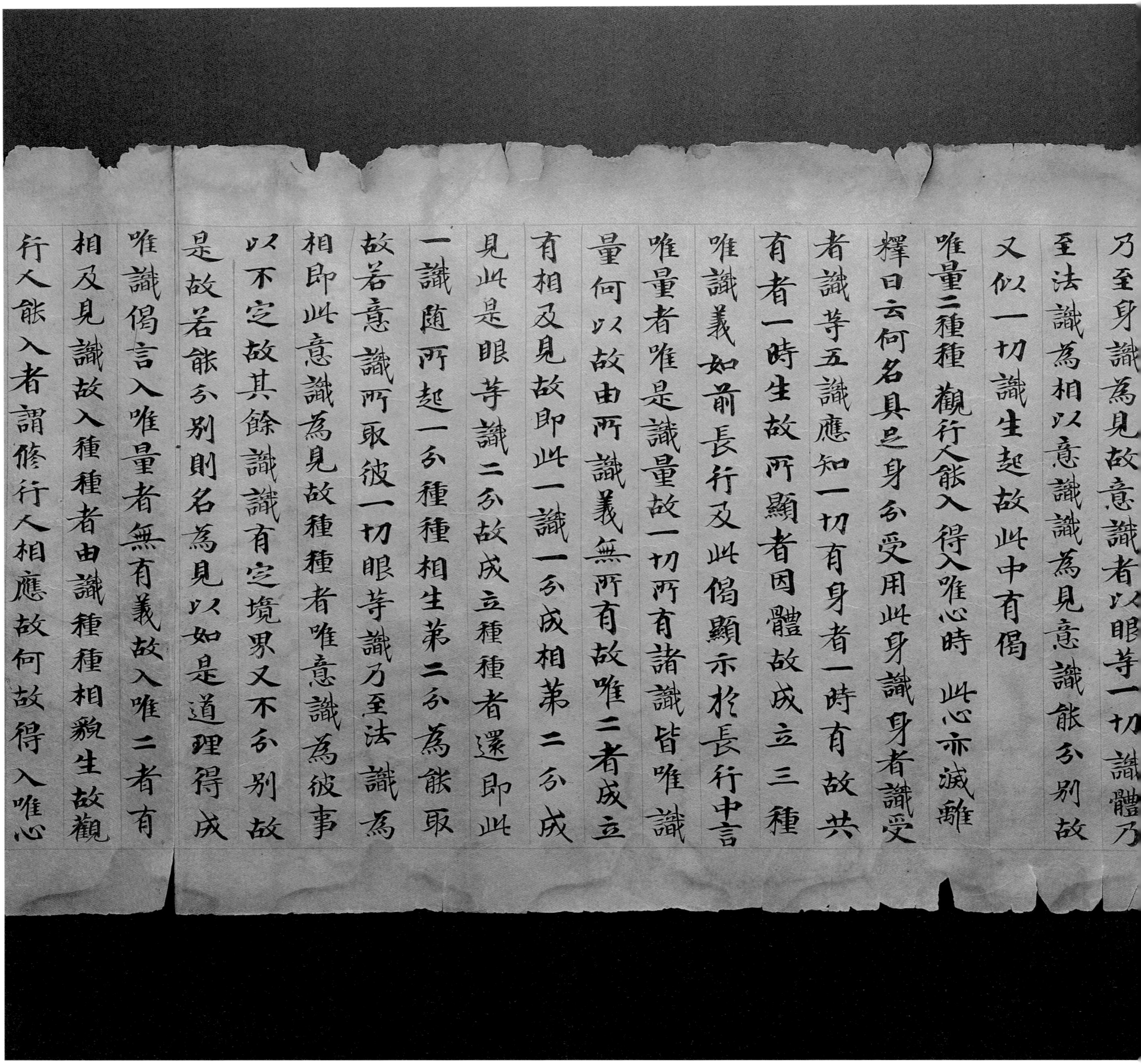
乃至身識爲見故意識者以眼等一切識體乃
至法識爲相以意識識爲見意識能分別故
又似一切識生起故此中有偈
唯量二種種 觀行人能入得入唯心時 此心亦滅離
釋曰云何名具足身分受用此身識身者識受
者識等五識應知一切有身者一時有故共
有者一時生故所顯者因體故成立三種
唯識義如前長行及此偈顯示於長行中言
唯量者唯是識量故一切所有諸識皆唯識
量何以故由所識義無所有故唯二者成立
有相及見故即此一識一分成相第二分成
見此是眼等識二分故成立種種者還即此
一識隨所起一分種種相生第二分爲能取
故若意識所取彼一切眼等識乃至法識爲
相即此意識爲見故種種者唯意識爲彼事
以不定故其餘識識有定境界又不分別故
是故若能分別則名爲見以如是道理得成
唯識偈言入唯量者無有義故入唯二者有
相及見識故入種種者由識種種相貌生故觀
行人能入者謂修行人相應故何故得入唯心

002 摄大乘论卷第四

唐朱丝栏写本

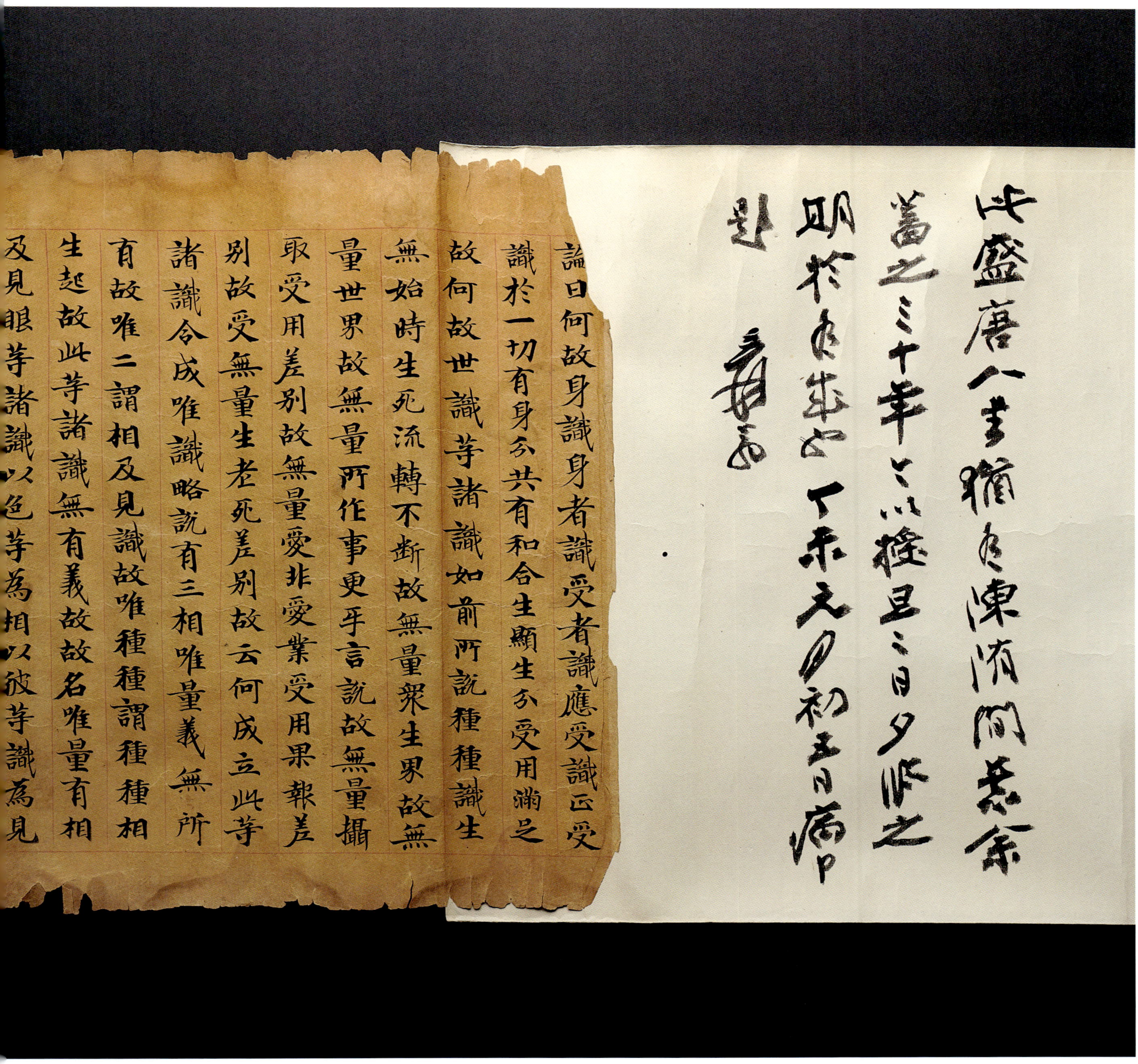


一卷，卷轴装，高 26 厘米，长 575 厘米。朱丝栏。

“朱丝栏”“乌丝栏”作为辅助汉字书写整齐规范的界栏，可以说自汉字集字成句、汇句成篇之时就已出现，并伴随中国浩瀚文化史一直延续至今。《古文旧书考》中曾言：“盖用界画格即简策之遗意，殆肇始于用帛时，而后世仍之，而帛与纸并有乌丝栏之名也。”用墨笔或朱笔在绢帛或纸张上画出的线栏，红色的称之为朱丝栏，黑色的称之为乌丝栏。其中，“栏”亦作“阑”，朱、乌形容其色，丝则形容画线之细。

今所发现之敦煌写经中，晋唐到五代宋初写本，基本都是乌丝栏写本，朱丝栏者绝少，因朱丝栏为宋代开始流行，所以宋代之前朱丝栏写经极为罕见。此品纸若黄金，墨如点漆，书法精妙，楷法中留有隶意，近魏碑体，起笔、收笔有锋，运笔快捷利落，节奏鲜明；结体严整，其笔画瘦硬，线条劲挺；字形整饬，四角外顶，风度爽峻，精神外扬。有隋代初唐风貌，实是敦煌写经中的异品。

此经卷为张大千旧藏，引首有 1967 年张大千题跋：“此盛唐人书，犹有陈隋间意。余蓄之三十年，今以授旦旦日夕临之，期于有成也。丁未元月初五日，病中题。爰翁。”

《摄大乘论》是佛教大乘瑜伽行派的基本论书，简称《摄论》，印度无著撰。梵文原本已佚。中国先后有三种汉译，即北魏佛陀扇多译、南朝陈真谛译、大唐玄奘译，此外，还有藏译一种。

（李林昊）

003 大乘无量寿宗要经

8—9 世纪吐蕃统治时期写本

一卷，卷轴装，高30厘米，长390厘米。

唐贞元二年（786）吐蕃军队占领敦煌，到大中二年（848）张议潮收复瓜沙二州，吐蕃在统御敦煌的近七十年时间里，被誉为藏传佛教三大“法王”之一的吐蕃王朝第三十七任赞普墀祖德赞及其拥护者的吐蕃统治阶级大力扶植佛教，开窟造像，缮写佛经。吐蕃僧团虚心学习敦煌佛经抄写、管理制度的成熟经验，官方同时组织汉、藏两种文字的佛经抄写。在敦煌以抄经坊为基层单位，形成了近七百人的多民族经生队伍。公元838年，墀祖德赞被杀，继位的达朗玛赞普下令灭佛，封闭所有寺院佛殿，毁坏佛像和佛教经典，大规模的抄经活动终止了。因此，敦煌遗书中的吐蕃写经都是在这短暂的十几年中写成的，具有极其珍贵的历史文献价值。《大乘无量寿宗要经》专门用来为统治者祈福，以求国家的长治久安与君王的长寿康健。

此卷首题“大乘无量寿经”，尾题“佛说无量寿宗要经”。使用平整厚重的藏纸抄写，每纸分左右二栏，以硬笔从左向右书写，尾有款识，有乌丝栏，经卷首尾俱全。所使用的藏纸坚韧厚实，耐拉抗蛀，色呈灰白或淡黄。造纸的主要原料包括瑞香狼毒、沉香、山茱萸科的灯台树、杜鹃科的野茶花树和故纸等。瑞香狼毒有剧毒，虽然不是造纸的上乘原料，却可以防虫，有利于纸张的长期保存。通卷抄写《大乘无量寿宗要经》四遍。历经千余年而品相良好，殊为难得，极为珍贵。

（李林昊）

故應知如来音聲無斷絶普入法界故應知
如来音聲無變易至於究竟故佛子菩薩摩
訶薩應知如来音聲非量非無量非主非無
主非示非無示何以故佛子譬如世界將欲
壞時無主無作法尒而出四種音聲其四者
何一曰汝等當知初禪安樂離諸欲惡超過
欲界衆生聞已自然而得成就初禪捨欲界
身生於梵天二曰汝等當知二禪安樂無覺
無觀超於梵天衆生聞已自然而得成就二
禪捨梵天身生光音天三曰汝等當知三禪
安樂無有過失超光音天衆生聞已自然而
得成就三禪捨光音身生遍淨天四曰汝等

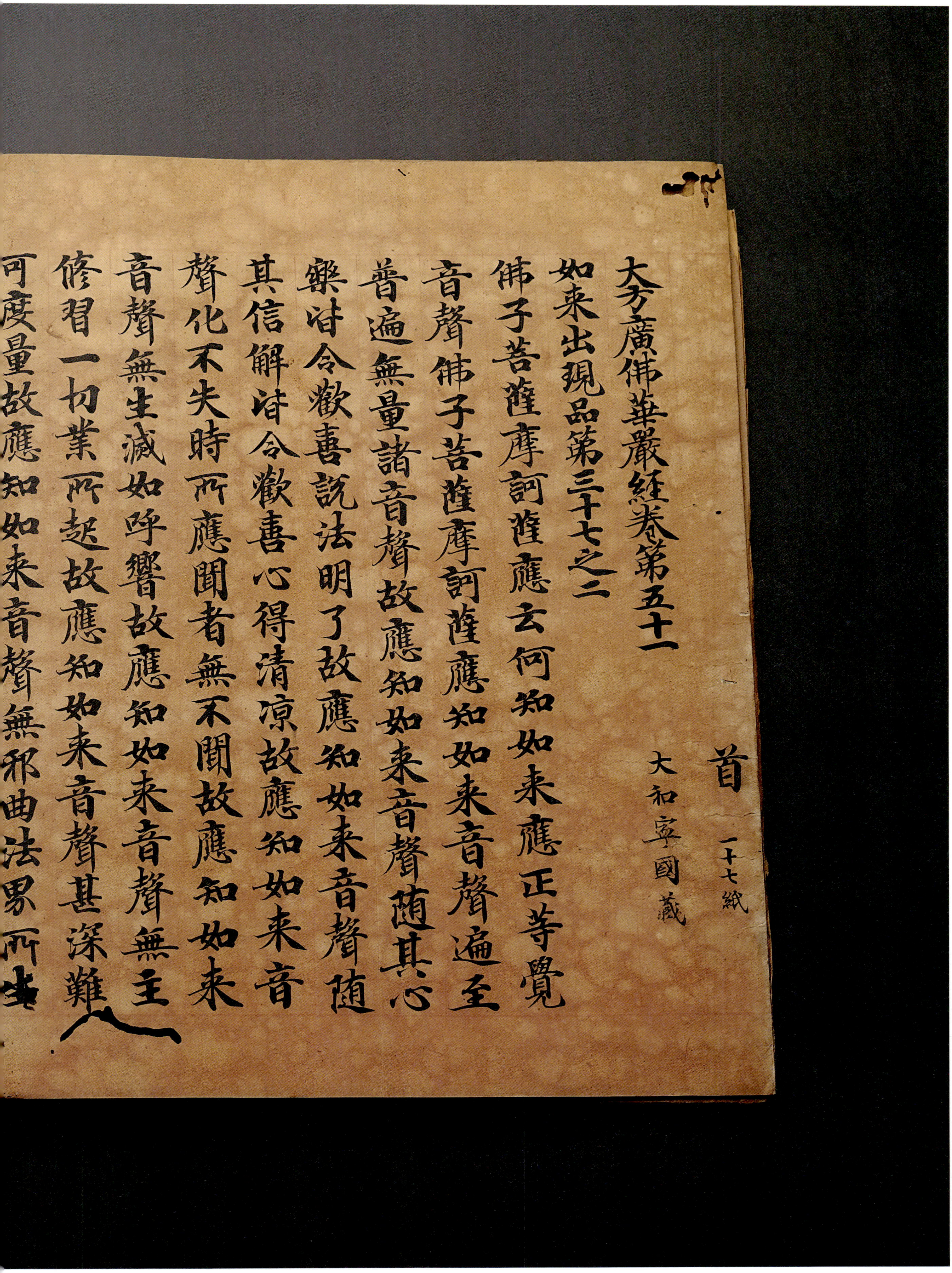

大方廣佛華嚴經卷第五十一

首　一十七紙

大和寧國藏

如來出現品第三十七之二

佛子菩薩摩訶薩應云何知如來應正等覺
音聲佛子菩薩摩訶薩應知如來音聲遍至
普遍無量諸音聲故應知如來音聲隨其心
樂皆令歡喜說法明了故應知如來音聲隨
其信解皆令歡喜心得清涼故應知如來音
聲化不失時所應聞者無不聞故應知如來
音聲無生滅如呼響故應知如來音聲無主
修習一切業所起故應知如來音聲甚深難
可度量故應知如來音聲無邪曲法界所生

首

一十七紙

五十一

大和寧國藏

云何知如來應正等覺

薩應知如來音聲遍至

004 
# 大方广佛华严经卷第五十一

（唐）实叉难陀译

宋写本

《大方广佛华严经》卷第五十一，是大乘佛教重要经典，以金粟山藏经纸书写，为“大和宁国藏”零种，千字文号“首”。

一册，开本高 28.4 厘米，宽 23 厘米。共十七纸，每纸二十七行，行十七字，朱丝栏，纸张虎皮宣斑纹，字体楷，墨色浓，卷首“大和宁国藏”。此卷为宋写本，与唐人写经不同，风格与面貌充满了时代色彩和文化韵味。

关于“大和宁国藏”，已知乾隆五十八年（1793）《秘殿珠林续编》著录一卷，目前藏于中国国家图书馆，入选《中国古籍善本书目》《国家珍贵古籍名录（第一批）》；上海博物馆藏《大方广佛华严经》卷第十一，千字文号“章”。

（张宇）

005 | # 大般若波罗蜜多经

（唐）玄奘译

宋大理国写本

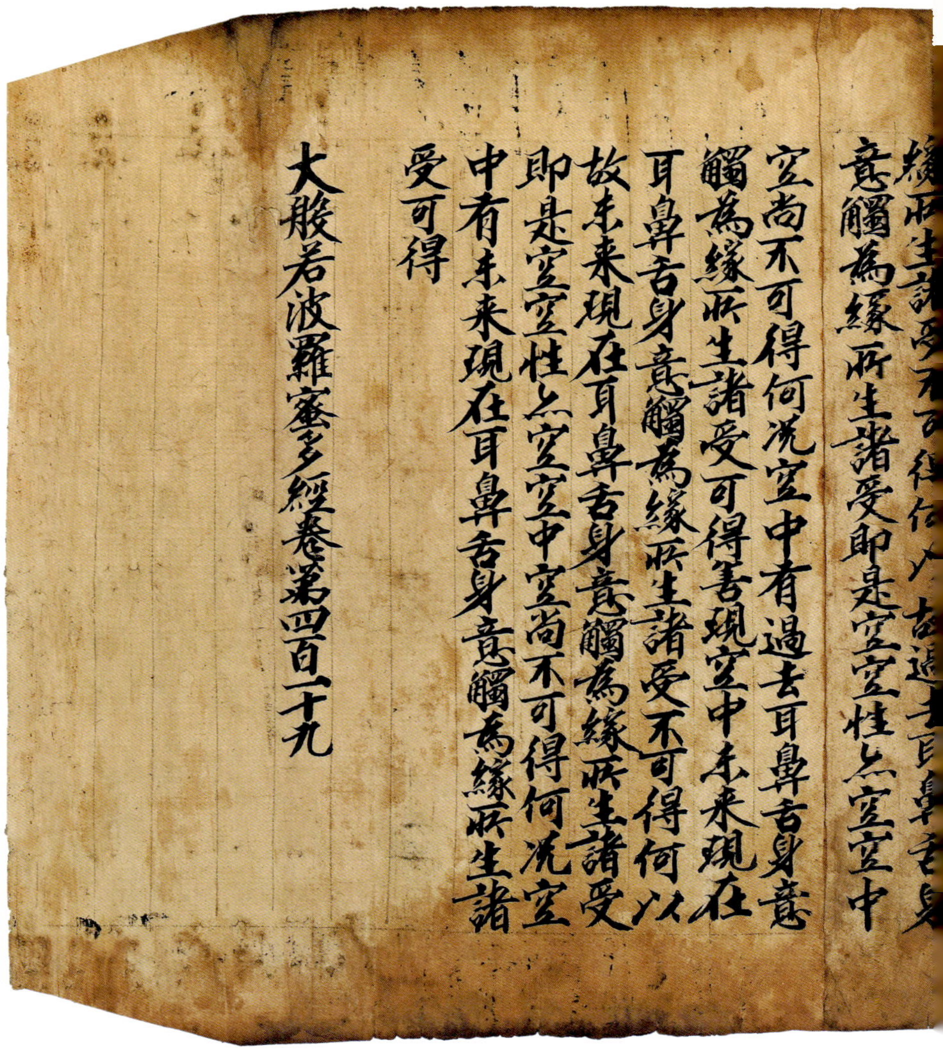

纸本，卷子装，存卷六十五、卷八十八、卷四百十九、卷五百八。四卷同高28.3厘米，卷六十五长432厘米；卷八十八长374厘米；卷四百十九长588厘米；卷五百八长517厘米。每纸二十八行，行十七字。其中，卷六十五、卷四百十九两件有尾题经名卷次，并保留原“雁尾”样式。纸背多处钤“施主僧录赵□□□为法界有情造”朱文印记。此外，四件纸背通卷抄写《佛母大孔雀明王经》，有清同治元年（1862）王凤藻署款及“奏为大清国云南大理府宾川州管下□□□居住奉神”疏文，并钤“宾川州道纪司印”官印。

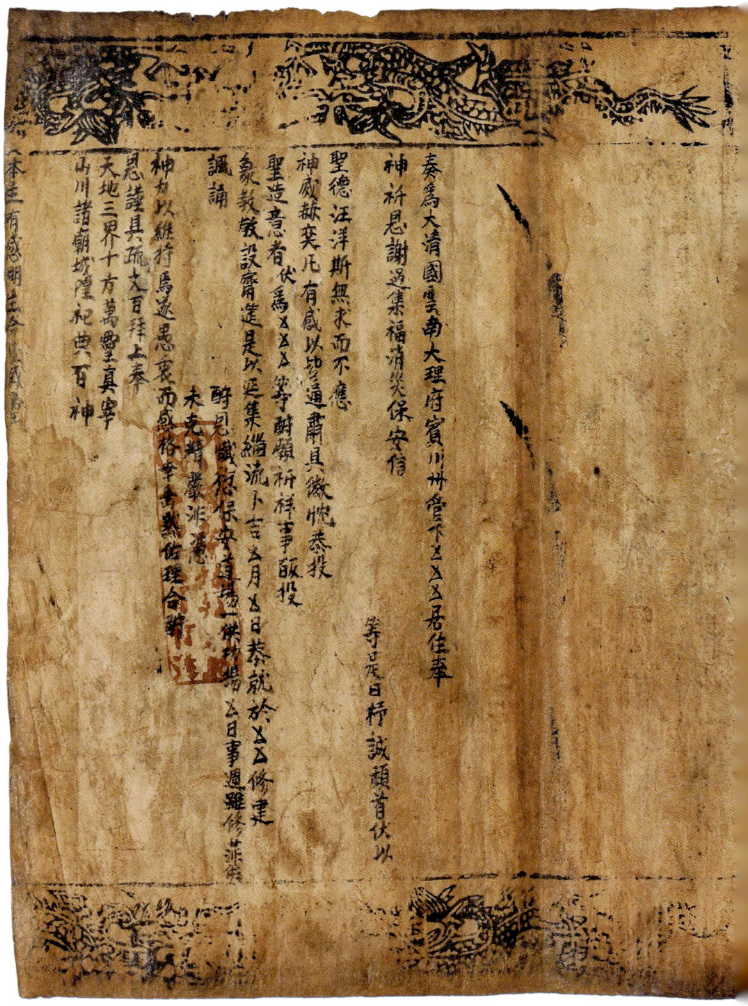

大理国（937—1253）是中国西南地区白族先民建立的地方政权，先后存在317年，与中原宋朝并立，鼎盛时期的疆域囊括了云南省全部、贵州大部、四川西南部及缅甸、老挝、越南的部分地区。大理国尊崇佛教，历代国君多于暮年禅位为僧，因此也被称为“妙香佛国”。因为战乱、历史变迁的原因，大理国写经留存甚少。直至20世纪以来，才陆续有所发现，但多是元明以后的传抄本和刻本。如最著名的“凤仪北汤天”发现了近3000卷册的佛经，其中属于宋同期的大理国写卷仅20余件，且多数为断简、残片。

目前已发现的大理国写《大般若波罗蜜多经》共计三卷，云南省博物馆藏二卷、大理市博物馆藏一卷。此四卷是公藏三卷的同经异卷，可视为孤本。抄写年代与宋同期，属于一级文物范畴。

（张传奇）

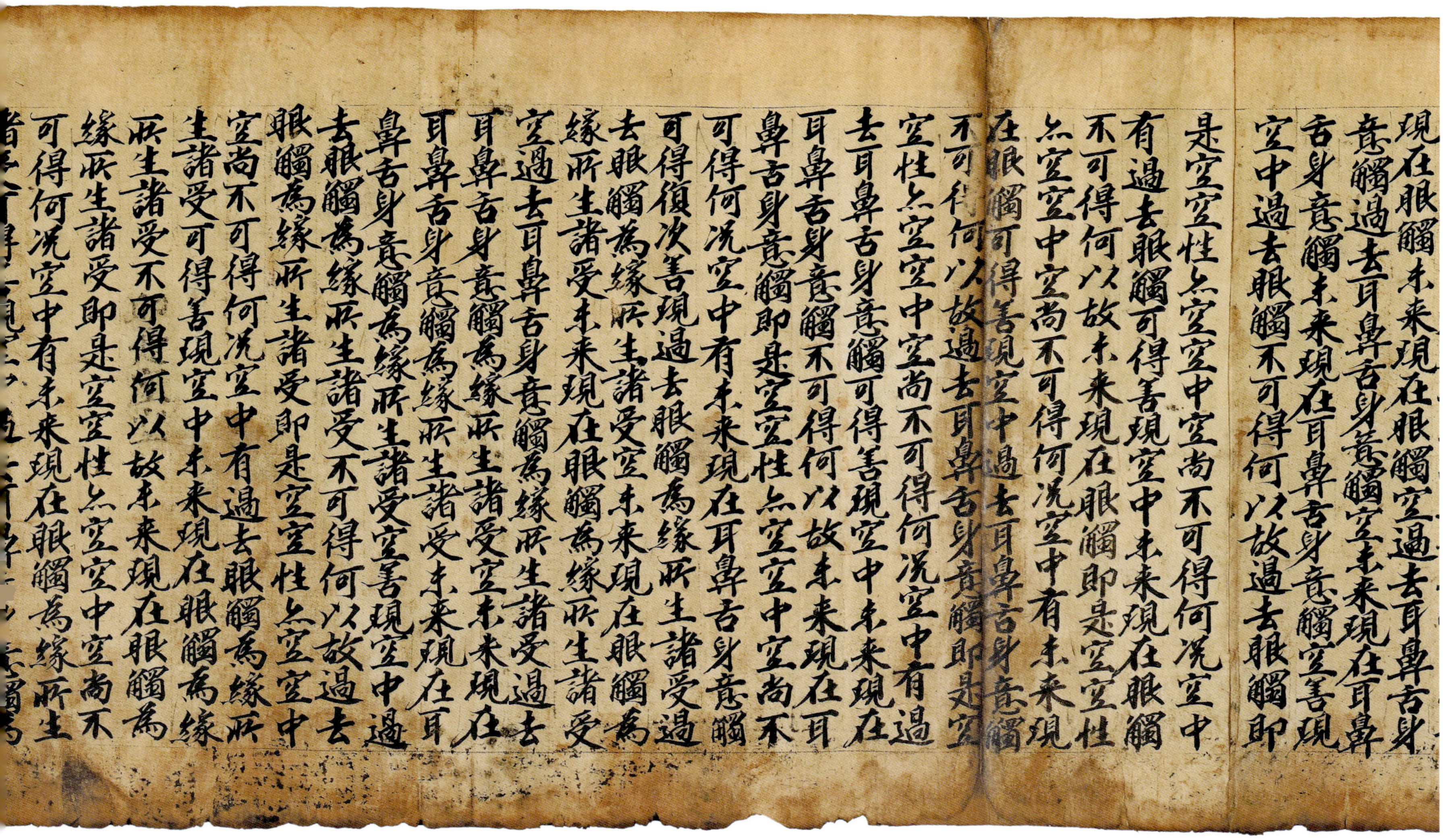

現在眼觸未來現在眼觸空過去耳鼻舌身
意觸過去耳鼻舌身意觸空未來現在耳鼻
舌身意觸未來現在耳鼻舌身意觸空善現
空中過去眼觸不可得何以故過去眼觸即
是空空性亦空空中空尚不可得何況空中
有過去眼觸可得善現空中未來現在眼觸
不可得何以故未來現在眼觸即是空空性
亦空空中空尚不可得何況空中有未來現
在眼觸可得善現空中過去耳鼻舌身意觸
不可得何以故過去耳鼻舌身意觸即是空
空性亦空空中空尚不可得何況空中有過
去耳鼻舌身意觸可得善現空中未來現在
耳鼻舌身意觸不可得何以故未來現在耳
鼻舌身意觸即是空空性亦空空中空尚不
可得何況空中有未來現在耳鼻舌身意觸
可得復次善現過去眼觸為緣所生諸受過
去眼觸為緣所生諸受空未來現在眼觸為
緣所生諸受未來現在眼觸為緣所生諸受
空過去耳鼻舌身意觸為緣所生諸受過去
耳鼻舌身意觸為緣所生諸受空未來現在
耳鼻舌身意觸為緣所生諸受未來現在耳
鼻舌身意觸為緣所生諸受空善現空中過
去眼觸為緣所生諸受不可得何以故過去
眼觸為緣所生諸受即是空空性亦空空中
空尚不可得何況空中有過去眼觸為緣所
生諸受可得善現空中未來現在眼觸為緣
所生諸受不可得何以故未來現在眼觸為
緣所生諸受即是空空性亦空空中空尚不
可得何況空中有未來現在眼觸為緣所生

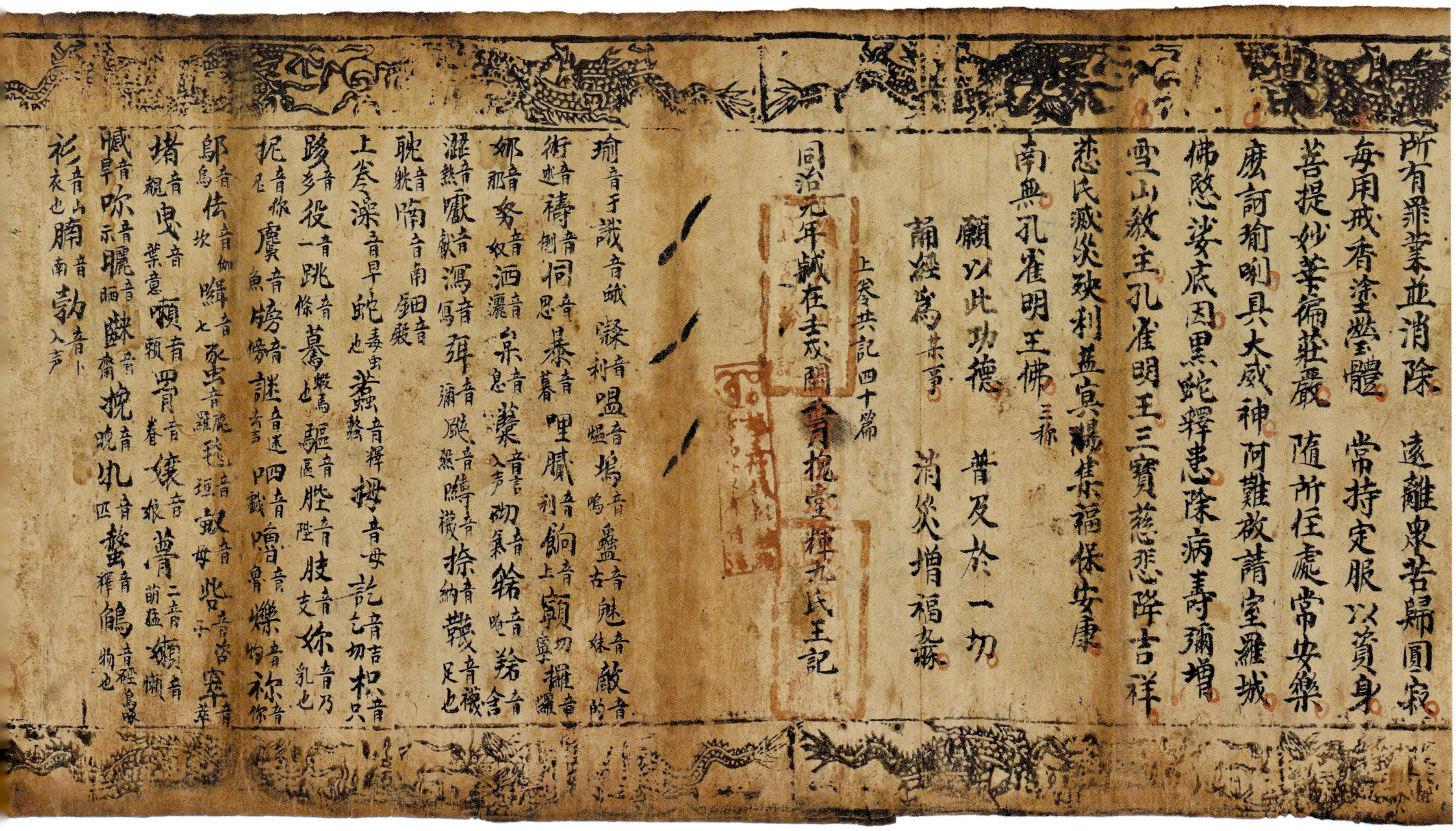

所有罪業並消除　遠離衆苦歸圓寂
每用戒香塗瑩體　常持定服以資身
菩提妙華徧莊嚴　隨所住處常安樂
摩訶瑜唎具大威神阿難救請室羅城
佛愍莎底因黑蛇釋患除病壽彌增
雪山救主孔雀明王三寶慈悲降吉祥
悉氏滅災殃利益冥陽集福保安康
南無孔雀明王佛 三稱
願以此功德　普及於一切
蒲燈寫某甲　消災增福壽

上卷共記四十篇
同治元年歲在壬戌閏八月挹堂釋尤氏王記

瑜音于 戢音戢 凝音利 嗢音媪 鳴音嗚 蠱音古 魅音妹 啇音的
銜音述 禱音倒 伺音思 暴音暮 哩音利 膩音上 餉音 顛切 攞音攞
娜音那 努音奴 洒音灑 枲音息 薿音言入声 砌音氣 鵮音晚 豨音含
灑音熱 瓛音獻 瀉音寫 彌音彌 颰音殺 嚩音襪 捺音納 韈音襪足也
眺音眺 喃音南 鈿音殿
上卷 澡音早 蛇毒虫也 蘖音孽 擗音擇 母 訖音吉切 枳音只
跢音多 役音一 跳音條 驀蝦蟆也 軀音區 腔音陛 肢音支 妳音乃乳也
抳音尼 你 麌音魚 嗙音傍 謎音迷 呬音戲 嚕音魯 爍音灼 祢音你
鄔音烏 佉音坎 伽 嚩音七 蠡音羅 毱音 叡音母 呰音子 窣音萃
堵音覩 曳音葉意 賴音賴 罥音眷 孃音娘 瞢音萌猛二音 獺音懶
臧音早 哧音示 矖音晒 穌音齋 捥音晚 乣音四 螯音釋 鸛音經鳥啄物也
衫音山衣也 腩音南 勃音卜入声

## 006 梵文 大随求陀罗尼经咒

唐刻本

《大随求陀罗尼》，又名《随求即得大自在陀罗尼》《大随求无能胜陀罗尼》《随求即得真言》。指消灭一切罪障，破除恶趣，随所求即得福德之陀罗尼。目前所知主要有唐代宝思惟译《随求即得大自在陀罗尼神咒经》、唐不空译《普遍光明清净炽盛如意宝印心无能胜大明王大随求陀罗尼经》。

唐代是各种外来宗教传播于中国的时期，神秘力量在其中起着重要作用的佛教密宗对当时的社会和文化产生了深远影响。从文物出土的情况看，《大随求陀罗尼》于唐代译出后，很快就流行起来，是一种生者随身携带，甚至死者也要带入墓葬中的护身符。其信仰供奉的方式基本相同，按宝思惟译本说：书写此咒，将之带在颈上或臂上即可得灵验。

对于《大随求陀罗尼》的研究，早在 20 世纪 50 年代就有国内学者开始研究，其中宿白先生在《唐宋时期的雕版印刷》中进行了相对系统的归纳。随着近年来新材料的出现，又为早期雕版印刷的研究提供了新的依据。

此件陀罗尼经咒为圆形，子母式，悉昙体梵文。母式经咒为 17 圈可以连续环读的圆环，直径约 25 厘米，中心画面大随求菩萨头戴宝冠，结跏趺坐于莲台，象征性的千手执各种法器，右侧空白处墨书“比丘景如受持”，经咒外圈四周亦印菩萨像及各种法器，共 32 尊。子式为目前已知尺寸最小的一个，直径约 8.7 厘米，画面中心为唐代密宗菩萨形象。

（张艳艳）

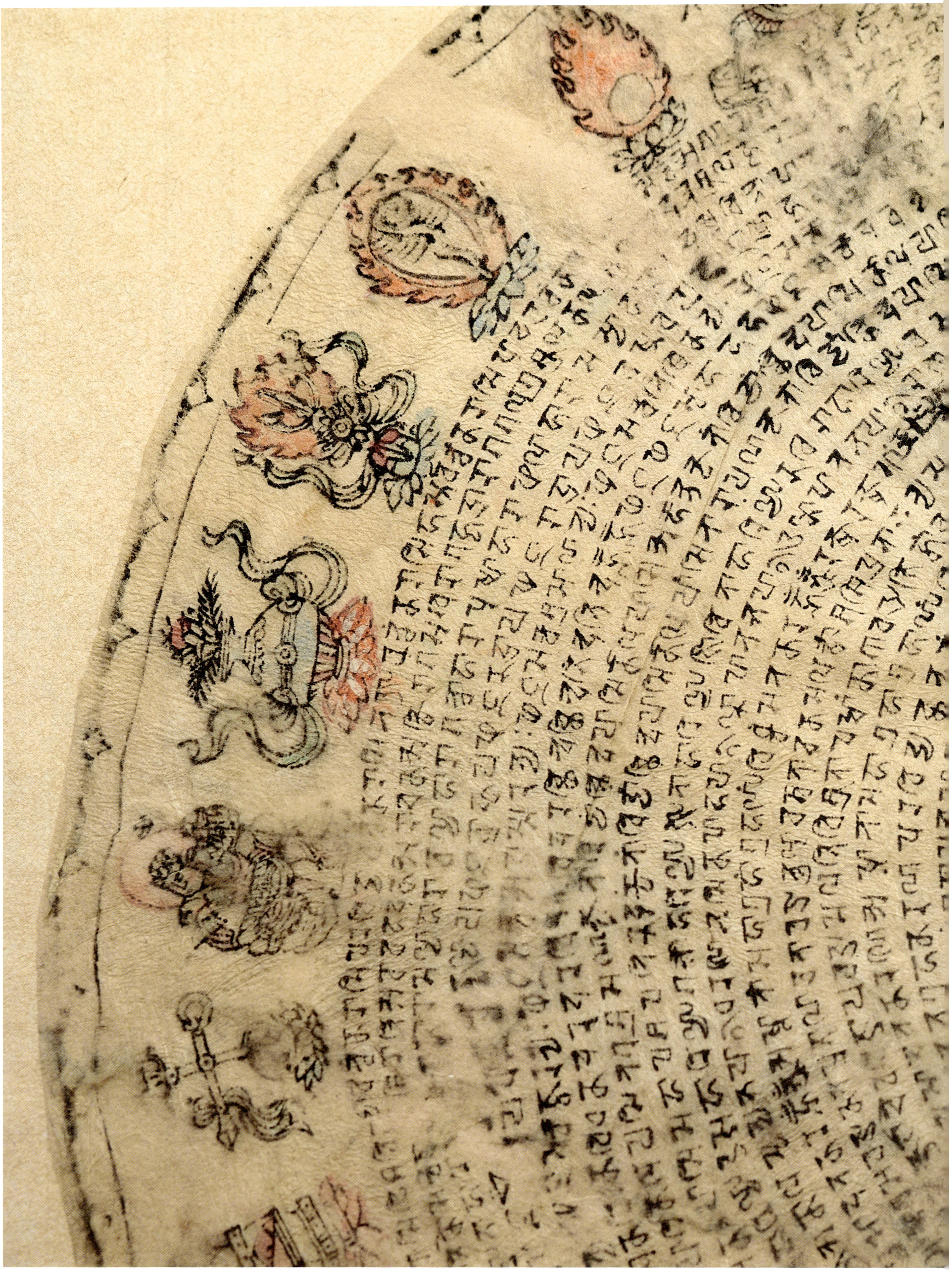

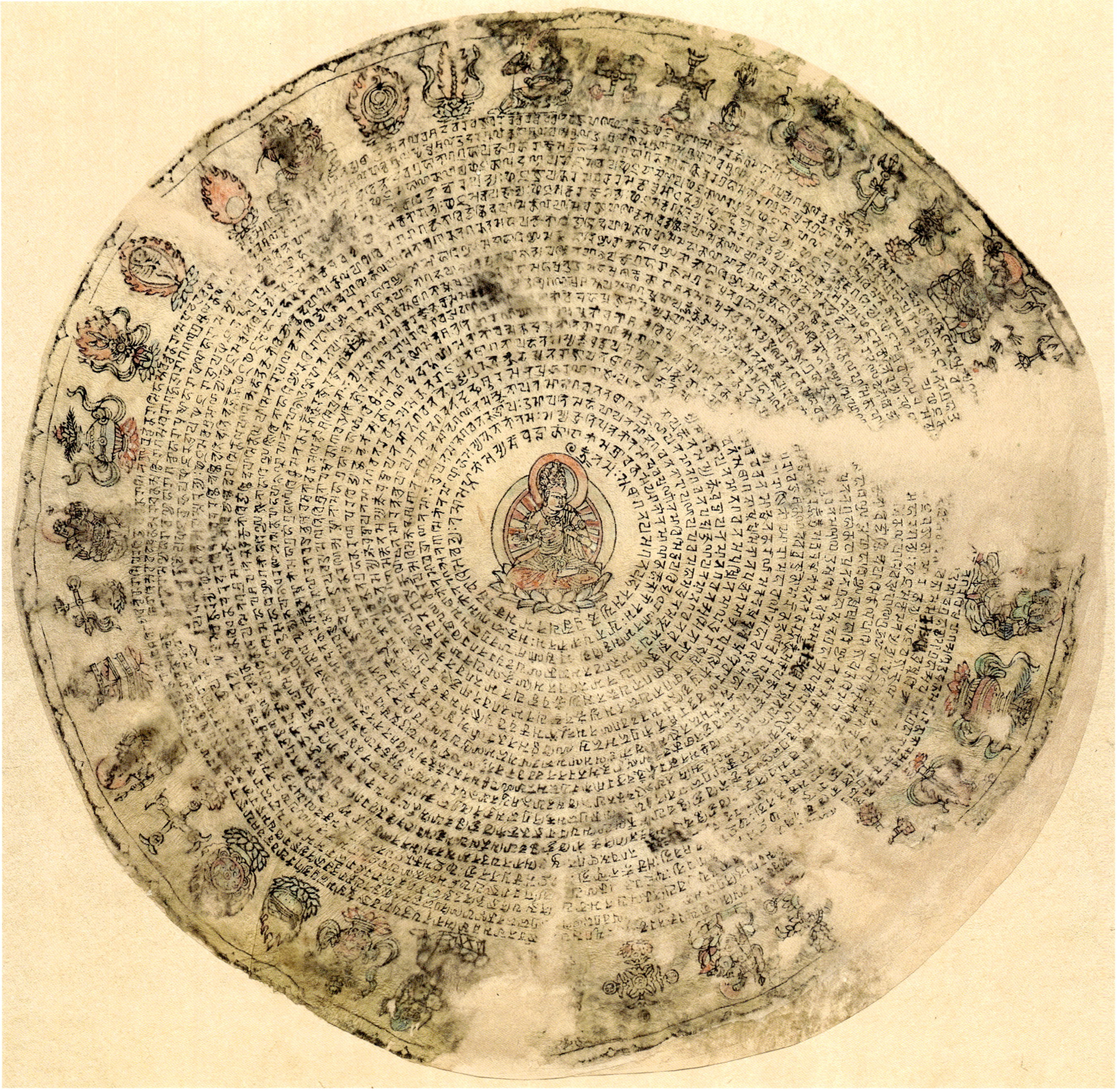

007

## 梵文 大随求陀罗尼经咒

唐刻本

此件陀罗尼经咒为圆形，直径约 29 厘米，以悉昙体梵文 22 圈由圆心以顺时针环绕向外，咒文中杂有墨书汉文“王十三娘”，经咒中心为大随求菩萨，头戴宝冠，结跏趺坐于莲台，只绘二臂，右手执金刚杵，左手执莲花。经咒外圈四周印出菩萨、金刚、各种法器，皆手工填色，最外圈有栏线。

（张艳艳）

008

# 梵文 大随求陀罗尼经咒

唐刻本

此件陀罗尼经咒原为方形，高约 26 厘米，宽约 26 厘米，有破损。以悉昙体梵文由内向外刻印 15 圈，经咒中心双边方框，内刻印大随求菩萨，头戴宝冠，结跏趺坐于莲台，手执金刚杵等各种法器，经咒外圈双边框，内印菩萨、金刚、手印、各种法器。

（张艳艳）

# 梵文 大随求陀罗尼经咒



唐刻本

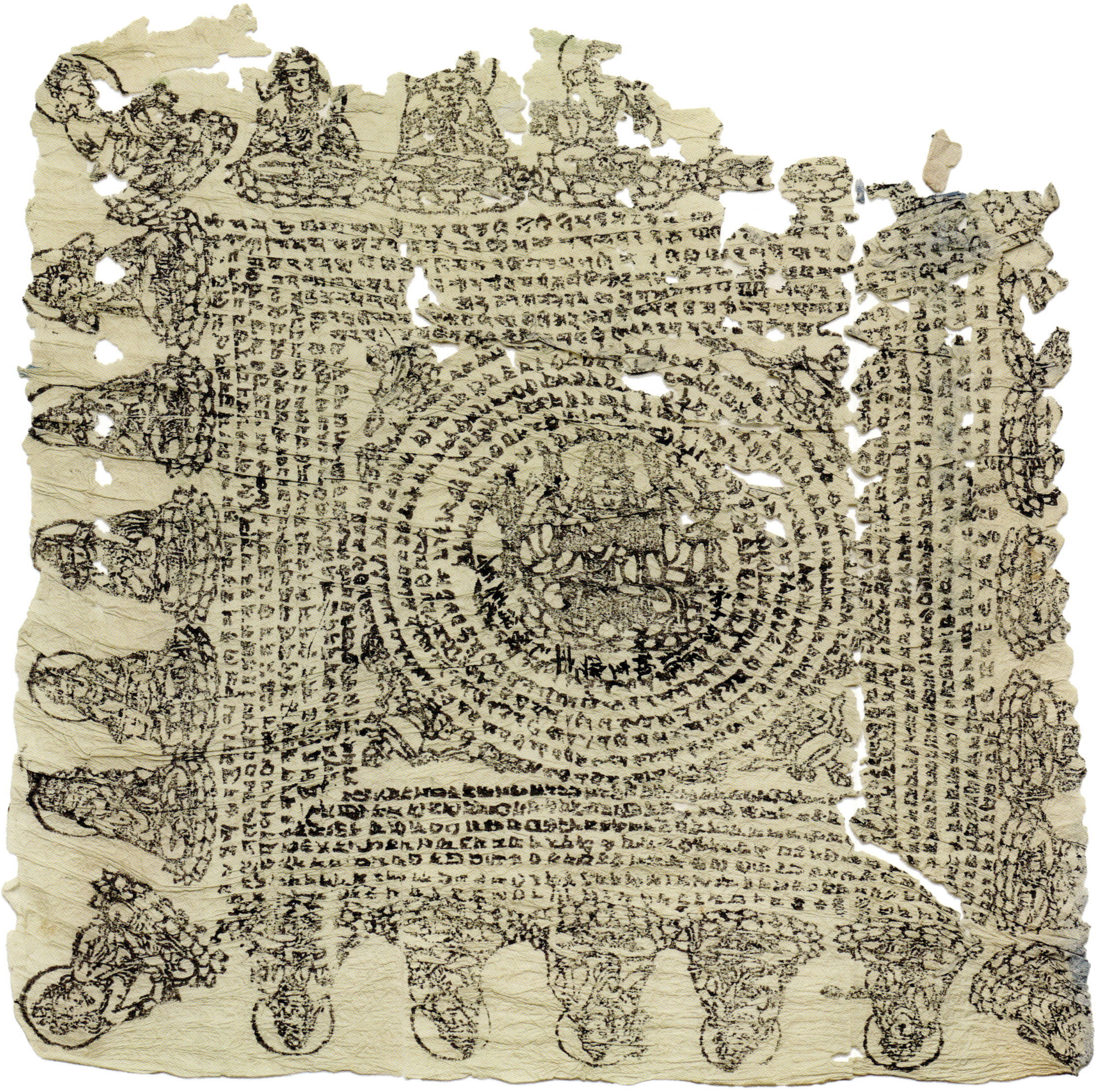

此件陀罗尼经咒为方形，高约 24 厘米，宽约 24 厘米，画面内圆外方，经咒中心为大随求菩萨，边有墨书请愿条记，围绕神像书写六圈圆形经文、四角有法器，向外为七圈方形经文。最外圈刻有菩萨像。

（张艳艳）

010

# 梵文 大随求陀罗尼经咒

唐刻本

此件刻本陀罗尼经咒为方形，高约 24 厘米，宽约 24 厘米。以梵文由内向外刻印 17 圈，经咒中心绘大随求菩萨，头戴宝冠，结跏趺坐于莲台，手执金刚杵等各种法器，左侧绘有一名供养人。经咒外圈四周有菩萨、金刚、各种法器。经文以外图像均有手工设色。

（张艳艳）

# 梵文 大随求陀罗尼经咒



绢本

唐写绘本

此件陀罗尼经咒为绢本，高约 19 厘米，宽约 19 厘米，破损后修。画面内圆外方，经咒中心为大随求菩萨及供养人，外绘双边，外依次为五圈圆环形经文，四角种子字，外接五圈方形经文。最外圈绘手印及各种法器。

（张艳艳）

012

# 梵文 大随求陀罗尼经咒

唐刻本

此件陀罗尼经咒为圆形，直径约 23 厘米，有破损。以悉昙体梵文由内向外顺时针环绕 17 圈，中间夹有汉文“菩提性”三字。经咒中心为大随求菩萨，头戴宝冠，结跏趺坐于莲台，手执金刚杵等各种法器，画面右侧有汉文“菩提性”。经咒外圈四周印出菩萨、金刚、各种法器，最外圈单栏线。此为已知最早的梵、汉合璧的刻本之一。

（张艳艳）

# 汉文 大随求陀罗尼经咒

013

北宋刻本

此件陀罗尼经咒为八角形，有破损，直径约 36 厘米。以汉文由内向外刻印 15 圈经文，有界行。经咒中心为大随求菩萨及多名随侍，外刻有手印间一圈文字“大随求金刚即得大自在法门陀罗尼神”，画面极为繁复。

（张艳艳）

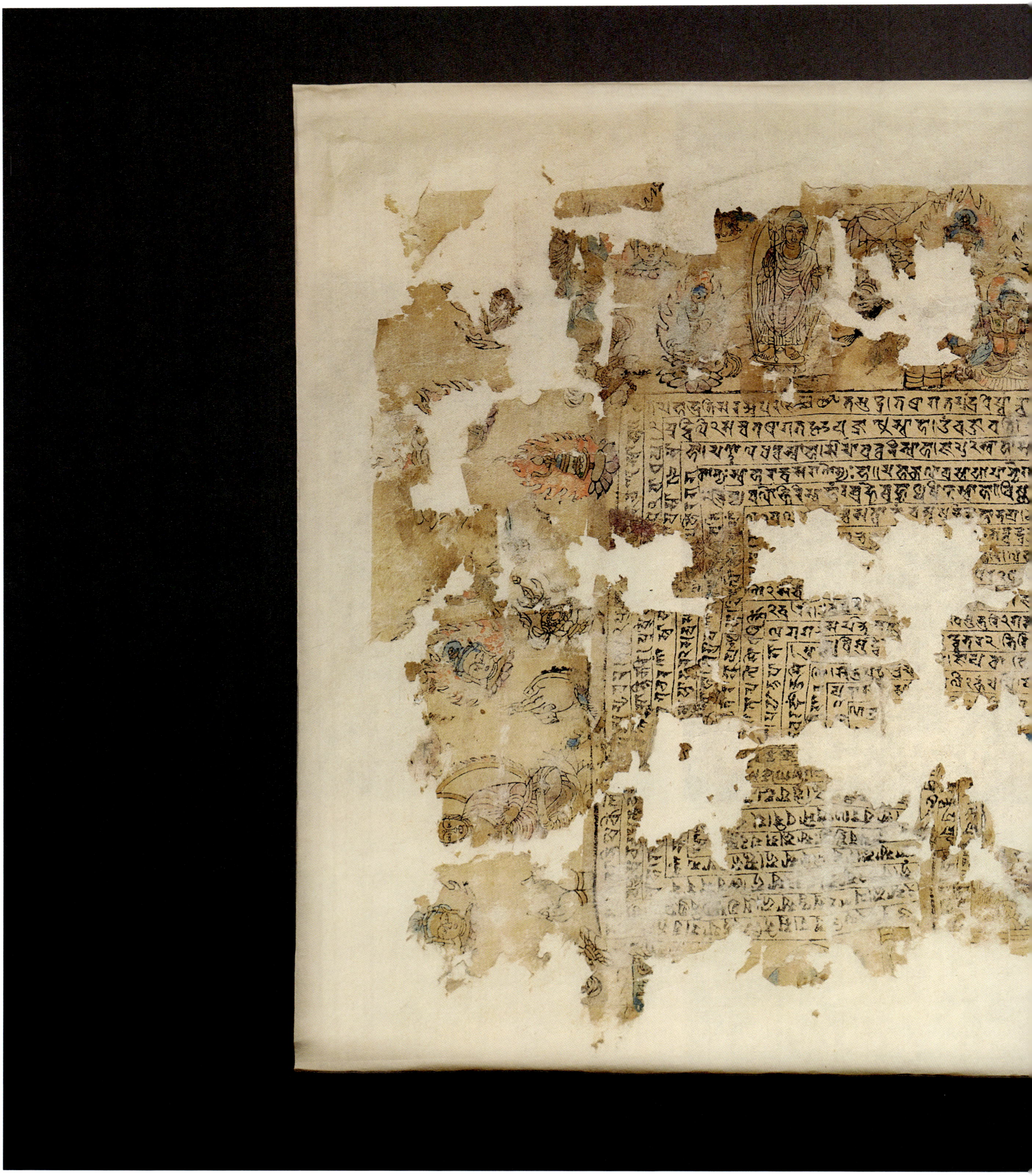

014 梵文 大随求陀罗尼经咒

唐刻本

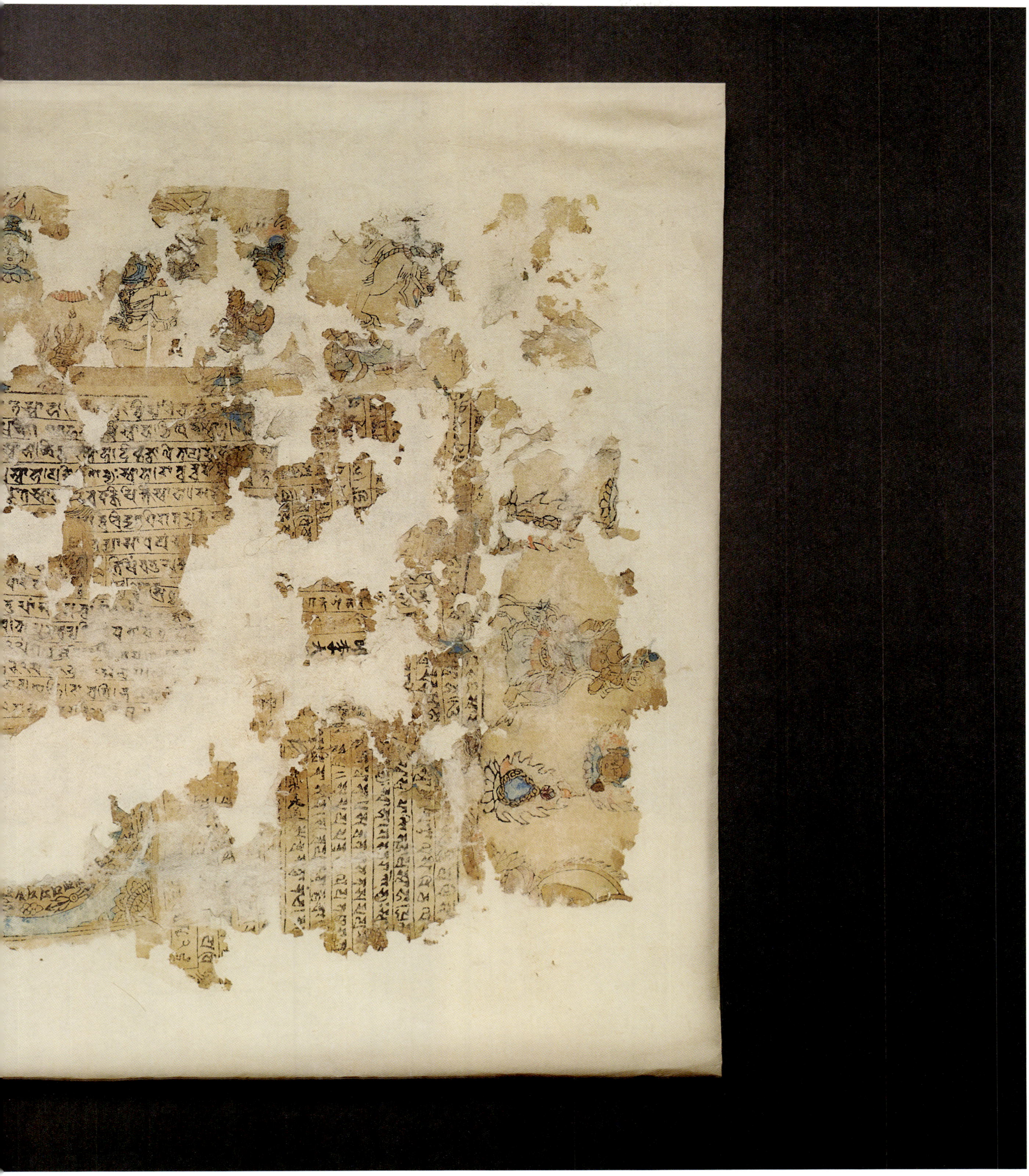

此件经咒为方形，长约 44 厘米，悉昙体梵文刻印，行间有界线。梵文间有模糊墨书汉字。虽残损严重，拼合乱序，但佛像、法器刻绘精美。手工设色虽历经千百年后不免淡化，但仍能看出其填色技法高超。

（张艳艳）

015

# 百万塔陀罗尼经

日本天平宝字八年至神护景云四年（764—770）刻本

此经包括经文和木质经塔，并有日本原装木盒。经文高5.5厘米，长45.5厘米；经塔底座直径10.5厘米，高21.5厘米。黄麻纸，经文为无垢净光经自心印陀罗尼，三十一行，每行五字。

印刷术起源于中国，并很快推广、传播至东亚地区。《百万塔陀罗尼经》是日本印刷文化史的重要见证，是研究印刷技术起源、东亚文化交流的重要参考资料。

据史籍记载，日本天平宝字八年（764）孝谦天皇平定藤原仲麻吕兵乱，乃发弘愿，建三重小塔一百万，印制根本、自心印、相轮、六度等四种陀罗尼经，置于塔基之内。六年功毕，分置十大寺，史称“万塔院”。经卷高约5—7厘米，长15—50厘米不等，采用黄麻纸印刷。塔高约20—45厘米，木质，相轮部分可以拆卸，塔身中空处安放经卷。

（辛渭）

百万塔
無垢淨光經

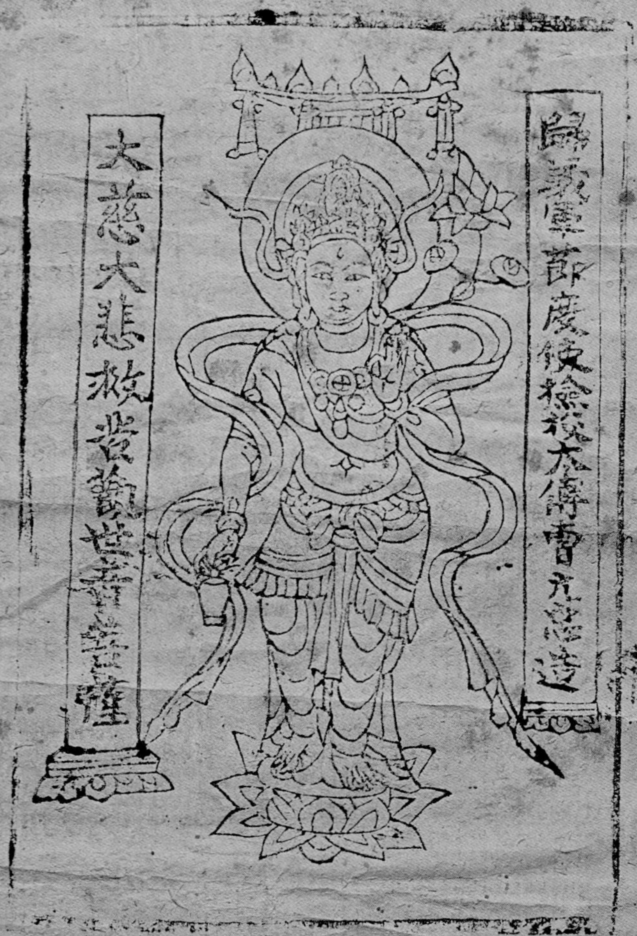


弟子歸義軍節度瓜
沙等州觀察處置管
内營田押蕃落等使
特進檢校太傅譙
郡開國侯曹元忠
雕此印板奉為城隍
安泰闔郡康寧東西之
道路開通南北之凶渠順
化勵疾消散刁斗藏
音隨喜見聞俱霑福
祐于時大晉開運四
年丁未歲七月十五
日紀　匠人雷延美

016

## 大慈大悲救苦观世音菩萨像

五代后晋开运四年（947）敦煌归义军节度使曹元忠刻本

（纸纹）

单页一纸，高 46 厘米，宽 32 厘米。此菩萨像白麻纸墨印，上图下文，出于敦煌藏经洞，图为观音立于莲华台上，右手提净瓶，左手作说法印。左柱镌“大慈大悲救苦观世音菩萨”，右柱镌“归义军节度使检校太傅曹元忠造”。图像四周有边框，下题十三行发愿文，是研究早期雕版印刷史的重要实物。经对比欧洲藏本，可知菩萨像与发愿文并非整版雕造，为两块雕版拼合之后印制。

菩萨像体态圆润，造型丰满，飘带舞动和菩萨微微扭动的身姿使画面具有动感，是版刻艺术珍品，郑振铎先生《中国古代木刻画选集》将这尊菩萨像印制于书盒封面，可见其在中国古代版画史中的重要地位。

（辛渭）

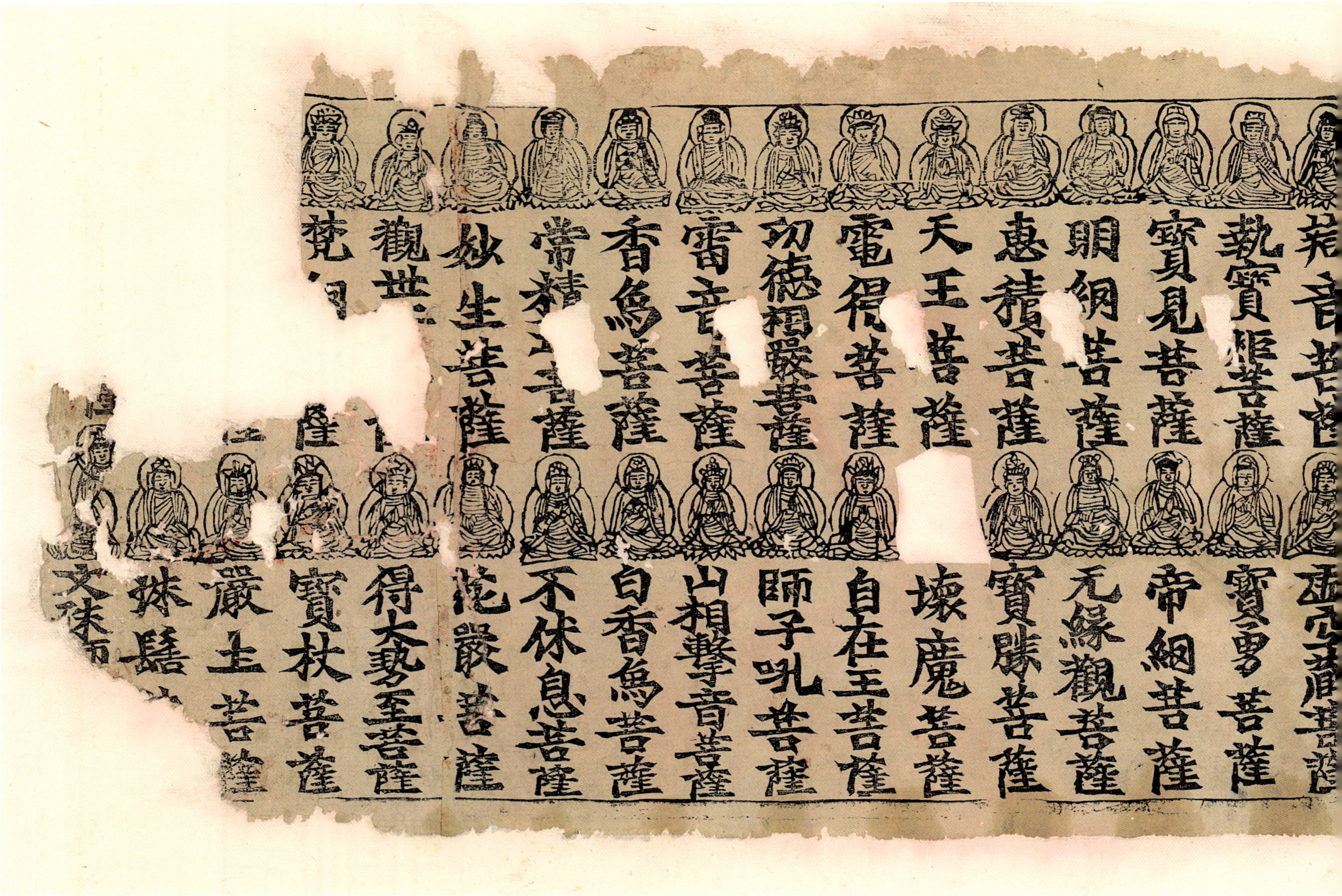


017 维摩经五十二菩萨名号图

五代刻本

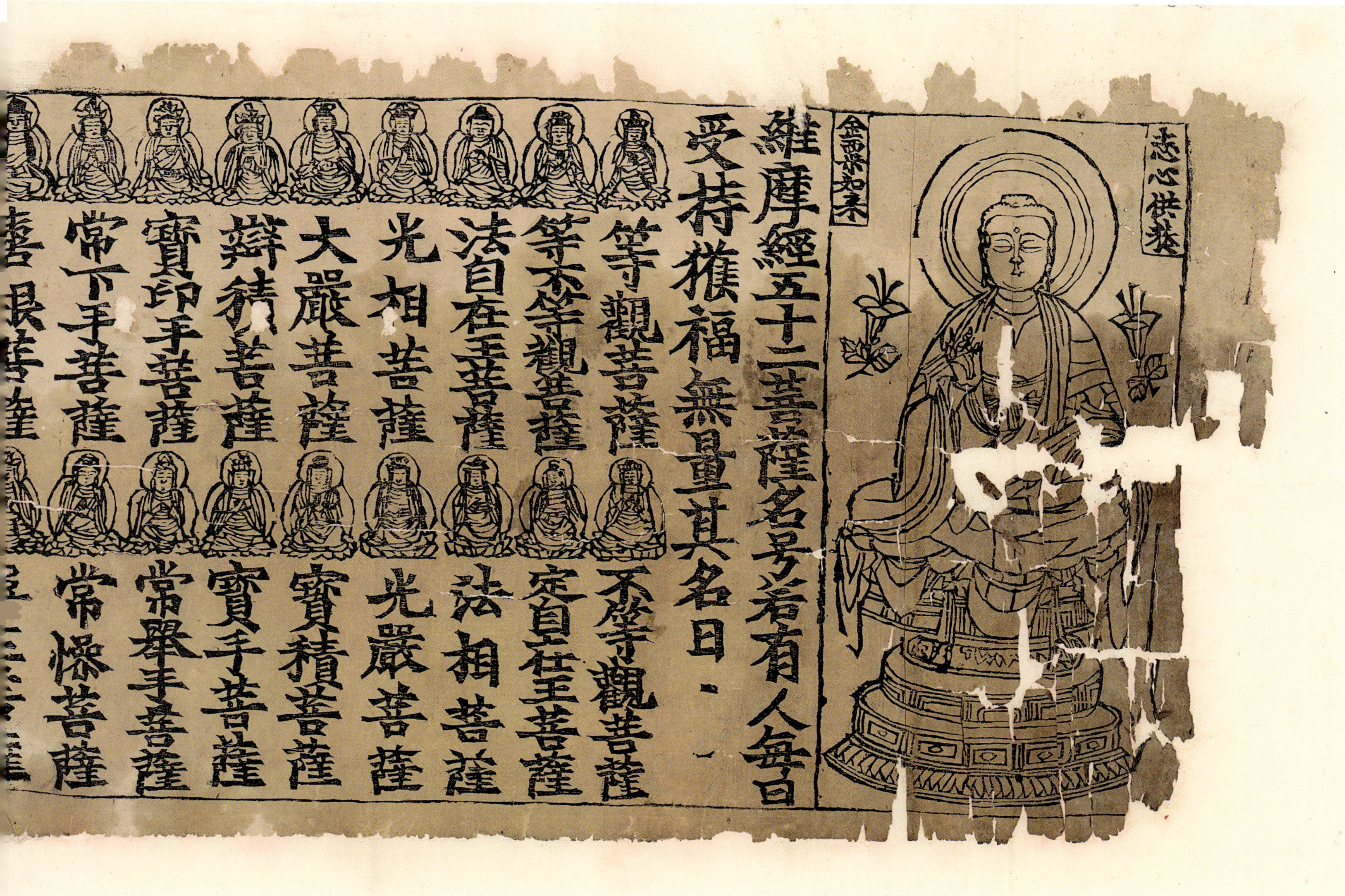


单页一张，高 27 厘米，长 93 厘米，三纸拼接为整幅内容。此菩萨图取《维摩经 · 佛国品》卷首五十二菩萨名号辑刻成卷，五十二尊菩萨名分二十六行刻成，每行二尊，每尊冠以端坐法像，神态各异，随文排列。卷前刻维摩诘坐像，坐像身侧各饰花卉一枝，上端两侧分别刻“志心供养”“金粟如来”字样，“金粟如来”即过去佛之名，维摩诘居士前生。维摩诘又称净名大士，是与释迦牟尼同时代的大乘佛教在家居士。此《维摩经》亦为在家修行的重要佛教经典。

此图为早期雕版印刷品重要实物，小佛像印制形式由早期捺印本演变而来，此种图形版本有唐代绘本、捺印本、五代刻本、宋刻本等，具有极高的历史价值与学术价值。

（辛渭）

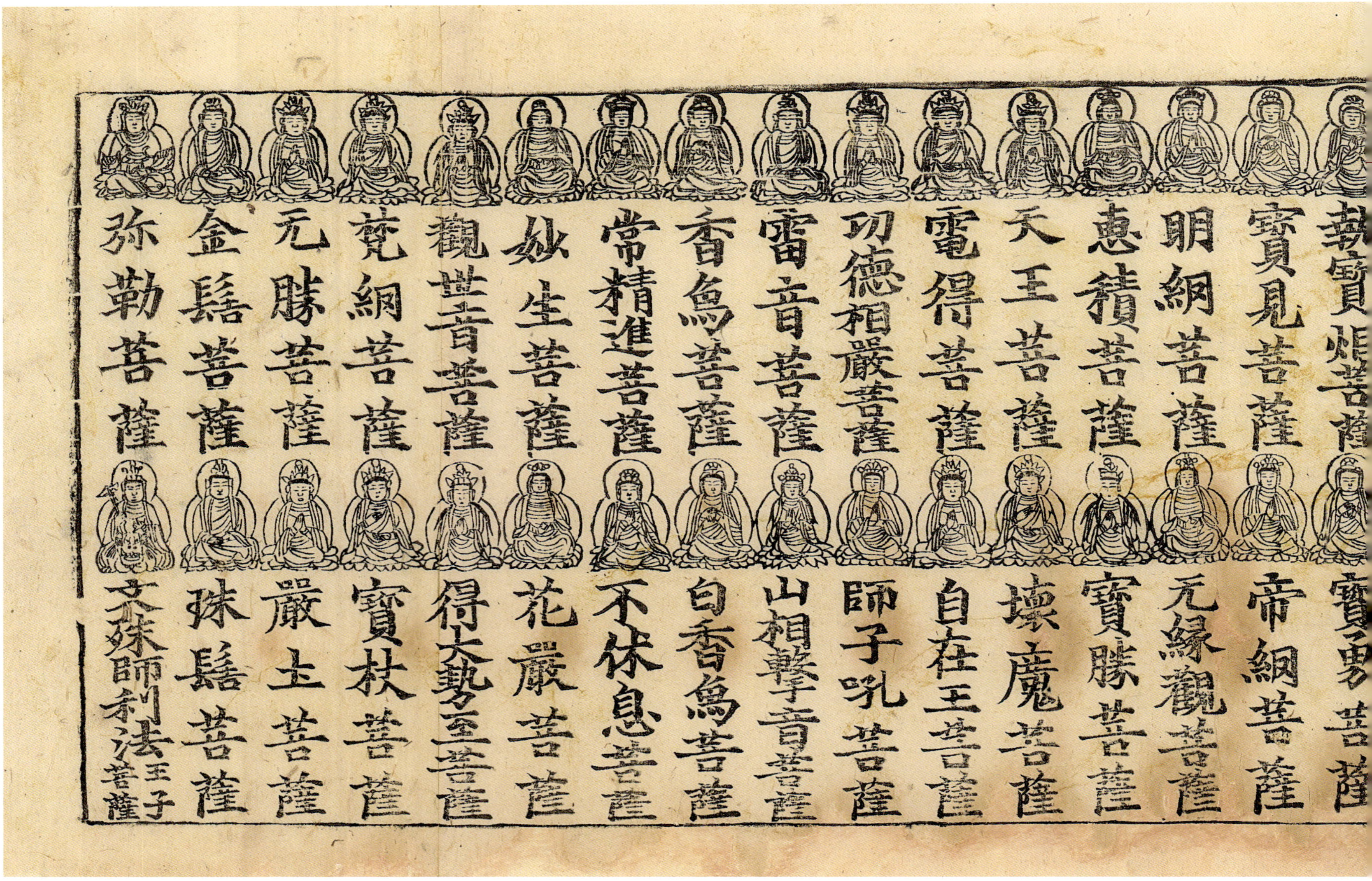


018 维摩经五十二菩萨名号图

宋刻本

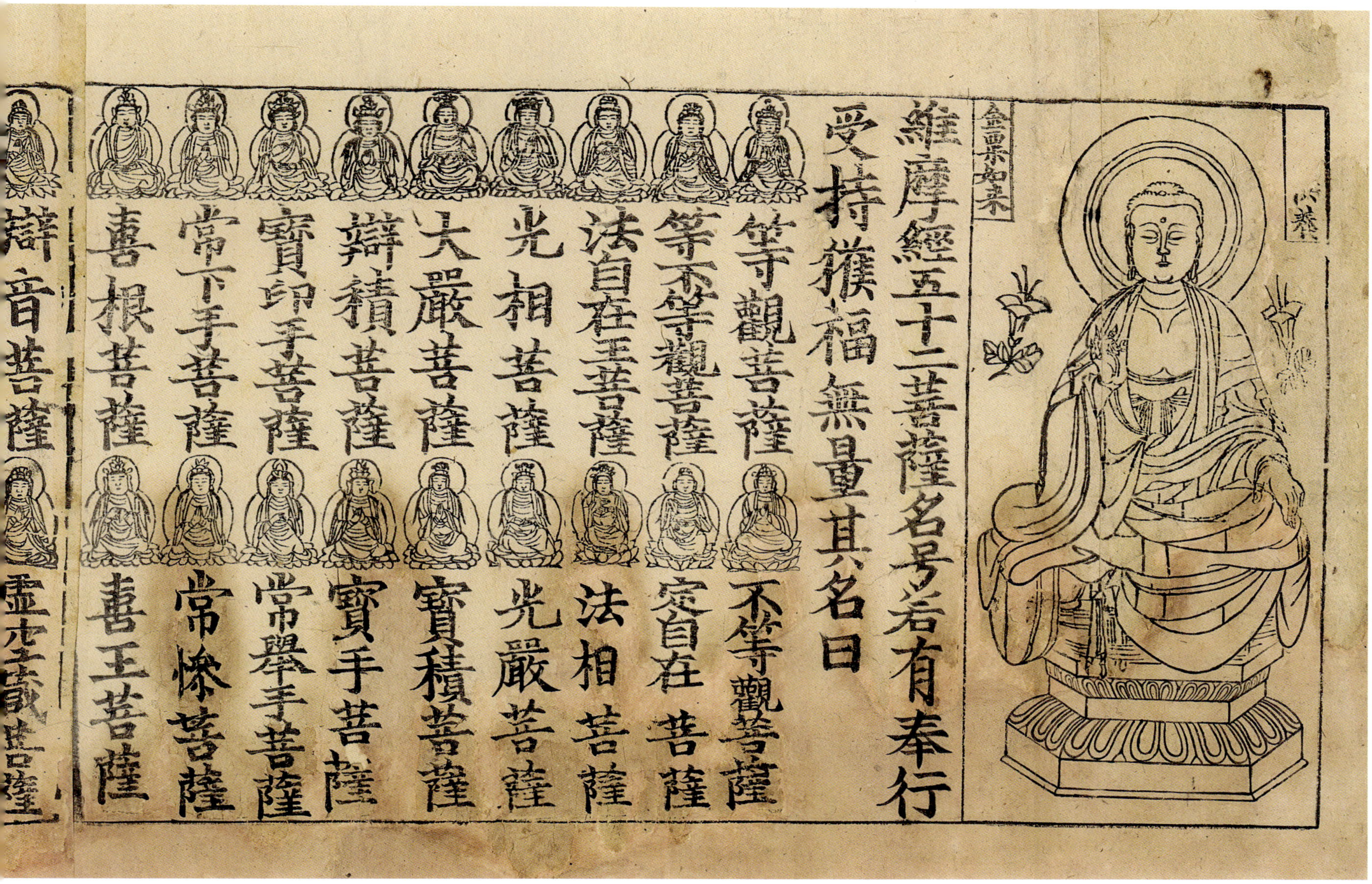

单页一张，高30厘米，长100.5厘米，三纸拼接为整幅内容。此菩萨图取《维摩经·佛国品》卷首五十二菩萨名号辑刻成卷，五十二尊菩萨名分二十六行刻成，每行二尊，每尊冠以端坐法像，神态各异，随文排列。卷前刻维摩诘坐像，坐像身侧各饰花卉一枝，上端两侧分别刻“□□供养”“金粟如来”字样，“金粟如来”即过去佛之名，维摩诘居士前生。

此图为早期雕版印刷品重要实物，从五代刻本翻刻而来，此种图形版本有唐代绘本、捺印本、五代刻本、宋刻本等，具有较高的历史价值与学术价值。

（辛渭）

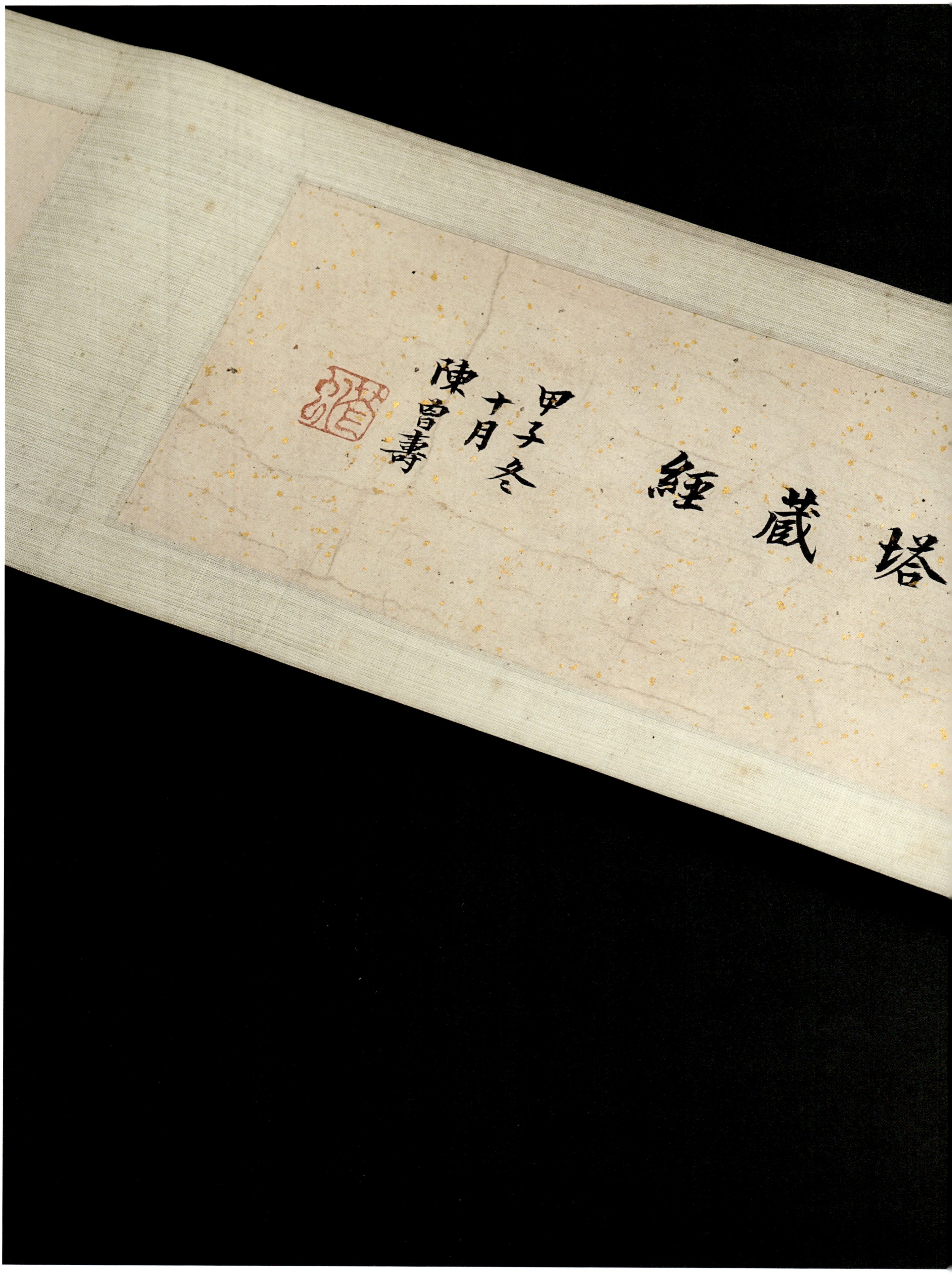

塔藏經
甲子冬十月
陳曾壽

吴越黄妃

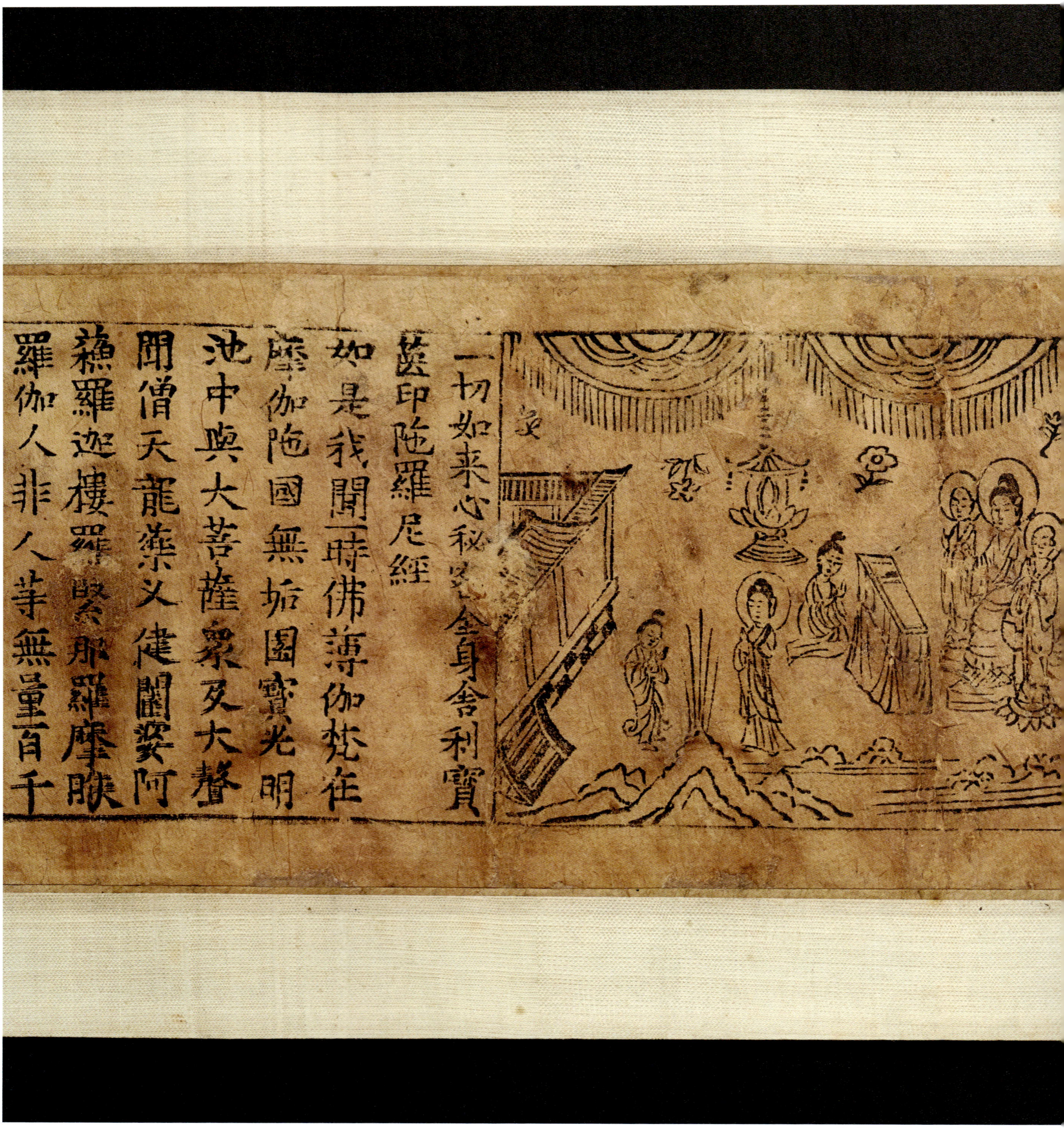


019 **一切如来心秘密全身舍利宝箧印陀罗尼经**

（唐）释不空译

北宋开宝八年（975）刻本

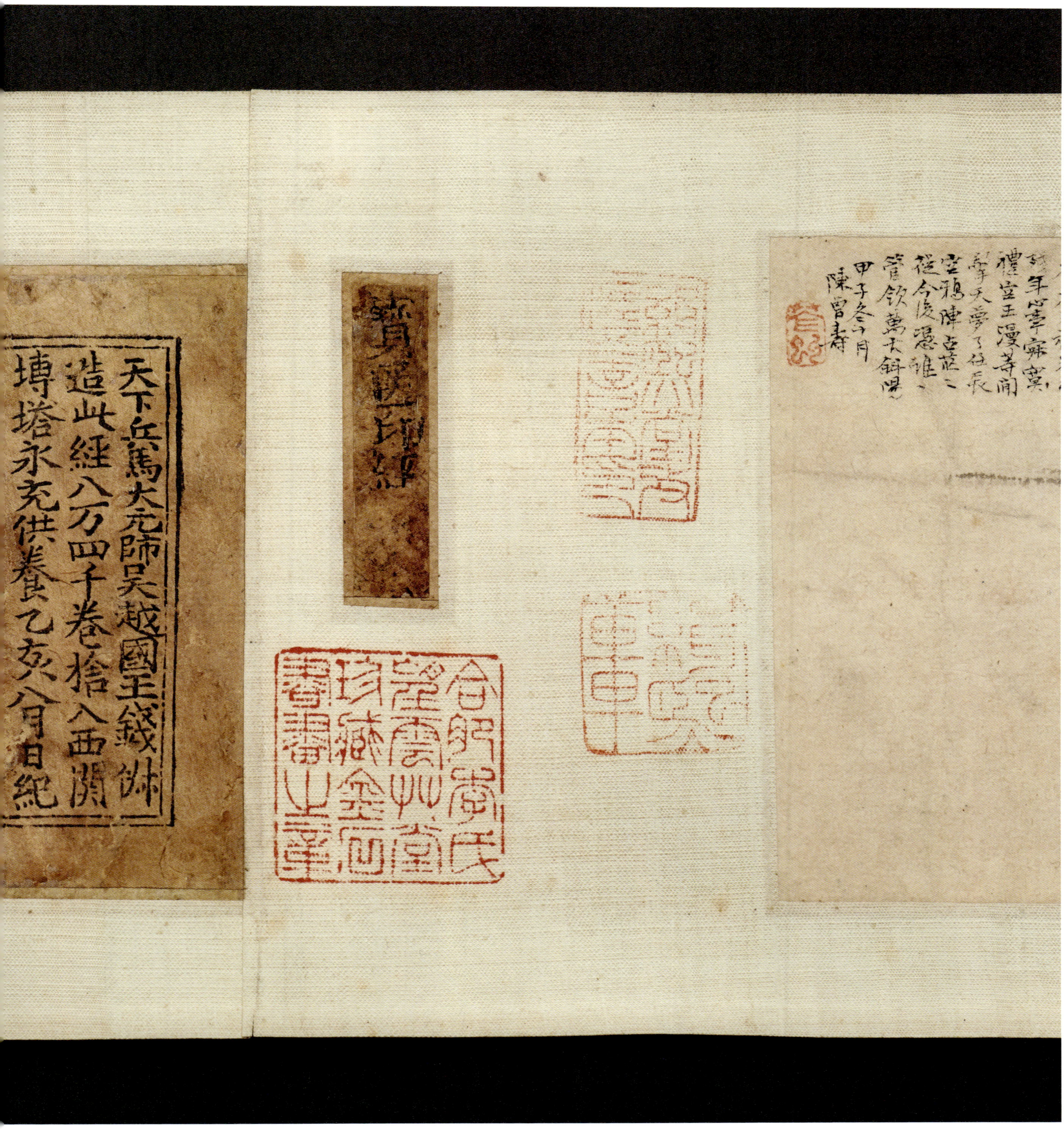


一卷，卷轴装，高12厘米，长283厘米。此卷有陈曾寿题签并题名：“吴越黄妃塔藏经，甲子冬十月，陈曾寿。”山阴王云敬绘白描佛祖座莲花台法像；陈曾寿补绘西湖雷峰塔图并题词《八声甘州》。经前有三行题字，为“天下兵马大元帅，吴越国王钱俶，造此经八万四千卷，舍入西关砖塔，永充供养，乙亥八月日纪”；次为《礼佛图》，后为经文。

（辛渭）

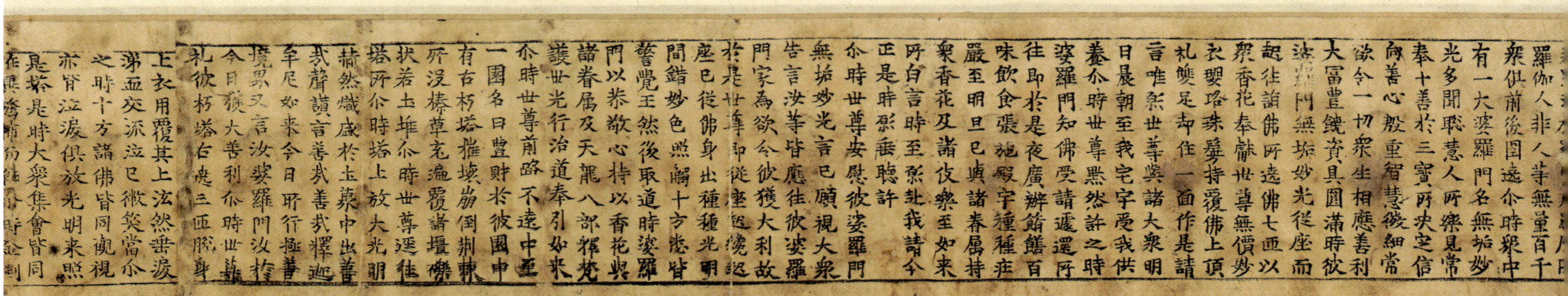

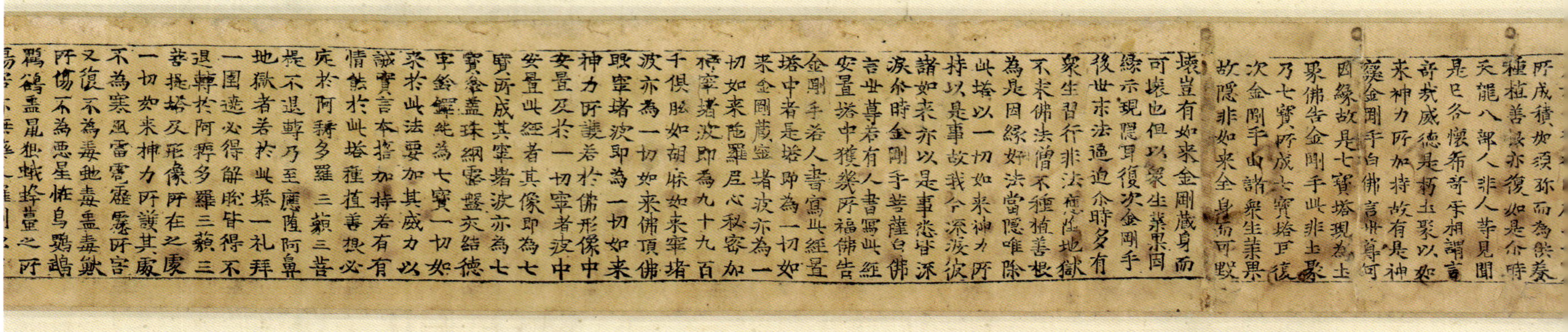

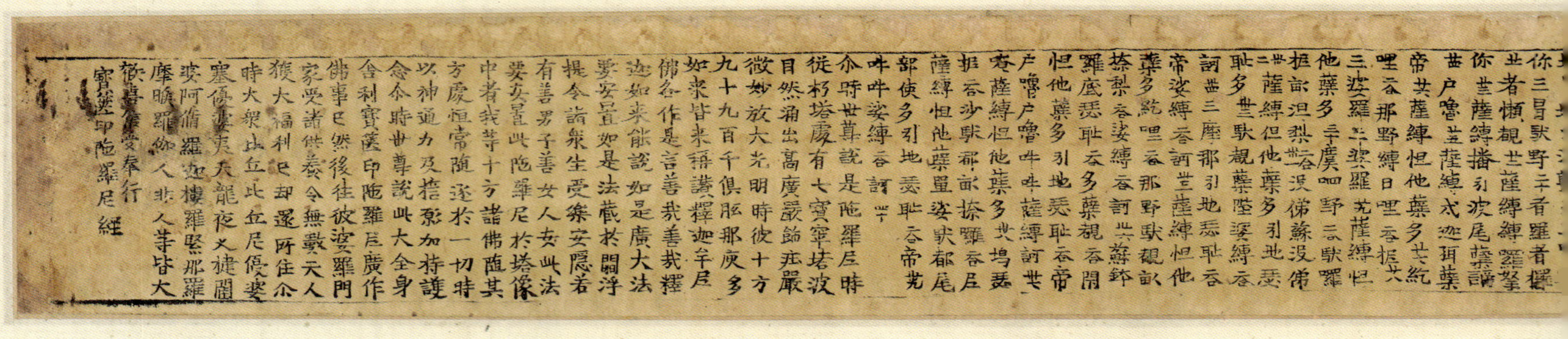

吳越黃妃塔藏經
甲子冬十月
陳曾壽

天下兵馬大元帥吳越國王錢俶造此經八万四千卷捨入西關磚塔永充供養乙亥八月日紀
一切如来心秘密全身舍利寶篋印陀羅尼經

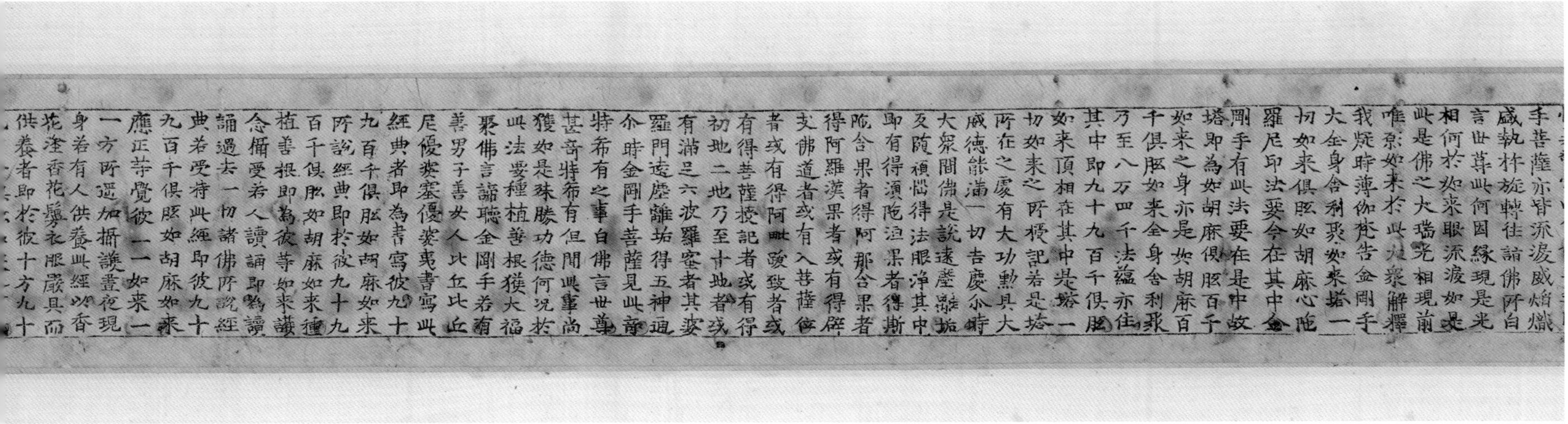

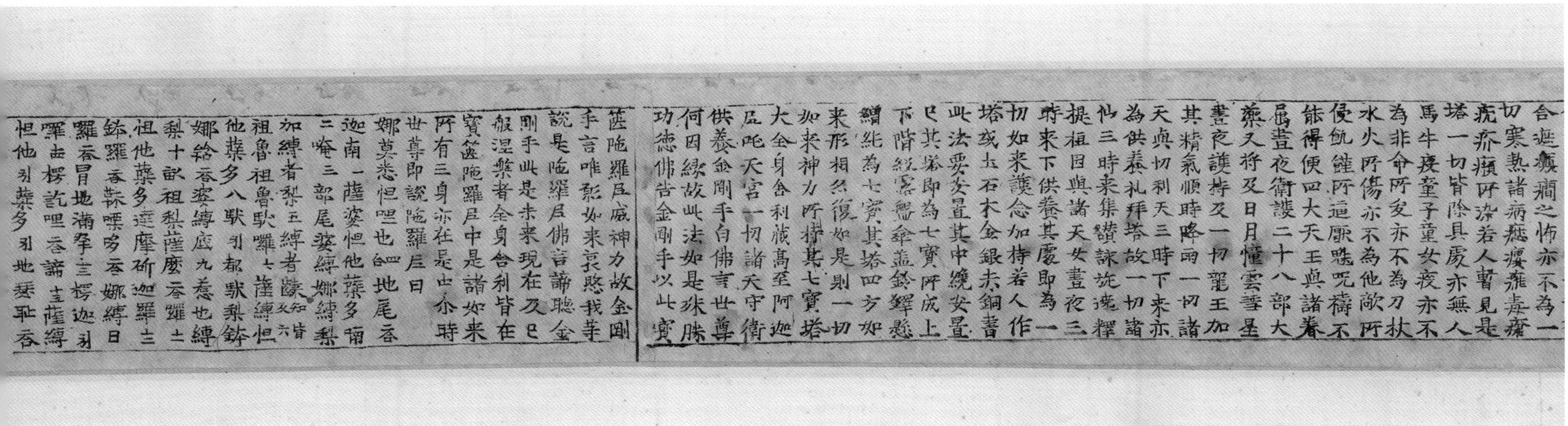

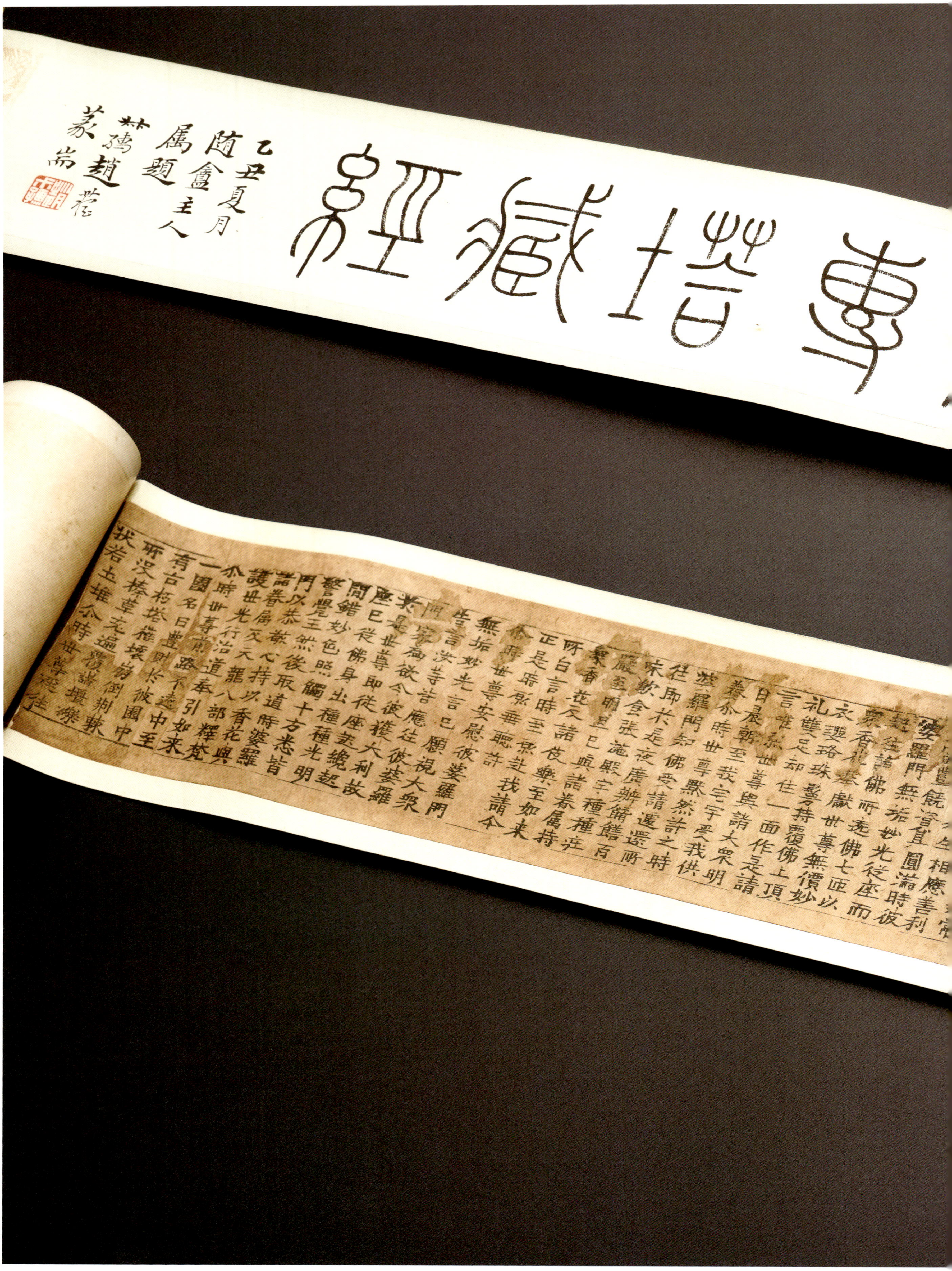
乙丑夏月
隨盦主人
屬題

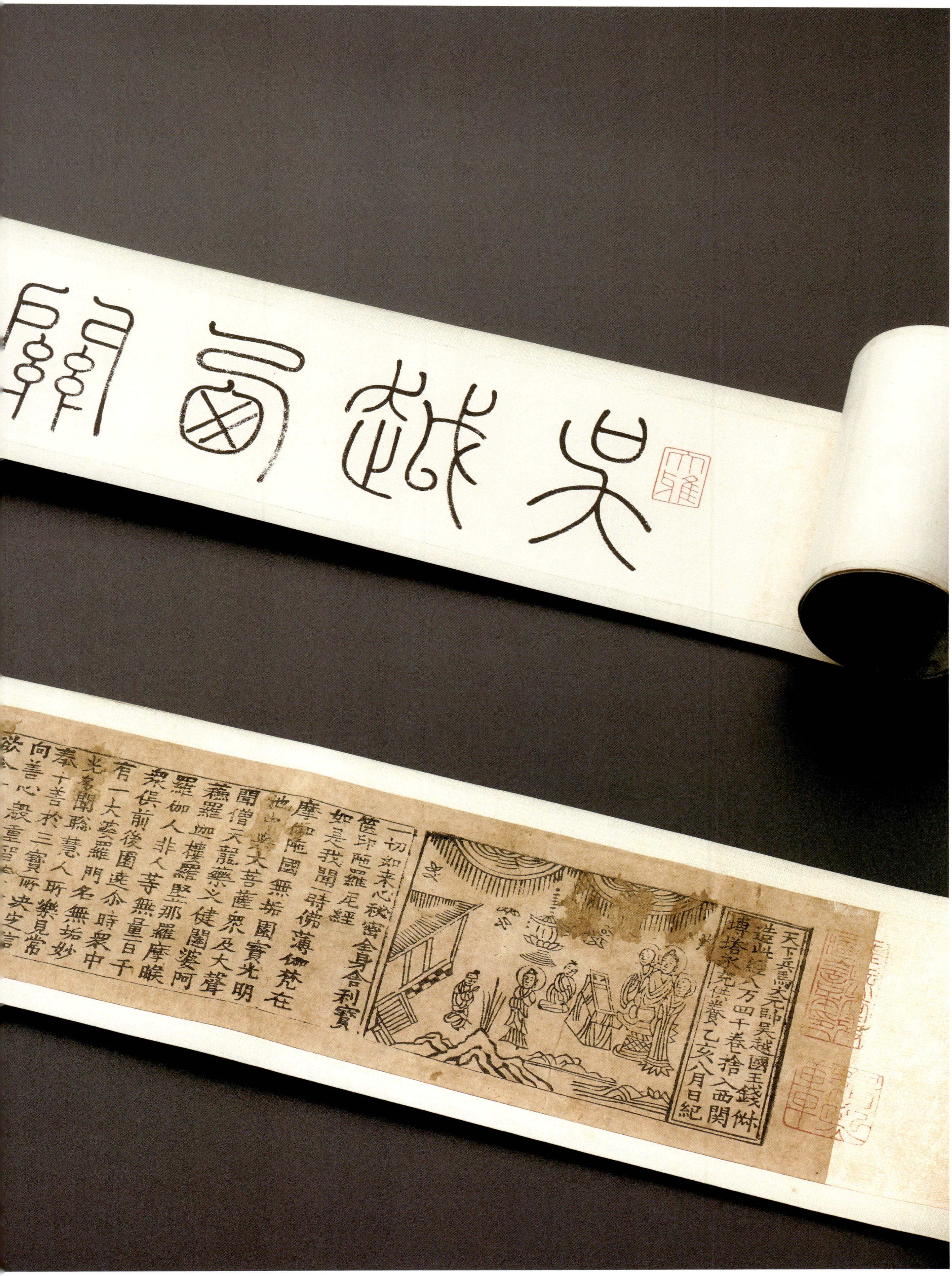
天下兵馬大元帥吳越國王錢俶
造此經八万四千卷捨入西關
塼塔永充供養乙亥八月日紀
一切如來心秘密全身舍利寶
篋印陀羅尼經

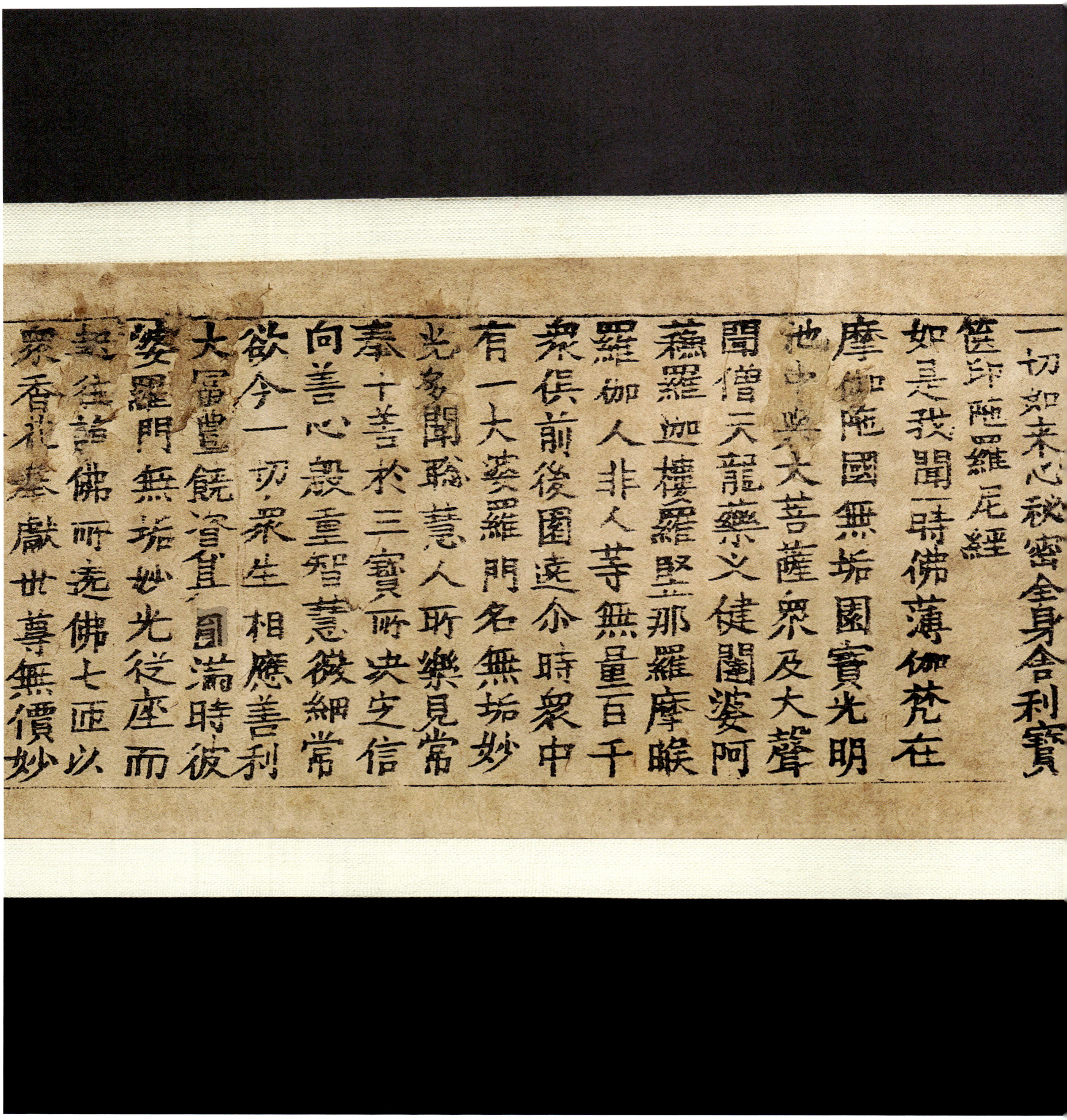
一切如來心秘密全身舍利寶
篋印陀羅尼經
如是我聞一時佛薄伽梵在
摩伽陀國無垢園寶光明
池中與大菩薩衆及大聲
聞僧天龍藥叉健闥婆阿
蘇羅迦樓羅緊那羅摩睺
羅伽人非人等無量百千
衆俱前後圍遶尒時衆中
有一大婆羅門名無垢妙
光多聞聡慧人所樂見常
奉十善於三寶所决定信
向善心殷重智慧微細常
欲令一切衆生相應善利
大富豐饒資具圓滿時彼
婆羅門無垢妙光從座而
起往詣佛所遶佛七匝以
衆香花奉獻世尊無價妙

020 一切如来心秘密全身舍利宝箧印陀罗尼经

（唐）释不空译

北宋开宝八年（975）刻本

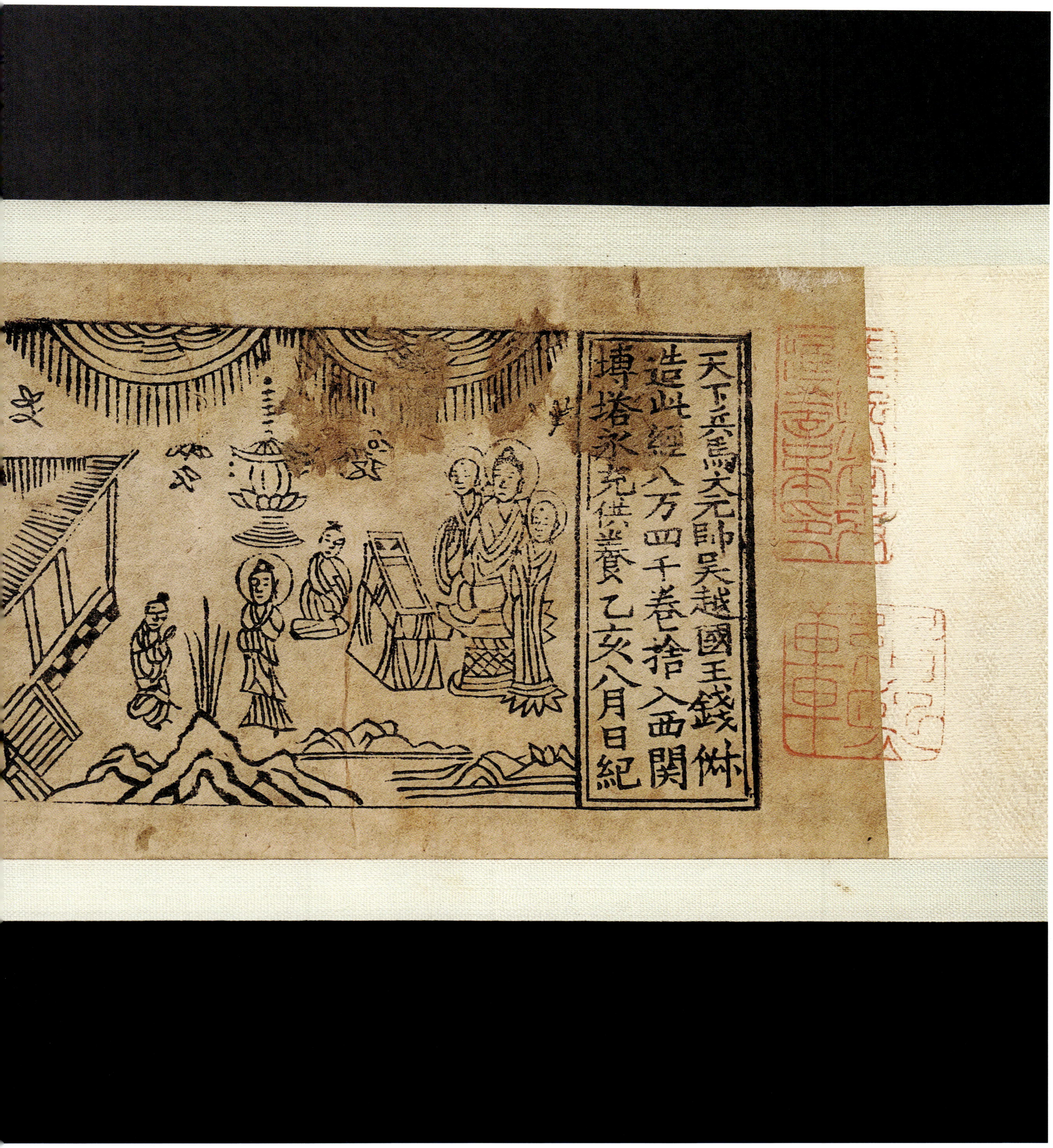


一卷，卷轴装，高 7.3 厘米，引首长 117.5 厘米；经卷长 211 厘米；题跋长 65 厘米。此卷为徐乃昌旧藏。赵叔孺题端；宣哲应徐乃昌之请手绘淡彩雷峰塔图一幅，并在长跋中将此卷与显德三年（956）《宝箧印经》对比，详考了钱俶的改名、封号及相关纪年。卷末有吴士鉴、金蓉镜、周庆云、姚景瀛四家题词。

（辛渭）

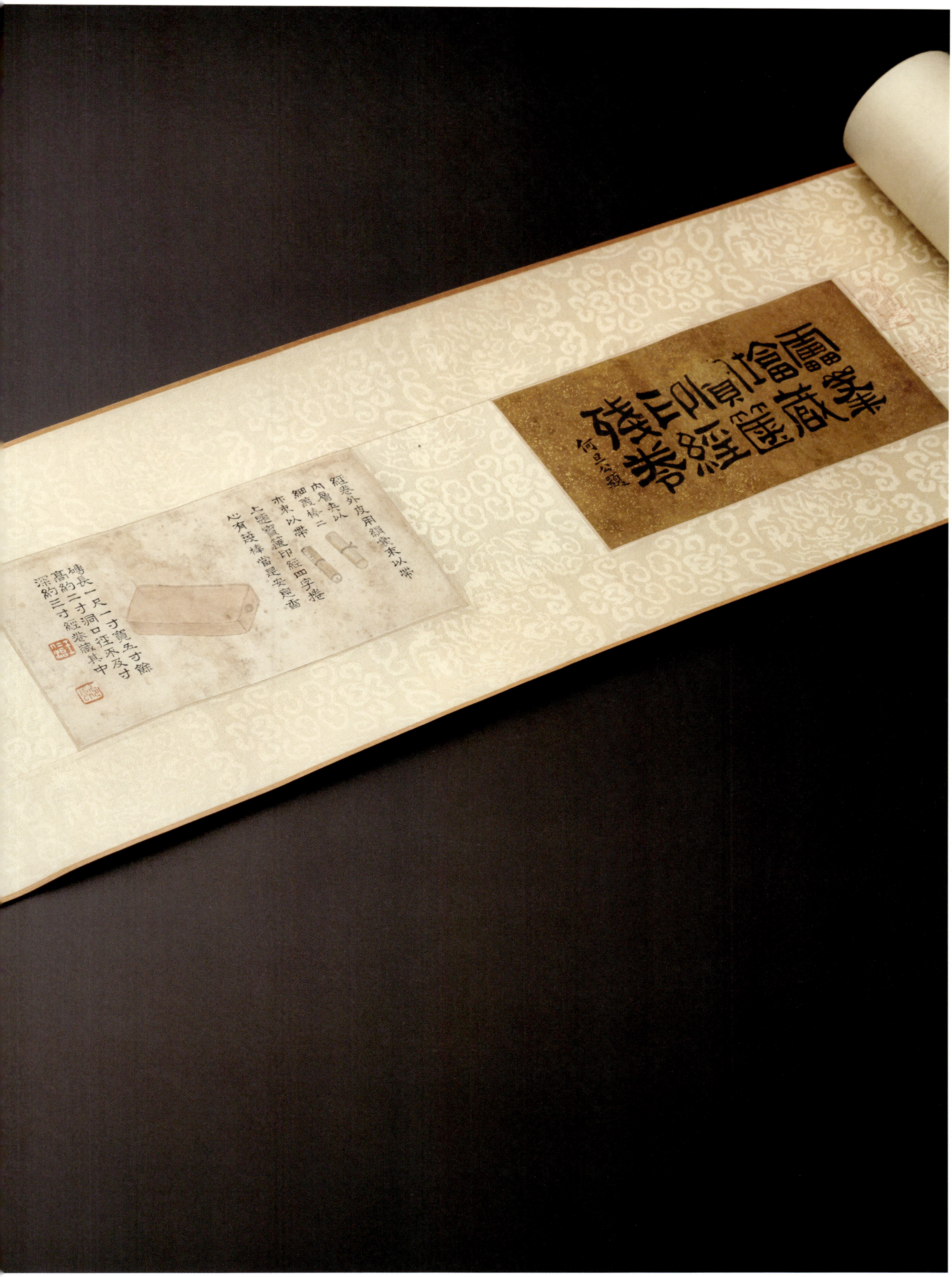

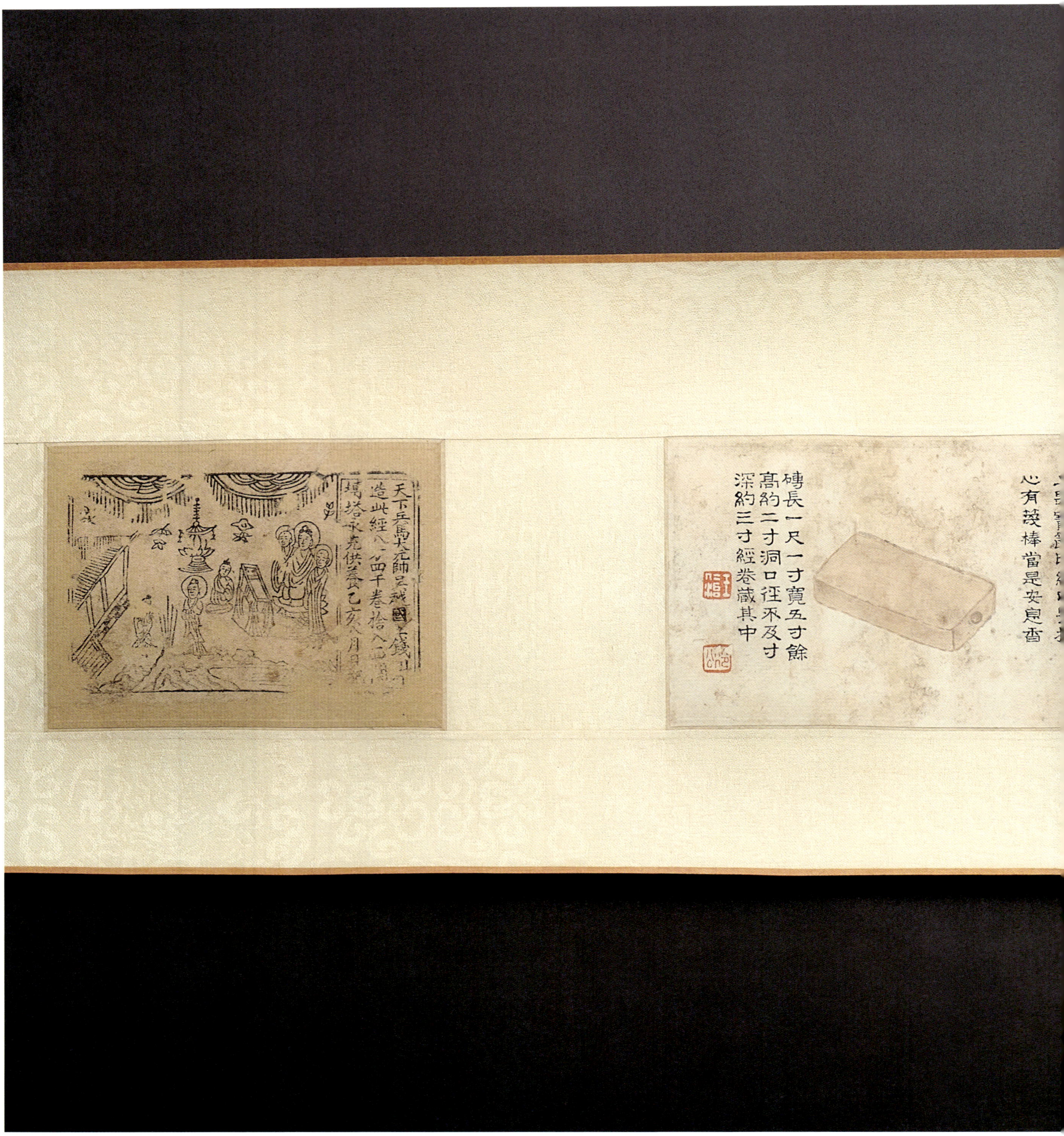


021 | 一切如来心秘密全身舍利宝箧印陀罗尼经

（唐）释不空译

北宋开宝八年（975）刻本

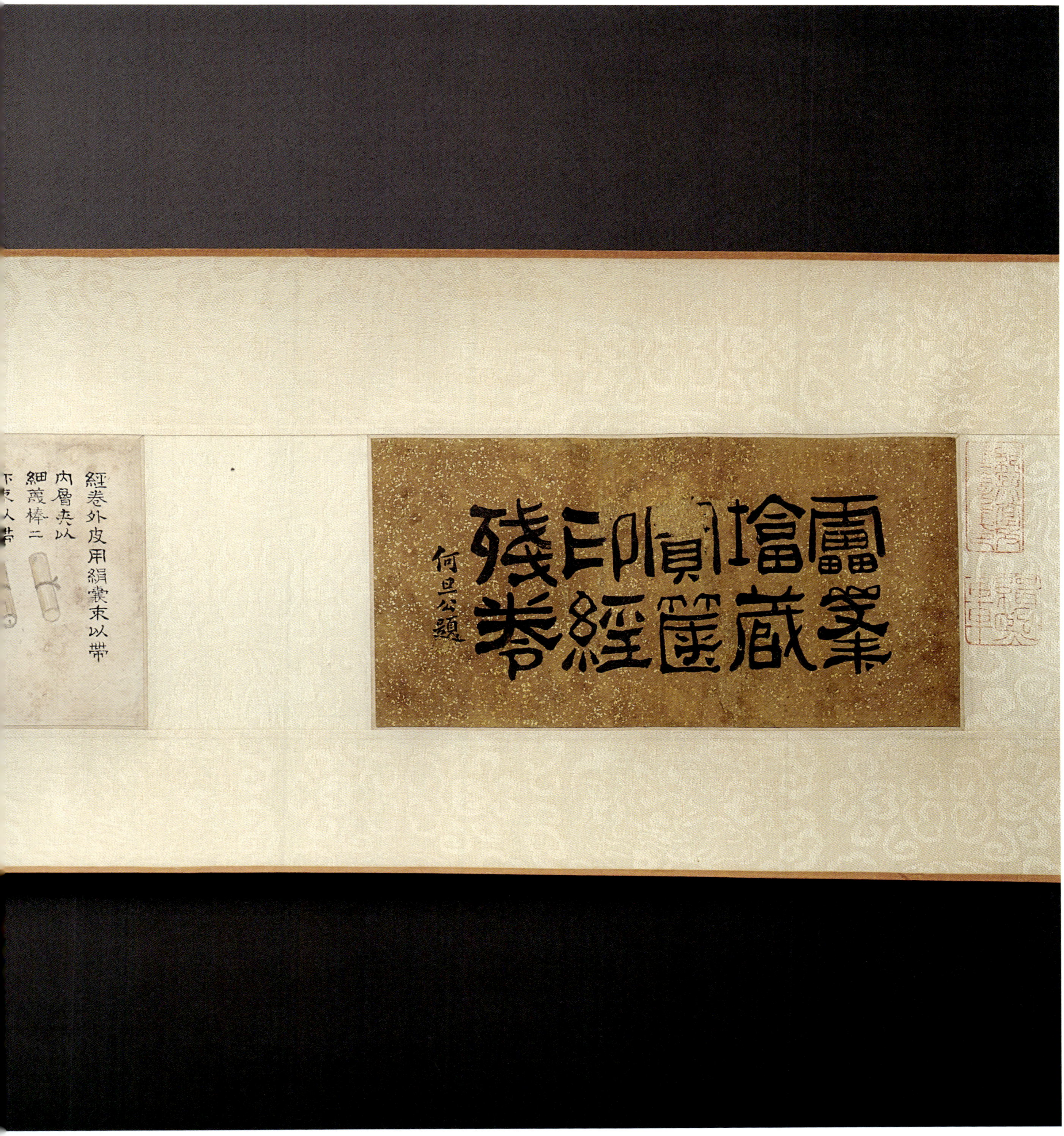


一卷，卷轴装，高 7.5 厘米，引首图 16 厘米，题记 16 厘米，砖图 15 厘米，说法图 10 厘米，经文 158 厘米，尾跋 15 厘米。卷首有王仁治淡彩手绘雷峰塔图一幅并题记，又绘塔砖图详述雷峰塔经卷的装藏结构及塔砖的具体尺寸，中有何旦公题“雷峰塔藏宝箧印经残卷”十字。次礼佛图一幅，后经文，卷末有任老手书长跋，详述此卷扉画及经文缺损处精心补缀之事。

（辛渭）

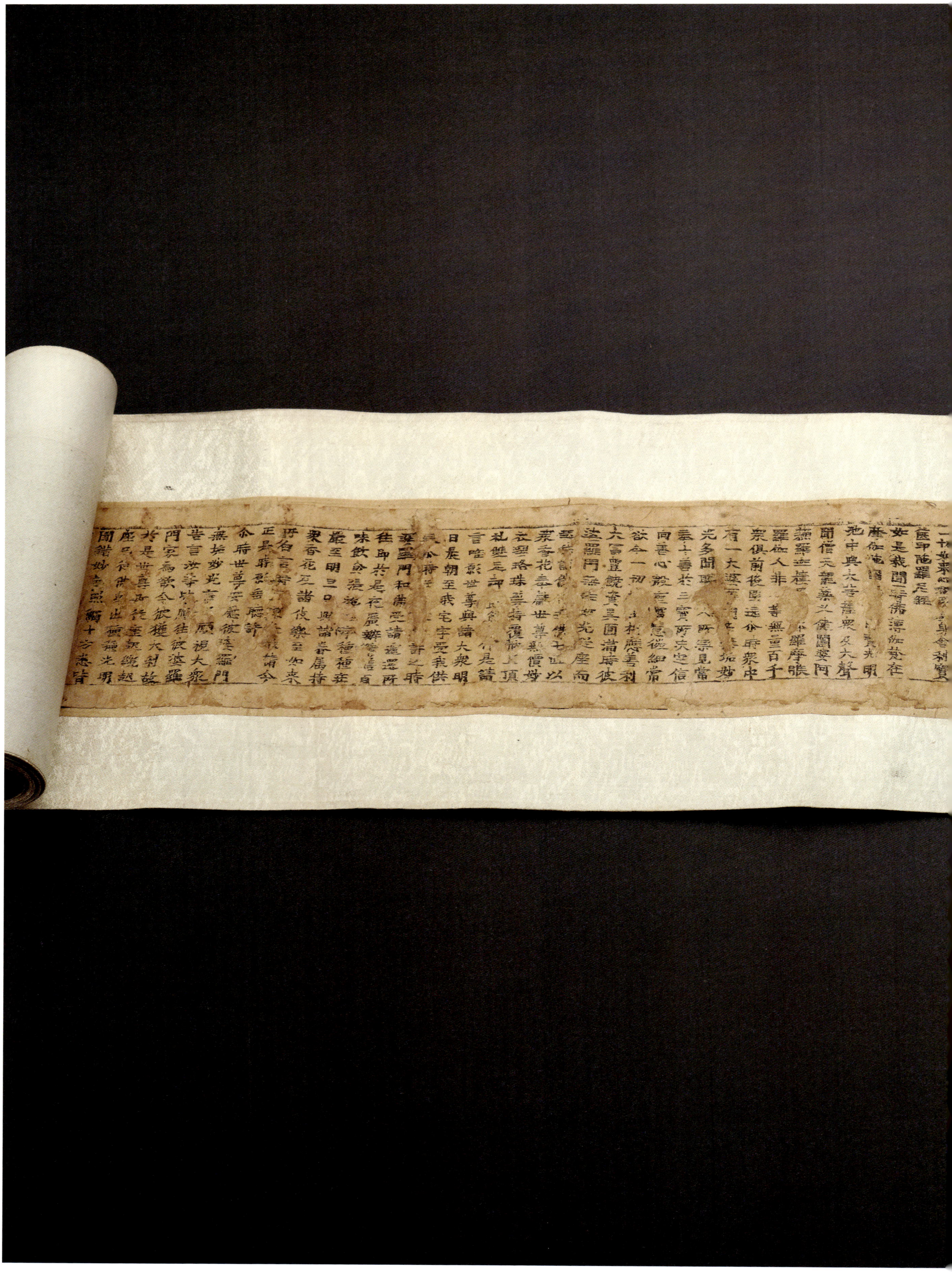

天下兵馬大元帥吳越國王錢俶
造此經八万四千卷捨入西關

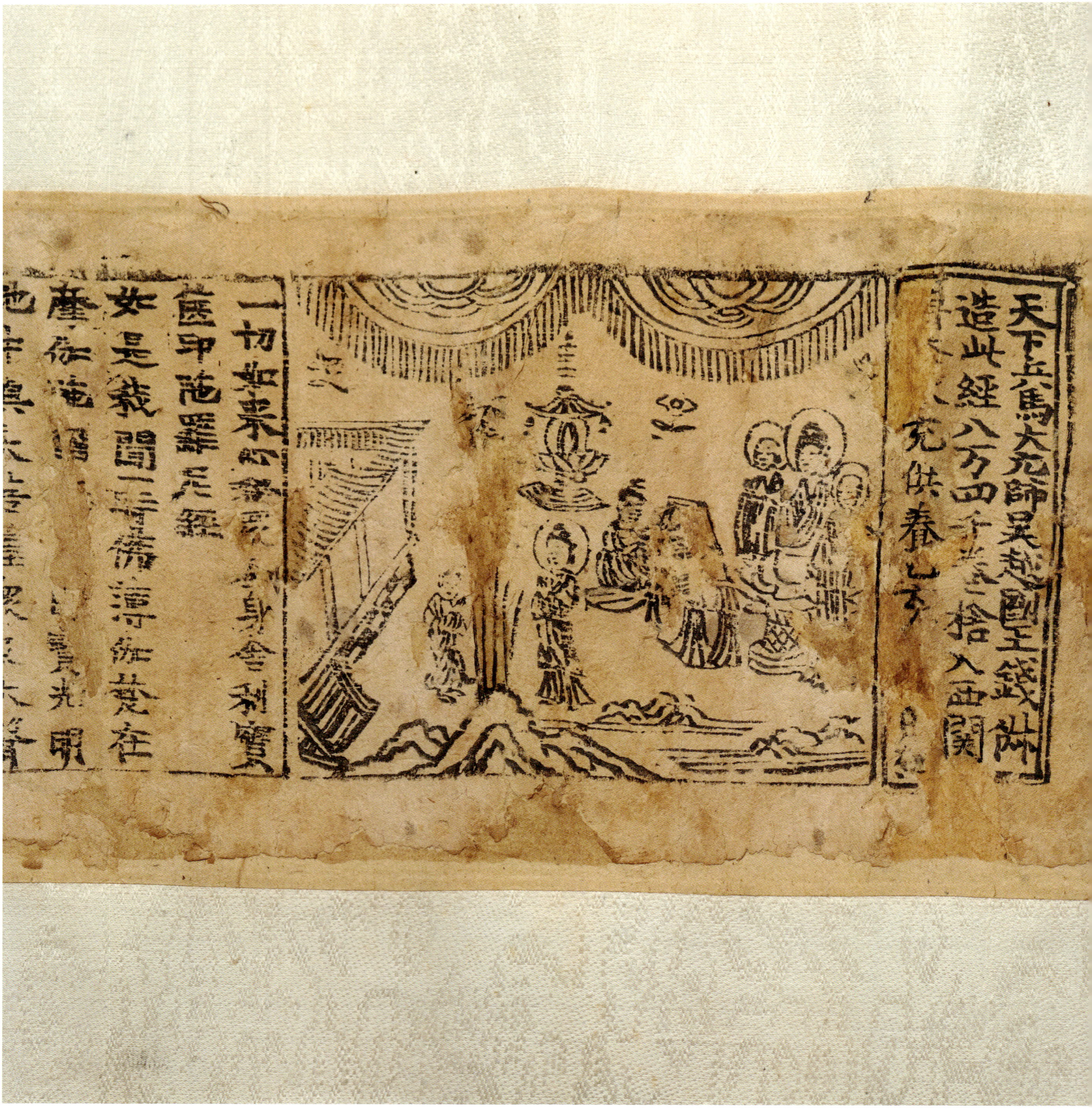


022 一切如来心秘密全身舍利宝箧印陀罗尼经

（唐）释不空译

北宋开宝八年（975）刻本

一卷，卷轴装，高 8 厘米，长 221 厘米。经前有三行题字："天下兵马大元帅，吴越国王钱俶，造此经八万四千卷，舍入西关砖塔，永充供养，乙亥六月记"；次为《礼佛图》，后为经文。此经存原包首、缘带，包首有印字"宝箧印经"，缘带为非常难得的发现，证明了此经卷装入塔砖之前的初始形态。

钤印：缉熙堂收藏善本印（朱）缉熙轩（朱）

（辛渭）

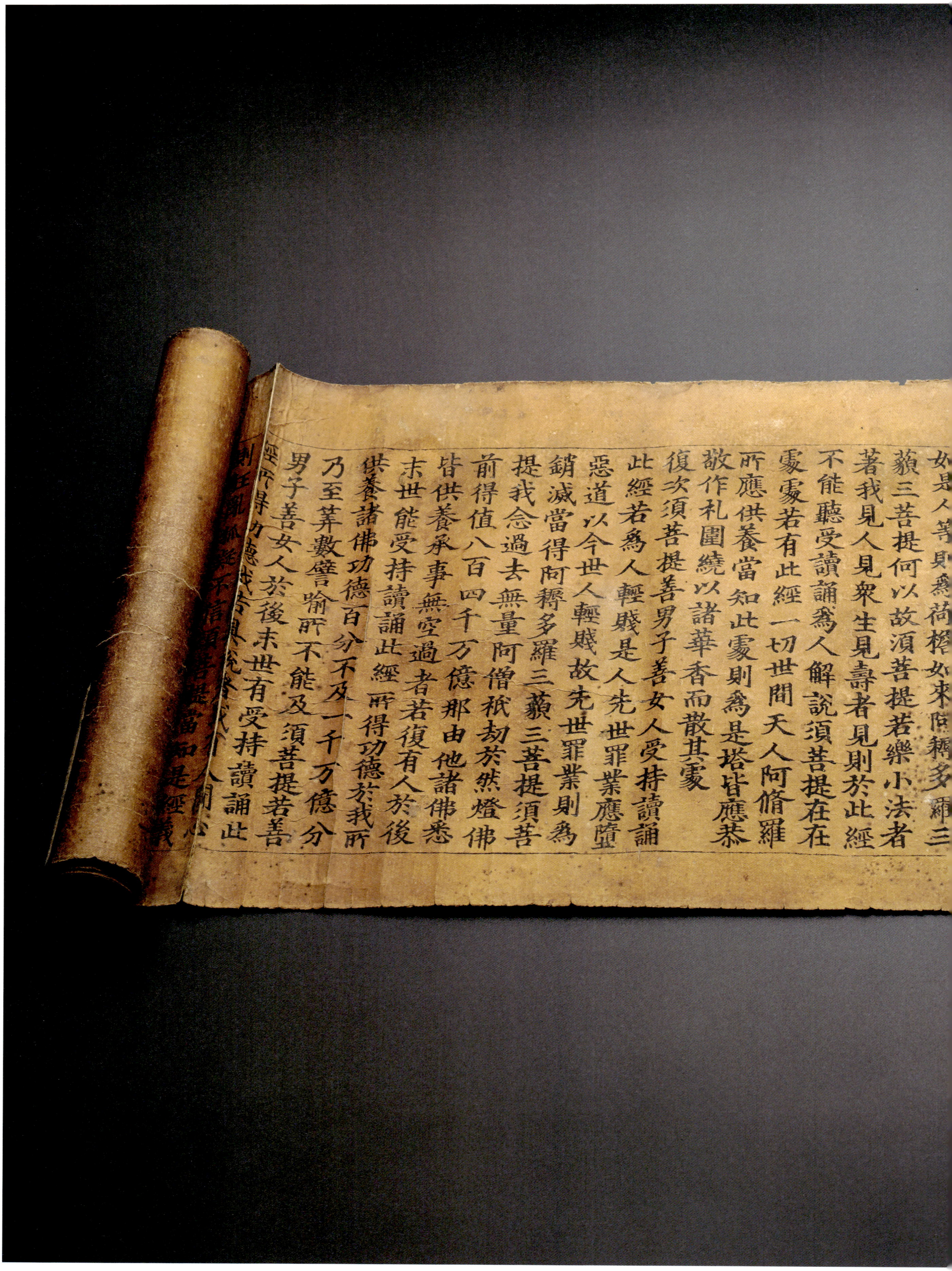

如是人等則為荷擔如來阿耨多羅三
藐三菩提何以故須菩提若樂小法者
著我見人見衆生見壽者見則於此經
不能聽受讀誦為人解說須菩提在在
處處若有此經一切世間天人阿脩羅
所應供養當知此處則為是塔皆應恭
敬作礼圍繞以諸華香而散其處
復次須菩提善男子善女人受持讀誦
此經若為人輕賤是人先世罪業應墮
惡道以今世人輕賤故先世罪業則為
銷滅當得阿耨多羅三藐三菩提須菩
提我念過去無量阿僧祇劫於然燈佛
前得值八百四千万億那由他諸佛悉
皆供養承事無空過者若復有人於後
末世能受持讀誦此經所得功德於我所
供養諸佛功德百分不及一千万億分
乃至筭數譬喻所不能及須菩提若善
男子善女人於後末世有受持讀誦此
經所得功德我若具說者或有人聞心
則狂亂狐疑不信須菩提當知是經義

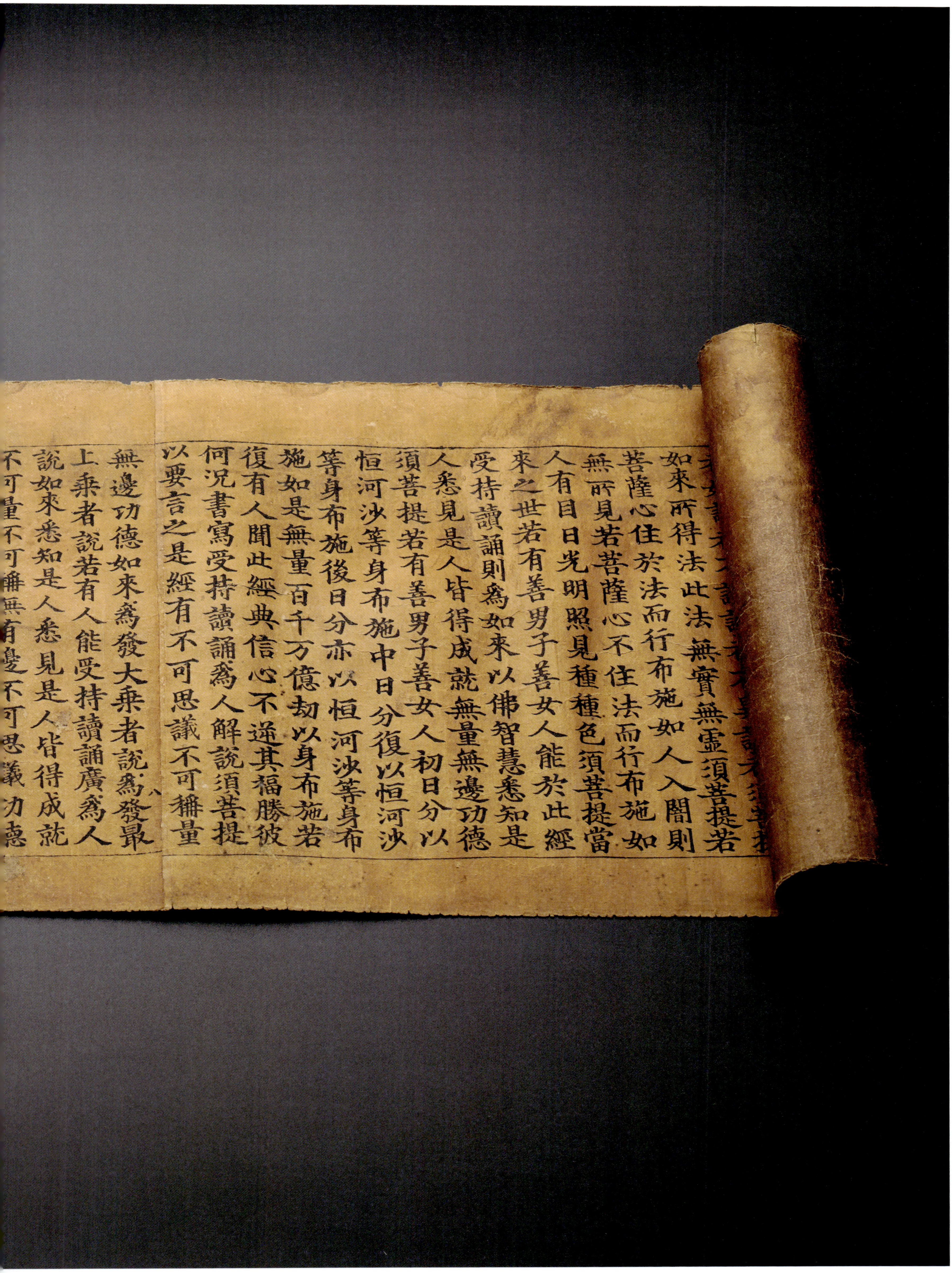
如來所得法此法無實無虛須菩提若
菩薩心住於法而行布施如人入闇則
無所見若菩薩心不住法而行布施如
人有目日光明照見種種色須菩提當
來之世若有善男子善女人能於此經
受持讀誦則為如來以佛智慧悉知是
人悉見是人皆得成就無量無邊功德
須菩提若有善男子善女人初日分以
恒河沙等身布施中日分復以恒河沙
等身布施後日分亦以恒河沙等身布
施如是無量百千万億劫以身布施若
復有人聞此經典信心不逆其福勝彼
何況書寫受持讀誦為人解說須菩提
以要言之是經有不可思議不可稱量
無邊功德如來為發大乘者說為發最
上乘者說若有人能受持讀誦廣為人
說如來悉知是人悉見是人皆得成就
不可量不可稱無有邊不可思議功德

金剛般若波羅蜜經

大身真言

那謨婆伽筏帝 鉢羅壞 波羅蜜
多曳 唵 伊利帝 伊室利 輸盧
馱 毗舍耶 毗舍耶 娑婆訶

補闕眞言

南無喝囉 怛那哆囉 夜耶 佉囉 佉囉
俱住 俱住 摩囉摩囉 虎囉 吽 賀賀
素發末拏 娑婆訶

北丘守謙又於濠泗二州教化四衆印金剛經一千五百一十七卷
僧供一千人大銀稜鉢盂一副親送 五臺山鉢供
文殊經施衆僧轉讀所有良緣功德普願迴向遍周法
界眞如實際一切六道四生及捨財施主弟子化導功勳
願咸昇般若之舟疏盡登菩提之彼岸伏願
皇帝聖壽萬歲
時太平興國六年歲次辛巳七月二十三日寄濠州崇勝禪院
造設齋慶讚訖此經用沉檀龍腦木研墨
今第四會也 宿州聖果[illegible]

023

# 金刚般若波罗蜜经

（后秦）鸠摩罗什译

北宋太平兴国六年（981）宿州圣果寺比丘守谦智广刻本

一卷，卷轴装，高29厘米，长565厘米。此经字体拙朴遒劲，用染黄纸印制，纸质偏厚，延续了早期写经遗风。尾有题记："时太平兴国六年岁次辛巳七月二十三日寄濠州崇胜禅院造，设斋庆赞讫，此经用沉檀龙脑水研墨""宿州圣果寺比丘守谦智广刊造"。

"沉檀龙脑"是古籍记载的珍贵香料。中国古人提到名贵香料时，往往会列举"沉檀龙麝"四种，即沉香、檀香、龙脑香、麝香。此经明确用"沉檀龙脑水研墨"，用它们来调墨印刷，以示对佛教信仰的虔诚和对佛经刊印的重视。这样的印刷方式，在历史记载中仅见。

此经刊刻于太平兴国六年（981），第一部刻本大藏经开宝藏开雕于北宋开宝四年（971），年份相近，是研究北宋刻经的珍贵资料。

（辛渭）

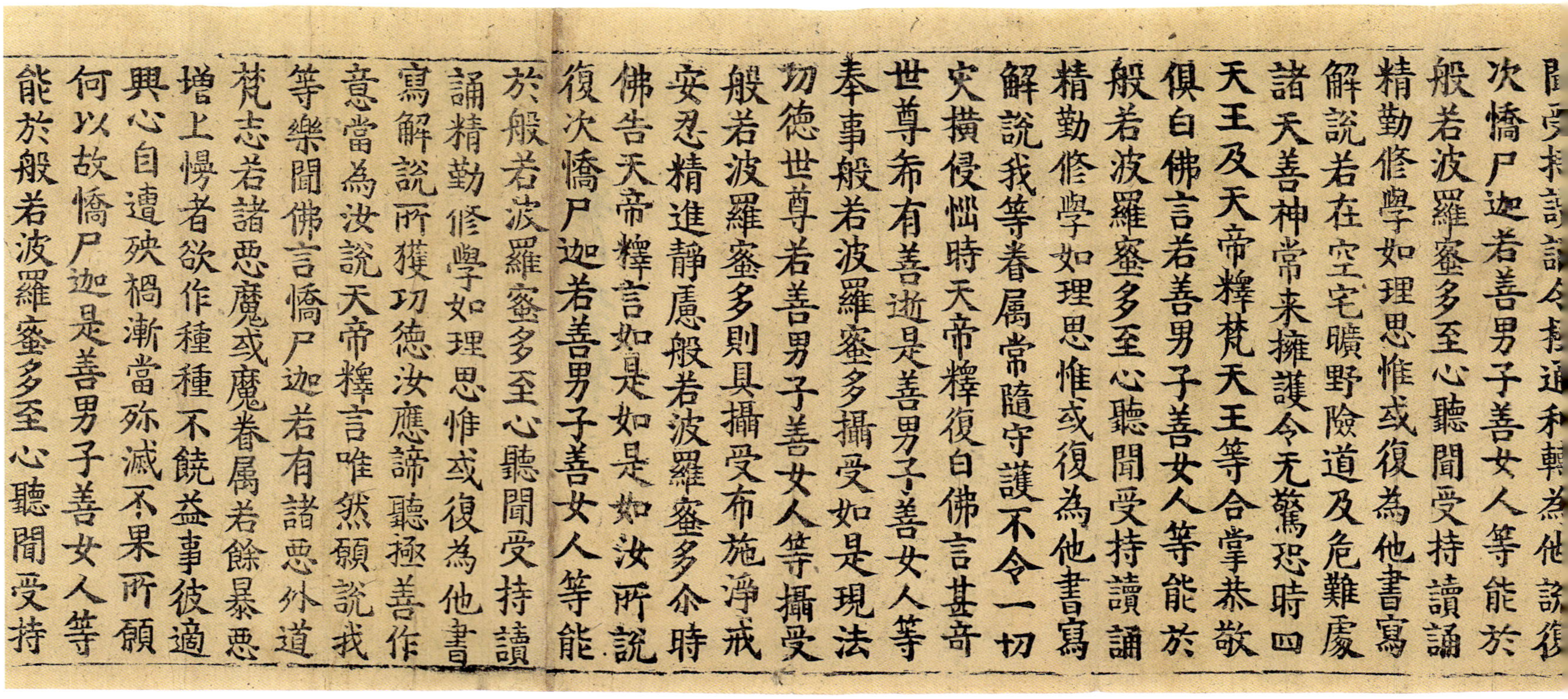
聞受持讀誦令其通利轉為他說復
次憍尸迦若善男子善女人等能於
般若波羅蜜多至心聽聞受持讀誦
精勤修學如理思惟或復為他書寫
解說若在空宅曠野險道及危難處
諸天善神常來擁護令无驚恐時四
天王及天帝釋梵天王等合掌恭敬
俱白佛言若善男子善女人等能於
般若波羅蜜多至心聽聞受持讀誦
精勤修學如理思惟或復為他書寫
解說我等眷屬常隨守護不令一切
灾橫侵惱時天帝釋復白佛言甚奇
世尊希有善逝是善男子善女人等
奉事般若波羅蜜多攝受如是現法
功德世尊若善男子善女人等攝受
般若波羅蜜多則具攝受布施淨戒
安忍精進靜慮般若波羅蜜多尒時
佛告天帝釋言如是如是如汝所說
復次憍尸迦若善男子善女人等能
於般若波羅蜜多至心聽聞受持讀
誦精勤修學如理思惟或復為他書
寫解說所獲功德汝應諦聽極善作
意當為汝說天帝釋言唯然願說我
等樂聞佛言憍尸迦若有諸惡外道
梵志若諸惡魔或魔眷屬若餘暴惡
增上慢者欲作種種不饒益事彼適
興心自遭殃禍漸當殄滅不果所願
何以故憍尸迦是善男子善女人等
能於般若波羅蜜多至心聽聞受持

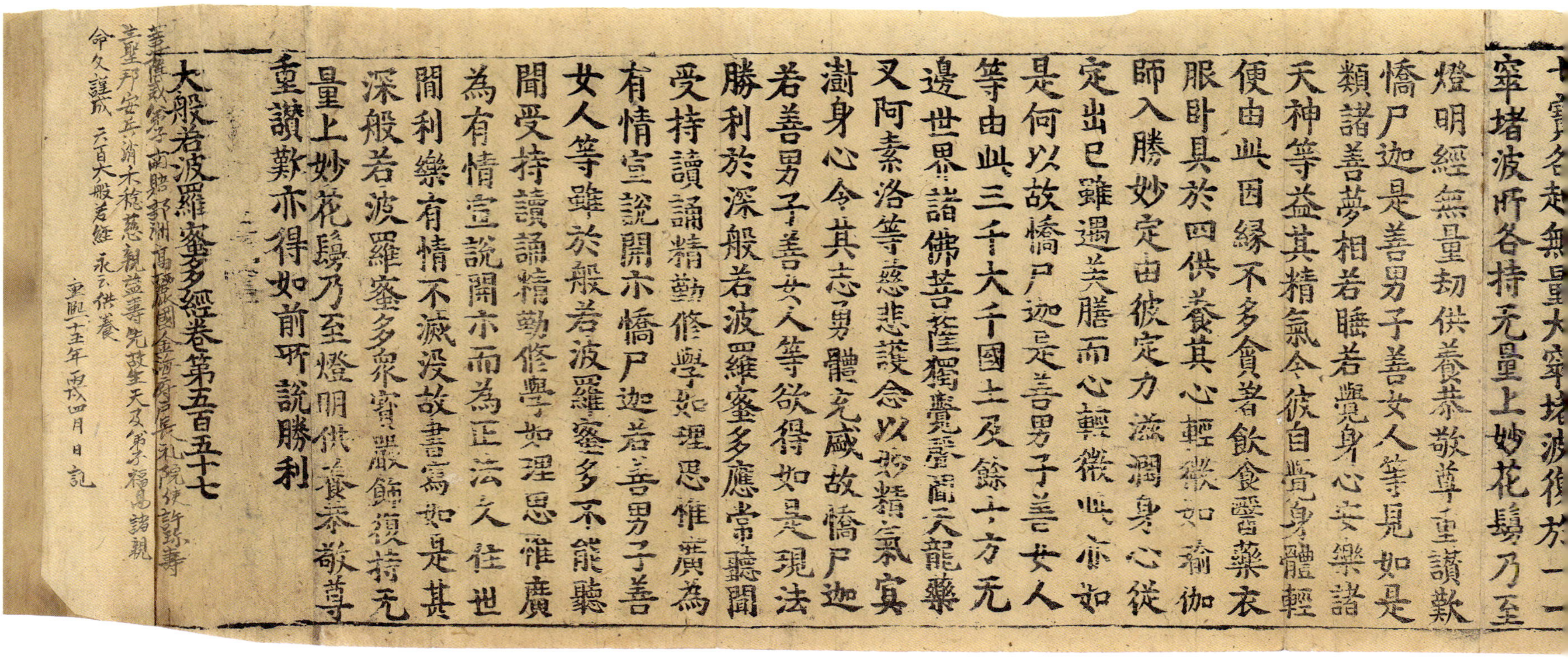
七寶各起無量大窣堵波復於一一
窣堵波所各持无量上妙花鬘乃至
燈明經無量劫供養恭敬尊重讚歎
憍尸迦是善男子善女人等見如是
類諸善夢相若睡若覺身心安樂諸
天神等益其精氣令彼自覺身體輕
便由此因緣不多貪著飲食醫藥衣
服卧具於四供養其心輕微如瑜伽
師入勝妙定由彼定力滋潤身心從
定出已雖遇美膳而心輕微此亦如
是何以故憍尸迦是善男子善女人
等由此三千大千國土及餘十方无
邊世界諸佛菩薩獨覺羅漢天龍藥
叉阿素洛等慈悲護念以妙精氣冥
滋身心令其志勇體充盛故憍尸迦
若善男子善女人等欲得如是現法
勝利於深般若波羅蜜多應常聽聞
受持讀誦精勤修學如理思惟廣為
有情宣說開示憍尸迦若善男子善
女人等雖於般若波羅蜜多不能聽
聞受持讀誦精勤修學如理思惟廣
為有情宣說開示而為正法久住世
間利樂有情不滅沒故書寫如是甚
深般若波羅蜜多衆寶嚴飾復持无
量上妙花鬘乃至燈明供養恭敬尊
重讚歎亦得如前所說勝利
大般若波羅蜜多經卷第五百五十七
菩薩戒弟子南贍部洲高麗國金海府戶長礼院使許珎壽
主聖邦安兵消禾稔慈親益壽先考生天及弟子福壽諸親
命久謹成 六百大般若經 永充供養
重熙十五年丙戌四月 日記

024 大般若波罗蜜多经卷第五百五十七

（唐）玄奘译

朝鲜高丽王朝高宗二十三年至三十八年（1236—1251）刻本

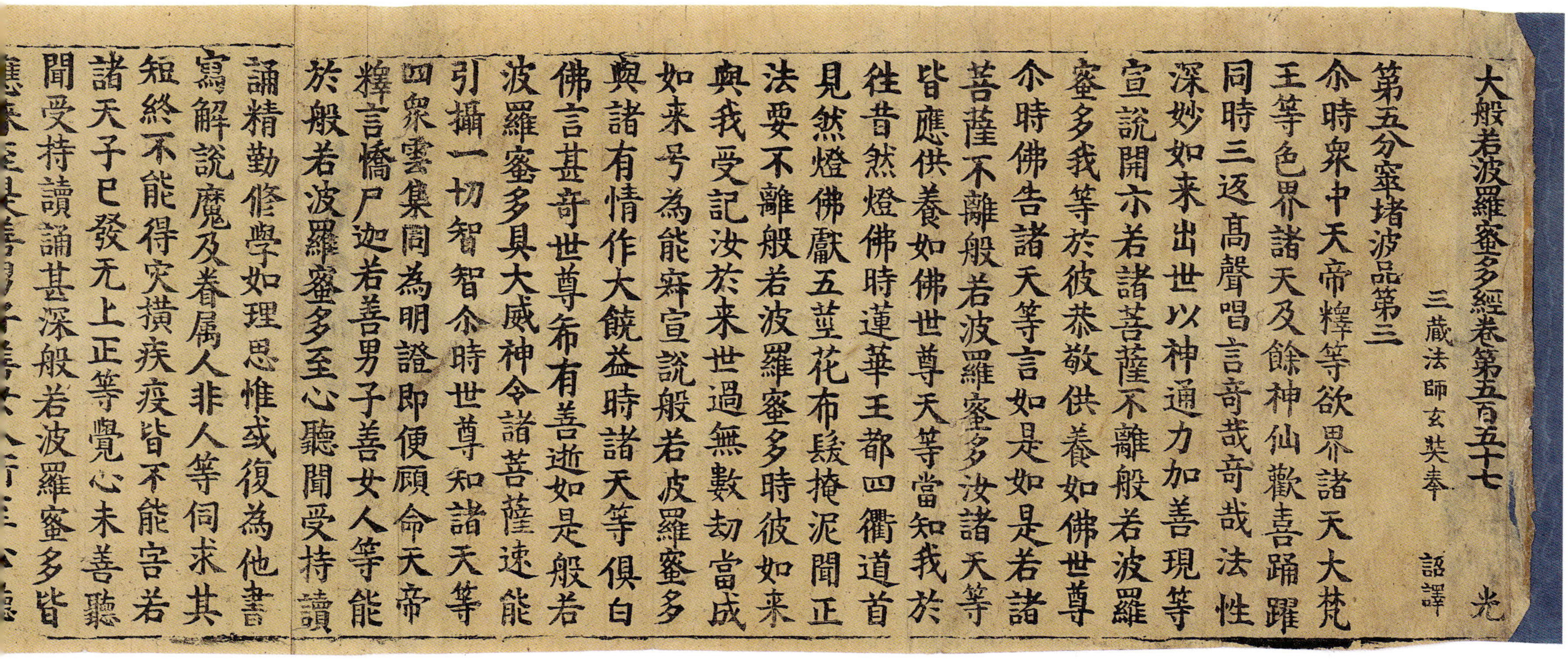


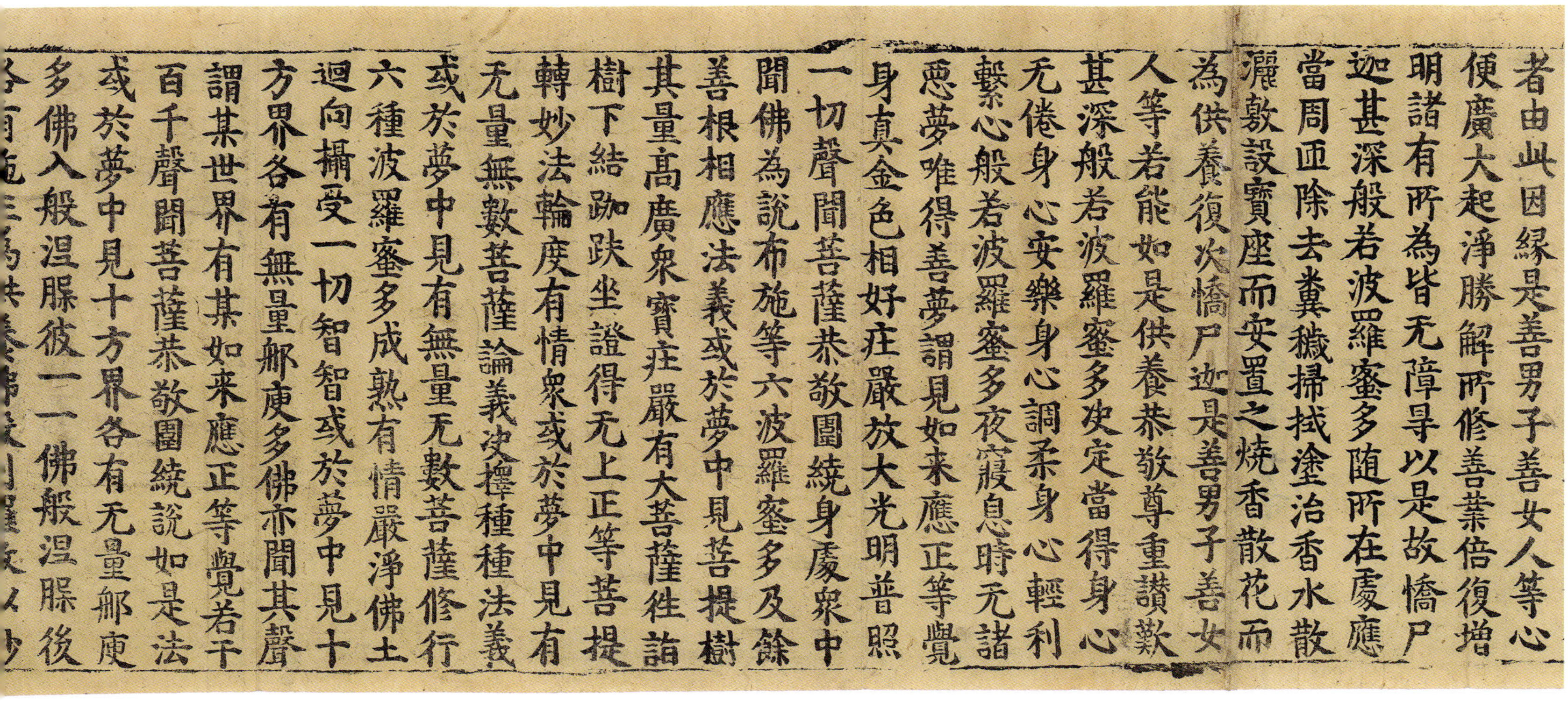


一卷，卷轴装，高25厘米，长1200厘米。千字文编号“光”。

高丽王朝显宗二年（1011）以宋《蜀版藏经》为底本开始雕印藏经，至文宗末年（1082）完成，共五千九百二十四卷。后此经版毁于兵火。高宗二十三年至三十八年（1236—1251），用《蜀版》《契丹版》及《高丽藏》初刻本对校勘正，雕印藏经六百三十九函一千五百二十一部六千五百八十九卷。此经版共八万余块传世，因此又称“八万大藏经”。1962年被韩国政府指定为国宝第32号加以保护，2007年被列入联合国教科文组织世界记忆名录。

（辛渭）

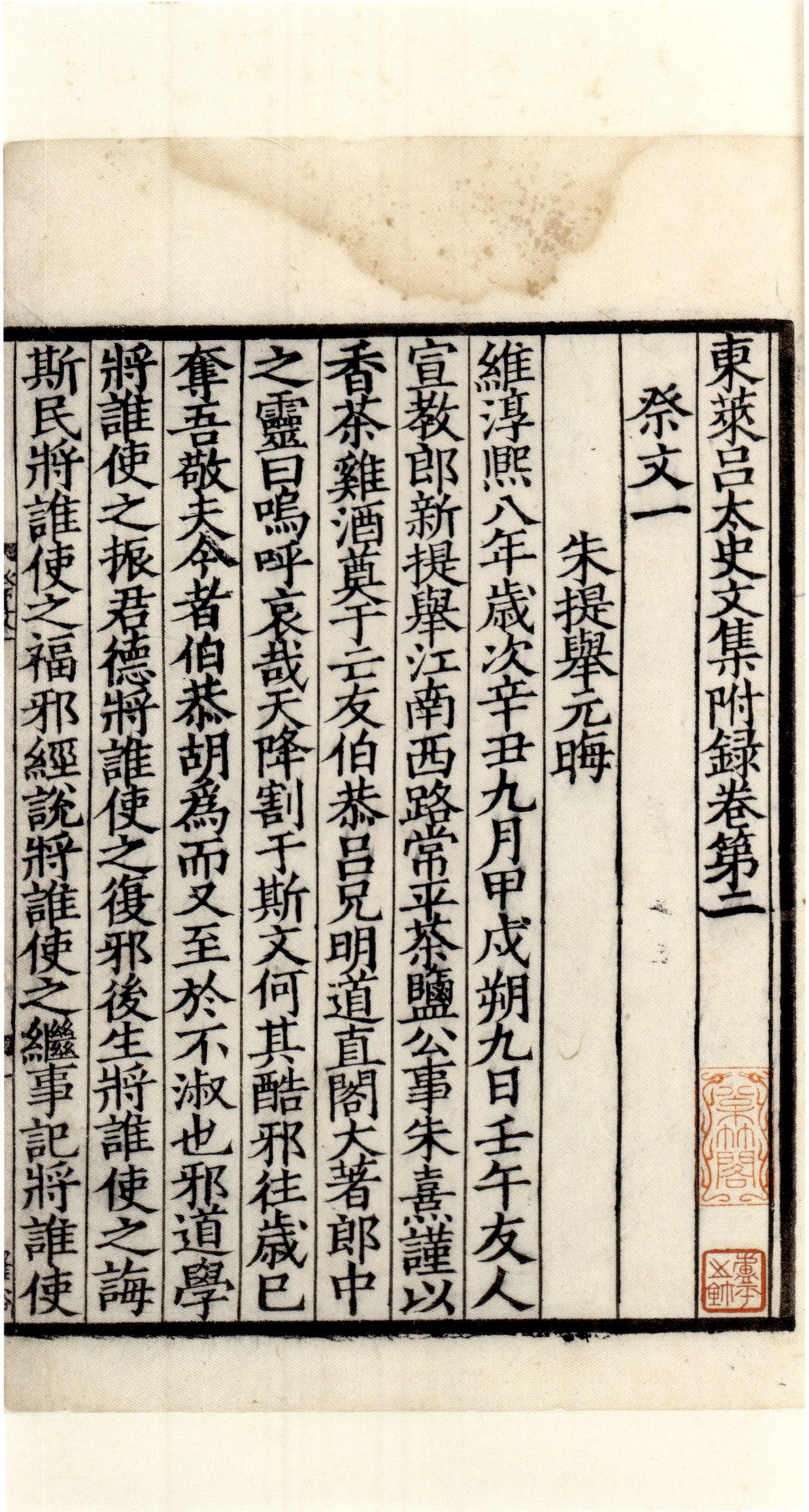
東萊呂太史文集附録卷第二

祭文一

朱提舉元晦

維淳熙八年歲次辛丑九月甲戌朔九日壬午友人宣教郎新提舉江南西路常平茶鹽公事朱熹謹以香茶雞酒奠于亡友伯恭呂兄明道直閣大著郎中之靈曰嗚呼哀哉天降割于斯文何其酷邪往歲已奪吾敬夫今者伯恭胡爲而又至於不淑也邪道學將誰使之振君德將誰使之復邪後生將誰使之誨斯民將誰使之福邪經說將誰使之繼事記將誰使

025 东莱吕太史文集附录两卷

（宋）吕祖谦撰

南宋嘉泰四年（1204）吕乔年刻本

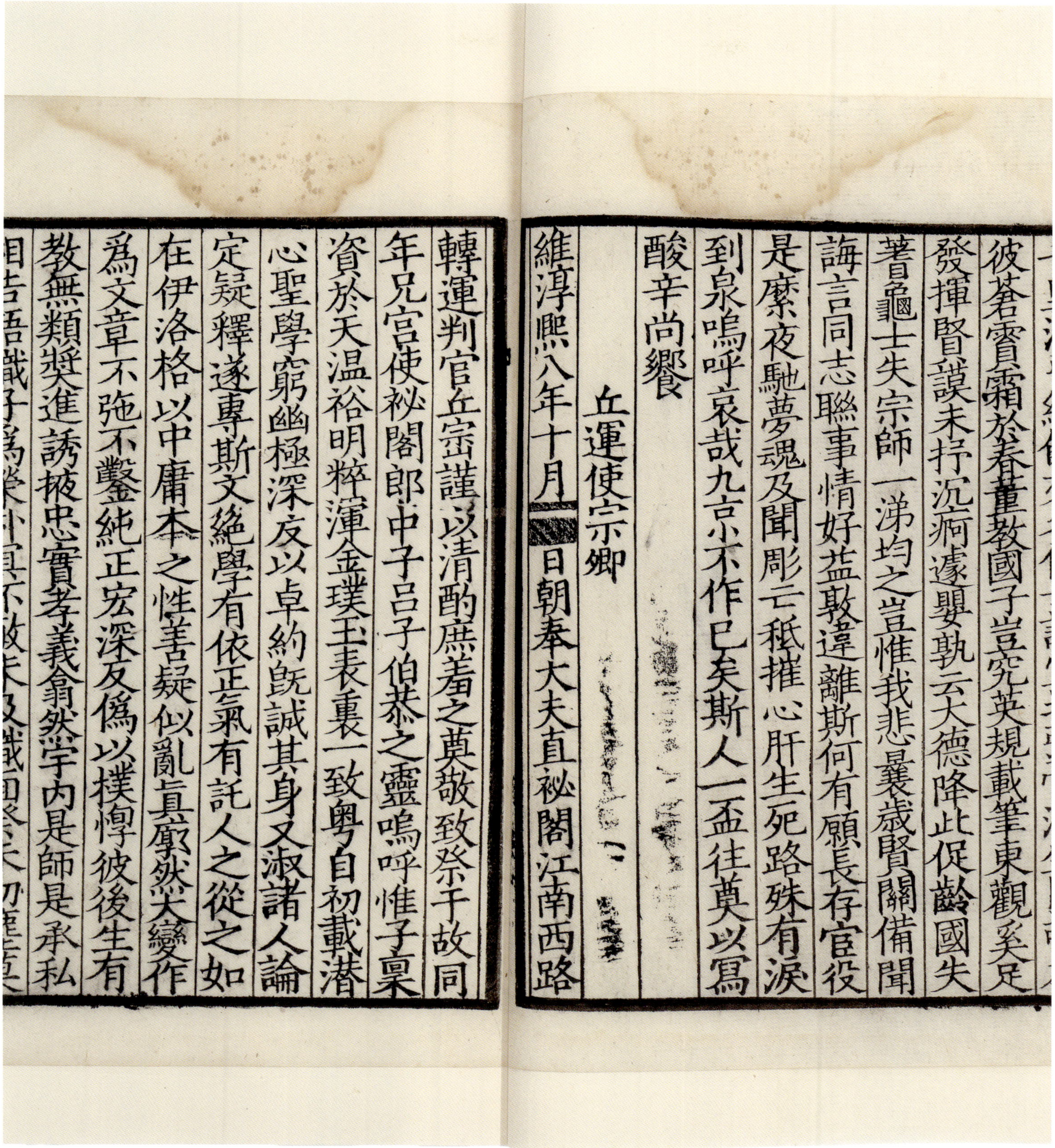
彼蒼賚霜於春董教國子豈究英規載筆東觀奚足
發揮賢謨未抒沉痾遽嬰孰云大德降此促齡國失
著龜士失宗師一涕均之豈惟我悲忝曩歲賢關備聞
誨言同志聯事情好益敦違離斯何有顧長存官役
是縻夜馳夢魂及聞彫亡秪摧心肝生死路殊有淚
到泉嗚呼哀哉九京不作已矣斯人一盃往奠以寫
酸辛尚饗
丘運使宗卿
維淳熙八年十月日朝奉大夫直祕閣江南西路
轉運判官丘宗謹以清酌庶羞之奠敬致祭于故同
年兄宮使祕閣郎中子呂子伯恭之靈嗚呼惟子稟
資於天温裕明粹渾金璞玉表裏一致粤自初載潛
心聖學窮幽極深友以卓約既誠其身又淑諸人論
定疑釋遂專斯文絕學有依正氣有託人之從之如
在伊洛格以中庸本之性善疑似亂眞廓然大變作
爲文章不弛不鑿純正宏深反僞以樸惇彼後生有
教無類奬進誘掖忠實孝義翕然字內是師是承私

二册，线装，开本高 31 厘米，宽 19.5 厘米；半框高 20.7 厘米，宽 16 厘米。半叶十行，行二十字，左右双栏，白口双鱼尾。书口下方有刻工，刻工史永、韩公甫、陈靖、周才、李思贤、罗裕、罗荣、张世忠、李信、张彦忠、丁亮等。宋讳"敦"字缺笔，南宋白麻纸印本，略有补抄。

此为南宋著名哲学家、文学家吕祖谦文集，吕祖谦（1137－1181），字伯恭，婺州（今浙江金华）人。世称"小东莱先生"。南宋理学家、文学家。许国公吕夷简六世孙、仓部员外郎吕大器之子。

钤印：卢平之玺（朱）松竹阁（朱）

（辛渭）

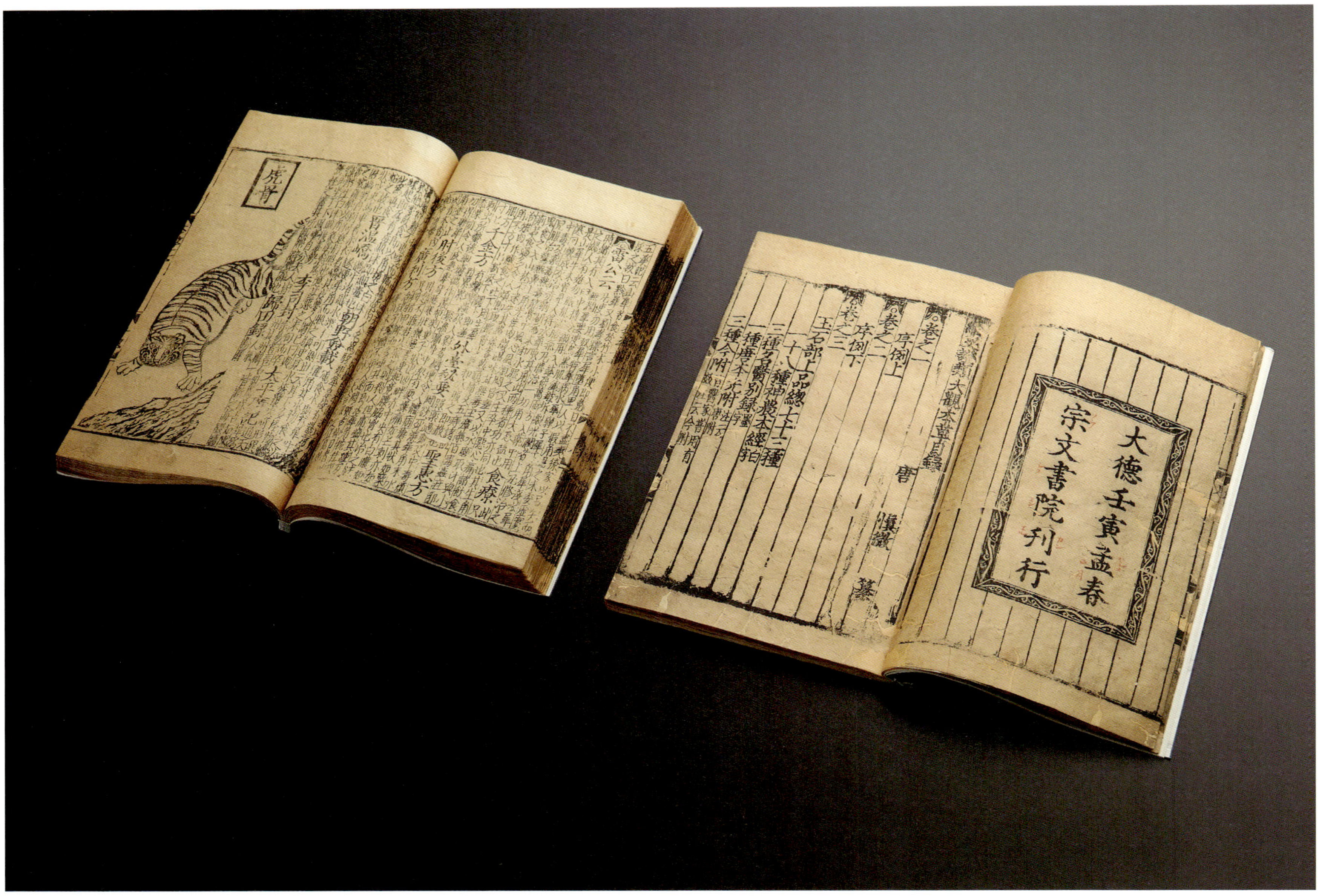
虎骨
大德壬寅孟春
宗文書院刊行

羚羊角
大德壬寅孟春
宗文書院刊行

026 

# 经史证类大观本草三十一卷

（宋）唐慎微撰

元大德六年（1302）宗文书院刊本

一箱二十四册，线装，开本高25.6厘米，宽16.5厘米；半框高20.5厘米，宽14.5厘米。半叶十二行，行二十字，细黑口，三鱼尾，四周双边。目录之前有刊记："大德壬寅孟春宗文书院刊行"。内有插图。

《经史证类大观本草》宋代医学家唐慎微撰，唐慎微字审元，成都华阳人，家世业医。此人医德高尚，"不以贵贱，有所召必往，寒暑雨雪不避也。为士人疗病，不取一钱，但以名方秘录为请。以此士人尤喜之，每于经史诸书得一药名、一方论，必录以告"。

"大观"（1107—1110）乃宋徽宗年号。唐氏一书以《嘉祐本草》为蓝本，举凡经史百家、佛书道藏中有关医药记载，均加择录，以证其类，故以"经史证类"名书，全书收药达一千五百余条，总结了宋及宋以前药物学成就，内容丰富，实用性强，为《本草纲目》之前最为重要的本草类典籍。

（辛渭）

歉不謂今者又蒙收召顧前所被已極叨踰一[illegible]
冒進以速龍斷之譏已遣人申堂懇免矣萬一未
遂所當力請以得爲期杜門竊稟温繹陋學足了
此生所恨上恩深厚無路報塞死有餘憾也前
誨諭之悉敢不承教所謂古之聖賢惟理是視言
當於理雖婦人孺子有所不棄或乖理致雖出古
書不敢盡信此論甚當非世儒淺見所及也但熹
竊謂言不難擇而理未易明若於理實有所見則
於人言之是非不翅白黑之易辨固不待訊其人
之賢否而爲去取不幸而吾之所謂理者或

027 **晦庵先生文集卷第三十六**

（宋）朱熹撰

宋浙刻本

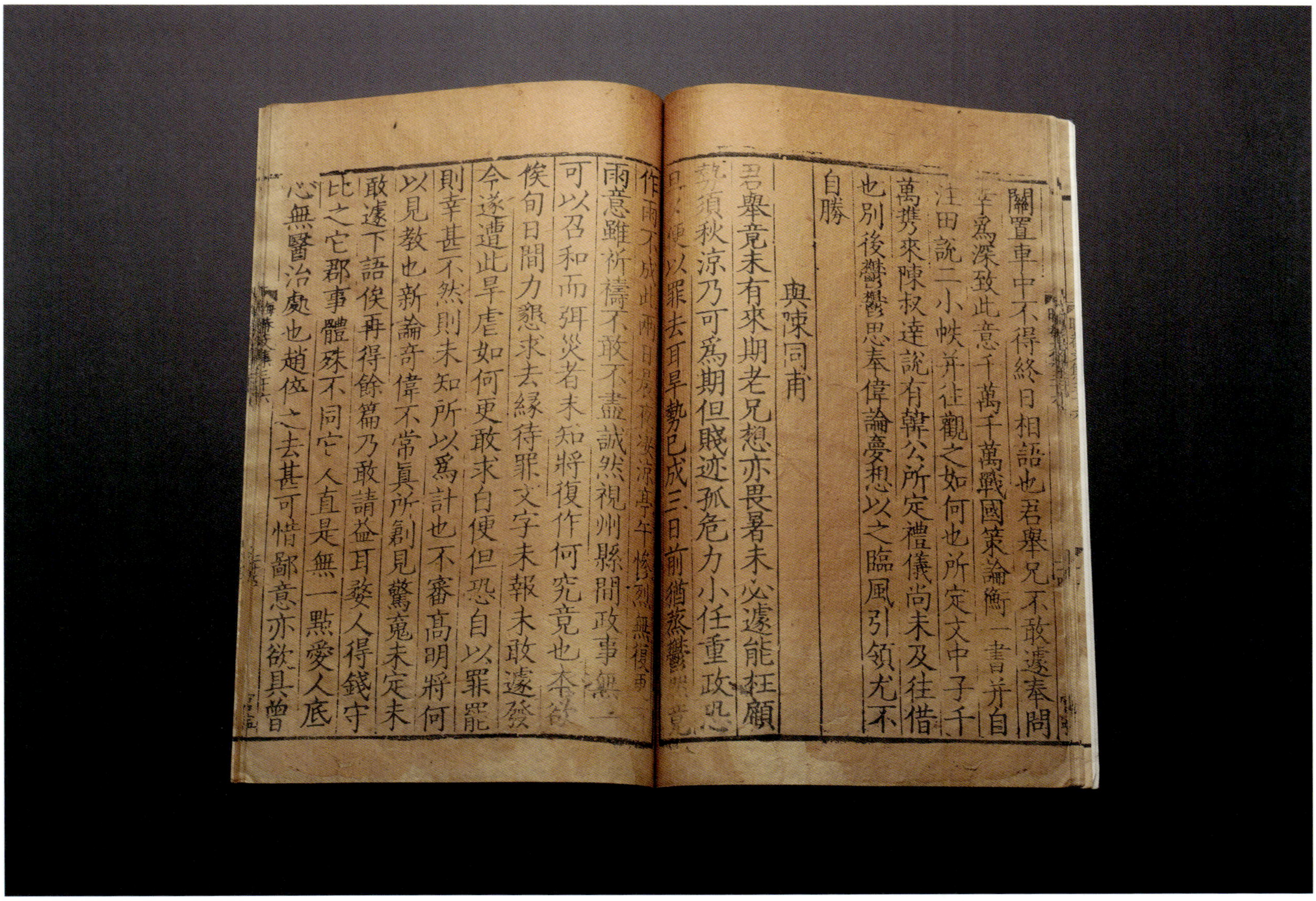

一册，线装，开本高 28.5 厘米，宽 20 厘米，半叶十行，行十九字，左右双边，白口，书口下镌刻工。

《晦庵先生文集》约刊于南宋宁宗后，为朱熹三子朱在编辑，凡一百卷，目录二卷，刻工多在杭州、绍兴等地参与刻书，其书版入元后藏于西湖书院，明初存于南京国子监。此书为海源阁旧藏。

钤印：海源残阁（朱）杨承训印（白）

（李林昊）

# 汉文活字本

西夏中后期汉文活字印本

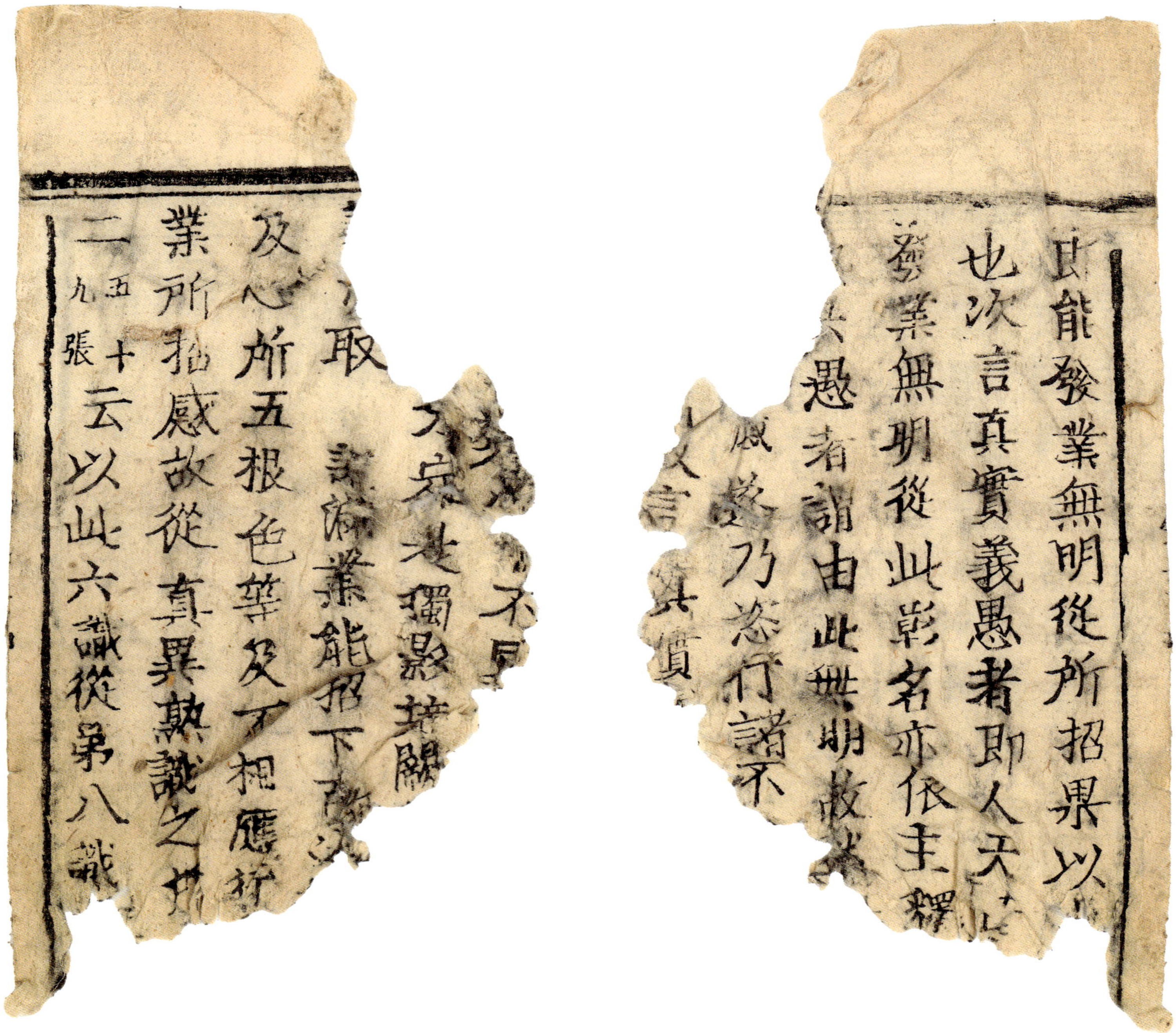

散叶一张，半叶高 17 厘米，宽 9 厘米。

此页原为一册，前有西夏文活字印本，后为汉文印本，可证其为西夏时期印本。

中国活字印刷术，据《梦溪笔谈》记载，为北宋毕昇发明，但活字印本存世最早的实物，仅为明初印本，此页为世界现存最早的汉文活字印本实物之一，填补了国内无早期汉文活字印本实物的空白，也为中国活字印刷发明及传播提供了重要实物证据。

（李林昊）

# 西夏译经图

029

夏惠宗乾道元年至大安十一年（1068—1085）刻本

一叶，此图为佛经卷首版画，高 25.5 厘米，宽 23.5 厘米。图中顶部横刻款识“都勾管译者安全国师白智光”，其下正中结跏趺坐者即为译场的主译人白智光。中部两侧款题“相佑助译者僧俗十六人：昊法明、嵬名广愿、赵法光、北却慧月；曹广智、田善尊、西玉智园、鲁布智云”。下部右侧款题“子明盛皇帝”，左侧款题“母梁氏皇太后”。明盛皇帝，即夏惠宗李秉常，1068—1086 年间在位。此图形象描绘了西夏译经的场面和西夏皇太后与皇帝重视译经、亲临译场的生动场景。

国家图书馆藏元刊西夏文佛经《现在贤劫千佛名经》卷首亦有此图。

（赵卓）

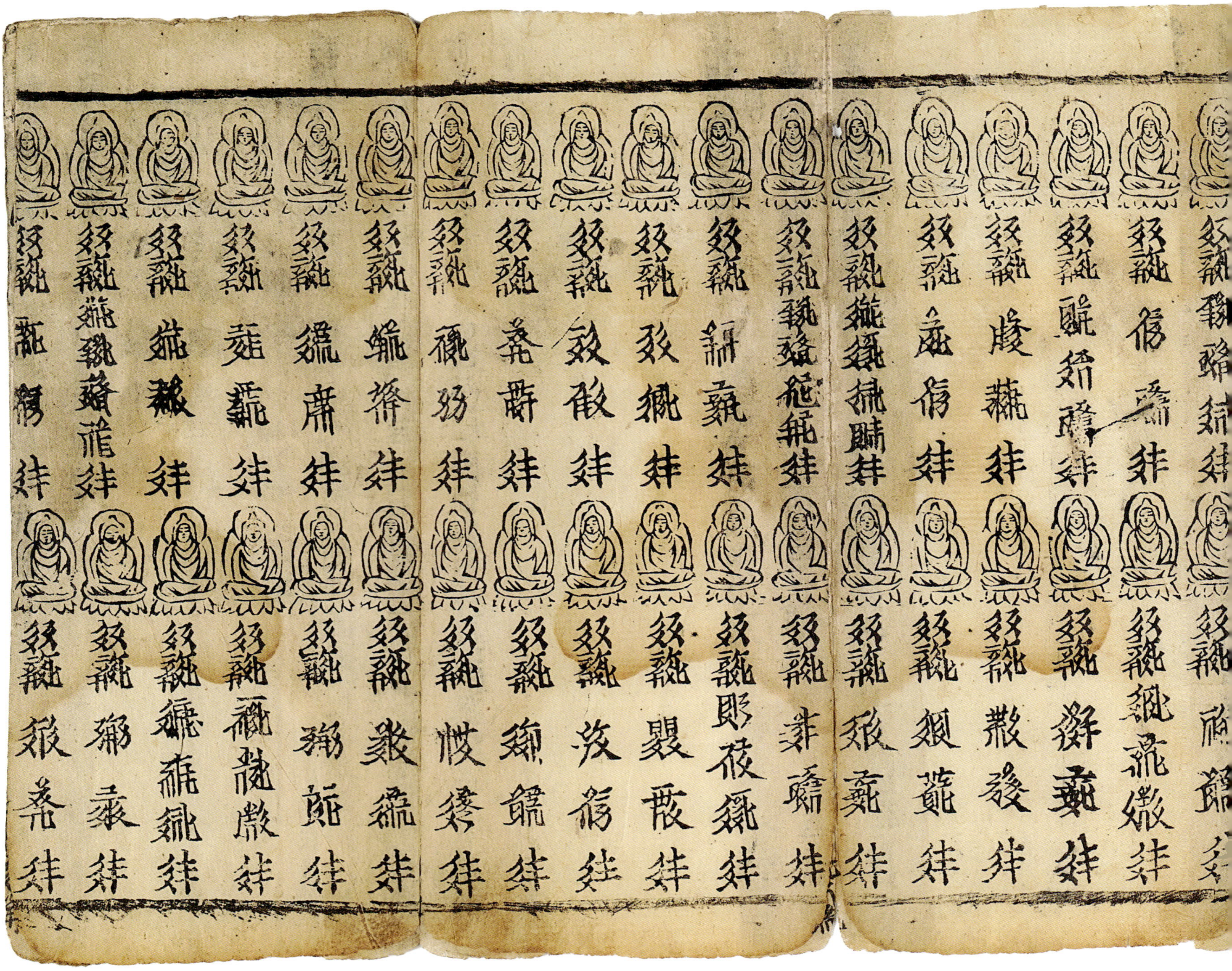

030 现在贤劫千佛名经

西夏文刻本

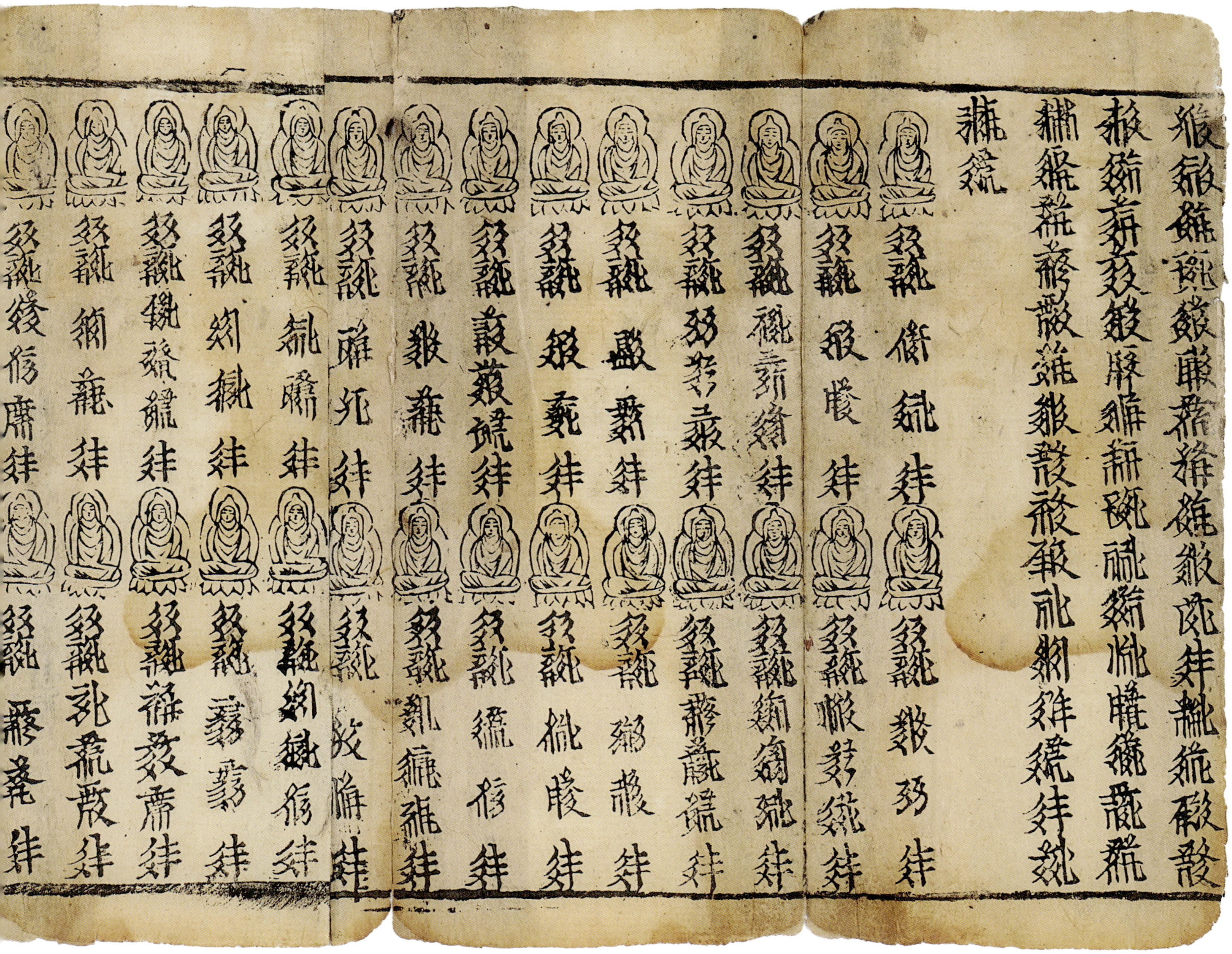

经折装。存十一个半叶，开本高 22.3 厘米，宽 9.7 厘米。上下单栏。半叶六行，行十六字。所记佛名，每行有二，佛名之上又各有小佛图。

俄罗斯所藏黑水城文献中，有此经多件。其中 Инв.No.60 版式与此本相同，当为同版印刷，皆为西夏时期印本。

（赵卓）

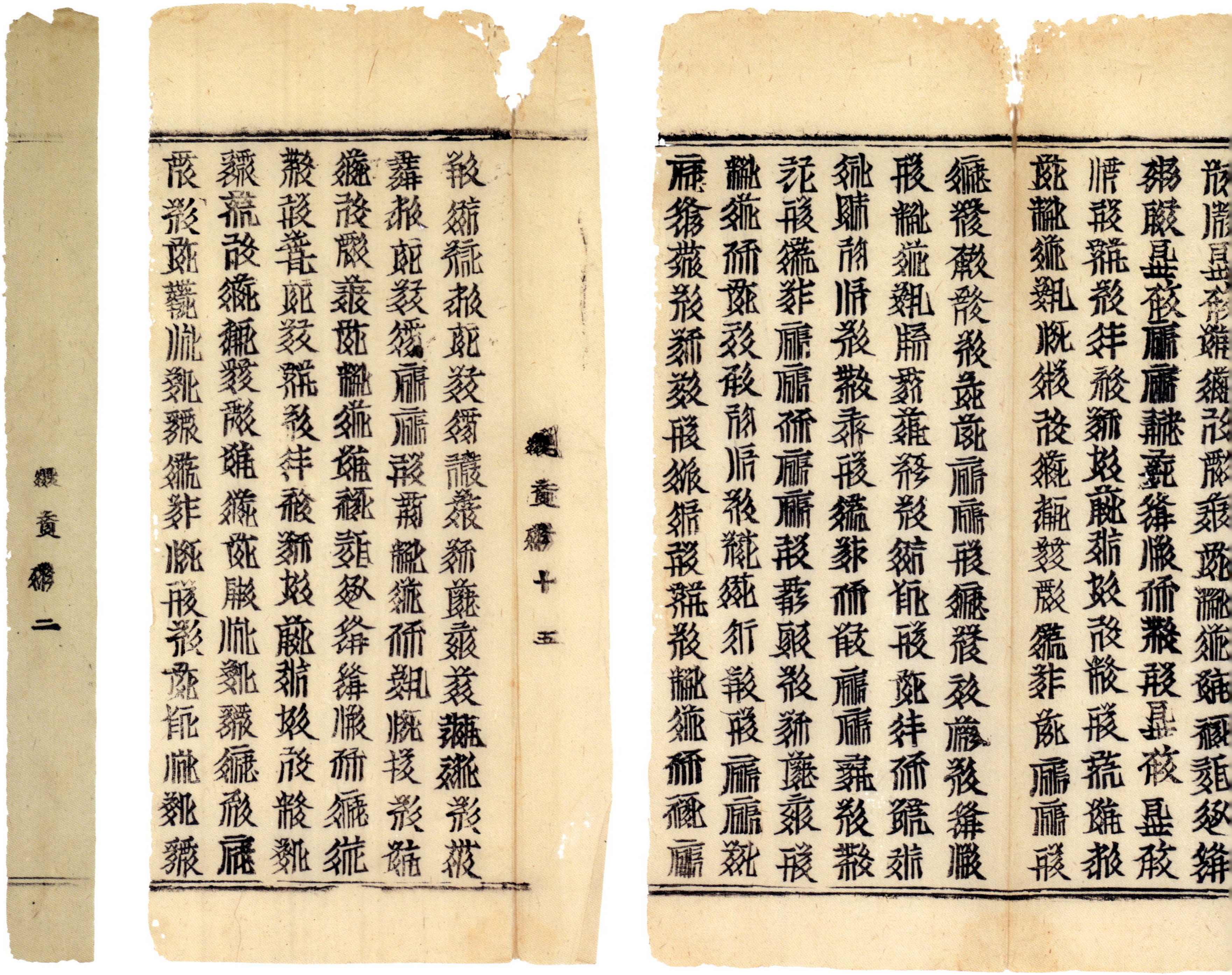

031 大方广佛华严经卷第五十七

（唐）实叉难陀译

元代西夏文木活字本

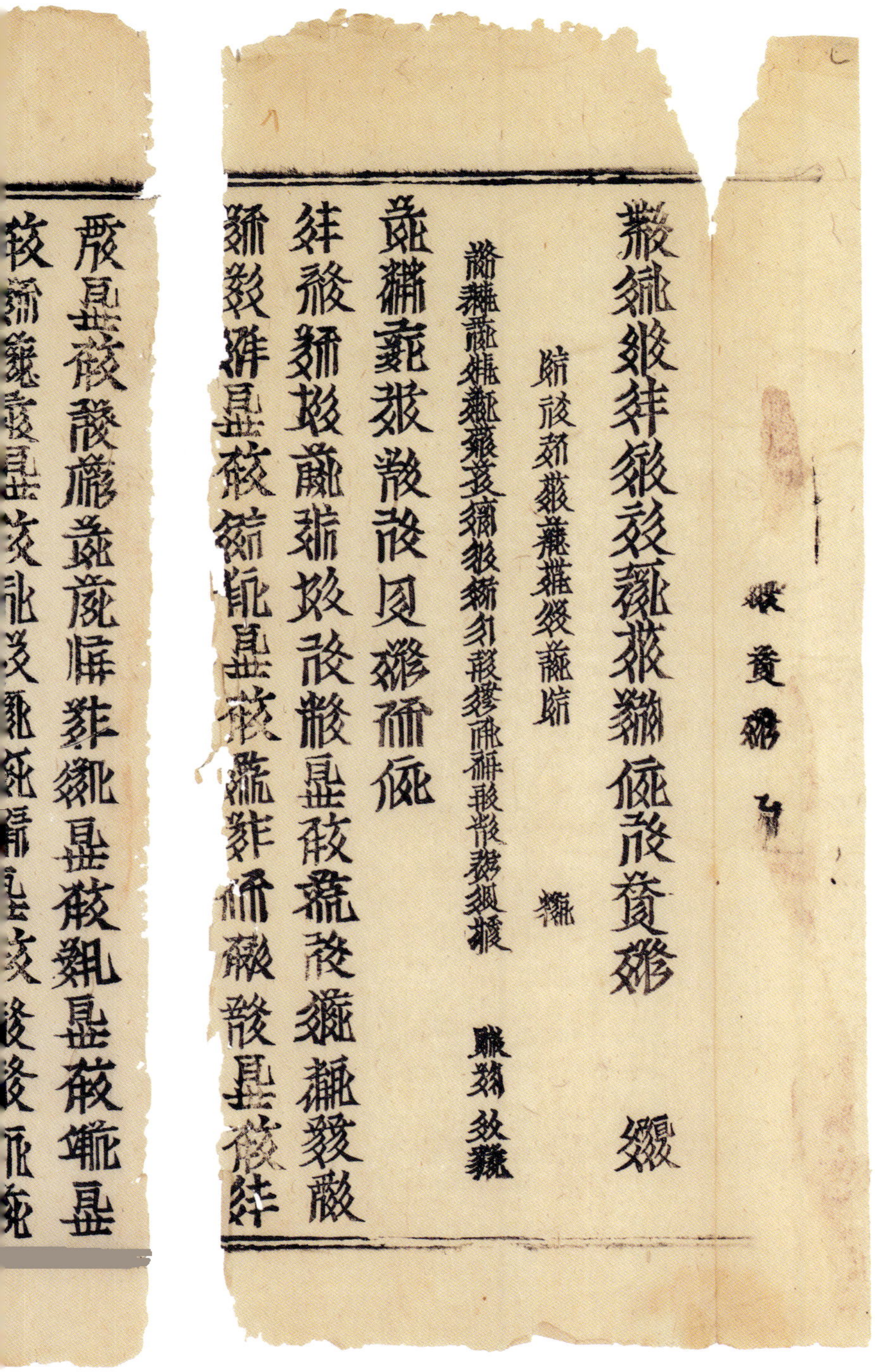

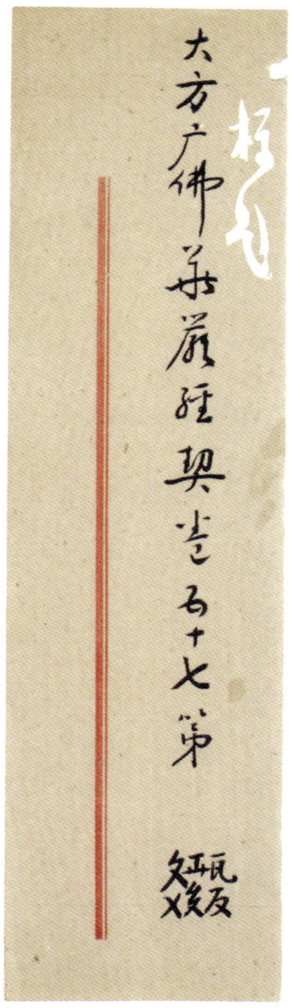


一册，经折装。存四十九个半叶，开本高 31.5 厘米，宽 12 厘米。另有九个约 3 厘米宽的小折页。上下双栏，栏高 25.1 厘米。半叶六行，行十七字。有绢质封面及封底，封面有题签。卷端首行题“大方广佛华严经卷第五十七”，次行题“唐于阗三藏实叉难陀译”。

此经八十卷，于宁夏灵武出土，为罗雪樵旧藏，现多卷藏于国家图书馆。

（赵卓）

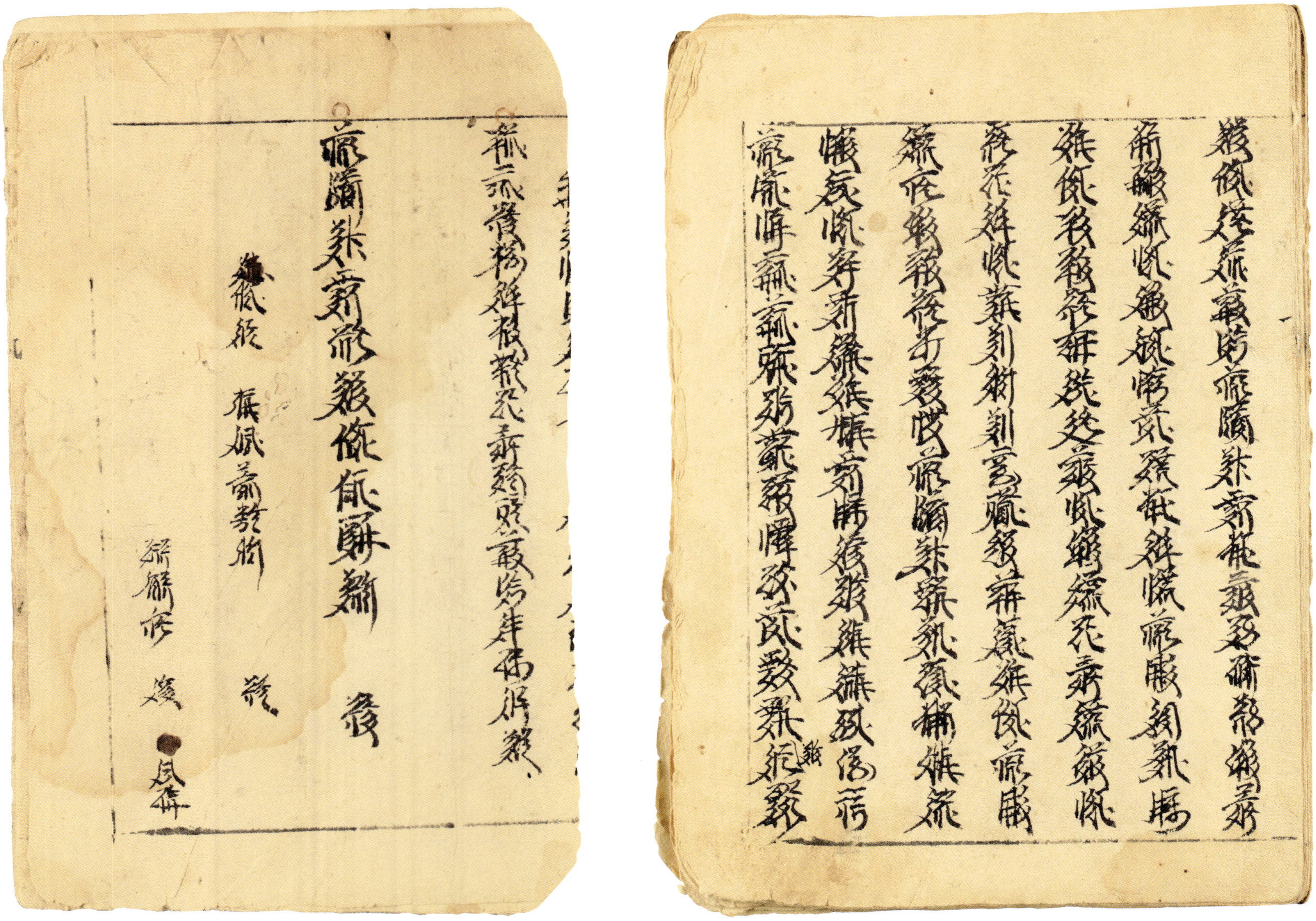

032 求生净土略礼忏本

西夏文写本

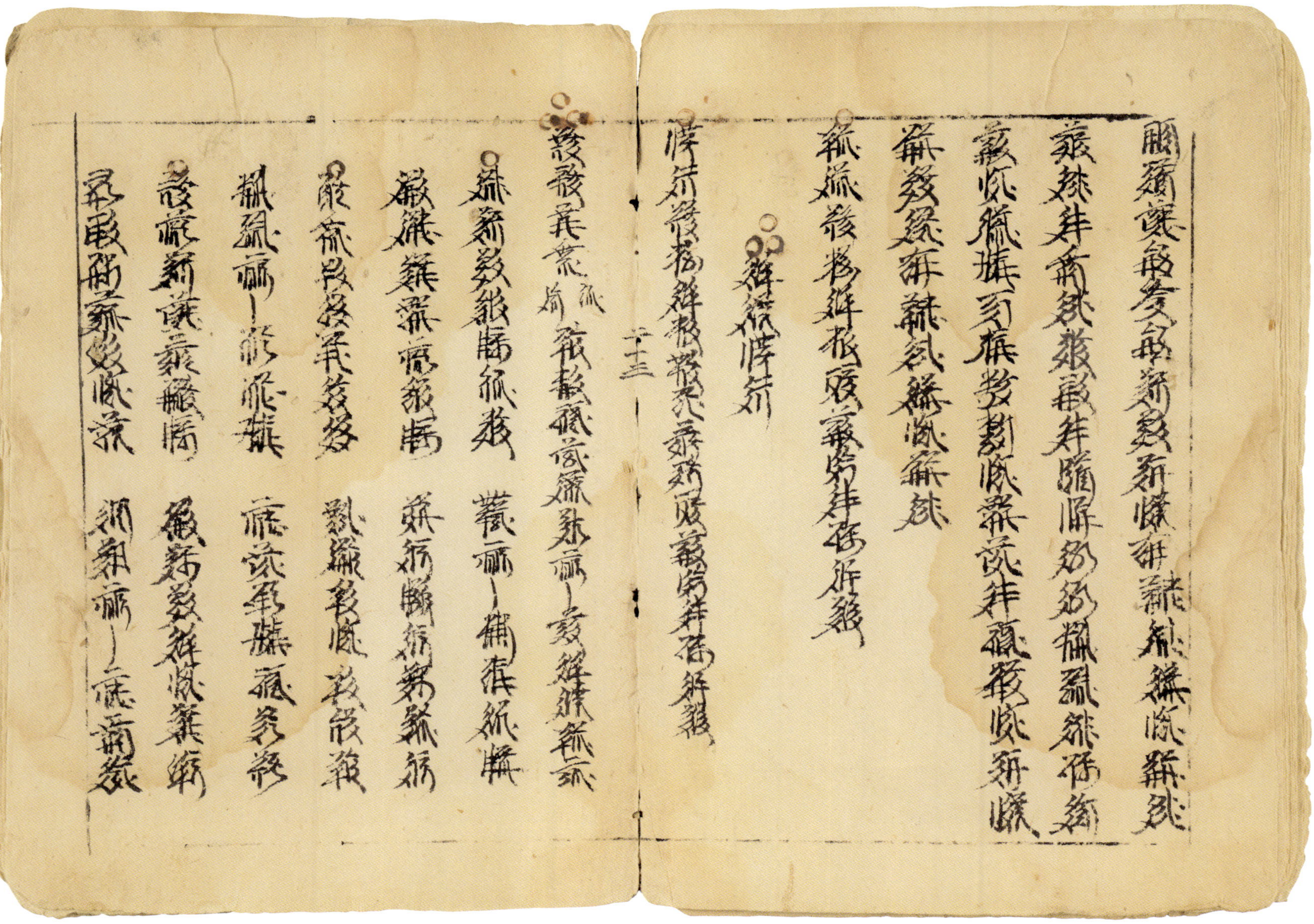

一册，蝴蝶装。存五十一个半叶，开本高 22.0 厘米，宽 15.5 厘米。四周单栏，栏高 17.8 厘米。半叶七行，行十七字。版心处写有版数。尾题经名，并标有抄写日期“己卯年二月十三日”和抄写者姓名“邵德海”。

（赵卓）

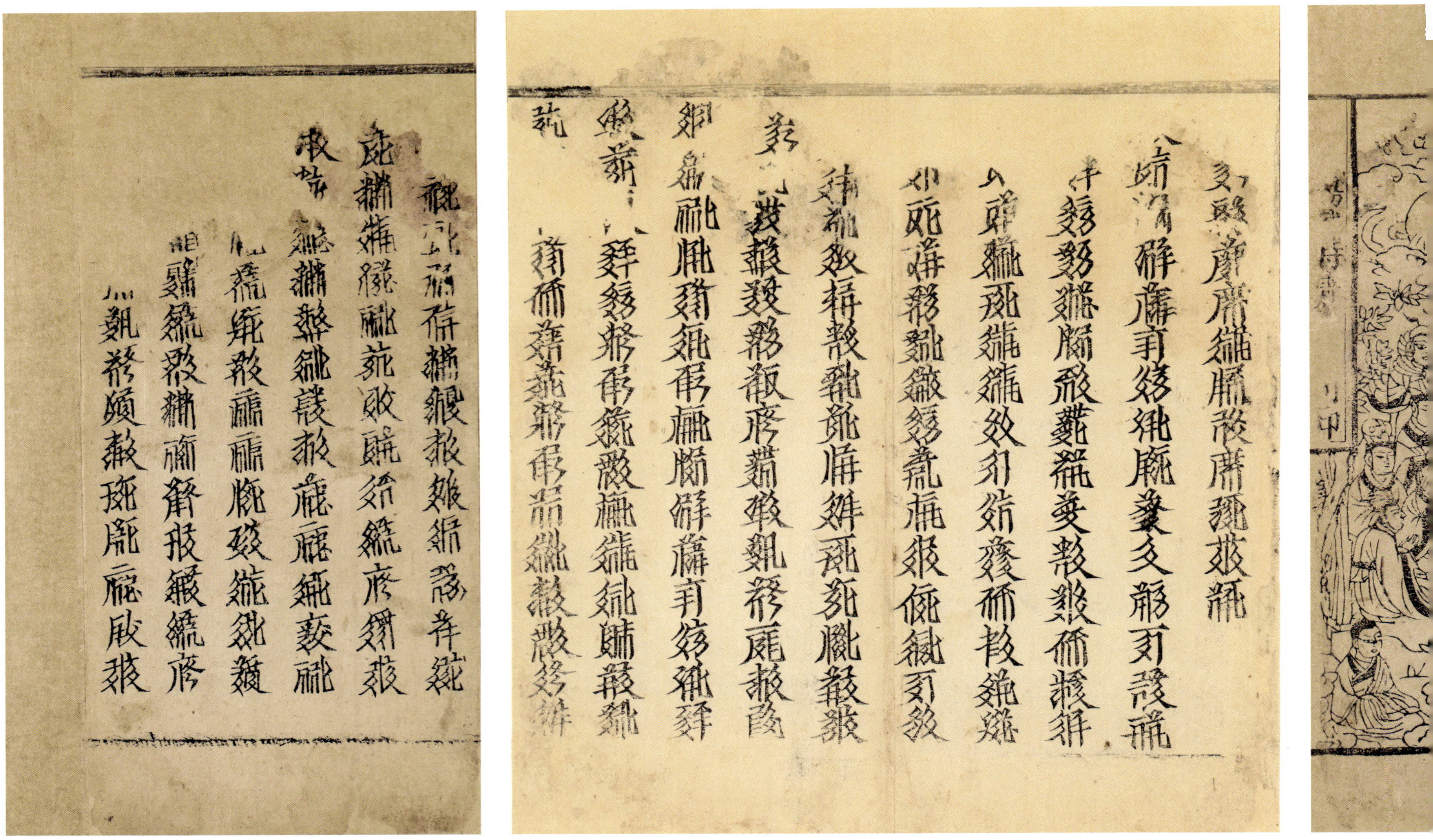

033 佛说阎罗王预修十王经

西夏文刻本

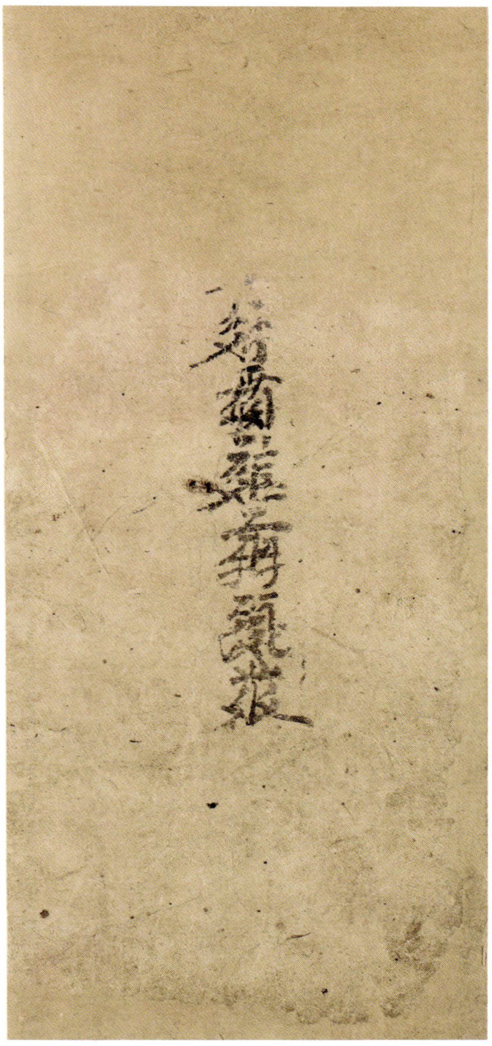

一册，经折装。凡三十九个半叶，开本高20.3厘米，宽9.2厘米。四周单栏，栏高16.0厘米。半叶五行或六行，行十五字。有蓝色绫面护封，驼色封面。护封签题“金刚般若经”，封面签题“成佛授记经”。经首有扉画说法图，图左中部可见刻工“某某刊印”。卷前又有序文。卷端题经名，及译者“迷宁慧海”。

俄罗斯所藏黑水城文献中有此经两种版本，一为完本，一为残卷，二者均为写本。

（赵卓）

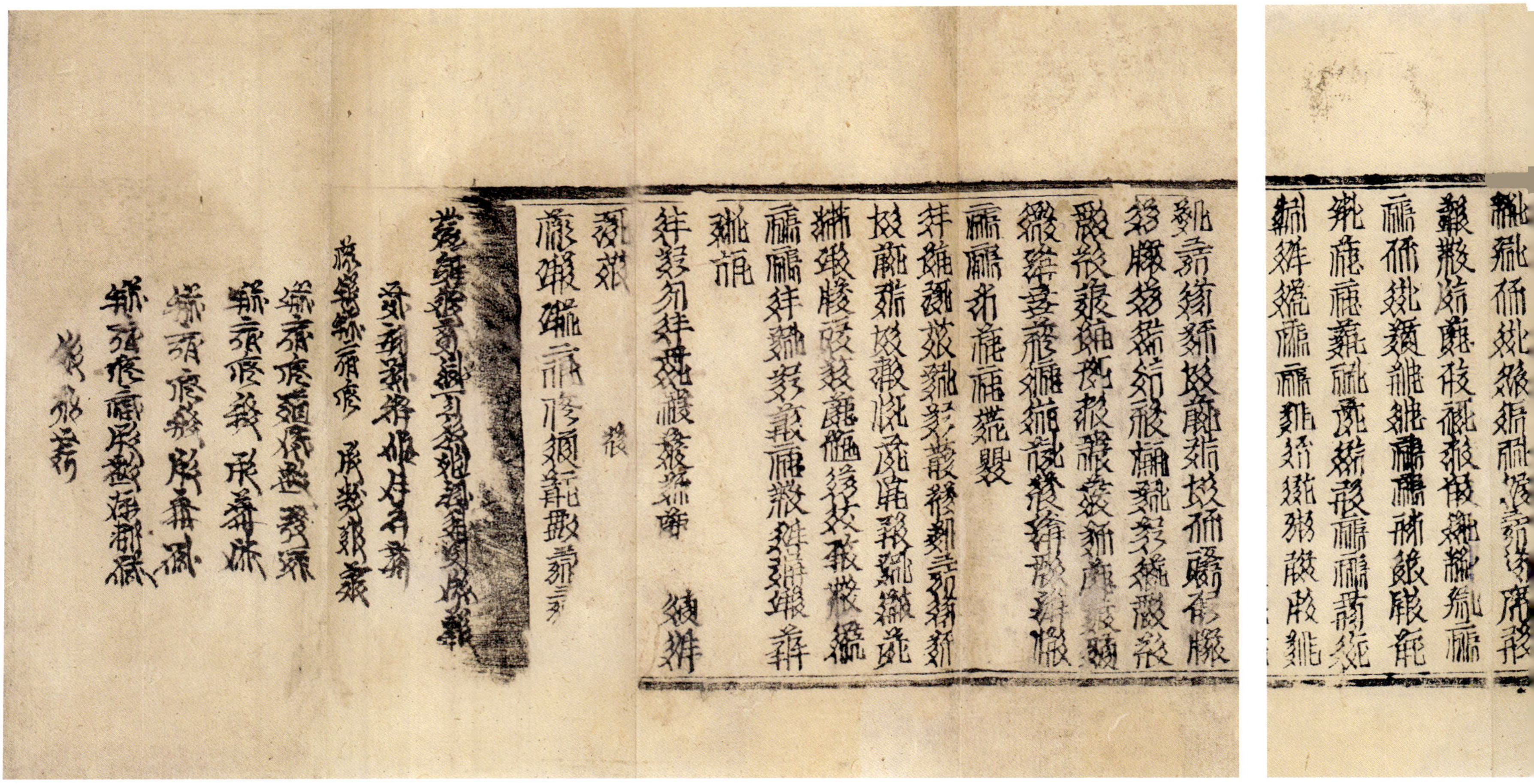

034 佛顶心观世音菩萨大陀罗尼经 佛说圣佛母般若波罗蜜多心经

西夏文刻本

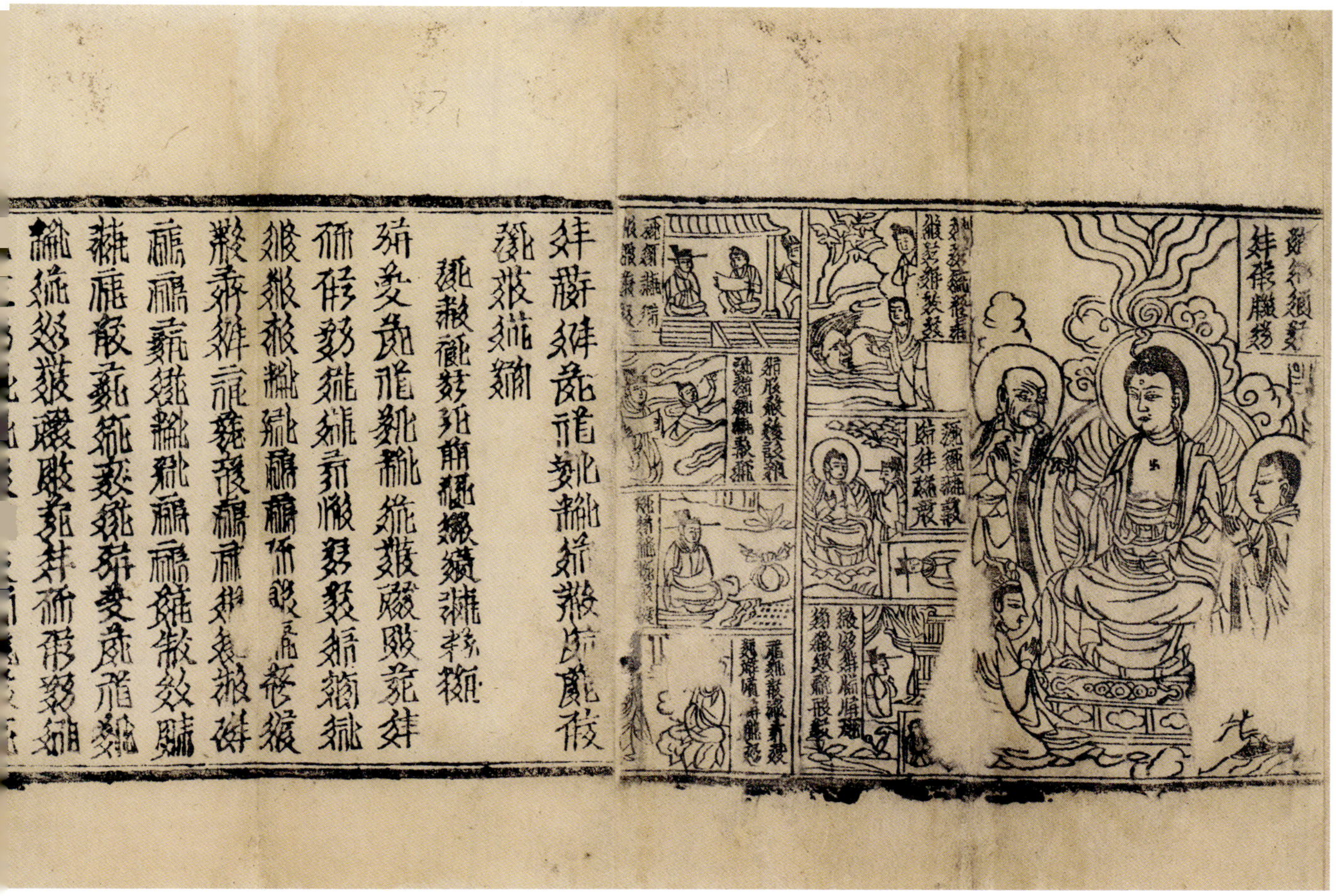

一册，经折装，为二经合刊。凡五十八个半叶，开本高17.9厘米，宽7.1厘米。上下双栏，栏高11.0厘米。半叶六行，行十二字。封面有签题“佛顶心契经”。《佛顶心观世音菩萨大陀罗尼经》经首有扉画，卷端题经名，次题“讲经律论沙门法戒奉敕译”。《佛说圣佛母般若波罗蜜多心经》经尾有手写刻经题记。

俄藏黑水城文献中有《佛顶心观世音菩萨大陀罗尼经》十八个编号，内中有刻本，也有写本。其刻本皆为残本。此经折装刊本，天头、地脚宽阔，版面舒朗，首有经图，末有清晰规整的符印和发愿者题款，首尾完俱。《佛说圣佛母般若波罗蜜多心经》在俄藏文献中有四个编号，其中有刻本和写本，还有二页泥金写本。

（赵卓）

035 

# 父母恩重经变文

西夏文朱书写本

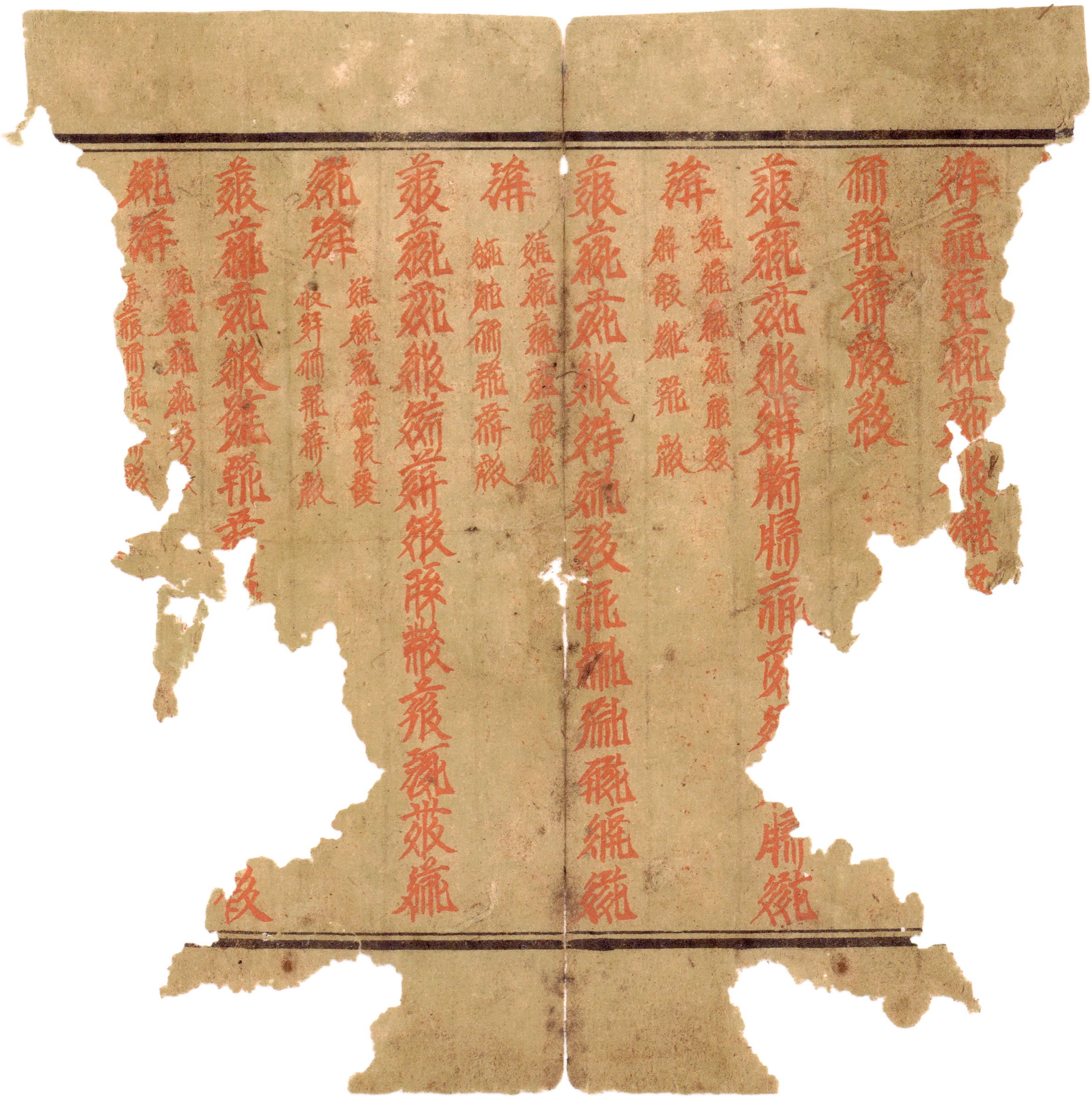

残存二个半叶，高 16.7 厘米，残宽 8.3 厘米。上下双栏，栏高 12.7 厘米。半叶残五行，行十三字。

（赵卓）

# 针灸医方

036

西夏文写本

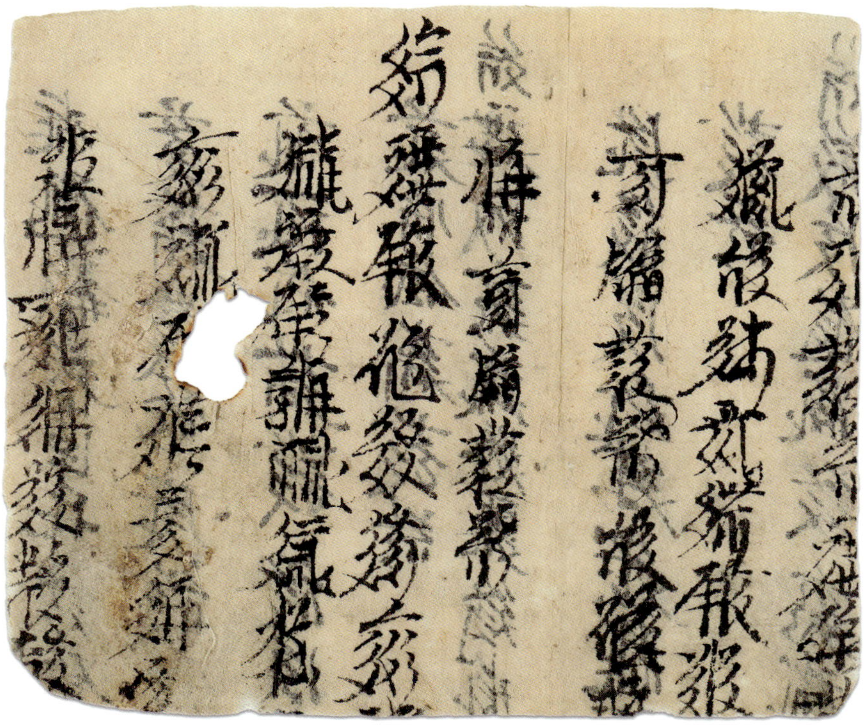

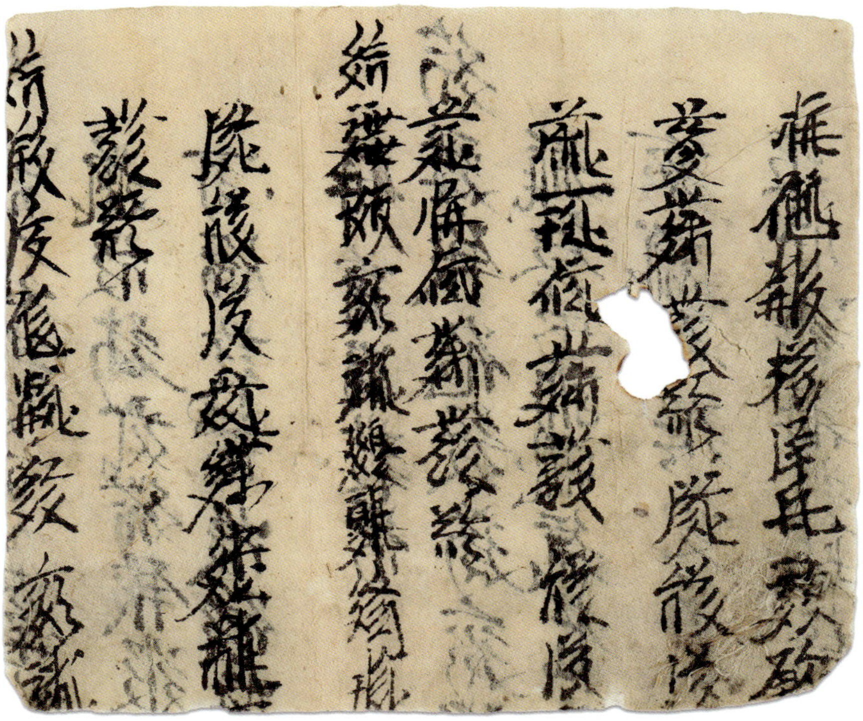

存一纸，正反面书写。残高 11 厘米，残宽 13.2 厘米。部分字迹叠压不清，从可见词语推断，当是针灸治疗疾病的医方。

西夏医药档案于二十世纪初期出土于黑水城、武威等地，有近三十五个编号，分藏俄罗斯、英国、中国等国家的图书馆或博物馆。此西夏文写本残片可能是《明堂灸经》一类的医书，是研究西夏医疗发展状况和医疗技术水准的绝佳资料。

（赵卓）

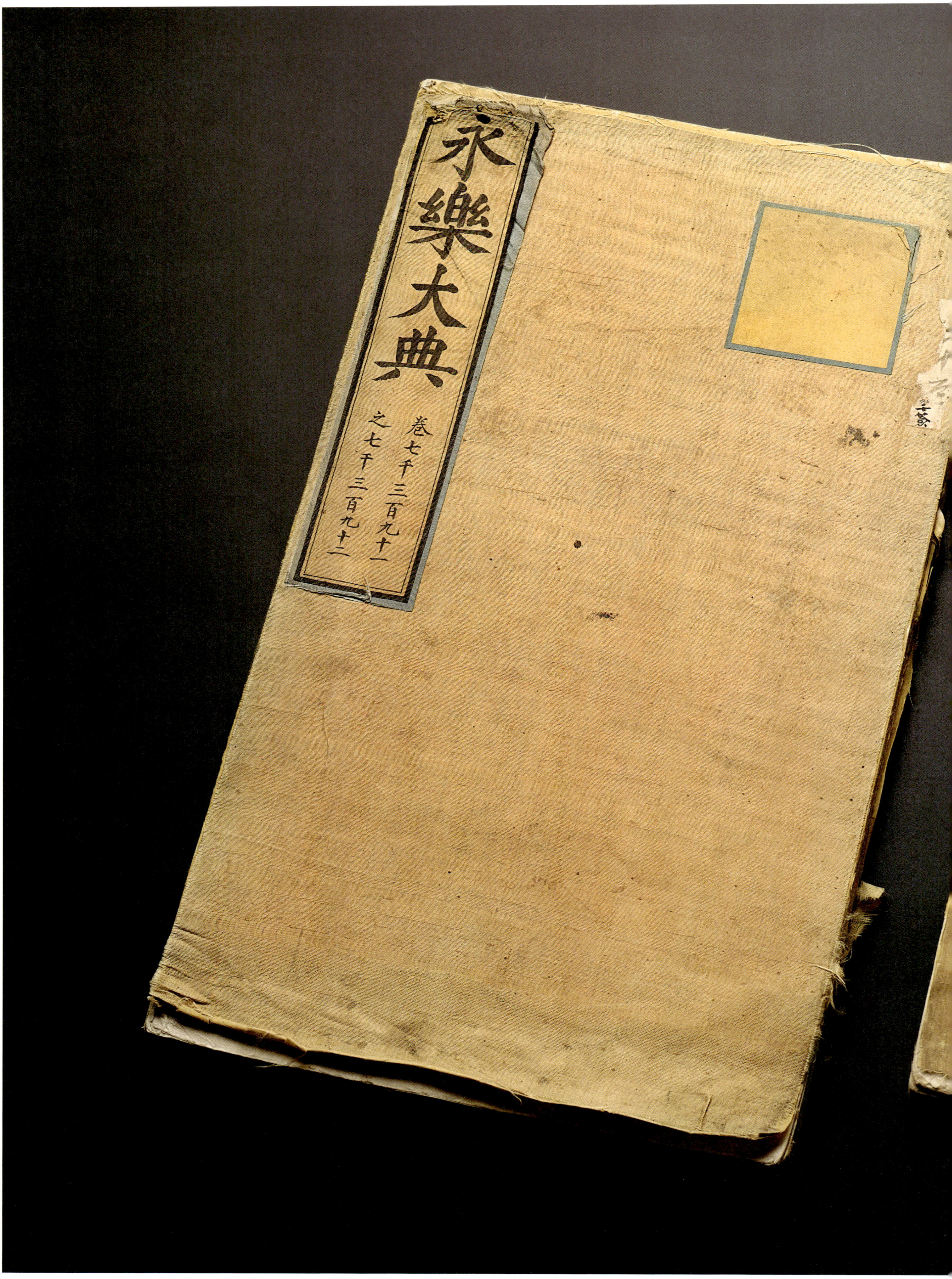
永樂大典
卷七千三百九十一
之七千三百九十二

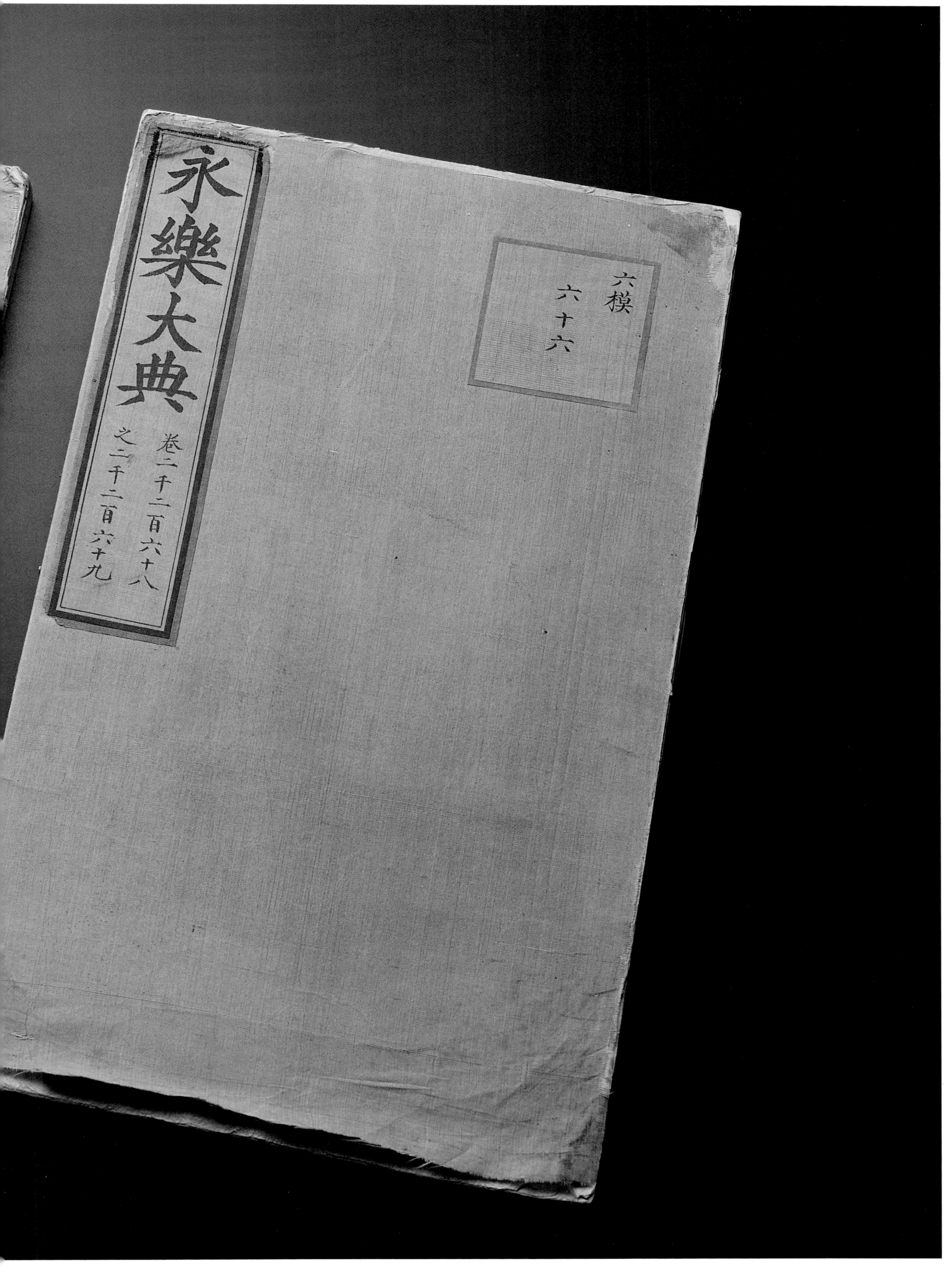
永樂大典
卷二千二百六十八
之二千二百六十九
六模
六十六

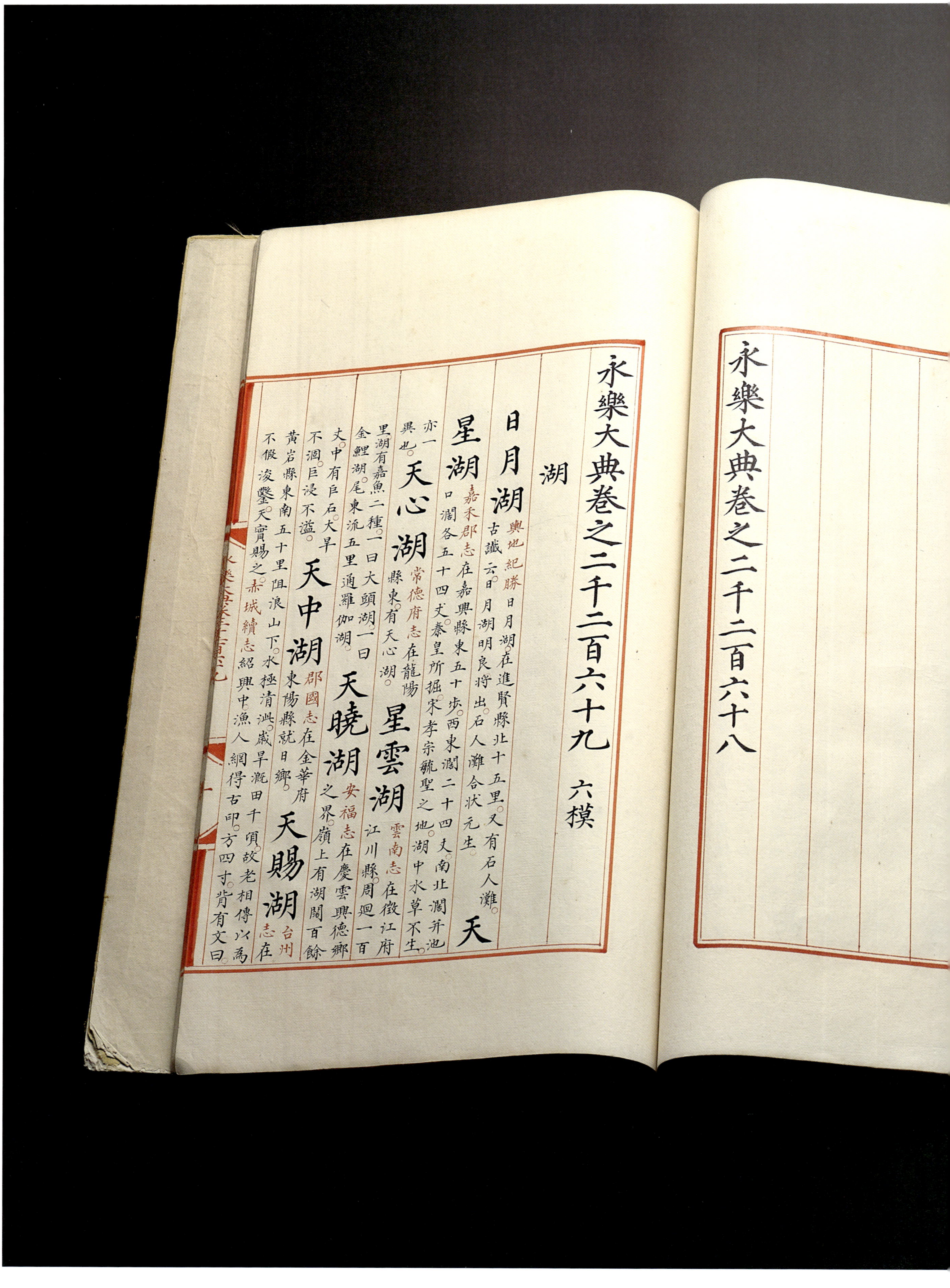

永樂大典卷之二千二百六十九　六模

湖

日月湖 輿地紀勝日月湖在進賢縣北十五里。又有石人灘。古讖云。日月湖明良将出。石人灘合狀元生。

天星湖 嘉禾郡志在嘉興縣東五十步。西東濶二十四丈。南北濶并池口濶各五十四丈。秦皇所掘。宋孝宗毓聖之地。湖中水草不生。亦一異也。

天心湖 常德府志在龍陽縣東有天心湖。

星雲湖 雲南志在徵江府江川縣。周迴一百里。湖有嘉魚二種。一曰大頭湖。一曰金鯉湖。尾東流五里通羅伽湖。

天曉湖 安福志在慶雲興德鄉之界。嶺上有湖闊百餘丈。中有巨石。大旱不涸。巨浸不溢。

天中湖 郡國志在金華府東陽縣就日鄉。

天賜湖 台州志在黃岩縣東南五十里阻浪山下。水極清泓。歲旱溉田千頃。故老相傳以為不假浚鑿。天實賜之。赤城續志紹興中漁人網得古印。方四寸。背有文曰。

永樂大典卷之二千二百六十八

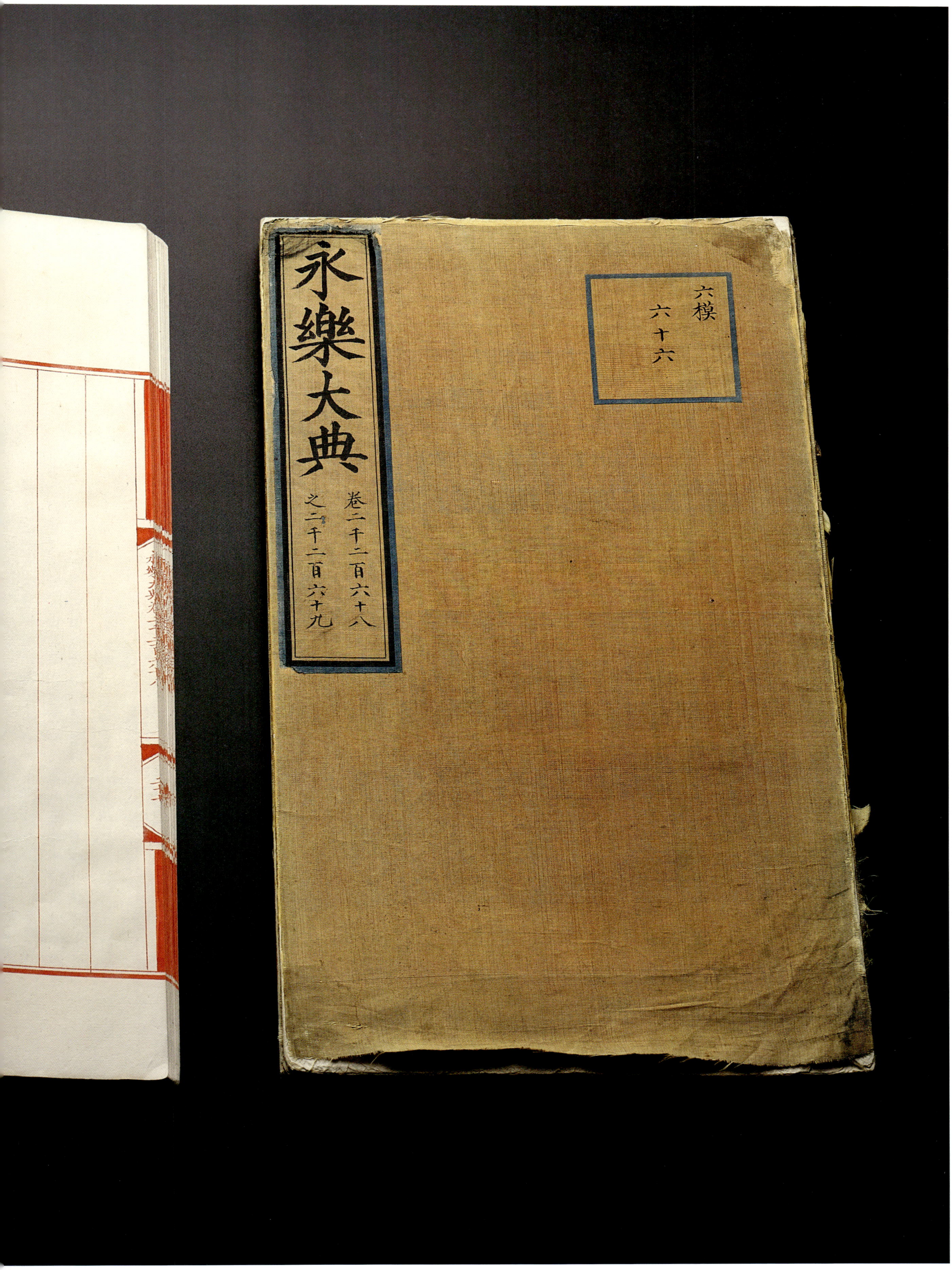
永樂大典
卷二千二百六十八
之二千二百六十九
六模
六十六

詩能寄不○
新湖
蘇州
楊龜山詩新
雲行○冉冉躧星漢○煙昏山光淡○桅動
元憲公集泛舟新湖晚歸呈坐客繚繞西
歸橈直渡無多怖○縱有風波不陷人○
理湖
長沙府志其湖在湘陰縣○
觀湖
縣南二
湖
安慶府志其湖在灊山縣○一名南湖○方輿志○在縣南○舊名南國
依故城○古木參天○湖浸渺瀰○即今為耕稼之地○元一統志其湖在
國縣清德鄉○發源鍾令公紹京讀書巖湖○有巨魚帶銅環○耆舊云○令
公所放○歲久能致靈雨○旱則命巫覡投鐵符其中○驟雨隨至○
湖
惠陽志其湖在惠州之西百餘步○廣袤可十里○亦名西湖○按
湖詩集○宋元豐癸亥○太守林侯侻所為序云○湖之潤漑田數
藕蒲魚之利歲數萬○官不知禁○民之取於湖者○亦所欲其施豐
之豐湖○則豐湖之名舊矣○又按楊誠齋詩云○三處西湖一色秋○
及羅浮○東坡元是西湖長○不到羅浮便得休○則謂之西湖○亦有
謂豐湖本名鰐湖○非也○蓋永福寺前謂之鰐湖○乃鰐魚所潛

金陵新志 其
縣東
慈湖
有巡檢塞
山北。元一統志 其湖在當塗縣北四十
湖。晉陶侃禦蘇峻戰于慈湖。宋蘇軾有慈湖
湖長翁集 泊慈湖
中浦。慈湖古戍近。猶
寧泊舟所。諗我今昔異。解帶
來此葦凜刀俎。江山亘千里。有屋
舊感愛。平寧尚如許。兩地好經行。為官喜欲舞。倒床鼻雷吼
受欺隨姑息。迂儒彼何取。謂張尚書定叟 元張子淵詩 慈湖
不蹋慈湖路。湖水湖山總舊遊。光樹尚能知客意。白漚元不
蔌粟謀盤簞。盡使鉏犂化戟矛。築得長城為屏蔽。也應飛遁
慈湖三月風物好。客子行吟遺日長。斷浦草根科斗黑。隔籬欄
家僮解事故攜酒。野鳥辟人低度牆。今夜山中有風雨。何妨下
房。韓性五雲漫稿 送王草意山長之慈湖。微雲草樹收。小作客
攜手惜輕別。令人思舊遊。殘鐘鄰寺曉。短草廢湖秋。罷講有餘暇。新
志 在吳江庵村西南。紹興志 在諸暨縣東五里。宋
行 平湖淨無瀾。天容水中煥。浮舟
散。夜深宿荒陂。獨與鴈為伴。宋
暮雲半舟殘日尚留賓。
志 在於潛
一。
靈

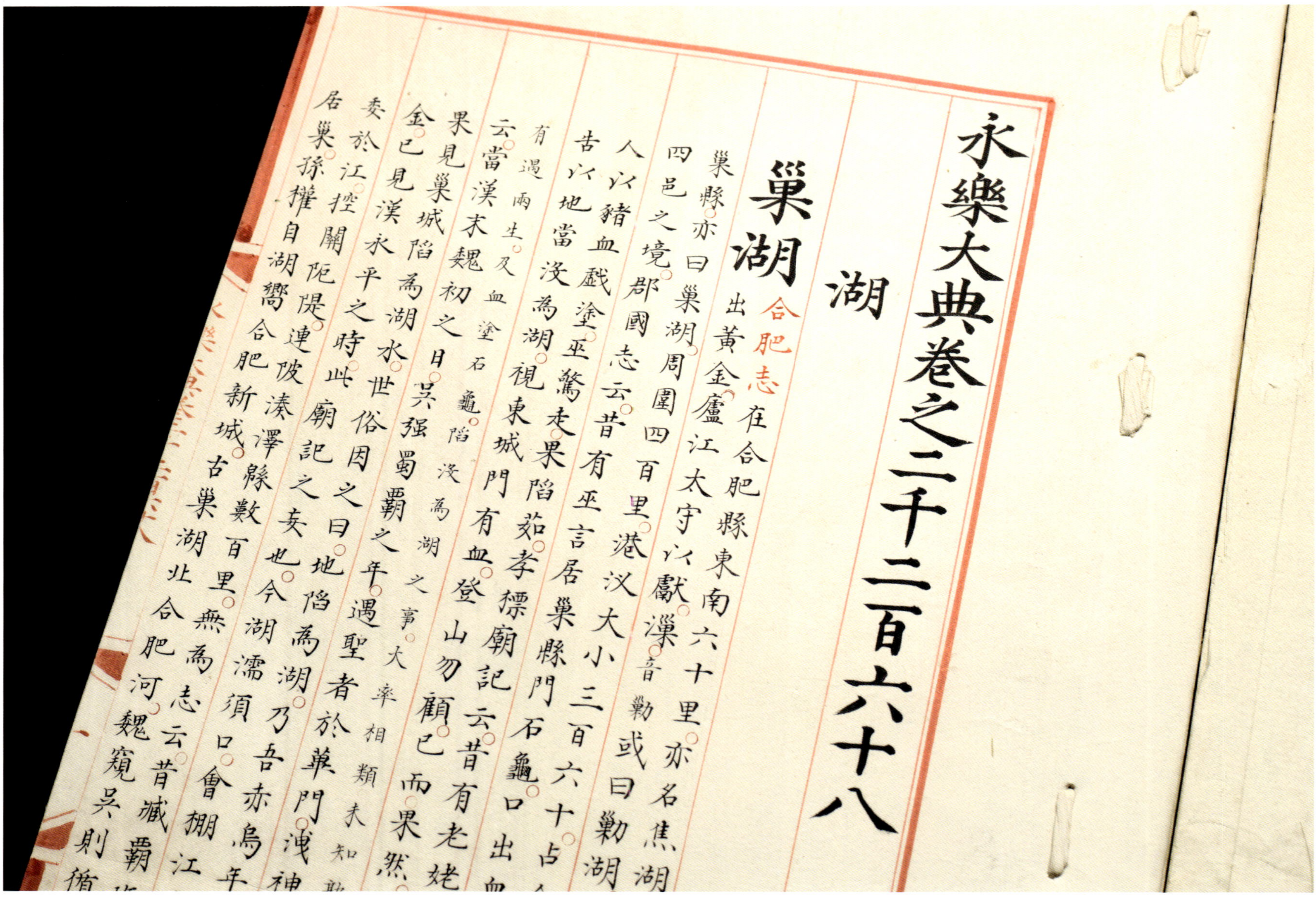

永樂大典卷之二千二百六十八

湖

巢湖合肥志在合肥縣東南六十里亦名焦湖

出黄金盧江太守以獻漅音勦或曰勦湖

巢縣亦曰巢湖周圍四百里港汊大小三百六十占

四邑之境郡國志云昔有巫言居巢縣門石龜口出血

人以豬血戲塗巫驚走巢陷茹孝標廟記云昔有老姥

古以地當没爲湖視東城門有血登山勿顧已而果然

有渴雨生及血塗石龜陷没爲湖之事大率相類未知孰

云當漢末魏初之日吴强蜀霸之年遇聖者於華門洩神

果見巢城陷爲湖水世俗因之曰地陷爲湖乃吾赤烏年

金已見漢永平之時此廟記之妄也今湖濡須口會棚江

委於江控關阨隄連陂湊澤縣數百里無爲志云昔臧霸

居巢孫權自湖釁合肥新城古巢湖北合肥河魏窺吴則循

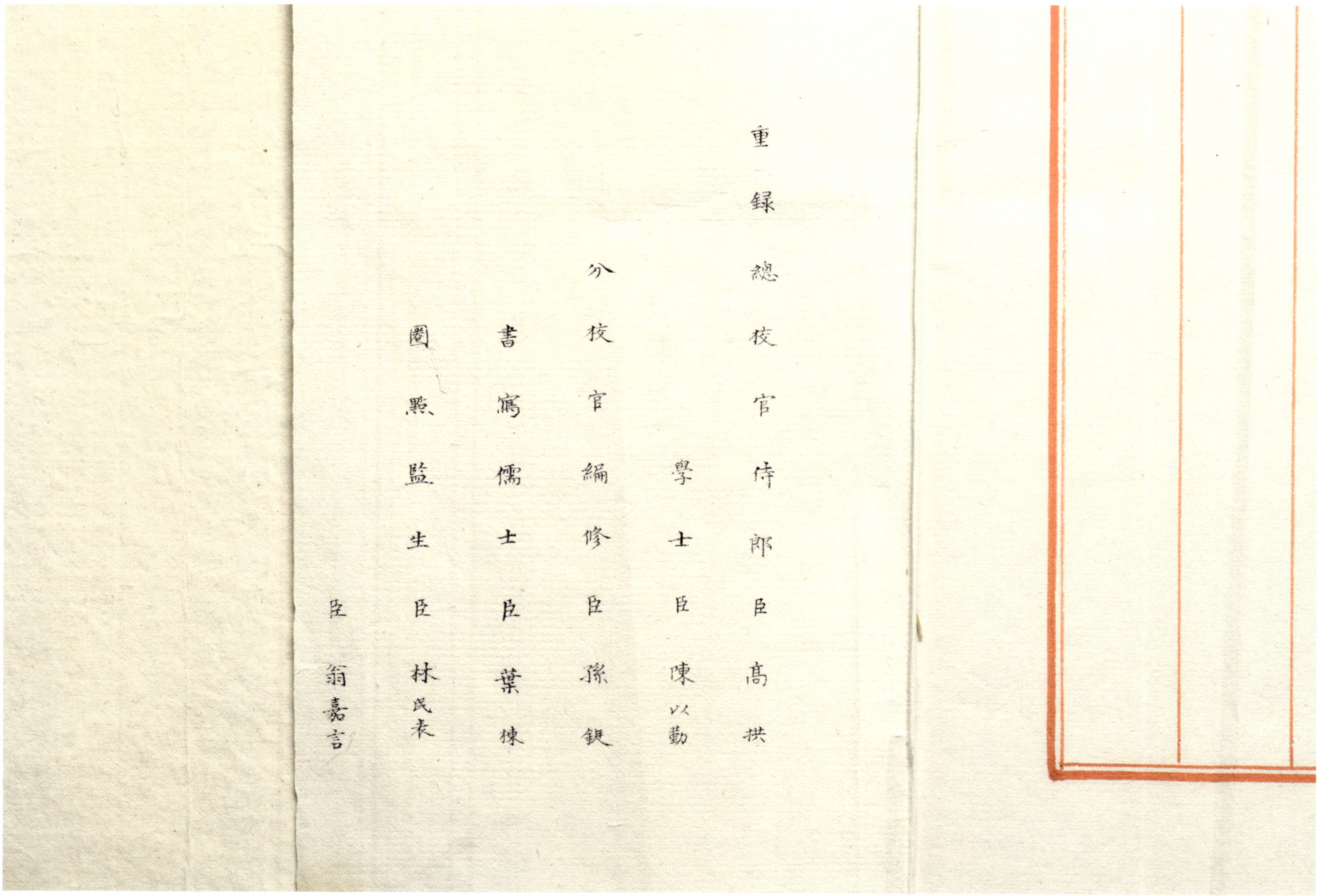

重録總校官侍郎臣高拱

學士臣陳以勤

分校官編修臣孫鋌

書寫儒士臣葉棟

圈點監生臣林民表

臣翁嘉言

037

# 永乐大典

（明）解缙等编纂

明嘉靖隆庆年间内府写本

湖字（2268—2269）“湖名”事目、丧字（7391—7392）“丧礼”事目。棉纸，台阁体书写，手绘朱丝栏。开本阔大，高50.2厘米，宽29.8厘米。原硬纸书衣包背装，封面有长条书签及方形卷签。“湖”字册后护叶题签“重录总校官为侍郎臣高拱、学士臣瞿景淳、分校官修撰臣徐时行、书写儒士郭宗义、圈点监生臣陈惟杰、臣林汝松”；“丧”字册“重录总校官为侍郎臣高拱、学士臣陈以勤、分校官修撰臣孙铤、书写儒士臣叶栋、圈点监生臣林民表、臣翁嘉言”。

《永乐大典》是中国古代最大的类书，资料宏富，多佚文秘典，为后世辑录佚书的渊薮、校勘古籍的依据。但是《永乐大典》正本已经不知所踪，仅余嘉靖副本。据统计，目前存世的《永乐大典》约400册，散落于多个国家和地区。此两册《永乐大典》为近年来海外回流最重要的文物之一。其中的“湖”字册二卷征引颇多方志，不乏已佚古书，对已佚宋元方志的辑佚、复原十分重要。尤为难得的是，此两册四卷与国家图书馆藏“湖”字“丧”字册均相连，并且此“湖”字册的出现，使得目前发现的“湖”字卷全部相连（2260—2283）。

（张传奇）

欽定四庫全書
經部
三魚堂四書大全卷十三四

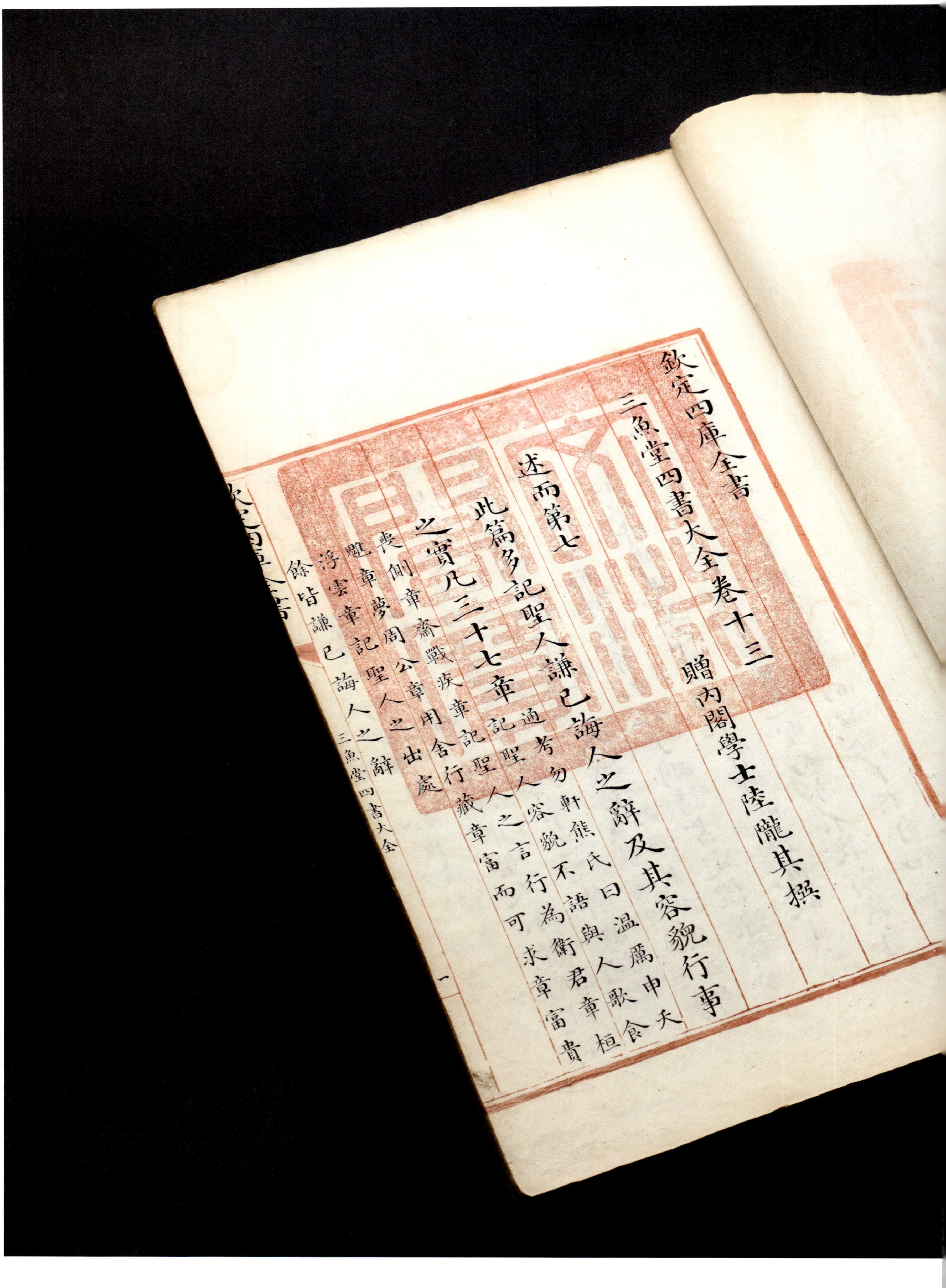

欽定四庫全書

三魚堂四書大全卷十三　　贈內閣學士陸隴其撰

述而第七

此篇多記聖人謙己誨人之辭及其容貌行事之實凡三十七章　通考勿軒熊氏曰温厲申夭記聖人容貌不語與人歌食喪側章齋戰疾章記聖人之言行為衛君章桓魋章夢周公章用舍行藏章富而可求章富貴浮雲章記聖人之出處餘皆謙己誨人之辭

三魚堂四書大全　　一

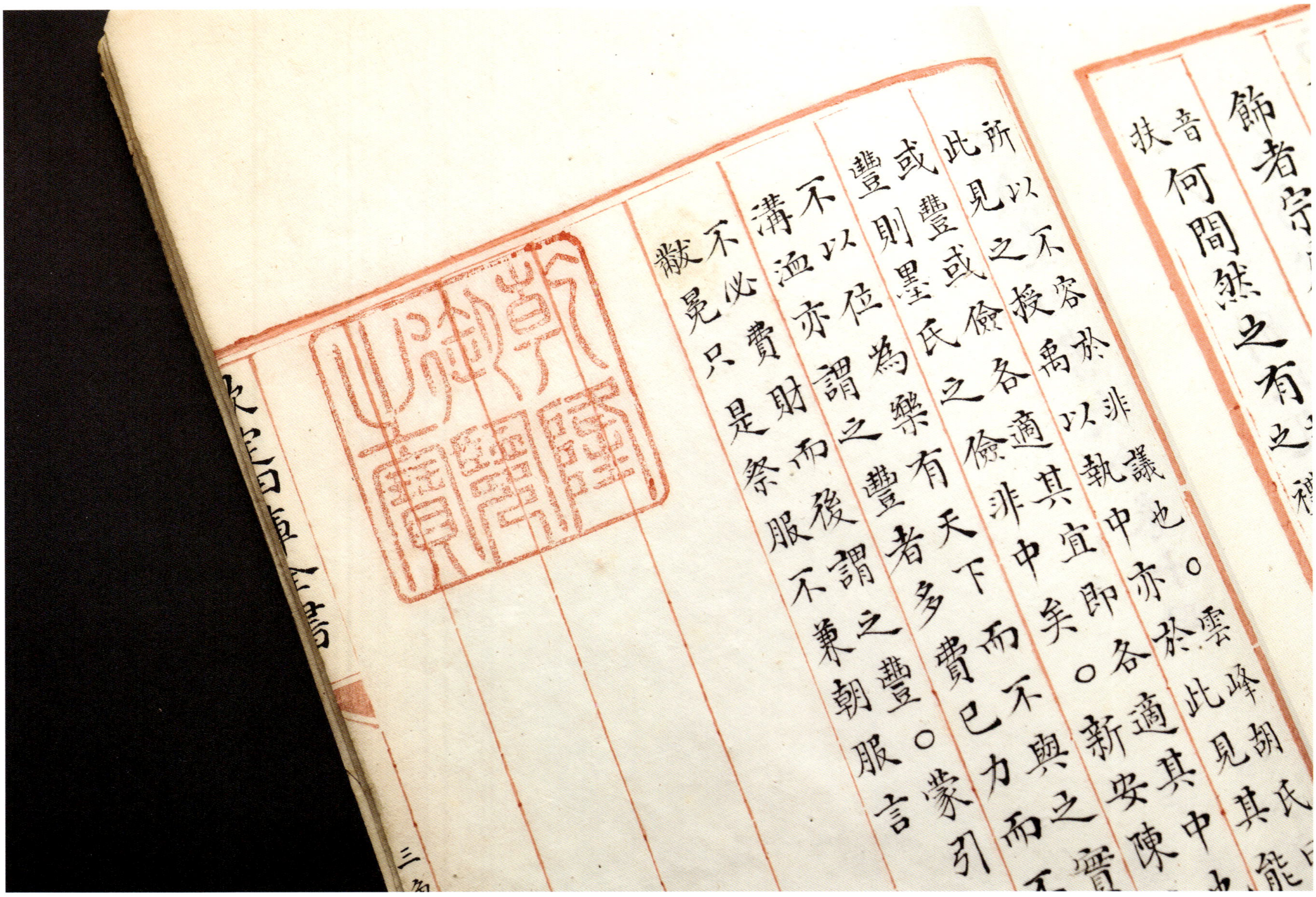

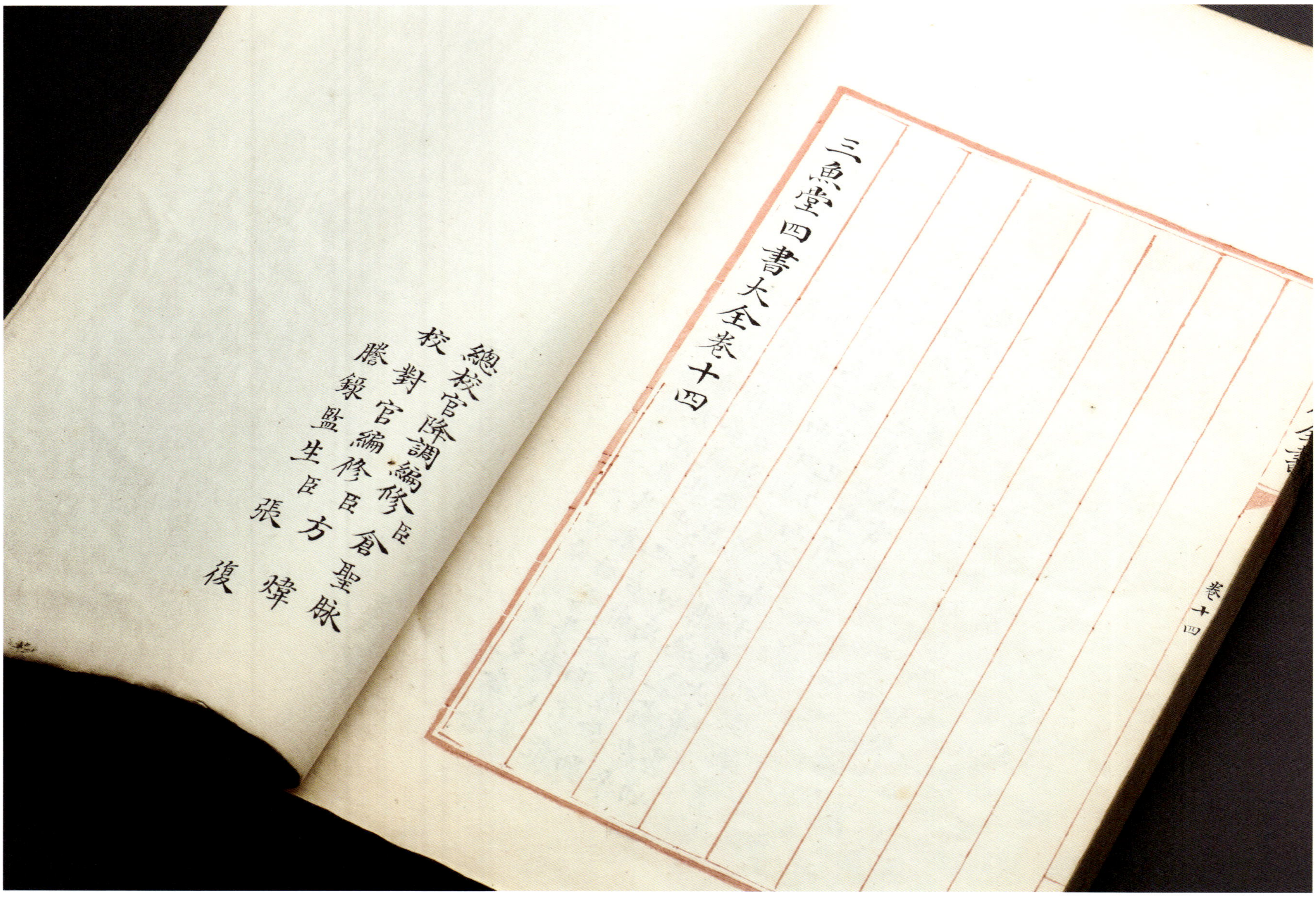
三魚堂四書大全卷十四
總校官降調編修臣倉聖脉
校對官編修臣方煒
謄録監生臣張復
卷十四

038

## 文渊阁本 钦定四库全书·三鱼堂四书大全卷十三、十四

（清）陆陇其撰

清乾隆内府写本

包背装，一册，开本高 31.4 厘米，宽 20 厘米，半框高 22.3 厘米，宽 15.4 厘米，半叶八行，行二十一字。是书为文渊阁旧藏《四库全书》本，葵绿色宫绢书衣，题签墨书“钦定四库全书经部三鱼堂四书大全卷十三十四”，卷首钤“文渊阁宝”殿座玺，卷末钤“乾隆御览之宝”，版框朱印，墨笔精写，用纸“金线榜纸”。

《四库全书》是清代乾隆年间编修的大型丛书。乾隆三十八年（1773）清政府设立“四库全书馆”，在乾隆皇帝的主持下，举全国之力汇总和辑录内府与民间藏书，总计约三千四百余种、七万九千余卷。每一部《四库全书》约三万六千三百册，计约八亿字。又按中国古代图书的四部分类法，分经、史、子、集四部，故名《四库全书》。封面用象征四季的颜色来表明类别：经部为绿色，史部为红色，子部为蓝色，集部为灰色。共抄七部，藏于七大藏书楼中。

首先抄完的四部，称为北四阁本，分藏于：紫禁城的文渊阁、圆明园的文源阁、辽宁沈阳的文溯阁、河北承德的文津阁。又抄三部，称为南三阁本，分藏于：扬州文汇阁、江苏镇江文宗阁、浙江杭州文澜阁。

1948 年文渊阁《四库全书》运往台湾省，今藏台北故宫博物院。而《三鱼堂四书大全》在台北《全书目录》与《排架图》中未见，推断乾隆年间因违碍而撤出，留存大陆。《日本学人中国访书记》《中国书店三十年所收善本书目》有著录。

（及章伟）

欽定四庫全書

耆舊續聞卷六

宋 陳鵠 撰

本朝名公四六多稱王元之楊文公范文正公晏元獻夏文莊二宋王岐公王荆公元厚之王履道元之出補外賀同時在翰林大拜者云三神山上曾陪鶴駕之遊六學士中猶有漁翁之歎又滁州謝表云諸縣豐登若無公事一家温飽全賴君恩文公以母病不謁告兄弟

詳校官中書臣徐志晉

039 文澜阁本 钦定四库全书·耆旧续闻卷六至卷十

（南宋）陈鹄著

清乾隆内府写本

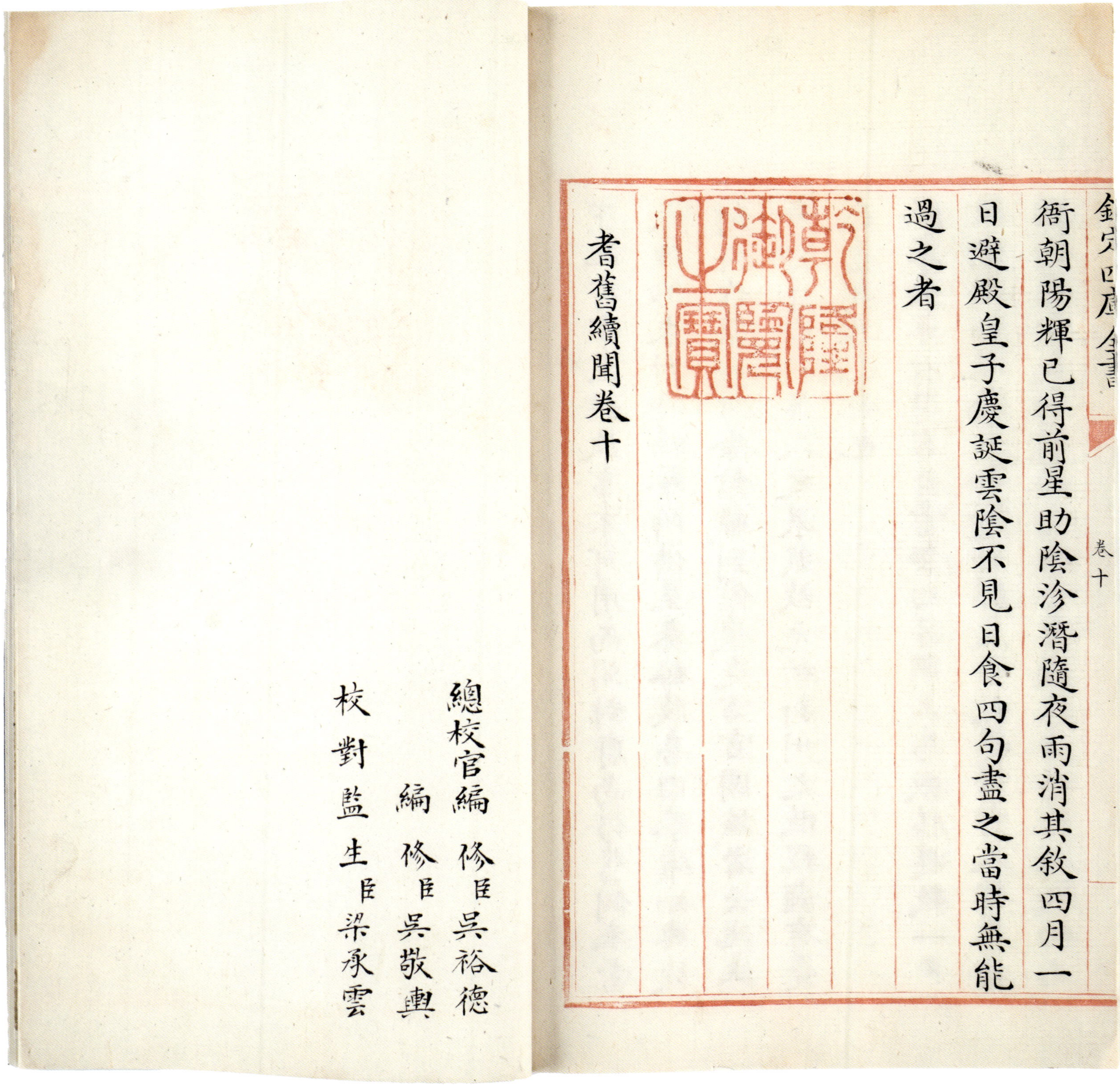

欽定四庫全書　卷十

衙朝陽輝已得前星助陰沴潛隨夜雨消其敘四月一日避殿皇子慶誕雲陰不見日食四句盡之當時無能過之者

乾隆御覽之寶

耆舊續聞卷十

總校官編修臣吳裕德
編修臣吳敬輿
校對監生臣梁承雲

包背装，一册，半框高 21 厘米，宽 14 厘米，半叶八行，行二十一字。水蓝色绫面封皮。首帖黄签："详校官中书臣徐志晋"，尾有："总校官编修臣吴裕德，编修臣吴敬舆，校对监生臣梁承云。"钤"古稀天子之宝""乾隆御览之宝"印。

浙江文澜阁《四库全书》，因咸丰十一年（1861）太平军攻下杭州，其藏书大量散失，损毁过半。此后经过光绪年间丁丙，民国乙卯钱恂，民国癸亥张宗祥三次搜集补抄，才恢复旧观，今藏浙江省图书馆。查浙图现存《耆旧续闻》卷六至卷十为光绪补抄本，可知此本应为清末时流落民间。

（及章伟）

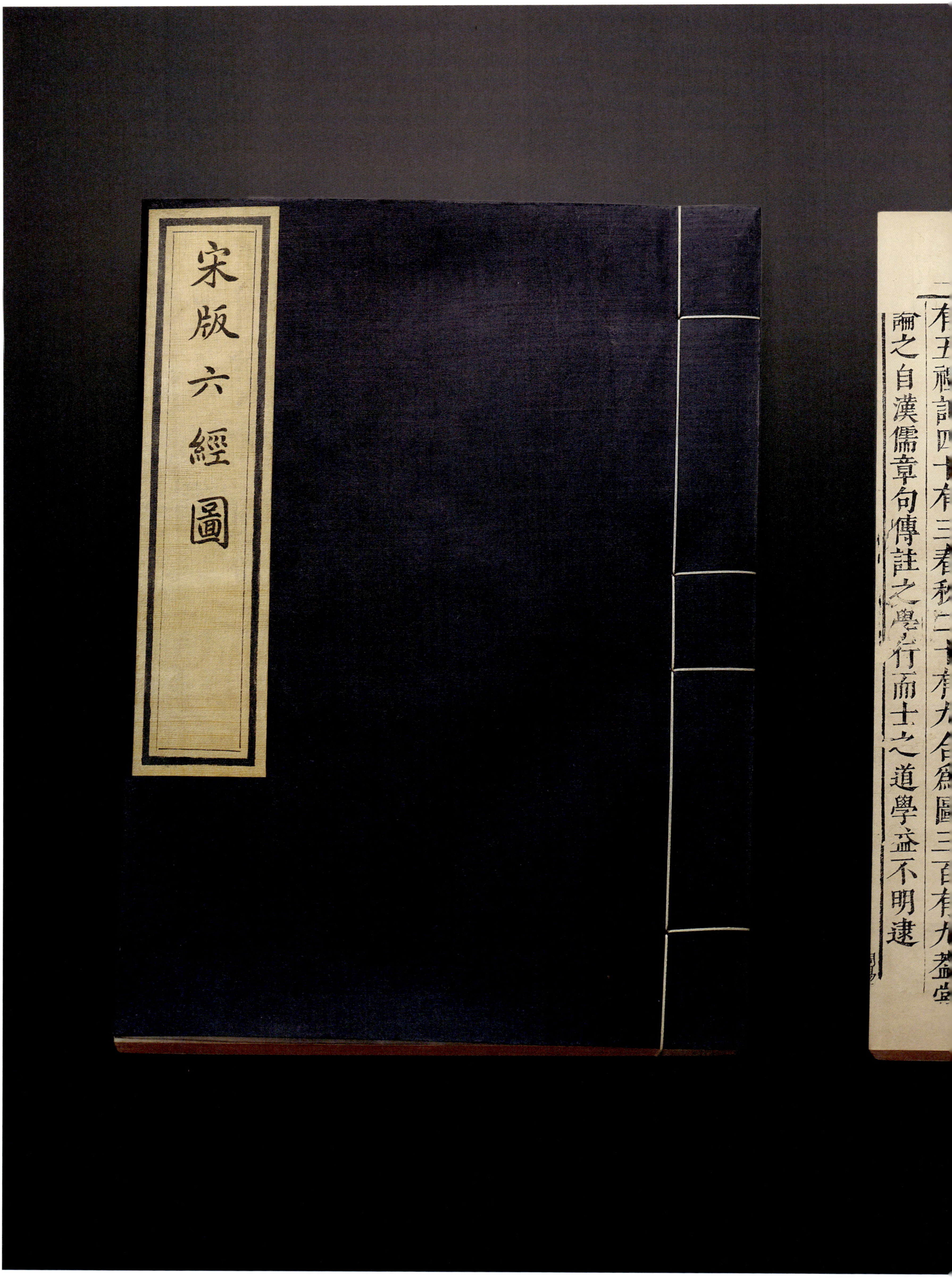
宋版六經圖
論之自漢儒章句傳註之學行而士之道學益不明逮

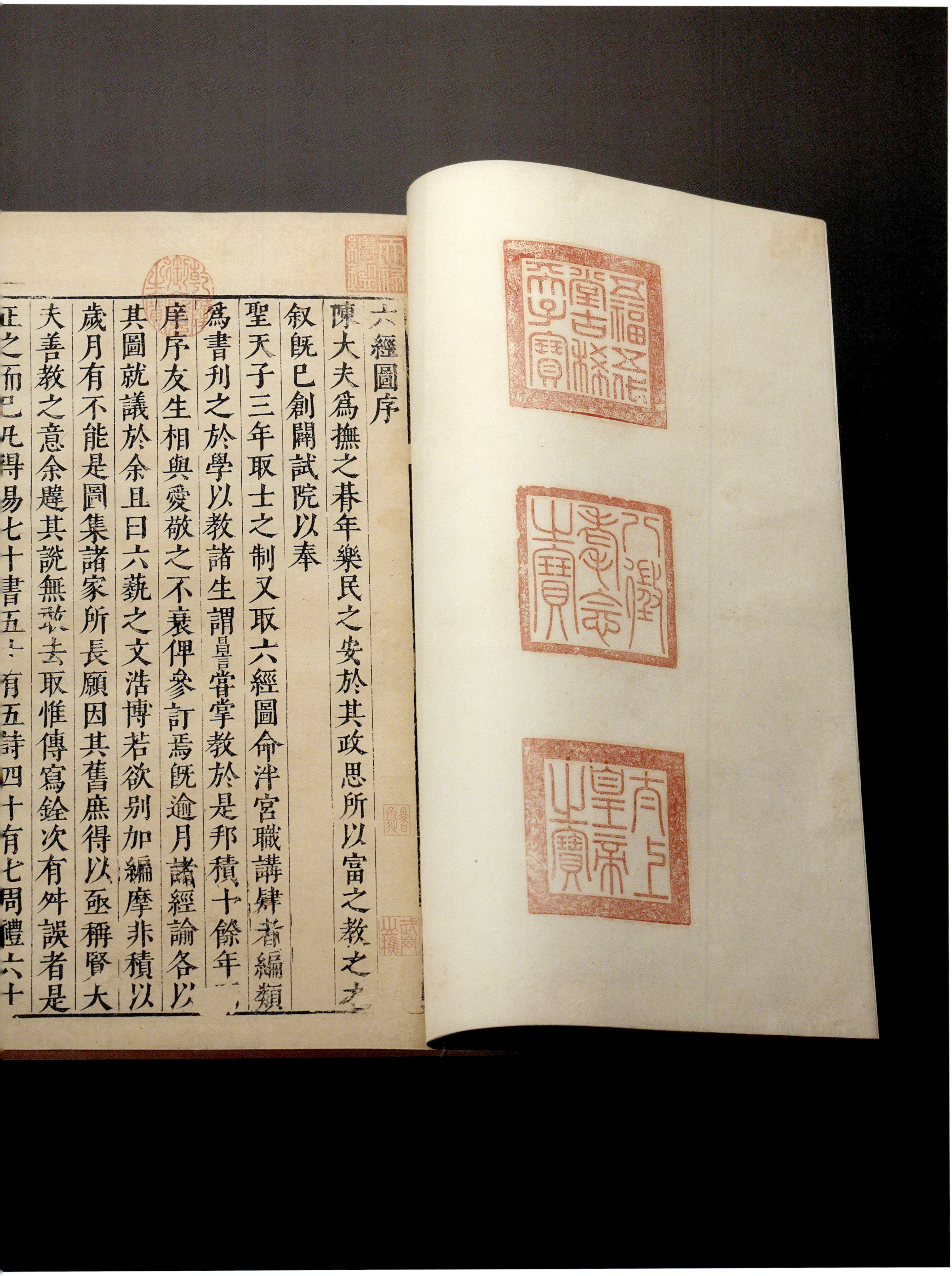
六經圖序
陳大夫爲撫之朞年樂民之安於其政思所以富之教之之
叙既巳創闢試院以奉
聖天子三年取士之制又取六經圖命泮宮職講肄者編類
爲書刋之於學以教諸生謂昌嘗掌教於是邦積十餘年
庠序友生相與愛敬之不衰俾參訂焉既逾月諸經論各以
其圖就議於余且曰六蓺之文浩博若欲別加編摩非積以
歲月有不能是圖集諸家所長願因其舊庶得以亟稱賢大
夫善教之意余遂其説無敢去取惟傳寫銓次有舛誤者是
正之而已凡得易七十書五十有五詩四十有七周禮六十

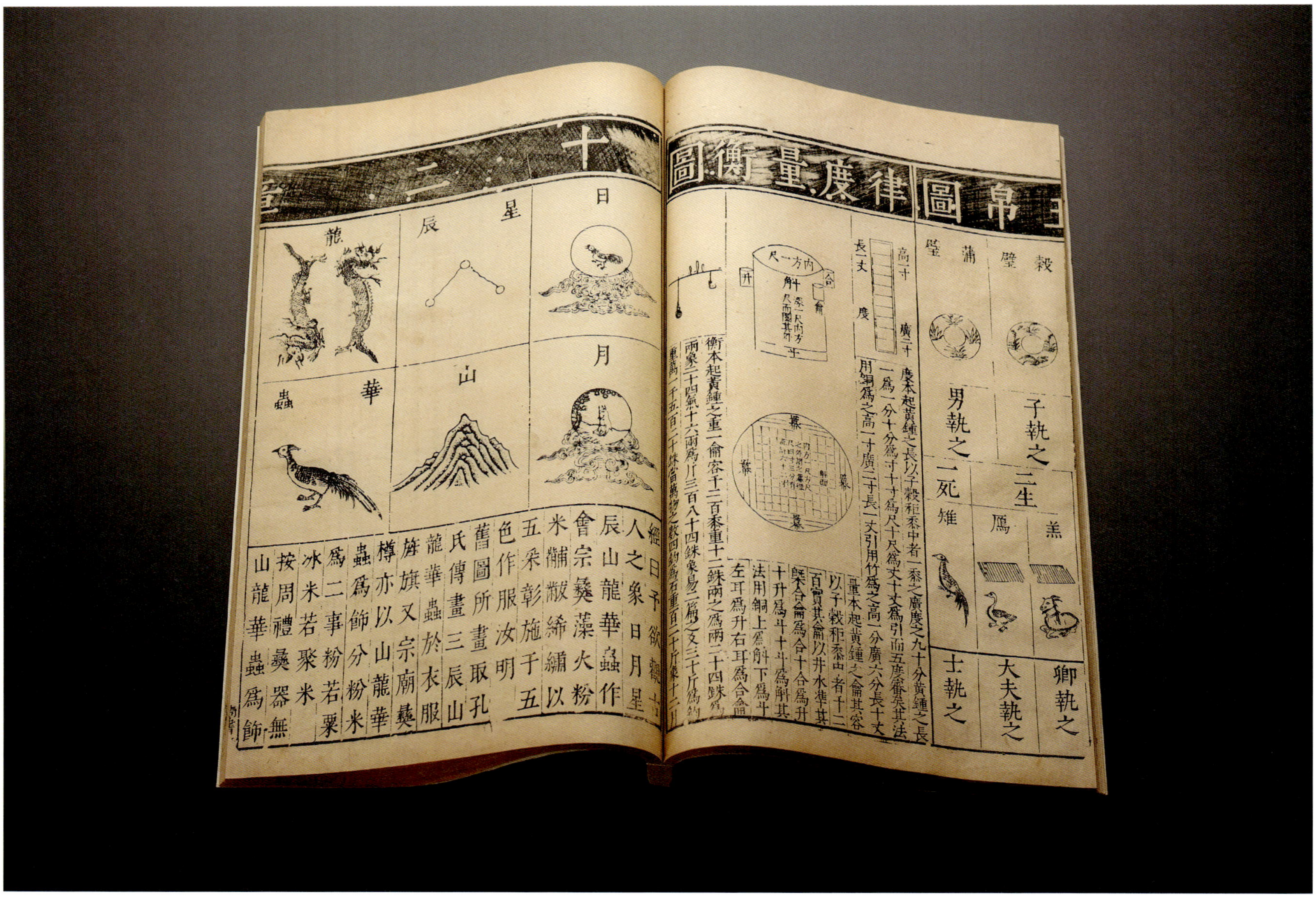

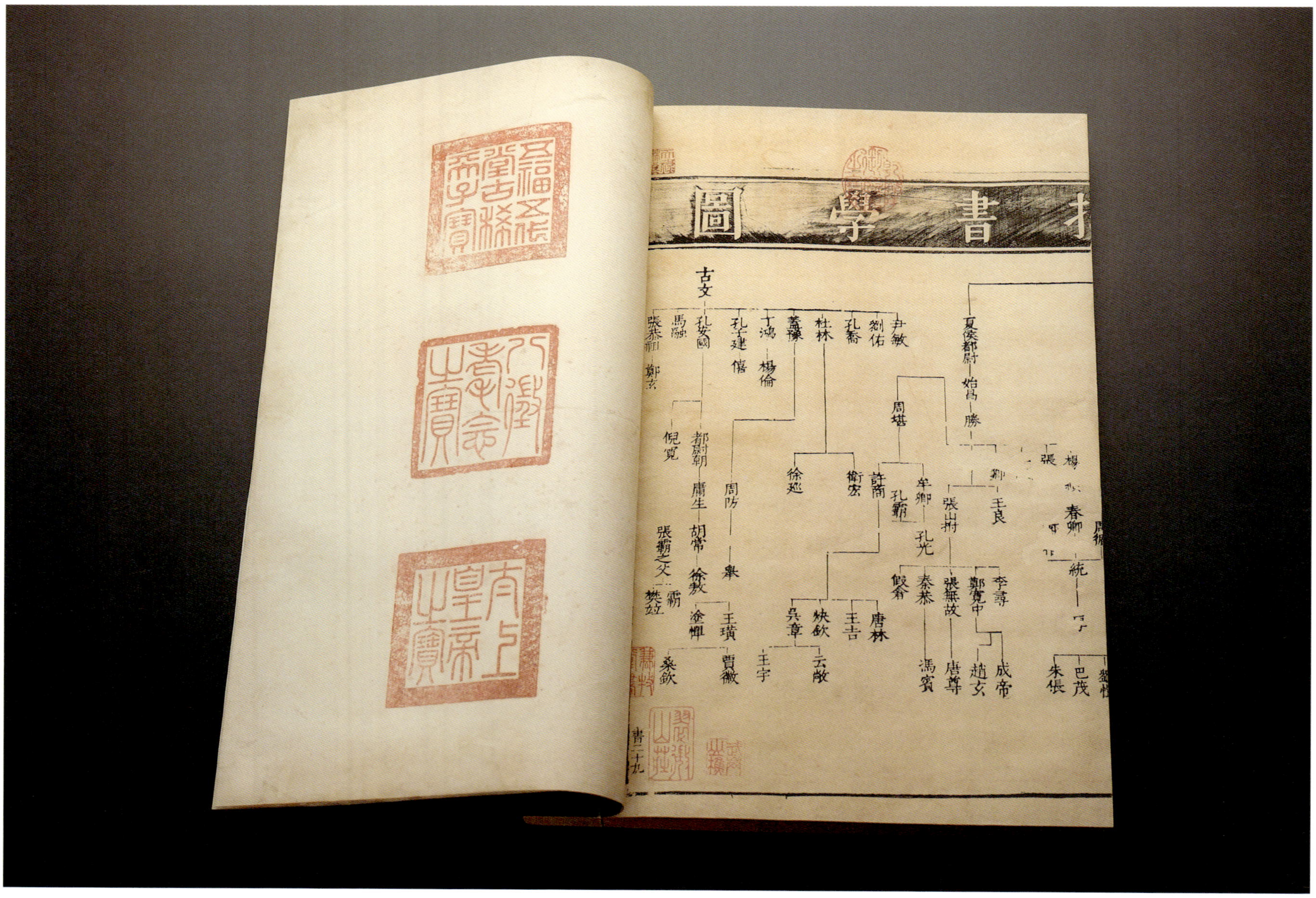

040

# 六经图

（宋）杨甲撰 毛邦翰补

明万历四十三年（1615）吴继仕熙春楼刻本

以图解经，肇自两汉，至宋渐盛，如程大昌有《禹贡山川地理图》，聂崇义有《三礼图集注》等。宋代重经取士，作为经学指南的经图，趋于兴盛。杨甲撰《六经图》，曾勒石于昌州郡学，但无拓本传世，已难详考其图目。乾道元年（1165），抚州知州陈森、通判刘涛令州学教授毛邦翰等增补杨甲《六经图》，并付梓成书。据陈振孙《直斋书录解题》引《馆阁书目》，载毛邦翰所补之本，计有《易》七十图，《书》五十五图，《诗》四十七图，《周礼》六十五图，《礼记》四十三图，《春秋》二十九图，合为三百零九图。此书因袭宋代图学之"左书右图"体例，又有所创新，在图学史上具有重要地位，又是现存可见儒家经典插图最早者，颇受后人重视。万历四十三年（1615）吴继仕购得宋本《六经图》一部，奇其精善，手自摹画考校，授之梓人，与好学者共之。版画极其精美工致，其图绘刊刻当出于徽派名家之手。此书开本阔大，纸墨精良，刻印俱美，是明代著名版刻精品，也是徽州版画的代表作。

六册，框高35厘米，宽24.5厘米。每半叶行字不等，白口，四周单边。著录于《天禄琳琅书目后编》卷三宋版经部。每册前后副叶钤"五福五代堂古稀天子宝""八征耄念之宝""太上皇帝之宝"三枚朱文大方印，卷首末钤"乾隆御览之宝"椭圆朱印、"天禄继鉴"白文方印、"天禄琳琅"朱文方印。黄绫书签为清宫原装。书内另钤"鲁斋""许衡""武岗山樵""赞育斋""南昌袁氏家藏""翠微山庄""澹斋""谦牧堂藏书记"等鉴藏印。《天禄琳琅书目后编》以为"许衡，号鲁斋，河内人。元集贤大学士、中书左丞。谥文正。澹斋乃郑定，字孟宣，明初国子助教。其'南昌袁氏'一印，乃明袁忠彻家物，赏鉴家称为袁尚宝是也。"入清宫前又经纳兰揆叙谦牧堂收藏。

《赏溥杰书画目》记载，1922年九月十五日赏溥杰，自此流出宫外。不久即现身于长春古玩市场，为曾任"东北日产清查团"干事的刘燕夫购得。1949年刘燕夫携书去往台湾，在台期间，刘氏曾请台北故宫博物院昌彼得、吴哲夫先生鉴定版本并撰文（《故宫文物月刊》第2卷第7期，1984年10月出版，第43页）。1998年，台北中华书局影印，陈立夫作序，孙法民赞助，书上题"刘燕夫珍藏"。刘氏亲撰"宋版六经图珍藏记"一文附于书前，记其买书经过甚详。

天禄琳琅旧藏书大多归于公家馆藏，流散在民间的全本仅有十部，此为其一。

（张传奇）

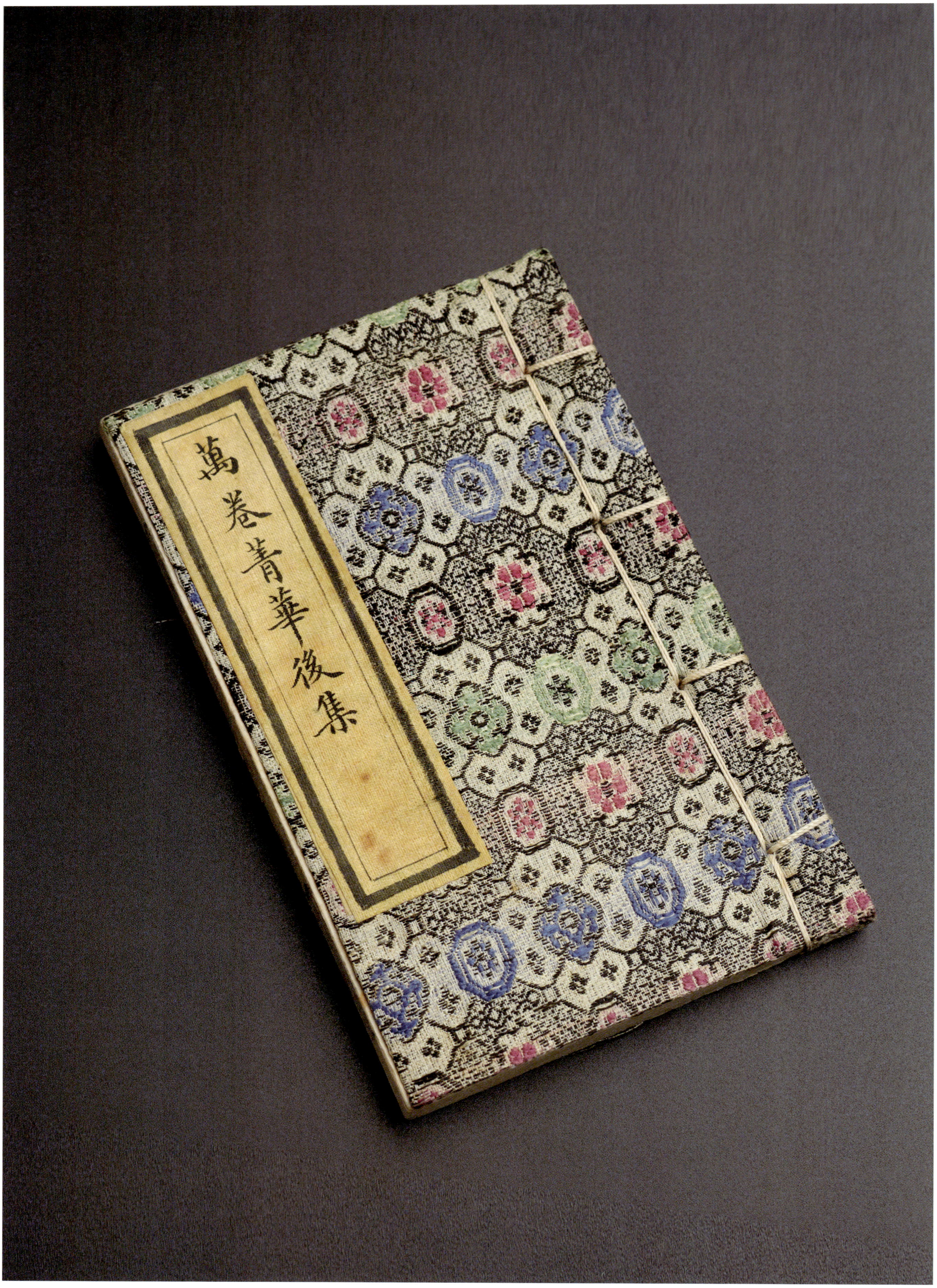
萬卷菁華後集

041

## 太学新增合璧联珠万卷菁华后集卷七十九

（宋）李似之辑

宋刻本

宋刻巾箱本。卷七十九，一册。框高 10.5 厘米，宽 7 厘米。每半叶十五行，行二十至二十一字不等，小字单行，细黑口，四周单边，双鱼尾。卷端题名“太学新增合璧联珠万卷菁华”。前后副叶钤“五福五代堂宝”“八征耄念”“太上皇帝”朱文方印，卷首末钤“乾隆御览之宝”椭圆朱印“天禄继鉴”白文方印、“天禄琳琅”朱文方印。其中“五福五代堂宝”与“八征耄念”二印为 3.5×3.5 厘米，“太上皇帝”为 3.8×3.8 厘米，为天禄琳琅书“乾隆五玺”内的“小三玺”。《天禄琳琅书目后编》著录 664 部书，目前知见钤有“小三玺”之书仅有此书与宋刻本《增修东莱书说》、明嘉靖刻本《春秋胡传》三部书。

此书狭行细字，极其精巧，初刻初印。书中北宋嫌名“弘”等皆不避，“敦”“祯”均缺末笔，“旷”“广”不避讳，自避讳看似南宋绍熙间所刊。书中多简体字、俗体字和异体字，竹纸刷印，墨色莹洁，颇有南宋麻沙书坊刻印应试之作的风格。书经宫内重装，天头、地脚以清宫修书常见之红筋罗纹纸接补，修饬严整。

《赏溥杰书画目》著录，1922 年九月初四日赏溥杰，自此流散出宫。

据刘蔷《天禄琳琅知见书录》统计，全书十函一百册，除此一册外，存世尚有：《前集》六十卷，《后集》卷一至四十三、卷五十六至六十八，计八函八十册，现藏山东省图书馆；《后集》卷七十一、七十二，二册，现藏北京市文物局图书资料中心；《后集》卷七十三至七十四、七十八至七十九，计四卷，四册，现藏私人手中；《后集》卷七十七，一册，现藏中国国家图书馆；《后集》卷八十，一册，现藏浙江省图书馆。《中华再造善本》唐宋编第 253 部，合山东省图书馆、中国国家图书馆所收共八函八十一册为底本，影印出版。

（张传奇）

類書纂要
軍旅
卷五
之七

# 古今類書纂要五卷

## 士進部

### 辟賢薦達

**顧賢** 序贊云祿賜顧賢○顧養謂引招賢人而養之也 **顯賢** 蒯通傳曰顯賢進能 **索耦** 甘泉賦曰乃搜求索耦皋伊之徒冠倫魁○言選擇賢臣可匹耦于古賢皋伊之類 **物色** 晝像其人物顏色以訪求之也 **徵辟** 皇帝詔取賢能曰徵郡縣舉擢曰辟辟音鼻 **勸駕** 郡守舉送賢能曰勸駕高紀云漢高帝詔賢士大夫有肯從我遊者吾能尊顯之其有意稱明德者必身勸為之駕○註有賢者郡守身自往勸勉令至京師駕車遣之 **壹適** 武紀曰諸侯貢士壹適謂之好德再適謂之賢賢三適謂之有功○註云適者適得其人也 **計偕** 武紀云徵吏民有明當世之務習先聖之術者縣次續食令與計偕○註計者上計簿使也郡國每歲遣詣京師上之偕俱也令所徵之人與上計者俱來也而縣次給之食 **敷求哲人** 商書云敷求哲人俾輔于爾後嗣○敷廣也廣求賢哲使輔爾後嗣也 **旁求俊彥** 商書伊尹云旁求俊彥啟迪後人○旁求者求之非一方也俊彥美士也言湯孜孜為善不遑寧處如此而又旁求俊彥以開導子孫也 **白日上天**

042 

# 古今类书纂要卷五、卷六

清康熙内府写本

存卷五和卷六，一册，原装蓝绫面。扉叶钤“五福五代堂古稀天子之宝”“八徵耄念之宝”朱文大玺，蓝绫书衣，黄绫书签。版框、栏线为雕版印刷，版心书名、卷次、内页正文则手书。抄写极为严谨，一如内府刻本，不差毫分。

清代七部《四库全书》、两部《四库荟要》都是精写成帙。内府各机构长年不断写抄的历朝实录、玉牒、本纪、圣训等，都是清代重要的档案史料，也是清内府写本风格的典型代表。有的从不发刻，仅作为皇帝阅览、玩赏及各宫殿陈设之用。这些御用书籍采用大、中、小号字本，或端楷或真草隶篆，或满蒙藏回汉各体合璧，或图文并茂，或朱墨二色，或四色并用；有字大如钱，又有蝇头细书，一笔不苟，有的书册首末处钤印形状各异的宝玺、印章，或绘皇帝御容，或御笔题识。抄写书绘之精美，装潢之考究，用料之稀见，代表了清一代的最高水平。

（张传奇）

永樂大典

# 二 法宝瑰藏

*Chapter Two*

佛经和儒家十三经、《老子》《庄子》一样，也是中国古代哲学经典，是构成中国传统文化的重要部分。产生于古印度的佛教，在东汉时期自上而下开始在中国流传。

佛教经典的传入开启了我国最早追求“信、达、雅”的翻译学，推动了早期文字学、音韵学的发展，丰富了目录学的范畴，促进了书籍装帧形式的完善，催化了宗教文学、美术、音乐的繁荣，激发了儒学笼罩下的人们波澜壮阔的想象空间。

学习佛教文献也就是阅读经书，是部分中国古代文人士大夫、皇家贵胄、平民百姓的必修课。通过敦煌、吐鲁番等地出土写本，我们发现寺院常常是边地平民启蒙教育的场所，佛经是习字的教科书，是边地儿童最早触碰文明的接口。而参与刻印佛经，在中国古代社会则是一种令人敬重的实践。

这一单元主要展示中国历代版刻《大藏经》及单刻经。

“大藏经”是指佛教典籍的汇集，经过了写本和刻本两大时代。北宋《开宝藏》是我国第一部刻本《大藏经》，以后历代都相沿刻经事业。辽代刻有大字本和小字本两种《大藏经》，金代有《金藏》，北宋在福州刊刻了《崇宁藏》《毗卢藏》，南宋在湖州刊刻了《思溪藏》，宋元之间又有《碛砂藏》，元代有《普宁藏》《元官藏》，明代有《洪武南藏》《永乐南藏》《永乐北藏》《嘉兴藏》，清代有《龙藏》。

《大藏经》卷帙浩繁，刊刻耗时费资，多是官方行为，故金代山西民女崔法珍断臂募资刊刻《赵城金藏》的事迹催人泪下；而单刻佛经多是民间信士的个人行为，明末清初著名藏书家和出版家毛晋就曾为云南土司木增刻印《华严忏仪》。单刻经的形式更为灵活，风格更加活泼，募刻的供养人信息暗示着中华传统文化中固有的重视图书的内在因子。

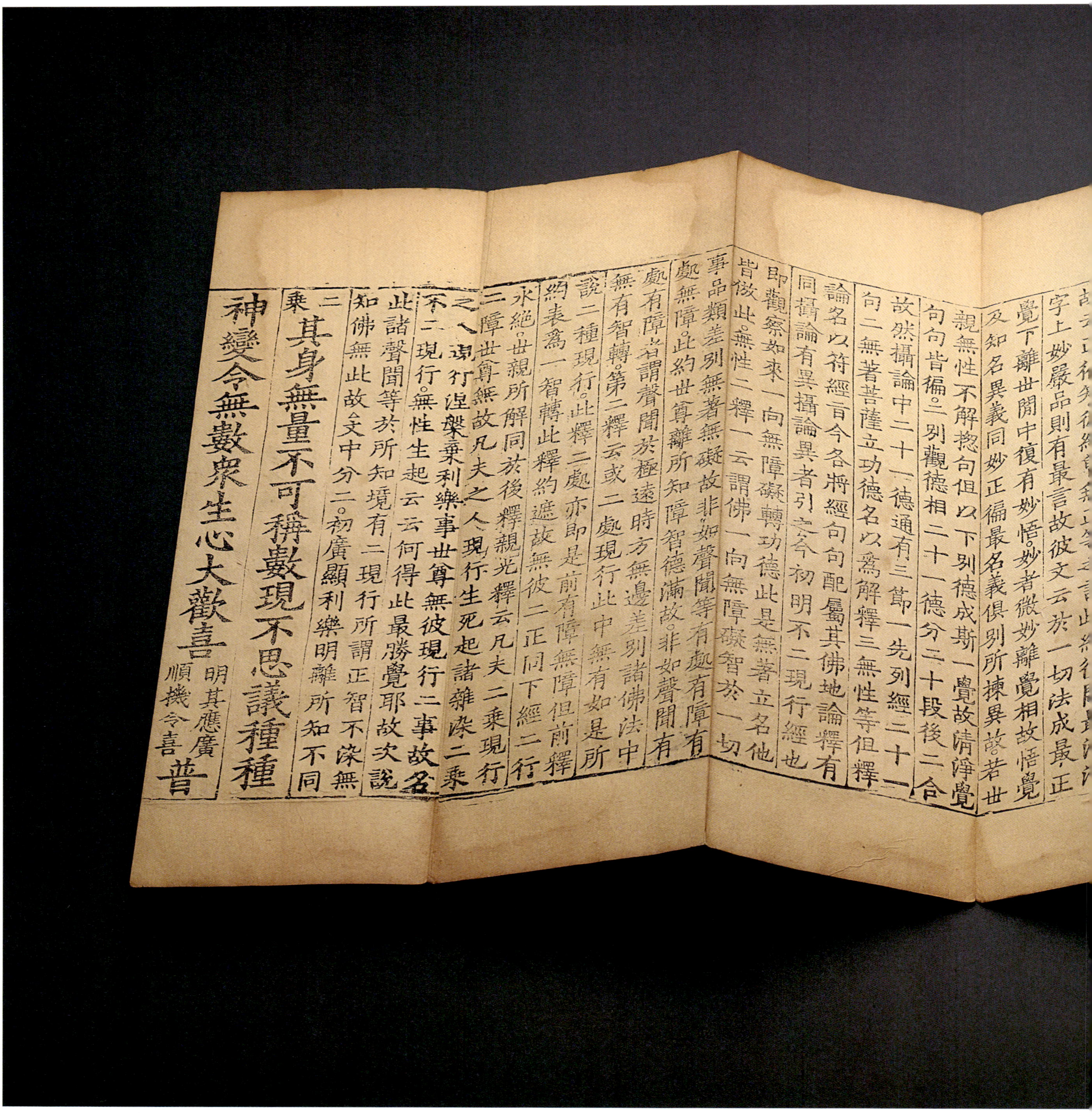

043 大方广佛华严经疏卷第三十七、第三十八

（唐）释澄观述（宋）释净源录疏注经

宋两浙转运使司刻本

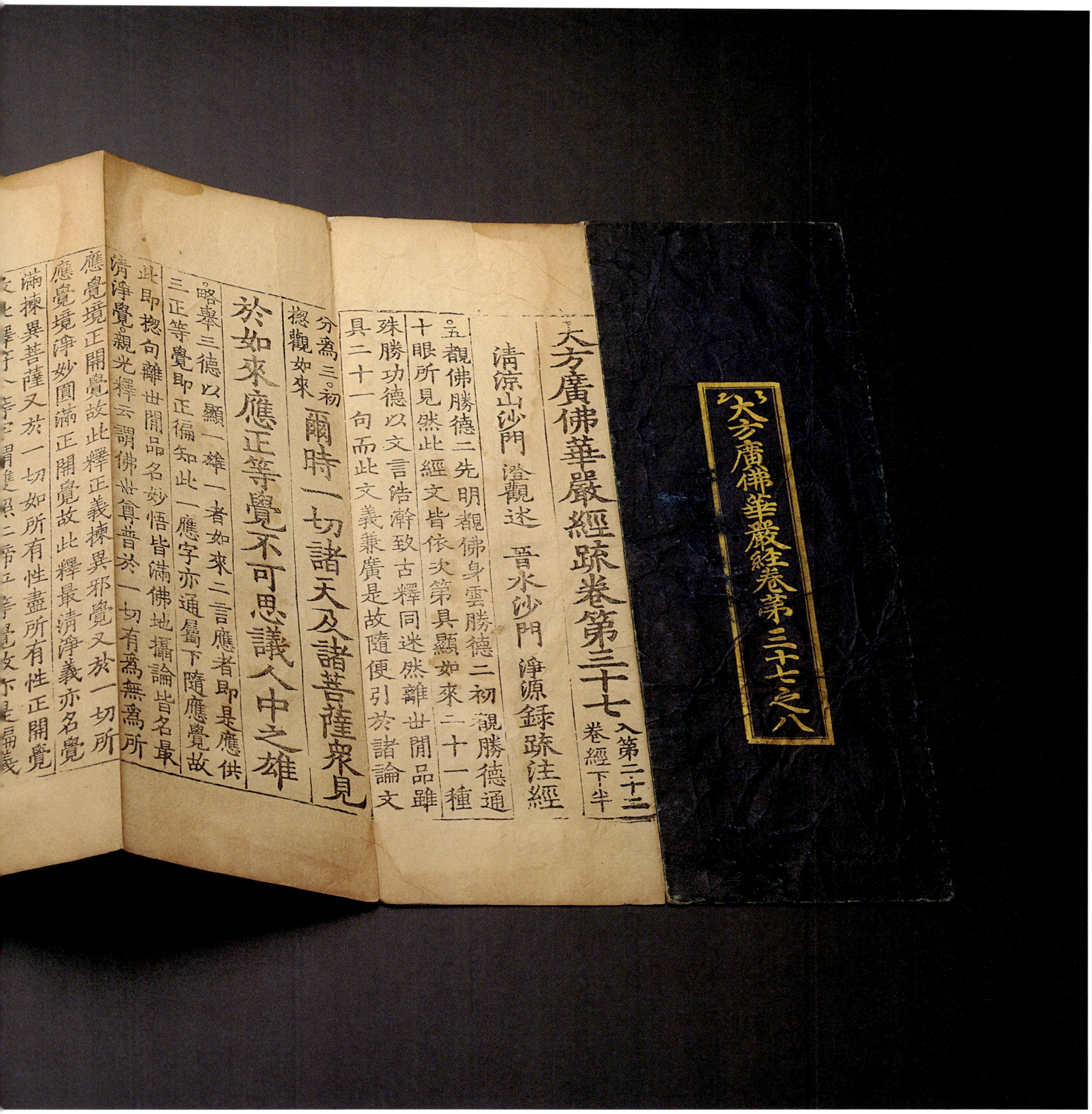

存卷三十七至三十八，一册，原绀纸书衣、泥金题签。正反两面印刷。一版五折，一折四行，行十五字，小字双行，行二十字，上下单边，行间有栏线。两卷卷首均题"清凉山沙门澄观述，晋水沙门净源录疏注经"，卷三十八尾题"钱塘讲华严经明义大师昙慧详校，云间讲华严经兴教大师常矩重校"。

此经为典型浙刻欧体字，结字方正，笔画均匀秀雅，雍容端庄。同经见存：国家图书馆存六卷（卷七十一、八十三、八十五、九十四、九十九、一百一十四）；首都图书馆存一卷（卷四十一）；上海博物馆存二卷（卷五十四、一百零一）；苏州博物馆存一卷（卷一百零九）。其中，上海、苏州藏本入选《第二批国家珍贵古籍名录》（第03046、03047号）。国家图书馆藏本中，有一卷接纸处有两浙转运司字样，这是此经定为两浙转运司刻本的依据。

（张传奇）

044 六度集经卷第七

（吴）康僧会译

北宋元丰八年（1085）福州东禅等觉院刻崇宁藏本

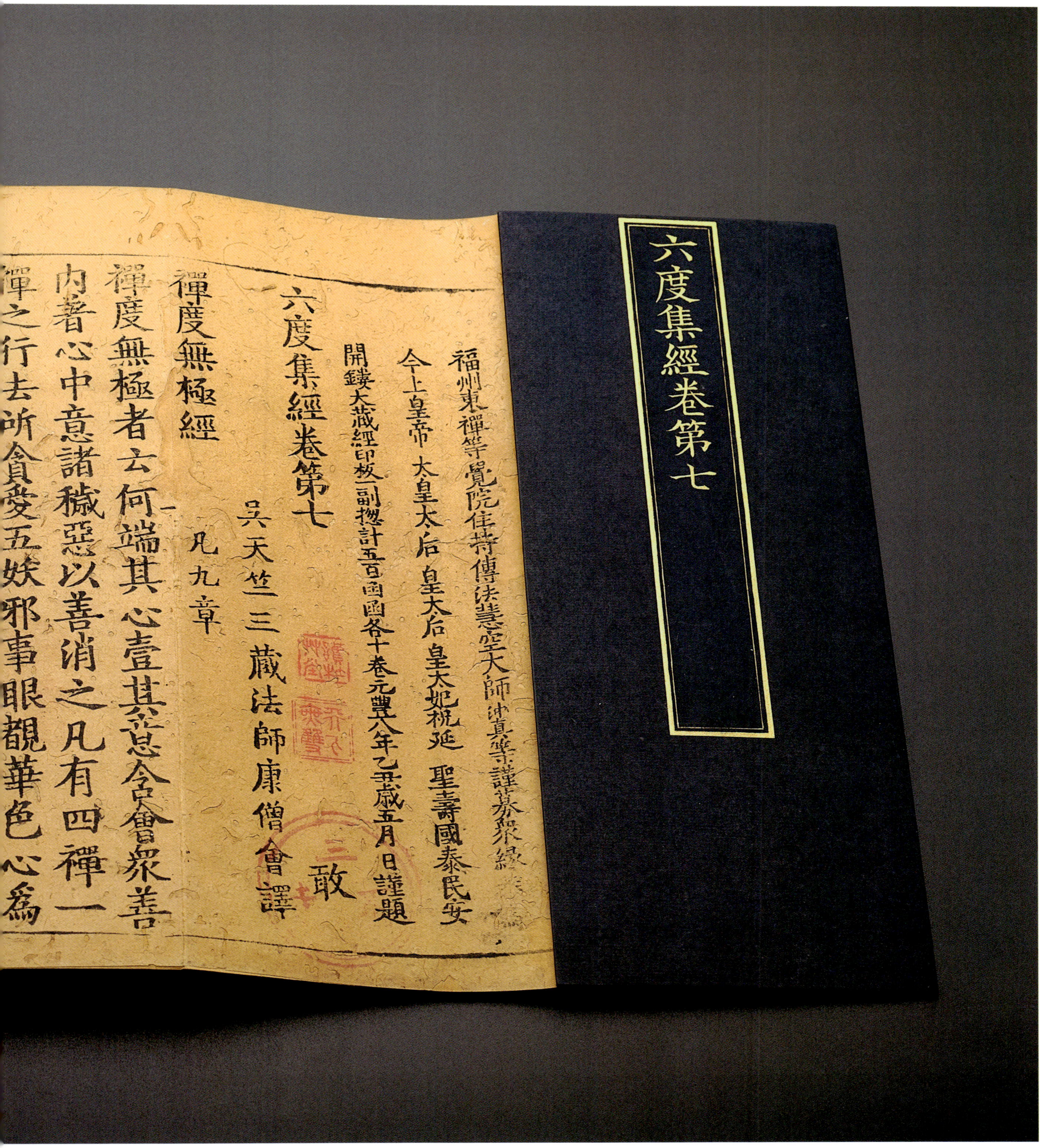


《六度集经》卷第七是北宋崇宁藏零种，一册，每版六个半叶，半叶六行，行十七字，经折装。崇宁藏，即福州东禅院本大藏经，又称《崇宁万寿大藏》。它是中国佛教大藏经南方系统的第一部，刊雕于福州东禅寺等觉禅院。

此经卷端刊“福州东禅等觉院住持传法慧空大师冲真等谨募众缘，恭为今上皇帝太皇太后皇太后皇太妃祝延圣寿国泰民安，开镂大藏经印板一副捴计五百函，函各十卷。元丰八年乙丑岁五月日谨题”。印工为杨震，卷末有“杨震印造”黑木记，千字文号“敢”。有钤印“三圣寺”。

崇宁藏在国内保存下来的极少，仅存于几个大图书馆和少数寺院。

（张宇）

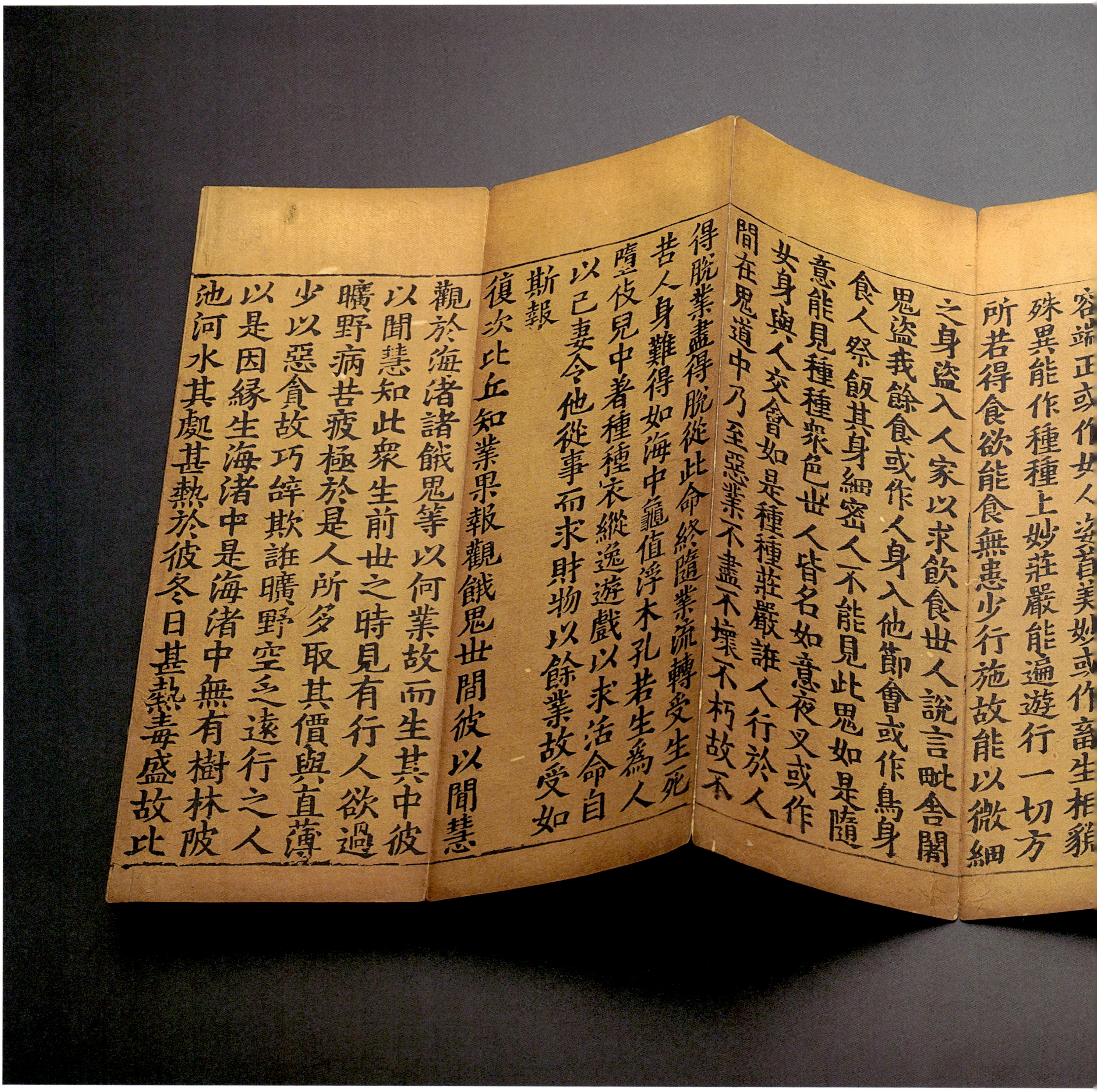


045 **正法念处经卷第十七**

（北魏）瞿昙般若流支译

北宋绍圣四年（1097）福州东禅等觉院刻崇宁藏本

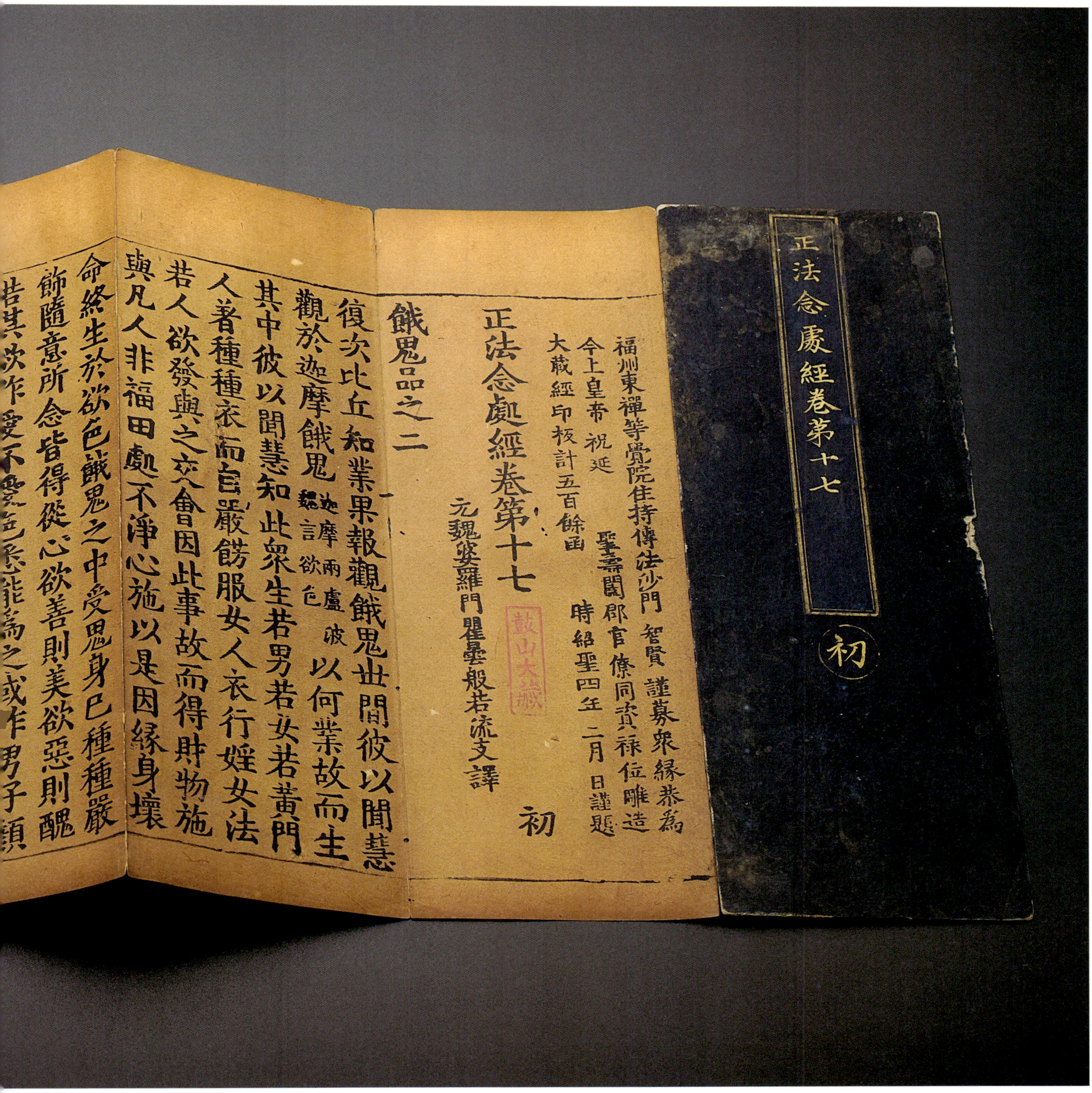


《正法念处经》卷第十七是北宋崇宁藏零种，一册，经折装。开本高 30.3 厘米，宽 11 厘米。

瓷青纸封面，泥金书经签。开篇卷首有题记："福州东禅等觉院住持传法沙门智贤，谨募众缘，恭为今上皇帝，祝延圣寿，阖郡官僚，同资禄位，雕造大藏经印板，计五百余函。时绍圣四年（1097）二月日谨题。"册内首、中、尾三处钤"鼓山大藏"长方形阳文朱印，卷尾钤"张华印造"长方墨印，册内有刻工名"忠"，末版刊"十四昏尾"。

鼓山大藏，又称"崇宁万寿大藏经"，指福州鼓山永泉寺散逸出来的钤有"鼓山大藏"印章的"崇宁"本。它是中国第一部私刻的大藏经，具有极高的历史和文化价值。鼓山大藏的刻制始于北宋元丰二年（1079），完成于崇宁二年（1103），宋徽宗敕赐"崇宁万寿大藏经"之名。由于年代久远，鼓山大藏的经板在元末东禅寺毁于兵火，现存的鼓山大藏数量极少，因其罕见与珍贵，均被收入《国家珍贵古籍名录》。

（张宇）

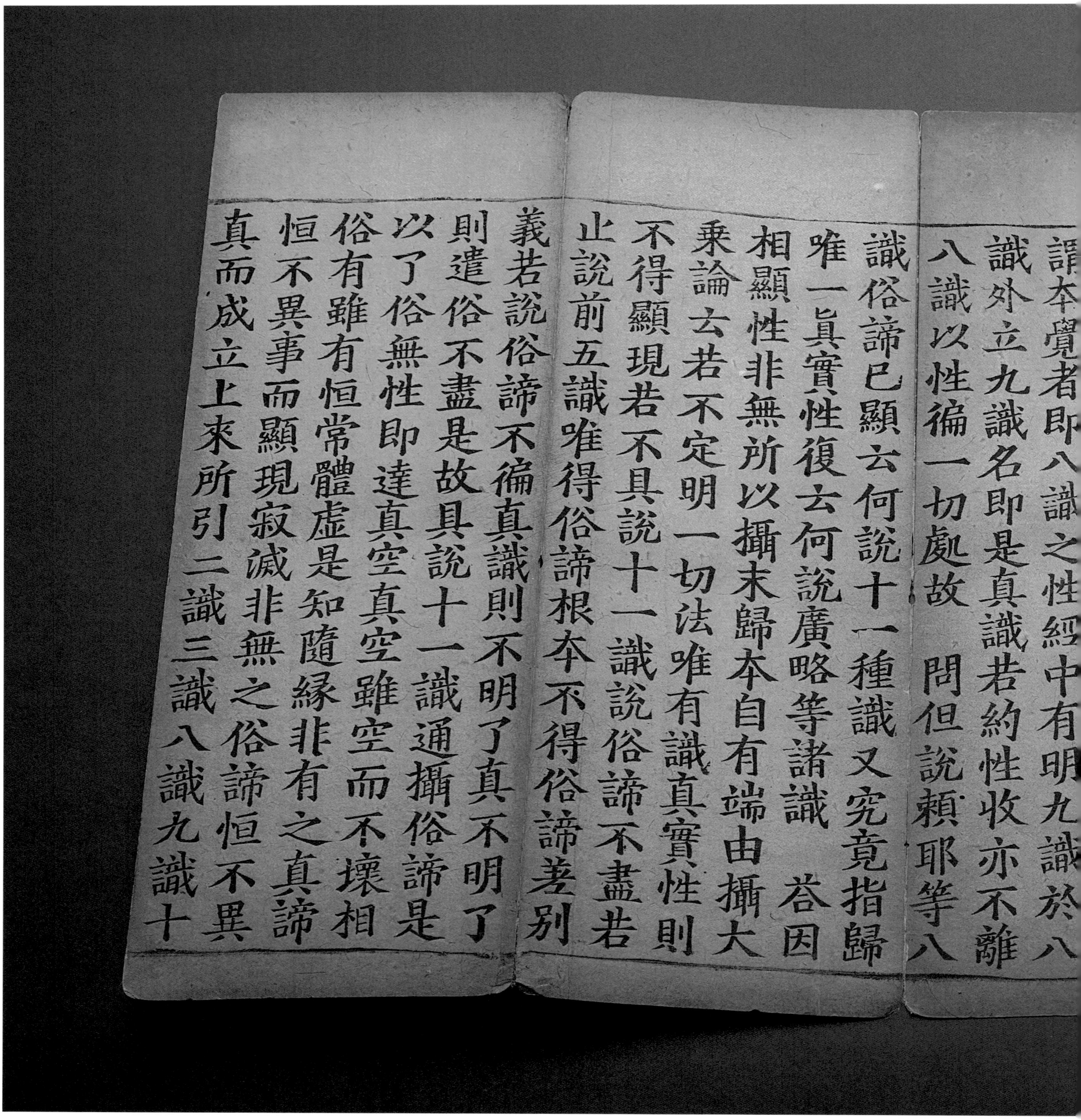


046 宗镜录卷第五十七

（宋）释延寿著

北宋大观二年（1108）福州东禅等觉院刻崇宁藏本

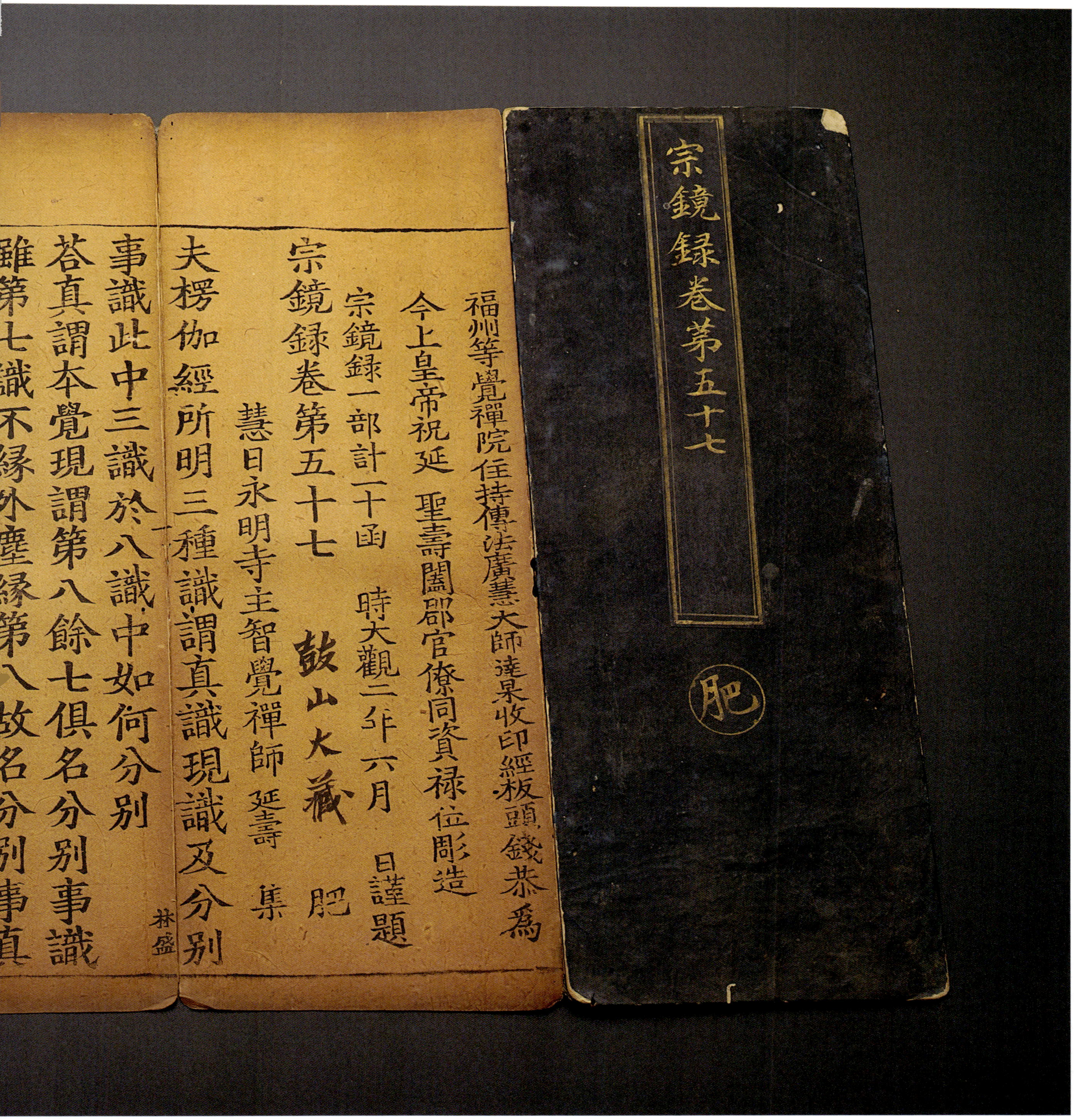


《宗镜录》卷第五十七是崇宁藏零种，一册，经折装。开本高 30 厘米，宽 11.2 厘米。

卷册前后为瓷青纸封面，泥金书经签，经名下金书圆环形秩号“肥”。经首端发愿文刊：“福州等觉禅院住持传法广慧大师达杲收印经板头钱，恭为今上皇帝祝延圣寿，阖郡官僚同资禄位，雕造《宗镜录》一部，计一十函。时大观二年（1108）六月日谨题。”

《宗镜录》是五代宋初时期永明延寿（904—975）所著的一部佛教经典，全书约八十余万字，共分为三章，一百卷。该书集成之后，据宋元祐年间（1086—1093）杨杰《宗镜录》序说：“吴越忠懿王宝之，秘于教藏。”当时的吴越王钱弘俶为《宗镜录》作了序并十分赞叹，后来的高僧大德都对《宗镜录》有很高的评述。《开宝藏》中并未收录，首次收录于《崇宁藏》，故此件为该书的最善本，亦是最早刊本。

（张宇）

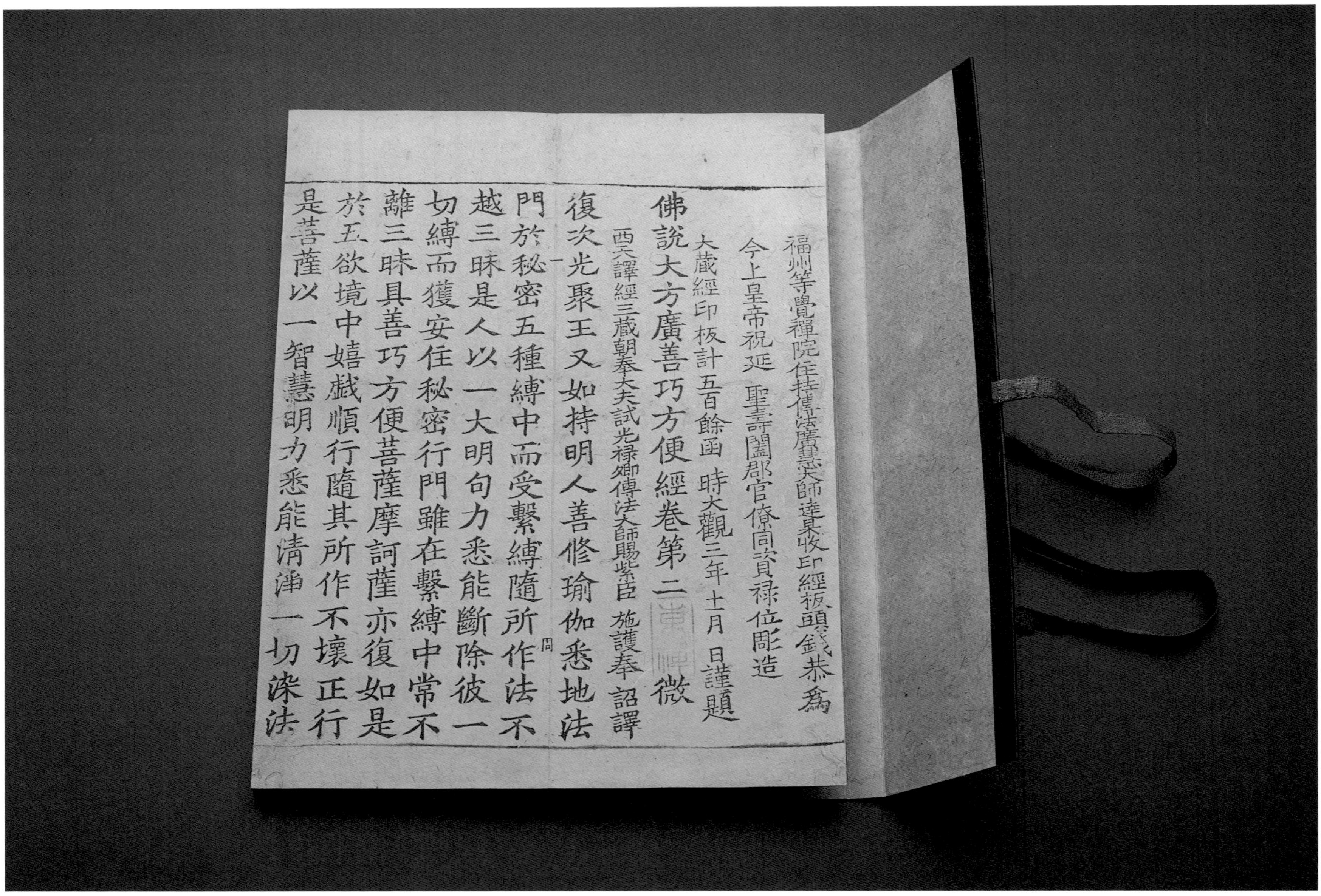
福州等覺禪院住持傳法廣慧大師達杲收印經板頭錢恭爲
今上皇帝祝延　聖壽閩郡官僚同資禄位彫造
大藏經印板計五百餘函　時大觀三年十月　日謹題
佛說大方廣善巧方便經卷第二　微
西天譯經三藏朝奉大夫試光祿卿傳法大師賜紫臣　施護奉　詔譯
復次光聚王又如持明人善修瑜伽悉地法
門於秘密五種縛中而受繫縛隨所作法不
越三昧是人以一大明句力悉能斷除彼一
切縛而獲安住秘密行門雖在繫縛中常不
離三昧具善巧方便菩薩摩訶薩亦復如是
於五欲境中嬉戲順行隨其所作不壞正行
是菩薩以一智慧明力悉能清淨一切染法

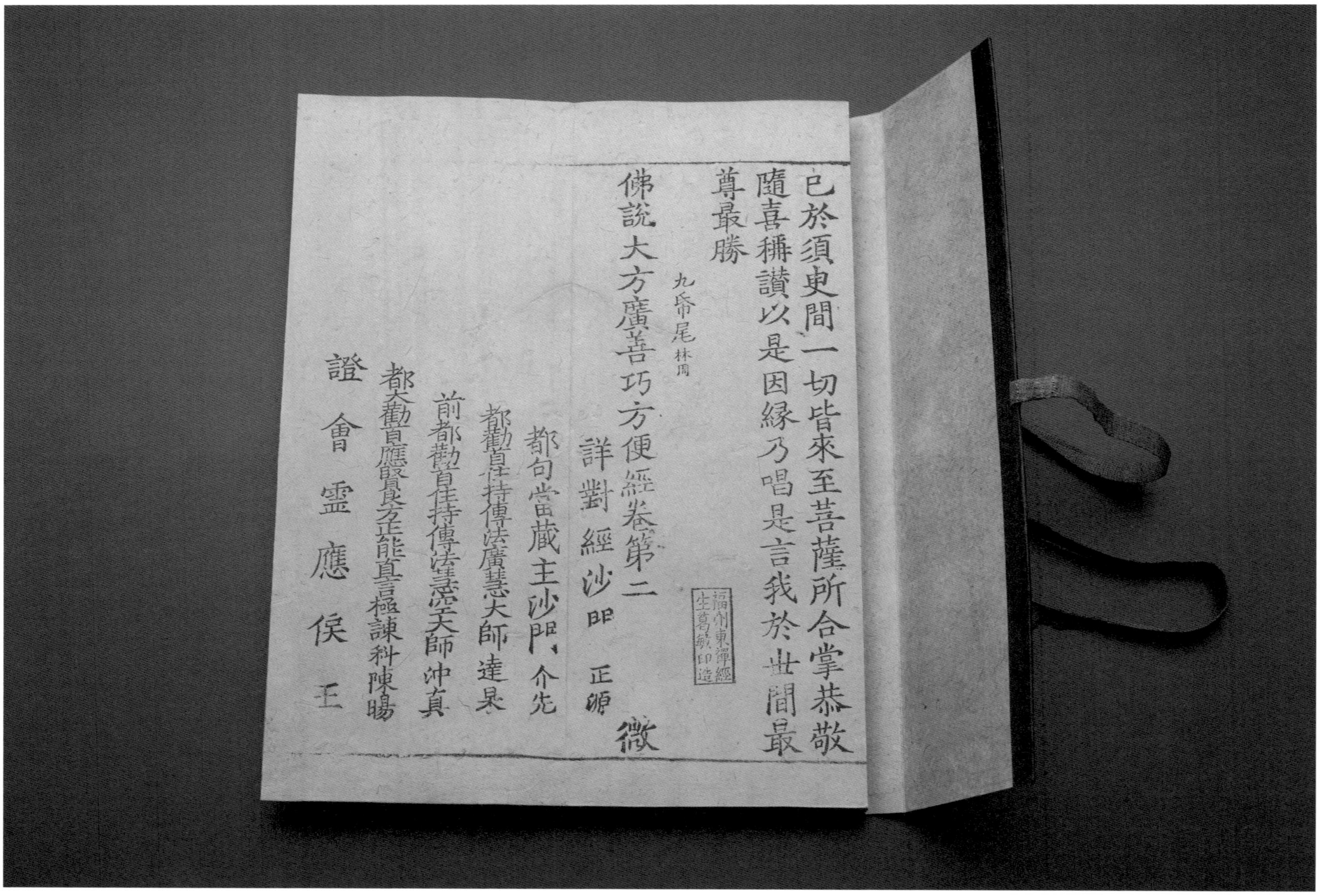
已於須臾間一切皆來至菩薩所合掌恭敬
隨喜稱讚以是因緣乃唱是言我於世間最
尊最勝
福州東禪經生葛敏印造
佛說大方廣善巧方便經卷第二　微
九函尾　林周
詳對經沙門　正源
都句當藏主沙門　介先
都勸首住持傳法廣慧大師　達杲
前都勸首住持傳法慧空大師　沖真
都大勸首應賢良方正能直言極諫科陳暘
證會　霊　應　侯　王

047

# 佛说大方广善巧方便经卷第二

（宋）施护译

北宋大观三年（1109）福州东禅等觉院刻崇宁藏本

《佛说大方广善巧方便经》卷第二为崇宁藏零种。一册，经折装。开本高 29 厘米，宽 11 厘米。

此册卷首题名前有题记“福州等觉禅院住持传法广慧大师达杲收印经板头钱，恭为今上皇帝祝延圣寿，阖郡官僚同资禄位，雕造大藏经印板计五百余函。时大观三年十一月□日谨题”。经末有刊记六行。

《佛说大方广善巧方便经》是佛教经典之一，主要阐述了菩萨如何运用善巧方便来利益众生、共趣佛道的法门。强调了菩萨在修行过程中，应如何运用智慧和慈悲，通过善巧方便来救度众生，体现了佛教中悲智双运的教义。

（张宇）

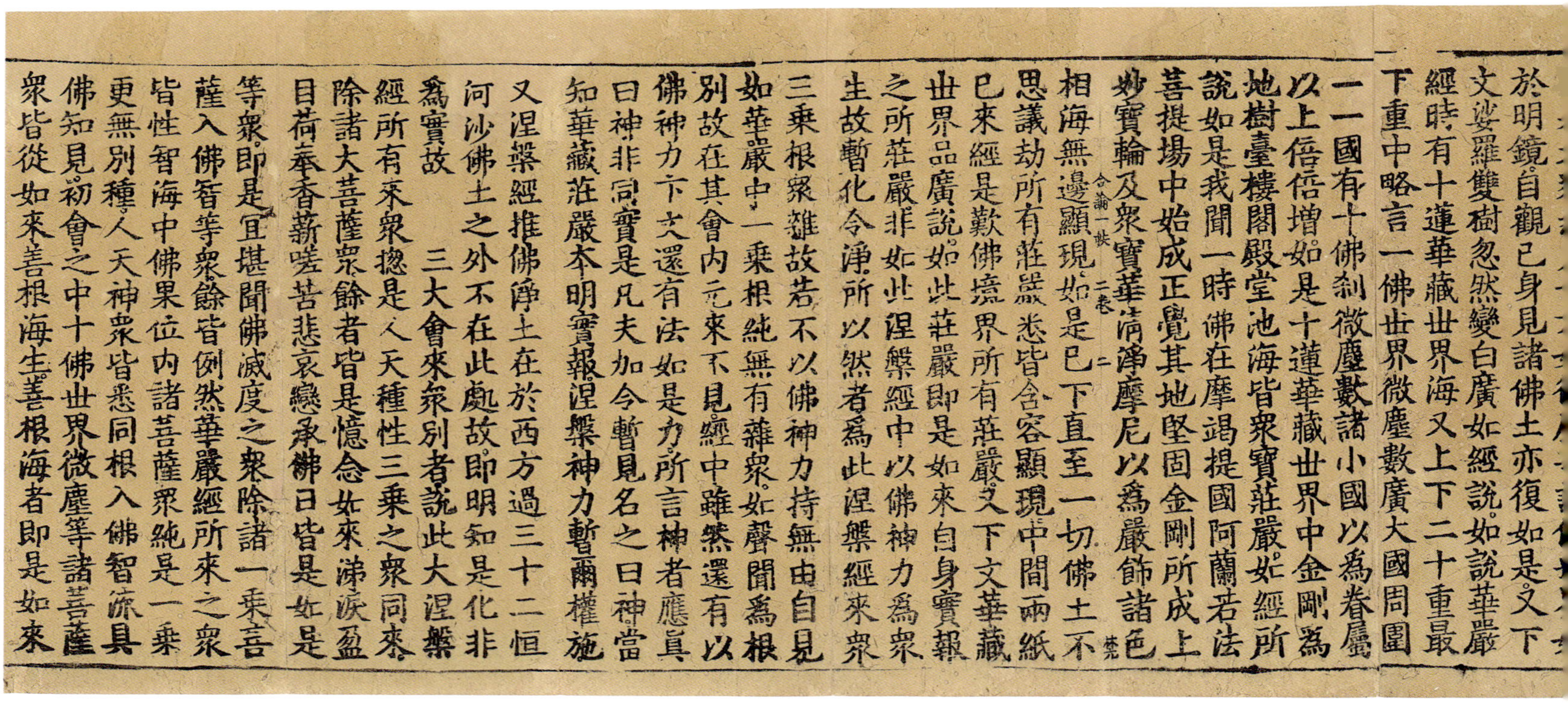


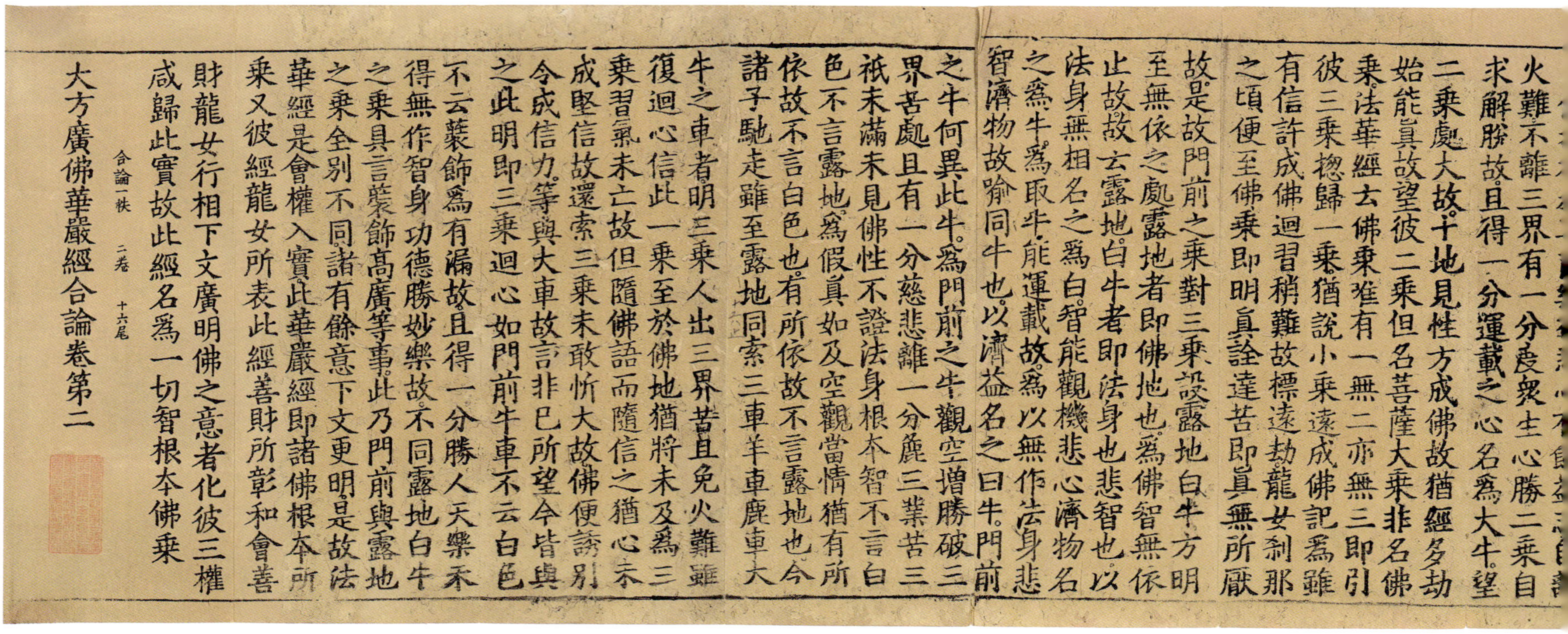


048

## 大方广佛华严经合论卷第二

（唐）李通玄撰（唐）释志宁合论

北宋政和癸巳（1113）年比丘尼智觉刻毗卢藏本

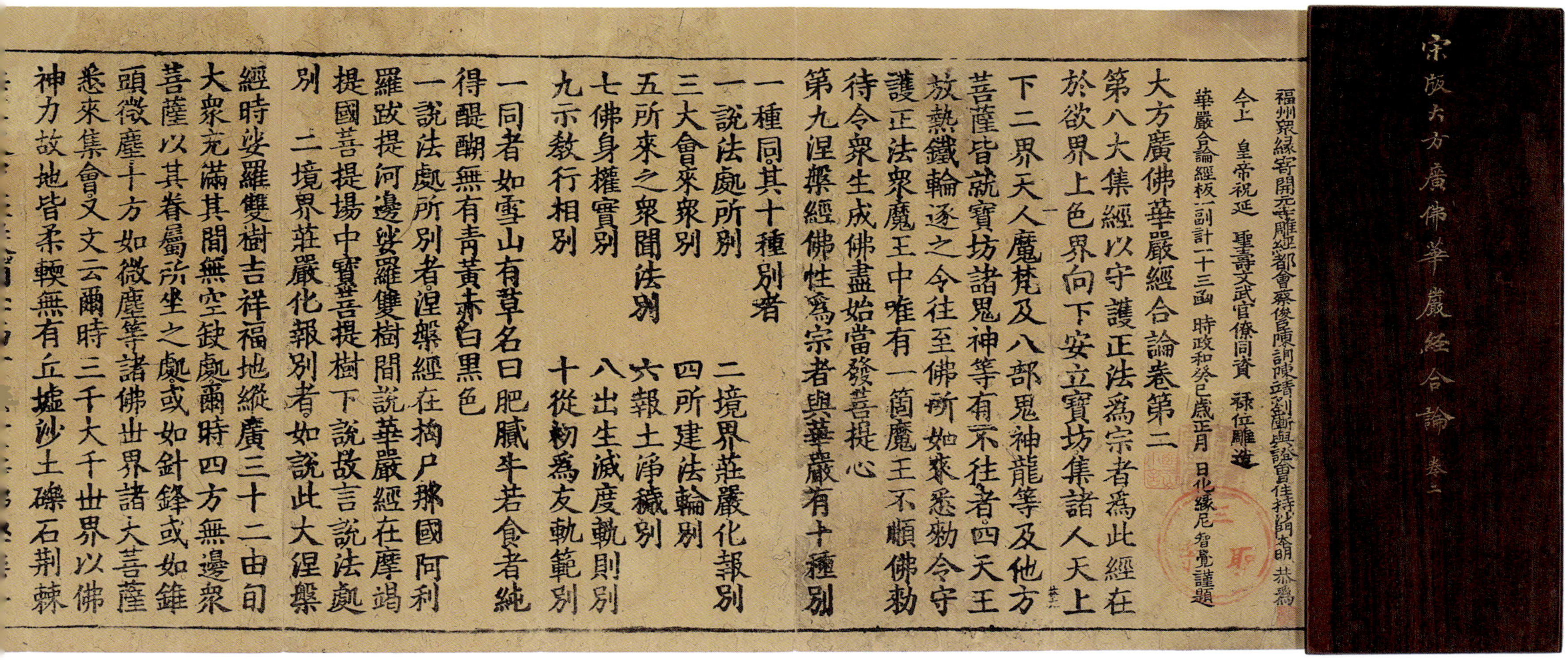
福州衆緣寄開元寺雕經都會蔡俊臣陳詢陳靖劉漸與證會住持沙門本明恭爲
今上 皇帝祝延 聖壽文武官僚同資 祿位雕造
華嚴合論經板一副計一十三函 時政和癸巳歲正月 日化緣尼智覺謹題
大方廣佛華嚴經合論卷第二
第八大集經以守護正法爲宗者爲此經在
於欲界上色界向下安立寶坊集諸人天上
下二界天人魔梵及八部鬼神龍等及他方
菩薩皆就寶坊諸鬼神等有不往者四天王
放熱鐵輪逐之令往至佛所如來悉勅令守
護正法衆魔王中唯有一箇魔王不順佛勅
待令衆生成佛盡始當發菩提心
第九涅槃經佛性爲宗者與華嚴有十種別
一種同其十種別者
一說法處所別　二境界莊嚴化報別
三大會來衆別　四所建法輪別
五所來之衆聞法別　六報土淨穢別
七佛身權實別　八出生滅度軌則別
九示教行相別　十從初爲友軌範別
一同者如雪山有草名曰肥膩牛若食者純
得醍醐無有青黃赤白黑色
一說法處所別者涅槃經在拘尸那國阿利
羅跋提河邊娑羅雙樹間說華嚴經在摩竭
提國菩提場中寶菩提樹下說故言說法處
別　二境界莊嚴化報別者如說此大涅槃
經時娑羅雙樹吉祥福地縱廣三十二由旬
大衆充滿其間無空缺處爾時四方無邊衆
菩薩以其眷屬所坐之處或如針鋒或如錐
頭微塵十方如微塵等諸佛世界諸大菩薩
悉來集會又文云爾時三千大千世界以佛
神力故地皆柔軟無有丘墟沙土礫石荆棘

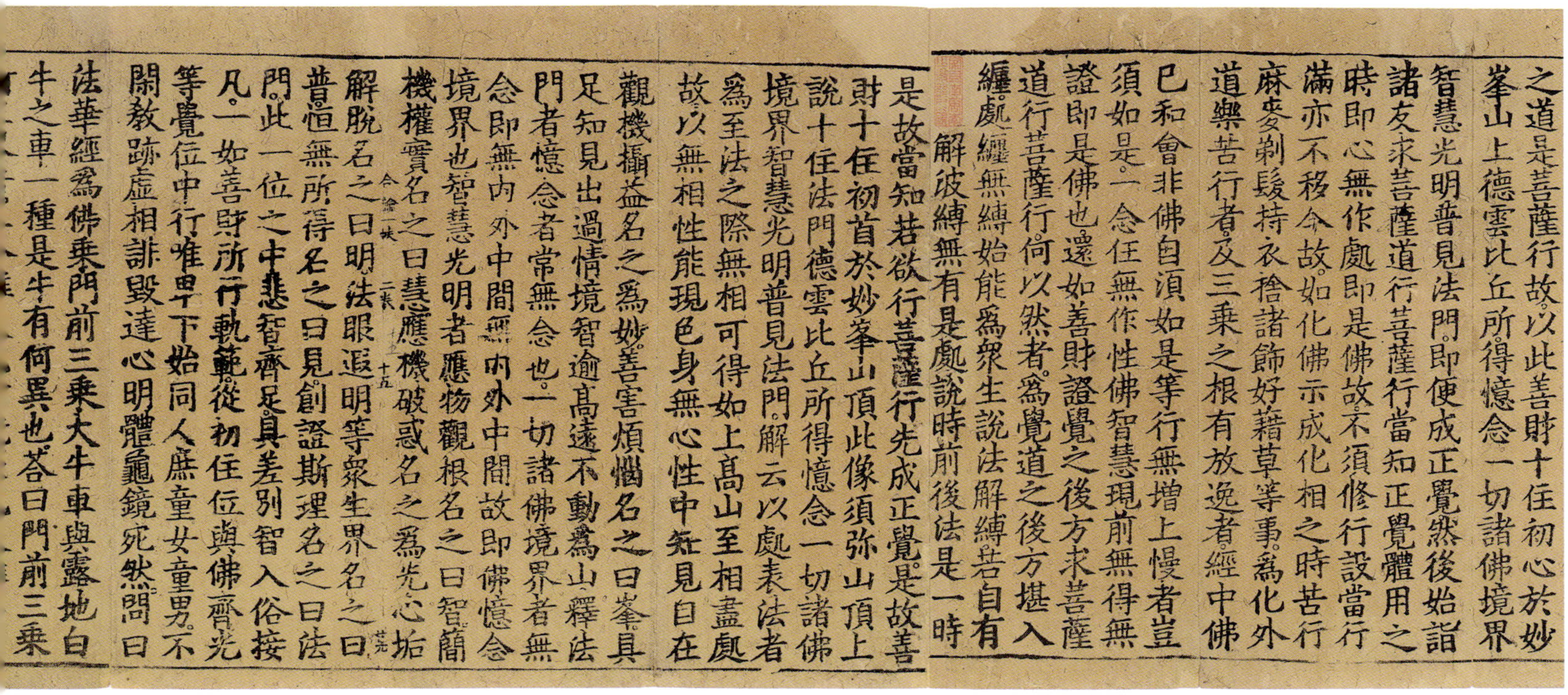
之道是菩薩行故以此善財十住初心於妙
峯山上德雲比丘所得憶念一切諸佛境界
智慧光明普見法門即便成正覺然後始詣
諸友求菩薩道行菩薩行當知正覺體用之
時即心無作處即是佛故不須修行設當行
滿亦不移今故如化佛示成化相之時苦行
麻麥剃髮持衣捨諸飾好藉草等事爲化外
道樂苦行者及三乘之根有放逸者經中佛
已和會非佛自須如是等行無增上慢者豈
須如是一念任無作性佛智慧現前無得無
證即是佛也還如善財證覺之後方求菩薩
道行菩薩行何以然者爲覺道之後方堪入
纏處纏無縛始能爲衆生說法解縛若自有
解彼縛無有是處說時前後法是一時
是故當知若欲行菩薩行先成正覺是故善
財十住初首於妙峯山頂此像須弥山頂上
說十住法門德雲比丘所得憶念一切諸佛
境界智慧光明普見法門解云以處表法者
爲至法之際無相可得如上高山至相盡處
故以無相性能現色身無心性中知見自在
觀機攝益名之爲妙善害煩惱名之曰峯具
足知見出過情境智逾高遠不動爲山釋法
門者憶念者常無念也一切諸佛境界者無
念即無內外中間無內外中間故即佛憶念
境界也智慧光明者應物觀根名之曰智簡
機權實名之曰慧應機破惑名之爲光心垢
解脫名之曰明法眼逈明等衆生界名之曰
普恒無所得名之曰見創證斯理名之曰法
門此一位之中悲智齊足具差別智入俗接
凡一如善財所行軌範從初住位與佛齊光
等覺位中行唯卑下始同人庶童女童男不
開教跡虛相誹毀達心明體龜鏡死然問曰
法華經爲佛乘門前三乘大牛車與露地白
牛之車一種是牛有何異也答曰門前三乘

《大方广佛华严经合论》卷第二是毗卢藏零种。一册，经折装。开本高 28 厘米，宽 11 厘米。

卷前有刊记："福州众缘寄开元寺雕经都会，蔡俊臣、陈询、陈靖、刘渐与证会住持沙门本明，恭为今上皇帝祝延圣寿，文武官僚同资禄位，雕造华严合论经板一副，计一十三函，时政和癸巳岁正月日，化缘尼智觉谨题。"卷中可见刻工"林元、邵保、李杰"及"李四娘舍板"题记。

毗卢藏，全称《毗卢大藏经》，是福州开元寺本大藏经。这部藏经由开元寺僧人本明、本悟、行崇等人发起劝募，并得到了当地信众蔡俊臣、陈询、陈靖、刘渐等人的赞助。刊刻始于北宋政和二年（1112），至南宋绍兴二十一年（1151）竣工，历时约四十年，全藏共有 595 函，1451 部，6132 卷，采用千字文编次，从"天"字至"颇"字。《毗卢藏》的版式与《崇宁藏》相同，一版六叶，叶六行，行十七字。纸质厚实坚韧，色黄。《毗卢藏》的刊刻是佛教文化中的一件大事，它不仅体现了当时佛教的繁荣，也展示了宋代福州地区的文化和宗教影响力。这部藏经的完成，对于后世的佛教研究和文化传播有着重要的意义。

（张宇）

049 大正句王经卷上

（宋）法贤译

北宋宣和六年（1124）刻毗卢藏本

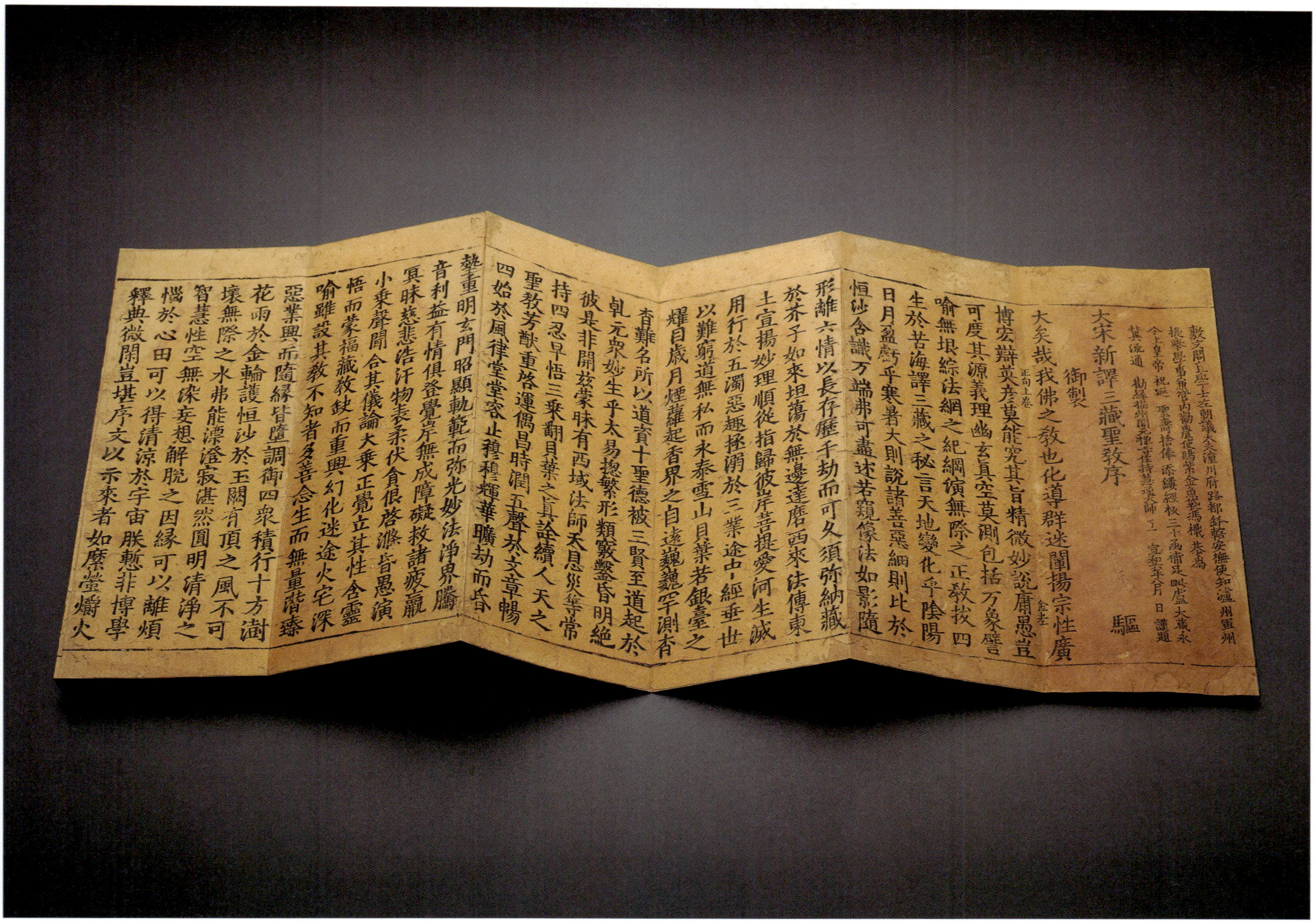

大宋新譯三藏聖教序　驅

御製

大矣哉我佛之教也化導群迷闡揚宗性廣
博宏辯英彥莫能究其旨精微妙說庸愚豈
可度其源義理幽玄真空莫測包括萬象譬
喻無垠綜法網之紀綱演無際之正教拔四
生於苦海譯三藏之秘言天地變化乎陰陽
日月盈虧乎寒暑大則說諸善惡細則比於
恒沙含識萬端弗可盡述若窺像法如影隨
形離六情以長存歷千劫而可久須彌納藏
於芥子如來坦蕩於無邊達磨西來法傳東
土宣揚妙理順從指歸彼岸菩提愛河生滅
用行於五濁惡趣拯溺於三業途中經垂世
以難窮道無私而永泰雪山貝葉芬銀臺之
耀日歲月煙蘿起香界之自遠巍巍罕測杳
杳難名所以道貫十聖德被三賢至道起於
乾元眾妙生乎太易總繁形類數盈皆明絕
彼是非開茲蒙昧有西域法師天息災等常
持四忍早悟三乘翻貝葉之真詮續人天之
聖教芳猷重啟運偶昌時潤五聲於文章暢
四始於風律堂堂容止穆穆輝華曠劫而昏
蟄重明玄門昭顯軌範而弥光妙法淨界騰
音利益有情俱登覺岸無成障礙救諸疲羸
冥昧慈悲浩汗物表柔伏貪恨啓瀾昏愚演
小乘聲聞合其儀論大乘正覺立其性含靈
悟而蒙福藏教敷而重興幻化迷途火宅深
喻雖設其教不知者多善念生而無量惜臻
惡業興而隨緣皆墜調御四眾積行十方澍
花雨於金輪護恒沙於玉闕有頂之風不可
壞無際之水弗能漂澄寂湛然圓明清淨之
智慧性空無染妄想解脫之因緣可以離煩
惱於心田可以得清涼於宇宙朕懃非博學
釋典微閑豈堪序文以示來者如靡螢爝火

《大正句王经》卷上为毗卢藏零种。一册，经折装。开本高26.5厘米，宽11.5厘米。

此册内容为《大宋新译三藏圣教序》及《大正句王经卷上》千字文“驱”，有抄补。序前有题记：“敷文阁直学士、左朝议大夫、潼川府路都钤辖安抚使、知泸州军州提举学事兼管内劝农使、赐紫金鱼袋冯檝，恭为今上皇帝祝延圣寿，舍俸添镂经板三十函，补足《毗卢大藏》，永冀流通。劝缘福州开元禅寺住持慧通大师了一，宣和六年八月日谨题。”经中有北宋宣和间刻工名：郑昌、陈生、林日、高宏等刻工七名，内钤“三圣寺”圆印。

《大正句王经》是佛教经典之一，主要讲述了尊者迦叶与一位大王之间的对话，探讨了关于来世、化生等佛教教义的问题。通过这些对话，展示了佛教对于来世和化生等教义的深刻理解，以及如何通过智慧和逻辑来驳斥错误的观点。

（张宇）

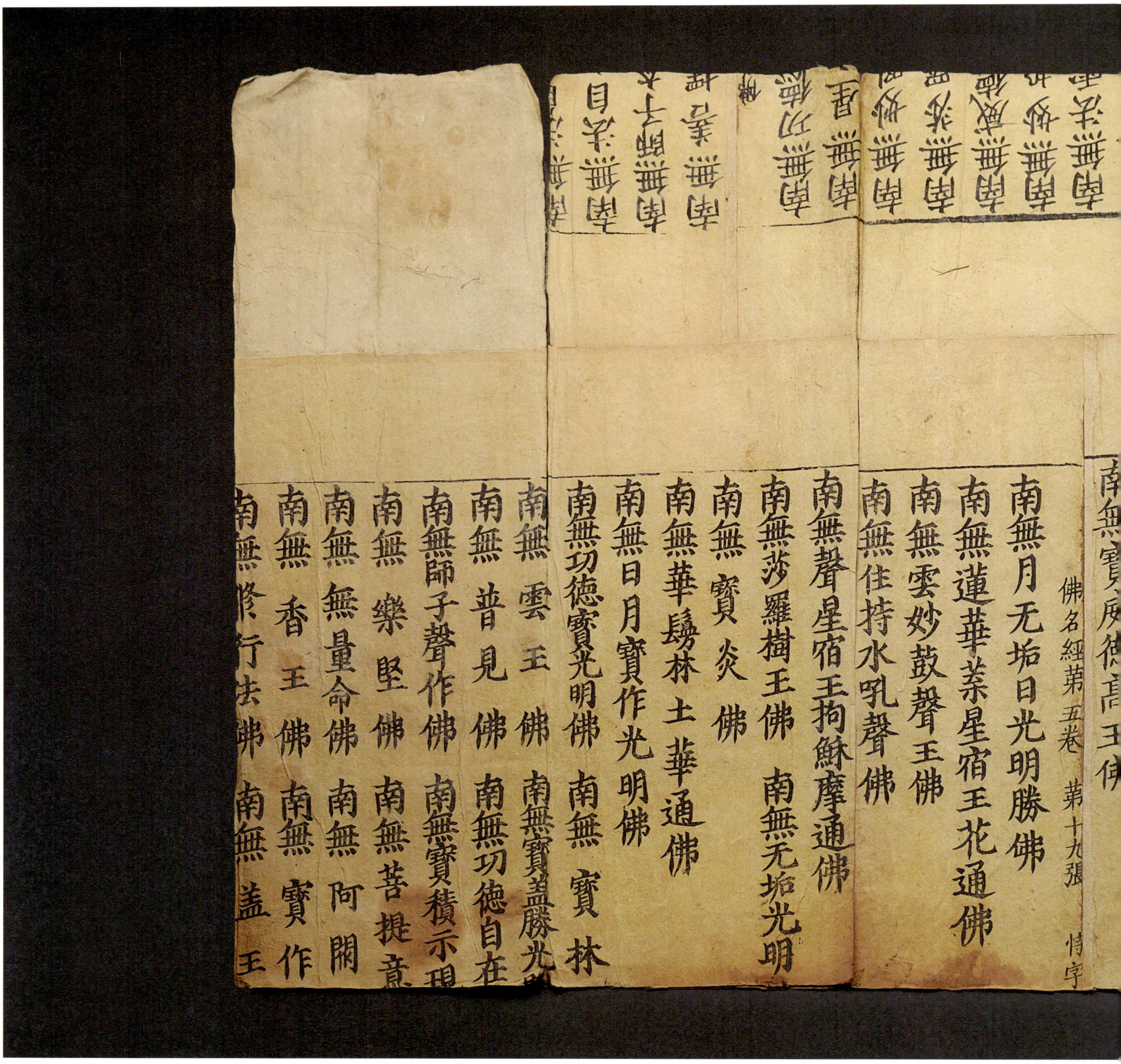

050

## 佛说佛名经

金皇统八年至大定十三年（1148—1173）刻金藏“兴国院”印本

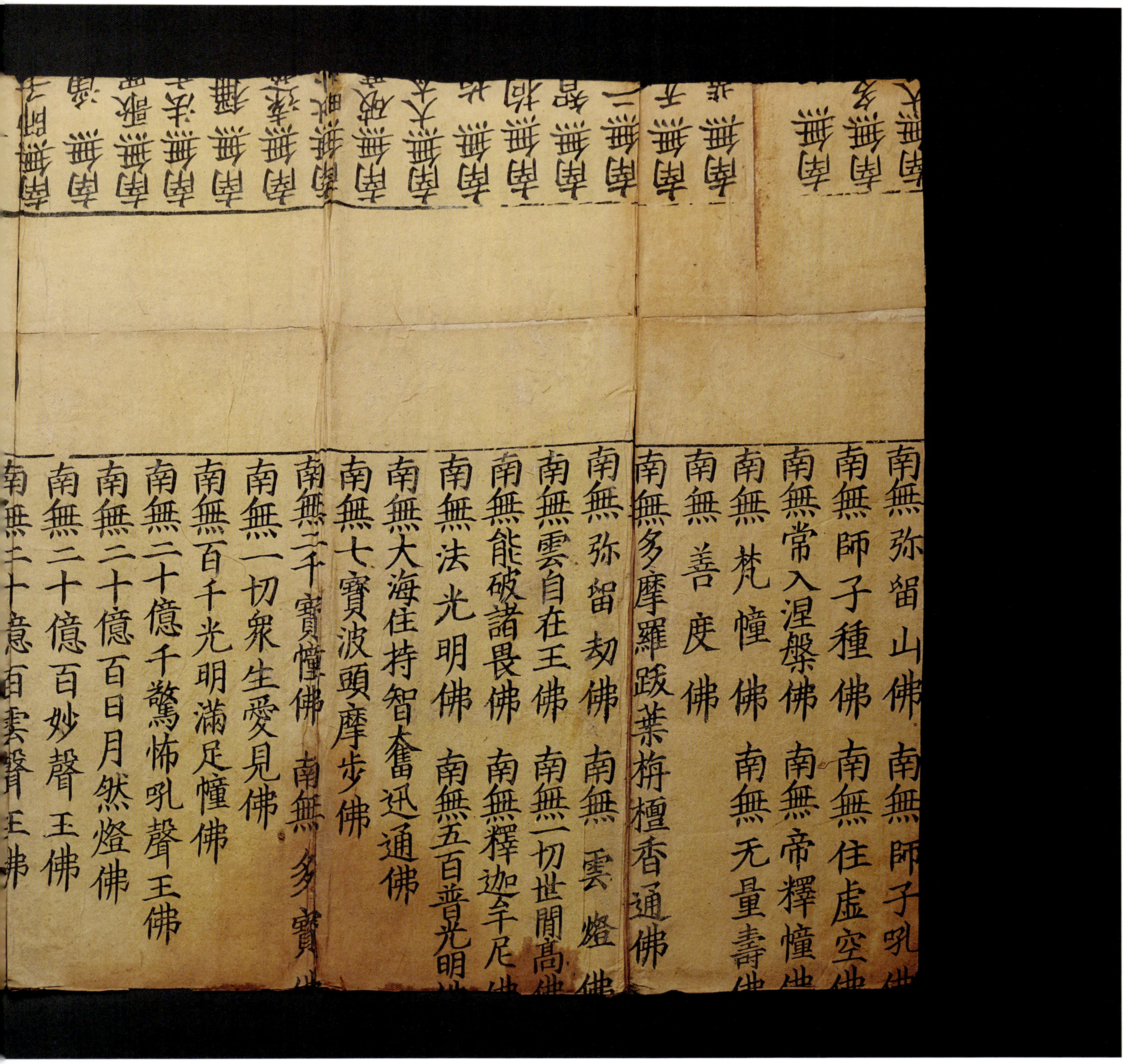

染黄纸，残六折。两纸拼接，接纸处有“佛名经第五卷，第十九张，恃字（号）”字样（经文下段残损，“号”字缺失）。与国家图书馆藏赵城本对校，知二者同出一源，此残叶应为《金藏》的一部分。

自1933年金藏被发现以来，根据其请印地点及用纸的不同，目前分为四种不同的印本，即：赵城广胜寺印本（赵城金藏）、天宁寺印本、兴国院印本、大宝集寺印本。就目前发现的情况来看，只有“兴国院印本”用染黄纸印制，版刻风貌也与“赵城本”略有不同。

蒋唯心《金藏雕印始末考》记：“（赵城金藏）经大半用白桑皮纸印，偶见蜡黄纸印本，卷轴较大，首盖‘兴国院大藏经’方形朱印。考此类印本之奄字帙《千臂千钵经》卷三第一幅纸后有墨记‘大金大安元年（1209）己巳岁睢州考城县太平兴国禅院，建修十方常住杂宝藏经，看检高流切须护惜，庶得’云云。是则考城兴国旧物流入广胜也。余所见兴国院本凡十卷，成字帙《大般若经卷》二百六十九及肥字帙《毗沙门天王经》各有一复本，尤关重要。以两复本对校，即见‘兴国院本’字迹整齐而别一本草率，兴国边题完全而别本简略（如第几张但作第几，某字号但作某字），兴国不记刻工，而别本随处附记。加以刻技印纸等等之比较，可断言‘兴国院本’版式为原刻，别一本版式为翻刻。”据蒋唯心论定，则“兴国院本”为《金藏》原刻。此十卷‘兴国院本’现存国家图书馆，而此六折残页则不在十卷之列，属于新见之本。

（张传奇）

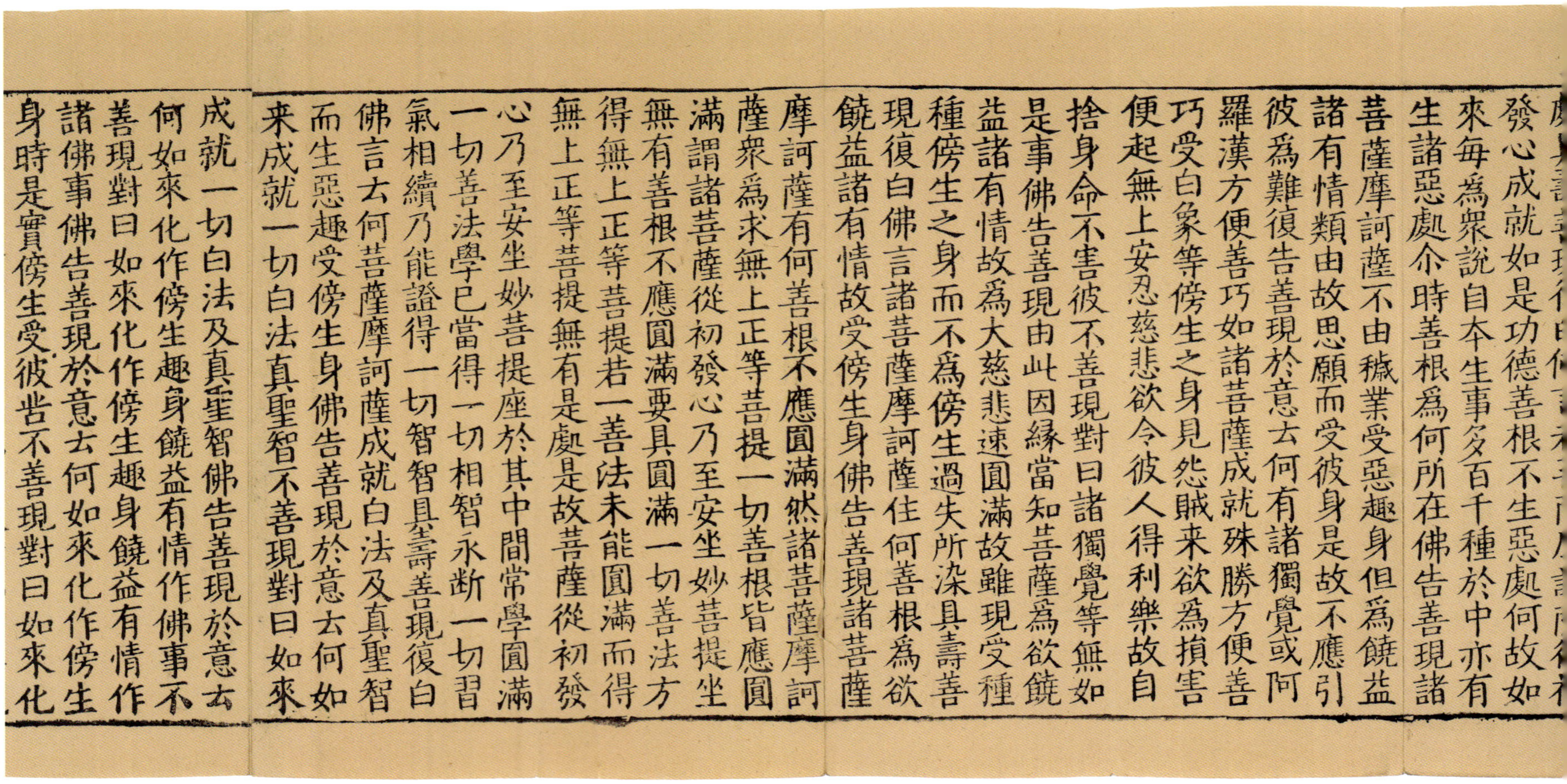
發心成就如是功德善根不生惡處何故如
來每爲衆說自本生事多百千種於中亦有
生諸惡處尒時善根爲何所在佛告善現諸
菩薩摩訶薩不由穢業受惡趣身但爲饒益
諸有情類由故思願而受彼身是故不應引
彼爲難復告善現於意云何有諸獨覺或阿
羅漢方便善巧如諸菩薩成就殊勝方便善
巧受白象等傍生之身見怨賊来欲爲損害
便起無上安忍慈悲欲令彼人得利樂故自
捨身命不害彼不善現對曰諸獨覺等無如
是事佛告善現由此因緣當知菩薩爲欲饒
益諸有情故爲大慈悲速圓滿故雖現受種
種傍生之身而不爲傍生過失所染具壽善
現復白佛言諸菩薩摩訶薩住何善根爲欲
饒益諸有情故受傍生身佛告善現諸菩薩
摩訶薩有何善根不應圓滿然諸菩薩摩訶
薩衆爲求無上正等菩提一切善根皆應圓
滿謂諸菩薩從初發心乃至安坐妙菩提坐
無有善根不應圓滿要具圓滿一切善法方
得無上正等菩提若一善法未能圓滿而得
無上正等菩提無有是處是故菩薩從初發
心乃至安坐妙菩提座於其中間常學圓滿
一切善法學已當得一切相智永斷一切習
氣相續乃能證得一切智智具壽善現復白
佛言云何菩薩摩訶薩成就白法及真聖智
而生惡趣受傍生身佛告善現於意云何如
来成就一切白法真聖智不善現對曰如來
成就一切白法及真聖智佛告善現於意云
何如來化作傍生趣身饒益有情作佛事不
善現對曰如來化作傍生趣身饒益有情作
諸佛事佛告善現於意云何如來化作傍生
身時是實傍生受彼苦不善現對曰如來化

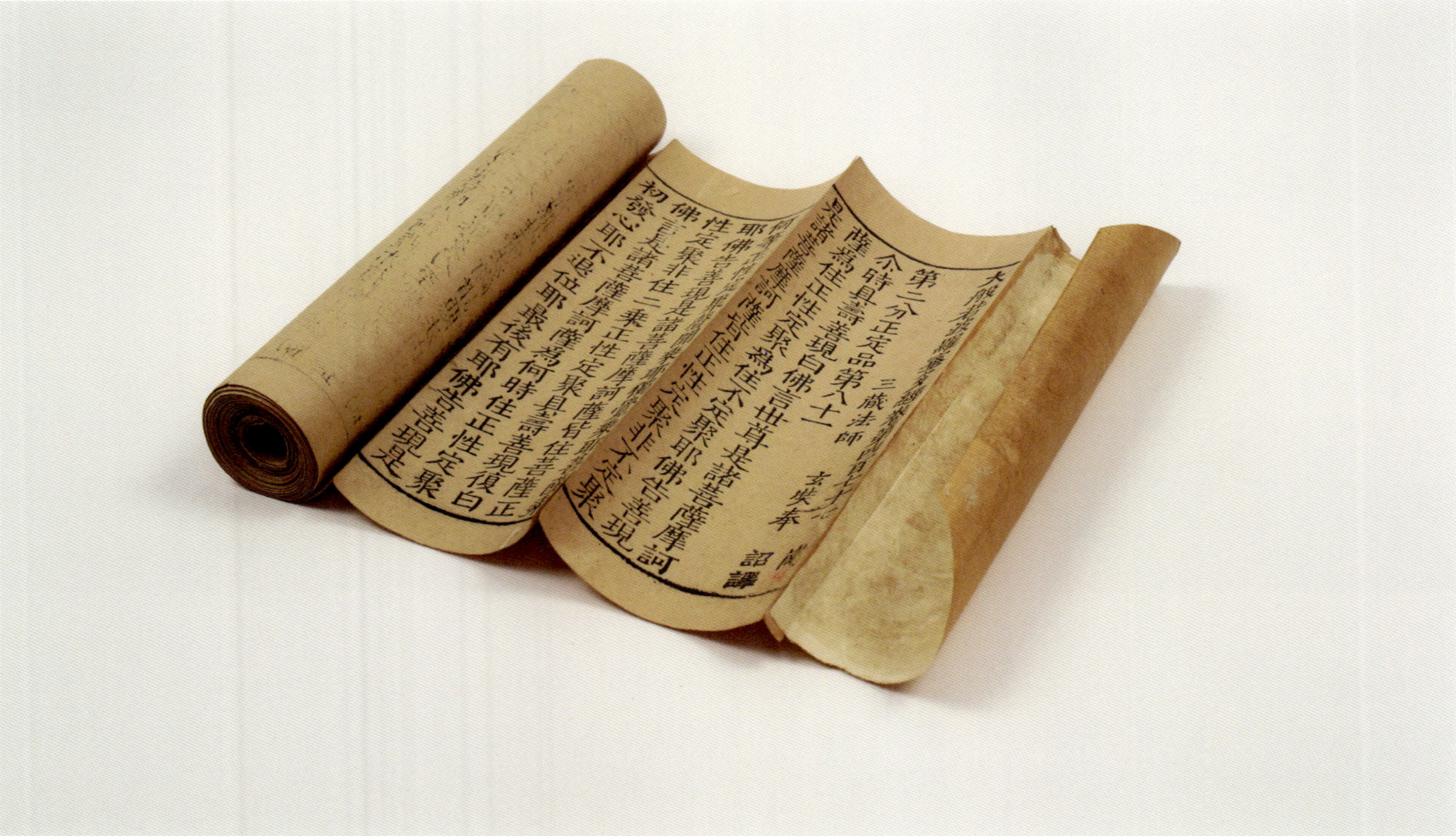

051 大般若波罗蜜多经卷第四百七十七

（唐）玄奘译

南宋安吉州思溪法宝资福禅寺刻本

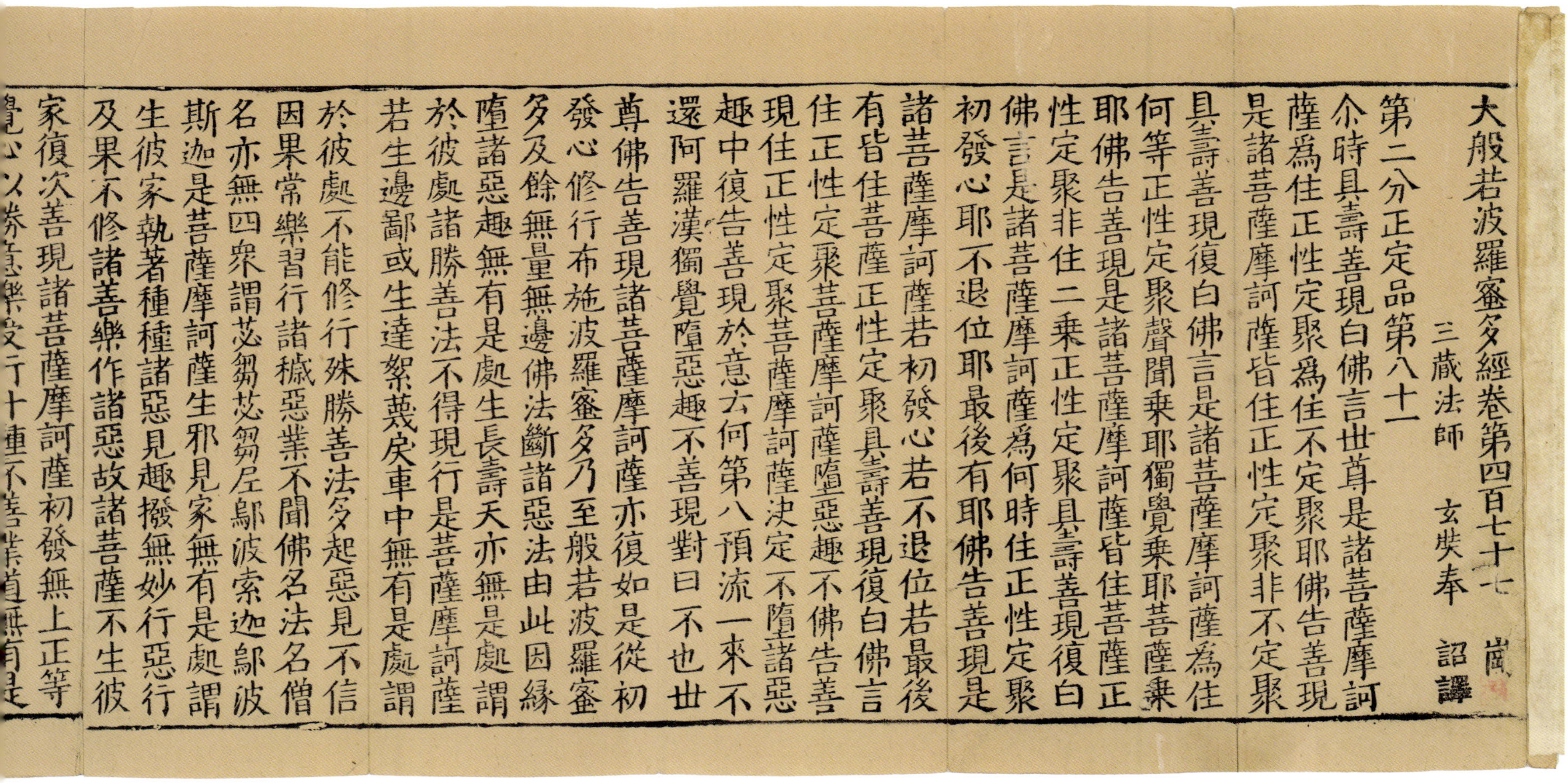
大般若波羅蜜多經卷第四百七十七　崗
三藏法師　玄奘奉　詔譯
第二分正定品第八十一
尒時具壽善現白佛言世尊是諸菩薩摩訶
薩爲住正性定聚爲住不定聚耶佛告善現
是諸菩薩摩訶薩皆住正性定聚非不定聚
具壽善現復白佛言是諸菩薩摩訶薩爲住
何等正性定聚聲聞乘耶獨覺乘耶菩薩乘
耶佛告善現是諸菩薩摩訶薩皆住菩薩正
性定聚非住二乘正性定聚具壽善現復白
佛言是諸菩薩摩訶薩爲何時住正性定聚
初發心耶不退位耶最後有耶佛告善現是
諸菩薩摩訶薩若初發心若不退位若最後
有皆住菩薩正性定聚具壽善現復白佛言
住正性定聚菩薩摩訶薩墮惡趣不佛告善
現住正性定聚菩薩摩訶薩决定不墮諸惡
趣中復告善現於意云何第八預流一來不
還阿羅漢獨覺墮惡趣不善現對曰不也世
尊佛告善現諸菩薩摩訶薩亦復如是從初
發心修行布施波羅蜜多乃至般若波羅蜜
多及餘無量無邊佛法斷諸惡法由此因緣
墮諸惡趣無有是處生長壽天亦無是處謂
於彼處諸勝善法不得現行是菩薩摩訶薩
若生邊鄙或生達絮蔑戾車中無有是處謂
於彼處不能修行殊勝善法多起惡見不信
因果常樂習行諸穢惡業不聞佛名法名僧
名亦無四衆謂苾芻苾芻尼鄔波索迦鄔波
斯迦是菩薩摩訶薩生邪見家無有是處謂
生彼家執著種種諸惡見趣撥無妙行惡行
及果不修諸善樂作諸惡故諸菩薩不生彼
家復次善現諸菩薩摩訶薩初發無上正等
覺心以勝意樂受行十善業道無有是

经折装改卷轴装，一轴。存卷第四百七十七。轴高 30 厘米，长 897 厘米。每版五个半叶，半叶六行，行十七字，上下单边。卷端题“大般若波罗蜜多经卷第四百七十七”，千字文编号“岗”，次行题“三藏法师玄奘奉诏译”。此卷首尾俱全。

北宋宣和年间，湖州思溪王永从、王永锡家族施资创建思溪圆觉禅院，靖康元年（1126）前后，圆觉禅院以收到各方布施的经卷为底本开始刊刻大藏，后王氏家族统一规划刻经工程，以《福州藏》为底本，于绍兴二年（1132）正式刊刻全藏，经卷有绍兴二年刊记，史称《思溪藏》《圆觉藏》。历百余年，印经活动停止，寺院荒废。南宋嘉熙、淳祐年间，湖州当地居民布施重修寺院，补刻损毁的经版，此后湖州改安吉州，思溪圆觉禅院升格为法宝资福禅寺，此时刊印本称《思溪资福藏》《后思溪藏》。南宋末年，蒙古大军南下，寺院、经版毁于兵燹。

《思溪藏》被认为开创了宋元佛教大藏经“南方系统”版式之风气，其版式、行款、内容等沿袭了《福州藏》特点。因是私版大藏，省去卷首发愿题记。尤可注意者，该藏每版所折半叶数，前后颇有变化。此《大般若波罗蜜多经》之全卷即是一例，卷二百二十卷之前每版为六个半叶（其中第七或第八版为五个半叶），卷二百二十一卷后，改为每版五个半叶。

（陈俊儒）

052

# 大般若波罗蜜多经卷第五百一十四

（唐）玄奘译

南宋安吉州思溪法宝资福禅寺刻本

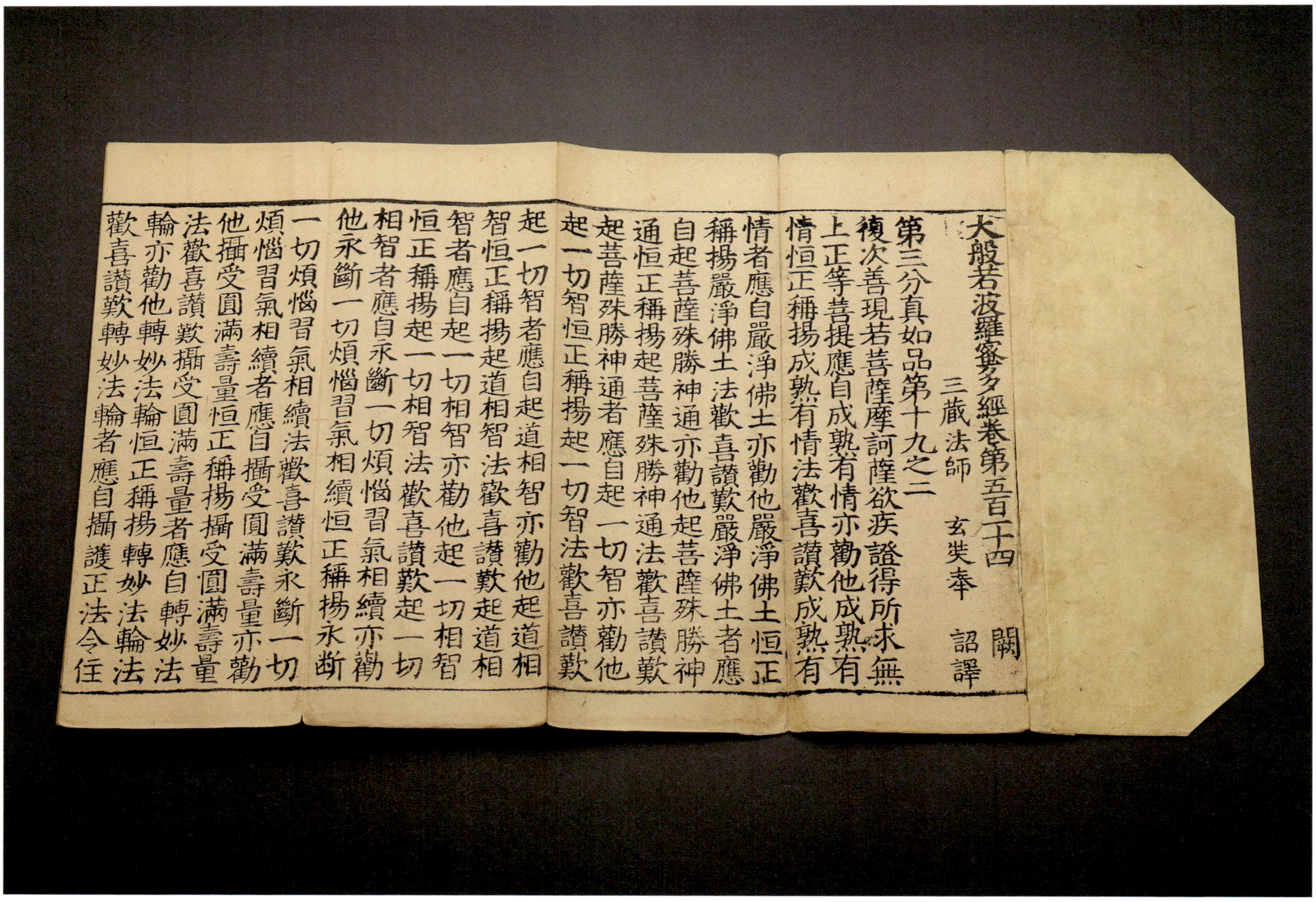

经折装一册。存卷第五百一十四。开本高 30 厘米，宽 11.5 厘米。每版五个半叶，半叶六行，行十七字，上下单边。卷端题“大般若波罗蜜多经卷第五百一十四”，千字文编号“阙”，次行题“三藏法师玄奘奉诏译”。此卷首尾俱全。

（陈俊儒）

## 摩诃僧祇律卷第三十五 053

（东晋）佛陀跋陀罗　法显共译

南宋平江府碛砂延圣寺刻本

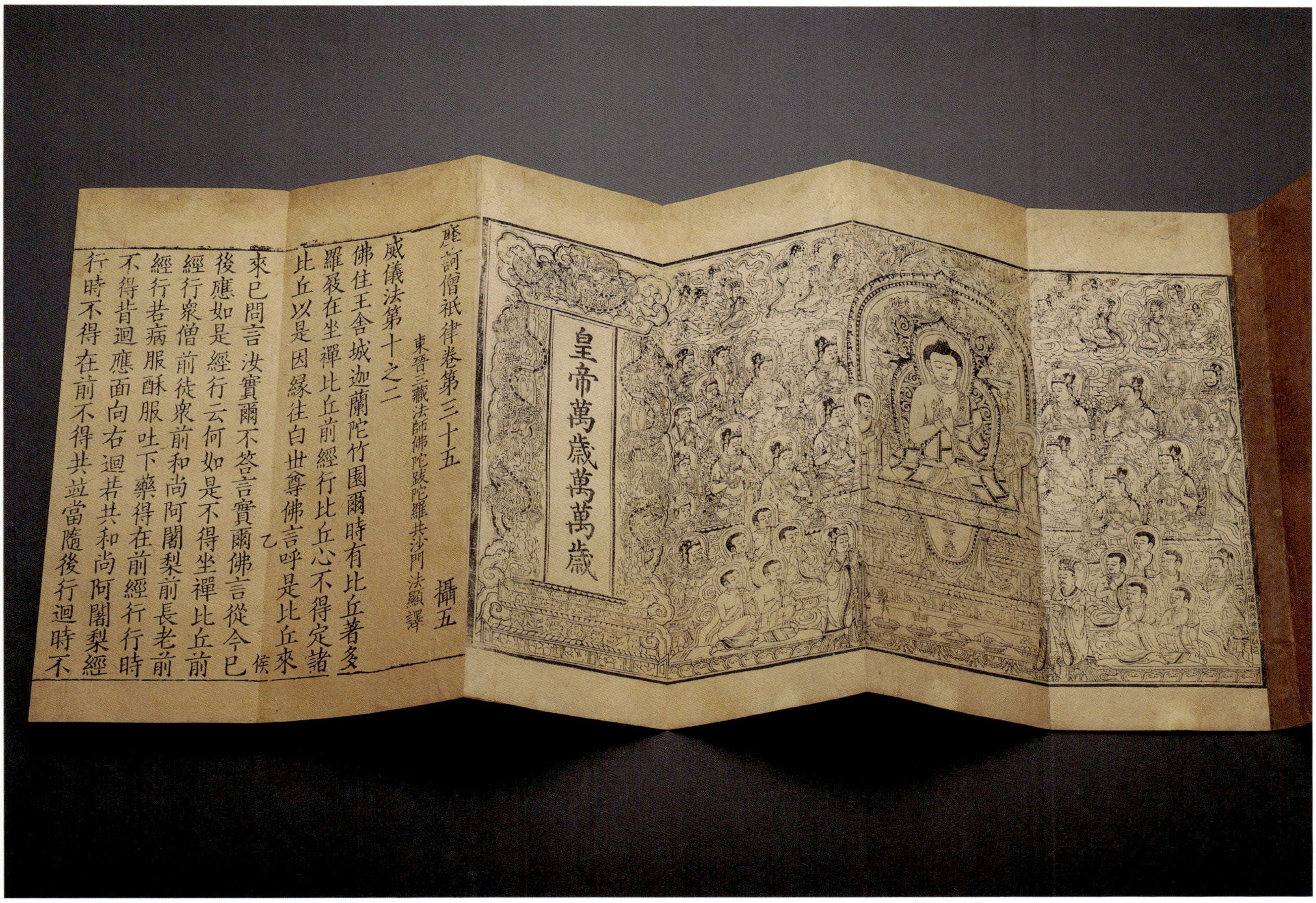


经折装一册，存卷第三十五。开本高30厘米，宽11厘米。共二十一版，每版五叶，半叶六行，行十七字，上下单边。卷端题“摩诃僧祇律卷第三十五”，千字文编号“摄五”，次行题“东晋三藏法师佛陀跋陀罗共沙门法显译”。卷前有说法图扉画三个半叶并龙纹牌记一个半叶，右下刊小字“新刊佛像太华住山比丘释佛辨舍财敬造”一行。第一版有刻工“侯”。

《摩诃僧祇律》为部派佛教“大众部”广律之一，“摩诃僧祇”即为梵语“大众”音译。内容为对出家二众（比丘、比丘尼）言论举止的全面性规范，包括戒法与犍度等。

佛陀跋陀罗（359—429），意译作“觉贤”。古印度迦毗罗卫人。应中国智严法师之邀到长安弘法，后至建康道场寺与法显等译经。

《碛砂藏》由南宋平江府陈湖碛砂洲延圣院大藏经坊组织刊刻，据日本奈良西大寺藏比丘了懃刻《大般若经》可知，始刻于南宋嘉定九年（1216）。全藏完成于元至治二年（1322）。其中近百分之八十的经卷为元代以后以《普宁藏》为底本追雕补刊而成。南宋宝祐六年（1258）碛砂禅寺曾遭火灾，包括《大般若经》《华严经》等经典在内的部分经板被烧毁，促使妙严寺本补入其中，后又经明代补版，传世面目多样，故吕澂先生曾言：“在宋、元各种大藏经刻板中再没有像碛砂版这样关系复杂的了。”

《碛砂藏》扉画为单独刊版印刷，装帧时补入各卷卷首。据最新统计现存《碛砂藏》版画有十余种。民国涵芬楼影印《碛砂藏插图》序云：“每种卷首附扉页画一幅，分五六块图版，轮返刷印。插图宏伟，构图饱满，纸墨精良，这部大藏经扉页画是苏州版画早期代表作。”郑振铎《中国版画史序》称：“南宋刊之《碛砂藏》，其卷端扉图，最为精良可喜，线条流动，结构庄丽，允为初期版画之杰作。”

（陈俊儒）

054 ## 御制逍遥咏

(宋) 赵光义撰
南宋平江府碛砂延圣寺刻本

经折装二册。存卷六至卷七，卷十至卷十一。开本高 30 厘米，宽 11.2 厘米。每版五个半叶，半叶六行，行十七字，小字双行同，上下单边。第一册卷端题“御制逍遥咏卷第六”，小字“之七，七言”，千字文编号“振三”。第二册卷端题“御制逍遥咏卷第十”，小字“之十一，七言”，千字文编号“振五”。钤有“慧聚塔院”木记。

《御制逍遥咏》为宋太宗御撰道教诗歌。宋初敬道崇佛，宋太祖选派内侍到益州主持监督雕造《开宝藏》，宋太宗又以御制《逍遥咏》《秘藏诠》《缘识》等，命两街笺注入大藏颁行，是为大藏经首次收录皇帝御制集部撰述。因《碛砂藏》传本多配补、重编，至民国影印陕西本时，此《逍遥咏》已不见于目录。故与寻常《碛砂藏》佛经不可等观。

（陈俊儒）

# 大方广佛华严经卷第三 

（唐）实叉难陀译

南宋平江府碛砂延圣寺刻本

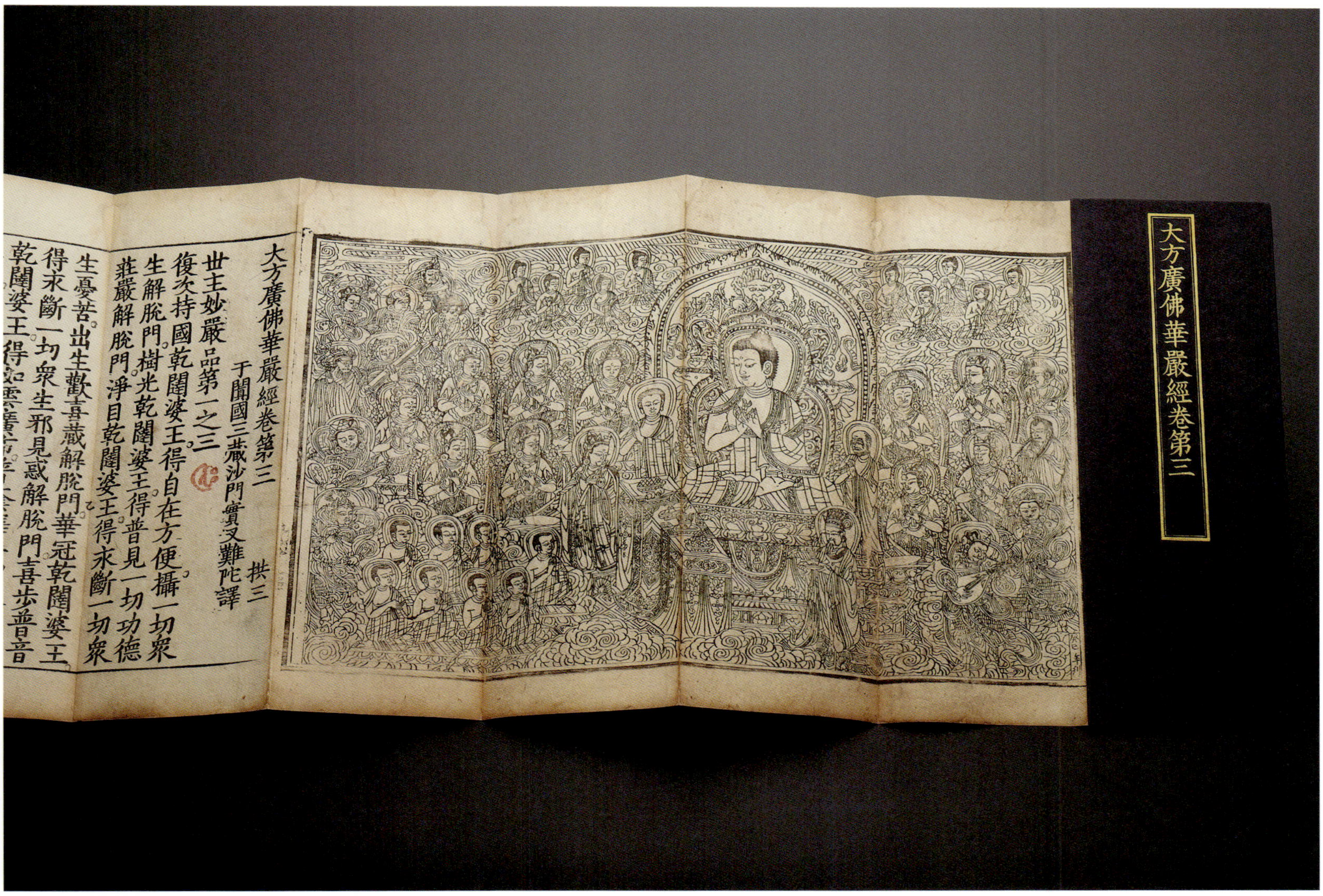


经折装一册。存卷第三。开本高 30 厘米，宽 11.3 厘米。每版五个半叶，半叶六行，行十七字，上下单边。卷端题“大方广佛华严经卷第三”，千字文编号“拱三”，次行题“于阗国三藏沙门实叉难陀译”。卷前有礼佛图扉画四个半叶，右下刊小字“癸巳年刊”。经文卷首钤有朱色梵文印记一枚。

（陈俊儒）

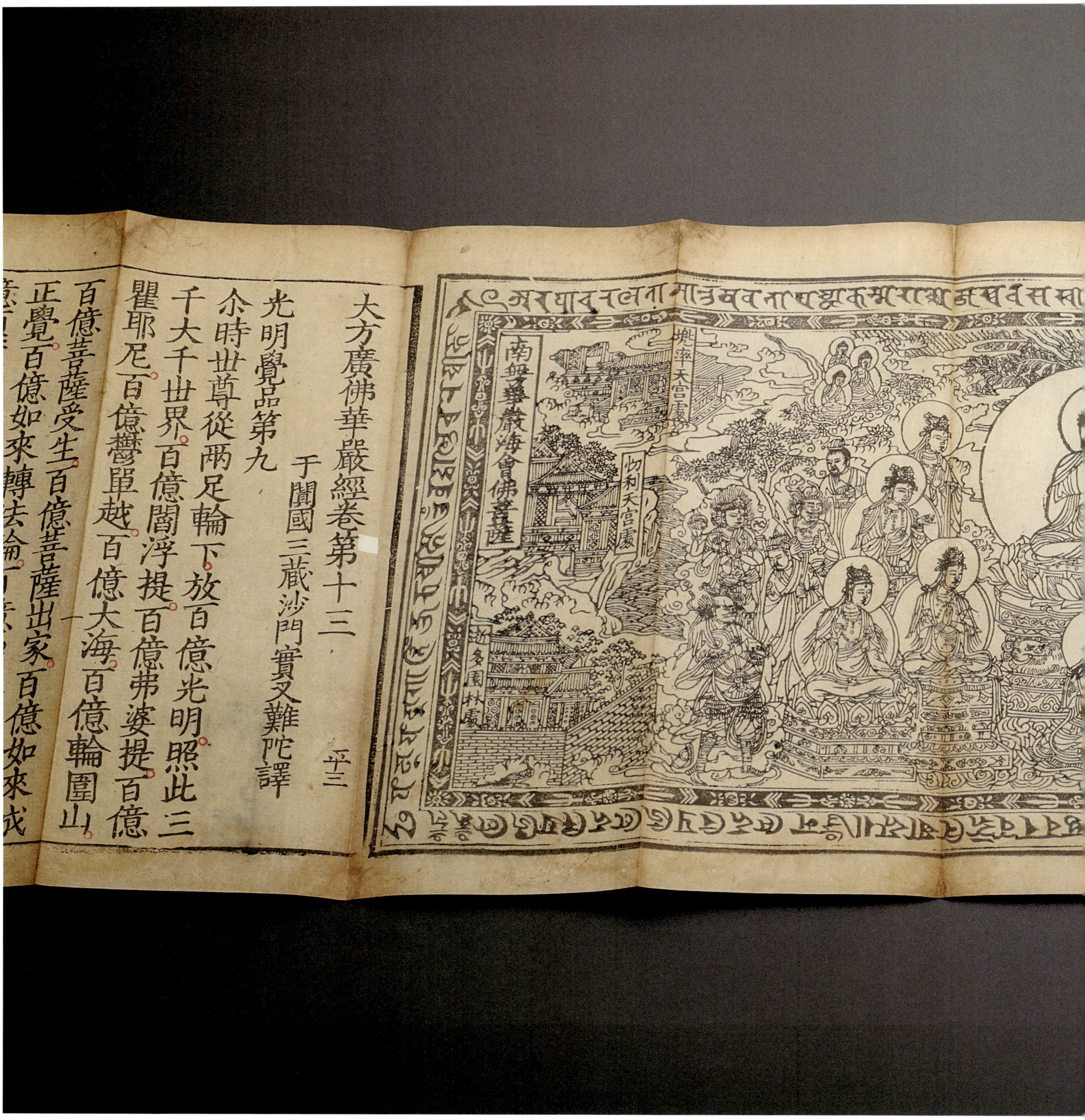

056 大方广佛华严经卷第十三

（唐）实叉难陀译

南宋平江府碛砂延圣寺刻本

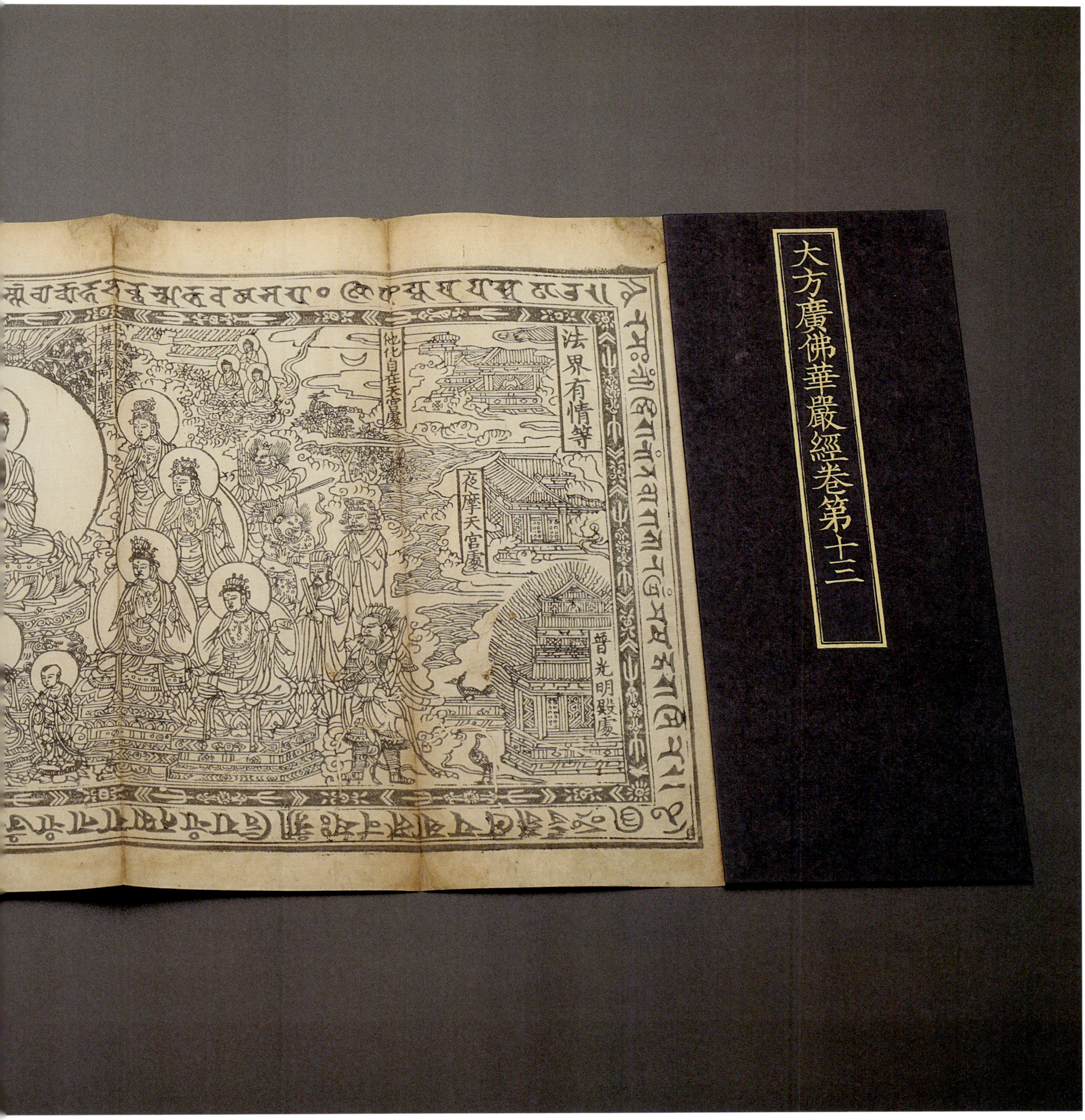


经折装一册。存卷第十三。开本高 29 厘米，宽 11 厘米。共十八版，每版五个半叶，半叶六行，行十七字，上下单边。卷端题“大方广佛华严经卷第十三”，千字文编号“平三”，次行题“于阗国三藏沙门实叉难陀译”。卷前有说法图扉画五个半叶，左上刊“南无华严海会佛菩萨”。此卷首尾纸背印有“张氏敬造”木记。

（陈俊儒）

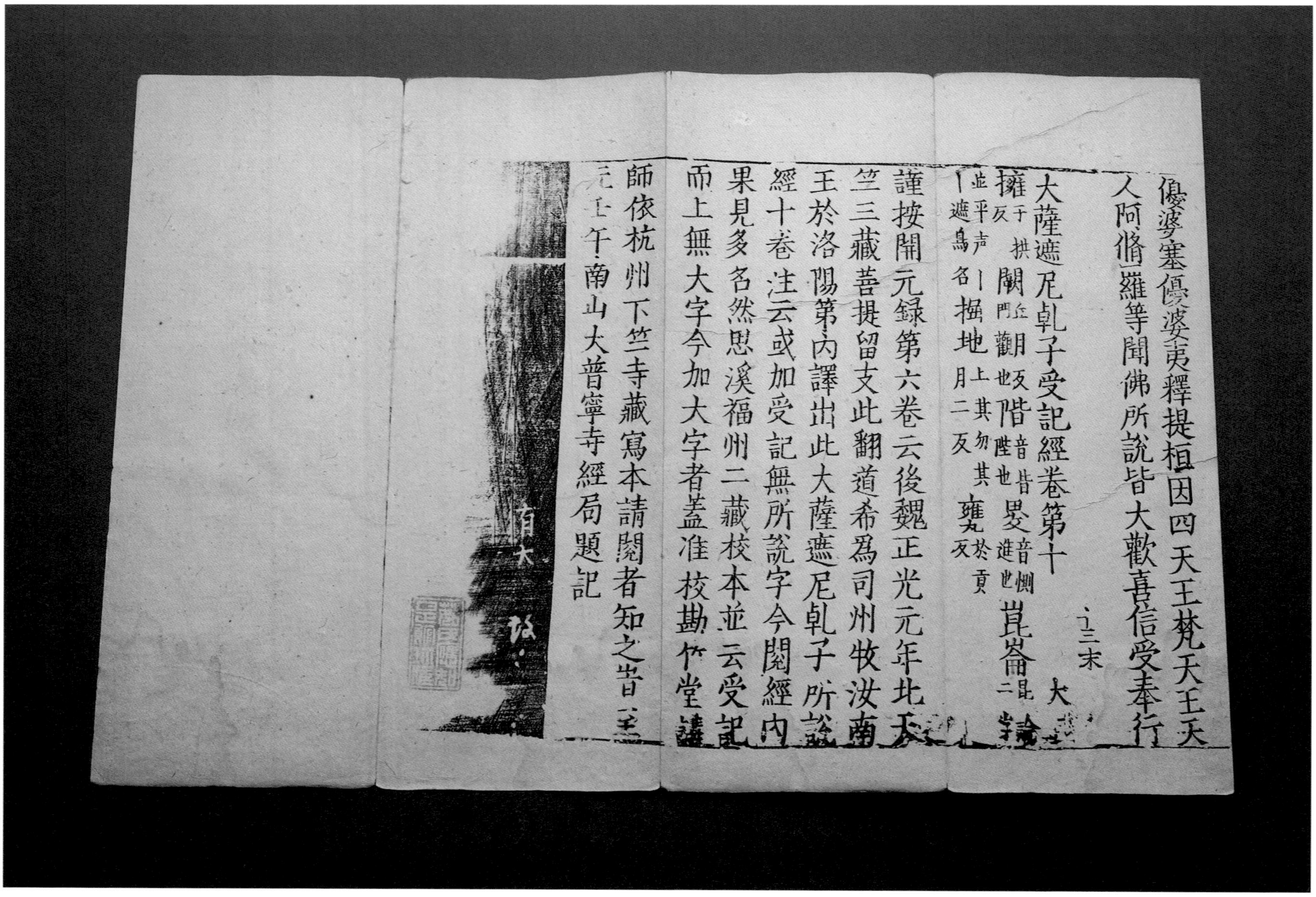
優婆塞優婆夷釋提桓因四天王梵天王天
人阿脩羅等聞佛所説皆大歡喜信受奉行
大薩遮尼乾子受記經卷第十
謹按開元録第六卷云後魏正光元年北天
竺三藏菩提留支此翻道希爲司州牧汝南
王於洛陽第內譯出此大薩遮尼乾子所説
經十卷注云或加受記無所説字今閱經內
果見多名然思溪福州二藏校本並云受記
而上無大字今加大字者盖准校勘竹堂讀
師依杭州下竺寺藏寫本請閱者知之旹至
元壬午南山大普寧寺經局題記

057 # 大萨遮尼乾子受记经卷十

（北魏）菩提留支译

元至元十九年（1282）杭州路余杭大普宁寺刻本

经折装一册。存卷第十。开本高 30.5 厘米，宽 11.4 厘米。共十三版，每版五个半叶，半叶六行，行十七字，上下单边。卷端题“大萨遮尼乹子受记经卷第十”，千字文编号“大十”，次行题“元魏天竺三藏菩提留支第二译”。卷前有说法图扉画四个半叶，左下镌刻工“孙祐刊”。卷尾镌校勘记：“谨按《开元录》第六卷云：后魏正光元年，北天竺三藏菩提留支此翻道希为司州牧汝南王于洛阳第内译出此《大萨遮尼乹子所说经》十卷。注云：或加受记无所说字。今阅经内果见多名。然《思溪》《福州》二藏校本并云受记而上无大字。今加大字者，盖准校勘竹堂讲师依杭州下竺寺藏写本，请阅者知之者。至元壬午南山大普宁寺经局题记。”明确了《思溪藏》《福州藏》为其校勘底本。

卷首钤“茹鉌明堂”白文方印，卷尾钤“茹氏应如是馆珍藏”白文长方印。为清乾隆间庆阳正宁知县茹玺旧藏，茹玺乾隆五年（1740）曾创建罗川书院。

《普宁藏》全称《杭州路余杭县白云宗南山大普宁寺大藏经》，杭州路大明庆寺寂堂思宗见《思溪藏》经板泯于兵火，因会集普宁寺主持道安等白云宗力量发愿重雕大藏，并得到朝廷支持。《普宁藏》始刻于元至元十四年（1277），至元二十七年（1290）完成。《普宁藏》以《思溪藏》为底本，采众经藏之长，修订校勘而成。经册之末多有信众舍资助缘题记。元末经板与寺院毁于火。

（陈俊儒）

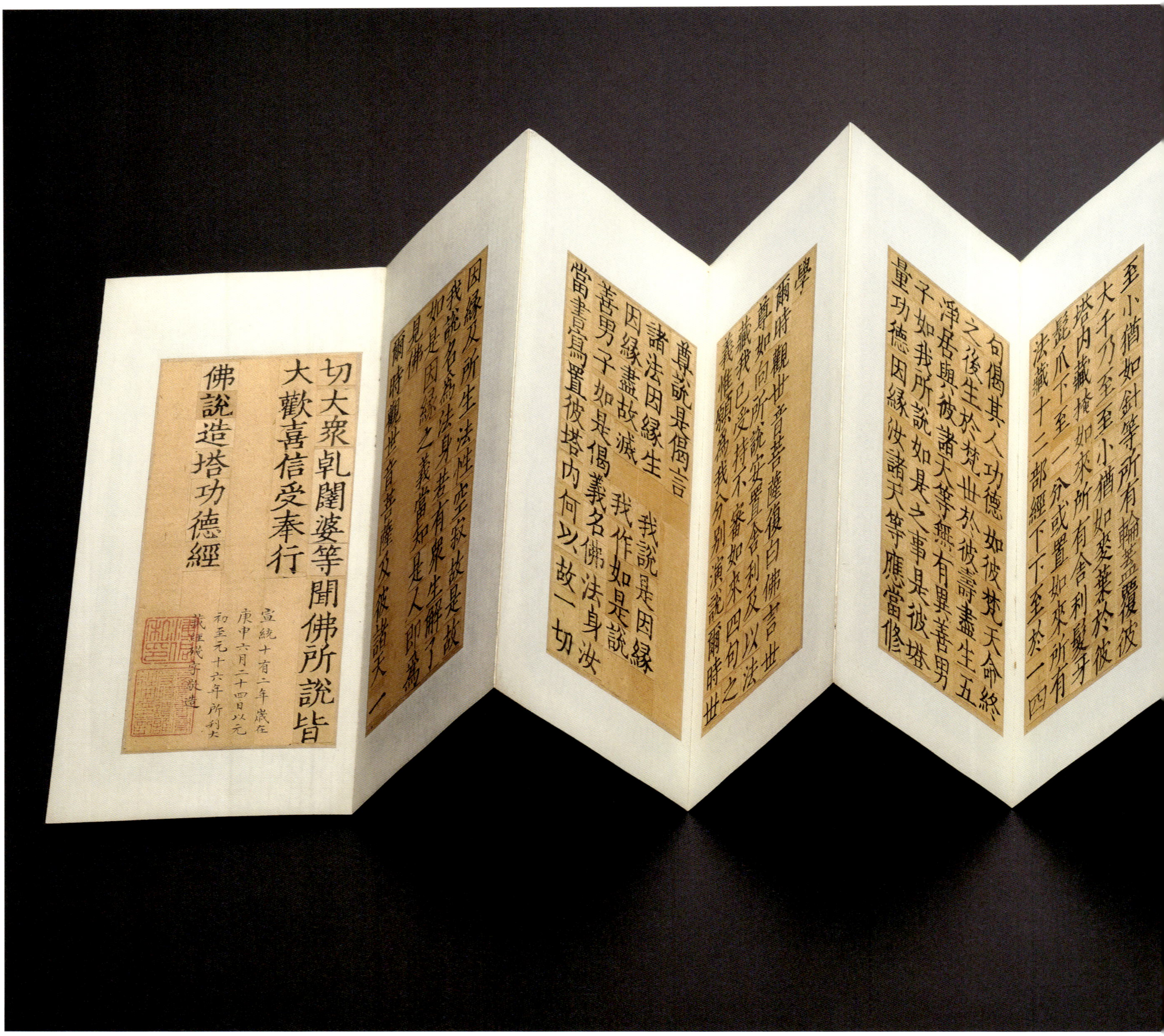

058 佛说造塔功德经

集元普宁藏剪字本

经折装一册。开本高 24.5 厘米，宽 11 厘米。共五开，每半开五行，行十二字。《佛说造塔功德经》为唐高宗时中天竺日照三藏地婆诃罗所译。

此本用《普宁藏》残经剪贴集字而成。卷末有溥侗墨笔题记："宣统十有二年（民国九年，1920），岁在庚申六月二十四日，以元初至元十六年（1279）所刊大藏经残字敬造。"钤"溥侗私印"朱文方印、"西园书写受持读诵经典印记"朱文长方印。

溥侗（1871—1952），清宗室，道光帝旻宁孙载治第五子，姓爱新觉罗，字厚斋，号西园，别署红豆馆主。"民国四公子"之一，收藏甚富。

（陈俊儒）

等集眾德三昧經
不斷佛教將濟法眼恩惠聖眾不捨羣生爲
講說法超無爲道如來滅後法澤廣被菩薩
大士不廢無上正眞之道常不離佛聽經供
僧而立要志心意堅固遵法散誼其念所趣
靡不覺達體解所歸多所殊越恒懷慙恥自
淨無犯所慮慷慨威儀具足所建勇猛降制
勞穢伏諸欲垢無所畏憚遊于眾會而不忌

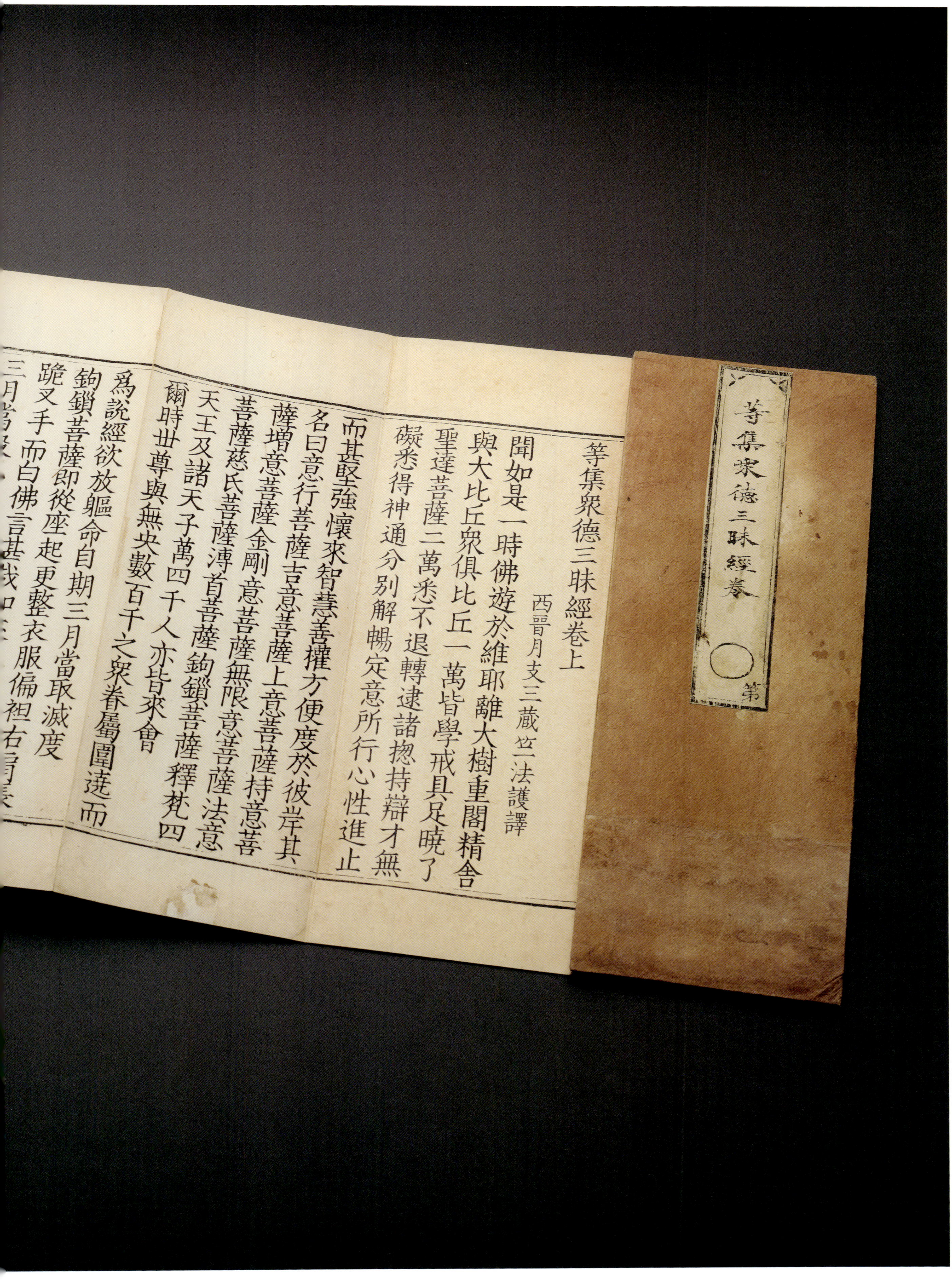

等集衆德三昧經卷 第

等集衆德三昧經卷上

西晉月支三藏竺法護譯

聞如是一時佛遊於維耶離大樹重閣精舍
與大比丘衆俱比丘一萬皆學戒具足曉了
聖達菩薩二萬悉不退轉逮諸揔持辯才無
礙悉得神通分別解暢定意所行心性進止
而甚堅強懷來智慧善權方便度於彼岸其
名曰意行菩薩吉意菩薩上意菩薩持意菩
薩增意菩薩金剛意菩薩無限意菩薩法意
菩薩慈氏菩薩溥首菩薩鉤鎖菩薩釋梵四
天王及諸天子萬四千人亦皆來會
爾時世尊與無央數百千之衆眷屬圍遶而
爲說經欲放軀命自期三月當取滅度
鉤鎖菩薩即從座起更整衣服偏袒右肩長
跪叉手而白佛言甚哉
三月當

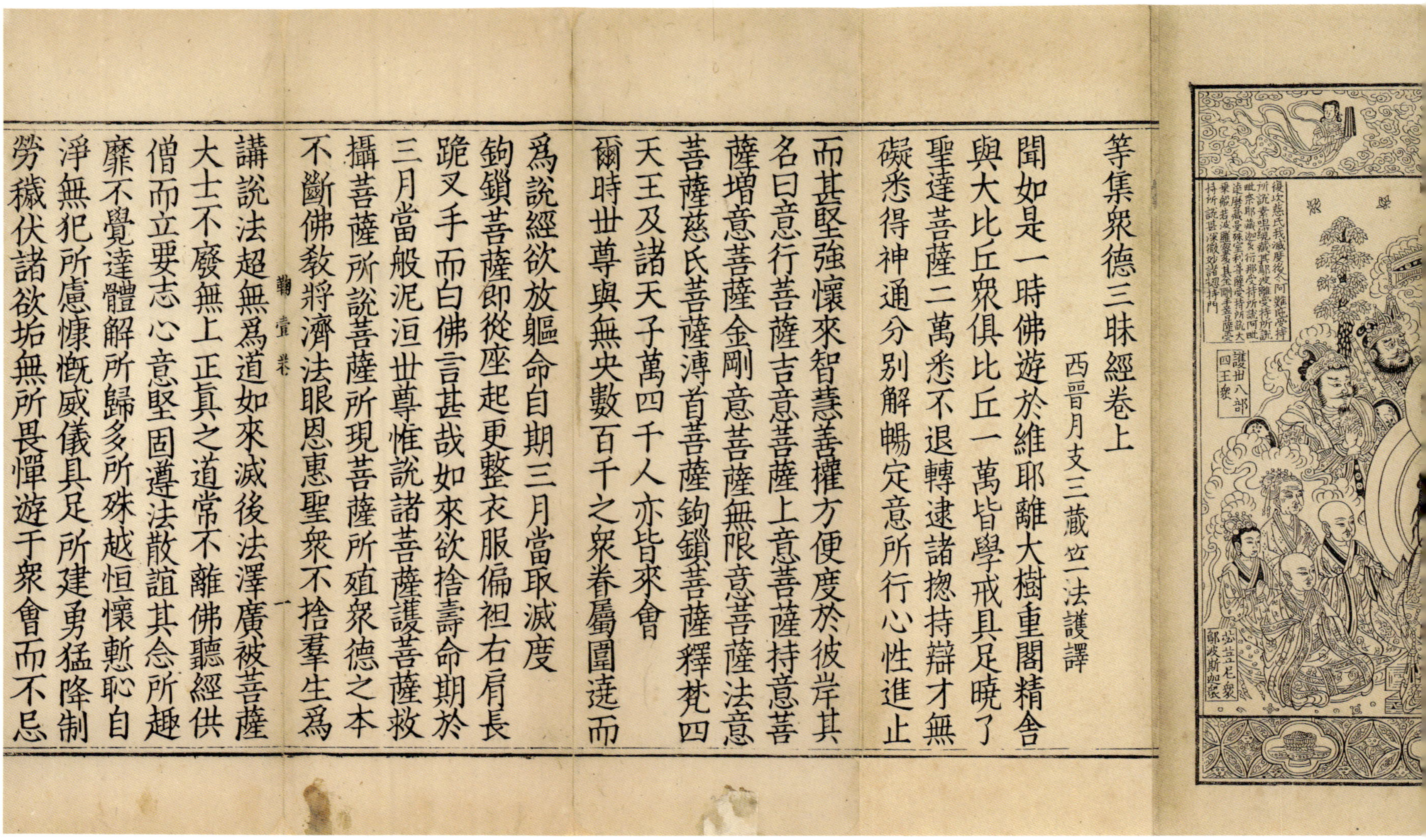

等集衆德三昧經卷上

西晉月支三藏竺法護譯

聞如是一時佛遊於維耶離大樹重閣精舍與大比丘衆俱比丘一萬皆學戒具足曉了聖達菩薩二萬悉不退轉逮諸摠持辯才無礙悉得神通分別解暢定意所行心性進止而其堅強懷來智慧善權方便度於彼岸其名曰意行菩薩吉意菩薩上意菩薩持意菩薩增意菩薩金剛意菩薩無限意菩薩法意菩薩慈氏菩薩溥首菩薩鉤鎖菩薩釋梵四天王及諸天子萬四千人亦皆來會

爾時世尊與無央數百千之衆眷屬圍遶而爲說經欲放軀命自期三月當取滅度

鉤鎖菩薩即從座起更整衣服偏袒右肩長跪叉手而白佛言甚哉如來欲捨壽命期於三月當般泥洹世尊惟說諸菩薩護菩薩救攝菩薩所說菩薩所現菩薩所殖衆德之本不斷佛教將濟法眼恩惠聖衆不捨羣生爲

鞠 壹卷 一

講說法超無爲道如來滅後法澤廣被菩薩大士不廢無上正真之道常不離佛聽經供僧而立要志心意堅固遵法散誼其念所趣靡不覺達體解所歸多所殊越恒懷慚恥自淨無犯所慮慷慨威儀具足所建勇猛降制勞穢伏諸欲垢無所畏憚遊于衆會而不忌

059 元官藏 等集众德三昧经卷上

（西晋）竺法护译

元至元二年（1336）官刻大藏经本

经折装一册。存卷上。开本高 32.3 厘米，宽 11.3 厘米。每版七个半叶，半叶六行，行十七字，小字双行同，上下双边，为外宽内细之“文武边”。卷端题“等集众德三昧经卷上”，次行题“西晋月支三藏竺法护译”。每版镌千字文编号“鞠”。卷前摹扉画六个半叶，第一个半叶为塔图，后为说法图。首尾略有抄补。此经较其他大藏有多处异文。

《元官藏》是二十世纪八十年代在我国云南省图书馆发现并考订、确认的一部元朝官版汉文大藏经，以《至元法宝勘同总录》为基础编目，由元代最后一位太皇太后卜答失里发起施刊请印，雕造时间上限为元文宗天历三年（1330），下限为至元二年（1336），刊刻由大都（今北京）法藏寺实施，其后经版亦收藏在法藏寺。据现存云南藏本扉画有元代刻工“陈宁刊”，可推知装潢地点或在杭州。据所存至元二年发愿文“……太皇太后……于是印施三乘圣教，经、律、论、贤圣集，凡三十藏……”，可知当时仅印三十部。

（陈俊儒）

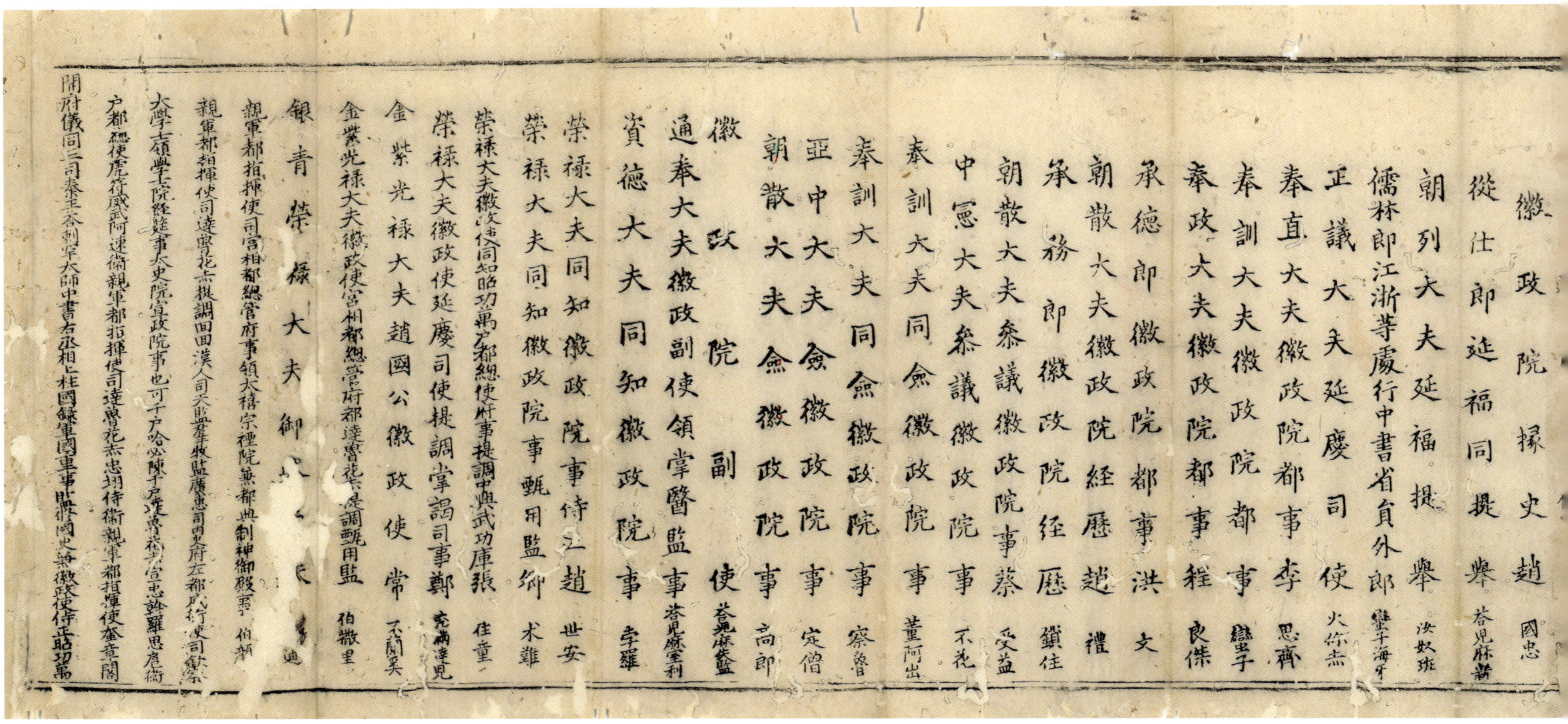

060 元官藏 僧名录、职名录

（唐）玄奘译

元至元二年（1336）官刻大藏经本

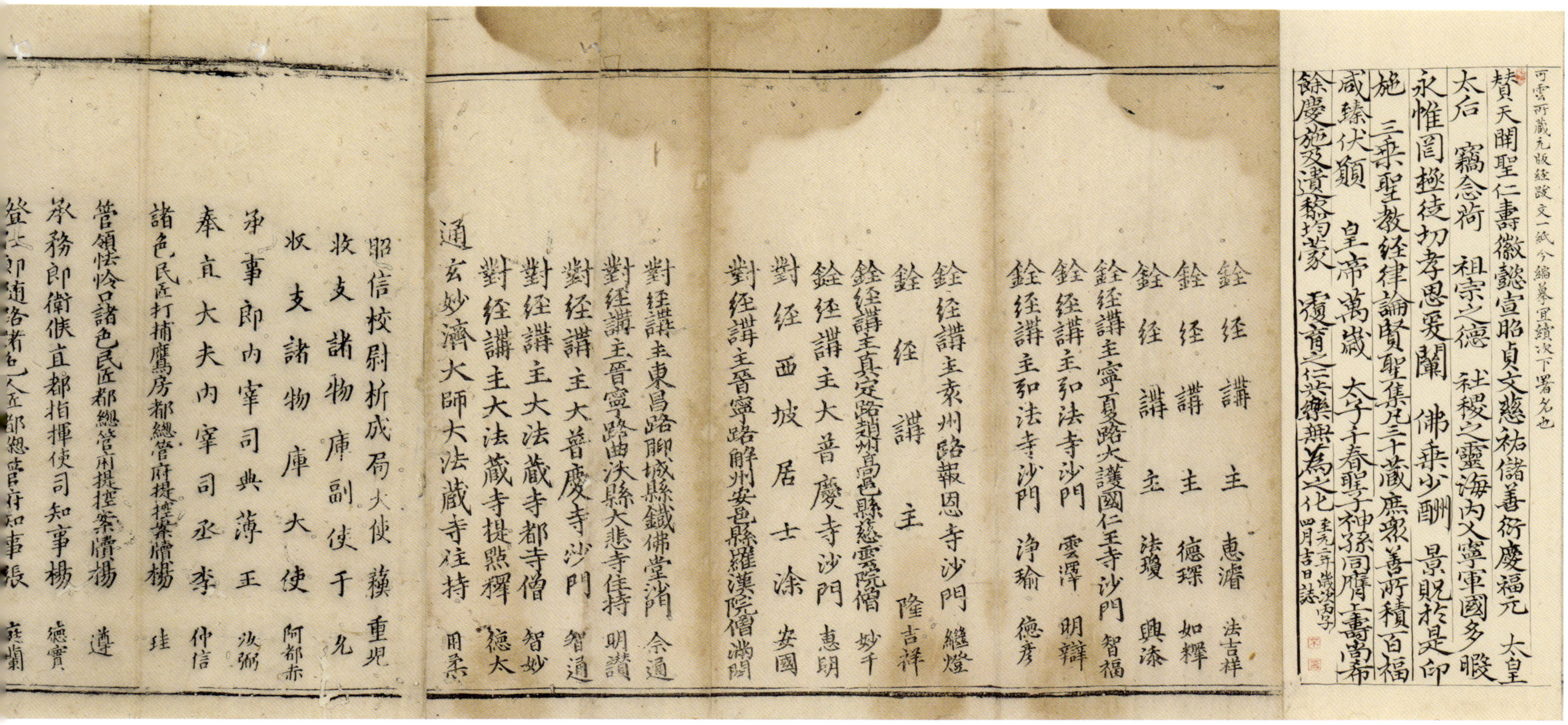

经折装一册。为彻定上人旧藏《镰仓诸刹残本合卷》，即宋元以及日本早期刻经八种合装，末一种为《元官藏》。存十五个半叶，含《大般若波罗蜜多经》卷第四百七十一卷尾三个半叶，千字文编号“岗”；刊经官员和僧人衔名十一个半叶；以及日僧补抄至元二年太皇太后愿文一个半叶。卷尾钤“珍赏”朱文长方印、“彻定珍藏”朱文方印。卷前另有日僧可云丙辰年（1856）题跋称此《元官藏》“至元经跋之位署人则华而名则夷者，六奇也”。

此经为民间已知印刷最早的《元官藏》结衔印本，著录于《古经搜索录》卷下“元版跋，大般若经四百七十一跋尾”，《译场列位》“武州缘山经阁元本藏，大般若卷第四百七十一”。

彻定上人（1814—1891），字松翁，号古经堂，江户末期著名学僧，有《译场列位》、《古经题跋》（正、续）等佛教文献研究著作，其《译场列位序》云“余尝搜索五畿名山古经暨江府缘山三大藏经，检出唐宋以还轶于彼而存于我诸本若干卷，其中往往有译场列位之名员连署诸经卷尾，皆与古式符合，今本所未见也”。为日本古写经收藏和研究先驱。

（陈俊儒）

佛說海龍王經卷第四
佛說海龍王經卷第三
佛說海龍王經卷第二
不空罥索陀羅尼經卷下
不空罥索陀羅尼經卷上

061

# 佛说海龙王经 不空罥索陀罗尼经

明永乐至正统间刻永乐北藏本

五卷，为永乐北藏。卷轴装，为佛教装藏所用特殊装帧形式，原装未启封。十分稀见。

《佛说海龙王经》存卷第二至卷第四，千字文编号“景二”至“景四”；《不空罥索陀罗尼经》上下二卷，千字文编号“过七”“过八”。

装藏，又为“装脏”，是佛教造像仪轨中的一项重要内容，指在造像或塔中装入圣物、佛教经典或咒语来赋予其神力的行为。这种祝圣仪轨在汉传佛教与藏传佛教中皆有。有学者认为在佛像内装藏佛经是模仿人体结构，在佛像内装入“五脏”。

清代工布查布译解的《佛说造像量度经解》的“装藏略”提道，舍利装藏主要分为生身舍利与法身舍利两类。“生身舍利”是佛陀、高僧圆寂后的遗骨，“法身舍利”为佛经咒语，为第一等装藏物。

《药叉咒轮作法》中舍利就名称而言分为四种：遗骨舍利、毛发舍利、如芥子舍利、法身舍利等。也有五种舍利分类的记载，即加入“擦擦”作为一种。

不论何种分类，经卷都是装藏中最为主要的内容，塔像的主体都应当以经卷盈满，诸处所安之真言皆有次第，不容错乱。

（米尔）

062 | 武周刊定伪经目录

明永乐刻永乐南藏本

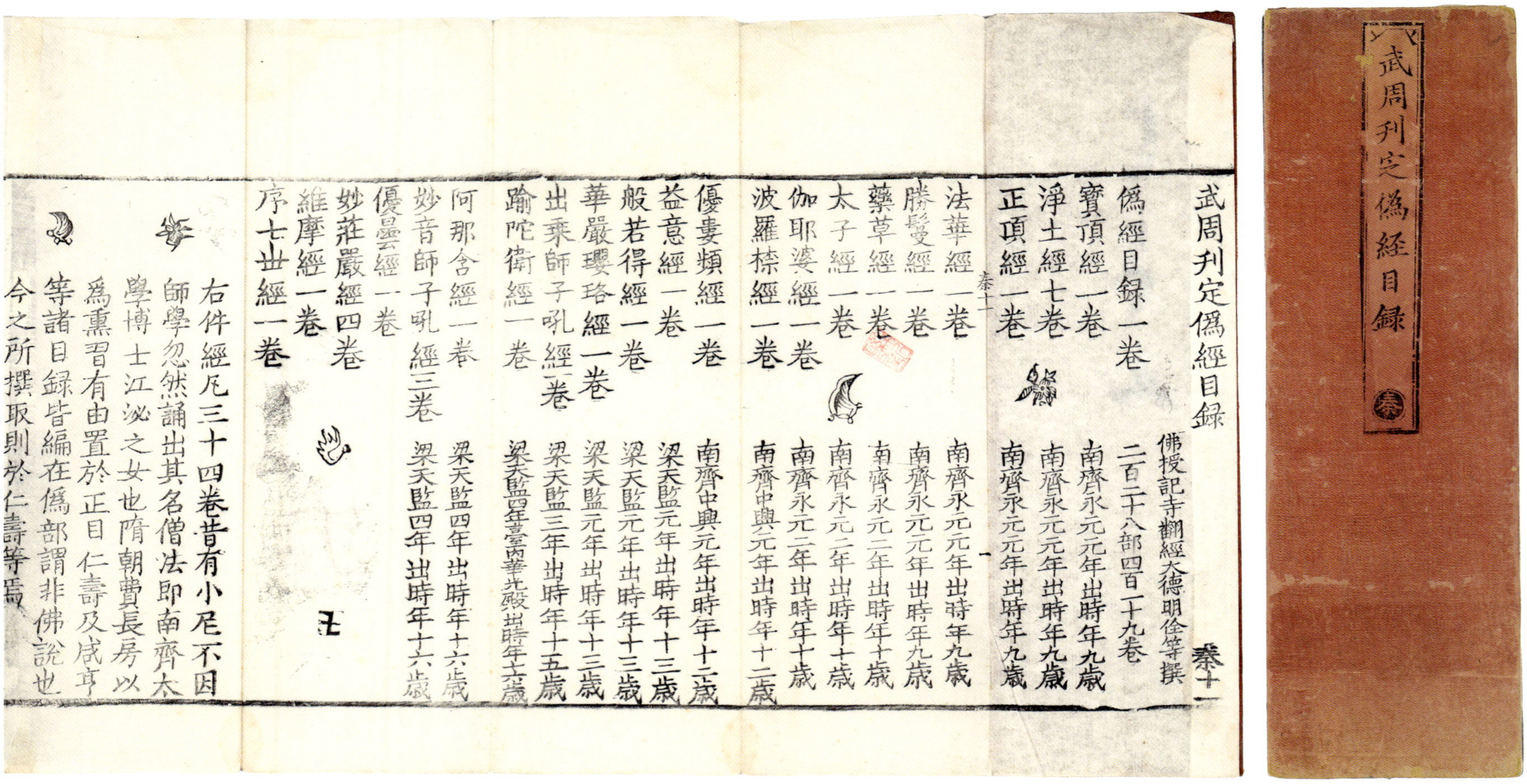

一册，经折装，开本高 34 厘米，宽 11.5 厘米。千字文编号“秦十一”。每版五叶，每叶六行，行十七字，上下单边。经末记“黄土巩固帝道遐昌 / 弟子性慧检阅”，后有韦驮像。

《武周刊定众经目录》，又称《大周刊定众经目录》《大周刊定目录》《大周录》《武周录》，为佛教经录，武周天册万岁元年(695) 明佺等奉敕撰。共十五卷：正经目录十四卷，伪经目录一卷。共收录了一千四百七十部经典，分为大小乘经律论单译、重译及“贤圣集传”等类别。

（米尔）

# 永乐南藏

063

明永乐刻本

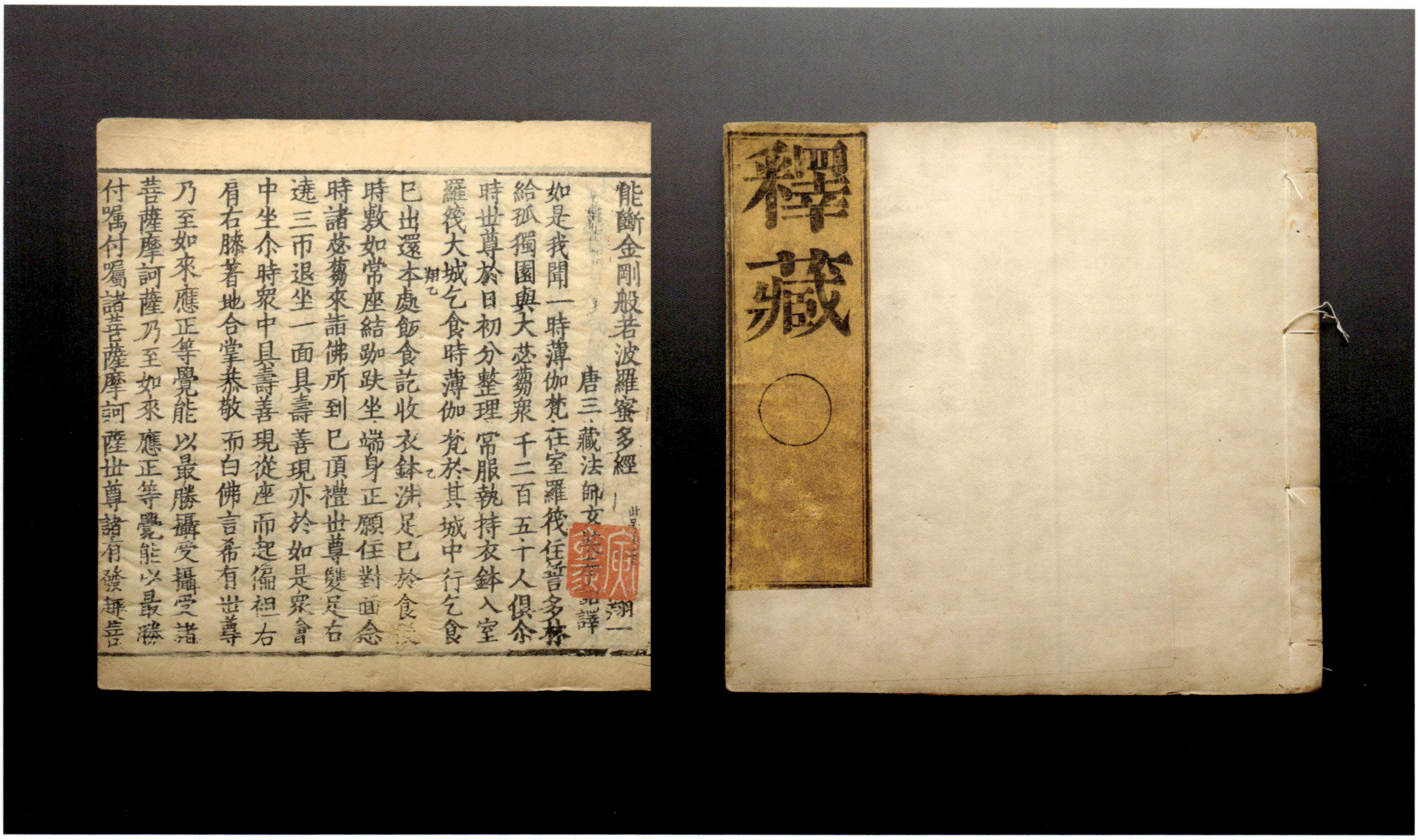


一册，线装。高 29 厘米，宽 30 厘米，为永乐南藏方册本，内容为《能断金刚般若波罗蜜多经》，千字文编号“翔”。原装原签，签条刷印“释藏”。

此册为罕见的永乐南藏装帧形式。是汉文大藏经从经折装过度到线装方册本的早期珍贵实物。这种装帧形式保留较少，目前已知仅有国家图书馆藏有张元济旧藏方册本《永乐南藏》一套，龙图阁藏有零本。

《永乐南藏》，由明成祖敕令雕印的一部大藏经，又名《再刻南藏》或《南藏》。始刻于明成祖永乐十年（1412），完成于永乐十五年（1417）。刻藏的地点和经版收藏处在南京大报恩寺，参与者有居敬、善启等。总计 636 函，收经 1610 部（据目录，一说实际有 1614 部）6331 卷。每版三十行，折成五叶，每叶六行，每行十七字。

（米尔）

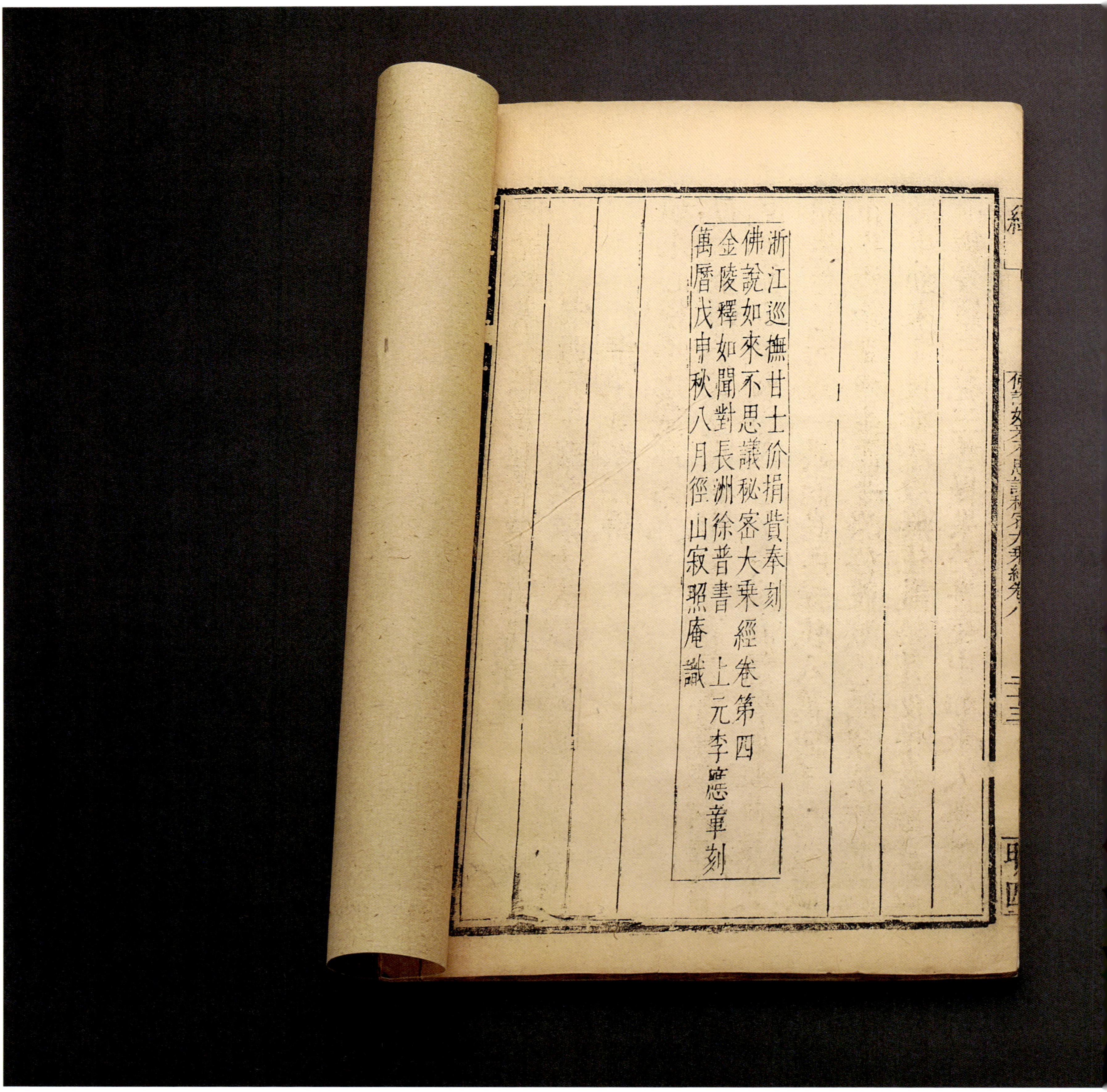


064　锦江禅灯卷第二十　佛说如来不思议秘密大乘经卷第七、八

明万历刻嘉兴藏本

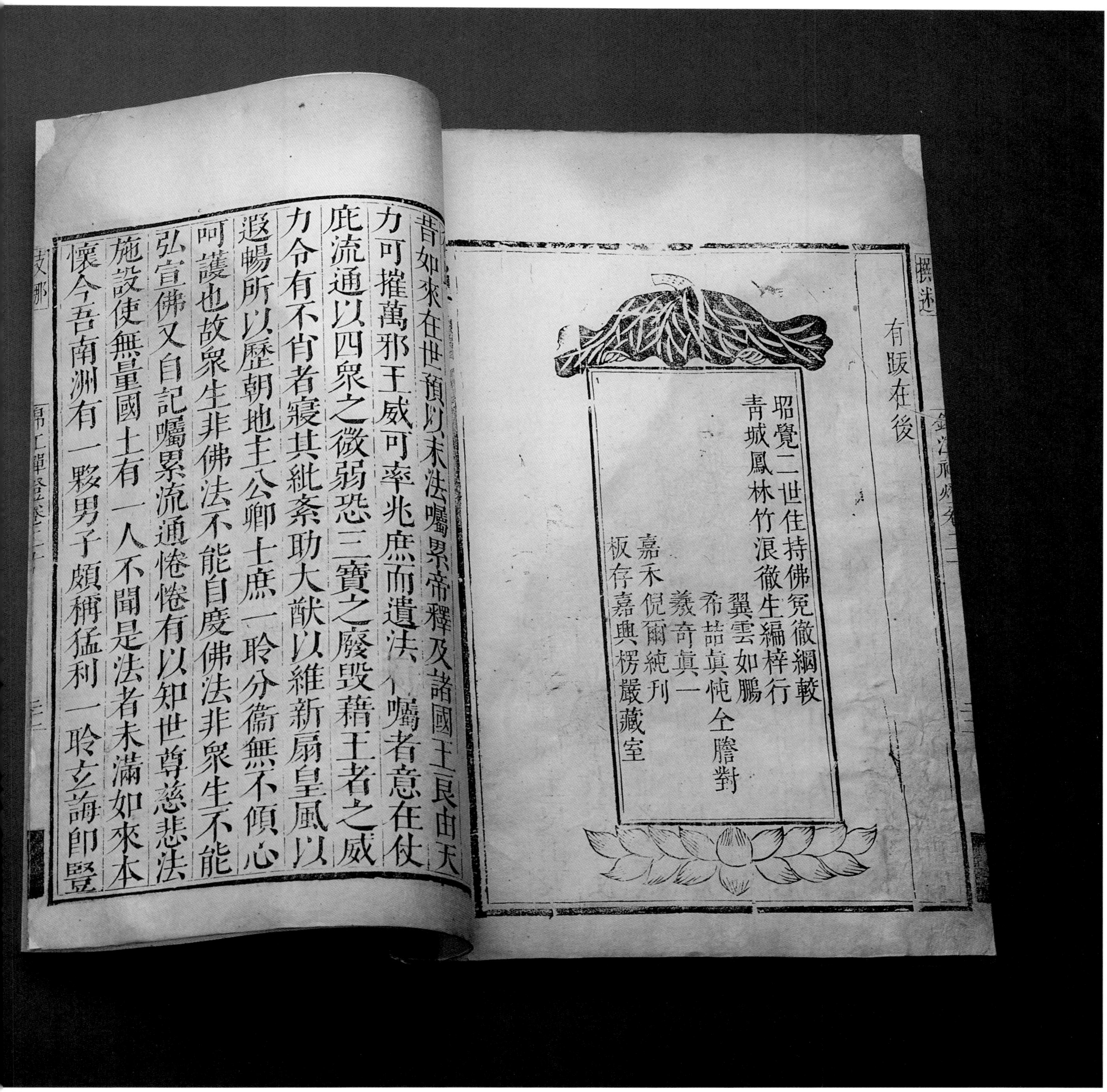

二册，线装。开本高 28 厘米，宽 19 厘米。半叶十行，行二十字，白口，四周双边。

《锦江禅灯》卷第二十，末有刊印牌记“昭觉二世住持佛免彻纲较，青城凤林竹浪彻生编梓行，翼云如鹏，希喆真忳仝詹对，义奇真一，嘉禾倪尔纯刊。板存嘉兴楞严藏室”。

《佛说如来不思议秘密大乘经》卷第七、八，宋惟净等译，千字文编号“暵”。末有刊印牌记“浙江巡抚甘士价捐赀奉刻，《佛说如来不思议秘密大乘经》卷第四，金陵释如闻对长洲徐普书上元李应章刻，万历戊申秋八月径山寂照庵识”。

甘士价（1545—1608），字维藩，号紫亭，江西信丰人，曾经任山东道御史、大理寺左少卿、右都御史巡抚、两浙巡抚。

《嘉兴藏》，又名《径山藏》，明万历七年（1579）至清康熙四十六年（1707）刻，顺治、康熙、雍正年递修。初雕于山西五台山，后又迁至浙江径山等地续刻，刷印发行于嘉兴楞严寺，由此得名。10888 卷，收诸经籍 2141 种，共 2453 册，344 函，由首一函、“正藏”210 函、“续藏”90 函、“又续藏”43 函四部分组成。

（米尔）

065

# 大方等大集经卷第十一

清雍正至乾隆内府刻龙藏本

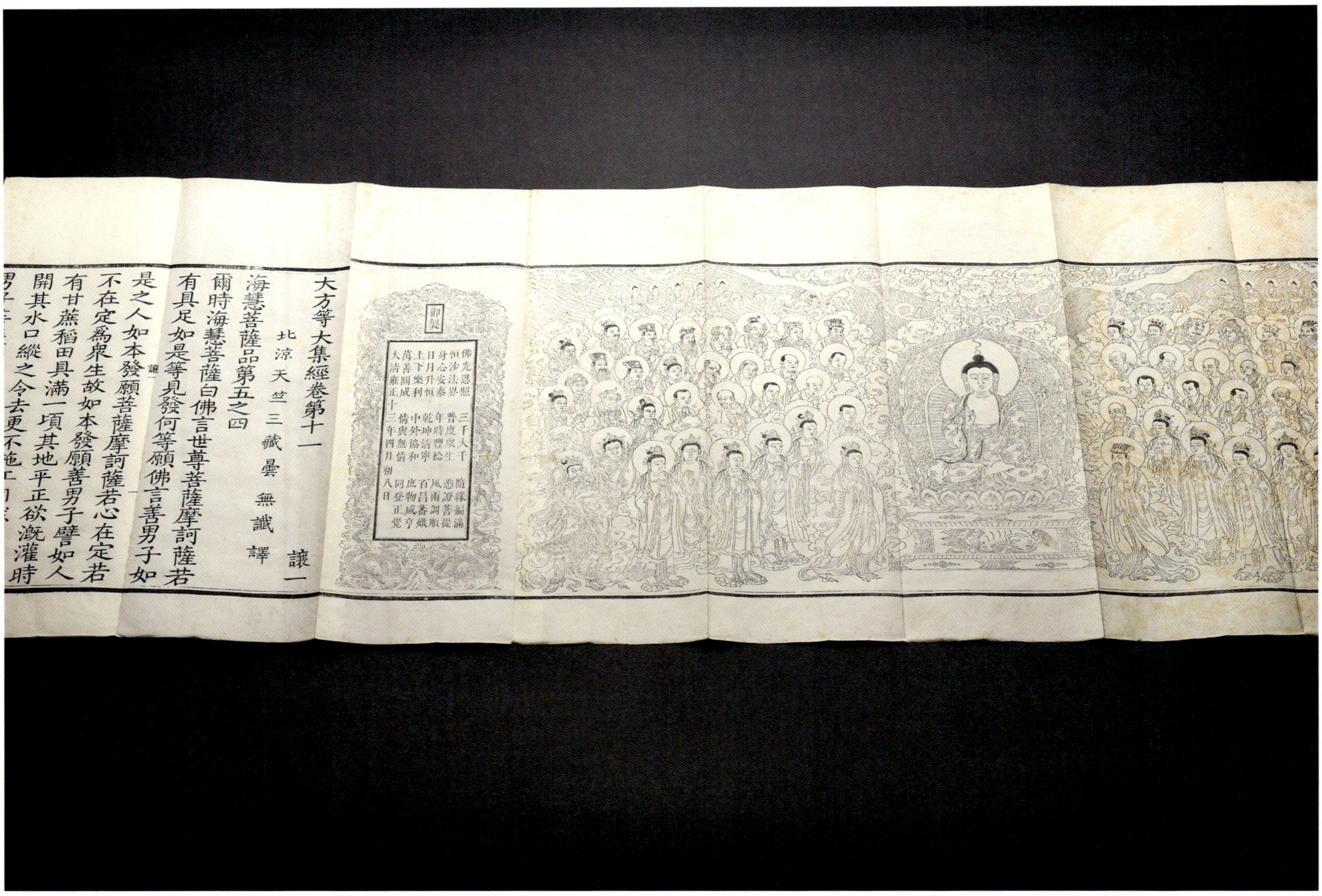

一册，存卷第十一，千字文编号“让一”。经折装，内府开化纸本，开本高 37 厘米，宽 13 厘米。每版五叶，每叶五行，每行十七字，上下双边。经首有说法图一版，居中释迦牟尼佛宝相庄严肃穆，两侧众弟子、菩萨则神态宁静专注。次有雍正御制祈愿牌记，“大清雍正十三年四月初八日”。宫装明黄印暗纹封面。

《乾隆大藏经》为清代官刻汉文大藏经，亦称《清藏》，又因经页边栏饰以龙纹名《龙藏》。始刻于清雍正十一年（1733），完成于乾隆三年（1738）。全藏共收录经、律、论、杂着等 1669 部，7168 卷。经板均选用上好梨木雕造，刀法洗练，字体浑厚端秀。

《大方等大集经》简称《大集经》，属于各种大乘经籍的汇编，是佛教的重要经典之一。主要内容是阐述大乘佛教的“六度”与“性空”思想，也包含有一些密教说法。

（米尔）

# 华严一乘分齐章义苑疏卷第四

（宋）道亨撰

宋刻本

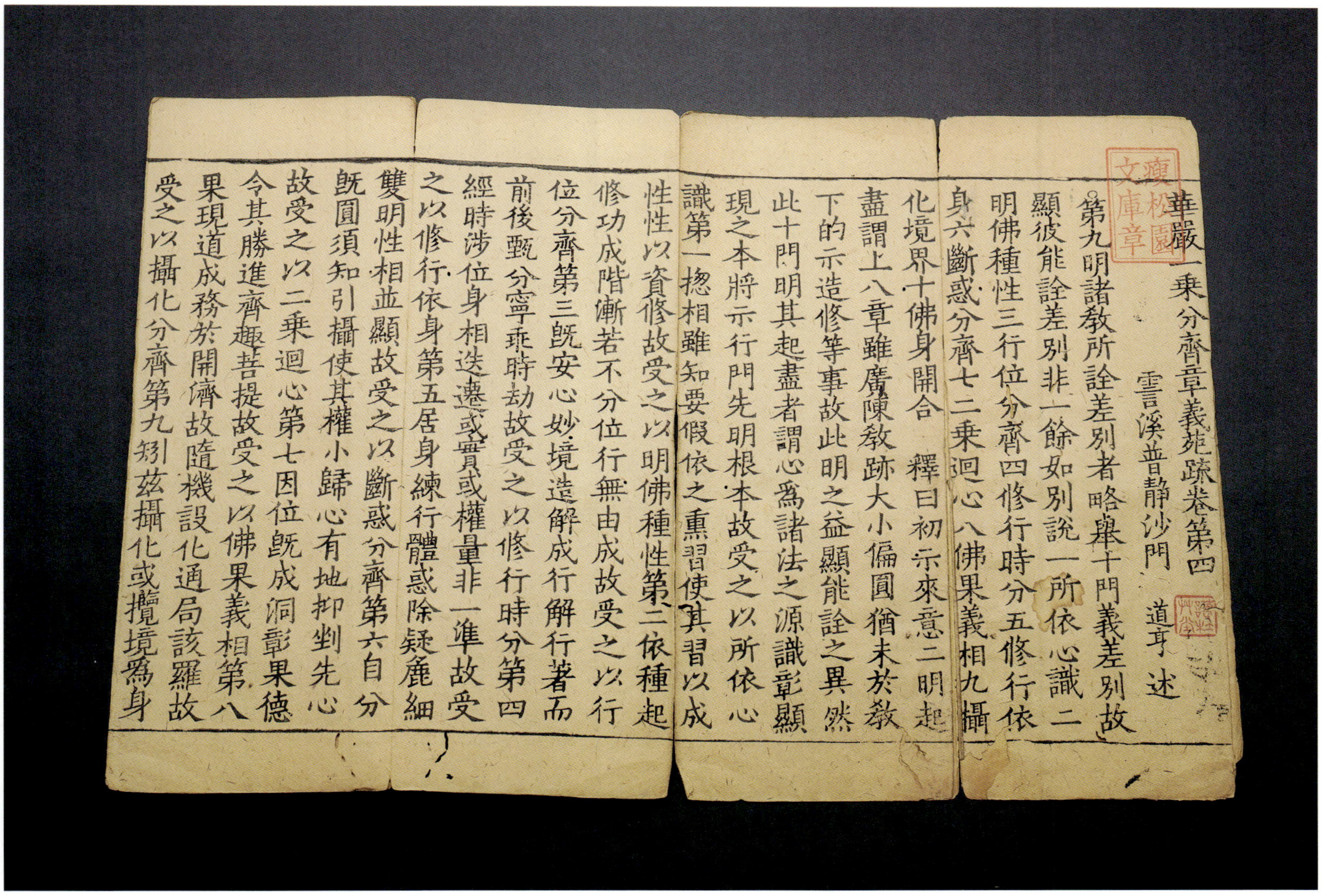

经折装一册。存卷第四。开本高 29 厘米，宽 11 厘米。每版五个半叶，半叶六行，行十八字，上下单边。卷端题“华严一乘分齐章义苑疏卷第四”，次行题“霅溪普静沙门道亨述”。

《华严一乘分齐章义苑疏》凡十卷，为宋朝华严宗四大注疏之一，乃对法藏所述、晋水净源重校之《华严五教章》本文所作随文解释，为我国最早之《华严五教章》注释书。此经《静嘉堂文库宋元版图录》定为宋版，系南宋浙江地区单刻本。

卷首钤有日本藏书家、汉学家黑田亮“瘦松园文库章”朱文长方印以及寺田望南“读杜草堂”朱文方印。

（陈俊儒）

具十八病緣醫藥及餘資具不善
者謂所有性罪違善者謂所有遮罪
身語意業處隨其所應於一切五犯
聚中當知其相如是所餘犯處亦於
五犯聚中如其所應當知其相云何
有犯謂若略說有五犯聚何故於此
五犯聚中起諸違犯謂五因故一因
緣故二發起故三事故四方便故五
究竟故此分別義於攝事分毗奈耶
摩呾理迦中我當廣說
復有九種犯一近事男犯二近事女
犯三勤策犯四勤策女犯五正學犯

六苾芻尼犯七苾芻犯八異生犯九
有學犯無有無學犯何以故由彼更
无所應作故法尒獲得小及隨小一
切學處悉皆止息又定不能犯染汙
罪云何無犯略有四種一初業二顛狂
三心亂四苦受所逼
云何出罪略由五相一由自故二由
他故三由自他故四依轉故五依捨
故由自故有謂應自靜息故由他故
者謂見諦者有所違犯不染汙罪由
自他者謂諸異生染不染罪依轉故
者謂轉捨苾芻依轉得苾芻尼依或
轉捨苾芻尼依轉得苾芻依尒時苾
芻苾芻尼各所犯罪或轉餘形或轉
无形依捨故者謂命終已
復次略有十種制立學處清淨一道
理清淨二果清淨三攝受清淨四外
清淨五內清淨六具分清淨七愛敬
清淨八伏對治修清淨九隨眠斷對
治脩清淨十相續不斷清淨復有差
別謂有因緣制立學處清淨遠離受
用欲樂邊清淨遠離受用自苦邊清
淨勝行清淨勝命清淨同法共住清

淨無違諍清淨制伏煩惱清淨煩惱
離繫清淨任持正法清淨
復次略有十種尸羅過失一毀壞所
學過失二不喜樂過失三伴相違過
失四期願過失五放逸過失六增上
慢過失七隨眠不清淨過失八意樂
不清淨過失九不出離過失十邪禁
過失
復有十種尸羅功德一和合尸羅二
无間尸羅三無悉對尸羅四無損害
尸羅五堅固尸羅六出離尸羅七勝
所治尸羅八不退轉尸羅九不共尸
羅十無上尸羅
復次於毗奈耶勤學苾芻依於十時

芻隨所獲得利養恭敬於所獲得不
染不著不躭不湎不悶不執亦不保
玩而受用之深見過患善知出離而

受用之隨其所得利養恭敬能自制
伏不因所得利養恭敬心住憍傲如
是名為於毗奈耶勤學苾芻第六時
中修不放逸
云何於毗奈耶勤學苾芻依求多聞
第七時中應不放逸謂有苾芻棄捨
世間所有諷誦綺飾詞論絢藻文章
隨順世間相應多聞於佛所說所有
甚深相似甚深空性相應緣性緣起
若順若逆一切經典恭敬受持令得
究竟非觀諸法存有所得所獲勝利
名得究竟非觀諸法免脫論難所獲
勝利名得究竟非為利養非為恭敬
乃至但為自得調伏自得寂靜自得
涅槃自得沙門若婆羅門宲上義
利故於此法善聽善受讀誦通利純
熟究竟如是名為於毗奈耶勤學苾
芻第七時中修不放逸
云何於毗奈耶勤學苾芻依思正法
第八時中應不放逸謂有苾芻獨處
空閑如其所聞如其所受如其所得
所有諸法思惟其義稱量觀察思所
應思離不應思於其少分但生信解

於其少分以慧觀察凡所思惟但依
於義不依於文如實了知黑說大說
堅固思惟審諦思惟相續思惟隨所
思惟要當究竟於其中間終無退屈
如是名為於毗奈耶勤學苾芻第八
時中修不放逸
云何於毗奈耶勤學苾芻依於遠離
第九時中應不放逸謂有苾芻不與
在家及出家衆共相雜住不同其喜
不同其憂廣說乃至於所生起世事
業中終不許其究竟隨轉處空閑林
邊際卧具遠離一切有情方邑散亂
懈怠及障止觀諸隨煩惱如是名為
毗奈耶勤學苾芻第九時中脩不
放逸
云何於毗奈耶勤學苾芻依通達究
竟第十時中應不放逸謂有苾芻於
有如實知有於非有如實知非有於
有上如實知有上於無上如實知無
上由彼於有非有有上無上如實知
故於所未得不生得想於所未證不
生證想離增上慢非增上慢所攝持
故自記所解如是名為於毗奈耶勤

誡依增上慧學教授教誡等持者謂
九次第定供養者謂財供養及法供
養財供養者謂由一種可愛樂法法
供養者謂由所餘不放逸者謂於五
種善巧相續無間勤修加行謂蘊善
巧乃至處非處善巧
復次毗奈耶中有五種攝受一屬已
受二承受三委寄受四捨施受五
為他受由二因緣令屬已受不得清
淨一生染著故二擬畜積故與此相
違乃得清淨由二因緣令承受受不
得清淨一非處受故二非量非法受
故與此相違乃得清淨由二因緣令
委寄受不得清淨一不觀察人而委
寄故二於不淨物心繫著故與此相
違乃得清淨由二因緣令捨施受不
得清淨一於鄙惡田而捨施故二非
無悕望而捨施故除三種田當知所

餘名鄙惡田謂功德田悲田恩田與
此相違乃得清淨由二因緣令為他
受不得清淨一非宿交又不告白及
性不識故二有染心故與此相違乃
得清淨
復次毗奈耶中由五因緣所受用事
不得清淨一性有罪故二不端嚴故
三不任用故四非攝屬故五不作淨
故性有罪者謂依為斗為秤為函繫
縛撾打斫若教及攎掝等所獲財
物而受用之名不清淨不端嚴者謂
受田宅及諸賄貨為馬牛羊雞猪狗
犬大男大女小男小女奴婢作使金
銀珎寶及生糓等而受用之名不清
淨不任用者謂大小便利洟唾所汙
膿血肪膏此等塗染復有所餘如是
等類若受用者名不清淨如世尊言
便利等器皆不清淨不應受用非攝
屬者謂或僧祇物若不被差不隨鉢
中亦不屬鉢或別人物不與不捨亦
不捐棄非處委信亦復非量而受用
之名不清淨不作淨者謂五種淨何
等為五一受得淨二損壞淨三委寄

淨四時法淨五捨分別淨與此相違
所有受用名為清淨

瑜伽師地論卷第六十八

京兆府鄠縣雙莊牛八行者等為緣化到衆人
同捨淨財共彫此瑜伽師地論一卷集斯勝善伏
為各報祖先父母仍與一切有情同成無上阿
耨菩提者
貞元元年耀州富平縣小魏村院雕造

規其利內與不可委信者等而外現
已極可委信謂行住中虛詐積集清
善之相又諂曲者於諸親善得意友
朋未來廣大所作事中先許為伴後
所作事現在前時矯現種種方便推
注謂為遮防自劬勞故又諂曲者隨
遭一種苦惱事已於彼怨對所遭苦
事實無如是重憂重苦然自顯示有
重憂苦謂深歎恨愁憂苦惱乃至
悶絶
復次麁語聲聞尚不應得於諸諦中
教誡教授況當能得真諦現觀或復
清淨又有九種麁語聲聞麁語之相
若有成就如是相者當知此名不可
與語麁語聲聞何等為九謂能舉
罪補特伽羅正詰問時以不美言假
合而荅或不相應或不圓滿或託餘

事方便而荅是名初相又以謀言假
設餘論方便推遣所詰問事是第二
相又瞋恚纏擾亂憎憤渾濁自心是
第三相又瞋恚纏發起憤怒罵言鄙
語是第四相又起高心彼既說我我
當何故而不說彼是第五相又堅覆
藏自所作罪是第六相又結怨心相續
不捨是第七相又多發起報怨之心
是第八相又他顯說能舉罪者若實
不實諸功德時不生信解非撥毀罵
是第九相此中略有二種舉罪補特
伽羅一共所尊重二非共尊重當知
此中初二種相依初能舉補特伽羅
餘七種相依第二能舉補特伽羅
復次本地分中依戒律儀諸毗柰耶
相應之相今當決擇嗢拕南曰
攝制立尸羅　無逸障學觀　依攝受受用
甚深說喻事
略有七處攝毗柰耶及別解脫何等
為七一教勅二開聽三制止四犯處
五有犯六無犯七出罪
云何教勅謂佛世尊毗柰耶中勅諸
苾芻捨不善法增長善法當知是名

略說一切教勅之相若廣分別無量
無邊
云何開聽謂佛世尊毗柰耶中開許
一切能無染汙現所受用資生因緣
云何制止謂佛世尊毗柰耶中制止
一切自性罪法違無罪法
云何犯處略有十八一不善二違善
三身業四語業五意業六戒壞七見
壞八軌則壞九正命壞十隨護他心

應不放逸何等為十一依犯時二依
定時三依生時四依乞食時五依所
作時六依受用利養恭敬時七依求
多聞時八依思正法時九依遠離時
十依通達究竟時
云何於毗柰耶勤學苾芻依犯初時
應不放逸謂有苾芻成就五支所攝
不放逸即前際俱行等如前廣說如
是名為於毗柰耶勤學苾芻於初時

中修不放逸
云何於毗柰耶勤學苾芻依定第二
時應不放逸謂有苾芻或住空閑或
居樹下生貪欲盖乃至疑盖終不安
忍則便棄捨除遣變吐彼由五盖能
染汙心乃至能令不得涅槃為欲斷
故於時時間應修止相於時時間應
修舉相於時時間應修捨相彼於如
是止舉捨相得善巧已由下劣心慮
恐下劣便正修舉由掉舉心慮恐掉
舉便修內止心得平等便修上捨又
於已得三摩地中不生愛味不起顧
戀無有貪染無著而住如是名為於
毗柰耶勤學苾芻第二時中修不放逸
云何於毗柰耶勤學苾芻依生第三
時中應不放逸謂有苾芻臨命終時
其心猛利發起如是正加行心謂我
今者應以緣佛緣法緣僧正命而死
應以緣善善心而死彼遂發起如是
如是善守護心正念現前以緣於佛
法僧正念及緣諸善善心而死彼由
緣佛緣法緣僧所有正念及由緣善
所有善心而命終故名賢善死賢善

夭没亦名賢善趣於後世如是名為
於毗柰耶勤學苾芻第三時中修不
放逸
云何於毗柰耶勤學苾芻依於乞食
第四時中應不放逸謂有苾芻依於
村邑聚落而住彼即於此村邑聚落
廣說如乞食清淨經如是名為於毗
柰耶勤學苾芻第四時中修不放逸
云何於毗柰耶勤學苾芻依於所作
第五時中應不放逸謂有苾芻於鉢
作業於衣作業於諸智者同梵行所
看侍作業或復於餘所有作業皆无
縱逸無縱逸故不燋不爛不失不壞
亦不零落不過所作不鄙所作不惡
所作不急所作不緩所作不掉所作
不涂所作隨順世間順毗柰耶所有
軌則如是名為於毗柰耶勤學苾芻
第五時中修不放逸


學苾芻第十時中脩不放逸
復次有四種障能障出家謂意樂障
所依障業障不自在障意樂障者謂
或為王威所逼迫而求出家如是等
所依障者謂或盲聾或扇搋迦或半
擇迦或為疥癩秃攣躄等種種惡
疾逼切其身如是等業障者謂宮母
等諸重惡業不自在障者謂父母等
所不聽許若諸僮僕若王大臣他所
劫掠若有所得若有辯荅如是等
復次略有五處諸出家者於毗柰耶
決定應學何等為五謂應學知有犯
無犯若重若輕及略所說別解脫經
有犯無犯如前已說由六種差別所
犯成重一制立差別謂於學處而制
立故二事差別謂雖同是波逸底迦
然煞生等所有性罪於餘遮罪有差
別故三穿穴差別謂如有一數數犯故
四煩惱差別謂如有一用其猛利貪
瞋癡纏而毀犯故五智差別謂如有
一善品微少智慧狹劣雖等建立等
事等穿等煩惱起然其所犯成極重
障非此相違有所犯者如小水流少

草能偃於彼細草不能漂没如大水
流聚積草木亦不能偃此中道理當
知亦尒六時差別謂如有一於其所
犯不能速疾如法悔除長時習已然
後對治與此相違應知所犯名為輕罪
復次諸持律者應以五相觀察所犯
然後斷罪何等為五謂一向雜染故
一向不行故制立依處故現彼過失
生不生故非一向現行故此中一向
雜染所犯謂諸性罪應當一向教令
不犯若毀犯者如其所應當為顯示
令速悔除又佛世尊依此補特伽羅
此方此時制立如是遮罪學處若有
所餘補特伽羅餘方餘時犯此過失
由觀此失而制立故如其所犯應為
顯示對治之法若有不犯如是過失
不應於此斷其有犯亦不應顯對治
之法如是名為捴略宣說觀察所犯
復次於毗柰耶勤學苾芻依止七處
於六處中應修加行云何依止七處
於六處中應修加行謂依止大師依
止親教依止軌範依止衣服依止乞
食依止卧具依止病緣醫藥什物於

法於學教授教誡等持供養不放逸
中應修加行此中法者謂別解脫經
及廣分別學者謂增上戒學增上心

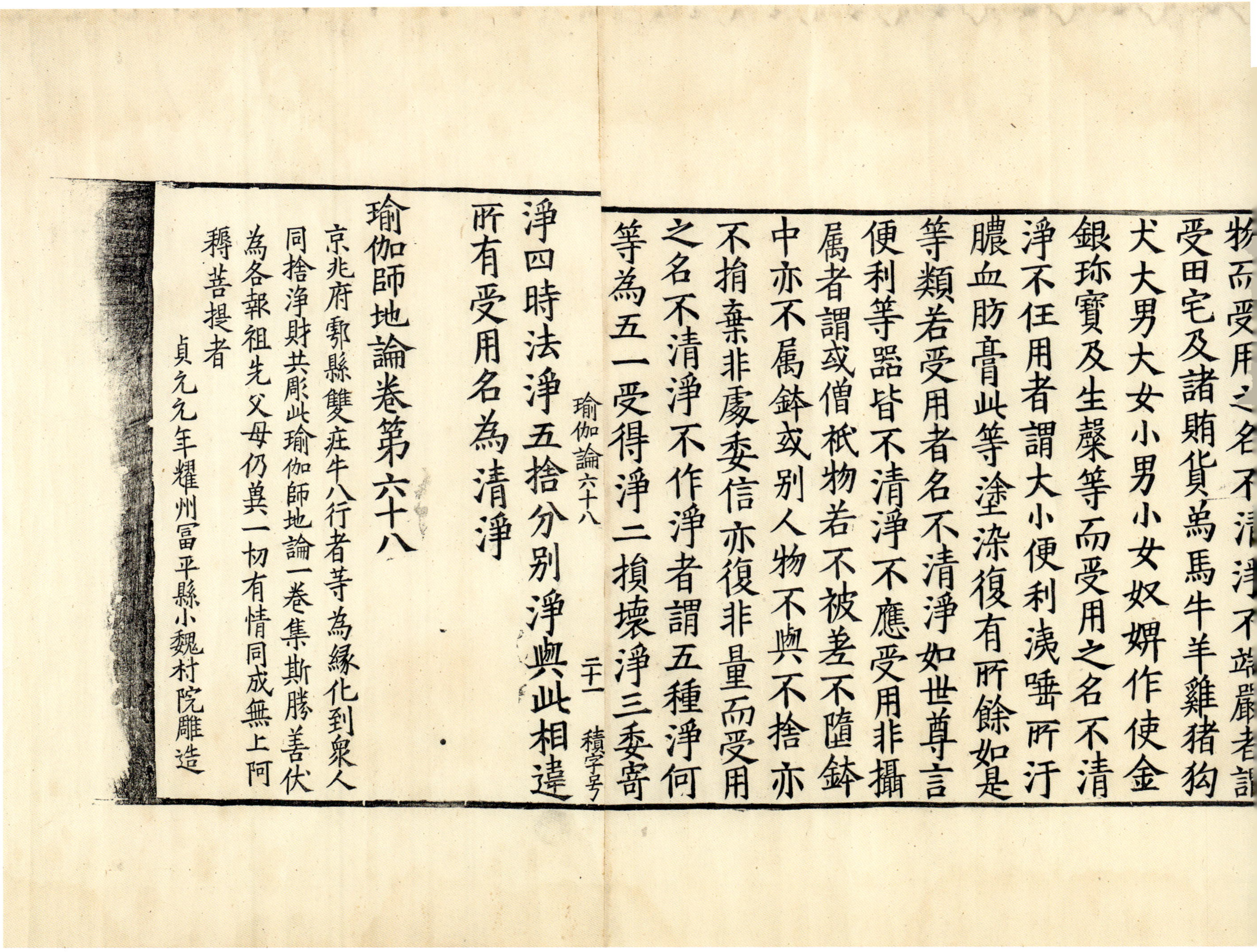


067 瑜伽师地论卷第六十八

（唐）玄奘译

金代贞元元年（1153）耀州富平县小魏村院刻本

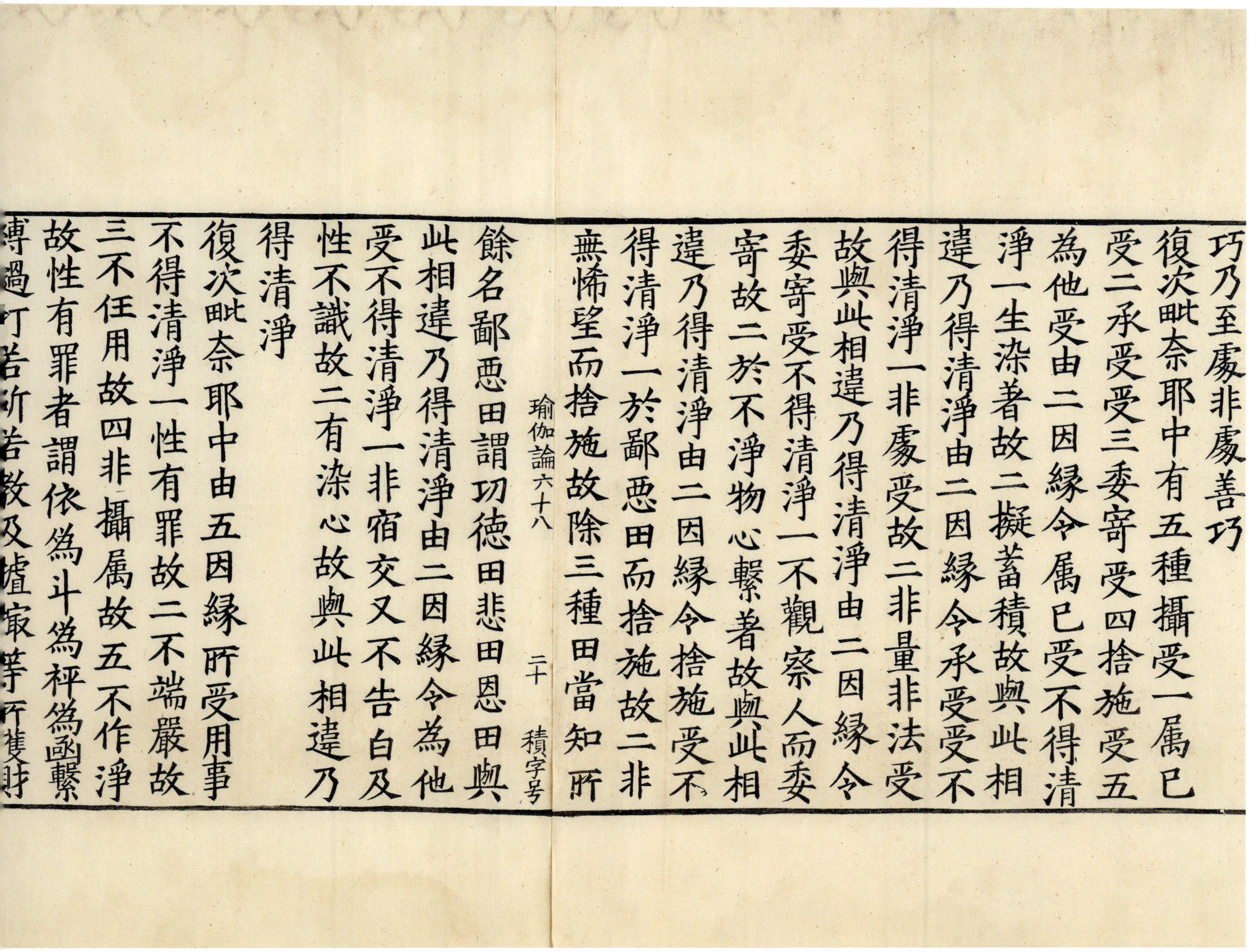

巧乃至處非處善巧
復次毗柰耶中有五種攝受一屬已
受二承受受三委寄受四捨施受五
為他受由二因緣令屬已受不得清
淨一生染著故二擬蓄積故與此相
違乃得清淨由二因緣令承受受不
得清淨一非處受故二非量非法受
故與此相違乃得清淨由二因緣令
委寄受不得清淨一不觀察人而委
寄故二於不淨物心繫著故與此相
違乃得清淨由二因緣令捨施受不
得清淨一於鄙惡田而捨施故二非
無悕望而捨施故除三種田當知所
瑜伽論六十八　二十　積字号
餘名鄙惡田謂功德田悲田恩田與
此相違乃得清淨由二因緣令為他
受不得清淨一非宿交又不告白及
性不識故二有染心故與此相違乃
得清淨
復次毗柰耶中由五因緣所受用事
不得清淨一性有罪故二不端嚴故
三不任用故四非攝屬故五不作淨
故性有罪者謂依為斗為秤爲函繫
縛過打若斫若殺及擄掠等所獲財

染黄纸，卷子装，首残尾全，存第八版（第七行以下）至第二十一版。通长638厘米，单纸长47.5厘米至49厘米。上下单栏，栏间宽21.5厘米至22.5厘米。每版二十三行，行十四字。版端刻经名、卷次、版片序号、千字文帙号。卷末有刊记：“京兆府鄠县双庄牛八行者等，为缘化到众人，同舍净财，共雕此《瑜伽师地论》一卷。集斯胜善，伏为各报祖先父母，仍冀一切有情，同成无上阿耨菩提者。贞元元年耀州富平县小魏村院雕造。”

此卷为孤刻，不见著录。方广锠、李际宁等多位专家考证未有确切结论，但可以肯定“耀州本”与《赵城金藏》和《初雕高丽藏》均为《开宝藏》的覆刻本，又因多处异字及版刻差异，推测所据《开宝藏》底本有初刻和后代校订修补之别。此件“耀州本”或是《金藏》初印本，或是《金藏》系统别本，或是覆刻《开宝藏》本《瑜伽师地论》之单刻印本。总之，作为新发现的金代刻经，填补了学术空白，具有重要的研究价值。

（张传奇）

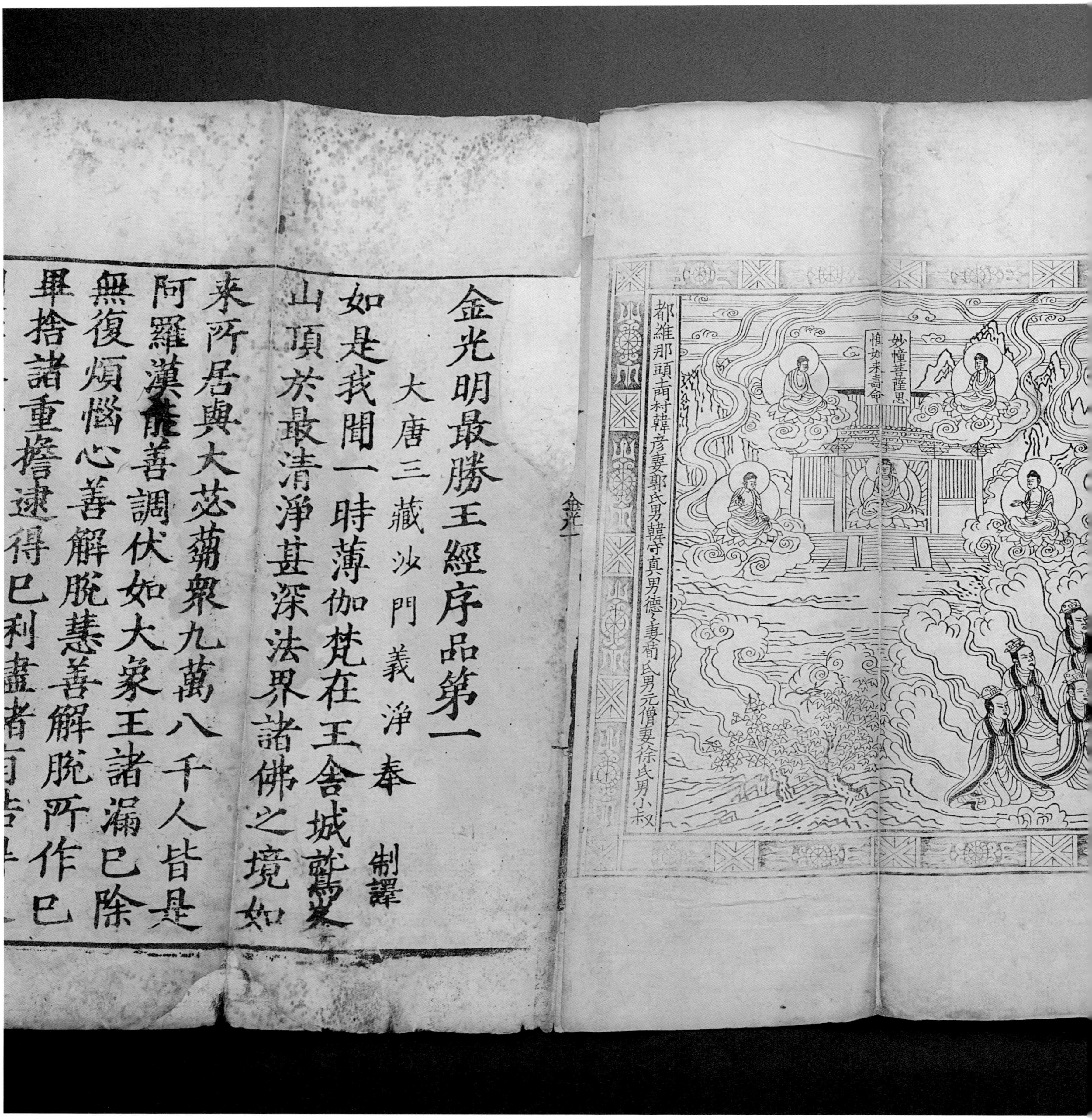


068 金光明最胜王经序品第一

（唐）义净译

金元时期刻本

首尾一卷全，一版五行，行十五字，上下单栏。首有扉画五折，双边框，外框饰金刚杵图案，阴刻阳刻错落。左侧刻款“都维那头土门村，韩彦妻郭氏，男韩守真，男德妻荀氏，男元僧妻徐氏，男小叔”。都维那为北魏时所置僧官名称，与“首座”“寺主”为寺院三纲，主管僧众威仪、进退纲纪，任职者不限僧俗。卷尾有刊记“雕经檀信，范元成同妻王氏巳娘，男范光祖次男范桂林新妇□氏□□曹氏元平□□□”，知此经为土门村韩氏、范氏家族共同出资刊成。

此经字体峭厉，有浓厚的北碑韵味，与传世辽刻经本风格一致。扉画题材较为少见，描绘“妙幢菩萨亲于佛前，及四如来，并二大士，诸天子所，闻说释迦牟尼如来寿量事已，复从座起，合掌恭敬”。检《中国版画全集·佛教版画》，同风格的扉画也仅见于辽圣宗时刻《妙法莲华经》、辽刻《妙法莲华经》、宋刻《妙法莲华经》卷七（扉画为元代补刻）。

（张传奇）

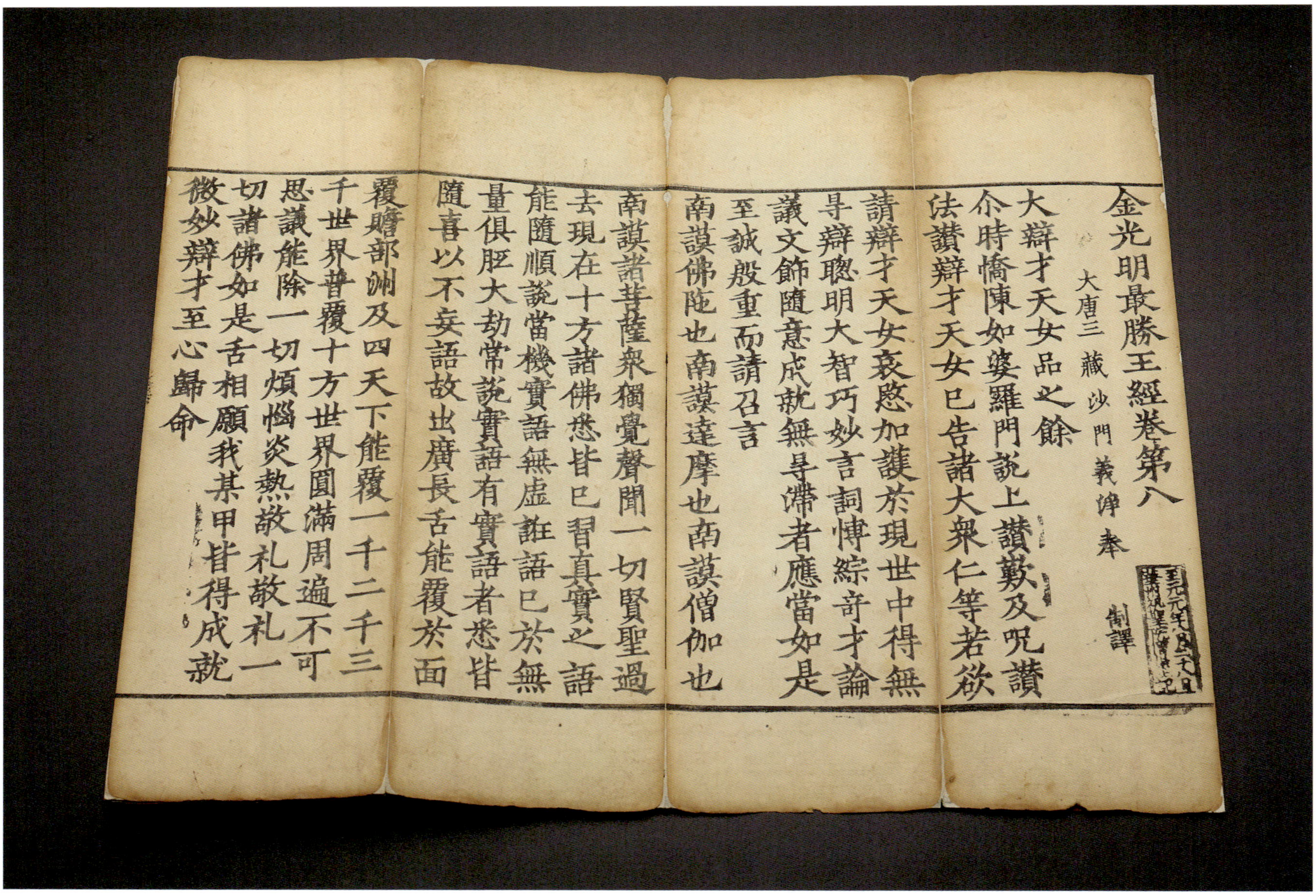
金光明最勝王經卷第八
大唐三藏沙門義淨奉　制譯
大辯才天女品之餘
介時憍陳如婆羅門說上讚歎及咒讚
法讚辯才天女已告諸大衆仁等若欲
請辯才天女哀愍加護於現世中得無
㝵辯聰明大智巧妙言詞博綜奇才論
議文飾隨意成就無㝵滯者應當如是
至誠殷重而請召言
南謨佛陀也南謨達摩也南謨僧伽也
南謨諸菩薩衆獨覺聲聞一切賢聖過
去現在十方諸佛悉皆已習真實之語
能隨順說當機實語無虛誑語已於無
量俱胝大劫常說實語有實語者悉皆
隨喜以不妄語故出廣長舌能覆於面
覆贍部洲及四天下能覆一千二千三
千世界普覆十方世界圓滿周遍不可
思議能除一切煩惱炎熱敬礼敬礼一
切諸佛如是舌相願我某甲皆得成就
微妙辯才至心歸命

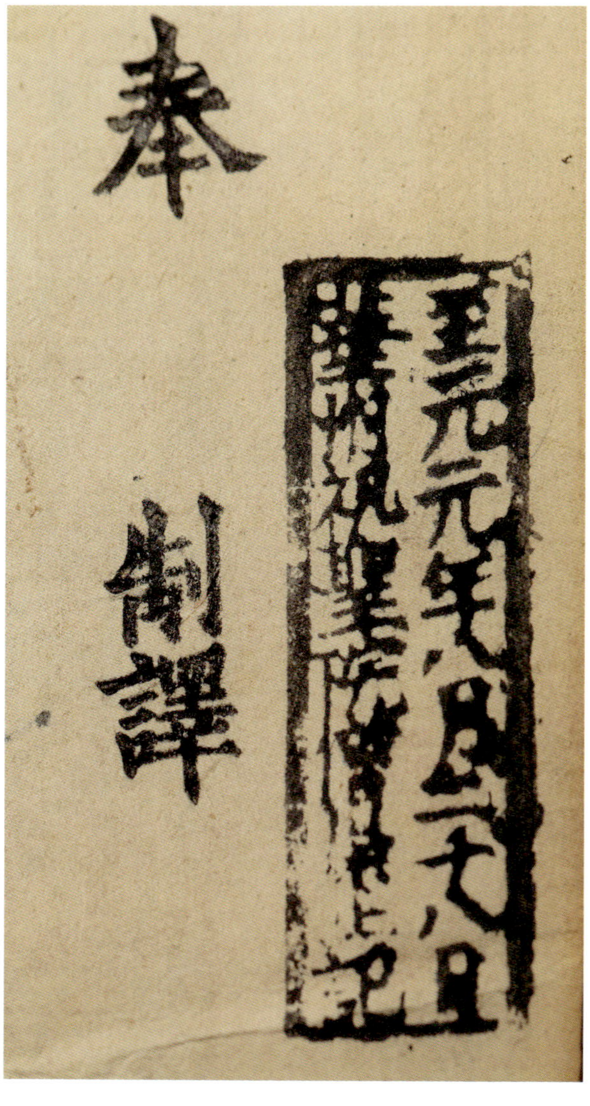

069

## 金光明最胜王经卷第八

（唐）义净译

金元时期刻本

经折装，首全尾残，卷首有大题“金光明最胜王经卷第八”。全册存十八版，每版五折，每折五行，行十五字，上下单栏，框高 23 厘米。版片右侧上刻“金光八”，下侧刻版片号，第四纸接缝内刻“告白”二字。卷端经名下印“至元元年八月二十八日华州祝圣院僧崇止记”请印戳记。至元元年为公元 1264 年，是元世祖忽必烈年号。华州，古郑国所在地，今渭南华州区，北宋及金代先后属永兴军路、京兆府路，元代属行中书省奉元路。

此经是金代刊刻、元代华州祝圣寺信众请印，是研究金代佛教、雕版印刷术以及山西地区典籍印刷历史的珍贵资料。字口锐利，刀法古拙，与现存金刻本风格一致，纸张也是典型宋金时期北方入潢处理的印经纸。金代刻本传世极少，片羽极珍。

（张传奇）

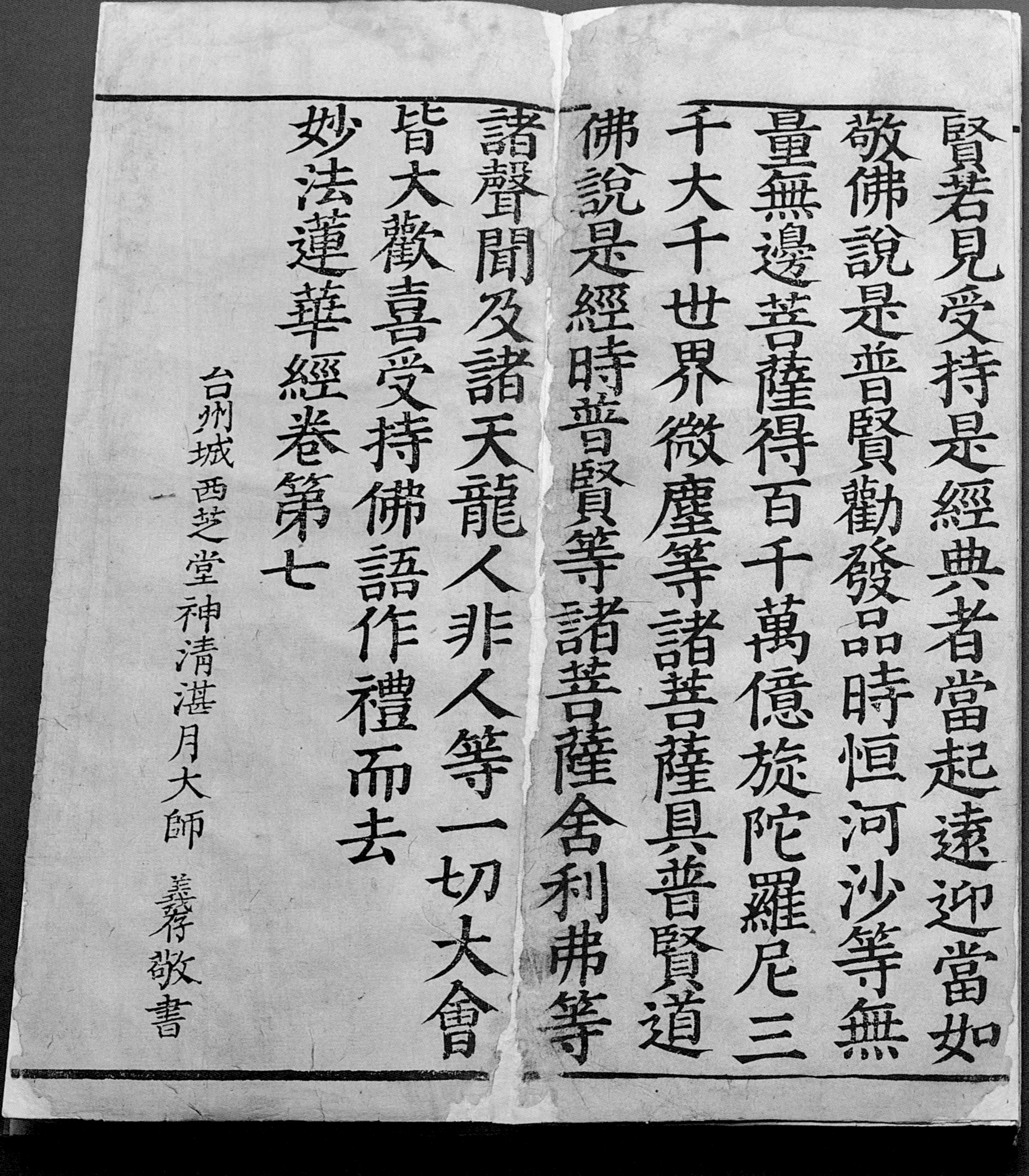
賢若見受持是經典者當起遠迎當如
敬佛說是普賢勸發品時恒河沙等無
量無邊菩薩得百千萬億旋陀羅尼三
千大千世界微塵等諸菩薩具普賢道
佛說是經時普賢等諸菩薩舍利弗等
諸聲聞及諸天龍人非人等一切大會
皆大歡喜受持佛語作禮而去
妙法蓮華經卷第七
台州城西芝堂神清湛月大師　義存敬書

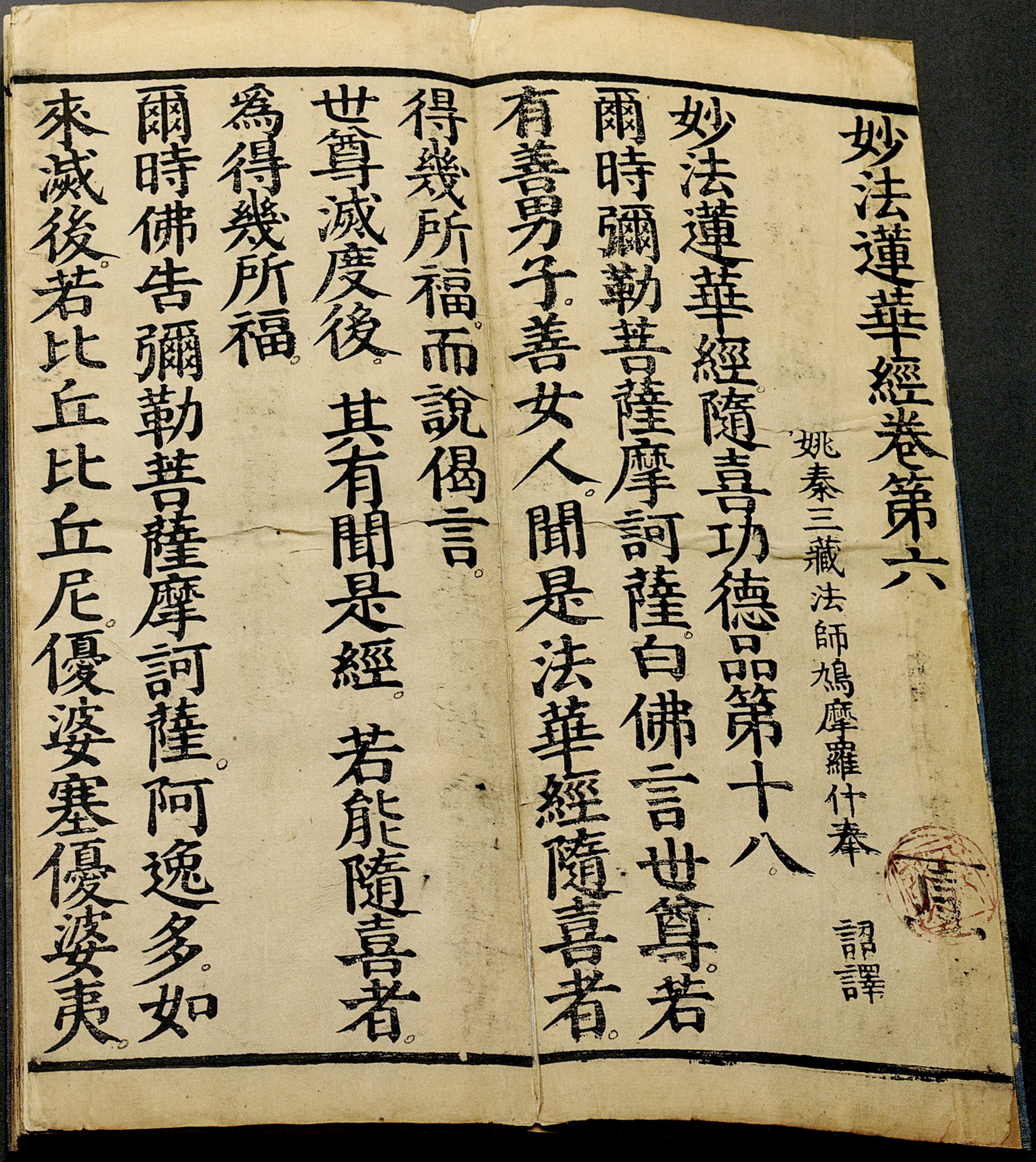
妙法蓮華經卷第六
姚秦三藏法師鳩摩羅什奉 詔譯
妙法蓮華經隨喜功德品第十八
爾時彌勒菩薩摩訶薩白佛言世尊若
有善男子善女人聞是法華經隨喜者
得幾所福而說偈言
世尊滅度後 其有聞是經 若能隨喜者
爲得幾所福
爾時佛告彌勒菩薩摩訶薩阿逸多如
來滅後若比丘比丘尼優婆塞優婆夷

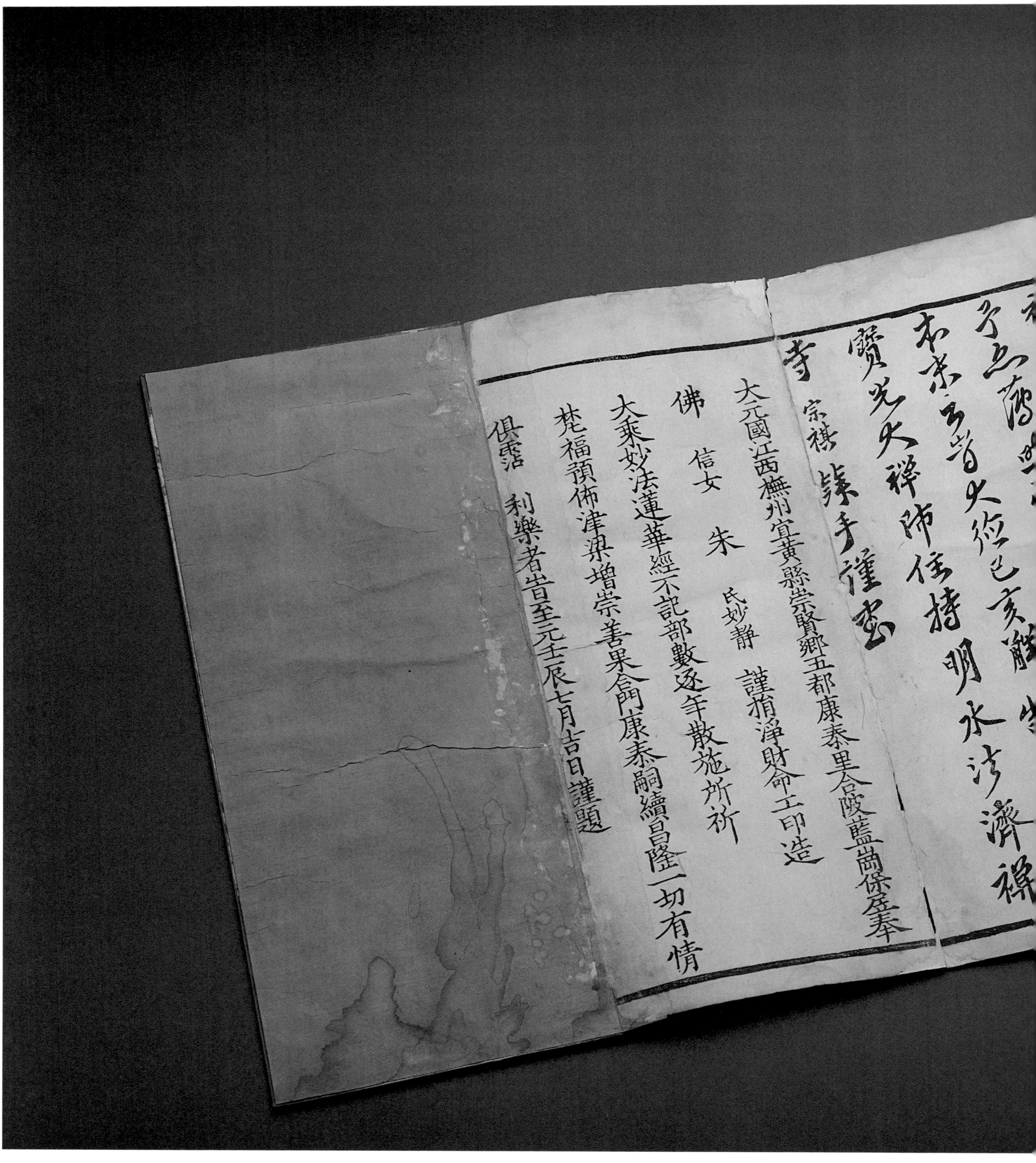


070 妙法莲华经

（后秦）鸠摩罗什译

元至元二十九年（1292）江西抚州宜黄县朱妙静施刻本

经折装三册。存卷第五、第六、第七。开本高 32 厘米，宽 13 厘米。每版五个半叶。半叶五行，行十五字，上下单边。卷七后刊小字落款“台州城西芝堂神清湛月大师义存敬书”，次刊印施题记“……时大德己亥（大德三年，1299）解制日胜义宝光大禅师住持明水法济禅寺宗祺拜手谨书”，末刊“大元国江西抚州宜黄县崇贤乡五都康泰里合陂蓝岗保居奉佛信女朱氏妙静，谨捐净财，命工印造《大乘妙法莲华经》，不记部数，逐年散施，所祈梵福预布津梁，增崇善果，合门康泰，嗣续昌隆，一切有情，俱霑利乐者。时至元壬辰（1292）七月吉日谨题”。此颜体刻经有宋版遗风，又有明确元代印施题记，为宋元间版风变动之珍贵实物。

（陈俊儒）

大方廣佛華嚴經卷第二十三
大方廣佛華嚴經卷第六十九

大方廣佛華嚴經卷第二十四

大方廣佛華嚴經卷第五十四
大方廣佛華嚴經卷第五十六
大方廣佛華嚴經卷第七十七

方廣佛華嚴經卷第二十九
大方廣佛華嚴經卷第三十二
大方廣佛華嚴經卷第二十三
大方廣佛華嚴經卷第三十八

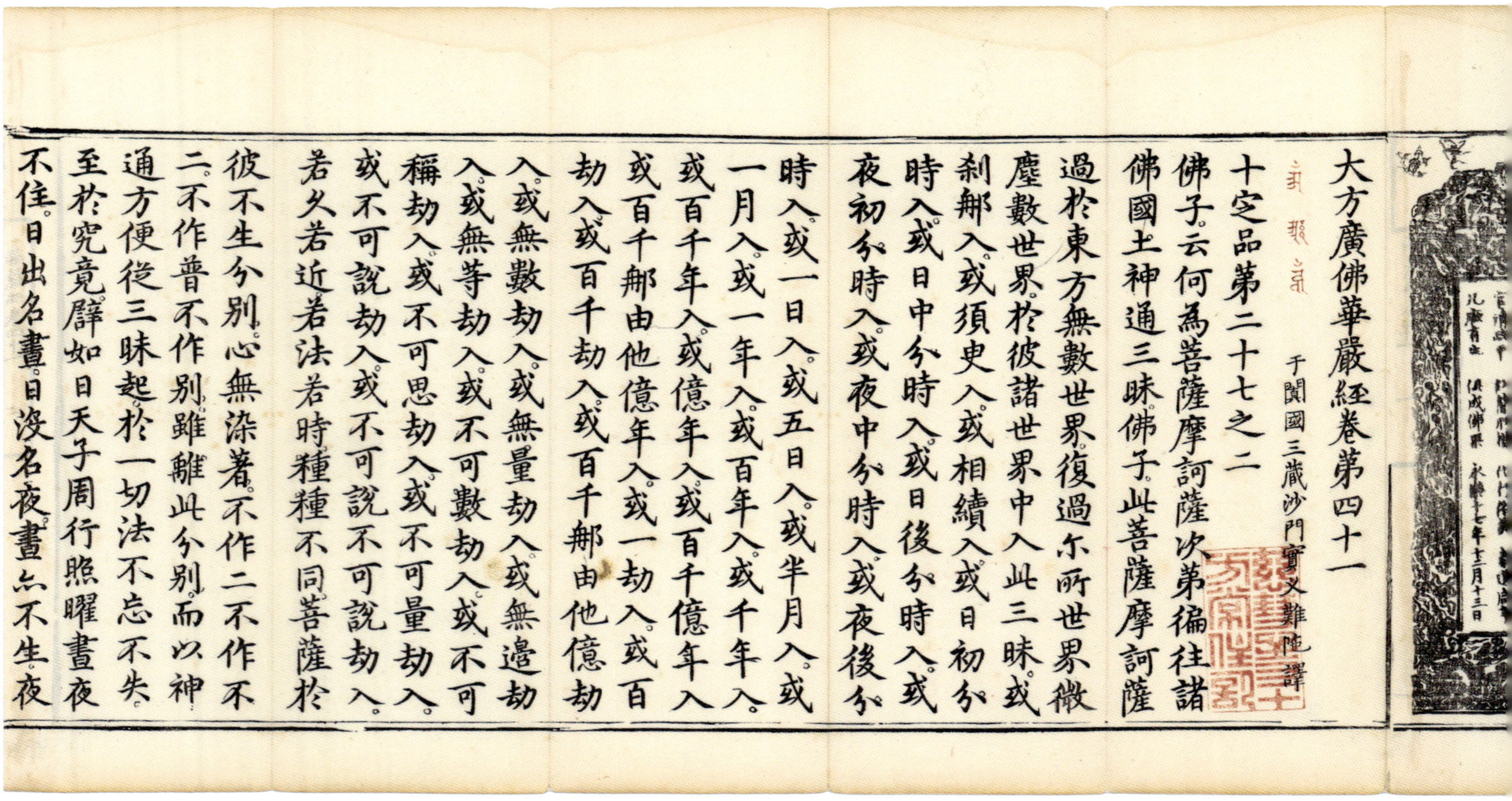

大方廣佛華嚴經卷第四十一

于闐國三藏沙門實叉難陀譯

十定品第二十七之二

佛子云何為菩薩摩訶薩次第徧往諸佛國土神通三昧佛子此菩薩摩訶薩過於東方無數世界復過尒所世界微塵數世界於彼諸世界中入此三昧或剎那入或須臾入或相續入或日初分時入或日中分時入或日後分時入或夜初分時入或夜中分時入或夜後分時入或一日入或五日入或半月入或一月入或一年入或百年入或千年入或百千年入或億年入或百千億年入或百千那由他億年入或一劫入或百劫入或百千劫入或百千那由他億劫入或無數劫入或無量劫入或無邊劫入或無等劫入或不可數劫入或不可稱劫入或不可思劫入或不可量劫入或不可說劫入或不可說不可說劫入若久若近若法若時種種不同菩薩於彼不生分別心無染著不作二不作不二不作普不作別雖離此分別而以神通方便從三昧起於一切法不忘不失至於究竟譬如日天子周行照曜晝夜不住日出名晝日沒名夜晝亦不生夜

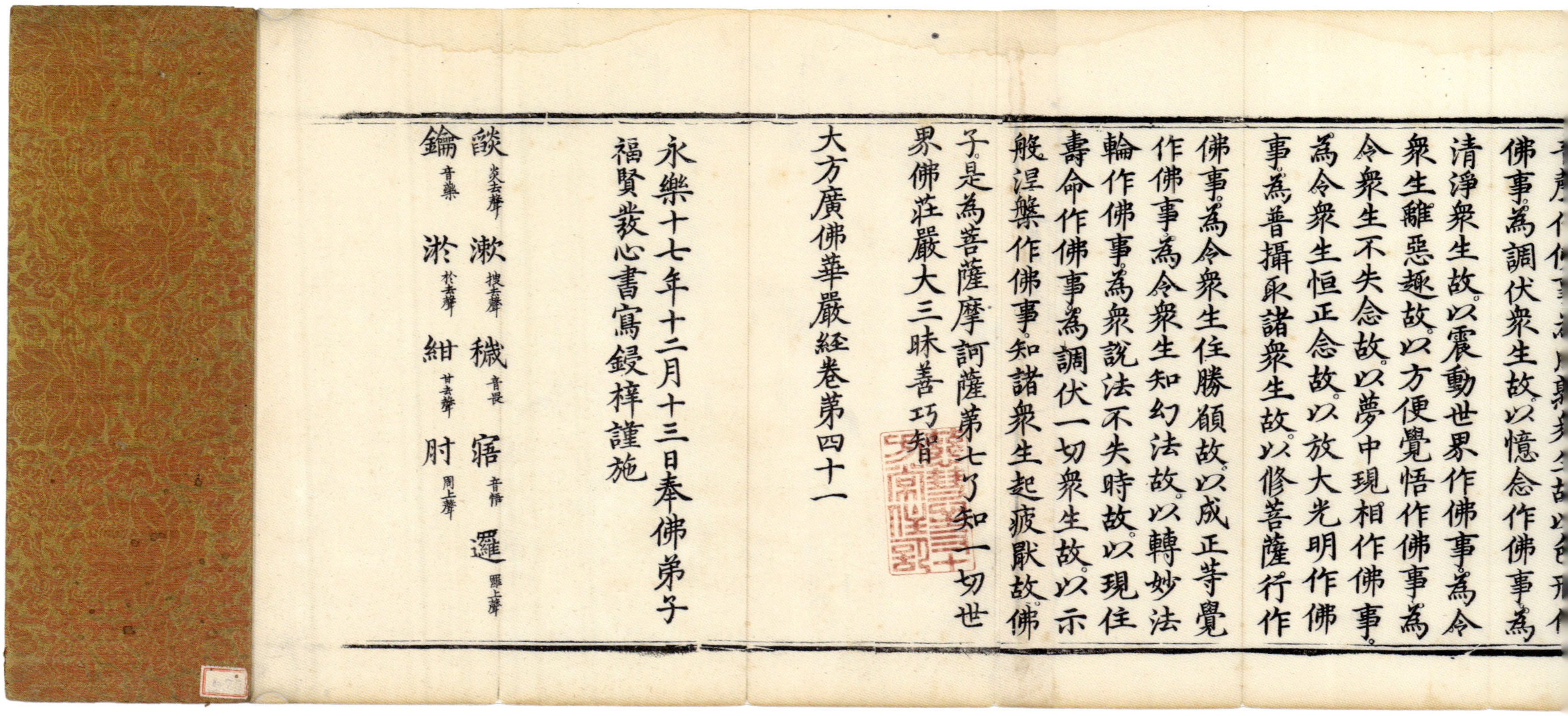

佛事為調伏衆生故以憶念作佛事為清淨衆生故以震動世界作佛事為令衆生離惡趣故以方便覺悟作佛事為令衆生不失念故以夢中現相作佛事為令衆生恒正念故以放大光明作佛事為普攝取諸衆生故以修菩薩行作佛事為令衆生住勝願故以成正等覺作佛事為令衆生知幻法故以轉妙法輪作佛事為衆說法不失時故以現住壽命作佛事為調伏一切衆生故以示般涅槃作佛事知諸衆生起疲猒故佛子是為菩薩摩訶薩第七了知一切世界佛莊嚴大三昧善巧智

大方廣佛華嚴經卷第四十一

永樂十七年十二月十三日奉佛弟子福賢發心書寫鋟梓謹施

餤炎去聲 漱搜去聲 穢音畏 寤音悟 邏羅上聲 鑰音藥 淤於去聲 紺甘去聲 肘周上聲

071 大方广佛华严经

（唐）实叉难陀译

明永乐十七年（1419）刻本

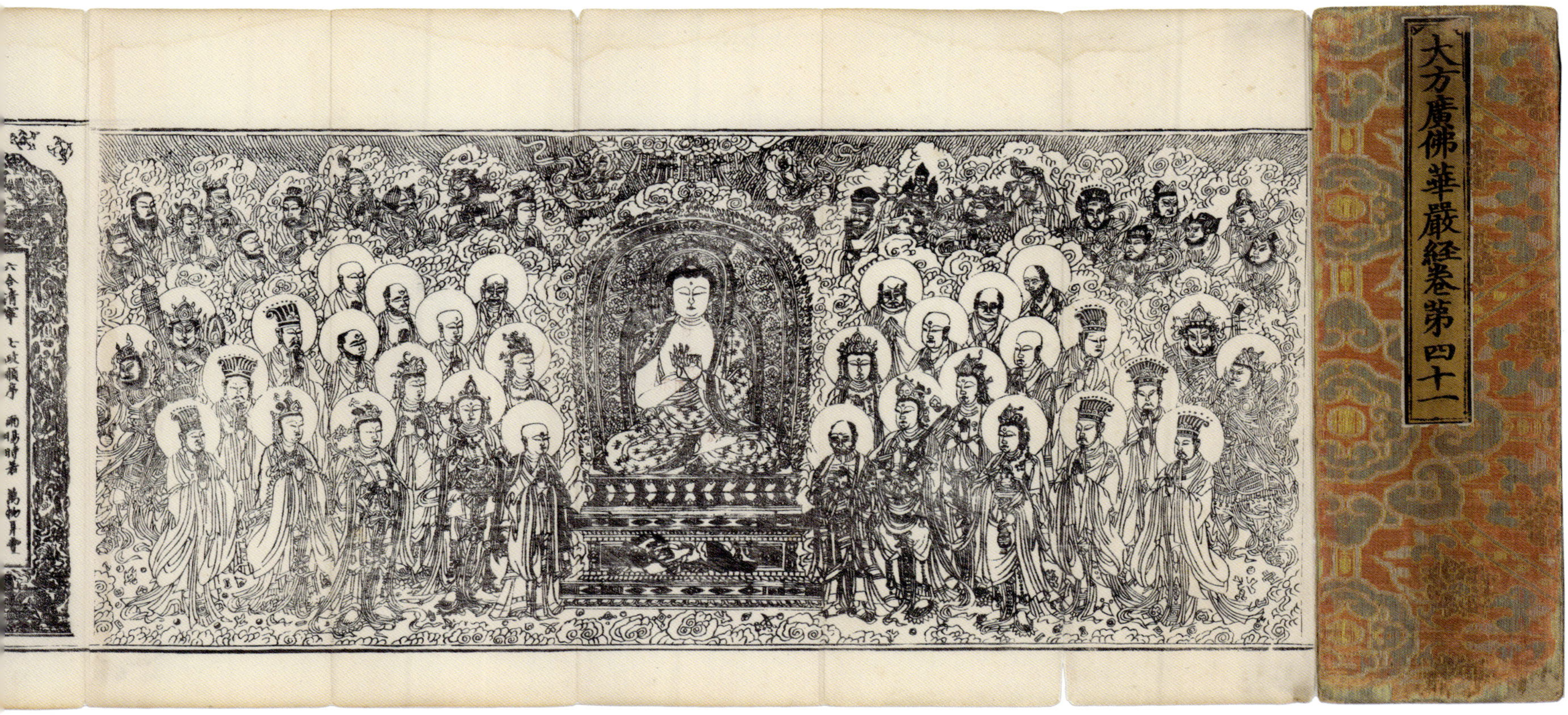


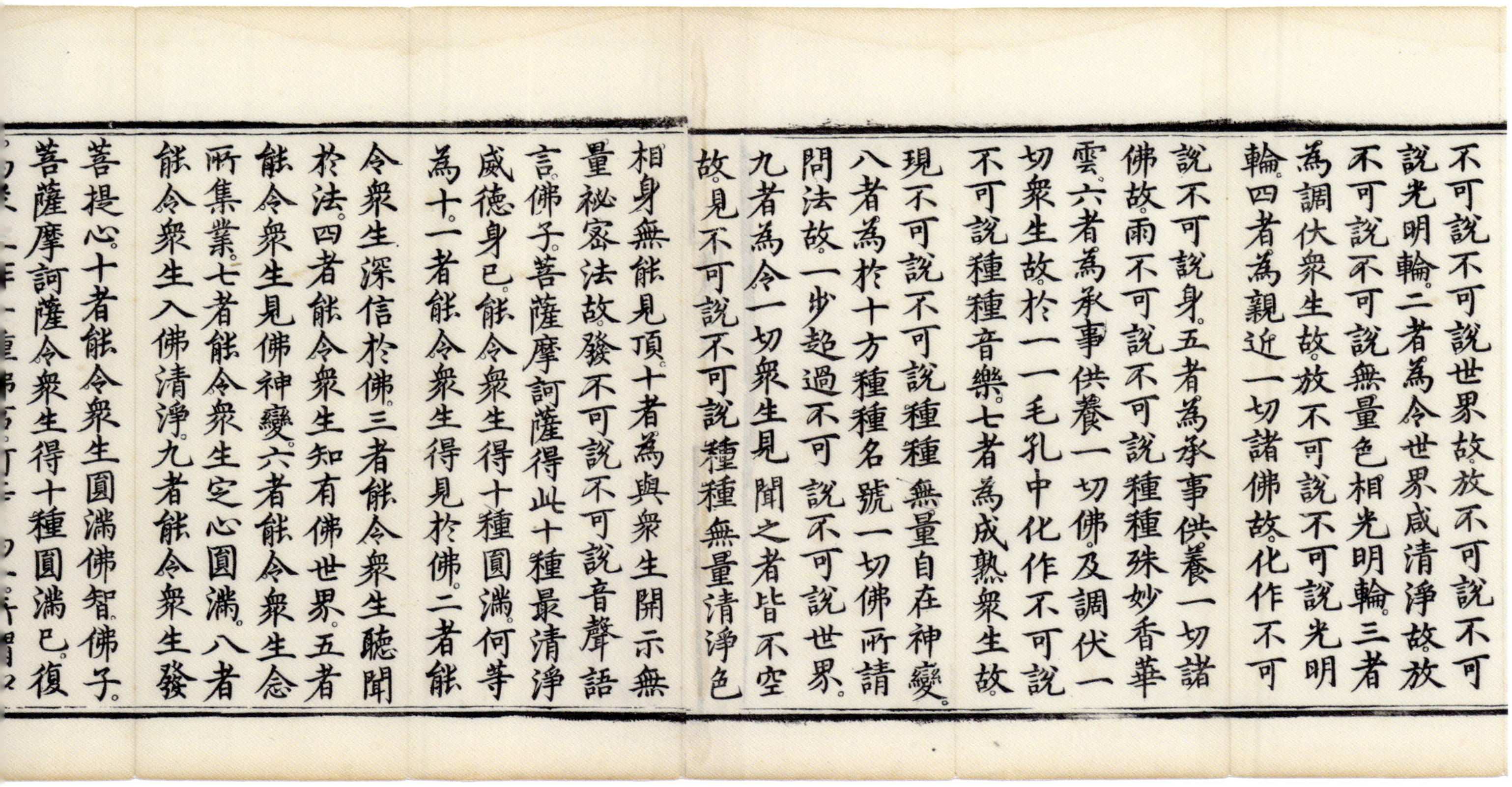
不可說不可說世界故。放不可說不可
說光明輪。二者為令世界咸清淨故。放
不可說不可說無量色相光明輪。三者
為調伏衆生故。放不可說不可說光明
輪。四者為親近一切諸佛故。化作不可
說不可說身。五者為承事供養一切諸
佛故。雨不可說不可說種種殊妙香華
雲。六者為承事供養一切佛。及調伏一
切衆生故。於一一毛孔中化作不可說
不可說種種音樂。七者為成熟衆生故。
現不可說不可說種種無量自在神變。
八者為於十方種種名號一切佛所請
問法故。一步超過不可說不可說世界。
九者為令一切衆生見聞之者皆不空
故。見不可說不可說種種無量清淨色
相身。無能見頂。十者為與衆生開示無
量祕密法故。發不可說不可說音聲語
言。佛子。菩薩摩訶薩得此十種最清淨
威德身已。能令衆生得十種圓滿。何等
為十。一者能令衆生得見於佛。二者能
令衆生深信於佛。三者能令衆生聽聞
於法。四者能令衆生知有佛世界。五者
能令衆生見佛神變。六者能令衆生念
所集業。七者能令衆生定心圓滿。八者
能令衆生入佛清淨。九者能令衆生發
菩提心。十者能令衆生圓滿佛智。佛子。
菩薩摩訶薩令衆生得十種圓滿已。復

经折装十二册，存卷第二十三、二十四、二十九、三十二、三十四、三十八、四十、四十一、五十四、五十六、六十九、七十七。开本高 35.5 厘米，宽 13 厘米。每版五个半叶，半叶五行，行十七字，上下双边。卷二十三、二十四有千字文编号“朝三”“朝四”。卷三十八、四十、四十一钤“慈慧寺十方常住记”朱文长方印。卷四十一前有扉画五个半叶并“永乐十七年十二月十三日”年款龙纹牌记一个半叶，卷五十六前有扉画五叶并龙纹牌记一个半叶。此经为永乐十七年十二月十三日奉佛弟子福贤发心书写锓锌谨施，姑苏阊门内皋桥中街路口朝南经坊陈奉泉、北寺东首吴敬山、北寺南首张近山等经坊印行。

（陈俊儒）

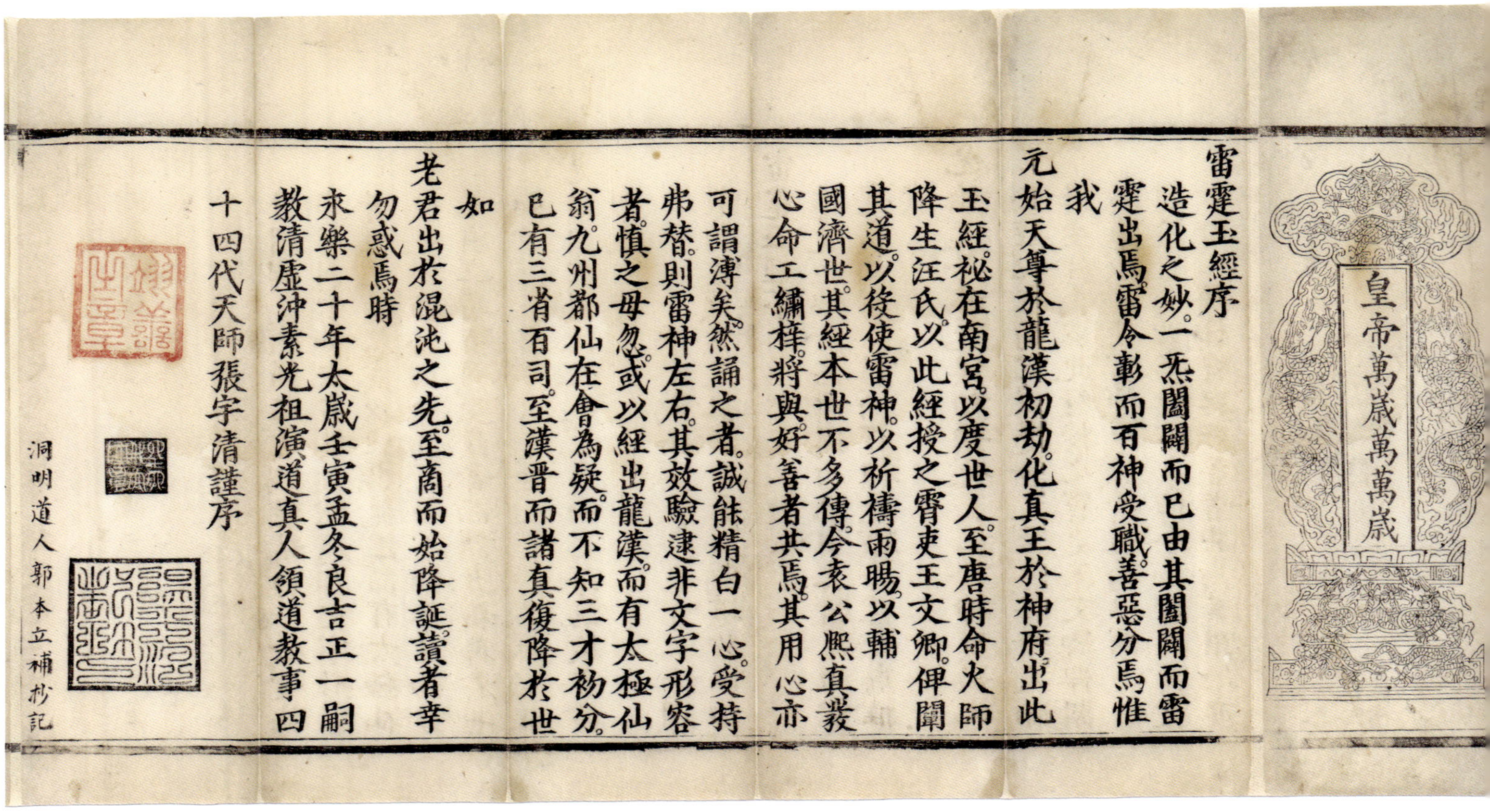
皇帝萬歲萬萬歲

雷霆玉經序

造化之妙，一炁闔闢而已。由其闔闢而雷霆出焉，雷令彰而百神受職，善惡分焉。惟
我
元始天尊於龍漢初劫，化真王於神府，出此玉經，祕在南宮，以度世人。至唐時命火師降生汪氏，以此經授之霄吏王文卿，俾闡其道，以後使雷神以祈禱雨暘，以輔
國濟世。其經本世不多傳，今袁公熙真發心命工繡梓，將與好善者共焉。其用心亦可謂溥矣。然誦之者，誠能精白一心，受持弗替，則雷神左右，其效驗逮非文字形容者。慎之毋忽。或以經出龍漢，而有太極仙翁、九州都仙在會為疑，而不知三才初分，已有三省百司，至漢晉而諸真復降於世。
如
老君出於混沌之先，至商而始降誕，讀者幸勿惑焉。時
永樂二十年太歲壬寅孟冬良吉，正一嗣教清虛沖素光祖演道真人領道教事四十四代天師張宇清謹序

洞明道人郭本立補抄記

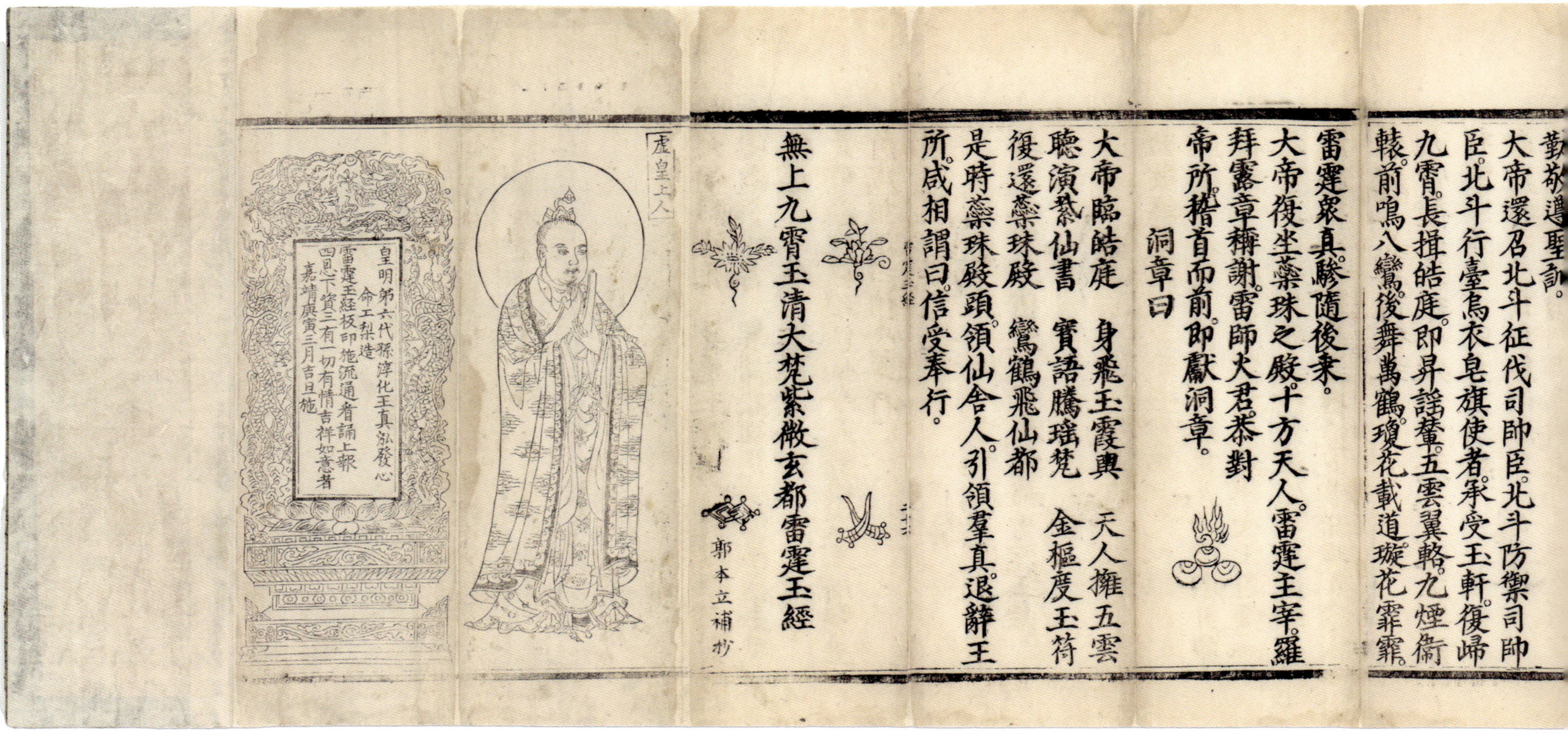
勤敬遵聖訓。
大帝還召北斗征伐司師臣、北斗防禦司師臣、北斗行臺烏衣皂旗使者，承受玉軒，復歸九霄。長揖皓庭，即昇謠輦，五雲翼輅，九煙衛轅，前鳴八鸞，後舞萬鶴，瓊花載道，璇花霏霏。
雷霆眾真，駿隨後來。
大帝復坐蘂珠之殿，十方天人，雷霆主宰，羅拜露章，稱謝雷師火君，恭對
帝所，稽首而前，即獻洞章。

洞章曰

大帝臨皓庭，身飛玉霞輿。天人擁五雲，
聽演恭仙書，寶語騰瑤梵，金樞度玉符。
復還蘂珠殿，鸞鶴飛仙都。

是時蘂珠殿頭領仙舍人，引領羣真，退辭王所，咸相謂曰，信受奉行。

無上九霄玉清大梵紫微玄都雷霆玉經

郭本立補抄

虛皇上人

皇明第六代孫淳化王真泓發心
命工梨造
雷霆玉經板印施流通者誦上報
四恩下資三有一切有情吉祥如意者
嘉靖庚寅三月吉旦施



# 无上九霄玉清大梵紫微玄都雷霆玉经

明嘉靖肃藩刻本

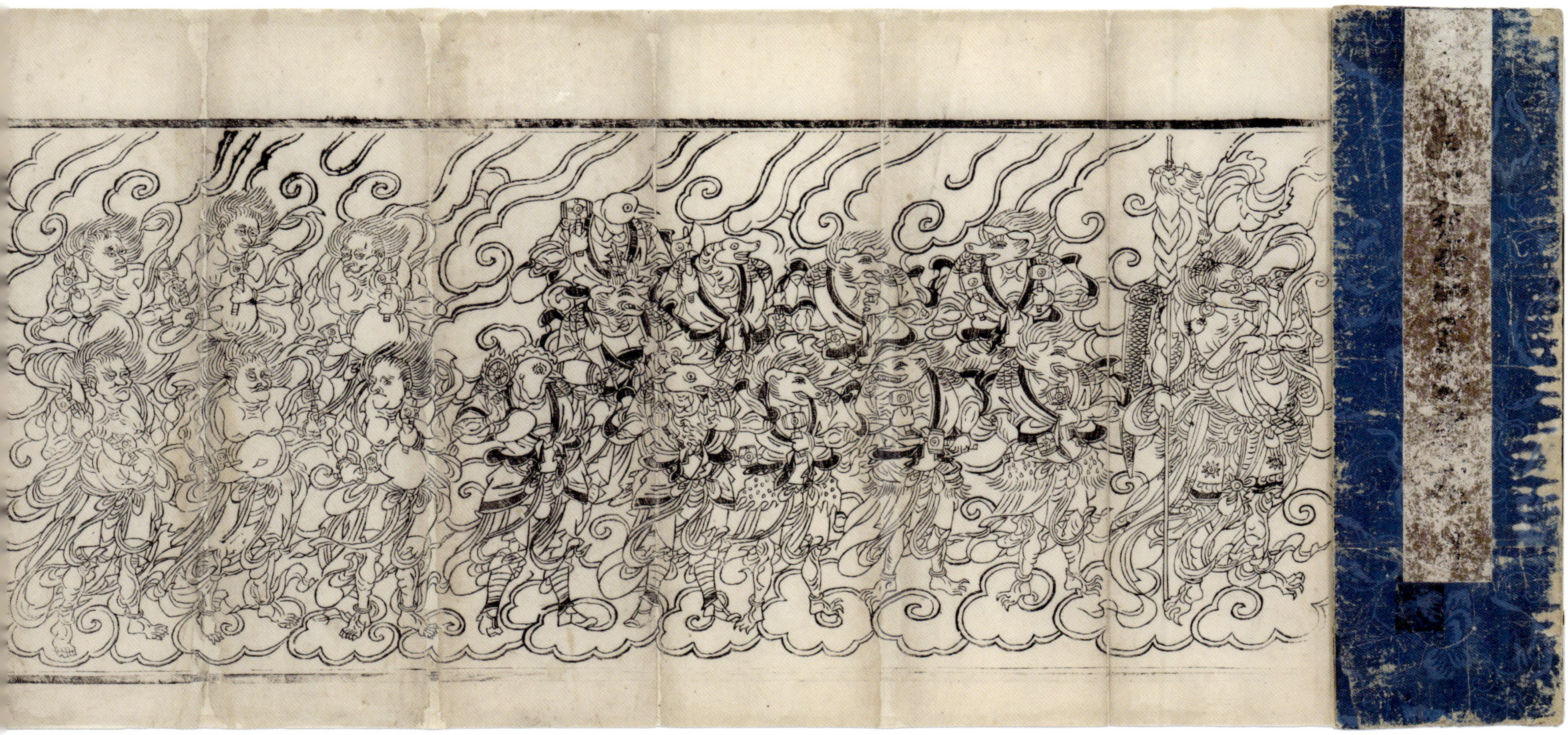

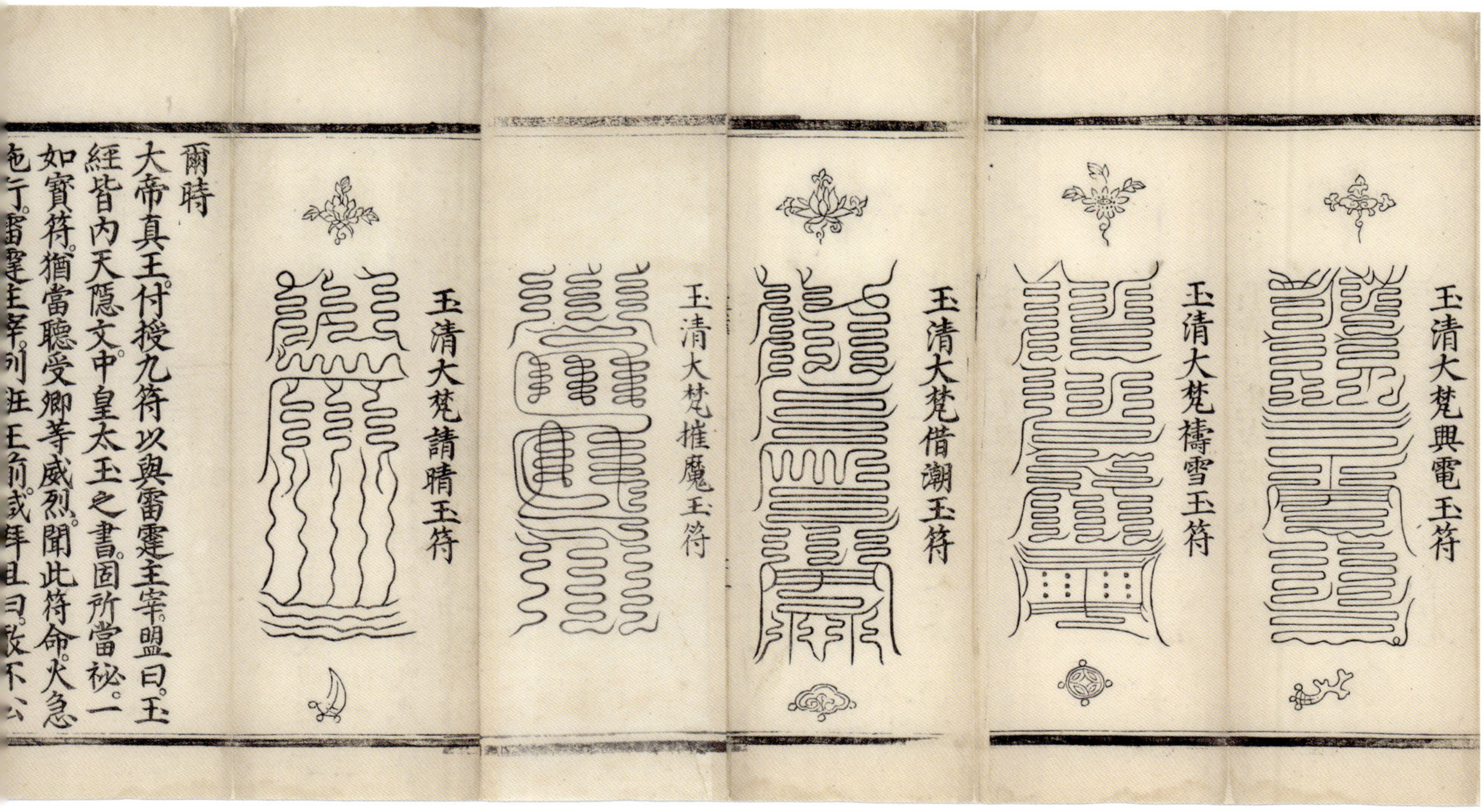


经折装一册。开本高 31 厘米，宽 10 厘米。每版五个半叶，半叶五行，行十七字，上下双边。卷前有扉画六个半叶并龙纹牌记一个半叶，次为永乐二十年（1422）第四十四代天师张宇清《雷霆玉经序》。序末钤“翊善之章”朱文方印。下有墨笔题“洞明道人郭本立补抄记”。卷尾墨笔题“郭本立补抄”。后有虚皇上人像一个半叶，龙纹牌记镌“皇明弟六代孙淳化王真泓发心命工梨造《雷霆玉经》板印施流通，看诵上报四恩下资三有一切有情吉祥如意者。嘉靖庚寅（嘉靖九年，1530）三月吉旦施”。

此经撰人不详。从内容文字看，似为北宋末神霄派道士所造。经文为上天神霄玉清眞王长生大帝传授，主要论述神霄雷法。内称神霄玉清眞王是浮黎元始天尊第九子，玉清元始天尊之弟，太上老君之叔。该神统领元象，主握阴阳，掌管九霄三十六天雷霆之政。雷霆者，乃天地之枢机，能赏善罚恶，司生司杀。下界安国抚民、消灾求福等事，皆隶属雷霆之政。经文详述上天九霄府之宫室建制、官僚机构，及其下属诸雷神之姓名和职司等。卷末载“九霄玉清太梵紫微仙都符”九枚。前有诸雷神图，绘刻生动，颇有雷霆万钧之势。

（陈俊儒）

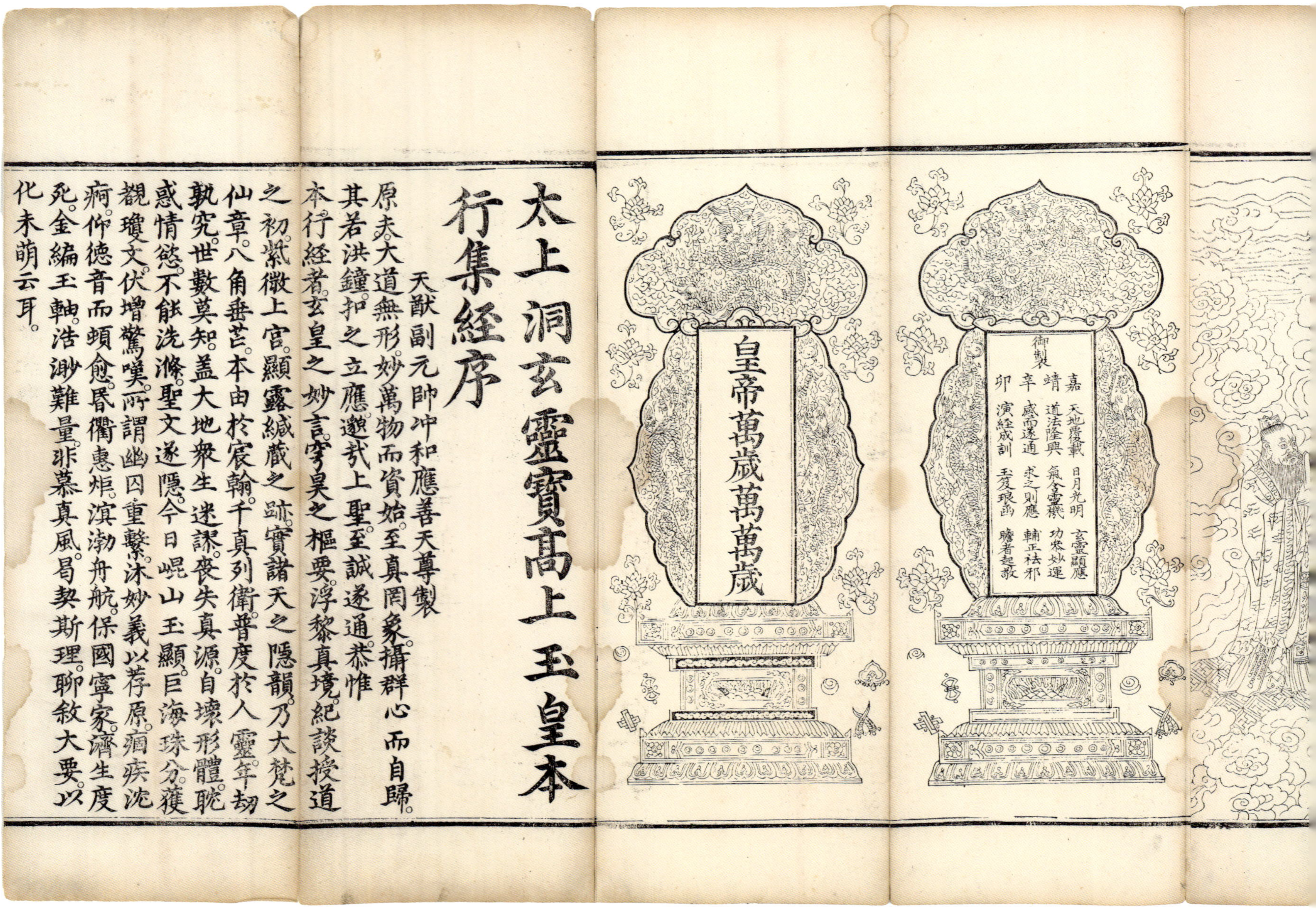
太上洞玄靈寶高上玉皇本行集經序

天猷副元帥冲和應善天尊製

原夫。大道無形。妙萬物而資始。至真罔象。攝群心而自歸。其若洪鐘。扣之立應。邀我上聖。至誠遂通。恭惟本行經者。玄皇之妙言。穹昊之樞要。浮黎真境。紀談授道之初。紫微上宮。顯露緘藏之跡。實諸天之隱韻。乃大梵之仙章。八角垂芒。本由於宸翰。千真列衛。普度於人靈。年劫孰究。世數莫知。蓋大地衆生。迷謬。喪失真源。自壞形體。耽惑情慾。不能洗滌。聖文遂隱。今日崐山玉顯。巨海珠分。獲覩瓊文。伏增驚嘆。所謂幽囚重繫。沐妙義以荐原。痼疾沈痾。仰德音而頓愈。昏衢惠炬。濵渤舟航。保國寧家。濟生度死。金編玉軸。浩渺難量。非慕真風。曷契斯理。聊叙大要。以化未萌云耳。



073 太上洞玄灵宝高上玉皇本行集经

明嘉靖十年（1531）刻本

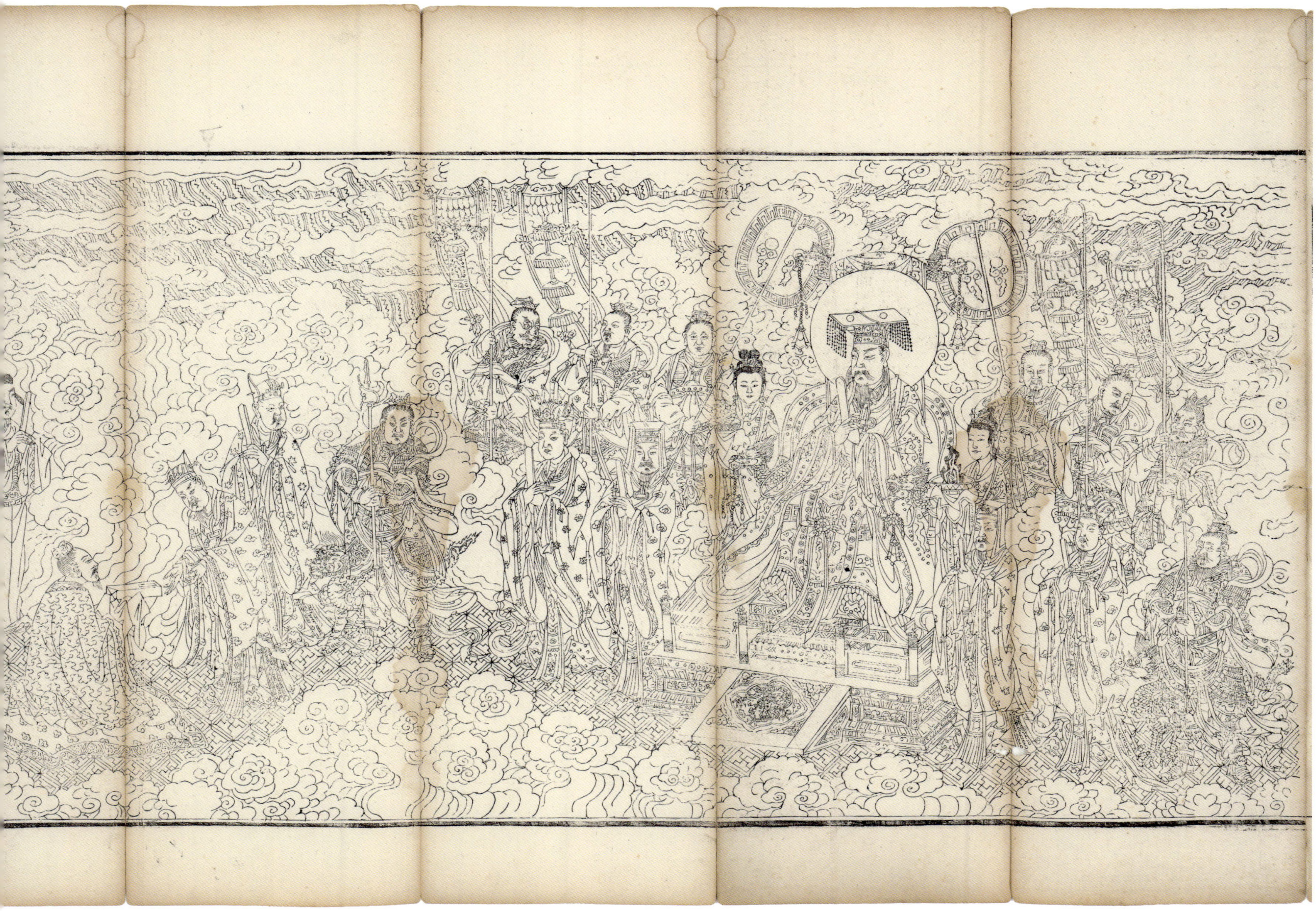

经折装一册。开本高46厘米，宽15厘米。每版五个半叶，半叶四行，行十一字，小字双行二十二字，上下双边。卷前有诸神朝天图扉画五个半叶、“嘉靖辛卯”年款龙纹牌记两个半叶。次为元泰定元年（1324）黄日新撰序，只存前两个半叶。全经应另含诵经警策、神咒及正文，此本不存。

（陈俊儒）

印古烁今
法宝瑰藏
唐宋元明清典籍特展

熠彩流光
盛世华章

# 三 熠彩流光

*Chapter Three*

《礼记·大学》："《诗》曰：'周虽旧邦，其命维新'，是故君子无所不用其极。" 意为君子在任何事情上都要尽力做到极致，不能有所懈怠。

这一单元通过历代泥金、彩绘写本、内府拓本展现中国古籍的瑰丽与辉煌。深藏麟阁的梵、藏、蒙、满文写本与刻本首次齐聚一堂，无论是金与彩的舞蹈，还是纸与墨的较量，都尽可扫去传统观念中对中国古书装饰和装潢技法、材料、形式的刻板认知。它们的工艺比肩于波斯细密画，是对文本的终极诠释；是比欧洲装帧艺术更加复杂细腻的精工细作。它们是宗教艺术世俗化的具象，世俗生活升华后的尊严，是对文明的虔心结出的美果。

书籍的美感在此登峰造极。

入於因令彼天起無常念世間最勝最高無
等於欲不染尚有墮落況餘天衆而得常耶
是故皆應勿復放逸勤加精進繫念修道如
見日輪尚有隱沒即知螢火不得久住復有
諸天放逸著樂不修正法恣情遊戲雖與菩
薩同處天宮不往禮拜不咨受法各作是念
今且受樂明詣菩薩當受法要共相謂言我
與菩薩常此同住修行何晚是故菩薩行深
般若波羅蜜多勤修精進如救頭然破放逸
行示現墮落如是示現有二因緣一令諸天
離放逸故二令有情咸得見故世間復有下
劣有情善根少故不堪見佛成無上覺轉妙
法輪菩薩爲彼示現嬰兒及作童子後宮遊
戲菩薩若作餘像說法後宮女人則不信樂
是故示現嬰兒童子有高行人常能離俗菩
薩爲彼示現出家復有天人作如是念端坐
受樂不得聖道菩薩爲彼示現苦行亦爲降

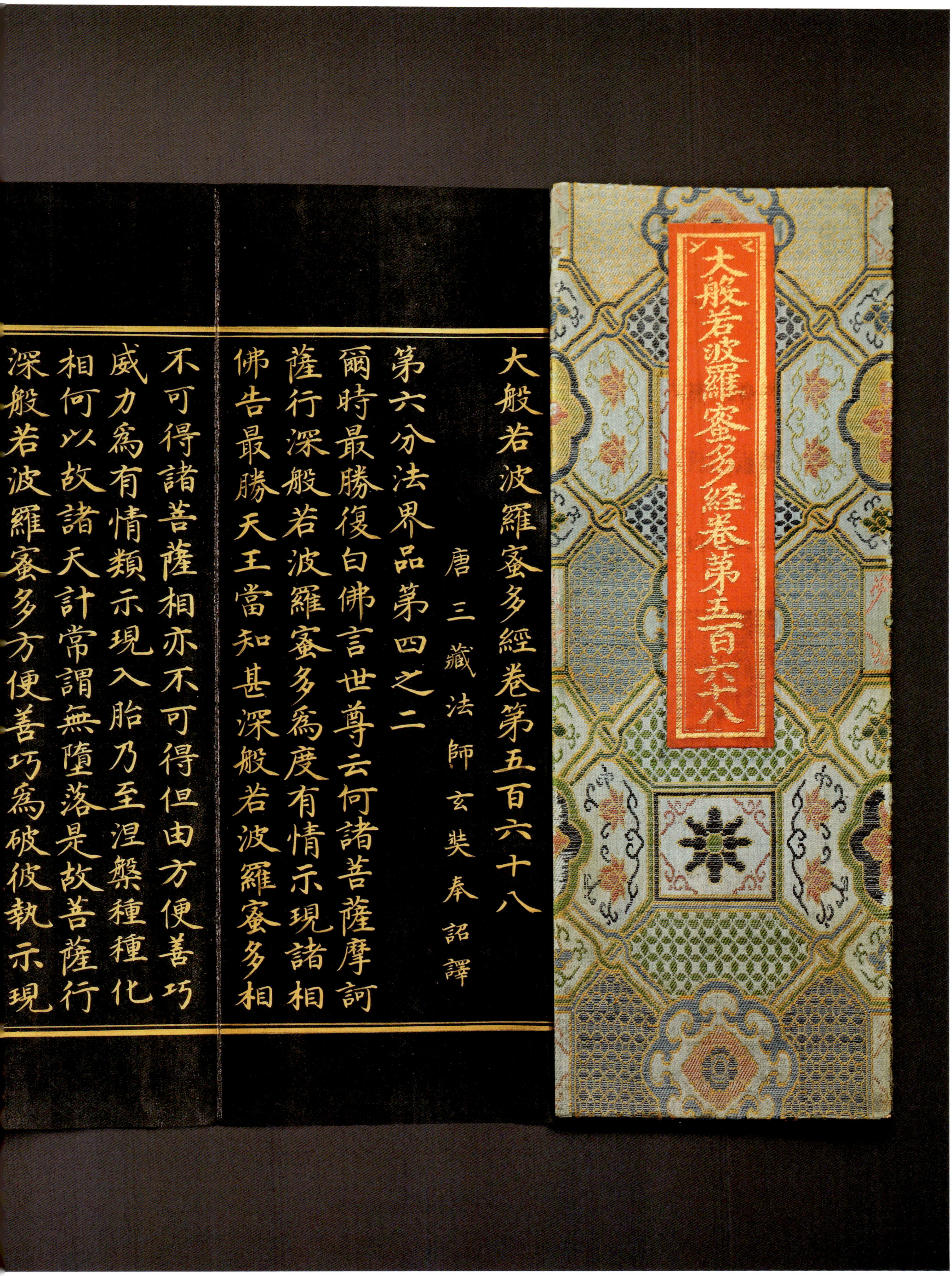
大般若波羅蜜多經卷第五百六十八

大般若波羅蜜多經卷第五百六十八
唐三藏法師玄奘奉詔譯
第六分法界品第四之二
爾時最勝復白佛言世尊云何諸菩薩摩訶
薩行深般若波羅蜜多爲度有情示現諸相
佛告最勝天王當知甚深般若波羅蜜多相
不可得諸菩薩相亦不可得但由方便善巧
威力爲有情類示現入胎乃至涅槃種種化
相何以故諸天計常謂無墮落是故菩薩行
深般若波羅蜜多方便善巧爲破彼執示現

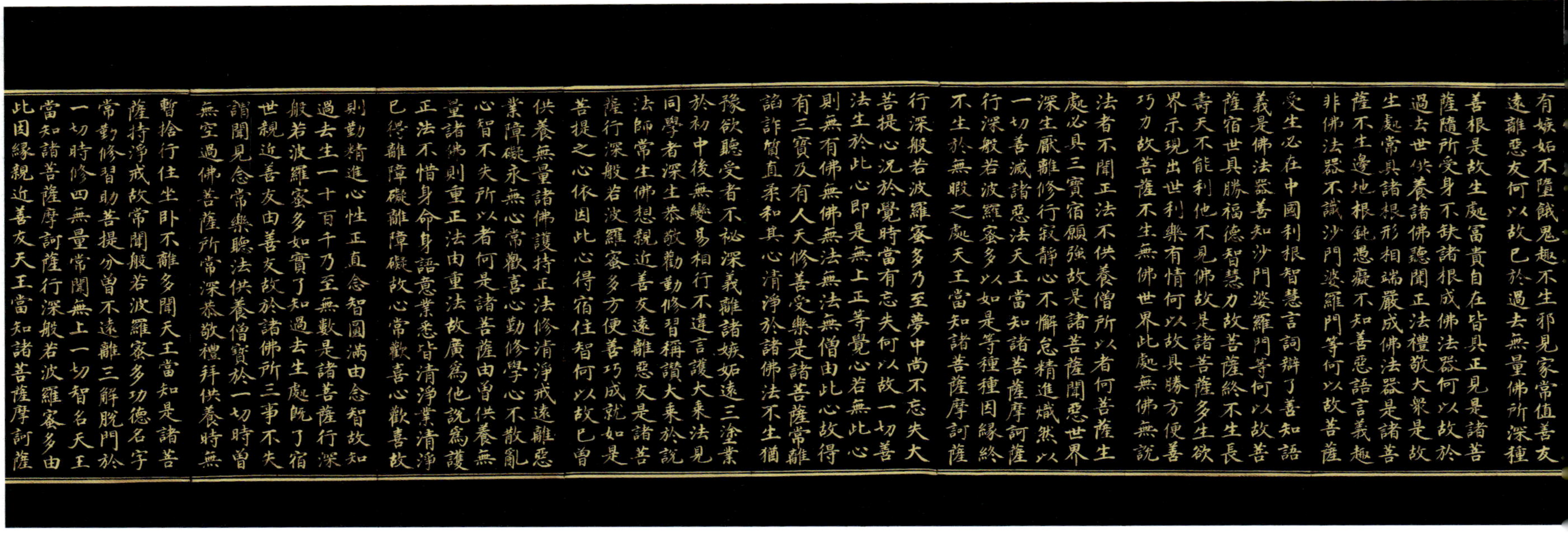


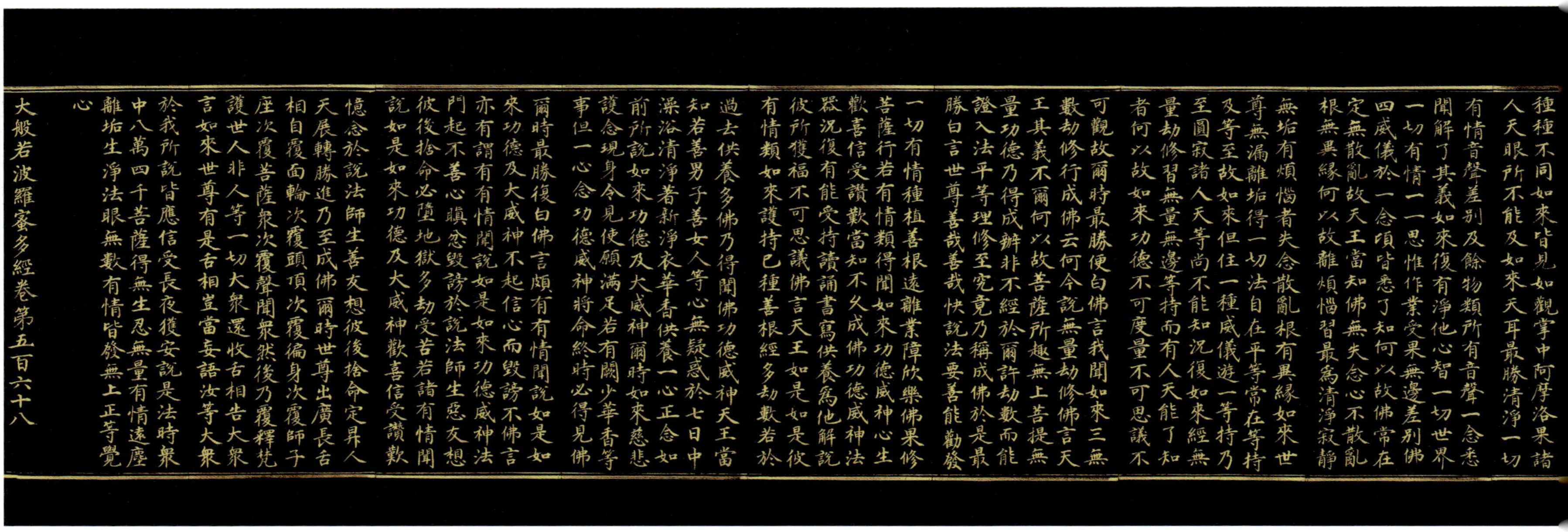


074 大般若波罗蜜多经卷第五百六十八

（唐）玄奘译

明宣德内府羊脑笺泥金写本

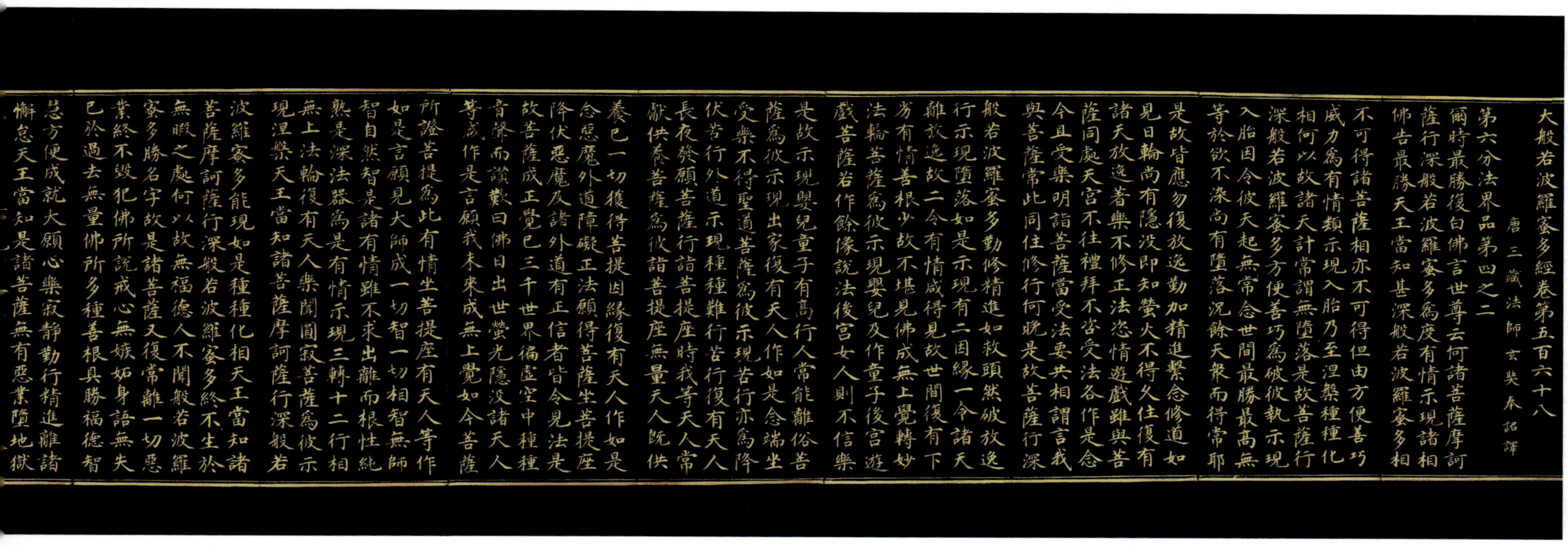

大般若波羅蜜多經卷第五百六十八
唐三藏法師玄奘奉詔譯
第六分法界品第四之二
爾時最勝復白佛言世尊云何諸菩薩摩訶
薩行深般若波羅蜜多爲度有情示現諸相
佛告最勝天王當知甚深般若波羅蜜多相
不可得諸菩薩相亦不可得但由方便善巧
威力爲有情類示現入胎乃至涅槃種種化
相何以故諸天計常謂無墮落是故菩薩行
深般若波羅蜜多方便善巧爲破彼執示現
入胎因令彼天起無常念世間最勝最高無
等於欲不染尚有墮落況餘天衆而得常耶
是故皆應勿復放逸勤加精進繫念修道如
見日輪尚有隱沒即知螢火不得久住復有
諸天放逸著樂不修正法恣情遊戲雖與菩
薩同處天宮不往禮拜不咨受法各作是念
今且受樂明詣菩薩當受法要共相謂言我
與菩薩常此同住修行何晚是故菩薩行深
般若波羅蜜多勤修精進如救頭然破放逸
行示現墮落如是示現有二因緣一令諸天
離放逸故二令有情感得見故世間復有下
劣有情善根少故不堪見佛成無上覺轉妙
法輪菩薩爲彼示現嬰兒及作童子後宮遊
戲菩薩若作餘像說法後宮女人則不信樂
是故示現嬰兒童子有高行人常能離俗菩
薩爲彼示現出家復有天人作如是念端坐
受樂不得聖道菩薩爲彼示現苦行亦爲降
伏苦行外道示現種種難行苦行復有天人
長夜發願菩薩行詣菩提座時我等天人常
獻供養菩薩爲彼詣菩提座無量天人既供
養已一切獲得菩提因緣復有天人作如是
念惡魔外道障礙正法願得菩薩坐菩提座
降伏惡魔及諸外道有正信者皆令見法是
故菩薩成正覺已三千世界偏虛空中種種
音聲而讚歎曰佛日出世螢光隱沒諸天人
等咸作是言願我未來成無上覺如今菩薩
所證菩提爲此有情坐菩提座有天人等作
如是言願見大師成一切智一切相智無師
智自然智是諸有情雖不求出離而根性純
熟是深法器爲是有情示現三轉十二行相
無上法輪復有天人樂聞圓寂菩薩爲彼示
現涅槃天王當知諸菩薩摩訶薩行深般若
波羅蜜多能現如是種種化相天王當知諸
菩薩摩訶薩行深般若波羅蜜多終不生於
無暇之處何以故無福德人不聞般若波羅
蜜多勝名字故是諸菩薩又復常離一切惡
業終不毀犯佛所說戒心無嫉妬身語無失
已於過去無量佛所多種善根具勝福德智
慧方便成就大願心樂寂靜勤行精進離諸
懈怠天王當知是諸菩薩無有惡業墮地獄

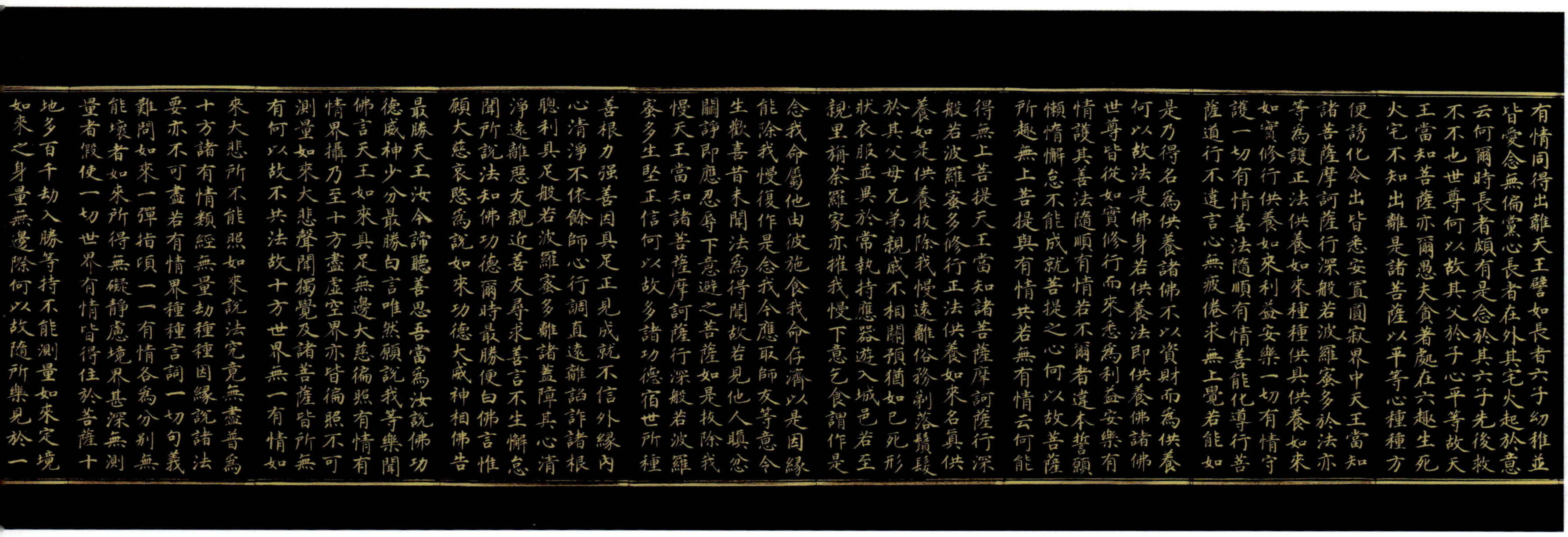

有情同得出離天王譬如長者六子幼稚並
皆愛念無偏黨心長者在外其宅火起於意
云何爾時長者頗有是念於其六子先後救
不不也世尊何以故其父於子心平等故天
王當知菩薩亦爾愚夫貪著處在六趣生死
火宅不知出離是諸菩薩以平等心種種方
便誘化令出皆悉安置圓寂界中天王當知
諸菩薩摩訶薩行深般若波羅蜜多於法亦
等爲護正法供養如來種種供具供養如來
如實修行供養如來利益安樂一切有情守
護一切有情善法隨順有情善能化導行菩
薩道行不違言心無疲倦求無上覺若能如
是乃得名爲供養諸佛不以資財而爲供養
何以故法是佛身若供養法即供養佛諸佛
世尊皆從如實修行而來悉爲利益安樂有
情護其善法隨順有情若不爾者違本誓願
懶惰懈怠不能成就菩提之心何以故菩薩
所趣無上菩提與有情共若無有情云何能
得無上菩提天王當知諸菩薩摩訶薩行深
般若波羅蜜多修行正法供養如來名眞供
養如是供養拔除我慢遠離俗務剃落鬚髮
於其父母兄弟親戚不相關預猶如已死形
狀衣服並異於常執持應器遊入城邑若至
親里旃茶羅家亦摧我慢下意乞食謂作是
念我命屬他由彼施食我命存濟以是因緣
能除我慢復作是念我今應取師友等意令
生歡喜昔未聞法爲得聞故若見他人瞋忿
鬭諍即應忍辱下意避之菩薩如是拔除我
慢天王當知諸菩薩摩訶薩行深般若波羅
蜜多生堅正信何以故多諸功德宿世所種
善根力强善因具足正見成就不信外緣內
心清淨不依餘師心行調直遠離諂詐諸根
聰利具足般若波羅蜜多離諸蓋障其心清
淨遠離惡友親近善友尋求善言不生懈怠
聞所說法知佛功德爾時最勝便白佛言惟
願大慈哀愍爲說如來功德大威神相佛告
最勝天王汝今諦聽善思吾當爲汝說佛功
德威神少分最勝白言唯然願說我等樂聞
佛言天王如來具足無邊大慈徧照有情有
情界攝乃至十方盡虛空界亦皆徧照不可
測量如來大悲聲聞獨覺及諸菩薩皆所無
有何以故不共法故十方世界無一有情如
來大悲所不能照如來說法究竟無盡普爲
十方諸有情類經無量劫種種因緣說諸法
要亦不可盡若有情界種種言詞一切句義
難問如來一彈指頃一一有情各爲分別無
能壞者如來所得無礙靜慮境界甚深無測
量者假使一切世界有情皆得住於菩薩十
地多百千劫入勝等持不能測量如來定境
如來之身量無邊際何以故隨所樂見於一

一册，经折装，高 40.5 厘米，宽 14.5 厘米。卷第五百六十八。羊脑笺泥金写本，漆黑亮滑，明代通行台阁体书法端正写就，每叶六行，行十七字，上下泥金双边，内细外粗，纸精墨鲜。前后夹板为菱格朵花宋锦，笺条文字皆为织成。

内为泥金誊写“羊脑笺”本，羊脑笺是一种富丽堂皇的加工纸张，制于明宣德年间，在瓷青纸上采用涂布的加工方法所制，“羊脑笺”在清宫造办档中，已见详细记载，系以上等瓷青重托为纸基，用顶烟墨和一定比例羊脑脂、鸡蛋清窖藏久之若泥，再涂覆于瓷青纸基上，砑光成笺。如此才能“墨如漆、明如镜、时历久、虫不害”，为何墨与羊脑混合？羊脑含登富卵磷脂，是天然乳化剂，能与油、水混合（如蛋黄可与油。水混合，亦是天然乳化剂，可调配颜料绘制成蛋彩画）。羊脑与墨相混后，因有蛋白质。卵磷脂、油份，使其易于涂刷纸面，产生一层具厚度亮光表面，使金汁书写字体不易下沉于纤维中。

迄唐以来，历代内廷缮写佛经是为传统，或为祈福纳祥，或为孝慈延寿、或祷国祚咸通。所缮写佛经，一般延请圣僧大德领衔，由内廷选丝绢笔墨、精工良才，率众誊录，装池规制极尽庄重考究而成。而据《秘殿珠林》目录所载，收录内廷所制各种佛典经卷，其中明代宫廷所誊写之经卷，比较鲜少。从字体风格，抄写制式，装帧形式，尤其是羊脑笺纸张的特色来看，与故宫院藏的《大宝积经》与《大涅槃经》一致，属宣德年间由慧进主持抄写。

现此册宣德御制《大般若波罗蜜多经卷第五百六十八》明代皇家佛门圣宝，便为当中绝例，当制于宣德五年（1430），在十五世纪初御制品中出类拔萃，诚中国古籍重册。明代内廷缮写精制的佛典经卷，如同其帝后的印章，可谓存世凤毛麟角、寥若晨星。那当是内廷制作、工艺，以及书法的最高水平，明代宫廷的写经，依然源旧制，由圣僧大德率僧俗誊写，不惜耗费大量人力物力参与抄经，可惜时代变迁，今存世寥若晨星，历久弥坚，是以为宫廷御制佛经专属。

卷端题“唐三藏法师玄奘奉诏译”，玄奘译本《大般若波罗蜜多经》，凡六百卷，为宣说诸法皆空之义的大乘般若类经典的汇编，包括般若系 16 种经典（即十六会）。

（李林昊）

御製
六合清寧 七政順序
雨暘時若 萬物阜豐
億兆康和 九幽融朗
均躋壽域 溥種福田
上善攸臻 障礙消釋
家崇忠孝 人樂慈良
官清政平 訟簡刑措
化行俗美 泰道咸亨
凡厥有生 俱成佛果

明人寫經
下冊
明人寫經
上冊

075

# 大悲总持经咒

明永乐九年（1411）内府瓷青笺泥金写本

二册。上册《大悲观自在菩萨总持经咒》，十五开，泥金绘尊胜佛母像；下册《佛顶尊胜总持经咒》，二十开，绘无量寿佛像，末提拔一开。

巾箱小本，高 12 厘米，宽 7.5 厘米。瓷青纸，泥金小楷双面书写。经前后均为宋代藏经纸，紫檀封面，由晚清藏书家蔡鸿鉴黄笺墨笔题签。每册均有永乐皇帝御制经咒序，御制四字发愿文题记，后为宫廷泥金手绘尊胜佛母像、无量寿佛像，尾页署年永乐九年五月初一日。

末有翁同龢题跋《题明人写经寄鹿卿》诗一首，有款识：“甲戌（1874）九月廿二日漫题此诗寄鹿卿，江南手颤不复成字矣。叔平记”。流传有序。

翁同龢（1830—1904），字声甫，号叔平，又号韵斋、瓶生等，江苏常熟人。中国近代史上著名政治家、书法家、收藏家。

（李林昊）

超凌三界徒
慈心解世羅
眞人無上德
世世爲仙家
爾時太清天中大聖老君
以永壽元年正月七日在
太清境上太清宮

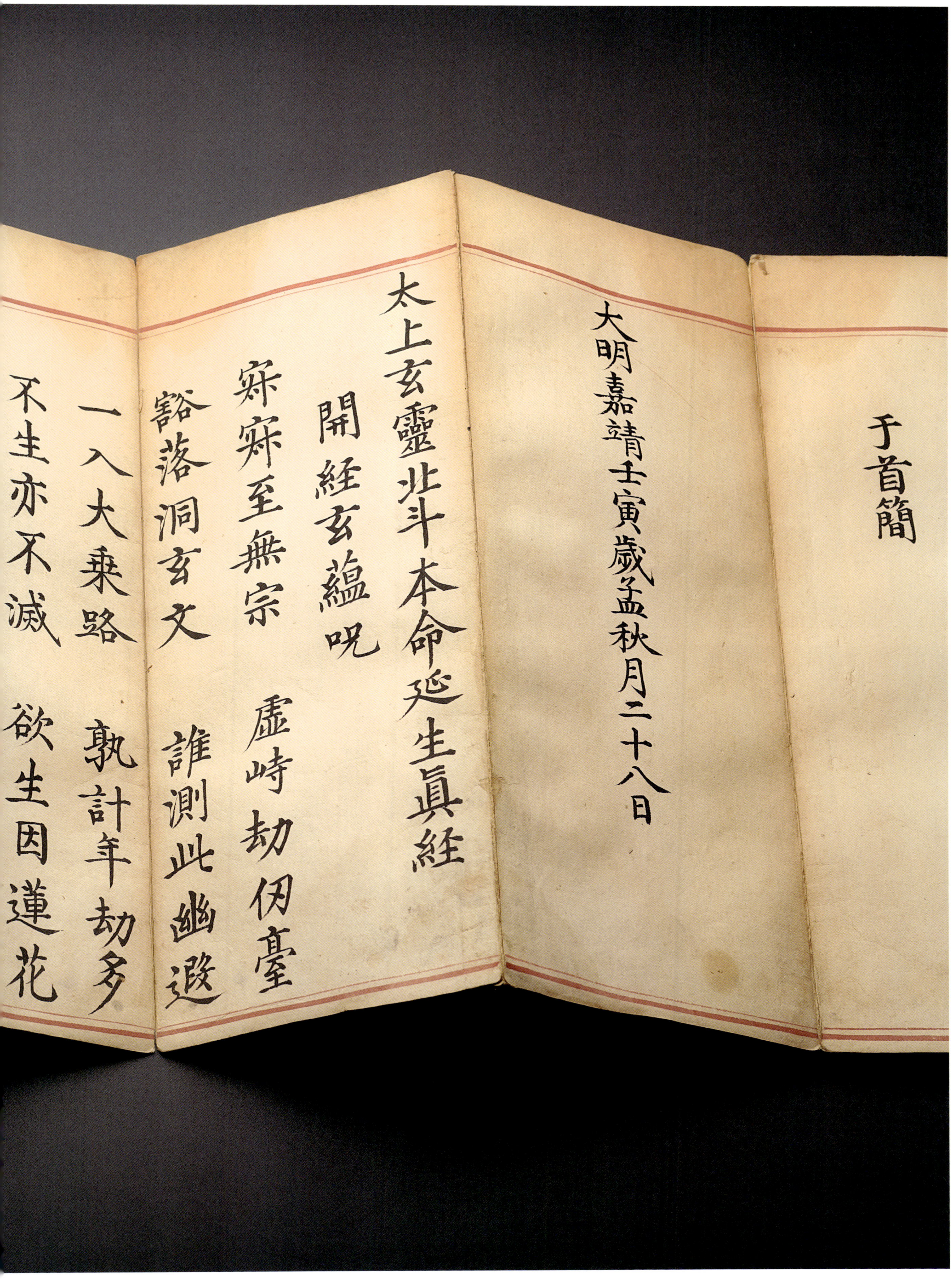

于首簡
大明嘉靖壬寅歲孟秋月二十八日
太上玄靈北斗本命延生眞経
開経玄蘊呪
寂寂至無宗 虛峙劫仞臺
豁落洞玄文 誰測此幽遐
一入大乘路 孰計年劫多
不生亦不滅 欲生因蓮花

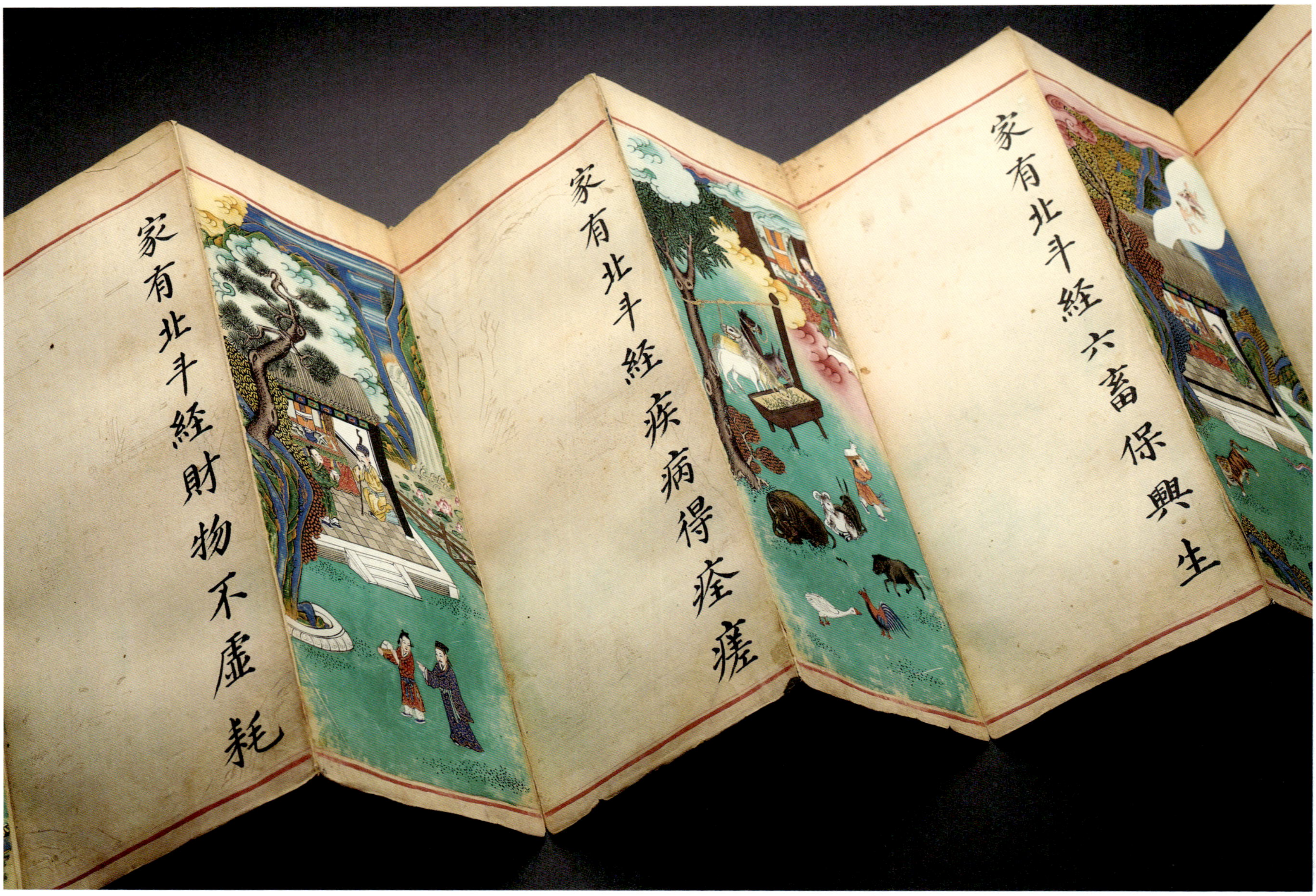
家有北斗經財物不虛耗
家有北斗經疾病得痊瘥
家有北斗經六畜保興生

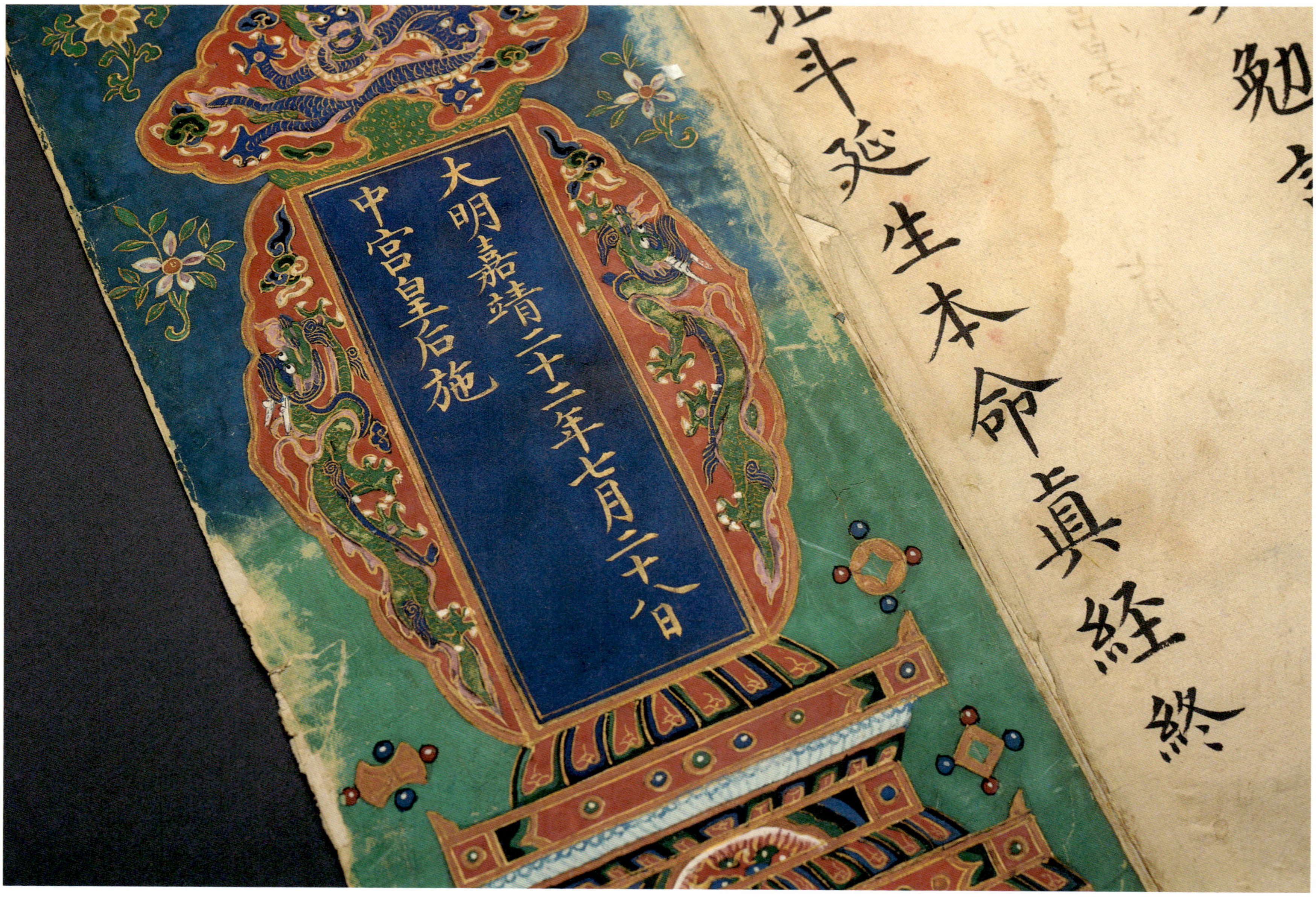
大明嘉靖二十二年七月二十八日
中宮皇后施
北斗延生本命真經終

076

# 太上玄灵北斗本命延生真经

明嘉靖二十二年（1543）内府写绘本

一册，经折装。高35厘米，宽14厘米，开本宏阔，凡六十八开，正文楷体墨书，上下手绘双朱丝栏，附彩图二十八幅，为明宫廷画师所绘，纸为宫廷专用加厚棉纸。黄绫封面。

此经前有太上三洞法宝诸品经忏诰咒仪典序，题款为大明嘉靖壬寅岁孟秋月二十八日。正文大字书写精工，其间有双折连叶式彩图十二幅，单折图十六幅，尾页绘有莲花宝座牌记“大明嘉靖二十二年七月二十八日中宫皇后施”。可知此经足足抄绘一年整。

据《明史》《明世宗肃皇帝实录》载，知此道教经书为嘉靖皇帝的第三任皇后方氏所施写。孝烈皇后方氏江宁人，生日为农历七月二十八日，知此《太上玄灵北斗本命延生真经》为方皇后祝寿用之物。

明代内府抄彩绘本存世稀少，各大收藏机构都视若拱璧。其中名贵者有若明嘉靖内府抄本《永乐大典》；台北故宫博物院藏明内府手写彩绘插图本《真禅内印顿证虚凝法界金刚智经》；国家图书馆藏明内府手写彩绘插图本《明解增和千家诗注》、《御制全真群仙集》三卷；中国中医科学院图书馆藏明内府手写彩绘插图本《补遗雷公炮制便览》等。抄绘风格、格式、原料均与此本相一致。

（米尔）

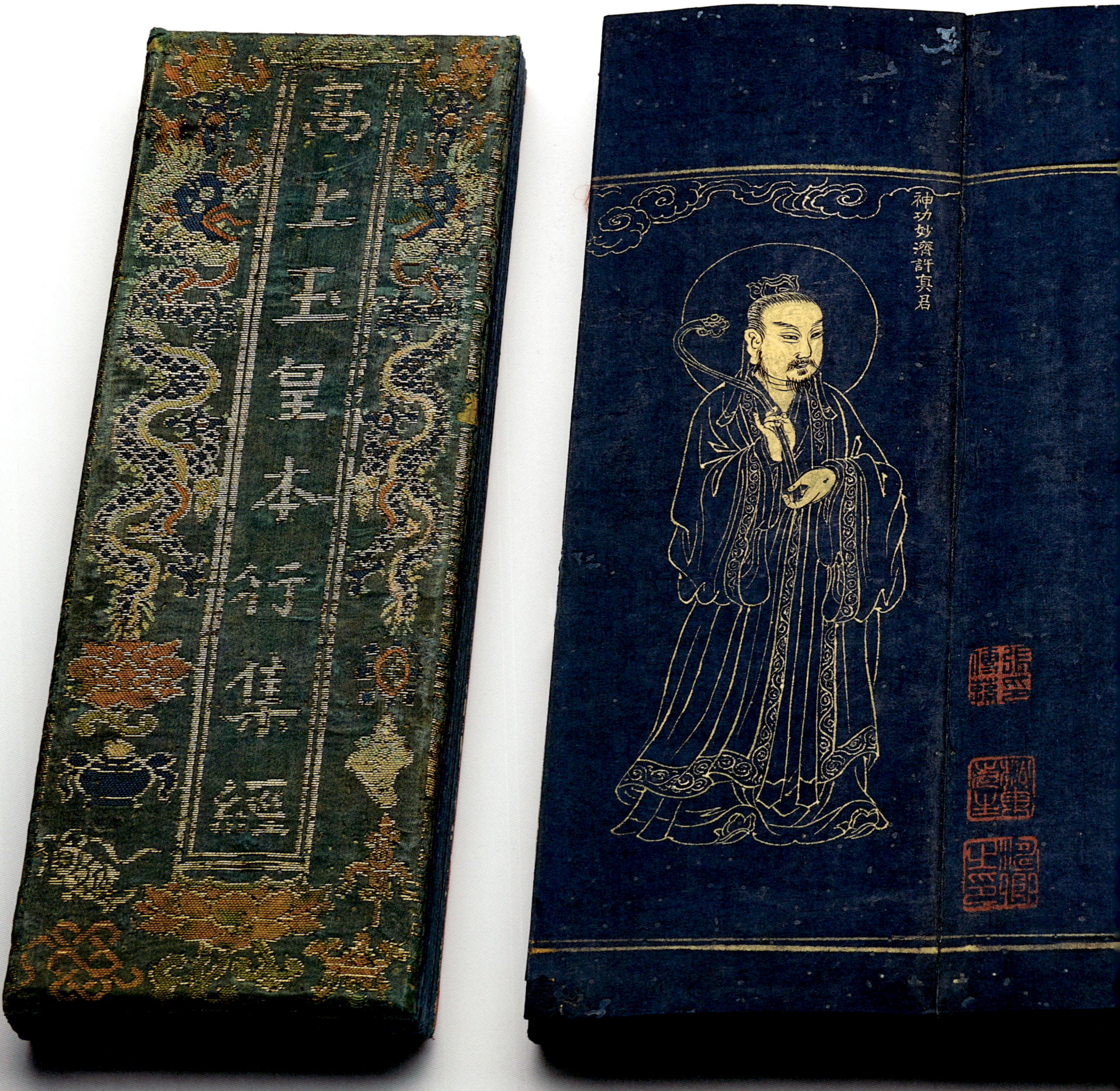
高上玉皇本行集經
神功妙濟許真君

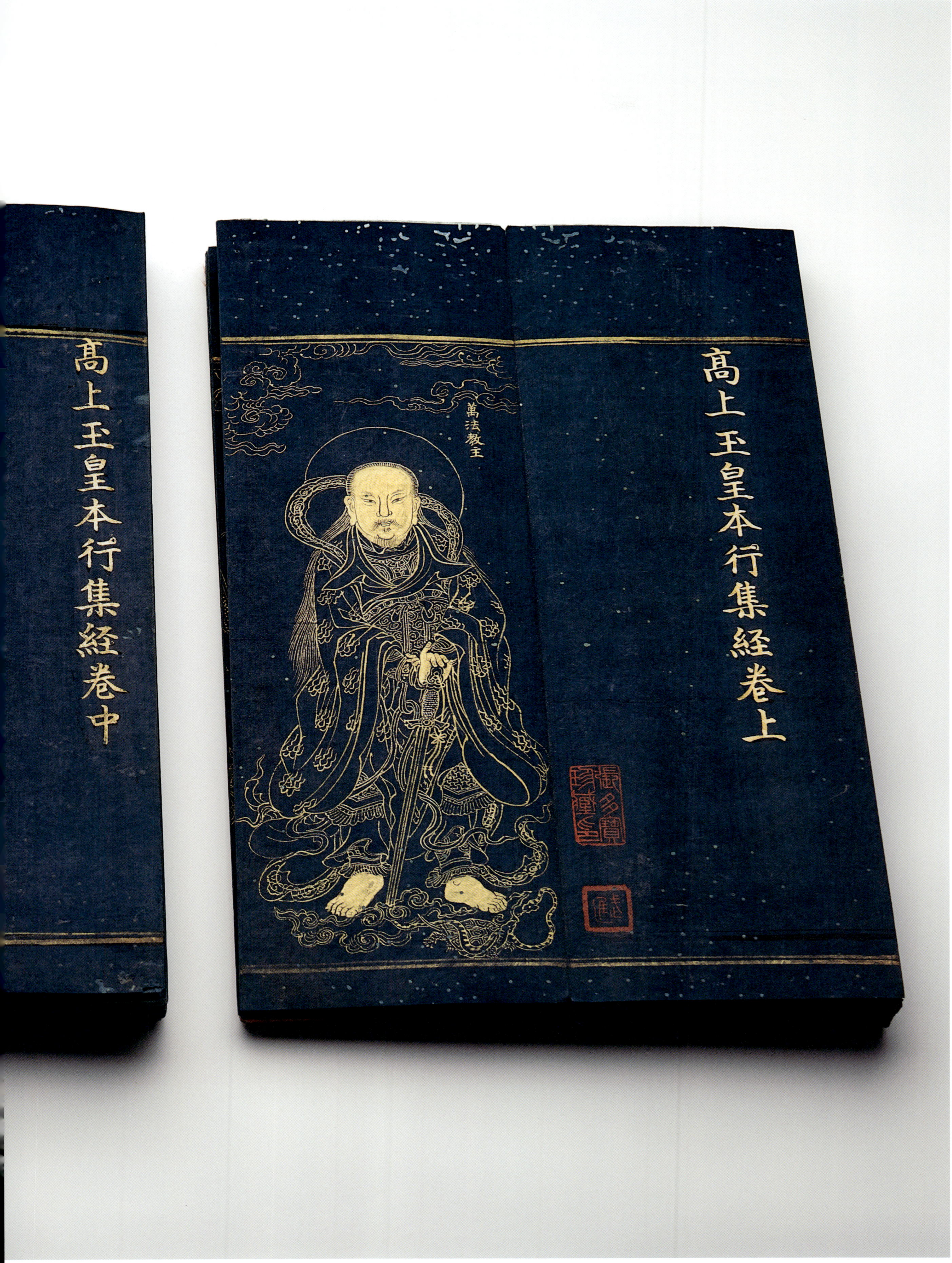
高上玉皇本行集経卷中
萬法教主
高上玉皇本行集経卷上

高上玉皇本行集經
持經諸戒

汝等各各當除斷之。身得清淨。超度
諸難。是名道寶。持法棟梁。更當修奉。
尊容。稱揚尊號。然後汝等得覩慈顏。
咸蒙護度。普聞妙法。觀奉供養。永無
輪轉。是時四衆聞是說已。歡喜踴躍
歎未曾有。
高上玉皇本行集經卷上

尊四…
淨心口神呪
丹朱口神 吐穢…
舌神正倫 通命養神
羅千齒神 却邪衛真
喉神虎賁 氣神引津
心神丹元 令我通真
思神鍊液 正氣長存

高上玉皇本行集經卷中
太上大光明圓滿大神呪品第二
爾時天地始祖。五老上帝。稽首長跪。
白
天尊言。伏聞
高上玉皇慈念蒼生。普放神光。照…
法界六凡四聖。普叨道蔭。竊以
短景劫運將終。正道宜行。以濟…
使脩真之子。有期輕舉。末代…
…等。自昔 元始洞玄靈…
…始之先。

077 高上玉皇本行集经

明万历至清康熙二十八年（1689）瓷青笺泥金描摹本

三册，经折装，高 34.5 厘米，宽 12 厘米，上中下三卷。瓷青笺泥金描摹本，经中高上玄天玉皇及诸天众神之像用明万历丙午（1606）孟秋望日李易所绘之本，经文以明天顺元年（1457）十一月十一日刻本，泥金描摹而成，每叶五行，行十四字，上下双边，双龙纹织金经面。

经首为参朝太上玉皇之图，内罗天诸神共绘四十余尊，图后有：“万历丙午孟秋望日钦依李易焚香叩写。”其后有发愿牌记：“原籍浙江绍兴府山阴县人氏，寄籍北京顺天府宛平县，今随任云南临安府居住，奉道经弟子信女周门葛氏同男周辅成媳宋氏、孙周瑫，发心写造玉皇上帝尊经一部，送至太和宫祖师金殿，永远供奉，流传后世，永垂不朽。祈老年康健，寿命延长，阖门清吉，人眷平安，吉祥如意。大清康熙二十八年岁在己巳七月十五日吉旦。”

此经为清康熙年间道经弟子信女周门葛氏发愿所制，供于太和宫祖师金殿，后辗转被武进张涛卿收藏。

（李林昊）

078 金刚般若波罗蜜经

（后秦）鸠摩罗什译

明内府墨笺泥金写本

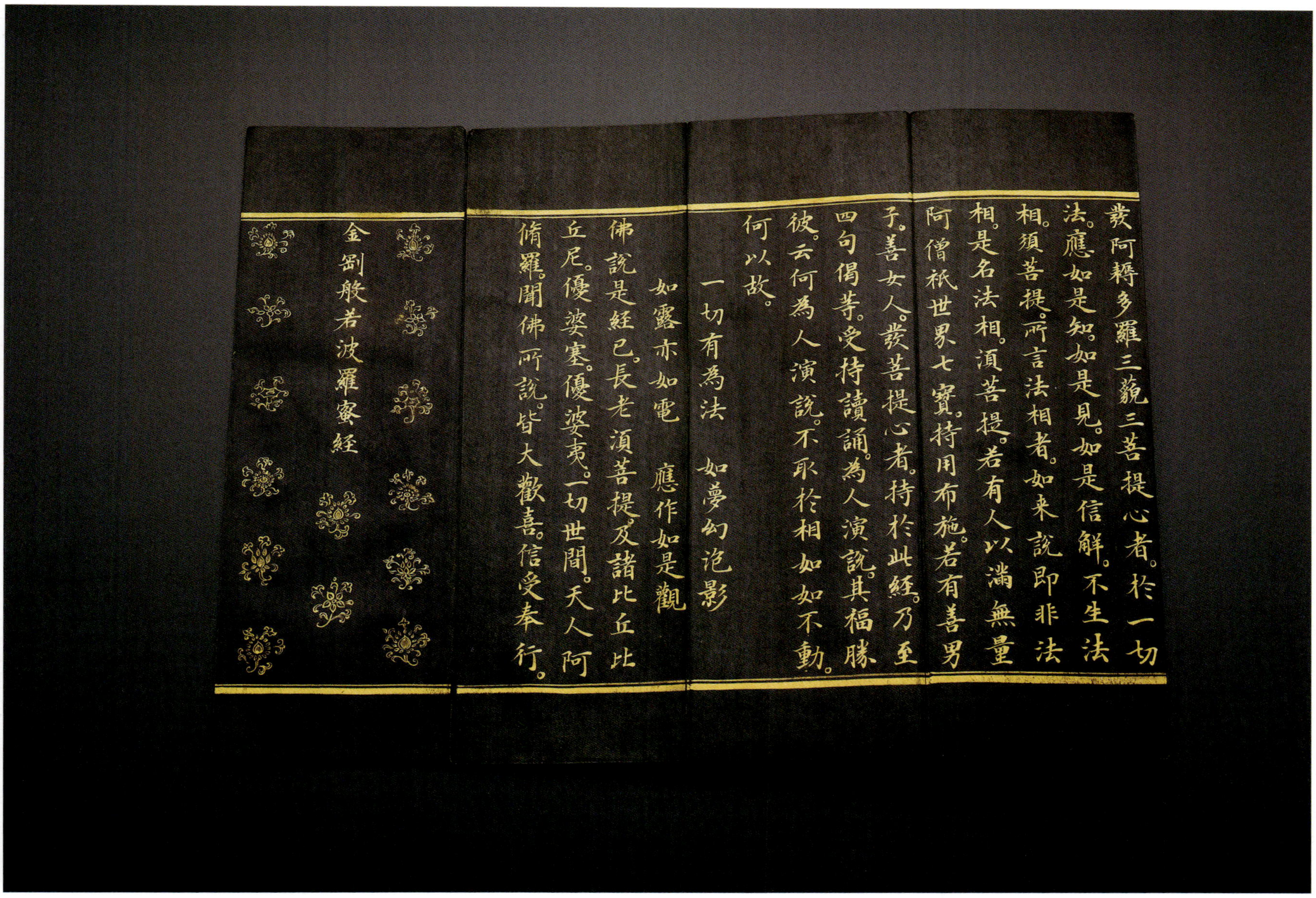


一册，经折装，开本高 26.8 厘米，宽 9.3 厘米，墨笺泥金写本。首尾全，每版五叶，每叶五行，行十五字，上下泥金双边，内细外粗。首五折泥金绘释迦牟尼说法图，众菩萨、罗汉、弟子分列两旁听法，法相庄严肃穆。织金锦经面，背面湖蓝色锦。

《金刚般若波罗蜜经》是印度大乘佛教般若部重要经典。该经在中国流传甚广，影响极大。从东晋十六国到唐，曾由鸠摩罗什、菩提留支、真谛、玄奘、义净等人先后五次译为汉文，现存译本六种，其中以后秦鸠摩罗什译本最为通行，此册即为鸠摩罗什译本。

（李林昊）

御製
六合清寧 七政順序 雨暘時若 萬物阜豐
億兆康和 九幽融朗 均躋壽域 溥種福田
上善攸臻 障礙消釋 家崇忠孝 人樂慈良
官清政平 訟簡刑措 化行俗美 泰道咸亨
凡歛有生 俱成佛果 萬曆伍年 四月重刊

南無阿弥陀佛
大方廣佛華嚴經卷第

南無阿彌陀
大方廣佛華嚴經卷第七十六


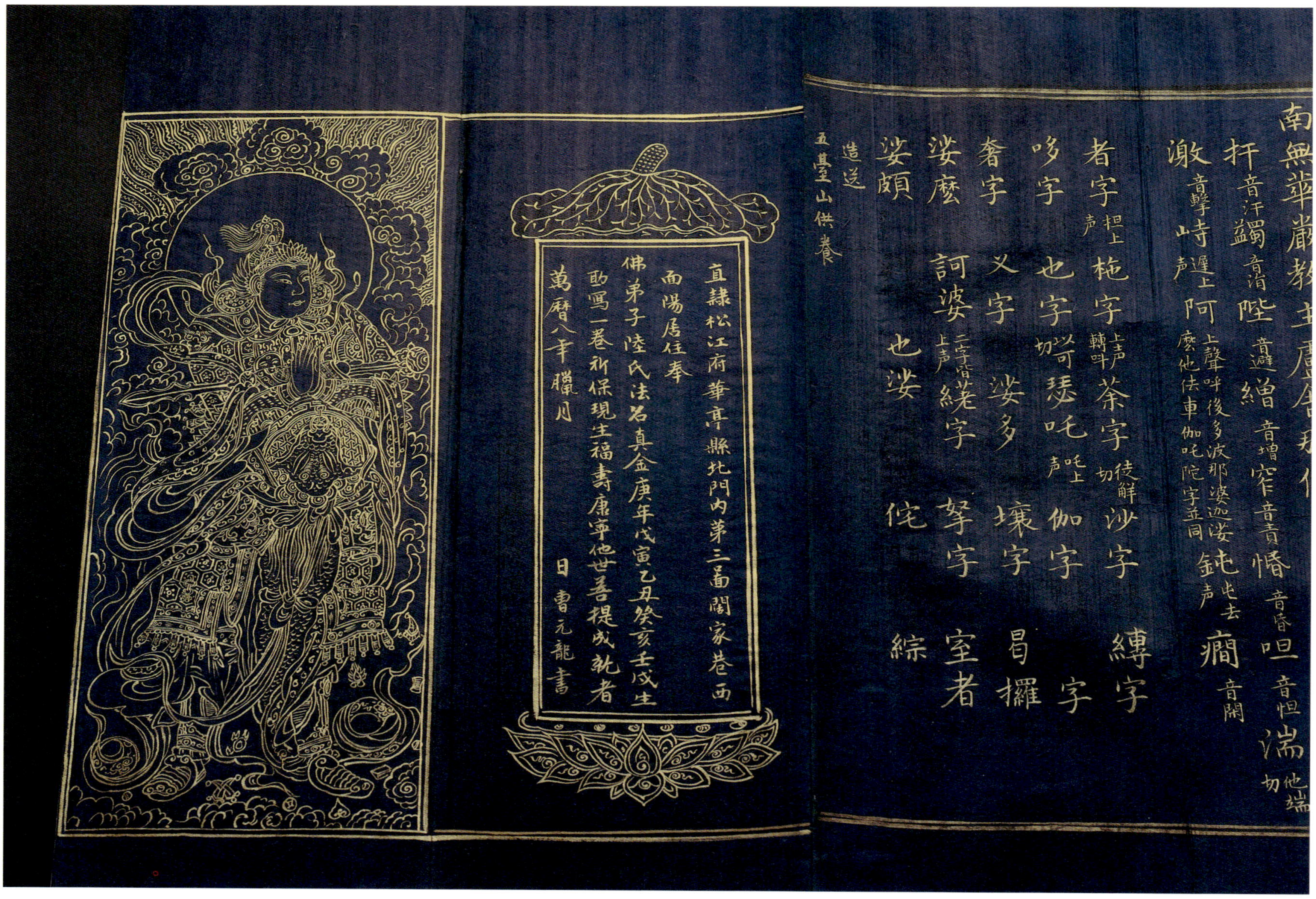

直隸松江府華亭縣北門內第三啚閣家巷西
面陽居住奉
佛弟子陸氏法名真金庚年戊寅乙丑癸亥壬戌生
助寫一卷祈保現生福壽康寧他世菩提成就者
萬曆八年臘月 日 曹元龍書
造送
五臺山供養

079

# 大方广佛华严经卷第七十六

(唐) 实叉难陀译

明万历瓷青笺泥金描摹本

一册，存卷第七十六。经折装，高 36.5 厘米，宽 12.4 厘米，瓷青纸泥金描摹本。每叶五行，每行十七字，上下泥金双边。此经以明万历五年刊刻经版印刷瓷青纸上，后施请描金。织金锦经面，“南无阿弥陀佛”字样，及经签文字皆为织成。

经首泥金精绘说法图一版，并牌记一叶。经末有题记“造送五台山供养”“直隶松江府华亭县，北门内第三面阔家巷西面阳居住，奉佛弟子陆氏法名真金，庚年戊寅乙丑癸亥壬戌生助写一卷，祈保现生福寿康宁，他世菩提成就者，万历八年腊月日曹元龙书”等，并绘韦陀像一幅。

(李林昊)

金剛般若波羅蜜経

金剛般若波羅蜜經
金剛般若波羅蜜經
姚秦三藏法師鳩摩羅什譯
如是我聞一時佛在舍衛國祇樹給孤
獨園與大比丘衆千二百五十人俱爾
時世尊食時著衣持鉢入舍衛大城乞
食於其城中次第乞已還至本處飯食
訖收衣鉢洗足已敷座而坐時長老須
菩提在大衆中即從座起偏袒右肩右
膝著地合掌恭敬而白佛言希有世尊
如來善護念諸菩薩善付囑諸菩薩世
尊善男子善女人發阿耨多羅三藐三
菩提心云何應住云何降伏其心佛言
善哉善哉須菩提如汝所說如來善護

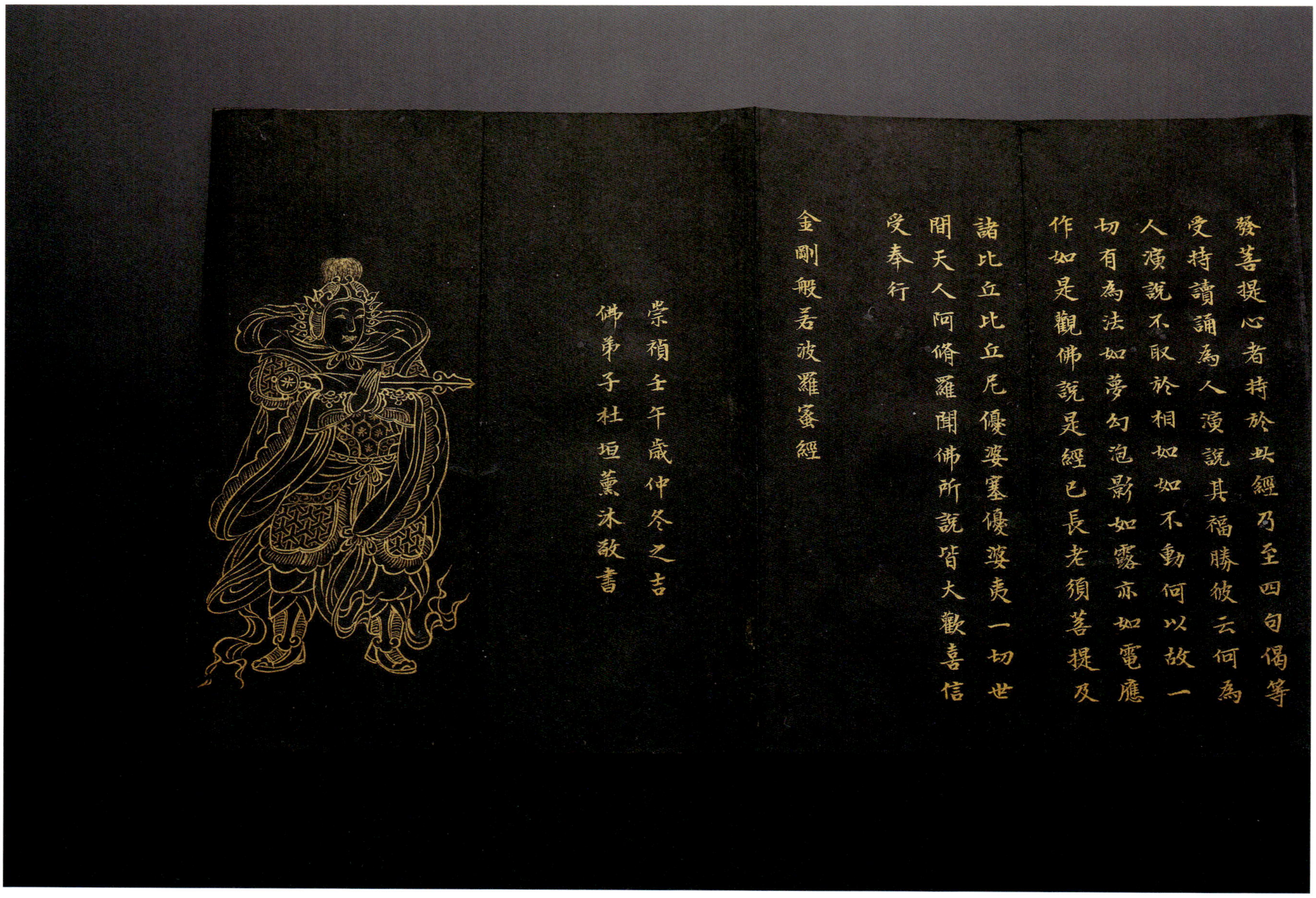
發菩提心者持於此經乃至四句偈等
受持讀誦為人演說其福勝彼云何為
人演說不取於相如如不動何以故一
切有為法如夢幻泡影如露亦如電應
作如是觀佛說是經已長老須菩提及
諸比丘比丘尼優婆塞優婆夷一切世
間天人阿修羅聞佛所說皆大歡喜信
受奉行
金剛般若波羅蜜經
崇禎壬午歲仲冬之吉
佛弟子杜垣薰沐敬書

080 

## 金刚般若波罗蜜经

（后秦）鸠摩罗什译（明）杜垣书

明崇祯十五年（1642）杜垣墨笺泥金写本

一册，经折装。高 13 厘米，宽 5.5 厘米，开本小巧。每叶五行，行十五字，无界栏。

此为明杜垣金小楷恭录于墨笺之上，经卷前绘世尊说法图，经尾落款“崇祯壬午岁仲冬之吉，佛弟子杜垣薰沐敬书”。末绘有佛教护法神韦陀菩萨像一尊。

（李林昊）

天地冥陽水陸濼會圖譜

西北方智炬菩薩位

大聖引路王菩薩
大聖引路王菩薩

# 081 天地冥阳水陆道场神鬼图

明成化刊设色本

《天地冥阳水陆道场神鬼图》共一百三十九页，册页装，是明成化年间（1465—1487）刊行的版画，与《天地冥阳水陆仪文》内容高度契合，是供各地画工临摹绘制使用的模板。这些图像不仅是宗教仪式中的重要组成部分，也是研究中国古代宗教艺术和版画艺术的宝贵资料。

一百三十九页中每像均单独成幅，手工着色，佛神鬼像共一百二十二幅，墨书供养人题名十七幅。民国时郑振铎先生于法源寺得一未设色残本，选数图编入《中国版画史图录》；又《中国版画史丛刊二编》全部影印收入，后入藏中国国家图书馆。

（张宇）

082 **龙牌**

明代泥金漏版印本

龙牌，形制颇似折装佛经首尾常见的龙纹牌记框，明清时期专用于佛堂供奉、礼佛祈福之用。

此龙牌为镂空版泥金刷印，分为七折，墨笺纸。龙牌上方组合图案为二龙戏珠。首尾二页分别为护法神；首尾次页龙牌中间印“风调雨顺”“国泰民安”；中间三页牌面中央齐整覆盖朱色蜡笺纸，印“皇帝万岁万万岁”和吉语。

漏版为蜡纸、油纸或薄驴皮所制，漏雕出文字图案，类似于剪纸。将漏版置于墨笺纸上，再以泥金涂之，泥金通过漏空处印于墨笺纸形成阳文图案。

（张传奇）

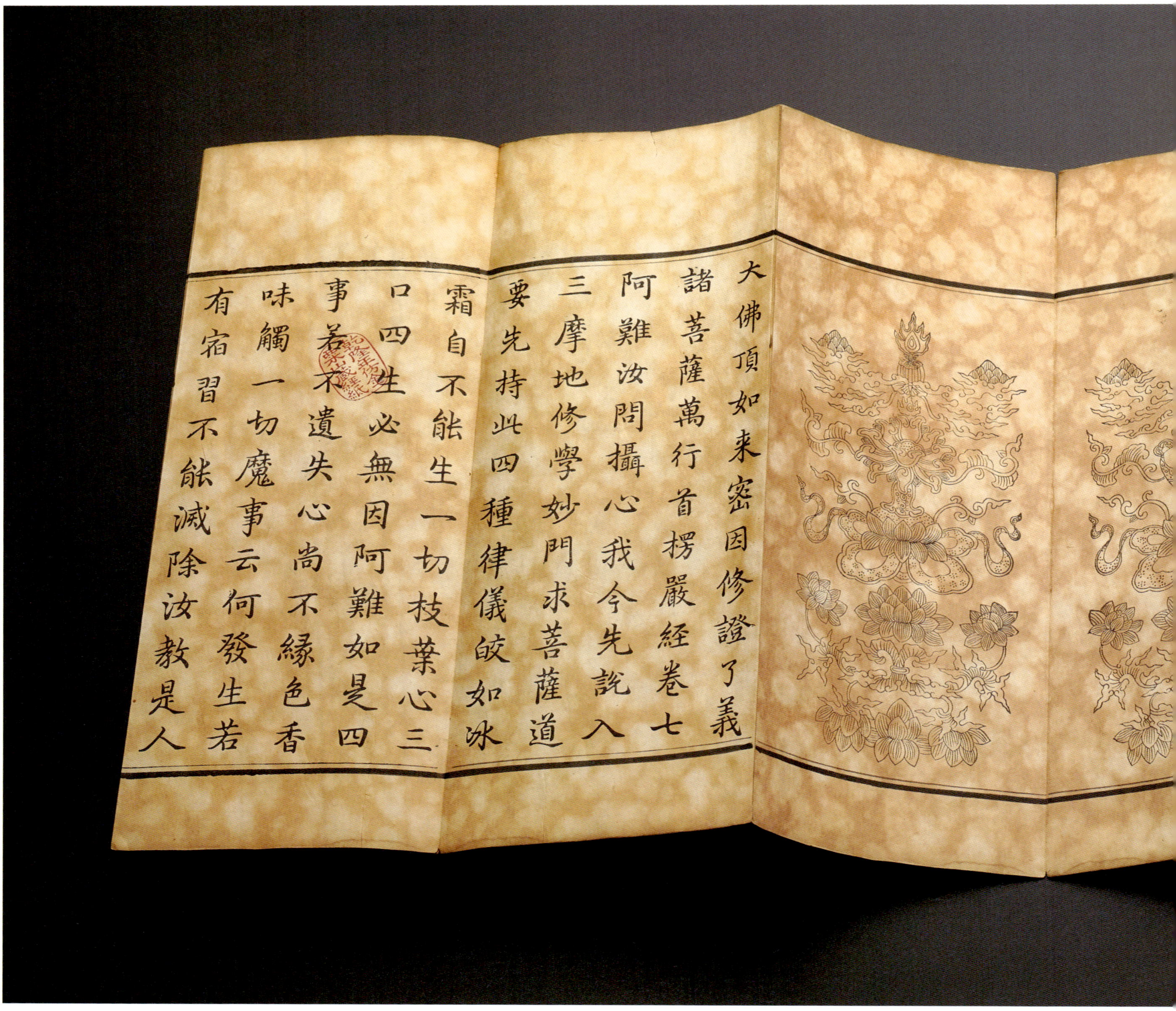


083 大佛顶如来密因修证了义诸菩萨万行首楞严经卷七

（唐）般刺密帝译

清乾隆内府刊仿金粟山藏经纸印本

简称《御书楞严经》，此经为乾隆十九年以乾隆御书上版刊刻，前有说法图，后有韦陀护法图，前后均有八宝饰画。用纸为乾隆仿金粟山藏经纸，有钤印“乾隆年仿金粟山藏经纸”。

金粟山藏经纸源自北宋时期，浙江海盐县金粟寺广惠禅院编纂的大藏经所用的特制纸张。这种纸厚实坚韧，经过染潢后研光上蜡，成为宋代名纸。

乾隆帝爱纸，《清代内府刻书研究》中涉及段落阐述“乾隆帝风雅好古，对制作精美质量上乘的古纸情有独钟，并谕令仿制”。先后有“仿澄心堂纸”“仿侧理纸”“仿明仁殿纸”“仿高丽纸”“仿金粟山藏经纸”。此经则为仿金粟山藏经纸，从选料、抄纸、染演、上蜡等步骤精工细作，不计成本。后用此纸刷印《御书楞严经》《御书妙法莲华经》《御书药师琉璃光如来本愿功德经》《御书大悲心陀罗尼》。

（张宇）

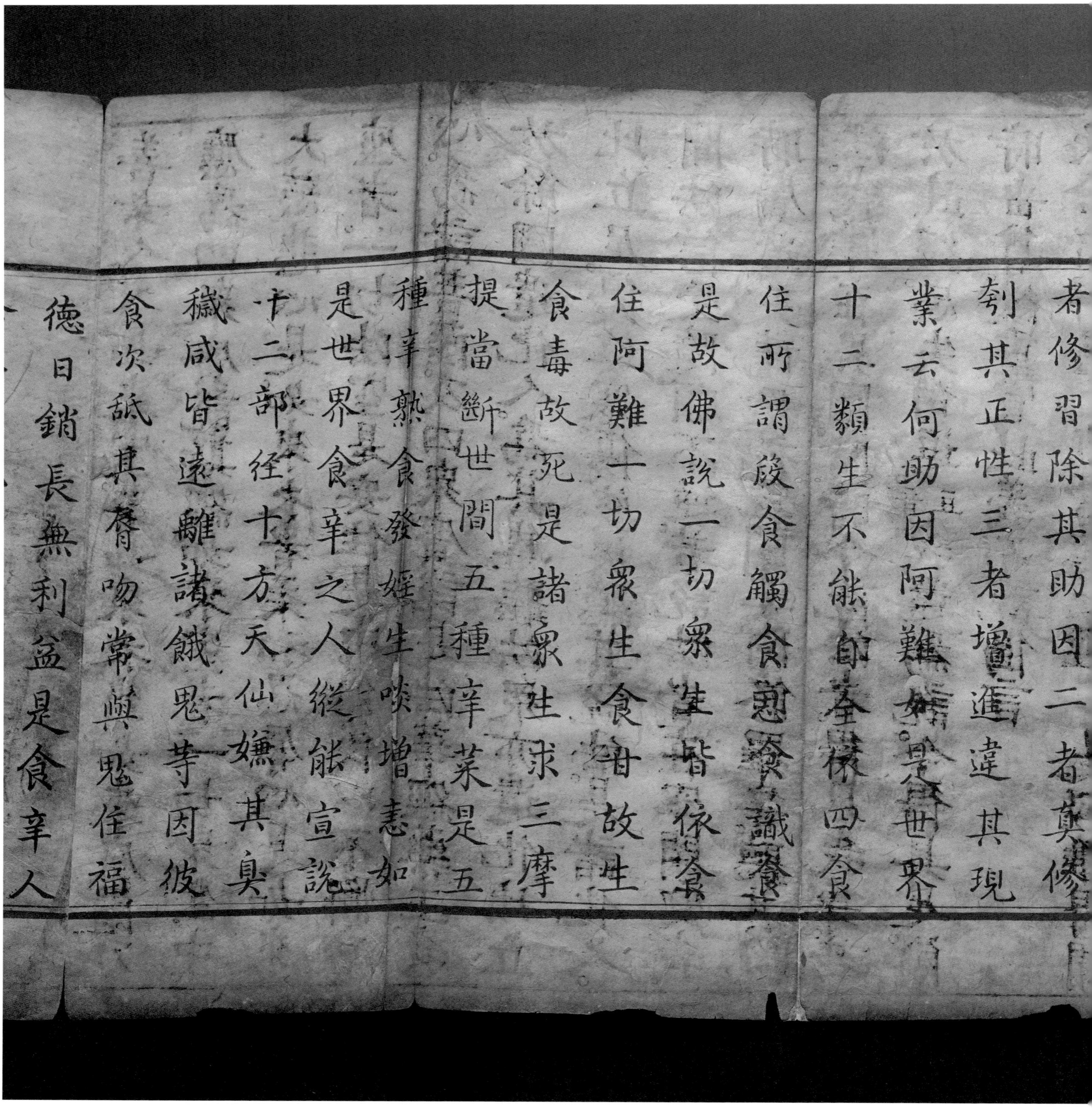


084 大佛顶如来密因修证了义诸菩萨万行首楞严经卷八

（唐）般刺密帝译

清乾隆内府刊宋纸印本

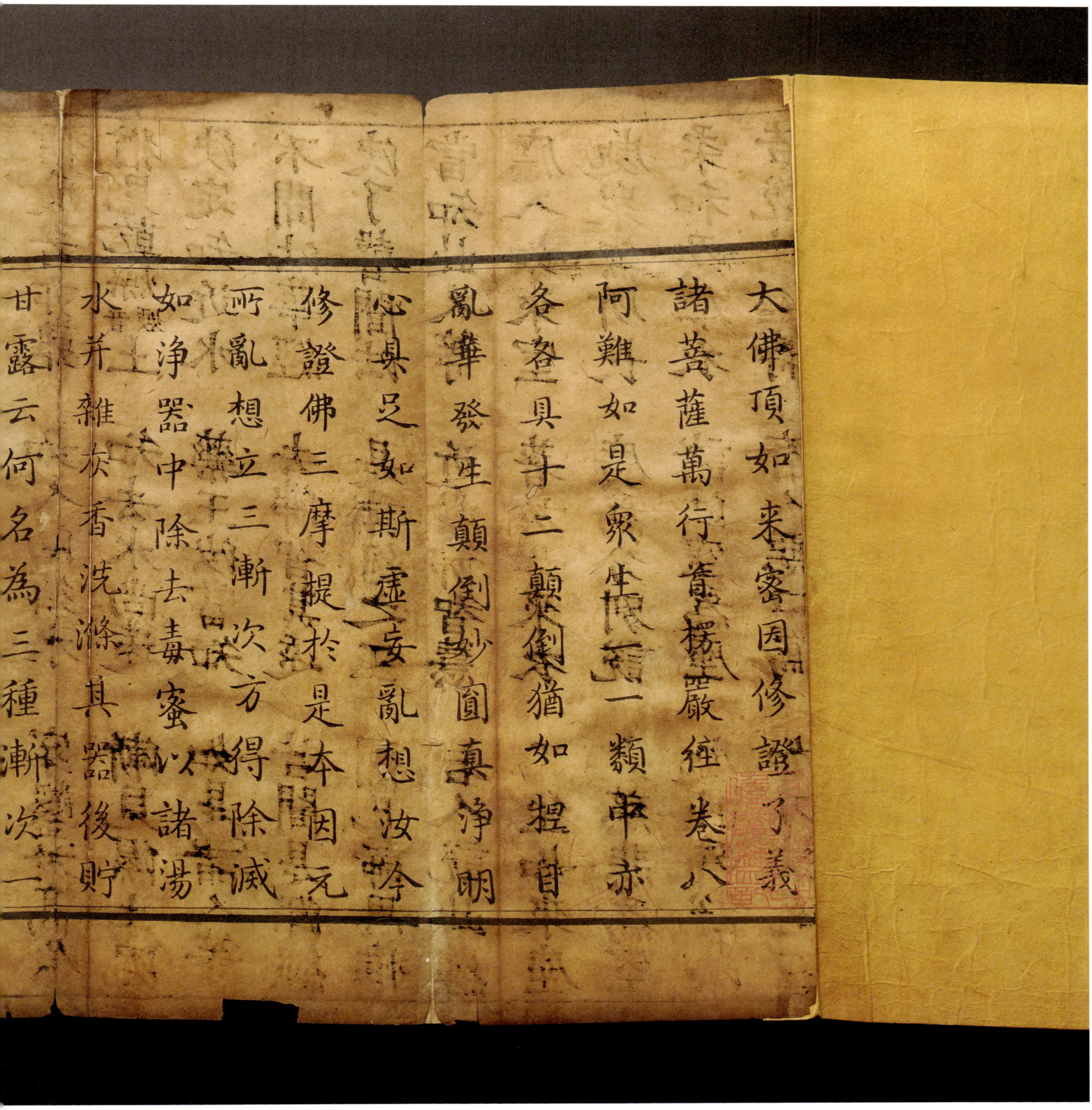

乾隆皇帝御书摹刻，宋代藏经背纸刷印，明黄云龙纹绫面。经折装，首尾一卷。每半叶五行，行十一字，上下双栏。卷首钤“合肥龚氏瞻麓斋记”长方朱印，为龚心钊旧藏。

龚心钊（1870—1949），字怀希，号仲勉，安徽合肥人，寓居上海。清光绪年间出使英、法等国，清末出任加拿大总领事，是清代著名的外交家。平生笃好文物，潜心研究。1960年，龚心钊后辈将珍藏的500余件文物，捐献给了上海市文物管理委员会，受到市人民政府表彰。

（张宇）

佛說一切如來金剛壽命陀羅尼經

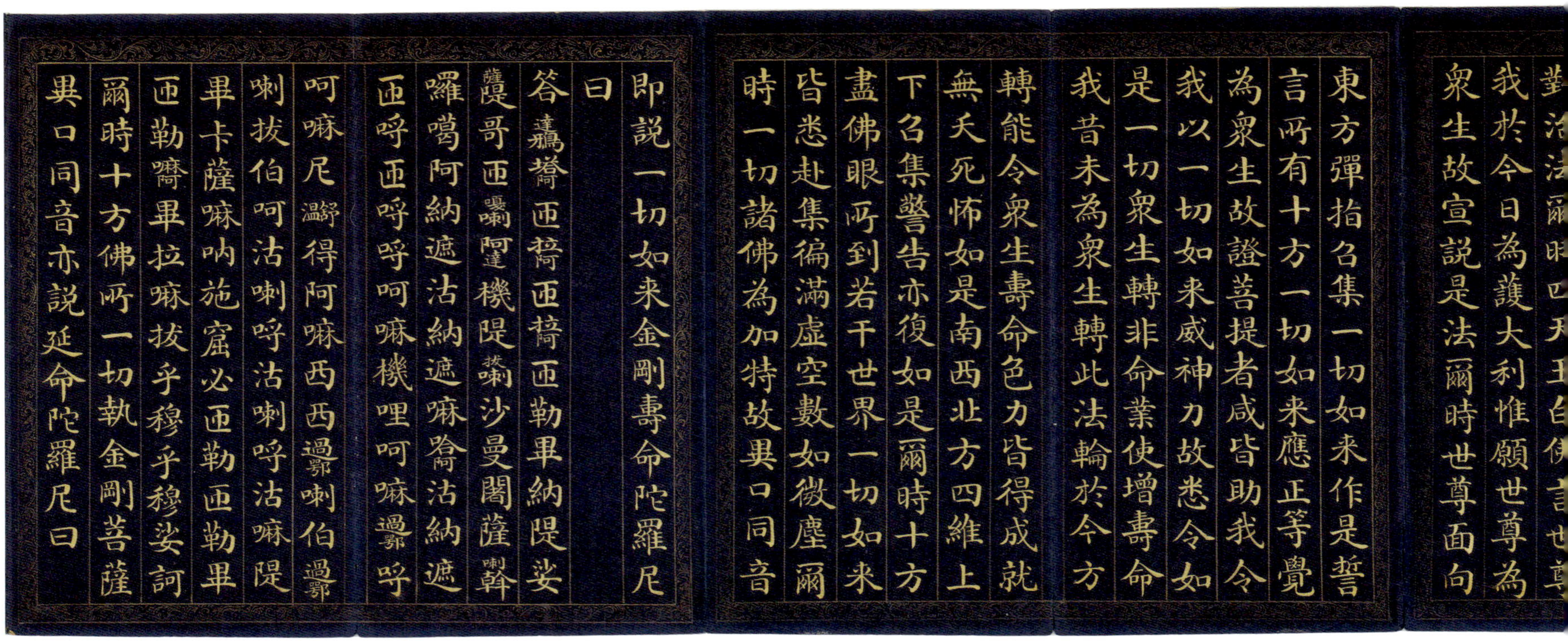

我於今日為護大利惟願世尊為
衆生故宣說是法爾時世尊面向
東方彈指召集一切如來作是誓
言所有十方一切如來應正等覺
為衆生故證菩提者咸皆助我令
我以一切如來威神力故悉令如
是一切衆生轉非命業使增壽命
我昔未為衆生轉此法輪於今方
轉能令衆生壽命色力皆得成就
無夭死怖如是南西北方四維上
下召集警告亦復如是爾時十方
盡佛眼所到若干世界一切如來
皆悉赴集徧滿虛空數如微塵爾
時一切諸佛為加特故異口同音
即說一切如來金剛壽命陀羅尼
曰
答達鷌[口喬]阿哂[口奇]阿哂[口奇]阿哂勒畢納隄娑
薩[口提]哥哂嘎喇阿達機隄拔喇沙曼闍薩喇斡
囉噶阿納遮沽納遮嘛[口喬]阿沽納遮
哂呼哂呼呼呵嘛機哩呵嘛過鄂呼
呵嘛尼溫舒得阿嘛西西過鄂喇伯過鄂
喇拔伯呵沽喇呼沽喇呼沽嘛隄
畢卡薩嘛吶施窟必哂勒哂勒畢
哂勒嚌畢拉嘛拔乎穆乎穆娑訶
爾時十方佛所一切執金剛菩薩
異口同音亦說延命陀羅尼曰

害一切諸佛菩薩攝受護念其處
亦為佛所護持爾時世尊說是經
已毘沙門天王等一切大衆皆大
歡喜信受奉行
佛說一切如來金剛壽命陀羅尼
經

085 佛说一切如来金刚寿命陀罗尼经

（唐）不空译

清乾隆内府瓷青笺泥金写本

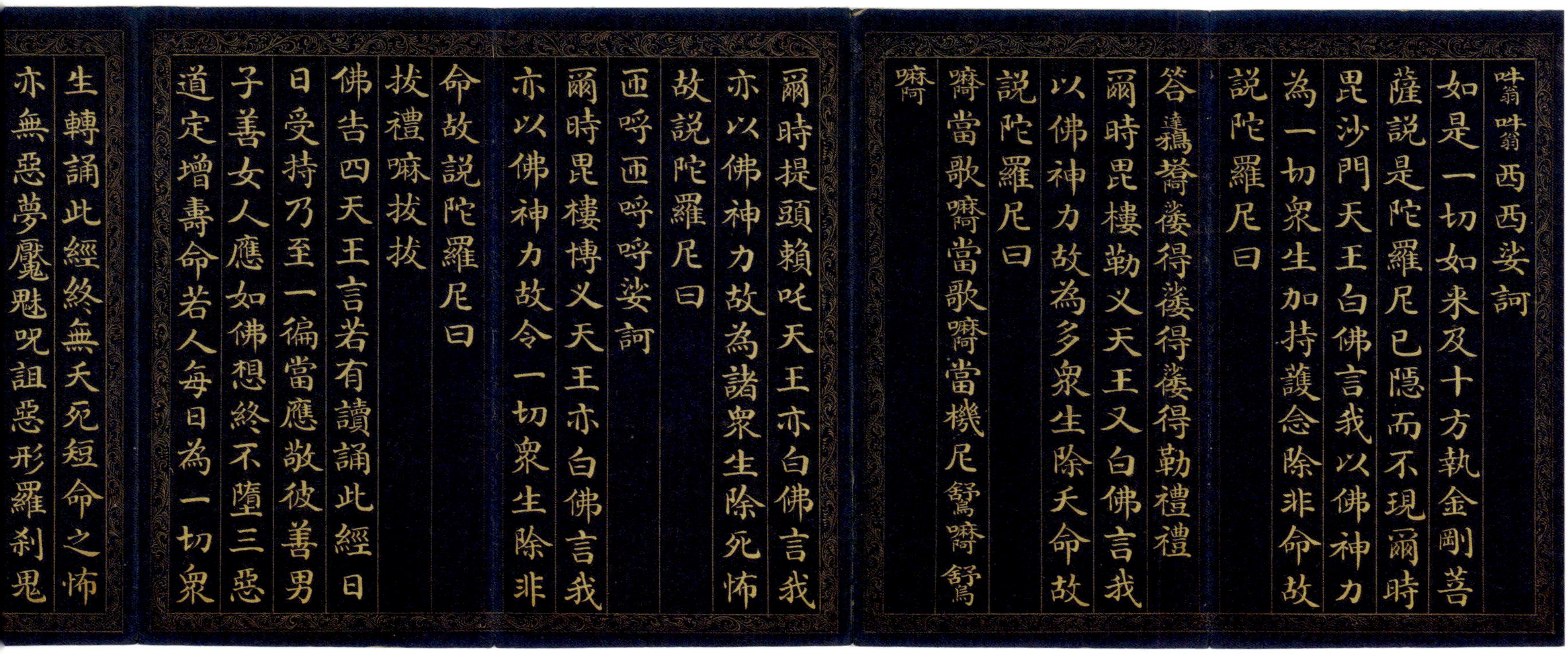

一册，经折装。高31.5厘米，宽12.5厘米。瓷青纸泥金写本。十六叶，每叶六行，行十三字，上下花卉纹边栏，为如意馆绘制西蕃立莲纹。锦面潢装成册。

经首绘礼佛图，录《金刚寿命陀罗尼经》全文于花卉纹边栏内，字体恭缮精写，清代馆阁体书风的面貌，末附韦驮像。

《佛说一切如来金刚寿命陀罗尼经》，唐不空译，为密教经典，略称《金刚寿命陀罗尼经》《金刚寿命经》《寿命经》。叙述佛与诸比丘众在恒河岸时，四天王以一切众生有夭死、非命、疾病等灾厄，故请世尊宣说对治之法。

（米尔）

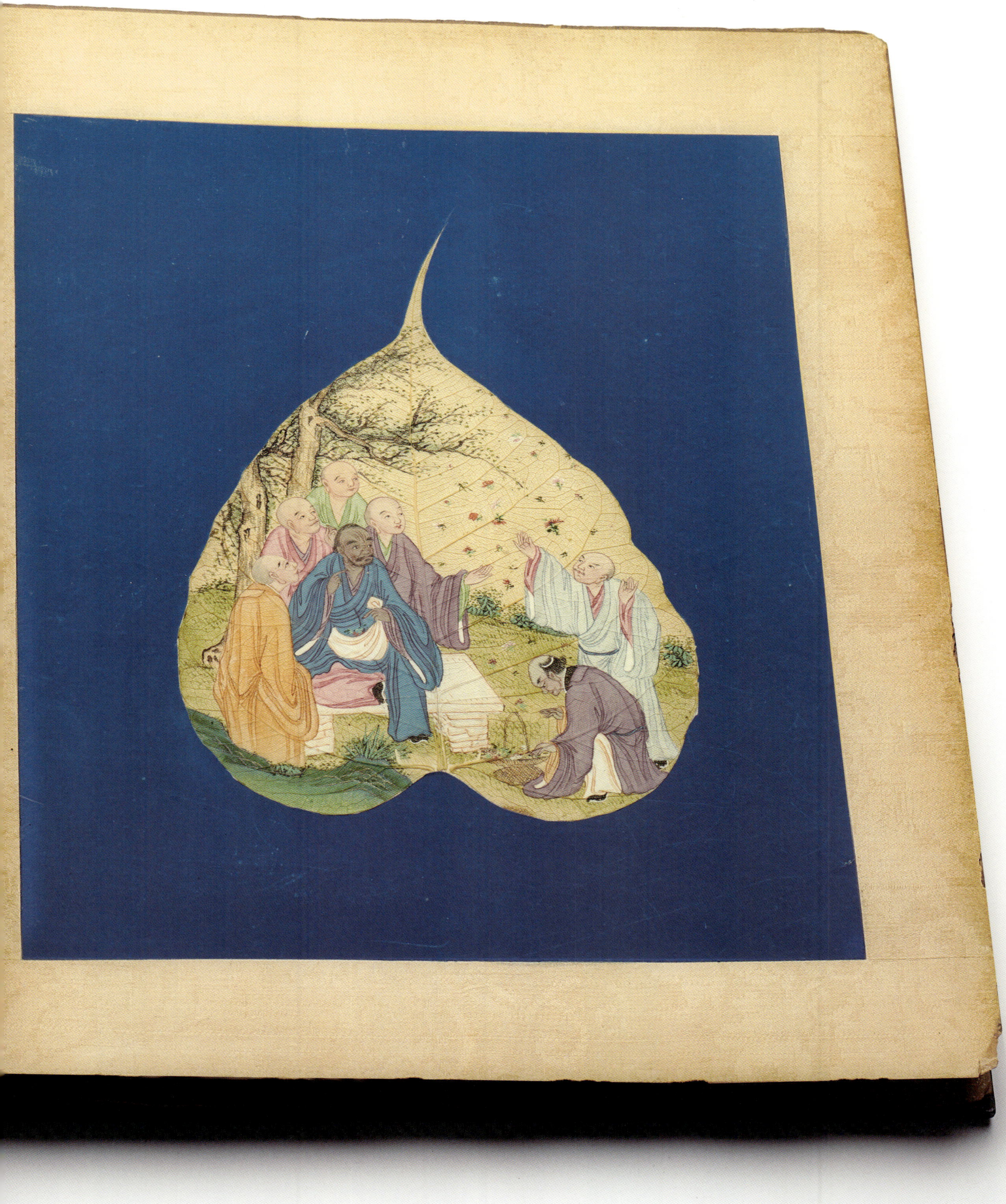

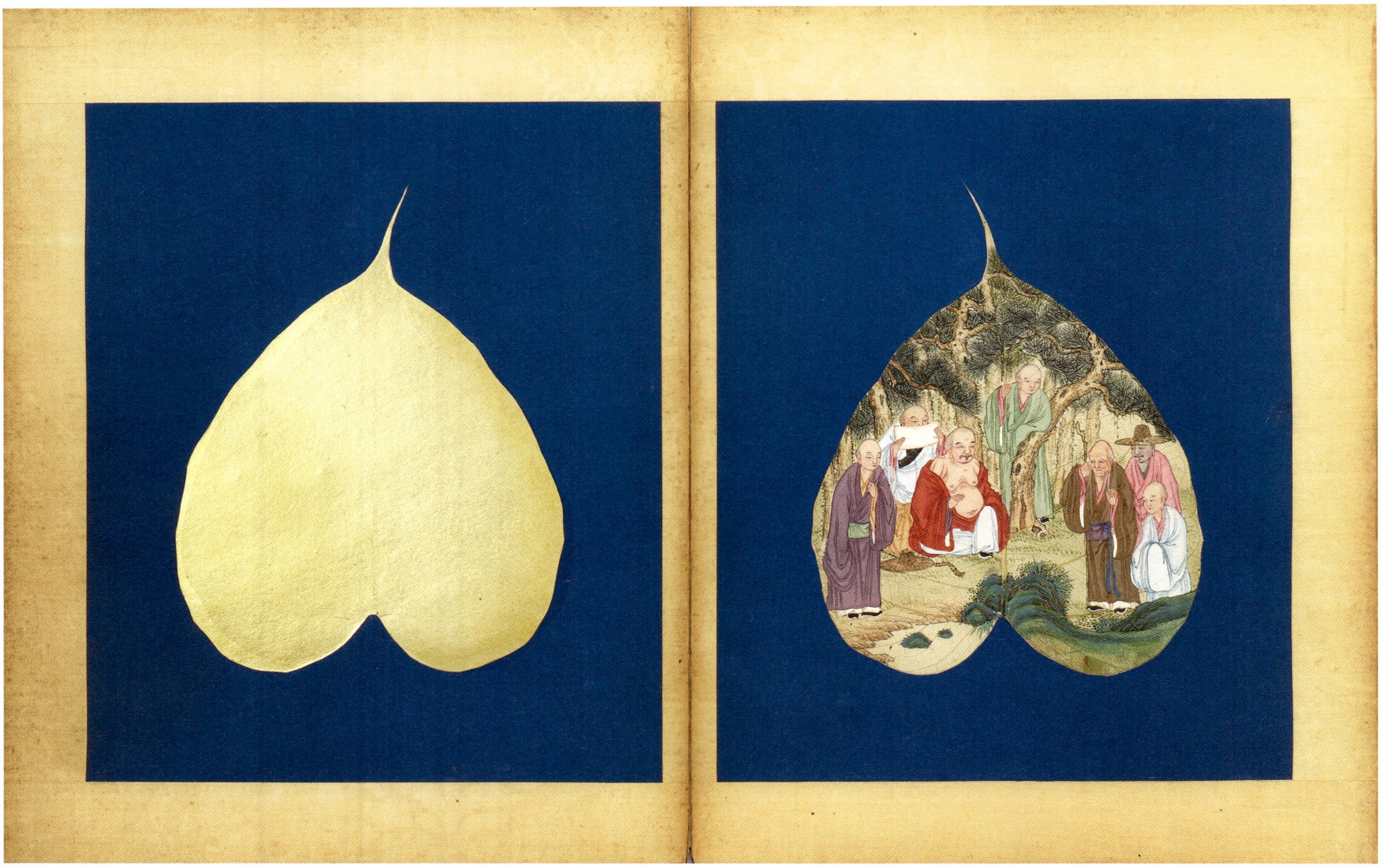

086 寿佛万年

清内府菩提叶彩绘本

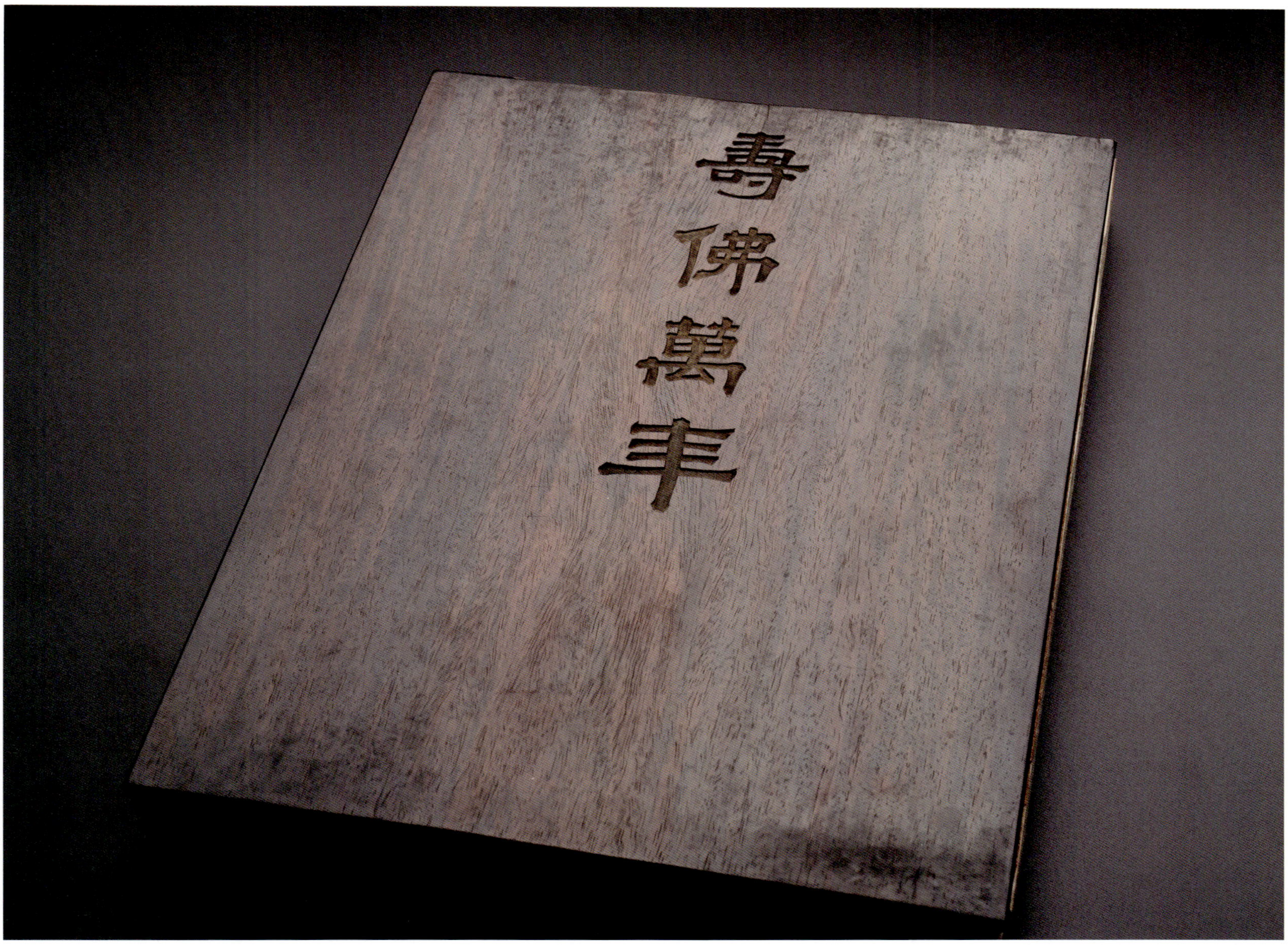

紫檀面板，镌“寿佛万年”四字，册页内用明黄色绫裱边。菩提叶矿彩精绘二十图，宫廷制作不惜工本。

菩提树叶近心形，其状与佛教名词“菩提心”相像。“菩提心”全名“阿耨多罗三藐三菩提心”，语意为“无上正觉正等”，佛教以它为理想的最高果位，凡有求得这种果位的心愿，即“菩提心”。

题跋：此画帖は、东京帝国博物馆长股野琢、号蓝田先生が香炉园の别荘に御越の节、鉴定を受け非常の赏赞を博したる品に付き、右蓝田先生にご照会あれば、品物及び直段等宜しく分明致すべく候。宛名は东京帝国博物馆长股野琢殿。

说明：东京博物馆馆长股野琢旧藏并题跋。

（张传奇）

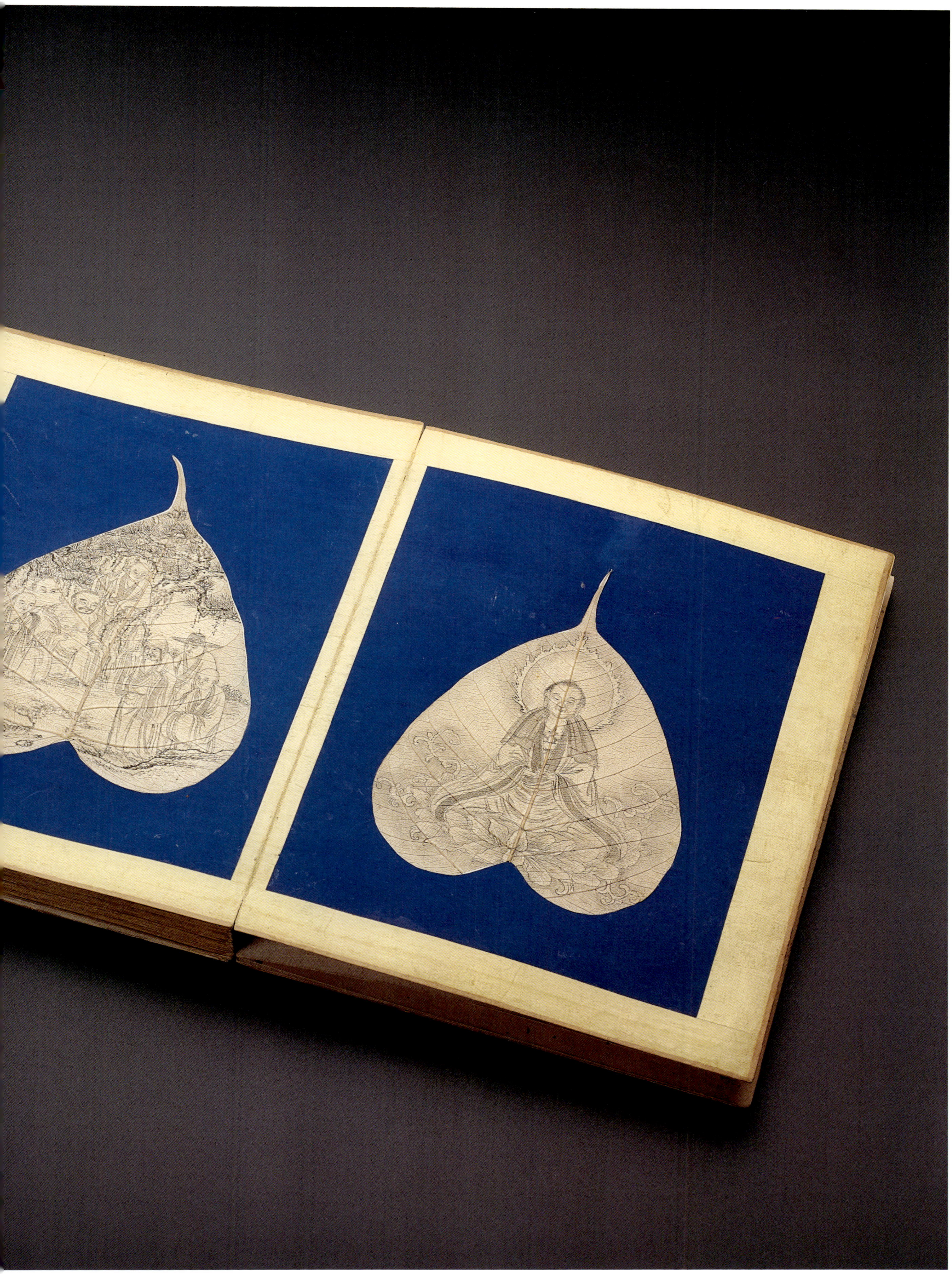

金剛般若波羅蜜經
如是我聞一時佛在舍衛國祇樹給孤獨園與大比丘衆千二百五
十人俱爾時世尊食時著衣持鉢入舍衛大城乞食於其城中次第
乞已還至本處飯食訖收衣鉢洗足已敷座而坐一時長老須菩提
在大衆中即從座起偏袒右肩右膝著地合掌恭敬而白佛言希有
世尊如来善護念諸菩薩善付囑諸菩薩世尊善男子善女人發阿
耨多羅三藐三菩提心云何應住云何降伏其心佛言善哉善哉須
菩提如汝所說如来善護念諸菩薩善付囑諸菩薩汝今諦聽當為
汝說善男子善女人發阿耨多羅三藐三菩提心應如是住如是降
伏其心唯然世尊願樂欲聞二佛告須菩提諸菩薩摩訶薩應如是
降伏其心所有一切衆生之類若卵生若胎生若濕生若化生若有
色若無色若有想若無想若非有想非無想我皆令入無餘涅槃而
滅度之如是滅度無量無數無邊衆生實無衆生得滅度者何以故
須菩提若菩薩有我相人相衆生相壽者相即非菩薩三復次須菩
提菩薩於法應無所住行於布施所謂不住色布施不住聲香味觸
法布施須菩提菩薩應如是布施不住於相何以故若菩薩不住相
布施其福德不可思量須菩提於意云何東方虛空可思量不不也
世尊須菩提南西北方四維上下虛空可思量不不也世尊須菩提
菩薩無住相布施福德亦復如是不可思量須菩提菩薩但應如所
教住四須菩提於意云何可以身相見如来不不也世尊不可以身
相得見如来何以故如来所說身相即非身相佛告須菩提凡所有
相皆是虛妄若見諸相非相即見如来五須菩提白佛言世尊頗有
衆生得聞如是言說章句生實信不佛告須菩提莫作是說如来滅
後後五百歲有持戒修福者於此章句能生信心以此為實當知是

087 无量寿佛

清内府菩提叶写绘本

紫檀盖盒装置，底座内四周用明黄色绫托底，册页前后配紫檀夹板，金笺题签“无量寿佛”，内用明黄色绫裱边。菩提叶上白描精绘二十二幅图，后附《金刚般若波罗蜜经》和《心经》。

（张传奇）

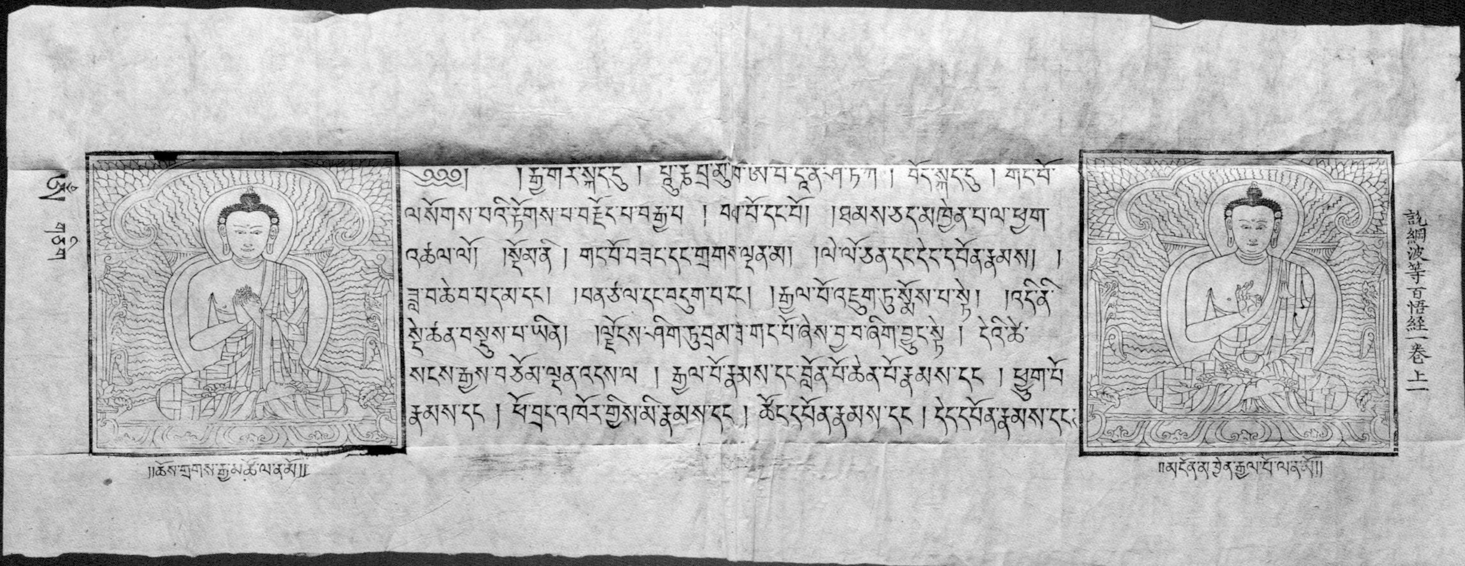

説綱波等百悟經一卷上一


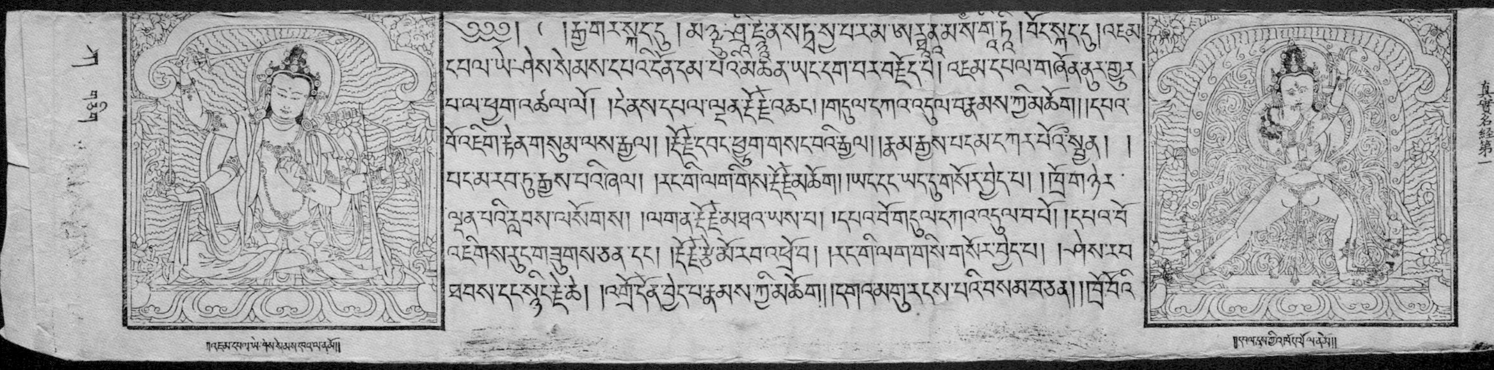

真實名經第一


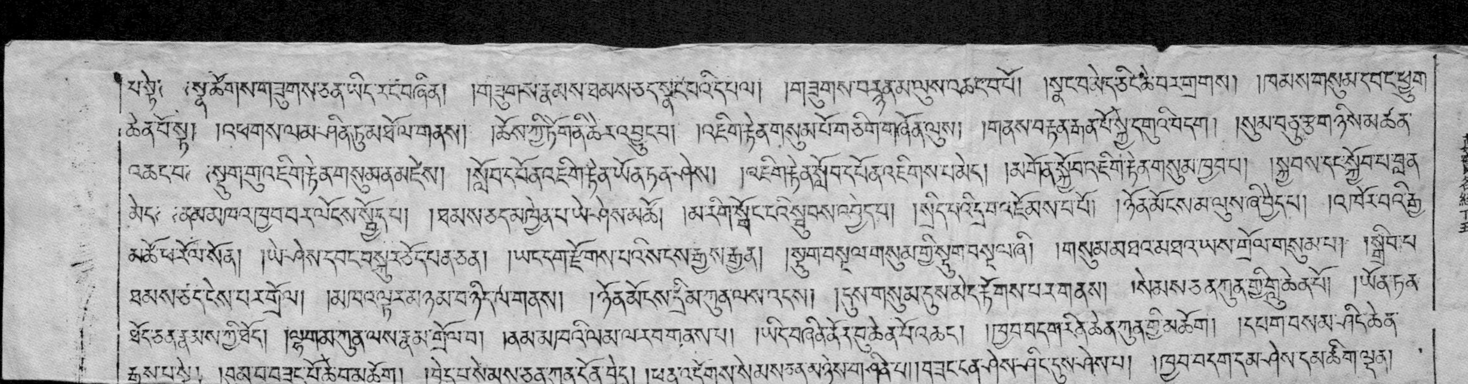

真實名經下五


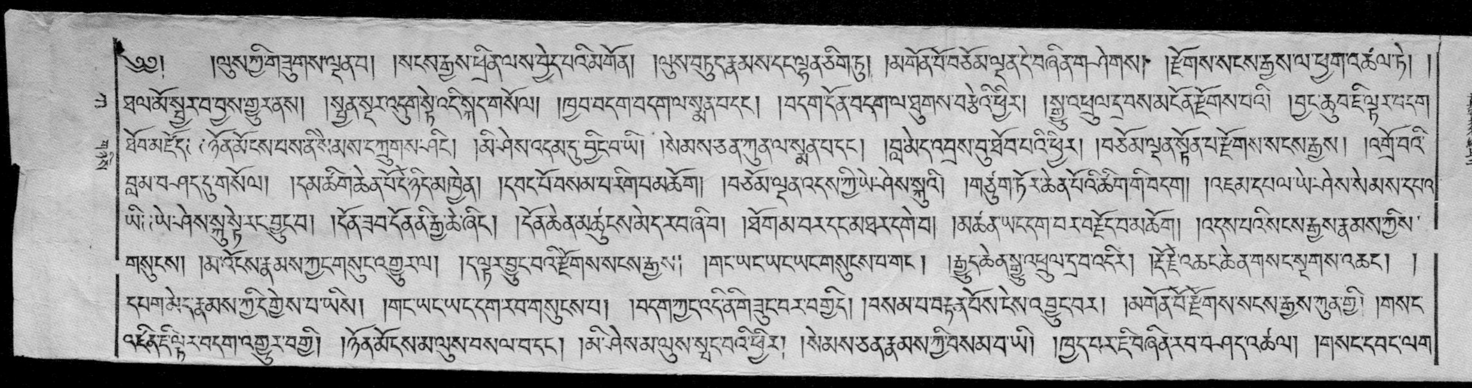

真實名經上三

088 

## 万历版大藏经

明万历二十二年至三十三年（1594—1605）藏文刻本

卷装，高15厘米，长68厘米。不同于以往《甘珠尔》梵夹装的装潢，无上下夹板，而是收卷成卷筒状，外侧用绵纸包裹，接缝处贴黄纸题签，题签印有该卷经名，装潢形制极为特殊，推断为装藏供奉所用。

明万历二十二年（1594）皇帝朱翊钧下令，以永乐版《甘珠尔》为底本，并按皇太后旨意增补刊刻四十二部显密经典，万历三十三年（1605）刻印完成，称为万历版《甘珠尔》。今有关于万历版《甘珠尔》记载极为稀少，大多笼统模糊，国内从未见有著录，此次发现无疑为研究万历版提供了新的实物资料。

（及章伟）

089 | 大般若经第十二卷

明万历三十六年至天启元年（1608—1621）云南丽江土司藏文朱印本

梵夹装，经叶每张高 21 厘米，长 67 厘米。明万历三十六年（1608），第十九代云南丽江土司噶尔玛·弥旁索郎绕登（汉名木增）遵照噶尔旺·曲杰旺修上师（噶举派第六世夏玛巴活佛）之命，出资刊刻《甘珠尔》；由第六世夏玛巴和第五世司徒曲吉坚赞活佛等担任主校，以蔡巴写本《甘珠尔》为底本，历时十三年，于天启元年（1621）完成（一说天启三年）。是经朱墨上版，使用当地皮纸印制，质地坚韧。各经函扉页的佛像为七佛、各大声闻弟子、二圣六庄严、八大如来、八大菩萨、十六尊者、护法七尊者。

丽江版《甘珠尔》的刊刻开启了藏地刊印《大藏经》之先河，是藏地第一部刻本《甘珠尔》；在其之后的卓尼版、德格版《大藏经》均以丽江版为主要底本，对藏传佛教的传播起到了至关重要的作用。

（及章伟）

聖勝法念住經第二 卷下三

090 圣胜法念住经第三

清康熙三十九年（1700）内府刻藏文朱印本

是经梵夹装，经叶每张高 21.5 厘米，长 72 厘米，为清内府所刻第一部大藏经，由康熙皇帝敕命刻印，自康熙二十二年（1683）开雕，历时十七年，至三十九年（1700）竣工，史称“北京版”，又因版存嵩祝寺，又称“嵩祝寺版”。每夹上下护经板内侧各有三色织锦（又称三色经帘，其意代表三方佛）覆盖其上加以保护的“合欢门”；两侧“合欢门”内各有一尊金碧彩绘如来趺坐于莲花座上的说法图，中间泥金书经名；下护经板有精心描绘的四大护法神。经叶为双面朱印，码放整齐后，为防经叶散乱，侧面经墙彩绘幢、鱼、瓶、莲、海螺、盘肠、宝伞、金轮吉祥瑞；一端朱红、墨彩绘制喷焰摩尼图，另一端绘制火焰图，图中用藏文书写该卷经名。全部刊刻、装潢完成后，总一百零九夹（函）。

（及章伟）

091

# 秘密经卷第四

清康熙五十九年（1720）内府刻蒙文朱印本

梵夹装，朱印，经叶每张高 24.5 厘米，长 72 厘米。是书为清代内府所刻第二部大藏经。

清康熙五十六年（1717）康熙皇帝敕命乾清门侍卫拉锡主持刻印工作，据藏文本翻译而成，清康熙五十九年（1720）完成，共刻版 45000 余块，耗银 36000 两，每印刷并装潢一部耗银 7687 两 9 钱。

蒙古文《甘珠尔》经装潢形制与彩绘佛像基本延续清内府刊藏文《甘珠尔》的艺术风格，共一百零八夹（函）。每函由经叶、内层护经板、外层护经板组成，内护经板皆为木质，中间凹进部分，上内护经板绘有彩绘佛像，中间墨色羊脑笺用蒙文沥粉贴金书顶礼佛、顶礼法、顶礼僧的敬语及每函第一部经名卷数（另有中间部分文字为朱印及整幅扉画尾画为朱印），下内护经板绘有彩绘五尊佛像，内经板多由五层或三层织锦经帘覆盖。

（及章伟）

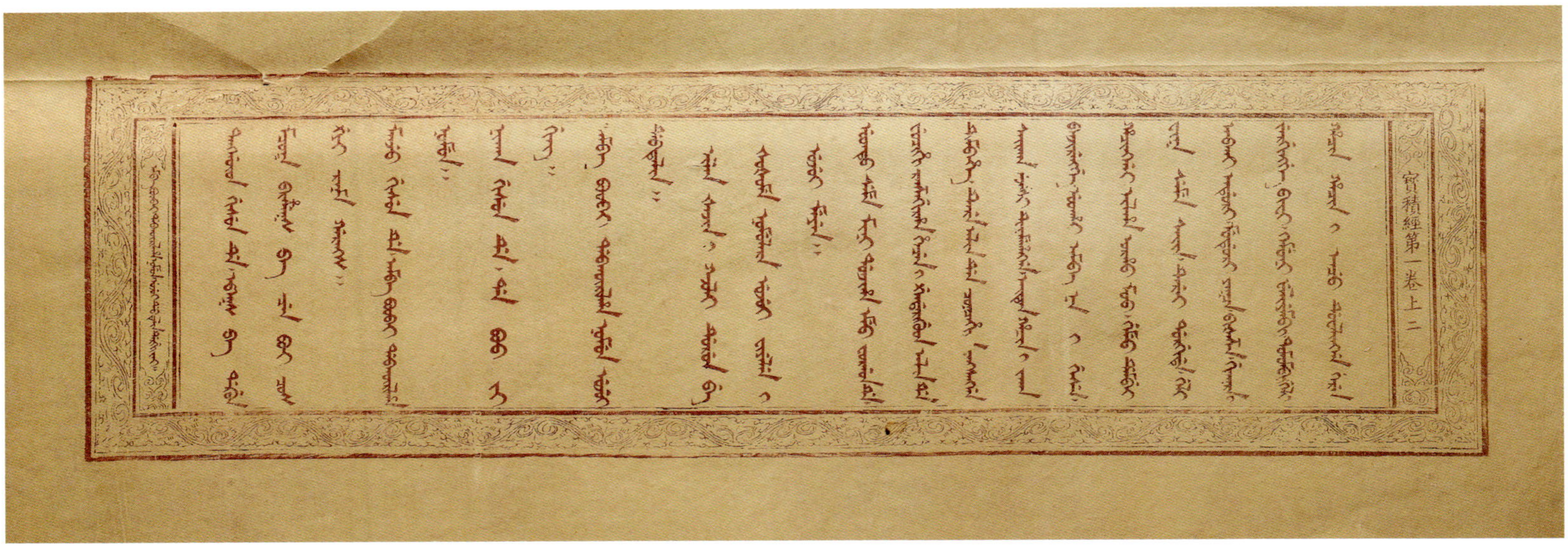
寶積經第一卷上二

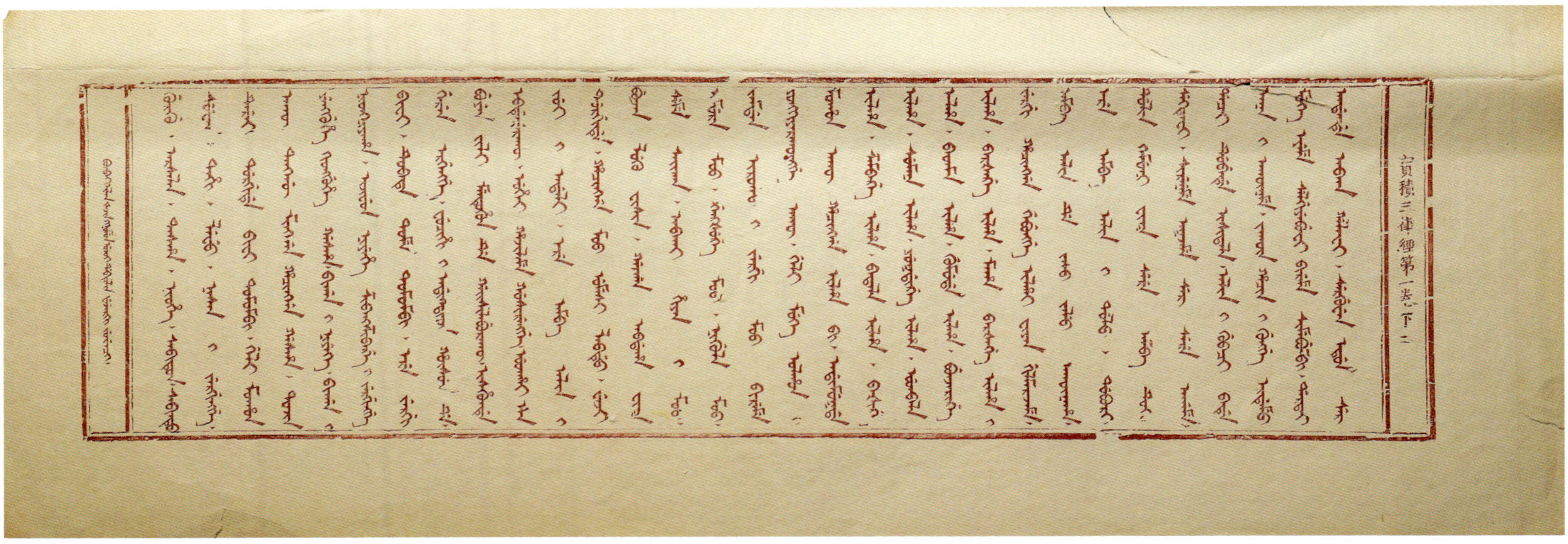
寶積三律經第一卷下二

二 般若經第四卷

涅槃經第一卷

092

# 满文大藏经

清乾隆内府清字经馆刻本

满文《大藏经》又称《清文翻译全藏经》，版框高24.5厘米，长72厘米。此部为2003年故宫博物院用旧藏雕版重印本。

清乾隆三十七年（1772）内府设“清字经馆”负责满文《大藏经》的经文翻译与刻印。是经以汉文《大藏经》为主，兼以蒙文、藏文、梵文《大藏经》为底本翻译而成。乾隆五十五年（1790），翻译工作完成，部分经卷印刷成册。同年十二月，清字经馆失火，损失惨重，部分经版被烧毁。后又经重新补刻，于乾隆五十八年（1793）全部刷印装潢完成，共印十二部。

每函由经叶、内层护经版、内经衣、外层护经版和外层经被组成，经页朱色双面印刷，为清内府所刊刻的第四部大藏经，也是最后一部。清朝政府大量翻译和刊刻佛教经典，促进了蒙古、藏、汉、满等多民族之间文化的深度交流，为各民族团结起到了至关重要的作用。

（及章伟）

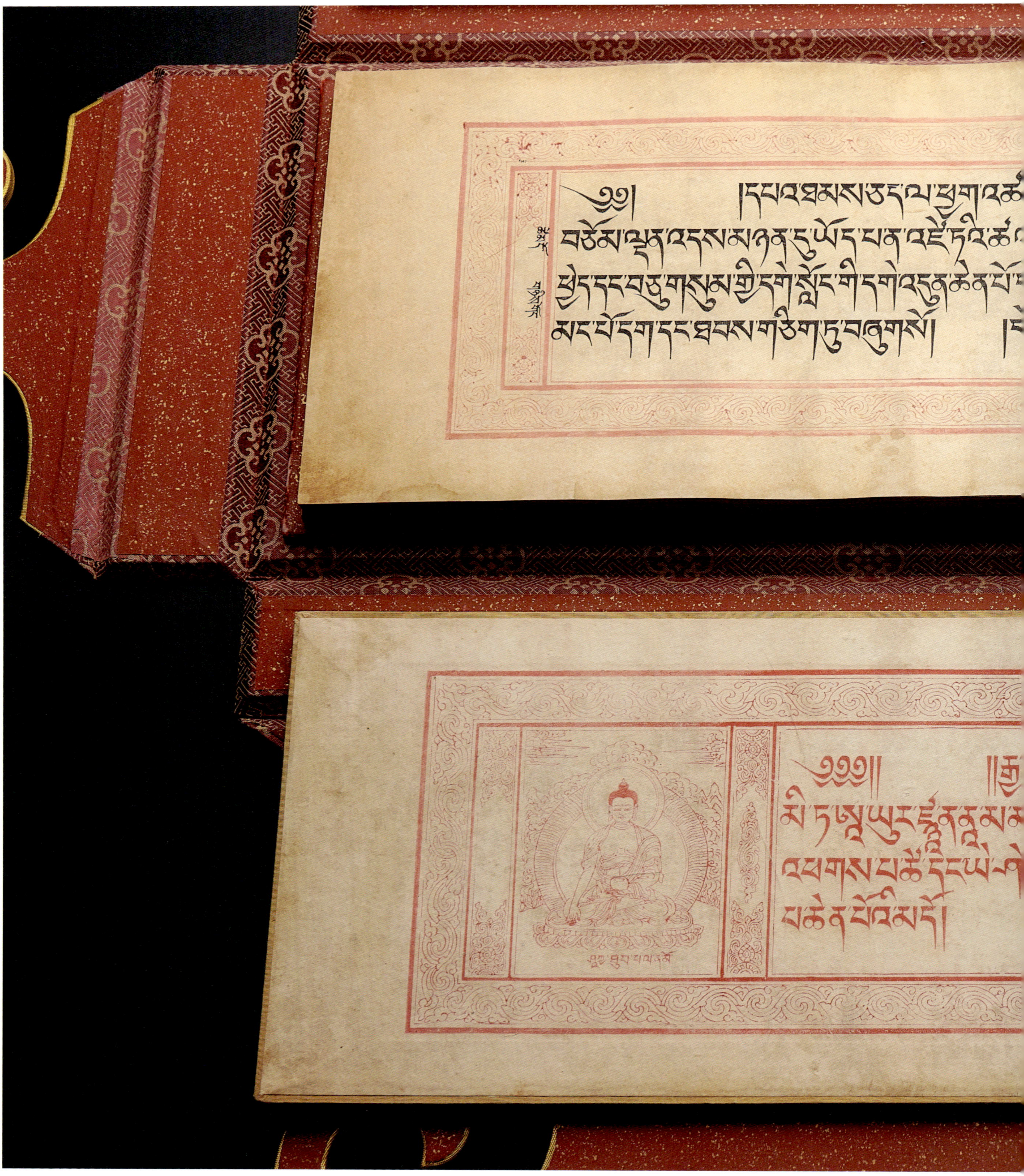

093 无量寿经 无量寿经心要 无量寿灌顶

清乾隆内府藏文朱墨套印本

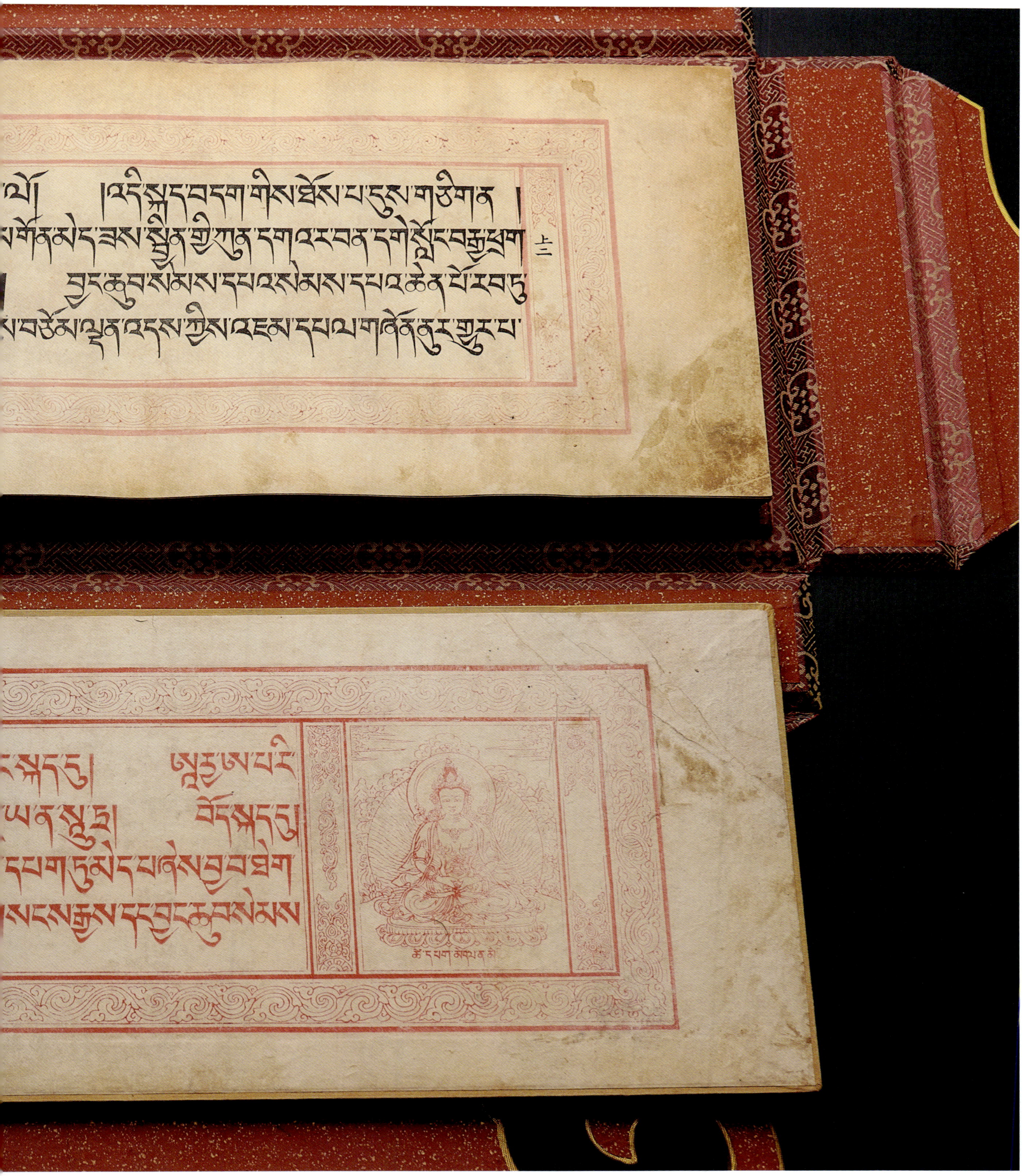

梵夹装，经叶每张高 17 厘米，长 57 厘米。卷首左右两侧各有一尊佛图，卷末有四位护法天神，左至右分别为南方增长天王、东方持国天王、北方多闻天王、西方广目天王。

自元代发明套版印刷以来，对后世书籍的制作产生了广泛影响，多应用于汉文书籍与版画，在藏文佛经中十分罕见。是经四周版框朱印、经文使用套印。其刊刻精良、套印精准、开卷使人赏心悦目。使用套版印刷工序复杂，造价也相比整版印刷更加高昂。

（及章伟）

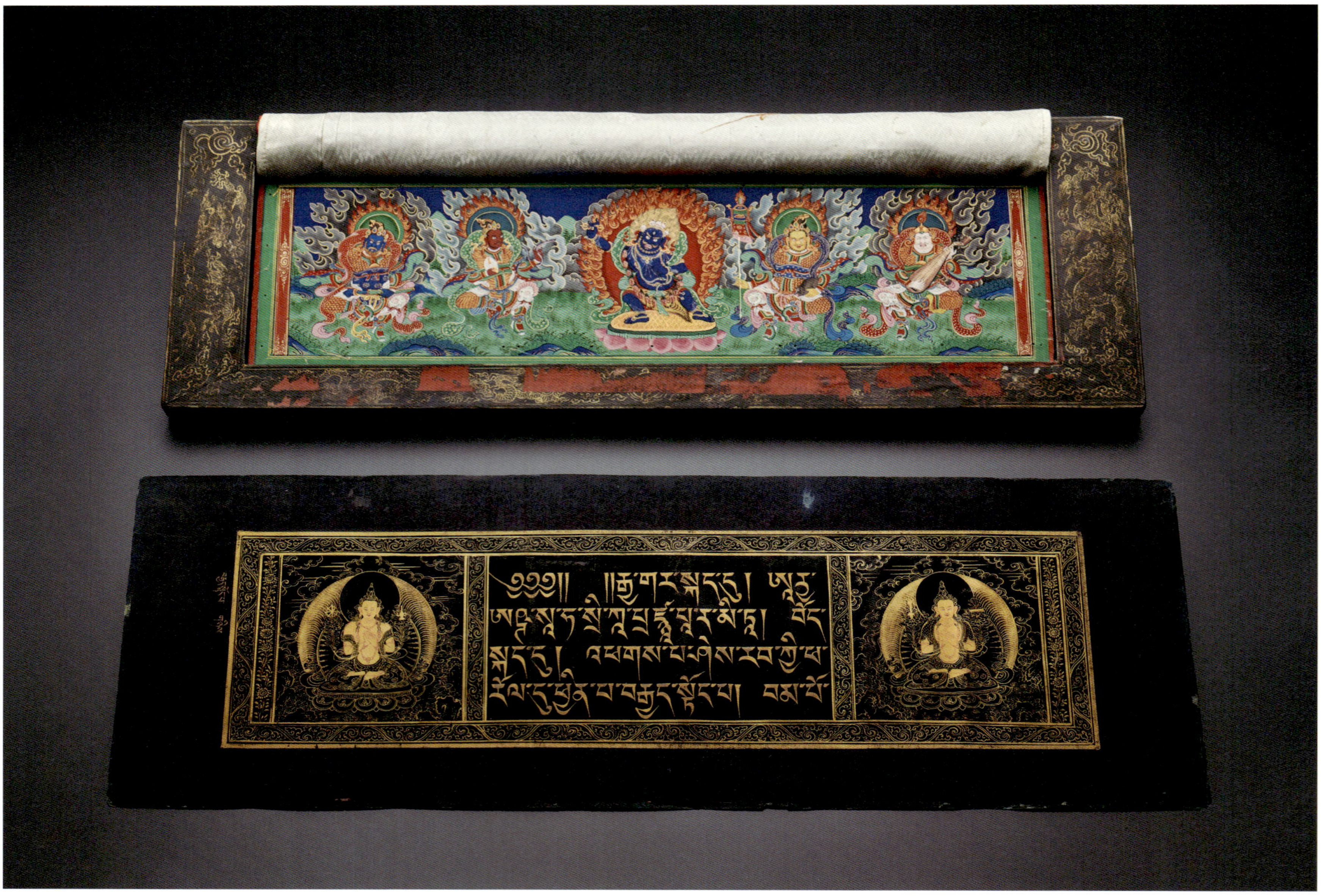

094

# 大般若八千颂

清内府羊脑笺泥金写藏文本

梵夹装，每叶高 23.6 厘米，长 72 厘米，由深蓝色羊脑笺瓷青纸托裱而成，四周栏线泥金描绘西番缠枝莲纹，经叶双面用泥金精写正楷藏文。堆叠整齐后，前后经墙以泥金绘胜利幢、金鱼、宝瓶、妙莲、右旋螺、吉祥结、宝伞、法轮、八吉祥图案，左右两侧经墙绘喷焰摩尼宝图案，及本函部类，函号经文标目。这些图案体现了经典的庄严肃穆，又可防止经页排放错乱。

宫廷泥金写本藏文佛教经典，是一直秘藏皇宫的珍贵佛门圣宝，大多是由帝王帝后敕命高僧与臣工精心校对缮写，并使用顶级物料，诚心发愿所制，以求永世传承。这些佛教经典书写材料独特，版本精良，虽卷帙浩繁，但缮写与装潢极其考究，非集倾国之力难以完成，在中国典籍史、文化史上都占有重要地位。

是书卷首的佛图栩栩如生，金光四射，立体感极强。用笔粗细有度，笔体刚柔并济，经文风格整齐划一，令人叹为观止。目前可查清内府旧藏景泰七年（1456）本、康熙八年（1669）本、乾隆三十五年（1770）本等，且历尽兵燹水火之厄，几经流散。此本未见著录，与以上诸本均有不同，风格更近康熙八年本，为研究内府泥金写本提供了重要实物依据。

（及章伟）

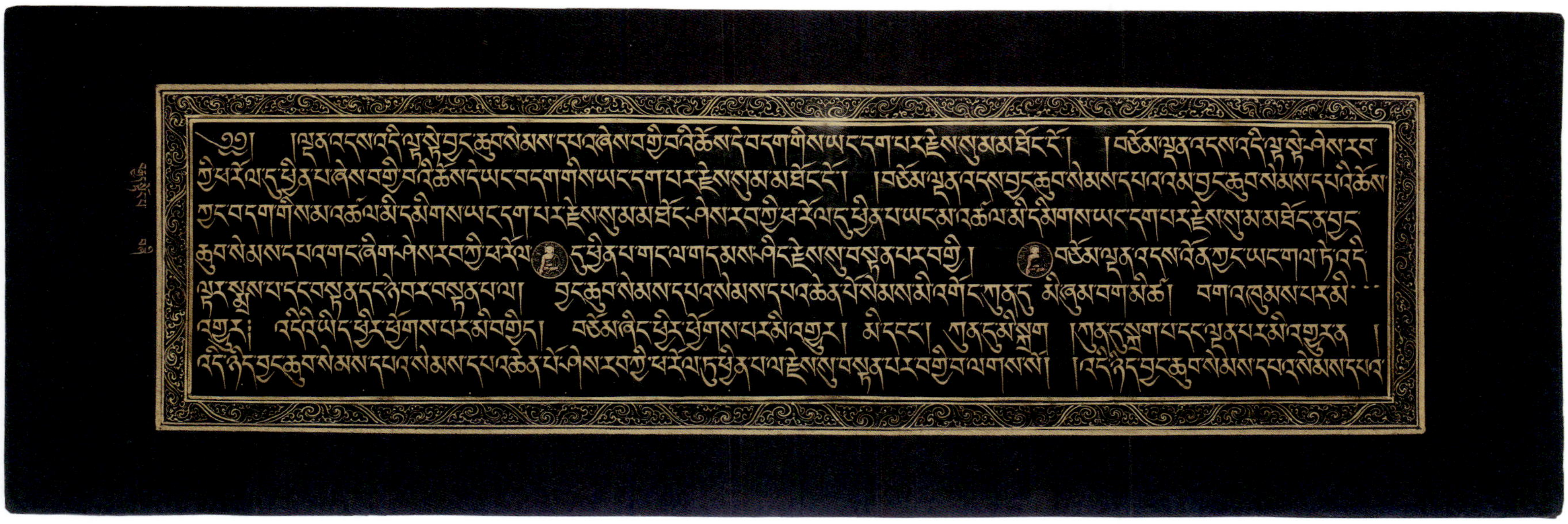

095 莲花生大师本生传

清藏文羊脑笺泥金写本

《莲花生大师本生传》一夹，每叶尺寸高19厘米，长65厘米。梵夹装泥金写本，不仅是藏族、蒙古族信徒心中供养的无上法宝，更是他们深沉信仰与美好祝福的具象体现。这些经典之作，皆以珍贵的羊脑笺为载体，泥金书写，工艺精湛，装潢华丽，不仅展现了高超的书法艺术与绘画技艺，更深刻反映了当地人民的宗教生活、独特生活方式及高尚的艺术审美情趣，无疑是佛教文化与艺术领域中的璀璨明珠，承载着无尽的历史与文化价值。

莲花生大师，乃藏传佛教之重要奠基者，其功绩卓著，影响深远。公元八世纪，他毅然入藏，以弘扬佛法为己任，不仅创立了西藏历史上的第一座寺院，更从遥远的印度迎请无垢友等大德高僧入藏，共同致力于将重要的显密经论译成藏文，为西藏佛教的传播与发展奠定了坚实的基础。同时，他还创建了显密经院及密宗道场，开创了在家与出家两种圣者应供的轨范，这一系列举措，无疑为西藏佛教的繁荣与发展铺设了坚实的基石。

本生传作为西藏古典传记文学的重要体裁之一，其文体独特，内涵丰富，历史悠久，堪称藏族文学之瑰宝。它以生命平等与利益众生为核心思想，以流转不停的生死轮回为故事主线，巧妙地将神话、故事、传说、历史等元素融为一体，通过罗列诸多经世传奇，形成了独一无二的叙事模式。传中详细记载了莲花生大师生生世世历经世间冷暖，以无畏的智慧与慈悲，帮助众生脱离苦海，走向解脱的壮丽事迹。这些传记作品具有极高的文学价值与人文精神，而成为了藏族人民心中永恒的信仰与精神的寄托。

此经叶双面均以泥金精心书写正楷藏文，字迹工整有力，金光熠熠。经文之中，更绘有释迦牟尼一佛二弟子像、莲花生大师像、护法金刚像等庄严法相，每一幅都堪称艺术珍品，不仅展现了藏传佛教艺术的独特魅力，更让人在欣赏中感受到无尽的慈悲与智慧。

（王帅）

096 

# 吉祥时轮类书

清藏文羊脑笺八宝写本

《吉祥时轮类书》一夹，每叶尺寸高 16 厘米，长 56 厘米。梵夹装。此书最为独特之处，在于其书写藏文所用的八宝墨。此墨由金、银、珍珠、珊瑚、百海螺、红树汁、朱砂、绿松石等珍贵材料精心研磨而成，墨色鲜艳夺目，书写整齐划一，犹如佛光普照，令人叹为观止。

经文中装饰有释迦牟尼佛像、四大天王等庄严造像。释迦牟尼佛像慈悲安详，仿佛正在为众生说法；而四大天王造像则力感十足，威猛庄严。这些造像展现了藏传佛教艺术的独特魅力。

《时轮经》，亦称《吉祥时轮续》，乃密教经典中的瑰宝，相传为释迦牟尼佛应香巴拉法王月贤等九十六小国之虔诚祈祷而讲，后由月贤大士亲自笔录成书，共一万二千颂，规模宏大，内容深邃。此经为密教经典中出现时间最晚的一部，于 1027 年被译成藏文，流传至今。

依据《时轮经》制定的时轮历融合了天文、历法、宗教等多重元素，为藏族社会的生产生活提供了重要的时间依据，展现了藏族文化的博大精深。

此经为长方形散页，两面均精心书写，经页选用绀青色纸，以金汁书写经文，字体工整秀丽，端庄大方。装帧更是豪华非凡，木质经夹板正面彩绘雕刻千佛尊像，边围则绘以莲花纹饰，寓意清净无染，超凡脱俗。整件作品不仅是一件珍贵的佛教艺术品，更是一部承载着深厚历史与文化价值的佛教经典。

（王帅）

097 十万恒特罗部 甘珠尔续部

清藏文羊脑笺泥金写本

此为藏传佛教密宗时轮金刚密法重要文献《灌顶略标》之内容，本卷主要讨论时轮金刚密法弘传的历史及核心观点。介绍了在时轮体系中有关二谛、灌顶、戒律等内容。

经卷由藏文新字楷体写就，立粉金。梵夹装。每叶尺寸高19厘米，长62厘米。经文中央的两个圆圈为仿制梵文装帧方式，起穿绳固定的作用。

（周艳）

098

# 大般若十万颂

清藏文羊脑笺泥金写本

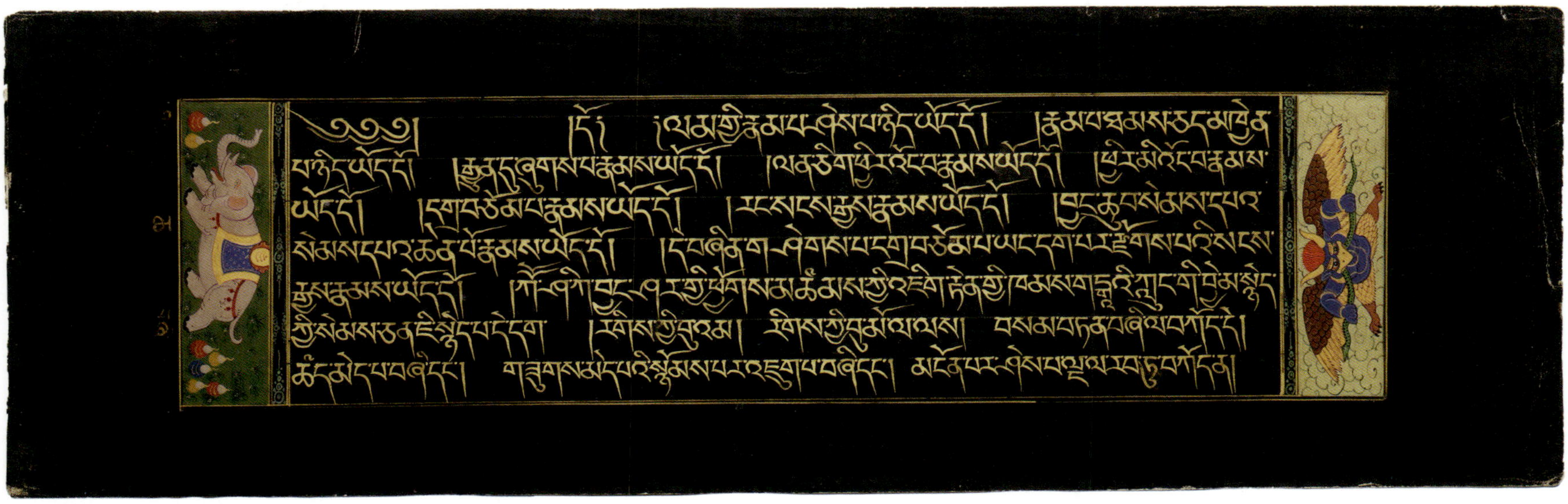

此为佛教般若类相关经典。在藏传佛教般若类文献体系中，主要有母子十七部般若，其中母般若详、略各有三部，分别为：《般若十万颂》《般若两万五千颂》《般若一万八千颂》《般若一万颂》《般若八千颂》《功德宝聚经》；子般若有十一部，分别为：《般若七百颂》《般若五百颂》《般若三百颂》《般若一百五十颂》《般若一百颂》《般若五十颂》《般若二十五门》《大般若波罗蜜多经第十六回》《帝释请问经》《短颂》《般若心经》。

本经卷为《般若八千颂》第三百三十卷，使用藏文新字楷体写就，墨笺。梵夹装。每叶尺寸高 20 厘米，长 61 厘米。

（周艳）

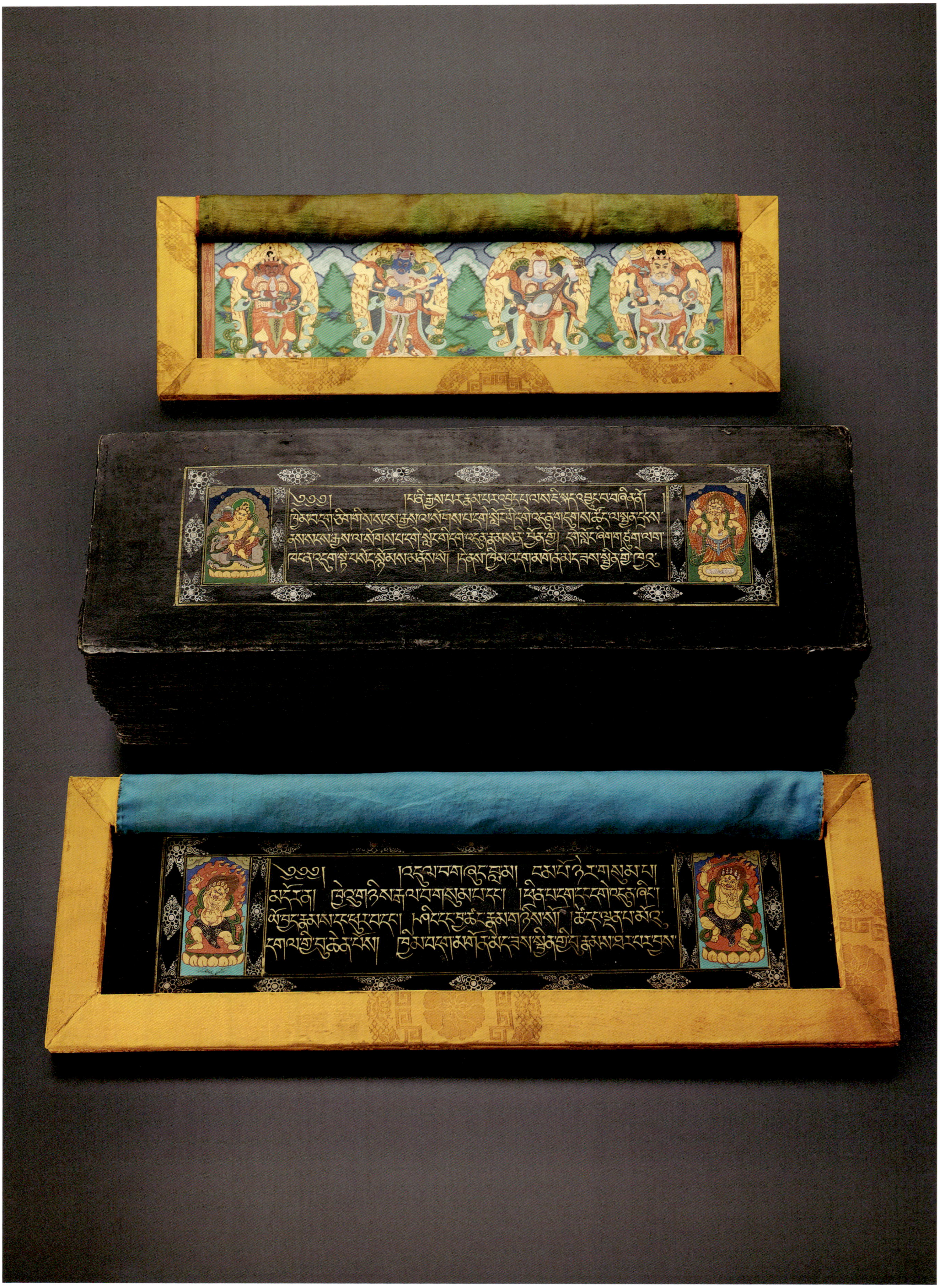

099 

# 甘珠尔 律部

清藏文羊脑笺泥金写本

此为佛教戒律相关文献，在藏传佛教戒律文献体系中，除《比丘别解脱经》根本文献，还有释经与同分经，其中释经主要包括《律本事》《律分别》《律杂事》《律上分》。其中《律分别》汉译为《根本说一切有部毗奈耶》，二十卷，唐义净译；《律上分》无汉译。

经卷内容由藏文新字楷体写就，墨笺，梵夹装。每叶尺寸高 20 厘米，长 61 厘米。护经板人物像为佛教四大天王，左起分别为西方广目天王、南方增长天王、东方持国天王、北方多闻天王。在佛教神灵体系中，四大天王有护持佛法、兴盛佛教职责，故四天王像常被置于经文末尾，以示佛正法所在。彩绘人物均由矿物颜料绘制而成，主要手法有平涂、点涂、勾线、描金等。

（周艳）

100

# 圣广大游戏大乘经

清蒙文羊脑笺泥金写本

《圣广大游戏大乘经》，收录于蒙古文《甘珠尔经》诸经部，梵夹装，每叶尺寸高 17 厘米，长 62 厘米。这部蒙古文版《圣广大游戏大乘经》是由 17 世纪著名的翻译学家锡埒图·固什·却尔济翻译为蒙古文。

锡埒图·固什·却尔吉，蒙古族喇嘛学者，翻译家。亦名文殊席利·固什·却日吉或班第达·固什·却尔济瓦。库库河屯（今呼和浩特）人，第三世达赖喇嘛门徒。曾应阿巴岱汗邀请，代表第三十达赖喇嘛至喀尔喀蒙古传教，参与组织创建额尔德尼召（位于鄂尔浑河畔）。一生主要从事藏文典籍的翻译和著述。他的译著颇为丰富，涵盖了《甘珠尔经》《十万颂大般若经》《米拉日巴转》《玛尼甘布》等诸多经典。其中，代表作《本义必用经》，对后世蒙古族的哲学以及史学发展都产生了重大影响。

（敖日格乐）

101 | # 梵文 泥金写经

元代

本卷内容主要是由《尊胜佛母陀罗尼》等咒语组成的短篇经集，主要用来放在佛塔、佛堂内供养。在藏传佛教的信仰实践中，兰札体梵文主要用来装饰门楣、转经筒等。

该经文字为兰札体梵文，元代泥金写本。梵夹装。每叶尺寸高 5 厘米，长 16 厘米。人物像有释迦牟尼佛、黄财神、文殊菩萨、四臂观音等。

（周艳）

一十一人詩兩篇成一十五人詩一篇成一十六人詩不成各飲酒三觥

右王羲之脩禊帖為古今書法第一
自唐以来摹搨相尚各有不同而傳之
久遠者惟石刻存故後世有定武褚遂
良諸家不啻數十本贗者尤衆惟以定
武本為逼真其他亦有可觀者予閱之
頗多今以定武本三褚遂良本一唐模
賜本一刻之於石復書諸賢詩倣李伯
時之畫兼禊帖諸家之説共為一卷讀
書之暇惟自以為清玩非敢遺示于人
以為楷式也
永樂十五年歲在丁酉七月中澣書

一十一人詩兩篇成一十五人詩一篇成一十六人詩不成各飲酒三觥

102 乾隆御题补刻明代端石兰亭图卷

清乾隆四十五年（1780）内府乌金拓本

卷轴装，画心高 32 厘米，长 1733 厘米。卷首有乾隆帝谕旨并御制诗注，记录整个补刻工程的缘由。后依次为：明太祖朱元璋流觞图记（乾隆补）、定武兰亭一（乾隆内府藏宋拓补）、定武兰亭二（肥本）、定武兰亭三（虞世南、褚遂良、唐模赐本）、永乐十五年（1417）周定王世子朱有燉题记、传宋代李公麟绘《兰亭流觞图》（乾隆馆臣贾全补绘）、孙绰撰《后序》、唐柳公权手札、宋米芾跋王晋卿家藏兰亭三绝、宋高宗赵构御笔手诏两通、何延年《兰亭记》、刘竦《嘉话》、纪闻并书断、何子楚跋语、王明清《挥尘录》、曾宏父跋语、曹彦约跋尾诗句、姜夔《禊帖偏旁考》、黄伯居《法帖刊误》并《法书广录》、朱有燉草书题跋、朱之蕃题跋、沈幼文刻工款、赵孟頫定武兰亭十八跋、益王朱翊鈏题记；卷末为乾隆内廷翰林梁国治、董诰、曹文埴、沈初、金士松后记。

清乾隆四十五年（1780），内府得到了明代益王朱翊鈏重刻的《兰亭图》端石帖版十四段，入藏时已残缺。为了恢复其原貌，乾隆帝下旨补刻，将原石分为二十八段，所缺“定武本”以《石渠宝笈》中所藏宋拓摹补，《兰亭流觞图》则令画院供奉贾全临仿补刻，于乾隆四十六年（1781）完成。此长卷即乾隆内府使用乌金亮墨所拓原石并补刻本，墨色乌亮，字口清晰，图绘部分，用浓、淡墨双色套拓，奢华典雅。

（及章伟）

穀種如人心其中含生生
韶月開初律向陽草欲
萌三之日于耜東作農
將興筠筐浸春水次第
秧列成

浸種
路頭夜雨足門外春水生
筠籃浸淺碧嘉穀抽新萌
西疇將有事耒耜隨晨興
後雞祭勻芒再拜祈秋成

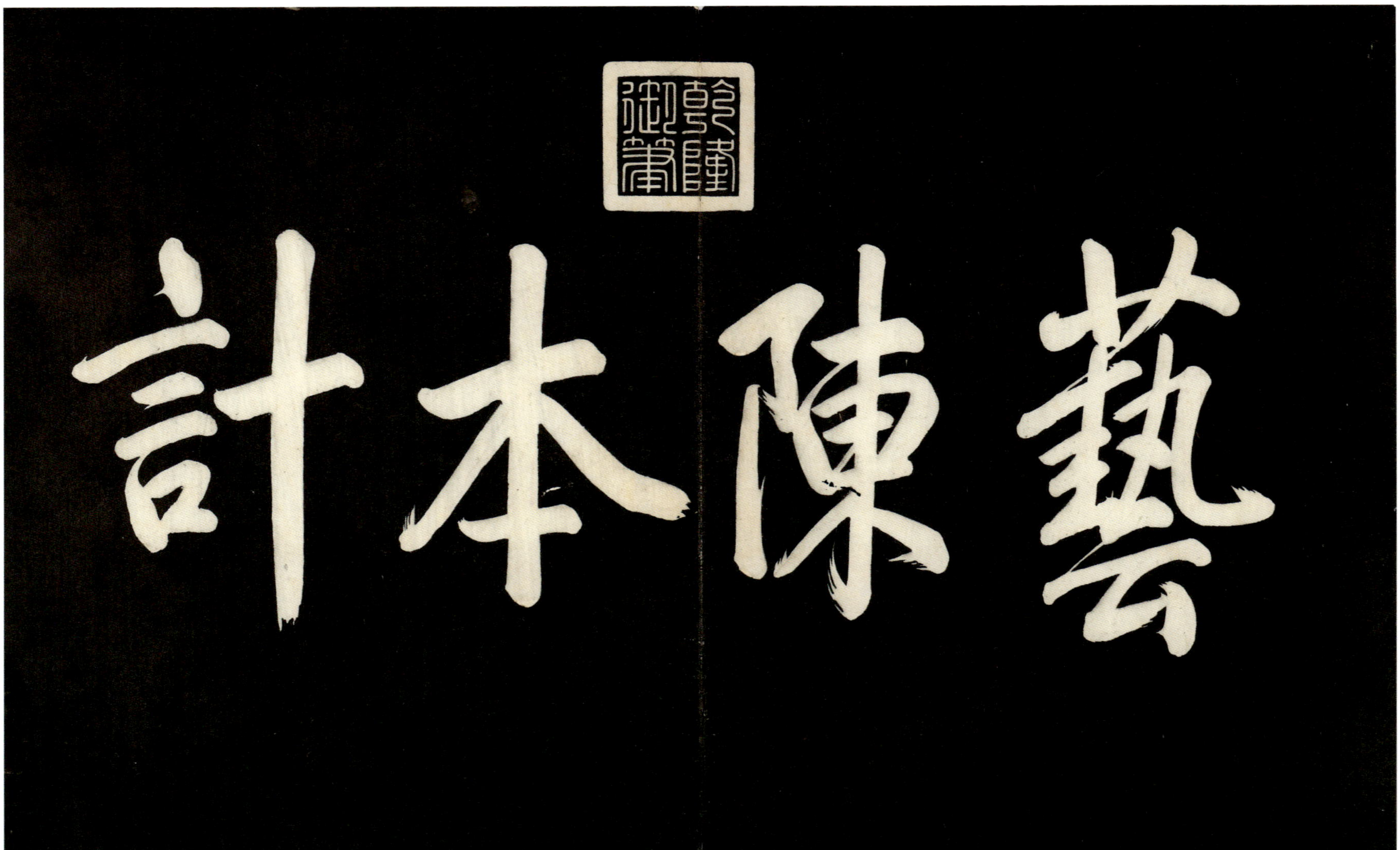
乾隆御筆
藝陳本計

103

# 御制耕织图

清乾隆三十四年（1769）内府乌金拓本

此部《耕织图》拓本存一册，每图长53厘米，高34厘米，原清宫装潢，乌金亮墨拓印，卷前裱有明黄色洒金蜡笺纸，上钤“静明园宝”朱文殿座方印；卷首刻高宗御笔题识，大意为乾隆年间画家蒋溥进呈此《耕织图》，曾附会为刘松年的《蚕织图》而编入《石渠宝笈》，实则为元代程棨摹楼璹《耕织图》二卷，存于圆明园多稼轩以北的贵织山堂，后命画院双钩临摹此图并勒石置于多稼轩，这便是拓本的由来。图中内分耕21图，织24图，共45图。图右方置画目，为原楼璹五言诗，字皆用篆书，旁附正楷小字释文，图空白处又有乾隆御笔行书诗一首。

清咸丰十年（1860）年圆明园被焚毁，原图流失，现藏美国华盛顿佛利尔美术馆。原刻石大多被毁，幸存部分于民国初年徐世昌占为己有，嵌在私宅画院中（今北京东四八条内），直到1960年，入藏中国历史博物馆（今中国国家博物馆）。

（及章伟）

舂碓
娟娟月過牆
簌簌風吹葉
田家當此時
村舂響相答
行聞炊玉香
會見流匙滑
更須水轉輪
地碓勞蹴蹋
溪田無滞穗秋末了
落業農夫那得閒相
杵聲互答一石舂九斗
精鑿期珠滑後有水
碓法觔輪代足蹈

九月築場
圃捆積頻
慶僂束稞
滿新架穗
種遺舊疇
周雅詠如坻
奄觀黃雲
秋迴顧淂
町百白水宍
浮
登場
禾黍已登場
稍覺農事優
黃雲滿高架
白水空西疇
用此可交歲
頑言免防秋
太平本無象
村舍炊煙浮

104

# 大方广佛华严经卷第五

（唐）实叉难陀译

明崇祯十六年（1643）刺血写本

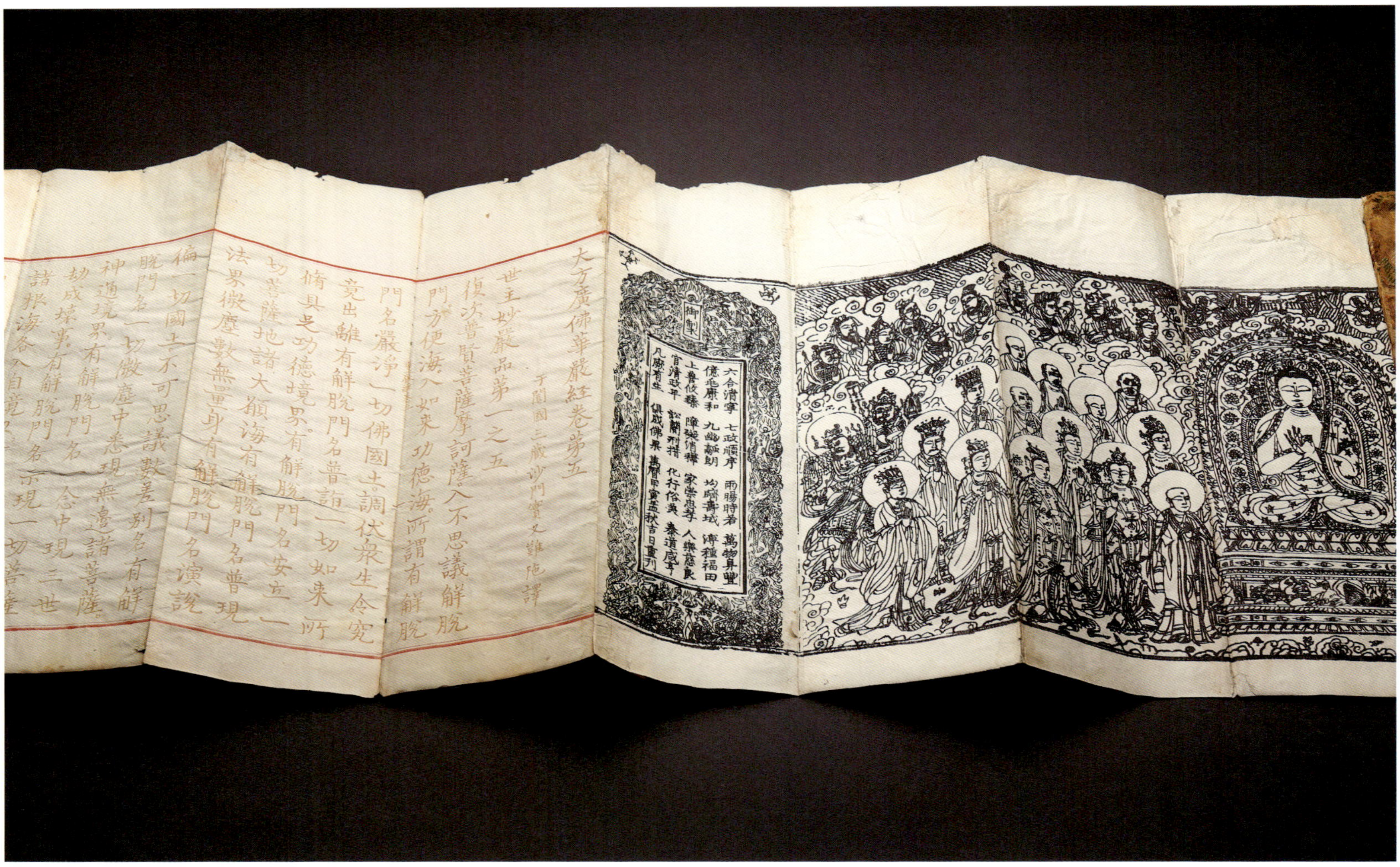


一册，经折装。开本高 35 厘米，宽 12 厘米。白绵纸本刺血写经，为卷第五。卷首为刊印说法图一幅，有“万历孟秋吉日重刊”款。经末有题记“明崇祯十六年四月初一日奉佛弟子佛种发心书写施降信士李时阶”。明代原装云纹灵芝图经面，经签为手书“大方广佛华严经卷第五”。

《大方广佛华严经》为华严宗根本教义，主要有三个汉译本：六十卷本为东晋佛陀跋陀罗译；四十卷本为唐代般若译；八十卷本为唐代实叉难陀译。实叉难陀本流传最广。

（米尔）

# 大方广佛华严经卷第二十五



（唐）实叉难陀译

明末清初刺血写本

一册，经折装。开本高 35 厘米，宽 12 厘米。白绵纸本刺血写经，为卷第二十五，每叶五行，行十五字，上下双边，边栏墨色漆黑。经末有韦陀像。七彩缠枝花卉杂宝纹经面。

此经为马春怀旧藏，末附 1993 年马春怀题跋一篇、雷梦水题跋一篇。雷梦水题跋“老友马春怀藏有残本……未悉何人手笔……沥血本盖旧岁佛门善士为祈福消灾求平安，而发愿刺血，书经供奉，以表心愿”。

雷梦水（1921 — 1994），河北冀州市谢家庄村人，中国书店店员，古籍专家，早年和孙耀卿一起在北京经营古籍。

（米尔）

妙法蓮華經卷第二
丘衆萬二千人俱皆是阿羅漢諸漏已
盡無復煩惱逮得己利盡諸有結心得自在
其名曰阿若憍陳如摩訶迦葉優樓頻螺迦

妙法蓮華経巻第七
妙法蓮華経巻第八
妙法蓮華経巻第六

妙法蓮華經卷第三
妙法蓮華經卷第一
妙法蓮華經卷第五
妙法蓮華經卷第二

106 妙法莲华经

（后秦）鸠摩罗什译

日本平安时期瓷青笺泥金写本

八册，经折装，高 30 厘米，宽 10 厘米。瓷青纸泥金写本，卷前有描金彩绘释迦牟尼说法图，卷末后绘有护法韦驮。经封绘有泥金莲花纹饰，并有题名。

《妙法莲华经》是天台宗依据的主要经典。汉文有三个译本：西晋竺法护译的《正法华经》，姚秦鸠摩罗什译的《妙法莲华经》，隋阇那崛多和达摩笈多译《添品妙法莲华经》。其中以鸠摩罗什的译本影响最大。鸠摩罗什译本又有七卷本、八卷本之分。传世文献中七卷本流传最广。

（米尔）

紅紙金泥寫經首跋
多氣志廬藏

妙法蓮華經卷第六

妙法蓮華經卷第六

月山大君生長皇家尊榮一極而不爲富貴所困
雅懷研真留神内典捐金帛以成此經爲世典
出世之資粮蓋自大通燈明以至于本師佛佛
出世祖祖相傳皆以此經眼目夫人天於是晃
孫孫滿天下燈燈而續焰在在而展經給隆恵
命而授受之無窮則我
大君世家承蘇綸綸而相爲表裏者不期然而然
者矣然則授誠對顔之能事端可以知其不誣
矣山人學祖敬跋

107 妙法莲华经卷第六

（后秦）鸠摩罗什译

高丽红笺泥金写本

一册，经折装，高41厘米，宽29.2厘米。红笺泥金写本，开本阔大，首有扉画佛祖传法图，上下双边，外粗内细。栏线外绘双龙捧珠，间绘祥云纹，横龙五爪。经封面泥金绘众花环绕，中书经名“妙法莲华经卷六”。

末附跋文“月山大君生长皇家，尊荣一极，而不为富贵所困，雅怀研真，留神内典，捐金帛以成此经……山人学祖敬跋”。山人学祖，朝鲜王朝世祖、中宗时期的僧侣。号灯谷、黄岳山人。世祖时同许多高僧一起朝泽佛经出版。1487年重建海印寺的大藏经板堂，刊印1500年海印寺大藏经三部，并写了跋文。

此经为朝鲜王朝李婷（月山大君）旧藏，李婷（1455—1489），字子美，朝鲜王朝前期宗室，朝鲜德宗长子，朝鲜成宗胞兄，明天顺四年（1460）被封月山大君。

（米尔）

# 四 盛世华章

*Chapter Four*

版画是雕版印刷术的“首生子”。正如良渚玉器之琢磨、商周铜器之冶铸，版画呱呱坠地之时即表现出复杂而娴熟的技法和比绘画更加充满想象力的妙趣。从唐、五代到两宋、元、明，从各式各样的佛教版画《说法图》，到采用饾版拱花、彩色套印技术的墨谱、笺谱、画谱，中国的版刻技艺正不断超越一座又一座高峰。

千峰之外，清代康乾盛世下的能工巧匠、文人骚客乃至芸芸众生，另辟蹊径，将传统版画的审美范畴无限扩大，上至宫廷，下至市井，远至海外，终于形成了一个新领域“姑苏版画”。

“姑苏”是苏州的别称、雅称，姑苏版画是清代在苏州制作的各个时期、各种风格、各种技法、各种题材、各种用途的独立版画的统称。姑苏版画是“通俗的雅调”，具有雅俗共赏的天然趣味。它巨大的尺幅就像无限延展的画布，给艺术家以更广阔的空间表达那些复杂的情愫、精妙的想象、喧嚣的场景。姑苏版画使中国版画真正脱离“附庸”的艺术，从东方走来，向世界而去。

和合致祥
壹團和氣

108

# 姑苏版画 一团和气

清中期木刻套印

71×51 cm

此图上部牌匾纹饰内书“和合致祥”，冰梅图案衬底、周边缀“回纹”，并饰“缠枝纹”。下为主体，人物缩头拱身，外廓如球；上衣以“祥云纹”衬底，缀以“大团花”“小散花”铺面，披如意形云肩，戴写有“长命富贵”四字的如意形长命锁；裙腰满铺“龟背纹”，裤子则以“卍纹”为底，面缀皮球花；云肩外缘、袖口、裙边、裤角、鞋面等处都有精细的装饰纹样。此图用笔细致，层次分明，并施五色套印，具有乾隆时期典型的风貌。图式最早可追溯到明宪宗成化朱见深绘制《一团和气图》，原本的绘画描绘了三个人物形象：陶渊明、道士陆修静、禅师慧远，三人相互拥抱，反映了三教合一的大一统观念。画题《一团和气》出自朱熹《伊洛渊源录》，因此亦有学者认为描绘的是《伊洛渊源录》中持“天人本无二，不必言合”观点的程颢。因此画寓意美好，后来成为最重要的民间年画题材。尤其是桃花坞年画中，“一团和气”更是其代表性的作品。

（陈俊儒）

泥金報喜
姑蘇季祥吉發行

109 

## 姑苏版画 泥金报喜

清初木刻套印

40×24 cm

左上印“泥金报喜”，画面内容为童子小厮送来帖子，将主人高中及第之喜事报与家中女眷。《天宝遗事》载：“新及第，以泥金帖子附家书报捷，谓之泥金报喜。”

此图套色艳丽，画中女子发型为康熙、雍正间普遍样式，可参同期版画、瓷器图式。右下有“姑苏季祥吉发行”款。“季祥吉”为清初桃花坞木刻年画兴盛时期画坊名。

（陈俊儒）

110

## 姑苏版画 听琴

清中期木刻套印

105×56 cm

此图取材自王实甫《西厢记》“莺莺听琴”情节，画面表现崔莺莺与红娘听琴，张生弹琴之场景。唐代元稹《莺莺传》中为莺莺弹琴，张生听琴。金代董解元则借用司马相如、卓文君故事改写，将听琴主体的男女互换，王实甫延续并进一步发展了这一情节。图中人物生动形象，脉脉含情，娇羞之态跃然纸上。桌案、衣饰等刻画精细，用色清雅。

（陈俊儒）

111 ## 姑苏版画 杨贵妃游园图

清中期套版敷色

102×50 cm

此图取材于《长生殿》中《百花亭》一出，表现杨贵妃于御花园百花亭邀唐明皇饮酒前，接见高力士提前向她禀告皇帝行踪的场景。此图彩色套印后再行敷色，极为工细。

（陈俊儒）

焦秉貞恭繪

112

## 姑苏版画 满堂吉庆

清中期套版敷色

106×56 cm

此图左有题款“焦秉贞恭绘”，托名清康熙间宫廷画家焦秉贞，刻画女子观孩童嬉戏的吉祥场面，是姑苏版画中常见的主题。人物、家具、陈设等线条为木板刷印，多色套印，局部兼有手工设色，画面繁丽而不失清雅。

（陈俊儒）

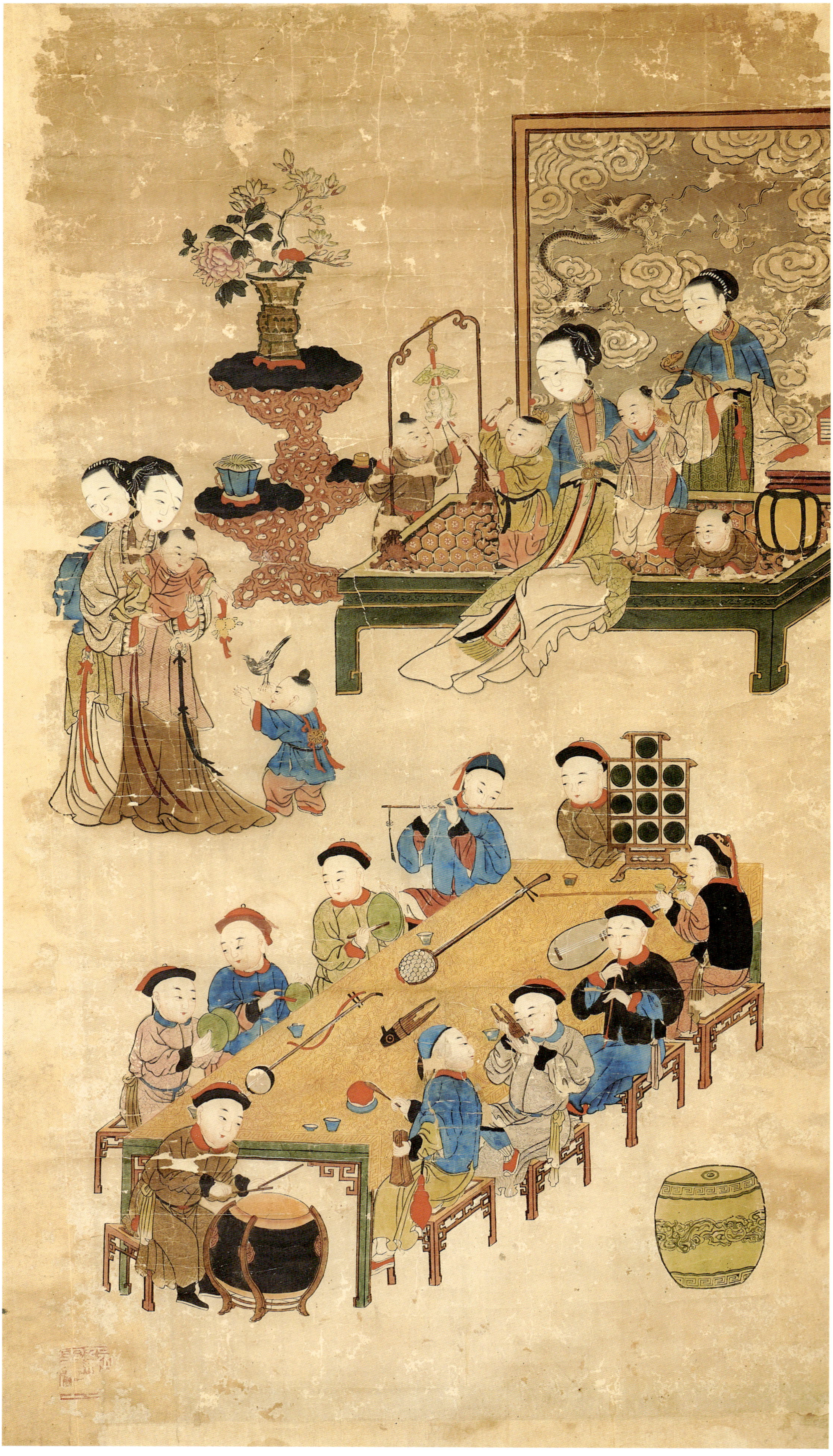

113

## 姑苏版画 演奏十番

清中期套版敷色

106×62 cm

此图描绘的是演奏道乐十番锣鼓的场景。画面人物衣服印有冰梅纹、云纹等各色花样，几案、榻、桌子等亦有龟背纹、繁华纹等纹饰。用红、蓝、绿、黄、褐、黛、墨等多种颜色套印而成，局部间有手工设色。

十番锣鼓明万历末流行于江南长江下游地区，特别是无锡、扬州、宜兴等地最为盛行。沈德符《万历野获编》、叶梦珠《阅世编》等著作中都有十番锣鼓的记载。十番锣鼓的曲调源于元明南北曲曲牌和地方民间小曲，所用乐器较多，演奏者多为职业或半职业的艺人、道士。

（陈俊儒）

## 114 姑苏版画 贵子连升、事事如意

清中期套版敷色

61×80 cm

此图画面表现一小童攀柿树，一小童持桂枝，一女子执扇观众孩童嬉戏，案上有柿子一篮，以谐音寓意“桂（贵）子连升、柿柿（事事）如意”。庭院栏杆、花木、赏石刻画精致，人物衣饰纹样各不相同，设色清雅。

（陈俊儒）

# 姑苏版画 福寿双喜图



清中期套版敷色
44×41 cm

此图女子手持如意，衣饰讲究；童子肩挑桃实，以示长寿，共同组成“福寿双喜”之寓意。

（陈俊儒）

116

## 姑苏版画 财源图

清中期套版敷色

55×27 cm

此图绘招财童子形象，寓意“招财进宝”。技法上受到西方铜版画影响，用排线法表现衣纹阴影。

（陈俊儒）

拾全圖

117 

## 姑苏版画 拾全图

清乾隆套版敷色

53×28 cm

画面左印“拾全图”。整幅画面融入西方铜版画技法，存在远近透视关系，远方山水、近处廊柱，甚至月亮门都通过透视展现，人物衣褶、廊柱等多处都有细密的黑色排线，来凸显这种透视关系。廊中三个孩子嬉戏争抢太平通宝、顺治通宝、乾隆通宝等十枚铜钱编制而成之挂件，铜钱满汉文正反面错落。古之“泉”同音通借“钱”，取“十泉”谐音“拾全”，寓意多子多孙、财源广进。月亮门上散竹一丛，更添几许文人雅趣，可谓雅俗共赏。

（陈俊儒）

土佐左近將監光起筆

## 118 姑苏版画 吉庆有余

清乾隆套印设色

57×30 cm

此图刻画三童子嬉戏，一童子手持戟，上有鱼，桌上摆有磬，取谐音“吉庆有余”，为象征“吉庆”的图像符号。技法上受到西方铜版画影响，运用透视、阴影、排线法等表现家具及远近明暗关系。

（陈俊儒）

119

# 姑苏版画 西湖全景之断桥残雪

清乾隆木刻套印

38×59.5 cm

此图画面内容表现著名的西湖十景，现已知的《西湖全景图》为四幅一组，此为其中之一。近景为断桥碑亭，中景为曲院风荷，远景为保俶塔。用浓淡墨套版，仿泰西铜版画技法印制，右下栏外刻“信德号，姑苏管瑞玉顶细西洋画发客”。可知此类木刻版画当时称为“西洋画”，与传统风格不同。“顶细”为精细之意。“信德号”为清雍正、乾隆间桃花坞年画坊，管瑞玉绘稿版画另见《阿房宫图》《汉宫春晓图》《平原围猎图》《姑苏美人图》《胥门湖城河畔图》等。

（陈俊儒）

# 姑苏版画 西洋全景之平湖秋月 120

清乾隆木刻套印

38×59.5 cm

此图画面内容表现著名的西湖十景，现已知的《西湖全景图》为四幅一组，此为其中之一。近景为平湖秋月，中景为苏堤春晓，远景为双峰插云。用浓淡墨套版，仿泰西铜版画技法印制，左下栏外刻“信德号，姑苏管瑞玉顶细西洋画发客”。可知此类木刻版画当时称为“西洋画”，与传统风格不同。“顶细”为精细之意。“信德号”为清雍正、乾隆间桃花坞年画坊，管瑞玉绘稿版画另见《阿房宫图》《汉宫春晓图》《平原围猎图》《姑苏美人图》《胥门湖城河畔图》等。

（陈俊儒）

121 姑苏版画 罗通盘肠大战黄伯超

清木刻套印

34×51 cm

此图取材自隋唐征西演义故事“界牌关”情节，唐太宗征西时，罗通战败界牌关守将苏宝童后，苏之部将王伯超出战。罗通以王伯超年迈轻敌，被王伯超刺穿肚腹，罗通盘肠奋战，借其子罗章之助杀死王伯超。图左上印“罗通盘肠大战黄伯超”，人物旁印姓名罗通、罗掌（章）、老将黄（王）伯超、苏（宝童）、等。吴地方言“黄”“王”不分，显示出姑苏地域特点。图左上有“宏泰”款。“宏泰”“魏宏泰”为清雍正、乾隆间桃花坞年画坊。

（陈俊儒）

## 姑苏版画 时童赏梅 122

清早期木刻套印

35×54 cm

此图上部印有“时童赏梅”，用浓淡墨套版，仿泰西铜版画技法印制，共刻画登船女子、对饮文人、侍酒童子等四位人物形象，右下梅树点明时节。

（陈俊儒）

## 123 姑苏版画 程咬金大闹武举场

清早期木刻套印

34×52 cm

此图取材自隋唐演义故事，上部印有“程咬金大闹武举场”。用浓淡墨套版，仿泰西铜版画技法印制。

（陈俊儒）

## 姑苏版画 张飞黑夜战马超 124

清早期木刻套印

35×54 cm

此图取材自三国演义故事，表现刘备入川征刘璋之时，张飞于葭萌关前夜战马超之场景。上部印有“张飞黑夜战马超”。图中张飞部卒高举火把，马超部卒挑起灯笼，指明为深夜鏖战。图用浓淡墨套版，仿泰西铜版画技法印制。

（陈俊儒）

125

# 姑苏版画 秋色花篮

清雍正乾隆年间饾版拱花套印

27×26 cm

此图左上存“几朵秋光分晓色，数枝月影”几字，据大英博物馆藏同版《四季花篮图》可知，后有“带斜阳”及“应宗氏”款。花篮上端把手支架用双色彩缎缠绕而成，篮中有芙蓉、黄槿（呼应“月影”）和菊花（呼应“秋光”），以“红、蓝、绿、黄、褐、黛、墨”七彩分版分色套印，芙蓉花瓣运用拱花。此图为丁亮先绘稿。

丁亮先，一名丁应宗，清初苏州版画工匠，天主教徒，活跃于康熙至乾隆间，既自印版画，也卖西洋画为生。

（陈俊儒）

# 姑苏版画 莲蓬菱角图

126

清雍正乾隆年间饾版拱花套印
25.5×28 cm

同类果盘题材现已知为四幅一组，此为其一。果盘内盛莲蓬、菱角，取“莲”（连）、“菱”（伶）谐音，寓意多子多福，聪明伶俐。此种插花、清供的工艺性陈设具有强烈的装饰风格。果盘纹饰运用拱花。

（陈俊儒）

127 
# 姑苏版画 扬眉得意

清雍正乾隆年间饾版拱花套印

32×25 cm

此图右上印“扬眉得意”，画眉鸟刻画逼真、生动，套色高明，使色彩过渡自然。梅树枝干间逸出一花盛绽，花瓣运用拱花技法。有“姑苏丁亮先制”款。

（陈俊儒）

## 姑苏版画 腊转春回 128

清雍正乾隆年间饾版拱花套印

32×25 cm

此图右上印“腊转春回”，树枝枝干表现立体，鸟羽刻画细致逼真，以黑灰为主体颜色的套色，层次分明。右侧花瓣运用拱花技法。有“姑苏丁亮先制”款。

（陈俊儒）

## 129 姑苏版画 喜上眉梢

清雍正乾隆年间饾版拱花套印

32×25 cm

此图左上印“喜上眉梢”（“喜”字已残），喜鹊立于梅花树枝之上，取其谐音。造型、构图、技法皆以中国传统绘画写实工笔为主调，梅花部分运用拱花技法。此图为丁亮先绘稿。与《扬眉得意》《腊转春回》为同组。

（陈俊儒）

## 姑苏版画 石榴图 130

清雍正乾隆年间饾版拱花套印

24.7×33.3 cm

此图左上印诗“不须更佩宜男草，只合庭前采石榴”。宜男草，萱草别名，周处《风土记》等记载孕妇佩之则生男，故旧时祝颂妇人多子之辞。石榴籽多，“籽”与“子”谐音，故古时也用石榴，寓意多子多福。石榴开裂露出石榴籽，一只螽斯则在埋头吸食。螽斯产卵极多，自《诗经》以来，“螽斯衍庆”用于祝颂子孙众多。有“亮先氏”款，为丁亮先绘稿。

（陈俊儒）

百寿图

131 | # 姑苏版画 百寿图

清中期木刻套印

101×57 cm

“百寿图”是对中国“六书”造字法的充分发挥，画面中央开窗刻画“八仙贺寿图”，四周“万字不到头”边栏，含祝福之意。

（陈俊儒）

飛虎大戰
泗水關
種墨齋
泗水関

132

## 姑苏版画 黄飞虎大战泗水关

清套版敷色

102×52 cm

此图取材自封神演义故事，右上印“黄飞虎大战泗水关”。图上人物繁多，右下骑神牛者为黄飞虎。此图色彩明艳，技法上受到西方铜版画影响，用排线法表现云纹明暗等。有“种墨斋”款。

（陈俊儒）

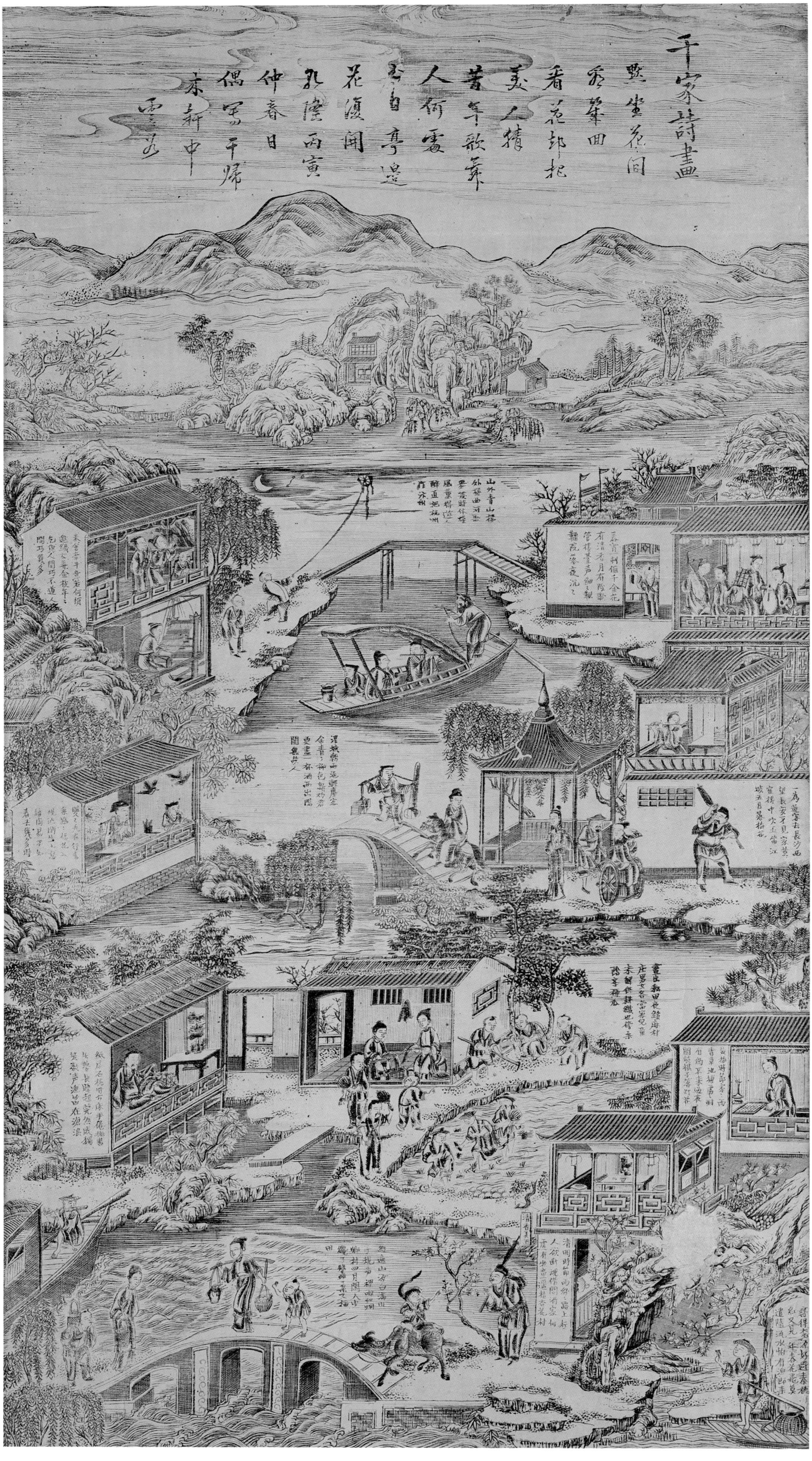
千家詩畫

133

## 姑苏版画 千家诗画

清乾隆丙寅年（1746）木刻套印

97×54 cm

此图用浓淡墨套版，仿泰西铜版画技法印制，云、水、衣纹等均运用西画表现技法。上方印“千家诗画”诗一首，有年款“乾隆丙寅仲春日偶写于归木轩中，云若”。图选刻千家诗十二首，所选诗作包括苏轼《春夜》、林昇《题临安郡》、杨朴《七夕》、李白《与史郎中钦听黄鹤楼上吹笛》、王维《送元二使安西》、叶采《书事》、范成大《四时田园杂兴》、蔡确《夏日登车盖亭》、赵师秀《约客》、谢枋得《庆全庵桃花》、杜牧《清明》、范成大《村居即景》等，将十二首诗的诗意场景融为一幅，可见其巧思。

（陈俊儒）

連宵食葉正紛紛
風雨聲喧
聖世承平農桑為重耕織宜寫圖付刻以垂後世

134 

# 姑苏版画 耕织图

清早期套版敷色

57×35 cm

此图用浓淡墨套版，仿泰西铜版画技法印制，后有填色。画面取自清康熙间内府《耕织图》“捉绩”一幅，上部有康熙御制诗“连宵食叶正纷纷，风雨声喧隔户闻。喜见新蚕莹似玉，灯前检点最辛勤”。图中以排线法表现夜月之下众人忙于蚕桑的生产过程，又以敷色巧妙地表现“灯前”的光线色彩。《耕织图》为反映我国传统农业社会的经典图像，南宋绍兴年间即有楼璹绘《耕织图》。此图左有刊记“盛世承平农桑为重，耕织宜写图付刻以垂后世。桃坞秀涛子”。此《耕织图》版画为存世孤品。

（陈俊儒）

135 姑苏版画 游园图

清早期套版敷色

162×162 cm

此图为迄今所见最大幅的姑苏版画之一，使用数块木板拼板雕刻刷印，大部分色彩为手工设色，局部兼有套色印刷。安徽博物院藏巨幅版画《石守信报功图》亦用类似技法，王伯敏《中国版画通史》称为“活版捺印法”。此图场面描绘繁而有序，一见之下仿佛进入《红楼梦》中的大观园。图中芭蕉树与荷塘是中国传统绘画“销夏”题材中常见的符号，同时也为画面空间提供了合适的距离和层次效果。画中的人物繁多，但身份地位不尽相同，从事的活动也五花八门，几乎涵盖了中国古代意象中的各种元素，亭台楼阁、山野茅庐、琴棋书画、耕织宴飨、游园婴戏、文人仕女，足以满足万里之外古堡豪宅里屏风的观赏者。

（陈俊儒）

03 02

05 04 01

07 06

09 08

## 136 平定准部回部战图

(清) 郎世宁、王致诚、艾启蒙、安得义等绘

清乾隆三十年至四十二年 (1765—1777) 法国铜版印本

每幅 51×90 cm

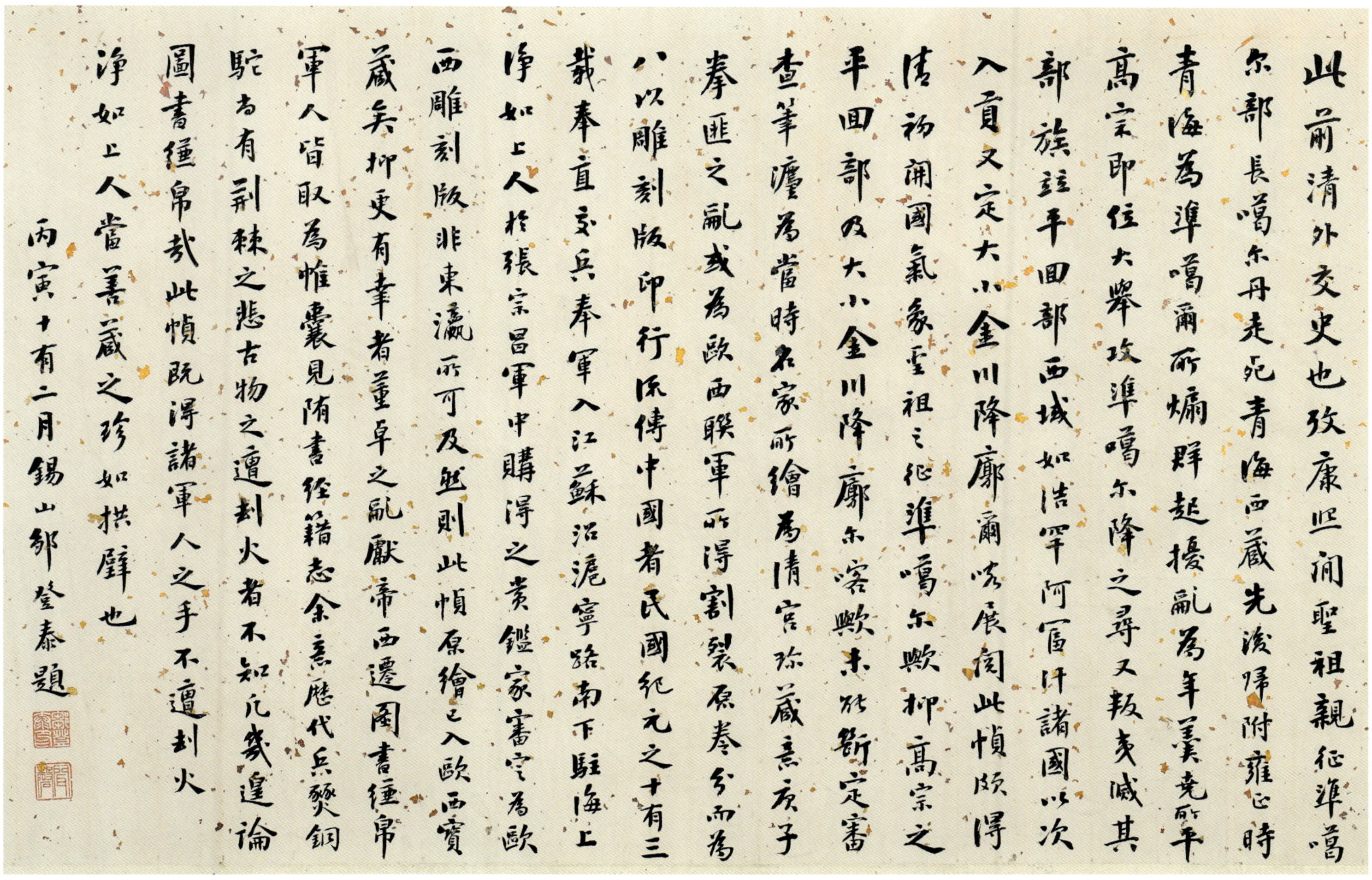

图版全16幅，每幅高51厘米，长90厘米，全面反映了平定准部、回部主要战斗及庆祝胜利的犒劳、凯宴等场面。作品纯西洋画风，画面采用全景式构图，场面宽广辽阔，结构复杂，人物情节繁多，但又能刻画入微，无论是构图方法、人物造型、景色描写以及明暗凹凸、投景透视等技法，都反映出当时欧洲铜版版画制作的最高水平，是中西文化融汇交流的杰作。

画稿由清代朗士宁、王致诚、艾启蒙、安德义等人分别绘制。乾隆三十年（1765）始，清内府将画稿陆续送往法国制作铜版。乾隆三十五年至四十二年（1770-1777），原稿16张、铜版16块、每图印200张、共3200张，分10次由法国运回国内，版存舆图房，隶属养心殿造办处；《战图》曾分送各行宫、园囿，并赏赐阿哥、亲王等，留存今日多为单张或残本，全套极罕见。

（及章伟）

# 展览结语

*Exhibition Conclusion*

最是人间深情处，书里万绪千头。

中华文明源远流长、智慧深邃、瑰丽多姿，没有一种艺术可以将其穷尽，却可以利用语言和文字的张力描述它的内涵，并努力去探索它的外延，真是一件幸事。一路行至最后一件展品面前，我们看过了戈壁沙海中的隋唐雄风，听到了漠北长风里的西夏羌笛，仰视宋版书长调般的细腻，仔仔细细地瞻观红金八宝、云锦绀碧堆成的虔心祈愿，还有版画里面那么多绮丽的梦……

有书，幸福。

# 中国古书的品味

范景中

中国美术学院教授

维克霍夫对手抄本《维也纳创世纪》的研究，为我们提供了一个讨论书籍之为艺术的早期佳例。在中国，如果不算简册帛书的话，保存下来的书没有像西方那么早的手抄本，而且中国的早期艺术书大概不会因为图像，而是因为书法才受到人们的欣赏，这是颇有意味的。另一方面，书籍之所以能成为艺术，至少有两个条件：一是它被当作圣物崇拜，例如《圣经》，人们会带着虔诚之心去描绘它，甚至不惜工本去装饰它；二是它被看作身份地位的象征，例如，黄丕烈的校跋本，人们会上穷碧落去寻求它，小心翼翼去宝爱它，它代表着书籍收藏的高度和境界。但第一条尤为重要，它是本质的，它警示我们，要艺术地看待书籍。那种把书籍仅仅视为读物的读者，肯定不是真正的读者，因为粗劣的书页是对阅读的妨碍，它妨碍了人们对知识的敬畏，对经典的虔诚。书籍的最高使命也许是：

Littera scripta manet.

“文字永存不灭。”它必然是艺术的。它和图像一样，是人类文明的象征。

我们现以2018年梁颖先生策展的“缥缃流彩——上海图书馆藏中国古代书籍装潢艺术”为例稍作说明。第一例是五代写本《妙法莲华经》，一部人们崇拜的圣书，纸张用的是加工颇为繁复的磁青纸，书写用泥金，即把金粉调成颜色手写。屈指算来，这部《妙法莲华经》传到今天已有一千多年了，可一瞥之下，它的金字闪闪发光，如同刚刚写就，让人叹为观止。我们现在已经调不出这么漂亮的金色了。如果看一看这七卷前的扉画，画工的一丝不苟和制图的耐心毅力，以及扉画背面的装饰图案，连同字字端正的经文，都让我们认识到了何为“庄严佛净土”。

《妙法莲华经》 观世音菩萨普门品 五代泥金写本 经折装合装 上海图书馆 中国上海

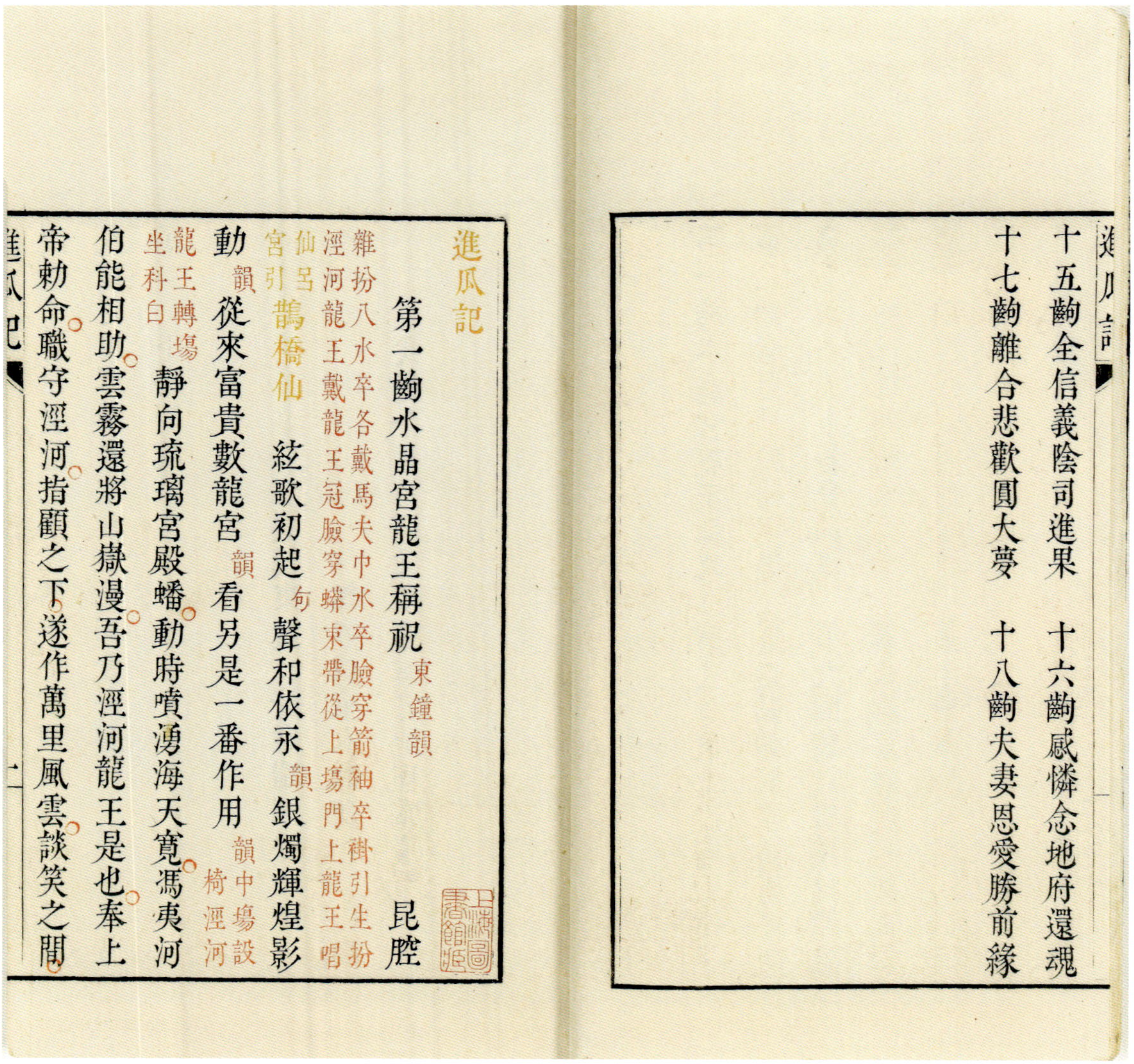


《进瓜记》 清内府四色抄本 线装 乾隆年间 上海图书馆 中国上海

另一例是乾隆内府抄本《进瓜记》和《江流记》，这是典型的皇家图书。纸张洁白如玉，是清代的名纸之一开化纸，文本用四种颜色抄写，可谓精妙绝伦。不同的颜色除了区分戏曲中的解说、用韵、曲牌等等之外，显然也有用不同颜色帮助人记忆的作用。就像西方中世纪的圣奥古斯丁的信奉者雅克 · 勒格朗（Jacques Legrand，约 1360—约 1422）所说：“在手抄绘本中用不同的颜色可以帮助人们记忆不同段落的内容……书中的不同形象和颜色，以其差别和多样能帮助人们清楚地回忆起书中的内容。”

不过，如果把书装潢得太豪华了，有时也会让人看厌，有落入俗气的危险。非常崇拜宋版书的清代嘉道年间大藏书家黄丕烈（1763—1825）就格外节制，他命人装修的书从不在漂亮上下功夫，而是从恢复原貌上费时费力。上海图书馆展出的《重雕足本鉴诫录》，因书的四周边缘狭窄，在明代就为大收藏家项元汴（1525—1590）用纸在四边接补了一圈。此书传到黄丕烈手里，他又为之重新装裱，题跋中说：

> 此书向为天籁阁旧装，所补纸皆白色不纯者，故项氏图章及阮亭先生（清代诗人王士禛之号）校改朱笔，皆在白纸上。余今为之重装，悉以宋纸补之，取其色纯也。于图章及校改朱笔，仍留其白纸痕，所以传信于后。四围并前后副叶，皆宋纸。面叶亦宋金粟藏经笺。装潢古雅，与书相称。虽损旧装为之，恐或还有益于是书。装毕，复志数语于后。荛翁。

民国年间的大收藏家吴湖帆（1894—1968）也装补过一部宋版书，那就是大名鼎鼎的《梅花喜神谱》，现藏上海博物馆。吴湖帆也是在四周接纸，但他接的是印有梅花图案的花笺纸，显然不是为了原貌而是追求美观。我们如果再把吴湖帆先生所藏的《历代钟鼎彝器款识法帖》——这是一本残册，也在展览中展出——和黄丕烈所藏的同一部书的另外几本残册相比一下，一定会对其中的趣味之别有新的感受。吴湖帆的书面是明代的如意方旗锦，黄丕烈用的是旧纸，不过那种旧纸至少是明代之前的旧纸。因此我们不妨说，黄丕烈是复古派的装潢，而吴湖帆是艺术派的装潢。黄丕烈希望保持原貌，吴湖帆希望观感漂亮。

西方的手抄本大致也有这样的区分，但主要是在艺术上争奇斗艳。所谓的圣坛式装帧（Altar Bindings），木制的封面上通常装有宝石、玛瑙和雕饰过的大理石，甚至黄金。拜占庭式装帧（Byzantine Bindings）的封面往往有象征的图像，内衬则使用贵重的织锦。相比而言，纯粹的羊皮纸装帧（Parchment Bindings）就简单多了，虽然也用木材做封面，却是光秃秃的。有的装帧甚至连封面都没有，仅以金属做的防护物和饰物来加固。然而，不装饰如果做到极致，也会有国色天香、不施粉黛之美。例如黄丕烈装帧的书就是如此，那种纯然古意的纸色本身令人想起了西塞罗的名言："装饰的美人固美，不装饰的美人更美。"这似乎对现代装帧也有影响。例如日本作家谷崎润一郎（1886—1965）《异端者的悲哀》，就全无装饰，只保留文字的简洁，他的《春琴抄》更是佳例。鲁迅（1881—1936）的一些封面设计显然也受了日本简洁封面的影响。

让人对纸的颜色产生美感，做纯粹的欣赏，或许在唐代就发生了，到了宋代更是登峰造极。美国的美术史家乔迅（Jonathan Hay）写过一本书，中译本名为《媚感的表面：明清的玩好之物》（*Sensuous Surfaces: The Decorative Object in Early Modern China*），论述奢侈物品魅感的表面同时带有隐喻的（metaphoric）和触动人心的（affective）潜能。这些潜能依附于我们对器物的愉悦体验而实现。书中的例子很吸引人，但他漏掉了中国古人对纸张颜色的欣赏，确然一大遗憾。

古人对纸张的欣赏，例如台北故宫博物院收藏的一通蔡襄（1012—1067）的信札，谈的是澄心堂纸，那是中国造纸的登峰造极之作，名贵到极点，连傲视同侪的董其昌（1555—1636）面对它时，也踌躇退让，感慨地说："此纸不敢书。"米芾（1051—1107）也非常爱重纸，他的《十纸说》是研习中国美术史的人所熟知的。此处我要特别提一提清代学者阮元（1764—1849）的记录，他在宫廷里看过不少缣楮，所著《石渠随笔》卷八有一节题目叫《论纸签》，我们先不管签，只谈一谈他过眼的一些名纸。

他说澄心堂纸细腻光洁，比明代的宣德笺质地还要好。端本堂纸如金粟笺而稍薄，其帘纹可见，上有"端本堂"三个篆字的蜡印，可能是元代的纸。又说元代的明仁殿纸与端本堂纸略同，上有泥金隶书"明仁殿"三字。乾隆年间仿明仁殿纸也用金字印。又说梅花玉板笺"极坚极光滑"，上有泥金画水纹。乾隆年间有一种纸，叫仿梅花玉板笺，即仿的这种纸。他也谈到金粟笺，说金粟笺色白，上面像有一层蜡者最好，其次是老黄色，如果黄白不均、质理松者就比较差了，因为写起字来不得墨。他列举的还有金粟山藏经纸、转轮藏经、法喜大藏等等，并谈到一种玉粟笺，说它大都比较小，非常大的极罕见。乾隆皇帝画《盘山全图》用的就是这种玉粟笺，长约六尺余，宽三尺余，非常难得。

乾隆的御笔小品用的是粉笺蜡笺，它们不是明代的，更不是宋元的，而是乾隆年间的新造。乾隆年间还仿造过圆筒侧理纸。乾隆写的字轴，装潢时最喜欢用旧的宋纸，如果是大册，就用金粟笺接补装成。金粟笺虽多为小幅，但接得好，就看不出缝隙。记得傅增湘（1872—1949）讲过他对清代宫廷印书用纸的观感，说开化纸洁白如玉，太史连色如金粟。这是单纯中蕴含的豪华和高贵。不难想象，对精美贵重的豪华纸的需要，乃是帝王和贵族的普遍要求，就算平民或许也有这种奢望。而从社会学的角度看，对豪华的奢望，一方面显示了凡勃伦（Thorstein B.Veblen，1857—1929）所称的"炫耀

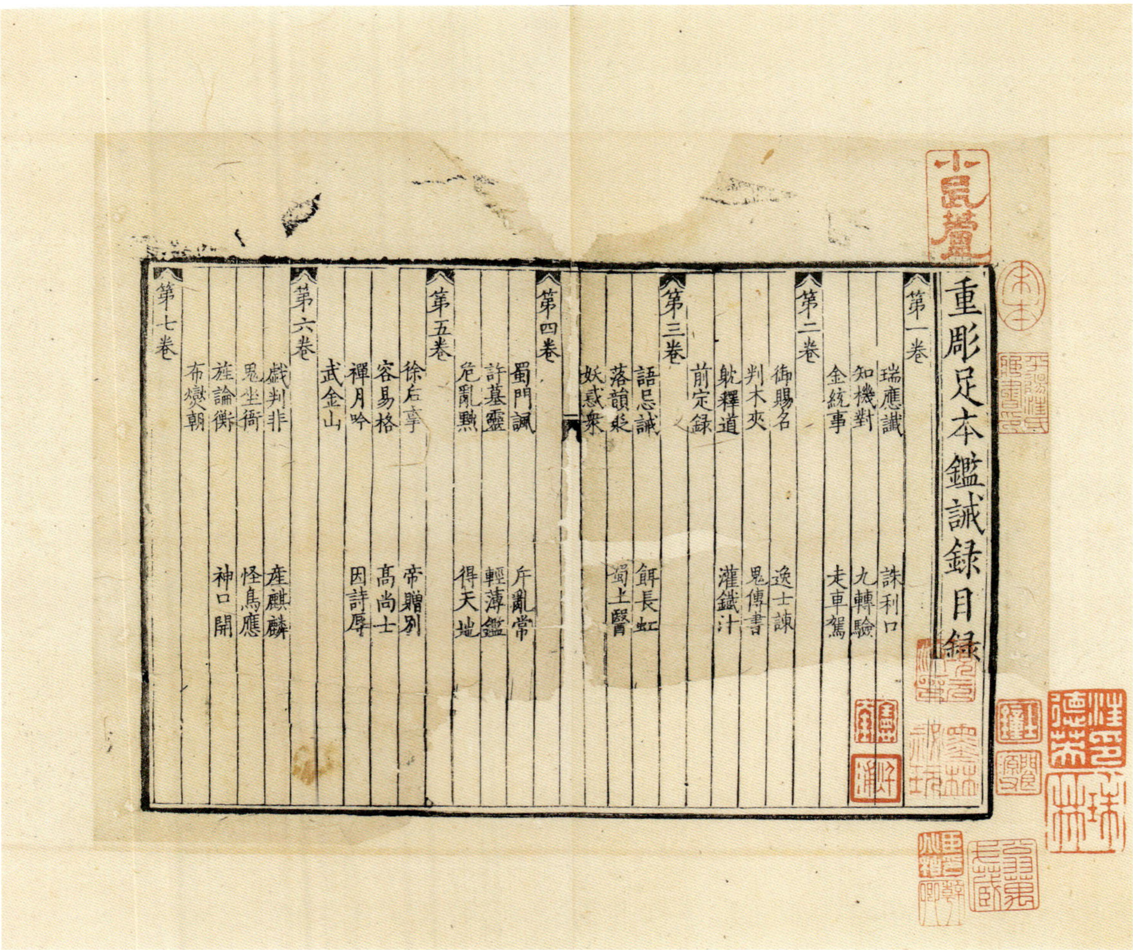

重彫足本鑑誡録目録
第一卷
瑞應讖 誅利口
知機對 九轉驗
金統事 走車駕
第二卷
御賜名 逸士諫
判木夾 鬼傳書
躭釋道 灌鐵汁
前定録
第三卷
語忌誡 餌長虹
落韻彩 蜀土賢
妖惑衆
第四卷
蜀門諷 斥亂常
許墓靈 輕薄鑑
危亂黜 得天墻
第五卷
徐后亭 帝贈別
容易格 高尚士
禪月吟 因詩辱
武金山
第六卷
戲判非 產麒麟
鬼坐衙 怪鳥應
旌論衡 神口開
布燮朝
第七卷

《重雕足本鉴诫录》 宋刻本 上海图书馆 中国上海

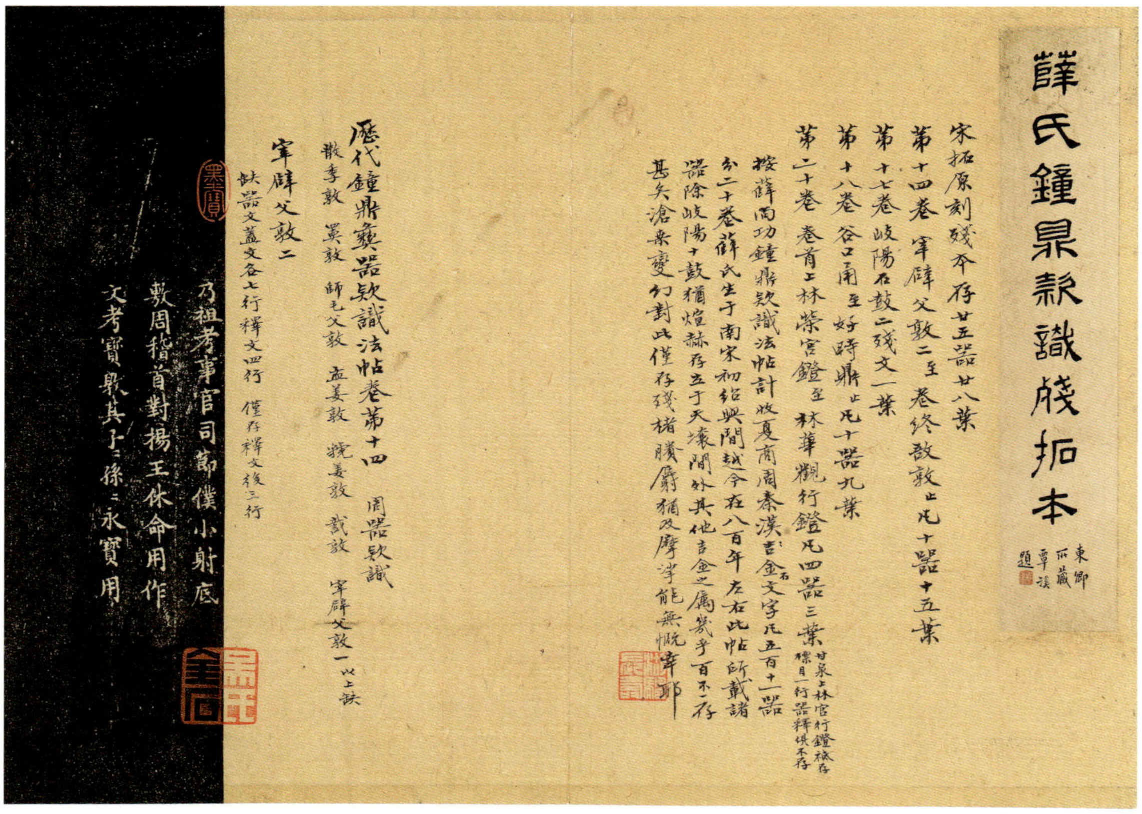

歷代鐘鼎彝器款識法帖卷第十四 周器款識
散季敦 冀敦 師毛父敦 孟姜敦 獟姜敦 戠敦 牢辟父敦一 以上缺
牢辟父敦二
缺器文蓋文各七行釋文四行 僅存釋文後三行
乃祖考事官司节僕小射底
敷周稽首對揚王休命用作
文考寶敦其子子孫孫永寶用

薛氏鐘鼎款識殘拓本
東鄉所藏 覃谿題
宋拓原刻殘本存廿五器廿八葉
第十四卷 牢辟父敦二至卷終敔敦止凡十器十五葉
第十七卷 岐陽石鼓二殘文一葉
第十八卷 谷口甬至好畤鼎止凡十器九葉
第二十卷 卷首上林榮宮鐙至林華觀行鐙凡四器三葉 甘泉上林宮行鐙袪存標目一行器釋俱不存
按薛尚功鐘鼎款識法帖計收夏商周秦漢金石文字凡五百十一器分二十卷薛氏生于南宋初紹興間越今在八百年左右此帖所載諸器除岐陽十鼓猶煌赫存立于天壤間外其他吉金之屬幾乎百不一存甚矣滄桑變幻對此僅存殘楮賸爵猶及摩挲能無慨乎 鄭

《历代钟鼎彝器款识法帖》 宋拓本 上海图书馆 中国上海

性浪费”，一方面也产生了一批因这种浪费而造就的靠此为生的艺术家——说不定还是当时了不起的艺术家。

中世纪的最后一部伟大著作是但丁的《神曲》，在《炼狱篇》第十一章中有一段著名的情节，写但丁和他那个时代的一位书籍装帧家相遇。但丁对他说，你不就是享有盛誉的奥代里希（Oderisi da Gubbio），在巴黎被称为彩饰大师的那位吗？但是由于但丁和这位奥代里希是在炼狱相遇，灵魂要在那里涤除傲慢之罪，所以奥代里希拒绝了但丁的恭维。他回答说，博洛尼亚的弗朗哥（Franco Bolognese）画的书页更加绚丽，荣誉完全归功于他，属于我的只有一小部分；不过我活在世上的时候，却绝不会认输。但丁在这里也提到了“绚丽”（原文仅用一个副词和一个动词 più ridon，即更让人喜悦的颜色），显然，画出最绚丽、最令人愉悦的书，必定是但丁时代的书籍装帧家竞争的主题。正是绚丽，也让我们回到了《奥托三世福音书》中的金色背景。对于这种金色背景的意义，现在不妨补充说，如果有什么事物可称作普遍的人类特征，那就是对这种豪华和灿烂夺目的喜爱。

有一句谚语提醒我们：闪光的东西不都是金子。但如果是金子，当然更好，因为正像我们从《奥托三世福音书》中看到的，它能把闪闪发光的视觉吸引力与真品的价值融为一体。因此权力总是试图用压倒一切和具有震撼力的视觉上的浮华来环绕自己。不过社会上也存在不喜爱这种浮华的地方，我前面也做了说明，以后或许还会回到这一主题。

在结束这一章之际，我想起了十五年之前写过的一些文字。当时我说：“书籍是如此神奇，可要对它的奇迹进行赞美，那就不得不再次求助于诗人，求助于缪斯，求助于先哲，求助于他们留给我们的感受至深的言语：

> Nel suo profondo vidi che s’interna,
> legato con amore in un volume,
> ciò che per l’universo si squaderna;
> sustanza e accidente e lor costume,
> quasi conflati insieme, per tal modo
> che ciò ch’io dico è un semplice lume.
> (Dante Alighieri, Paradiso, xxxiii, 85—90)
> 在光明的深处，
> 我看到全宇宙四散的书页，
> 爱把它们裒集起来装成一卷完整的书；
> 实体、偶性及其它们两者的关系
> 仿佛融为一体
> 我说的只是一个简单的形式。

实体（substantia）即存在本身，偶性（accidens）是实体的属性，配置（habitus）把它们联为一体，这些都是经院哲学的技术用语，但丁（Dante，1265—1321）用它们对书籍做了深沉的玄思，首次把神赞美成一卷完整的书，它的精髓是爱，它的光辉散溢在我们的文明中。

后来在汤姆·摩尔（Tom Mole）的杰作《书籍的神秘生命》（*The Secret Lifeof Book*，2019）中读到作者对但丁上述诗句的深刻讨论，不禁拊掌称颂。作者不相信纸质书能被电子书或其他形式的书所取代，他引用了《神曲》。我对但丁的解释太浮浅太简单了，因之，此处完整援引。译文依据李倩先生妍雅的译文作《唯有书籍》（上海文化出版社，2023 年），并根据原书做了些改动。为了诠说但丁，作者先引《以赛亚书》“天上的万象都要消没，天被卷起，好像书卷”。

先知想到的自然是他最熟悉的书的形态：卷轴。他把夜空想象成一张漆黑的羊皮纸或莎草纸，上面绘满了星星，就像上帝的闪亮的笔迹。天空就是上帝的星象图。先是把它展开，用完后可以重新卷起来。而我们好像活在上帝的书里。

14 世纪早期，但丁在《神曲·天堂篇》那令人拍案叫绝的结尾中也运用了同一种意象，但有一个关键的区别。自以赛亚的时代以来，书的形态已然改变，于是但丁把宇宙想象成了一本翻页书，而非卷轴。描述这些东西，但丁必然要依赖诗歌的想象资源，依赖明暗和暗喻。书就是他所采用的暗喻。书的各种形式不仅为我们对宇宙以及人类在宇宙中所处位置的深入思考提供了传播方式，有时还为我们提供了给这些思想赋形和发声的语言和图像。

但丁用爱将书页装订成册（legato con amore in un volume）的图像，标志着我们在人世间看到的事物与他在天堂看到的事物之间的区别。我们经验的世界是一堆“偶然及其它们的关系”（accidenti e lor costume），没有任何明显的秩序或意义，仿佛无数零散的书页随风飘摇。但丁自己的诗作也要由抄写员分工抄录，因此每个抄写员都只能看到部分诗作。唯有将他们抄录的纸张按正确的顺序装订起来，才能理解整首诗。书是这样，宇宙也是这样：上帝之爱将我们各自四散的经历聚集起来，排好顺序，装订成一个通透可解的整体。上帝既是装订者，也是黏合剂。他的爱让那些破碎的生命碎片凝聚成了美丽而有意义的造物。

但丁在《神曲》最后一卷的结笔处，让我们想起了自己手中的书。幸福的愿景也是一个书目式的愿景。我们最熟悉的阅读工具幻化成了宇宙自身的图像——《以赛亚书》的作者无法以同样的方式获得的图像。书从以赛亚时代的卷轴到但丁时代的翻页书，为我们理解创世提供了一种新途径。书的语言内容及其物质形态之间的新关系，并非只带来了新的阅读体验，还标志着一种更广泛的重组，可能改变我们的身份、人际关系、教育、文化机构和社会—甚至我们关于宇宙的概念。改变书籍就意味着改变世界。

这是对但丁的书籍的象征的一个精彩的当代解释，而更贴近但丁的本意，则要研读但丁的更多关于书籍比喻的诗句，伟大的学者库提乌斯（Ernst Robert Curtius，1886—1956）在其彪炳青史的著作《欧洲文学与拉丁中世纪》（*Europäische Literatur und Lateinisches Mittelalter*，1948）第 16 章中有较详的研磨。他让我们认识到，在中世纪的眼光中，书是上帝的艺术作品。Omnis natura Deum loquitur（整个自然都表现了神），Liber nature（自然之书）是“上帝亲手写的书”。阿兰·德·里尔（Alain de Lille，约 1128—1202）对此做出了通络而简洁的表述：

Omnis mundi creatura
quasi liber et pictura
nobis est et speculum
世上的一切造物
都像一本书和一幅画
也像一面镜子。

汤姆·摩尔的书中，还有一个令人难忘的细节。探险家沙克尔顿（Ernest Shackleton，1874—1922）带领队员到南极探险遇到危难，不得不放弃“坚忍号”，不得不扔掉有碍脱险的负荷，他撕下了亚历山德拉王后（Queen Alexandra，1844—1925）赐予他的《圣经》中的两页，其余只好留在冰雪中。作者评论道：对这些胸怀大志的人，书不但是有用之物，还是困难中的慰藉。它们发挥了护身符的作用。沙克尔顿虽然保留了两页，但可能早把经文烂熟于胸。不过，仅仅阅读与背诵字句还不够：“我们需要在手边留有一册珍贵的书，以记住它对我们有多重要。或是像沙克尔顿那样，留有一点残章断简也好。”沙克尔顿冒死援救队员脱险的事迹，让山河动容，极其感人。他对书籍的柔情依恋，同样深深打动人心。

用这么长篇幅讲书籍的艺术，也许有人要问，为什么在美术史的书中安排这样的内容？我的回答很简单，因为人类的文明说到底既是艺术的文明也是书籍的文明。我常常喜欢引用的一段话这样说道：“我们的文明是书籍的文明，它的传统和它的本源，它的严格性和它的理智责任感，它的空前想象力和它的创造力，它对自由的理解和对自由的关注，这一切都以我们对书籍的热爱为基础。愿时尚、传媒和电脑，永远不会破坏或松弛我们个人对书籍的这种亲切的依恋。”

# 元杭州路刊刻河西字《大藏经》具体地点探究

吴雪勇

杭州国家版本馆党委书记、馆长

著名学者史金波先生研究指出，从遗存的西夏文佛经题记、版式和发愿文等判定，元代统治者曾在杭州路大万寿寺大规模刊刻河西字（西夏文）《大藏经》及其他单部佛经，时间跨度长达几十年，印造上百部，卷帙几十万卷，影响很大。但元时杭州路大万寿寺在今天杭州市的具体位置却一直不甚明朗。

2024 年上半年开始，因为着手整理出版著名浙江企业家、古籍收藏家，浙江省古典文献研究会会长金亮先生收藏并寄存于杭州国家版本馆的约 317 页西夏文文献，笔者多次拜访史先生，鉴定、核查并请教有关问题，这期间史先生多次提及元杭州路西夏文《大藏经》刊刻的具体地点之事。下半年，笔者着意查阅相关资料文献，多次赴相关地点寻访踏勘，并多次与史先生及浙江图书馆、浙江省博物馆、浙江省文物考古研究所、浙江古籍出版社的有关专家交流讨论，以求下落。

潜说友（1216—1288，浙江缙云人）《咸淳临安志》卷二十三记载：“孤山在西湖中稍西，一屿耸立，旁无联附，为湖山胜绝处。旧有智果观音院、玛瑙宝胜院、报恩院、广化寺。中兴，诏它徙而即其地建延祥观，淳祐十二年（1252）又分建西太一宫。”

梁诗正（1697—1763，浙江钱塘人）等撰《御览西湖志纂》（图 1）卷三“孤山胜迹”记载：“六一泉，在孤山西南，即唐孤山寺。《咸淳临安志》：陈天嘉元年（560）改建，名永福。《西湖游览志》：宋大中祥符（1008—1016）间改为广化寺，内有辟支佛骨塔。柏堂、竹阁皆在焉。绍兴（1131—1162）间改创四圣延祥观。理宗时复改西太乙宫。《钱塘县志》：元杨琏真伽（生卒年不详，河西唐兀人）改为万寿寺，元末毁。明洪武（1368—1398）初，诚意伯刘基（1311—1375，浙江文成人）复建，

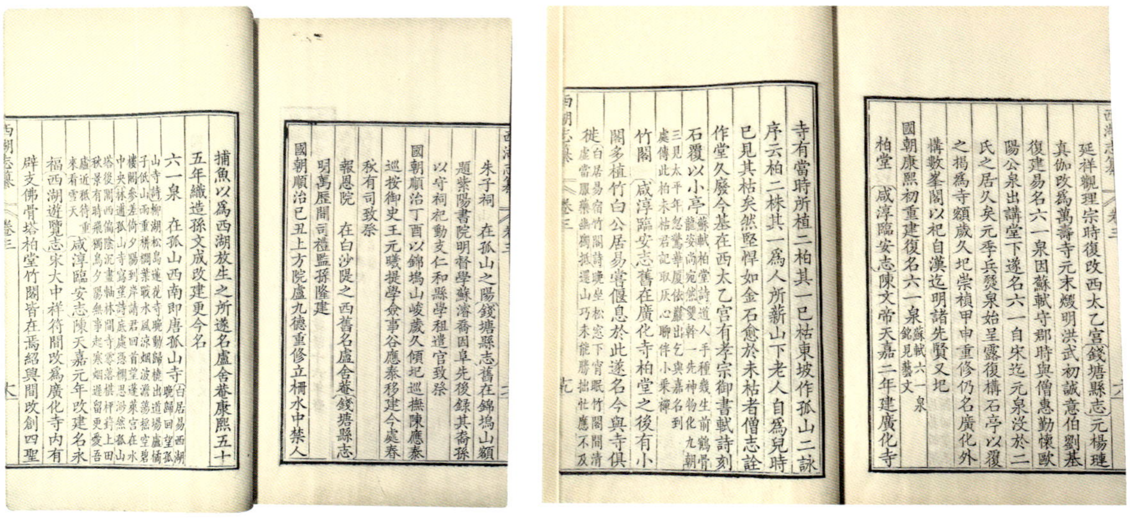

图 1　梁诗正等撰 《御览西湖志纂》卷三

易名六一泉，因苏轼（1037—1101，四川眉山人）守郡时与僧惠勤怀欧阳公（1007—1072，江西永丰人），泉出讲堂下，遂名‘六一’。自宋迄元，泉没于二氏之居久矣。元季兵燹，泉始呈露，复构石亭以覆之，揭为寺额，岁久圮。崇祯甲申（1644）重修，仍名广化，外构数峰阁以祀自汉迄明诸先贤，又圮。国朝康熙（1662—1722）初重建，复名六一泉。”

上述两条文献记载曾被多位研究者注意到并引用过，其对万寿寺的前后历史进行了梳理。元时的万寿寺在唐代曾叫孤山寺，北宋时曾叫广化寺，南宋时曾改作道观。元时由杨琏真伽改为万寿寺，元末圮毁。明代复建，易名六一泉，明末重修，再叫广化寺，清初重建，复名六一泉。同时指出大致位置在孤山西南。

邵玉贞编著的2013年版《西湖孤山》一书“广化寺”篇中有这片区域后续的记载：“清咸丰十年（1860），毁于太平军火烧。清光绪二年（1876），丁丙（1832—1899，浙江钱塘人）捐资复建柏堂、移建竹阁，开挖小莲池。清光绪三年（1877）春，丁丙、丁申（1829—1887，浙江钱塘人）兄弟捐资建蒋果敏（1833—1874，湖南湘乡人）公祠。光绪六年（1880），由僧人募建广化寺大雄宝殿，经两任主持，始完其事。重修后的广化寺已不如当年之气派，其大门沿马路仅楼上、楼下三间。再后来竹阁、柏堂也逐渐与广化寺分离，转同蒋果敏公祠连成一片，并逐渐过渡为西泠印社初创时的活动场所之一。新中国成立后，一度作为培养春兰的基地，称杭州兰苑。1957年，广化寺因大梁被白蚁蚀空而拆除。追溯其渊源，西泠印社内的竹阁、柏堂，均为孤山寺遗迹。”

同在《西湖孤山》，另一篇“吴昌硕孤山题刻”中记载：“在孤山东南岩壁上，题‘唐孤山寺沙门释惠皎刻法华经处’，每字10厘米见方，行书，吴昌硕（1844—1927，浙江孝丰人）题于民国十一年（1922）。”

以上两条记载反映出自清后期，广化寺在复建、重建过程中逐步增设了其他用途的建筑物并逐渐分立，自身规模缩小，偏居一隅，直至1957年被彻底拆除。同时明确指出了在孤山东南有一处唐时的刻经遗址。

又据民国十四年（1925）版孤山地图和商务印书馆民国二十四年（1935）版《袖珍杭州西湖图》，广化寺在孤山西南，右靠俞樾（1821—1907，浙江德清人）楼，左邻依次是楼外楼，西泠印社，左宗棠（1812—1885，湖南湘阴人）、蒋果敏公祠（左蒋二公祠），庐舍禅院，朱熹（1130—1200，福建尤溪人）公祠（朱公祠）和徐潮（1647—1715，浙江钱塘人）公祠（徐公祠）等。

民国二十五年（1936）版《游杭快览》记载：“广化寺，唐时称孤山寺，以纪念欧阳修者，有楼外楼餐馆在寺左，可小酌。”

著名作家、记者曹聚仁（1900—1972，浙江浦江人）先生1960年代初的文章《西泠印社》记有：“后来，在文澜阁做事，图书馆东楼，就在西泠印社隔壁东角上。我们住在文澜阁，也就是西泠印社的东邻。晨昏闲步，信步走去，就会走到西泠印社，隔壁便是广化寺和俞楼。”当时供职于市园文局的程志瑜先生在文章《西泠印社新貌》中有“西泠印社的西面园林绿地也扩大了，楼外楼菜馆易址以后，利用原址开辟为大草坪，山旁新建了六一亭，整治了六一泉，建筑了互为贯通的游步道，景象曲折幽深”这样的记录。

以上这些记载都廓清了孤山西南至东南一系列建筑的演变，以及广化寺（孤山寺）与它们的相对位置。

根据上述文献、资料的记载，2024年9月5日，笔者带着老旧地图和浙江图书馆古籍部研究馆员陈谊老师一起实地踏勘孤山南坡，从西向东寻访孤山寺、广化寺、万寿寺等遗址，9月17日、9

月 22 日、10 月 24 日笔者又三上孤山，分别踏访孤山西南六一泉周围古建并考察孤山东南岩壁。

六一泉。据苏轼《六一泉铭》可知，为纪念恩师欧阳修，苏轼于元祐六年（1091）建六一泉。《御览西湖志纂》讲“六一泉，即唐孤山寺”，说明孤山寺（广化寺）的山门或正门应在此地，院落沿坡建筑并向东延展，清末又逐步萎缩于此。眼前的六一泉西邻俞楼，位于大片绿地后的近山脚处，依山建有半壁亭，亭内有龛，亭额有“六一泉”匾，亭前，山水渗流，泉池盎然。站在半壁亭上方坡顶瞭望西湖，虽然远处湖面几乎被参天大树遮蔽，但是不难体会到一千二百年前，白居易（772—846，河南新郑人）在此吟咏“孤山寺北贾亭西，水面初平云脚低”的意境。结合文献看，亭前的绿地应该是清中后期重建的广化寺院落的主要区域。

西泠印社。清光绪二年（1876），这里重建柏堂、迁建竹阁，这些广化寺的遗存现在修缮保护得都非常好，对外开放。而从清末开始，这里虽然仍与广化寺相连通，但功能、用途上慢慢与广化寺分离，后又建起蒋果敏公祠，沿街隔着楼外楼餐馆。

楼外楼餐馆。居西泠印社的东面，据 2023 年 3 月 8 日杭州日报《孤山的另一时空》一文，它是 1958 年后从广化寺与西泠印社之间的位置移建于此地，1978 年扩建时又拆除了一些老建筑，主要的有朱公祠、庐舍禅院和左蒋二公祠。

浙江图书馆（孤山馆区）。即青白山居，此前为徐公祠。1960 年冬张宗祥（1882—1965，浙江海宁人）先生曾在一次会议上呼吁，西泠印社规模小，最好能把文澜阁划进来，推倒界墙，连成一片，并以青白山居作为正大门。现场看从西泠印社到文澜阁相距超过百米，而青白山居恰在中间。

中山公园。门口立的铭牌记有：“据历史记载，南宋理宗淳祐十二年，孤山南坡曾兴建规模宏大的西太乙宫，半座孤山皆为御花园。”结合文献看，此地应是后来重建于北宋的广化寺，元改建为万寿寺的中心院落，几乎包括了整个南坡的区域。

浙江省博物馆（文澜阁）。吴昌硕题刻“唐孤山寺沙门释惠皎刻法华经处”的孤山东南岩壁就在其东侧后山坡上（图 2）。元稹（779—831，河南洛阳人）长庆四年（824）应白居易邀游孤山，作《永福寺石壁法华经记》（《全唐文》卷六百五十四），记中直接记录了吴昌硕所题之事——“按沙门释惠皎自状其事云：永福寺一名孤山寺，在杭州钱塘湖心孤山上。石壁《法华经》在寺之中，始以元和十二年（817）严休复（？—835，陕西大荔人）为刺史时惠皎萌厥心，卒以长庆四年白居易为刺史时

图 2 吴昌硕题刻“唐孤山寺沙门释惠皎刻法华经处”

成厥事。上下其石六尺有五寸，短长其石五十七尺有六寸。座周于下，盖周于上，堂周于石，砌周于堂。凡买工凿经六万九千二百有五十，钱十经之数。经既讫，又成二石为二碑。其一碑，凡输钱于经者，由十而上，皆得名于碑……”对照文献，环顾四周，此地似是孤山寺寺宇中主要用于做功课、修功德的后院。笔者以步代尺反复丈量，此岩壁虽历经千年沧桑，风化崩裂严重，特别是东侧岩壁基本坍塌，但是基本轮廓仍在，“短长其石”大致吻合。而今岩壁上69250字的《法华经》经文早已全部被凿毁，凿痕显见，字迹完全无法辨认。史中记载的石壁前一块记功德、一块刻记文的两块石碑也已不知所踪。岩壁上另有“岁寒崖”和“西湖”两个题刻（均无落款），而据《御览西湖志纂》卷三“岁寒亭”记载，“孤山之阴有一亭，在高阜处，名曰岁寒，缭亭皆古梅”。此处岩壁处于孤山之脊，为最高处，因此眼前的此岁寒崖与文献中的彼岁寒亭似为一处。

综合文献记载和实地踏访可知，永福寺（南朝）、孤山寺（唐）、广化寺（北宋）、四圣延祥观和西太乙宫（南宋）、万寿寺（元）等均为孤山南坡的同一处寺院，历史上叫法各异，规模不一，历经复建、改建、重建。孤山寺、广化寺、万寿寺兴盛时，从孤山南坡之西六一泉延展至东侧岩壁一带，距离超过300米，明以后至清、民国，广化寺的寺宇逐渐又萎缩回西侧。1957年，重建于光绪六年（1880），位于现六一泉前绿地的广化寺（杭州兰苑）被拆除。似可推定，孤山南坡，即为元时万寿寺遗址，因规模宏大，且为有别于当时杭城的另两座始建于唐的万寿寺，故称“大万寿寺”，寺宇院落的东北僻静处，今天的浙江省博物馆东侧后山“岁寒崖”岩壁一带，乃元代统治者组织刊刻河西字《大藏经》之地。

史先生回忆说，1981年他开始到南方调查西夏后裔，重点是在安徽调查元代名人西夏后裔余阙后人的传承，同时杭州这座与西夏文《大藏经》深刻相连的古城，也成为他探索的目标。当年4月出发，先在安徽等地考察余阙后裔，收获颇丰。6月到达杭州，先后走访了杭州大学（现浙江大学）、中国科学院浙江分院哲学社会科学研究所（现浙江省社会科学院）、省委统战部宗教处、杭州市文管会（现杭州市园林文物管理局）、浙江图书馆、浙江省博物馆，考察了灵隐寺、飞来峰、宝成寺等。在各部门，他都询问或调查元代在杭州刻印西夏文佛经之事，三次去灵隐寺并拜访主持根源法师，还与考古所专家座谈。在杭州数日，反复奔走，未能寻找到雕印西夏文《大藏经》的蛛丝马迹。此后他又多次到杭州出差，常与当地考古专家、历史学家谈及有关元代在杭州大万寿寺印制西夏文佛经之事，并请专家们留意关注。这次我向他报告近期寻访的情况并向他请教，他认为这是考察元代在杭州刻印西夏文《大藏经》具体地点的一项重要成果，同时也希望将来能锦上添花，寻觅出杭州刻印西夏文文献更多的资料，甚至找到相关实物。

近期金亮先生在整理藏书过程中，新发现了一件汉文活字印本（图3），有十三四页之多，经中外学者鉴定，年代为西夏中后期，下限至元代初年。该印本粘连严重，上半部呈团状，从显露的文字内容看，似是对佛典的阐释，还有僧人名字及类似于“典故”“索引”这样记载，似为西夏组织翻译佛经的过程记录文本。目前这件印本正在展平修复之中，可以想见在不远的将来，当文字内容完整地辨识整理出来后，或许又可获得新的相关信息。金亮先生介绍说，此印本是与一些西夏文的活字印本页、写本页一起发现的，有的还粘连在一起，另有专家看后认为，此印本似与宁夏银川山嘴沟发现的西夏文献同类。如此，对该印本文字内容的整理更具期待。

金亮先生心系历史典籍的收藏保护、研究传承，在化私为公，持续向公藏单位捐赠典籍文献的同时，于2024年9月投资创立奥莱美术馆，旨在搭建高质量的古籍展示平台和高水平的学术交流平台。本次“琳琅萃珍——唐宋元明清典籍特展”开馆展览，展出了约150件上至两晋南北朝，下至清康乾时期的珍稀典籍，有的是首次露面。其中8件是他收藏的西夏文刻本、写本及活字本佛经文献，而在他收藏的几百件西夏文献藏品中，就有如（图4）的刻本，经史先生考证是在元大德十一年（1307）刻印于杭

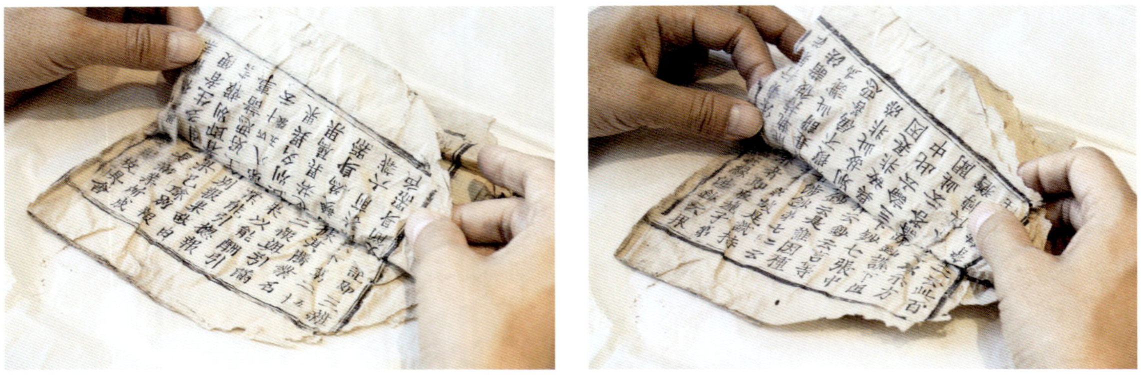

图 3 西夏中后期 汉文活字印本

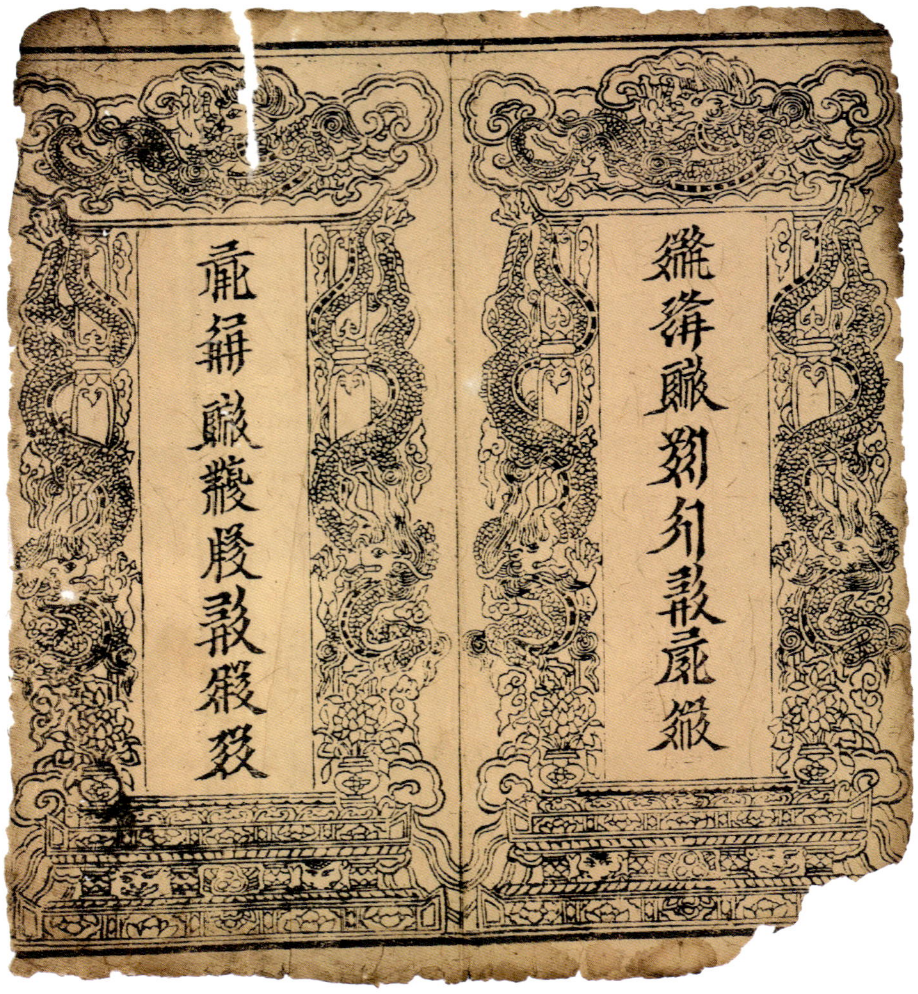

图 4 元大德十一年（1307）刻 西夏文牌记

州大万寿寺，此牌记译文左为“当今皇帝圣寿万岁”，右为“太后皇后寿与天齐”。这些具有重要版本价值、文献价值和文物价值的西夏文文献典籍，当年辗转数千公里，从江南的西湖之滨出发到达河西的西夏故地，传播教义，慰藉精神，滋养心灵，700 多年后又兜兜转转回到了它的出生地——杭州，并与今人见面，似属因缘际会，实属中华民族文脉传承之福、新时代文化赓续之幸！

# 雷峰塔藏经漫述

褚树青

浙江图书馆原党委书记、馆长，研究馆员

1924年9月25日，杭州西湖耸立一千余年的雷峰塔突然倾圮，所谓“西湖十景”之“雷峰夕照”骤然消逝，“湖上两浮屠，保俶如美人，雷峰如老衲”，南北双峰对峙景象不存，一时海内轰动。鲁迅先生为此撰文《论雷峰塔的倒掉》《再论雷峰塔的倒掉》，结合白蛇传民间故事，借题发挥，批判封建统治，赞扬反抗精神。而徐志摩则写了《再不见雷峰》诗，一如新月派文人之感性多情，惋惜塔之倒塌。和任何突发性社会事件发生相似，乃引发千人言万人念，议论蜂起，颇为热闹。随之面世的塔砖内的千年陀罗尼经卷，迅被识者宝之而广为搜求，得者或秘不示人，或遍请名家赏鉴题识而乐之。转眼百年，现在所知域内外公藏不过数十件而已，私家收藏不得而知，民国翻刻仿印件混迹其中，徒增鉴别之难，收藏之艰。

近日奥莱美术馆开馆，首展推出“琳琅萃珍——唐宋元明清典籍特展”。150种珍贵善本典籍，形式多样，涵盖了写本、捺印本、刻本、活字本、套印本、绘图本以及和刻本和高丽本，文种涉及汉文、梵文、藏文、蒙文、西夏文、满文等，大多为公藏所不见或未见传世记录者，观者涌动，媒介热烈，人们叹为观止。

展品中有雷峰塔藏经真迹四件，悄然隐然，却仍为观者注目。

经卷一乃徐乃昌旧藏，有赵叔孺题端，宣哲应徐乃昌之请手绘淡彩雷峰塔图一幅，并在长跋中将此卷与显德三年（956）《宝箧印经》对比，详考了钱俶的改名、封号及相关纪年。卷末还有吴士鉴、金蓉镜、周庆云、姚景瀛四家题词。

引首“吴越西关专塔藏经，乙丑夏月随庵主人属题，叔孺赵时棡篆端。”然后为宣哲应徐乃昌之请手绘淡彩雷峰塔图一幅，图末有宣哲题跋二则：

> 甲子之秋，江浙战事方亟，杭之西湖上雷峰塔忽焉倾圮。杭人告我塔砖有凿成二寸许深孔者，中藏经卷，而削木塞其外。予今所见宝箧印经是也。岁久木朽，湿霉侵入卷中，故多浥损不完。完者至不易得。积学先生无意中得一完本，将付潢匠，属补塔图，乃追忆旧游葛岭南望所见，以塞雅命。未知能于准望无误不？乙丑春二月，辱治高邮宣哲画。
>
> 十余年前，吴兴栖岩寺塔顶，为风所挟坠地，亦出宝箧印经一卷，寺之僧朗悟携来上海，予余逆旅中见之。卷长六尺六寸，高二寸二分。首行“宝箧印陀罗尼经”七字，次题名云：“天下都元帅吴越国王钱弘俶印宝箧经八万四千卷在宝塔内供养，显德三年丙戌岁纪。”次为画像，长二寸有奇，凡寺一塔一像十二躯，以下为经，每行八字，与此本同。行数则不记矣。印以硬黄，受水渍处已褪作白色，木制出轴具存。此经亦吴越忠懿王所造，印于乙亥八月，盖后于丙戌者十九年，实宋之开宝八年也。《五代史记》最略，《吴越世家》止载“王名俶”，《十国春秋》云“初名宏俶”。《吴越备史》建隆元年二月，王但用今名避庙讳也。《十国春秋》

则云建隆元年正月赵匡胤称帝，遣使来宣谕，三月乙巳，宋改郡县名犯御名庙讳者。王以名犯宋宣祖偏讳，去“宏”以“俶”单行。所记虽后于《备史》一月，而王于是年改名为可据。故丙戌印本名“弘俶”，此本止名“俶”也。《十国春秋》又云：乾祐三年三月汉敕授王东南面兵马都元帅、吴越国王，十月汉遣散骑常侍张煦等册王为吴越国王。广顺二年二月，周授王天下兵马元帅。显德元年七月，周遣使加授王天下兵马都元帅。建隆元年四月，宋授王天下兵马大元帅。乾德二年宋制王落起复天下兵马都元帅。开宝元年三月，宋封王为吴越国王，是年十二月，宋赐王诏称咨尔天下兵马大元帅、检校太师、尚书令、吴越国王钱俶。盖兵马大元帅，其职视都元帅为尤崇，王之得称大元帅始于建隆元年，而周、宋皆封为吴越国王，故丙戌印本结衔曰“天下兵马都元帅吴越国王”，而此本云“天下兵马大元帅吴越国王”，皆与史合也。彭文勤注欧史载王建黄妃塔碑记，未详造塔年月，明人《西湖游览志》亦略之，据是本造经之年可以推得。是区区者虽象教要为长兴以后第一雕印古本，北宋经籍诸刻莫之或览也。

先生倭宋早种善因，宜其得此而宝之也，哲又识。“象教”下脱“之迹”二字。

卷末吴士鉴、金蓉镜、周庆云、姚景瀛四家题词分录于下：

八声甘州。

题吴越雷峰塔宝箧印陀罗尼经卷子。

古临安王气黯然收，南屏切烟霄。剩巍峨窣堵，定中铃语，劫燹曾逃。独对斜阳千载，忽漫圮蓬蒿。有印经遗夹，蘦落山椒。往日投龙玉简，并金涂雕像，款识周遭。问家王故事，陈迹亦寥寥。望湖壖、颓垣丛甓，访华鬘，深瘗未应抛。焚香诵，莫高残刻，同袭缄縢。（刻经昉于五代宋初，此与敦煌石经天福十五年《金刚经》残本为最古。）

随庵老兄姻先生法教。

丙寅二月弟士鉴。

忆钱王功德在钱唐，经塔一时留。看支持风雨，寒鸱绕树，铃语当秋。那得虚空不坏，龙象亦应愁。惟有残僧在，来对沙鸥。一卷旧传贝叶，向冷摊瞥见，字字清遒。喜承平故物，重与散花收。似空山、宾罗定起，待几时，弥勒下生休。争来访，孤村流水，匹马荒邱。

八声甘州，戊辰十月。

随庵先生雅教。

金蓉镜时年七十三。

渺觚棱天末倚寒烟，铃语诉苍茫。叹婆留唱后，霸图无主，谁礼空王。转眼鬘零龙象，不坏劫金刚。一杵南屏晚，催送斜阳。 陌上花开缓缓，记金涂银简，愁换沧桑。剩残砖经卷，和墨洗秋妆。更摩挲、清仪秘箧（吾镇张子叔驯藏经卷系显德三年，与此卷相距十有九年，则为五代刻本，发见在湖州城天宁寺经幢。），共纪年，显德阅兴亡。休重问，颓垣半壁，落叶啼螀。

八声甘州。

随庵先生属录旧作。

戊辰十月周庆云。

莽群雄五季竞开疆，漫天战尘昏。祗世家吴越，皈依诸佛，保境安民。十四州多梵刹，覆苍仗慈云。突兀南屏外，涌现金轮。太息重经浩劫，剩陀罗尼卷，触手如新。想天龙八部，拥卫到湖滨。好从此、珍藏什袭，与金涂铁券共长存。时怀感，晓钟声里，冷照斜曛。

八声甘州。

随盦先生词家正拍。

戊辰仲冬姚景瀛倚声。

徐乃昌（1866—1946），字积余，晚号随庵老人，安徽南陵人，光绪十九年（1893）举人，二十七年任淮安知府，历任多职，后总办江南高等学堂，督办三江师范学堂（南京大学前身），清亡后，隐居著述和校刊古籍，成为著名的藏书家、学者。

赵叔孺（1874—1945），名时棡，字叔孺，以字行，浙江鄞县人，1911年寓居上海专事书画创作，为海上名家之一，书工四体，花鸟山水，尤能画马，富收藏，精鉴别，求艺于门下者达五十余人，著名的学生有陈巨来、沙孟海、方介堪等。

宣哲（1873—1943），字古愚，号愚公，别号人哲、黄叶翁，室名桑灵直瞉斋、安昌理馆，江苏高邮人。鉴赏收藏家。曾与黄宾虹结贞社，各出书画、金石相玩赏，善写山水。著有《寸灰集》。

吴士鉴（1868—1934），字絅斋，号公詧，一号含嘉，别署式溪居士，浙江钱唐（今杭州）人。光绪十八年（1892）进士，官江西学政、资政院议员、清史馆纂修。以评骘金石、考订碑版、精研史籍而名重一时。与父吴庆坻笃志藏书。民国初因得商钟9件，遂以“九钟精舍”名其书室。著有《清宫词》《商周彝器例》《九钟精舍金石跋尾》等。杭州图书馆藏有《艺风老人致吴士鉴遗札》《同馆书札》。《同馆书札》收录冯煦、宋育仁等写给吴士鉴的信札。

金蓉镜（1856—1930），初名鼎元，字学范，一字暗伯，号潜父、潜庐、香岩等，浙江秀水（嘉兴）人。光绪十五年（1889）进士。曾居周梦坡晨风庐多年。究舆地之学，善画山水，著有《潜庐全集》。

周庆云（1864—1933）字景星，号湘舲，别号梦坡、灵峰补梅翁，浙江吴兴人。清光绪七年（1881）秀才，授多职均未就任。经营盐业、丝业，为著名南浔儒商。性好琴、金石书画，藏金石、书画、古器颇富，极精鉴赏。

姚景瀛（1867—1961），字虞琴，又字渔吟，号东湖渔隐，浙江余杭人。我国近现代著名书画家、鉴赏家，以擅写兰花蜚声画坛，与齐白石有“北齐南姚”之誉。他喜收藏，工书画，能诗文。1937年，浙江图书馆举办全省文献展览会，他拿出家藏清政府诏令焚禁之《石门吕晚村留良诗稿》等参展，杭城耆宿戴维璞曾撰《大雅雍雍卓不群》专文记之。

经卷二钤有收藏印“合肥李氏望云草堂珍藏金石书画之章”，乃李鸿章家族之印章。

此卷有宣统帝太师陈曾寿题签并引首题字“吴越黄妃塔藏经。甲子（民国十三年，1924）冬十月，陈曾寿”，首又有甲子立冬后三日山阴王云敬绘白描佛祖座莲花台法像，另有陈曾寿补绘西湖雷峰塔图并甲子冬十月题词《八声甘州》：

镇残山风雨耐千年，何心倦津梁。早霸图衰歇，龙沉凤杳，如此钱塘。一尔大千震动，弹指失金装。何限恒沙数，难抵悲凉。

慰我湖居望眼，尽朝朝暮暮，咫尺神光。忍残年心事，寂寞礼空王。漫等闲、擎天梦了，任长空、鸦阵占茫茫。从今后、凭谁管领，万古斜阳。

陈曾寿（1878—1949），字仁先，号耐寂、复志、焦庵，家藏元代吴镇所画《苍虬图》，因以名阁，自称苍虬居士，湖北蕲水县（今浠水县）人。光绪二十九年（1903）进士，官至都察院广东监察御史，入民国，筑室杭州小南湖，以遗老自居，后曾参与张勋复辟、伪满组织等。书学苏东坡，画学宋元人。其诗工写景，能自造境界，是近代宋派诗的后起名家，与陈三立、陈衍齐名，时称海内三陈。著有《苍虬阁诗集》十卷及续集二卷、《旧月簃词》一卷。其诗效法韩愈、李商隐、黄庭坚、陈师道等，其词多用佛典、禅语，所刻画的意境丰富而又空灵，色彩特异，词风独到，自成一家，不愧一代作手。陈曾寿与金蓉镜、夏敬观、宣哲，被吴湖帆称为“近代四大文人画家”。

据上海博物馆柳向春《雷峰塔藏经若干问题刍议》一文所述，现在国内外所存雷峰塔经约计三四十卷，真伪错杂，因当时塔倒未几，当地书商因见有利可图，便纷纷翻印，致原刻与翻印本难辨。辨别真假，有一个卓有成效的方法是根据鉴藏人来判断，而尤其值得注意的，经陈曾寿鉴藏过的卷子，全为真品。柳文整理出目前所知陈曾寿曾题跋过的卷子，至少有九卷之多，分别如下：1. 曾熙、张爰、黄起凤、王云、陈曾寿绘图并题词，吴昌硕、邹安跋（上海博物馆藏）。2. 陈曾寿绘图并题诗，姚华、张祖廉、冯煦、冒广生、程颂万、黄孝纾、溥儒、胡嗣瑗题词（上海博物馆藏）。3. 陈曾寿绘图并题词，一卷（上海博物馆藏）。4. 国家图书馆藏康有为跋本，陈曾寿绘图并题词。5. 国家图书馆藏冯煦等题词本，陈曾寿绘图并题词，思棣绘图。6. 国家图书馆藏本，王云绘图，陈曾寿绘图并题词。7. 2003 年朵云轩 8 月 18 日春拍，陈曾寿绘图并题词。（甲子秋九月绘黄妃塔图，题《八声甘州》一阕）。8. 美国哈佛大学福格美术馆藏本，陈曾寿绘图并题词。9. 2010 年保利秋拍阮性山旧藏本，陈曾寿绘图并题词，又吴昌硕、郑孝胥、袁思永、徐行恭、刘克龢等题。此经卷二，亦陈曾寿绘图并题词，应在柳先生视野内。

经卷三首有王仁治淡彩手绘雷峰塔图一幅并题记：“塔建于宋开宝八年乙亥，明嘉靖间火后成此形。民国十三年旧历甲子八月二十七日坍。王潜楼并记。”次何旦公题“雷峰塔藏宝箧印经残卷”十字。次塔砖图一幅，王仁治题：“经卷外皮用绢囊，束以带。内层夹以细篾棒二，亦束以带，上题宝箧印经四字。卷心有篾棒，当是安息香。砖长一尺一寸，宽五寸余，高约二寸。洞口径不及寸，深约三寸，经卷藏其中。”详述雷峰塔经卷的装藏结构及雷峰塔砖的具体尺寸。卷末有任老手书长跋：“塔中流出此经甚夥，原版不一，字迹因各稍异。以砖砌处有阴阳燥湿，纸毫随判灰白，惟质皆绵密无纹，难淆真伪。全卷四叶联成，卝各尺余，每缺首叶，盖卷在外层易损也。此卷亦仅三叶，卷首佛图当已驳损，今所有者得于另一残卷中，疑系完卷之尾。余白纸仿版印成，模样逼真，□□备考。任老识。”详述此卷扉画及经文缺损处如何精心补缀。

王仁治（1871—1932），字潜楼，一字潜孙，号泠公，杭州人。杭州西泠书画社主要创办人。王仁治中年为清廷延为内廷供奉，去北京为慈禧太后作画，擅山水，气格苍润华滋，有声于时。辛亥革命后，回到杭州，以鬻画自给。1925 年春，与范效文（耀雯）、汪笃忱、陈礼文（谷水）、冯仲陶、王存本（懋青）、陆庆楹（霭堂）、钱谟（厚哉）、胡简华等一起创立杭州西泠书画社，任社长。

卷中所钤收藏印有“任老珍藏”“称心如意”“公余雅玩”“太任文房搜罗”等。

经卷四钤有印章“合肥李氏望云草堂珍藏金石书画之章”，亦李鸿章家族旧藏也。

综观四件虽同为北宋开宝八年乙亥（975）所雕，但综合对比图像和文字之迹，微有不同。经卷扉画前发愿文题印经八万四千卷，可见印刷数量之多，绝非一版或数版雕印，大抵多人多版完成，雕版印刷艺术之雅趣，由此可窥。

五代吴越国文化和南宋文化，是浙江文化特色的两大代表，在八十一年的吴越国历史中，三世五王始终崇佛礼僧。据史料记载，仅杭州一地就建有150多座寺院与数十座塔幢，西湖周边山上也开凿了大量的佛教造像，国域内统计有寺院355所。故浙江也被誉为“东南佛国”，“南朝四百八十寺，多少楼台烟雨中”。佛教文化深深浸润到吴越国人们的心灵之中，融入并影响着他们的生活方式，这成为后来浙江人文气质的一部分。雷峰塔经卷和1917年湖州天宁寺发现的经卷都可视作那个时期佛教兴盛的实证。书家常说，大字难，小字亦难。雕版也同此理，经卷框高约5.6厘米，长约208厘米，故字小如豆，但线条清爽，刀法成熟，显示了极高的艺术水准，可以说是两宋浙刻本之滥觞。姜思永题诗“宋刻流传此最嘉，坊间板本笑麻沙”，当作如是观。

“陌上花开，可缓缓归矣”。此网络热词，甚被网友喜欢。却鲜有人知道是钱镠写给爱妃的私下情语。纵横捭阖，开疆拓土的一代雄主，另一面却如此温情款款，特能打动人心，苏东坡也曾读此有感而作陌上花七言绝句三首，“陌上花开蝴蝶飞，江山犹是昔人非”。今江山如画，宝塔复建，日月之光常驻，云龙气象灵动，经卷披展，阅者无数，千年相望，仿佛钱氏先贤缓缓归来矣！

# 敦煌所出十世纪雕版印刷佛画的研究

焦　傲

北京伍伦国际拍卖有限公司

白化文先生1978年所作的《敦煌汉文遗书中雕版印刷资料综述》，去今46载，仍是研究中国早期书籍史的灯塔。它在尚无互联网与IDP（国际敦煌项目）的时代，仅靠观看微缩胶卷便对敦煌汉文遗书中的雕版印刷品如数家珍，立意高屋建瓴，令人钦佩。不过，正如先生文末所说："补苴罅漏，待诸异日。"随着新资料不断被发现和公布，许多关于早期雕版印刷品悬而未决的问题有了越来越清晰的答案。现仅就《综述》中关于佛教版画的部分略做修正与发挥，聊以引玉。

## 一、关于作者的澄清

敦煌藏经洞发现的独立于佛经的雕版印刷佛画基本上是十世纪的作品，主要有：大慈大悲救苦观世音菩萨像、大圣毗沙门天王像、四十八愿阿弥陀像、大圣文殊师利菩萨像、大圣普贤菩萨像、圣观自在菩萨像、大圣地藏菩萨像等。它们新颖的艺术形式，直观的表达方法，美而庄严的视觉冲击，迅捷有效的流通速度，堪称我国现存最早的"传单"，为佛教中国化贡献了不可磨灭的力量。

过去的研究一般将这7种有着上图下文版式的独立雕版印刷佛画，认为都是由归义军节度使曹元忠舍资、匠人雷延美雕印的。[1]但事实上，它们至少出自3位刻工之手，雕印时间前后也相差了20年左右。

首先谈谈明确由曹元忠舍资、雷延美雕印的几件印刷品。

曹元忠是一位很有政治眼光、精力充沛、个人魅力很强的人。他于后晋天福九年（944）继其兄位，执掌归义军政权，成为曹氏归义军第四任节度使。北宋开宝七年（974）曹元忠卒，太平兴国五年（980）北宋政府"诏赠元忠燉煌郡王"。曹元忠统治沙州三十余年，在归义军历史上掌权时间最长。他在位期间，奉中原王朝正朔，敬授民时，重视农耕，开窟造像，雕版印经，保障"丝绸之路"畅通，支持各民族间交往，在敦煌留下了宝贵的文化遗产。

（一）**大慈大悲救苦观世音菩萨像：**上图下文。图像为观音立莲台上，右手提净瓶，左手做说法印，衣袂飘袅，体态婀娜，背光上有华盖。右榜题"归义军节度使检校太傅曹元忠造"，左榜题"大慈大悲救苦观世音菩萨"。题记十三行：

弟子归义军节度瓜、沙/

等州观察处置、管/

内营田押蕃落等使、/

[1]　白化文，《大学图书馆通讯》1987年第3期，页44。

特进检校太傅、谯/
郡开国侯曹元忠/
雕此印板。奉为城隍安/
泰，阖郡康宁。东西之道/
路开通，南北之凶渠顺/
化，励疾消散，刁斗藏/
音，随喜见闻，俱沾福/
祐。于时大晋开运四/
年丁未岁七月十五/
日纪。匠人雷延美。/

“大晋开运四年七月十五日”是公元947年的盂兰盆节。这幅版画的题记中不但有供养人（出资者）姓名，也有雕版匠人的姓名，是敦煌发现的最早的“物勒工名”的雕版印刷品。曹元忠在题记中以一方之主的觉悟所发心祈愿的，正是他在每日的政务中所力行的，诚然令人动容。

其存世状况如下：

| 序号 | 馆藏号 | 尺寸（厘米） | 收藏地点 | 备注 |
|---|---|---|---|---|
| 1 | Or.8210/P.9 | 43.8×26.8 | 英国国家图书馆 | 填彩 |
| 2 | 1919,0101,0.242 | 31.7×20 | 大英博物馆 | |
| 3 | 1919,0101,0.243 | 32×20 | 大英博物馆 | 被装成可以悬挂的经幡的形式 |
| 4 | 1919,0101,0.244 | 63×42 | 大英博物馆 | 9张菩萨像被分成3行3列粘在一起，没有题记 |
| 5 | EO1218D | 34×23.8 | 法国吉美亚洲艺术博物馆 | 填彩 |
| 6 | P.4514（6）1 | 不详 | 法国国家图书馆 | |
| 7 | P.4514（6）2 | 不详 | 法国国家图书馆 | |
| 8 | P.4514（6）3 | 不详 | 法国国家图书馆 | 没有题记 |
| 9 | P.4514（6）4 | 不详 | 法国国家图书馆 | 没有题记 |
| 10 | P.4514（6）5 | 不详 | 法国国家图书馆 | 没有版画 |
| 11 | P.4514（6）6 | 不详 | 法国国家图书馆 | 没有版画 |
| 12 | P.4514（6）7 | 不详 | 法国国家图书馆 | 没有版画 |
| 13 | P.3965 | 不详 | 法国国家图书馆 | 没有题记，两张菩萨像左右并排粘贴 |
| 14 | CatalogueNo. 0241,1919 | 46×32 | 加拿大皇家安大略博物馆 | 1927年12月29日与大英博物馆交换所得 |
| 15 | | 46×32 | 奥莱美术馆 | 著录：伍伦37号，《伍伦经眼古经图录》，国家图书馆出版社，2023年 |

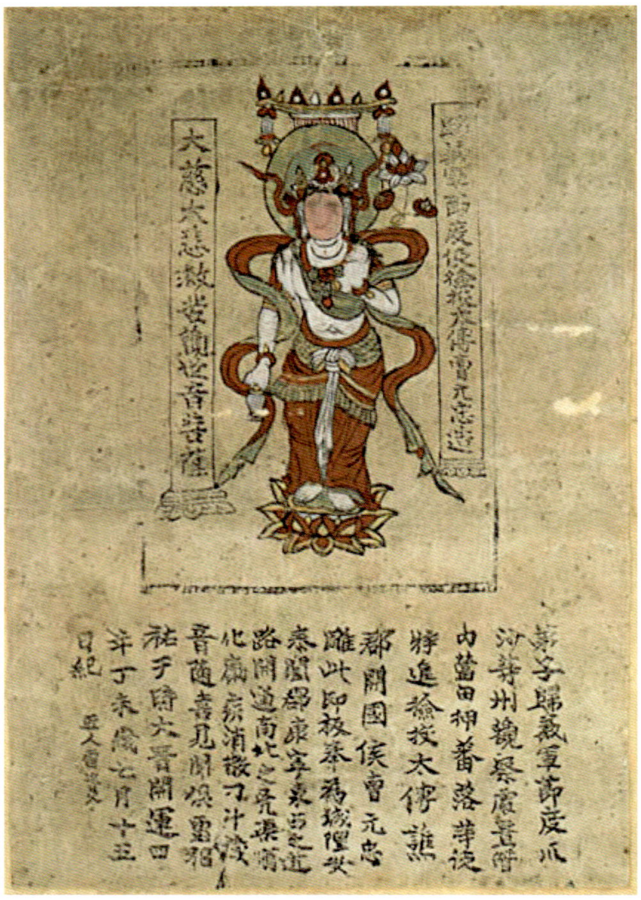

EO1218D 34×23.8 厘米 法国吉美亚洲艺术博物馆藏 图像来源：IDP

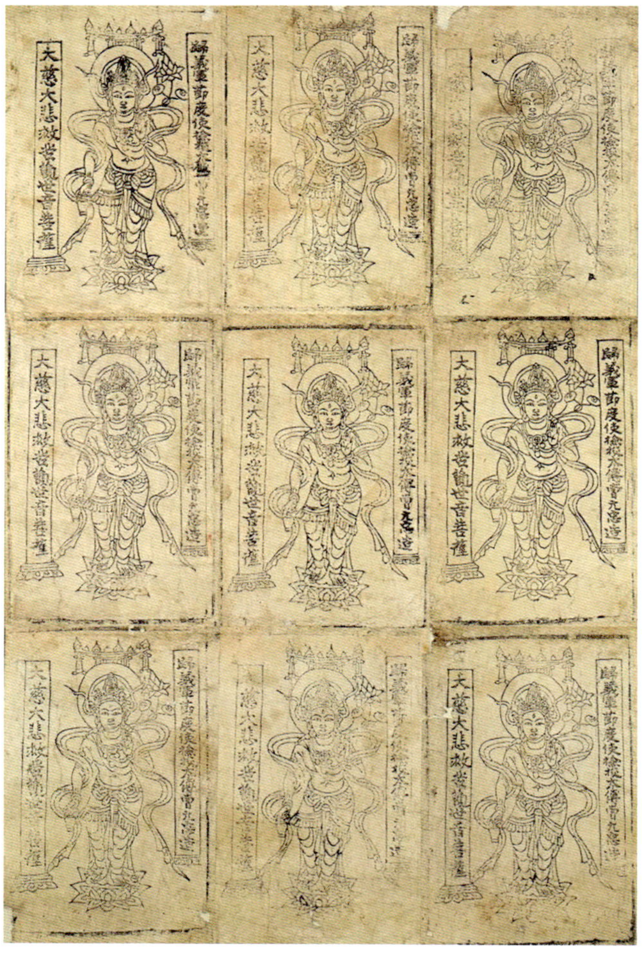

1919,0101,0.244 63×42 厘米 大英博物馆藏 图像来源：IDP

我们注意到，“大慈大悲救苦观世音菩萨像”的佛像和跌记分别雕了两块板，即可以上图下文地完整印制，也可以只印图像部分。但不论以哪种方法印刷，供养人“归义军节度使检校太傅曹元忠”的信息都不会缺失。

（二）**大圣毗沙门天王像：**上图下文。图像正中为一手持戟、一手托塔的毗沙门天王，双足被女神托举。四周环绕其眷属：吉祥天女、披虎皮的独健和托举小儿的鬼子母。左榜题“大圣毗沙门天王”。题记十四行：

北方大圣毗沙门天王/
主领天下一切杂类鬼/
神，若能发意求愿，/
悉得称心，虔敬之徒，/
尽获福祐。弟子归义/
军节度使特进检校/
太傅，谯郡曹元忠，/
请匠人雕此印板，/
惟愿国安人泰，社/
稷恒昌，道路和平，/
普天安乐。/
于时大晋开运四/
年丁未岁七月/
十五日纪。/

毗沙门天王又名北方多闻天王，是自北朝以来小乘、大乘与密教经典以及汉藏系统所共同推举的护法神，是敦煌和于阗地区的保护神。根据各种佛经、真言、经卷题记所宣，毗沙门天王既可卫护众生、祐人济难，又可护国护城、助军退敌，更可悉应诸愿、除却罪孽，诵其真言还可除病消灾，可谓神通广大。一般佛教集会场所，都可以供奉毗沙门天王像，这也是敦煌石窟中毗沙门天王主题的壁画、造像、经幡比较多的原因。

这件版画与“大慈大悲救苦观世音菩萨像”为同一天雕印，没有署匠人款。不过从跌文的字体和雕刻的刀法来看，此板也出于匠人雷延美之手。

其存世状况如下：

| 序号 | 馆藏号 | 尺寸（厘米） | 收藏地点 | 备注 |
|---|---|---|---|---|
| 1 | Or.8210/P.8 | 48.5×32.6 | 英国国家图书馆 | |
| 2 | 1919,0101,0.245 | 40×26.5 | 大英博物馆 | 被装成可以悬挂的经幡的形式 |
| 3 | P.4514(1)1 | 不详 | 法国国家图书馆 | |
| 4 | P.4514(1)2 | 不详 | 法国国家图书馆 | |
| 5 | P.4514(1)3 | 不详 | 法国国家图书馆 | |
| 6 | P.4514(1)4 | 不详 | 法国国家图书馆 | |
| 7 | P.4514(1)5 | 不详 | 法国国家图书馆 | |
| 8 | P.4514(1)6 | 不详 | 法国国家图书馆 | |

| | | | | |
|---|---|---|---|---|
| 9 | P.4514(1)7 | 不详 | 法国国家图书馆 | |
| 10 | P.4514(1)8 | 不详 | 法国国家图书馆 | |
| 11 | P.4514(1)9 | 不详 | 法国国家图书馆 | |
| 12 | P.4514(1)10 | 不详 | 法国国家图书馆 | |
| 13 | P.4514(1)11 | 不详 | 法国国家图书馆 | 没有题记 |
| 14 | P.4514(7)A | 不详 | 法国国家图书馆 | 题记被撕掉左半 |
| 15 | P.4514(7)B | 不详 | 法国国家图书馆 | 题记被撕掉下半 |
| 16 | P.3879 | 不详 | 法国国家图书馆 | 版画被撕掉上半 |
| 17 | | 手卷，不详 | 私人收藏 | 吴兴密韵楼蒋氏旧藏，香港苏富比 2016 年 5 月 30 日中国古代书画专场 Lot.365 |

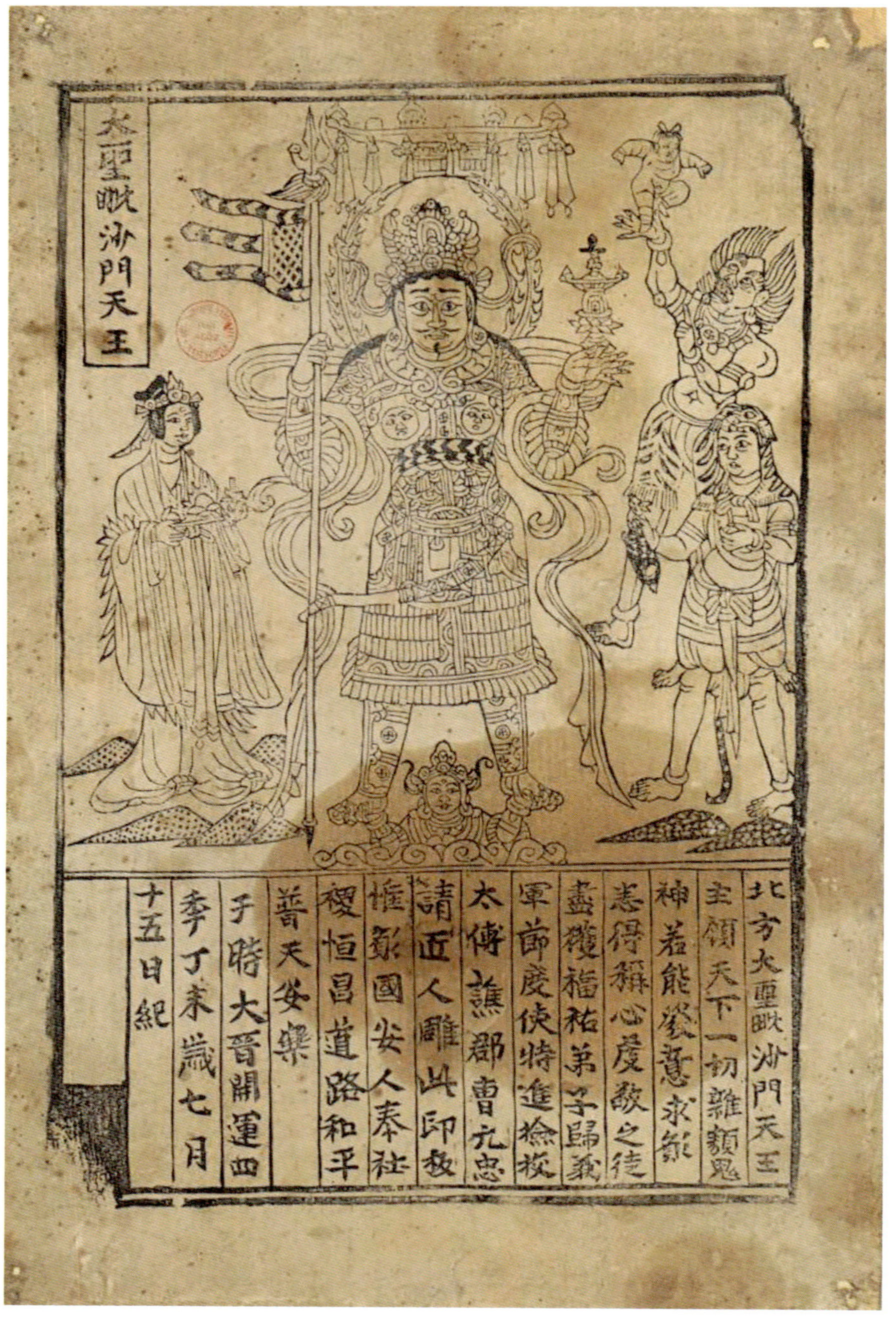


P.4514(1)10 法国国家图书馆藏 图像来源：IDP

（三）**金刚般若波罗蜜经：**现存的三件实物只有文字，没有佛画，但由于其附载的信息很重要，我们也将它列在这里。卷末题记五行：

弟子归义军节度使特进检校/

太傅兼御史大夫谯郡开国侯/

曹元忠普施受持/

天福十五年己酉岁五月十五日记。

雕版押衙雷延美。/

天福十五年是公元 949 年，两年时间内匠人雷延美升职成为了节度使官府中专管雕版印刷事物的首领“雕板押衙”。此外，《金刚般若波罗蜜经》的内容虽然是佛经，却通过加刻边栏的方法，人为地将经文分成每页 7 行的版式，成为现存最早的雕版印刷的“方册装”佛经。

其存世情况如下：

| 序号 | 馆藏号 | 尺寸（厘米） | 收藏地点 | 备注 |
| --- | --- | --- | --- | --- |
| 1 | Or.8210/P.11 | 14×10 | 英国国家图书馆 | 存 4 页，每页 7 行，行 14 字 |
| 2 | P.4515 | 不详 | 法国国家图书馆 | 存 6 页 |
| 3 | P.4516 | 不详 | 法国国家图书馆 | 存 4 页 |

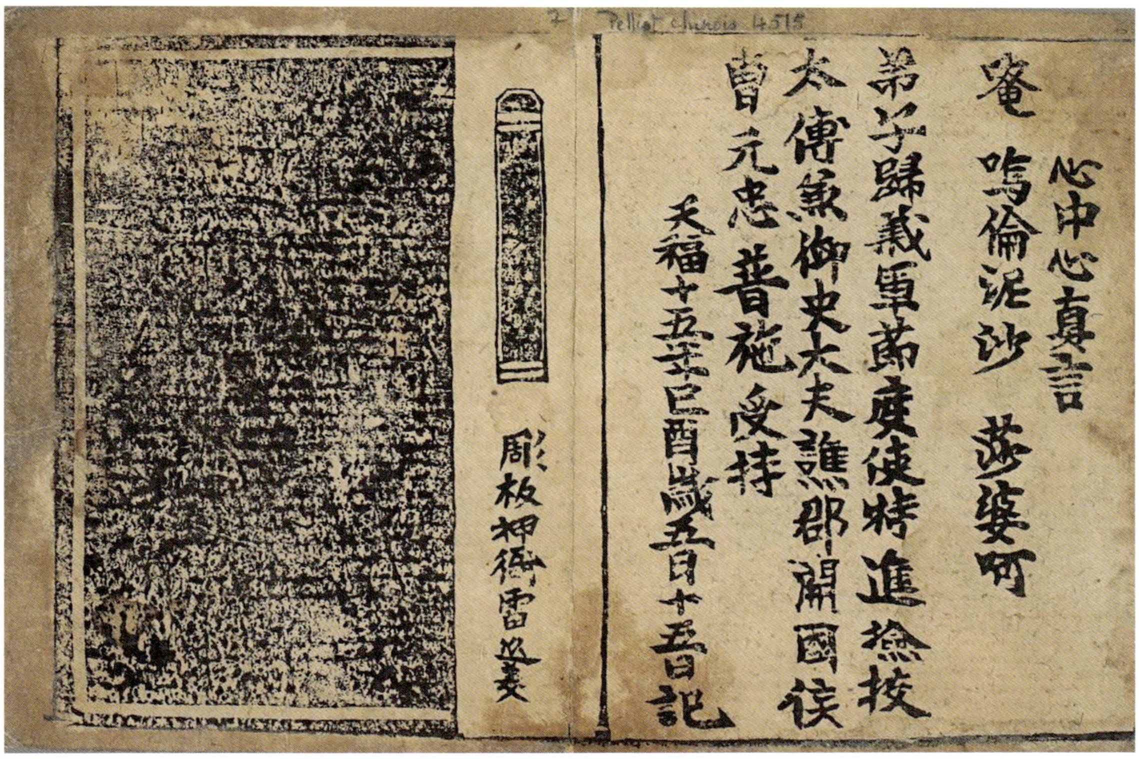

P.4515 卷末 法国国家图书馆藏 图像来源：IDP

在这三种珍贵的曹元忠舍资印刷的作品中，“雕板”“印板”“雕印此板”等雕版印刷技术专门术语，在现存的印刷品实物中均属首见。曹元忠自继位以来，在短期内大量印造佛像与便携的小尺寸佛经，并在衙署内开办雕版印刷工场，一方面促进了中国化佛教在敦煌的发展，一方面起到了普及文化、推进技术进步的作用。

那么，敦煌发现的另外几种没有年款的雕版印刷佛教版画，是曹元忠舍资、雷延美雕印的吗？要解决这个问题，只需把它们排列出来即可一目了然：

（一）**四十八愿阿弥陀佛像：**上图下文。图为单体趺坐像。右榜题“四十八愿阿弥陀佛”，左榜题“普劝供养受持”。题记文十三行：

夫欲念佛修行、求生净国者，先于净/

处置此尊像，随分香花，以为供养。/

每至尊前，冥心合掌，离诸散动，专注/

一缘，称名礼敬：/

南无极乐世界四十八愿大慈大悲/

阿弥陀佛。愿共诸众生一心归命礼，十拜；/

南无极乐世界大慈大悲诸尊菩萨/

一切贤圣，一拜/

然后正坐，一心专注，念阿弥陀佛或万或千/

观世音、大势至至诸尊菩萨各一百八（念三称五）。/

以此称扬念佛功德，资益法界一切/

含生，愿承是善声，同得正念，往生无/

量寿国。更礼三拜，即出道场。/

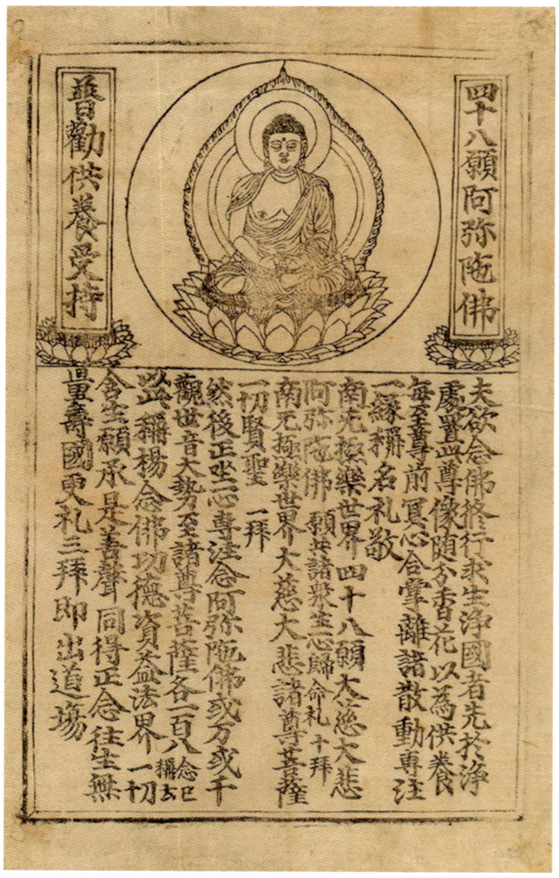


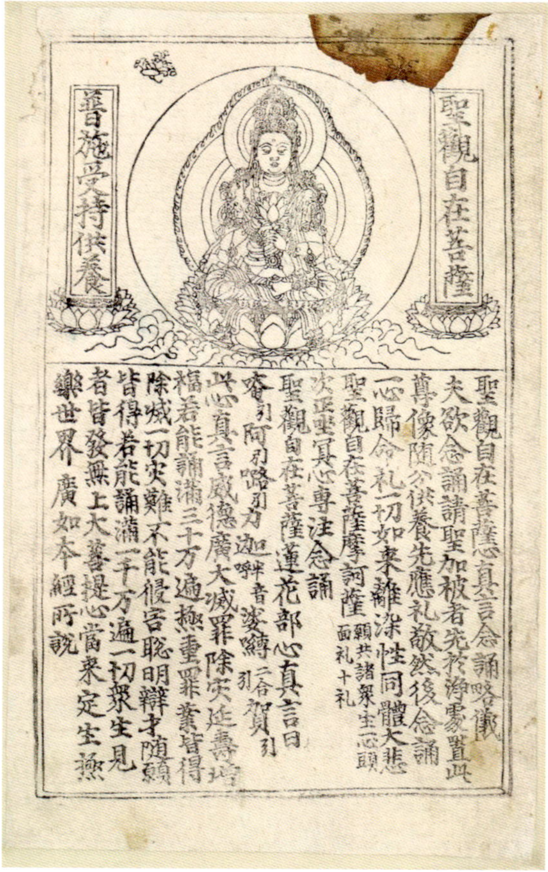


Or.8210/P.14 19×30 厘米 英国国家图书馆藏
1919,0101,0.233 27.3×17.2 厘米 大英博物馆藏
图像来源：IDP

（二）**圣观自在菩萨像：**上图下文。图为单体趺坐像。右榜题“圣观自在菩萨”，左榜题“普施受持供养”。题记十四行：

圣观自在菩萨真言念诵略仪 /
夫欲念诵、请圣加被者，先于净处置此尊像 /
随分供养。先应礼敬，然后念诵。/
一心归命，礼一切如来离染性同体大悲 /
圣观自在菩萨摩诃萨（愿共诸众生，一心头 / 面礼十礼）。/
次正坐冥心专注念诵 /
圣观自在菩萨莲花部心真言：/
唵（引）阿（引）嚕（引）力迦（半音呼）娑嚩（二合引）贺（引）/
此心真言威德广大，灭罪除灾，延寿增 /
福。若能诵满三十万遍，极重罪业皆得 /
除灭一切灾难不能侵害，聪明辩才随愿 /
皆得。若能诵满一千万遍，一切众生见 /
者，皆发无上大菩提心。当来定生极 /
乐世界。广如本经所说。/

（三）**大圣地藏菩萨：**上图下文，图为单体趺坐像。右榜题“大圣地藏菩萨”，左榜题“普劝供养受持”。题记十行：

地藏略仪 /
一心归命，礼一切如来平等性同体 /
大悲圣地藏菩萨摩诃萨。/
愿共众生咸归命回，愿往生安乐国。十礼。/
次冥心一境，专注念诵 /
地藏菩萨法身灭决定业障真言：/
唵（引）钵啰（二合）沫（弹舌）他（上）𩕳娑嚩（二合引）贺（引）。/
此真言明有大威力，能灭决定重罪业 /
障，能除灾患，延寿护身。普劝四众志 /
心念持，回愿同生无量寿国。/

尽管此像在敦煌藏经洞仅此一出（现藏法国国家图书馆），但作为十世纪单体佛像版画的一个品类，亦列于此。从它的装裱形式与天头用纸来看，与英国国家图书馆藏 1919,0101,0.234 号填彩的“圣观自在菩萨像”应当同出一手，可能印制当年就被不同信士请去，千年后亦分隔两地，如今有赖科技进步同置一处，令人感慨。

从“四十八愿阿弥陀佛像”“圣观自在菩萨像”“大圣地藏菩萨像”的题记内容来看，三者都具

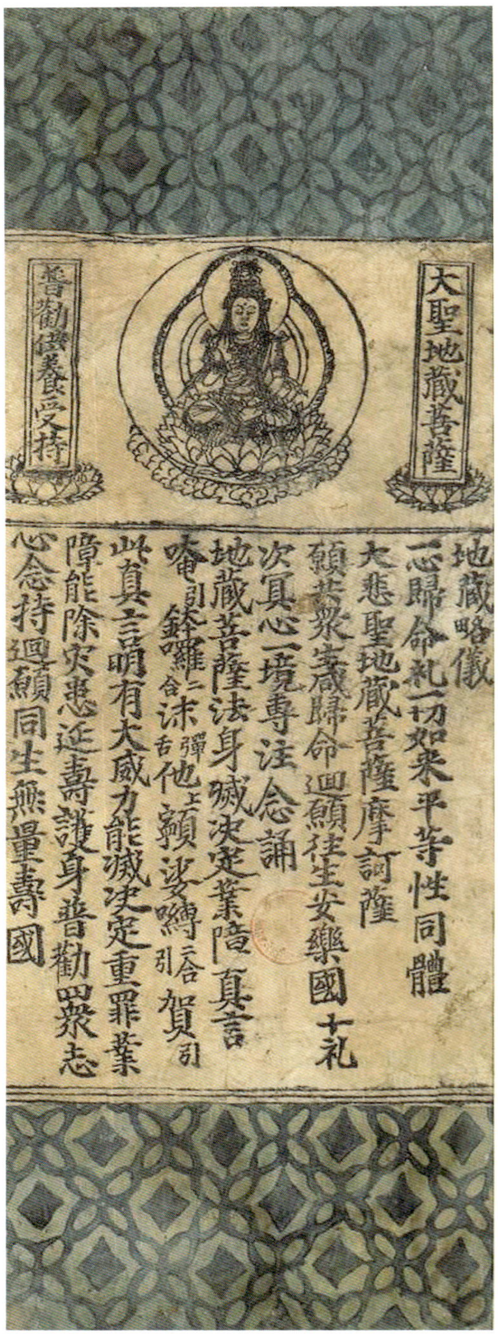


P.4514（5） 法国国家图书馆藏

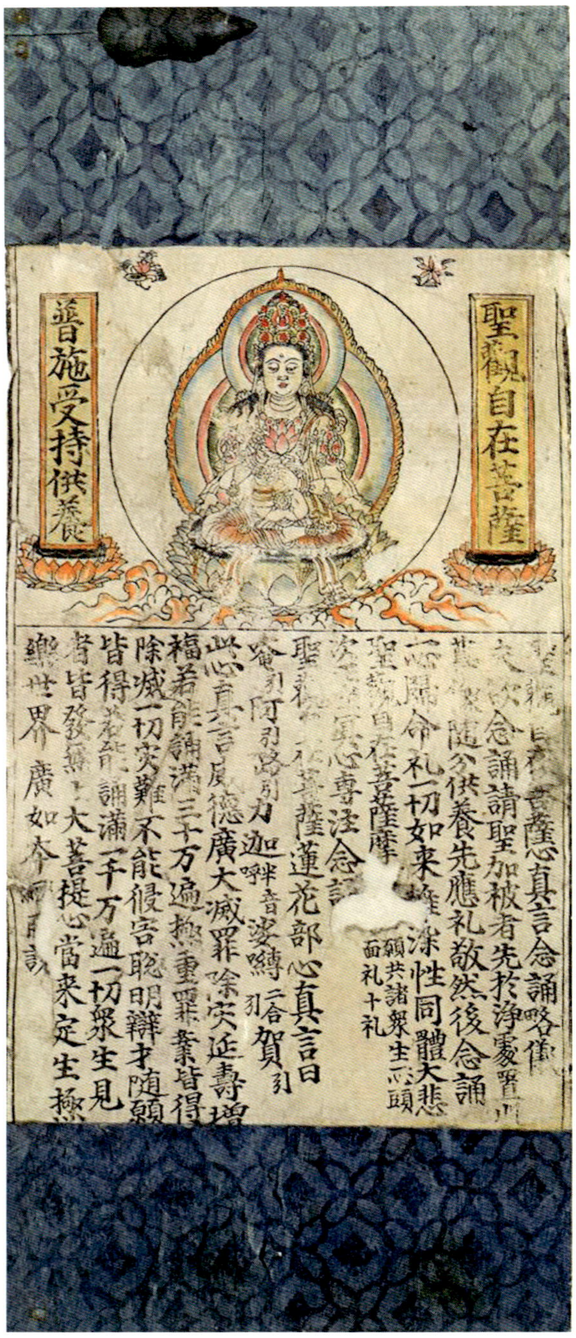


1919,0101,0.234 39.9×17 厘米
大英博物馆藏 图片来源：IDP

有劝人信佛、教授信众供养佛、菩萨的办法、告知灵验真言的作用，附有传教的功能。三者版式一样，构图类同，画工、书手、刻工的风格和功力基本一致。

它们与曹元忠舍资、雷延美雕印的“大慈大悲救苦观世音菩萨像”都是上图下文、单体佛像居中、左右有榜题的形式。不同之处也很明显。首先，“大慈大悲救苦观世音菩萨像”的图文分别雕了两块板，“四十八愿阿弥陀佛像”“圣观自在菩萨像”“大圣地藏菩萨像”的图文印板是一体的；其次，“四十八愿阿弥陀佛像”“圣观自在菩萨像”和“大圣地藏菩萨像”的画风十分成熟，书手书法水平较高，刻工的运刀功力纯熟，基本保留了晚唐五代时期柔中带刚的风韵，综合水准比“大慈大悲救苦观世音菩萨像”和“大圣毗沙门天王像”都要高超；第三，“大慈大悲救苦观世音菩萨像”和“大圣毗沙门天王像”的题记是曹元忠的个人发愿文，与“四十八愿阿弥陀佛像”“圣观自在菩萨像”和“大圣地藏菩萨像”

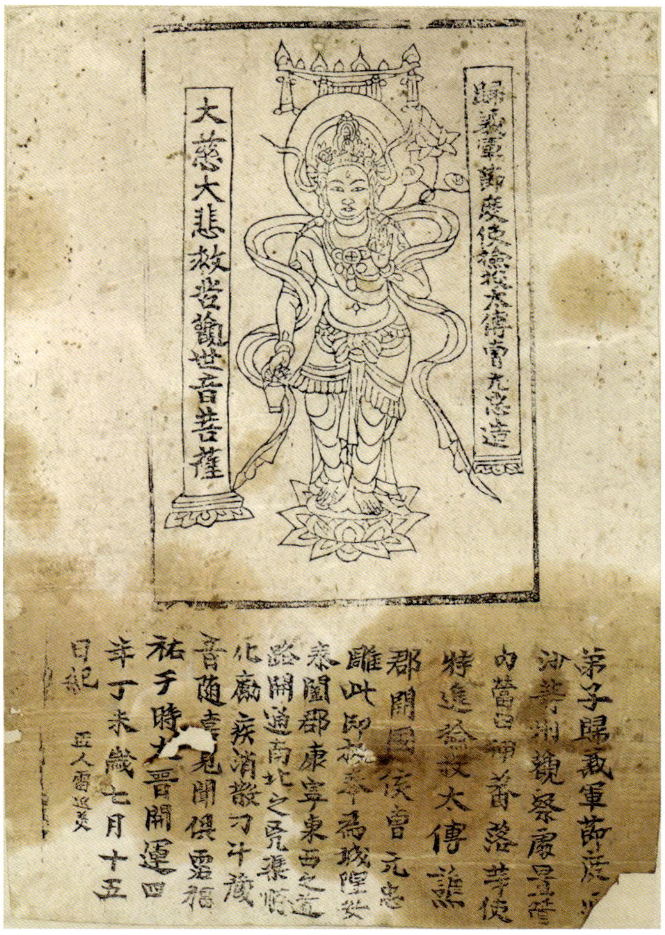


1919,0101,0.242 31.7×20 厘米 大英博物馆藏 图像来源：IDP

跋记的内容和目的完全不同。

那么，我们可以断定：“四十八愿阿弥陀佛像”“圣观自在菩萨像”“大圣地藏菩萨像”不是曹元忠舍资、雷延美雕印的；三者画风、书风、刀法一致，可能是同时、同地雕印的。

## 二、关于年代的考证

敦煌所出十世纪雕版印刷佛画还有一种“大圣文殊师利菩萨像”，其基本信息如下：

**大圣文殊师利菩萨像：**上图下文。图像是文殊菩萨及其眷属。右榜题“大圣文殊师利菩萨”，左榜题“普劝志心供养受持”。题记十三行：

此五台山中文殊师利大圣真仪，变/
现多般，威灵叵测，久成正觉，不/
舍大悲。隐法界身，示天人相，与万/
菩萨住清凉山，摄化有缘，利益弘/
广。思惟忆念，增长吉祥，礼敬称扬/□
能满诸愿。普劝四众供养归依，当/
来同证菩提妙果。/

文殊师利童真菩萨五字心真言：/

阿（上）啰跛左曩。/

文殊师利大威德法宝藏心陀罗尼：/

唵（引）阿味啰吽（引）佉左晷。/

对此像前随分供养，冥心一境专/

注课持，回施有情，同归常乐。/

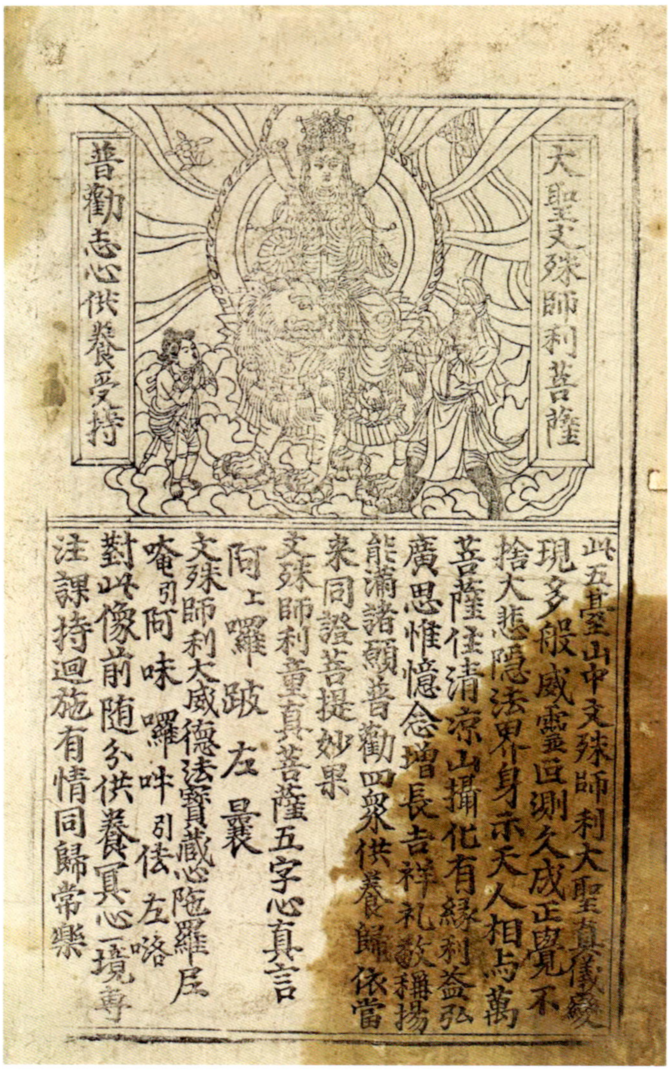


1919,0101,0.236 26.1×16.3 厘米 大英博物馆藏

“大圣文殊师利菩萨像”是敦煌存世量最多的十世纪独体雕版印刷佛教版画，全世界约有六十多张。这从书籍史方面说明文殊菩萨信仰在五代、宋初时期的敦煌盛极一时，也为我们研究早期雕版印刷史提供了丰富的令人兴奋的资料。

时间回溯到 1975 年十月，敦煌文物研究所将莫高窟第 220 窟的重层甬道整体搬迁，使底层被西夏壁画覆盖的五代壁画重见天日[2]。甬道北壁正中，绘“文殊变”一铺，两旁为“大圣文殊师利菩萨”和“南无救苦观世音菩萨”各一身。“文殊变”下方为敦煌望族、著名历学家翟奉达于后唐同光三年（925）三月二十五日题记的发愿文：

[2] 敦煌文物研究所，《莫高窟第 220 窟新发现的复壁壁画》，《文物》1978 年第 12 期，页 41。

清士弟子节度押衙守随军□谋银/
青光禄大夫检校国子祭酒兼御史中丞/
上柱国浔阳翟奉达，抽减□贫之财，/
敬画新样大圣文殊师利菩萨一躯并/
侍从，兼供养□萨一躯及□□观世音/菩萨一躯。
……

敦煌莫高窟 第220窟 甬道北壁 五代

这铺壁画上的翟奉达所谓“新样大圣文殊师利菩萨”与版画“大圣文殊师利菩萨像”高度相似，法国国家图书馆也藏有一件同样主题的白画（P.4049）。

P.4049 法国国家图书馆藏 图像来源：IDP

“新样”自然是相对于“旧样”来说的。敦煌壁画中的“文殊变”最早见于初唐，画于帐门两侧，文殊、普贤相对出现。中晚唐时代的“文殊变”画面日益复杂，人物众多，给文殊驯狮、为普贤牵象的是黑肤环眼的“昆仑奴”。而“新样文殊变”则彻底将文殊菩萨作为主尊居于中央，画面中没有普贤菩萨的形象。根据人物上方的榜题，牵狮人从“昆仑奴”变成了“于阗王”；文殊右手下方出现了一位童子，即《华严经》中的“善财童子”。

文殊、狮子、善财与于阗王的组合最早见记于北宋嘉祐五年（1060）清凉山大华严寺延一所撰的《广清凉传》。此书较为全面地记述了五台山的历史、自然景物和佛教史迹。卷中“菩萨化身贫女”条云：“……有贫女遇斋赴集，自南而来，凌晨届寺，携抱二子，一犬随之，身余无赀，剪发以施。未遑众食，告主僧曰：‘今欲先食，遽就他行。’僧亦许可，令僮与馔，三倍贻之，意令贫女二子俱足。女曰：‘犬亦当与。’僧勉强复与。女曰：‘我腹有子，更须分食。’僧乃愤然语曰：‘汝求僧食无厌，若是在腹未生，曷为须食！’叱之令去。贫女被呵，实时离地，倏然化身，即为文殊像，犬为狮子，儿即善财及于阗王。……”[3] 这个故事描述的正是“新样文殊”壁画、白画和版画“大圣文殊师利菩萨像”中的场景。《广清凉传》是初唐僧人慧祥所撰《古清凉传》的增补本，《古清凉传》是现存最早的五台山山志，最晚成书于 680 年左右。文殊显灵的故事并不见于《古清凉传》，故可推知这一传说大概成熟于唐末五代时期。

版画“大圣文殊师利菩萨像”的题记也明确提到：“此五台山中文殊师利大圣真仪”。那么，“新样文殊”图像是从五台山传来敦煌的吗？法国国家图书馆收藏的两张版画 P.4514（3）A 为我们提供了一些线索。

这两张版画被左右并排粘在了一起，右侧为“四十八愿阿弥陀佛像”，墨书题记：“甲申年三月六日右（□）壹（□）大师流次功得记”；左侧为“大圣文殊师利菩萨像”，墨书题记：“甲申年三月六日弟子比丘智端安置文殊利菩萨”。写题记的僧人显然文化水平不高，把“功德”写成“功得”，又丢掉了“文殊师利菩萨”的“师”，以至于我们无法确定题记中大师的名字是否就是“右壹”。不过，

[3] 《大正新修大藏经》卷第五一，1922 年，页 1109。

这不影响我们提炼其中的信息：甲申年三月六日，记录下某位大师四处巡游，驻在此地所做的功德；甲申年三月六日，比丘智端恭请文殊师利菩萨像，并妥善安置。

通过题记我们首先可以确定，“四十八愿阿弥陀佛像”和“大圣文殊师利菩萨像”是同时出现在敦煌的。前述“圣观自在菩萨像”与“大圣地藏菩萨像”，也应是同时出现在敦煌的。那么，十世纪的“甲申年”有两个，一是后唐同光二年（924），一是北宋太平兴国九年（984）。题记中的“甲申年”是哪个呢？

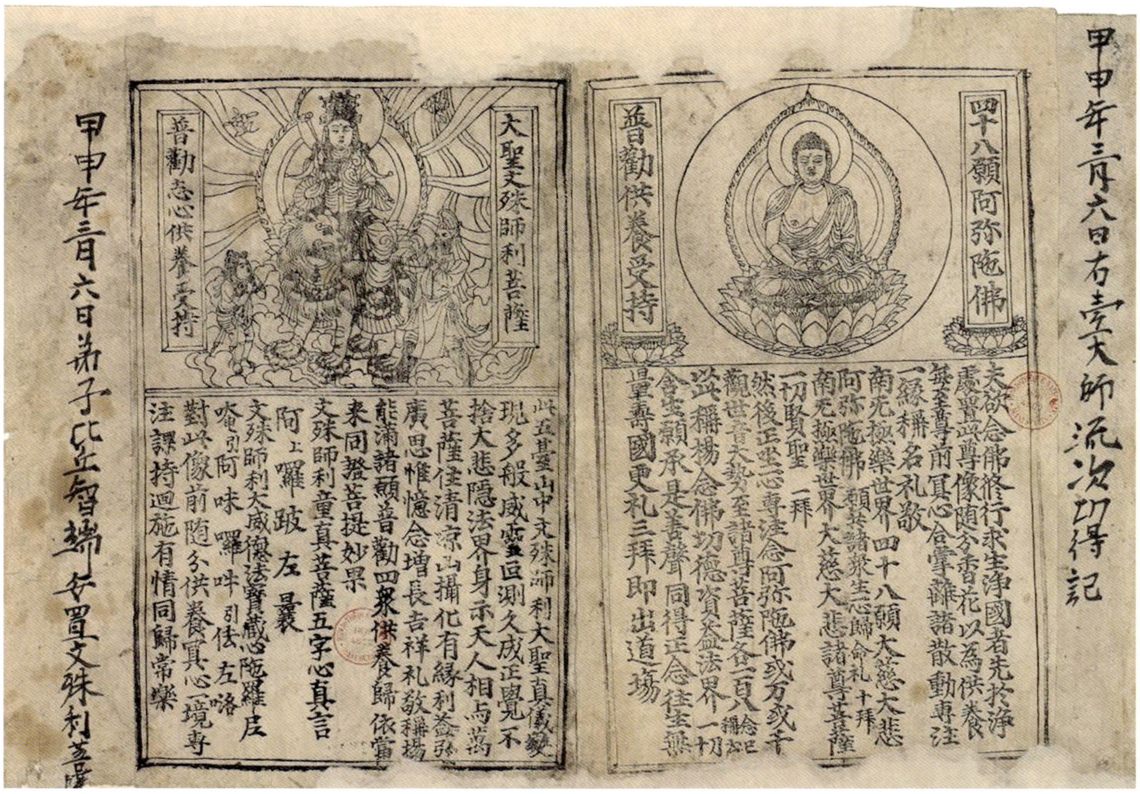

P.4514（3）A 法国国家图书馆藏 图像来源：IDP

幸运的是，归义军统治敦煌时期留下来的文书资料十分庞杂。英国国家图书馆藏 S.5981 记载了唐朝灭亡以后敦煌与中原地区的一次宗教交流，虽然书法水平很差，但能为我们解惑。这张残纸上的宝贵文字如下：

> 大唐同光二年三月九日时来巡礼 /
> 圣迹，故留后记。鄜州开元寺观音院 /
> 主临坛持律大德 /
> 智严，誓求无上，普愿救拔四生九 /
> 类，故往西天，求请我佛 /
> 遗法，回东夏然。愿我今□皇帝万岁； /
> 当府曹司空 /
> 千秋；合境文武崇班，总愿归依三 /

宝；一切士庶人民，悉发无 /
上菩提之心。智严回日，誓愿将此凡 /
身，于五台山供养大 /
圣文殊师利菩萨，焚烧此身，用酬往 /
来道护卫之 /
恩，所将有为之事，回向无为之理，/
法界有情，同证正觉。
……

这段文字应当是原作在同时代的一份抄本，它明确建立了五代后唐时期敦煌与文殊菩萨道场的五台山之间的联系。来自鄜州（今陕西延安富县）的智严法师要到西天（印度）求取真经，他发愿报答文殊菩萨的一路护佑之恩，回归东土之日将往五台山殉道，可见其信仰之笃定。

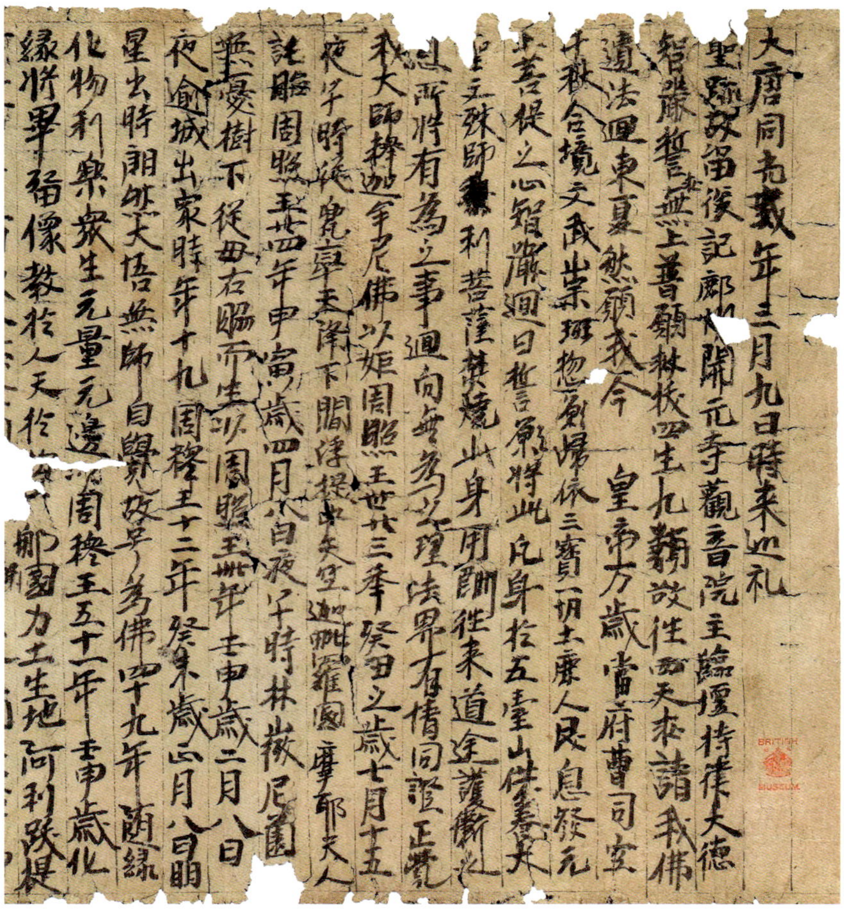

S.5981 29.8×34.2 厘米 英国国家图书馆藏 图像来源：IDP

上海博物馆藏 48（28）号敦煌卷子《十二时普劝四众依教修行》卷末题记云：

时当同光二载三月廿三日，东方汉国鄜州观音院僧智严，俗 /
姓张氏，往西天求法，行至沙州，依龙光寺憩歇一两月说 /
法，将此《十二时》来留教众，后归西天去，展转写取流传者也。/[4]

[4] 上海古籍出版社、上海博物馆合编，《上海博物馆藏敦煌吐鲁番文献》，上海古籍出版社，1993年，第2册，页39。

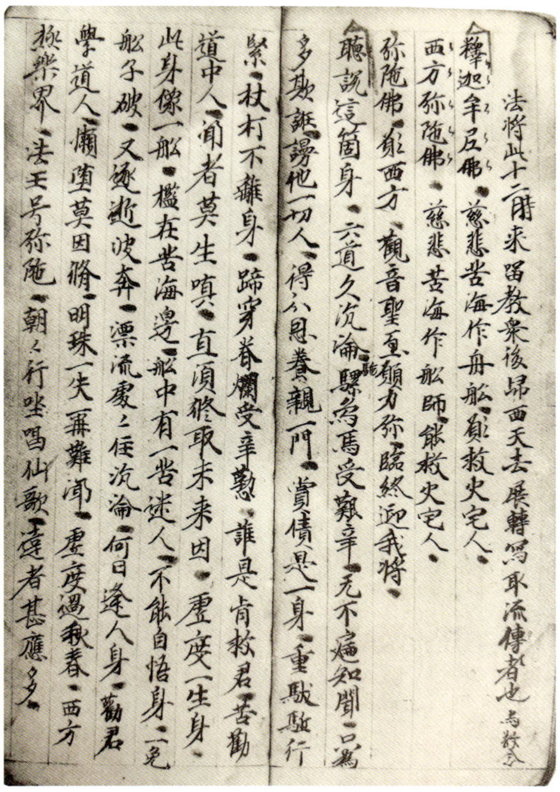

上博 48（28）-2

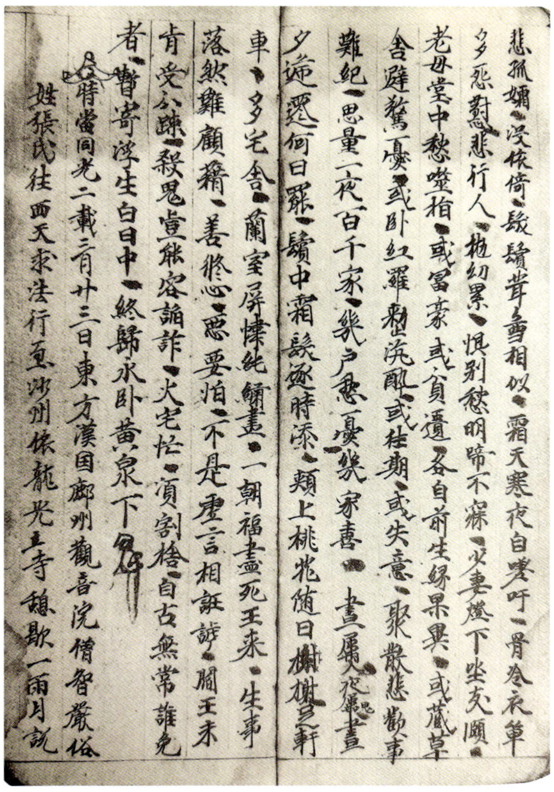

上博 48（28）-1

“龙光寺”当为“龙兴寺”之误。两处记载智严来到敦煌的时间稍有几天差别，笔者从文体的角度认为发愿文中的日期更为接近实际，而《十二时》题记说智严曾在敦煌停留一段时间说法的情况也是符合时俗的。

这几条具有明确纪年的资料为“新样文殊”何时、如何传至敦煌提供了一种可能性。来自中原地区的智严法师笃信文殊菩萨，他于后唐同光二年（924）甲申三月来到敦煌，在沙州龙兴寺停留数日并开坛说法。智严在留下《十二时普劝四众依教修行》的同时，还向当地僧俗发放宣传中原四大名山信仰的版画。僧人智端去听法，并得到了两张版画，他恭敬地把它们装裱在一起，记录下日期。同去听讲的可能还有敦煌当地望族翟氏、归义军政权“曹氏画院”和民间“画行”的人，他们应该也得到了一些佛画。一年之后的后唐同光三年（925），翟奉达在属于自己家族的洞窟中，请人敬画“新样大圣文殊师利菩萨一躯并侍从，兼供养菩萨一躯及救苦观世音菩萨一躯”。

当笔者将甲申年题记与同光二年发愿文的图像进行对比，产生了一种极不成熟的想法：甲申年题记的作者文化水平比较低，可能不怎么识字，更谈不上写字了，题记上的某些文字可能是从同光二年发愿文中照抄的。“右壹”二字可能是“五台”二字的讹写；同光二年发愿文中的“大圣文殊师利菩萨”的“师”和“利”之间正好有一个被墨涂掉的错字，影响了不会写字的比丘智端的判断力，造成他漏了一字。如果“右壹”真的是“五台”，那么我们就可以进一步推测“大圣文殊师利菩萨像”和其他几种图像可能是从五台山传来敦煌的。当然，这只是一种揣测，期待有更多资料能够进一步佐证这个假设。

S.5981

P.4514（3）A

S.5981

P.4514（3）A

我们可以肯定的是，“大圣文殊师利菩萨像”“四十八愿阿弥陀佛像”“圣观自在菩萨像”“大圣地藏菩萨像”同时于后唐同光二年（924）传入敦煌。曹元忠于后晋开运四年（947）舍资雕印的“大慈大悲救苦观世音菩萨像”与“大圣毗沙门天王像”，在版式上借鉴了后唐同光二年（924）传来的几种佛像版画。其中，“大慈大悲救苦观世音菩萨像”版画的灵感应该直接来自翟家窟新样“文殊变”右侧的“救苦观世音菩萨”，“大圣毗沙门天王像”版画对称的构图则借鉴了“新样文殊”的叙事手法。

## 三、基于风格的推理

那么，“大圣文殊师利菩萨像”“四十八愿阿弥陀佛像”“圣观自在菩萨像”“大圣地藏菩萨像”是否在敦煌本地雕版？也许我们可以从存世的“大圣文殊师利菩萨像”版画中略窥一二。

荣新江先生很早就注意到，传世量最大的“大圣文殊师利菩萨像”版画有两个版本。[5] 它们很容易区分，一种佛像及其眷属的开脸精细有神，字形结构紧凑，硬朗有骨架，我们称其为A版；一种主尊面庞较为刻板，背景线条较为僵硬，字形较为肥软松散，我们称其为B版。“大圣文殊师利菩萨像”版画存世约有六十余幅，其中图文俱全的A版约有10幅（其中俄藏的11个号、国家图书馆藏的6个号、辽宁省博物馆藏的1件未见到图片），它们是：上博049、P.4514（3）A左侧的一张、P.4514（2）5、P.4514（2）6、P.4514（2）7、P.4514（2）13、P.4514（2）18、P.4514（2）24、1919，0101，0.236、美国辛辛那提艺术博物馆藏 The Albert P. Strietmann Collection, 1992.139。

[5] 荣新江，《从敦煌的五台山绘画和文献看五代宋初中原与河西于阗间的文化交往》，《文博》1987年第4期，页68。

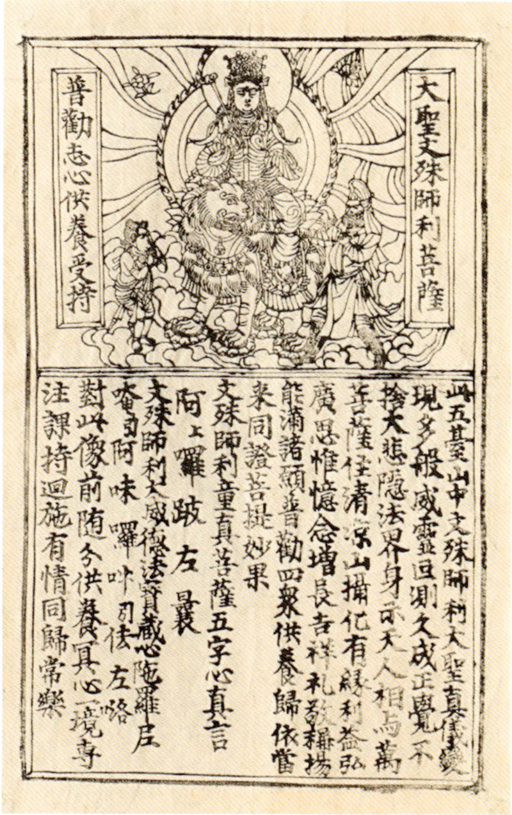


A 版 1992.139 美国辛辛那提艺术博物馆藏

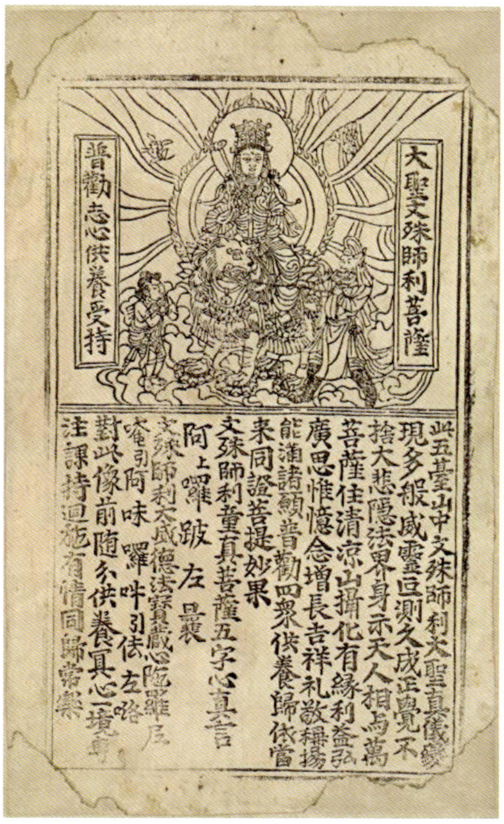


B 版 Or.8210/P.5 英国国家图书馆藏

图像来源：IDP

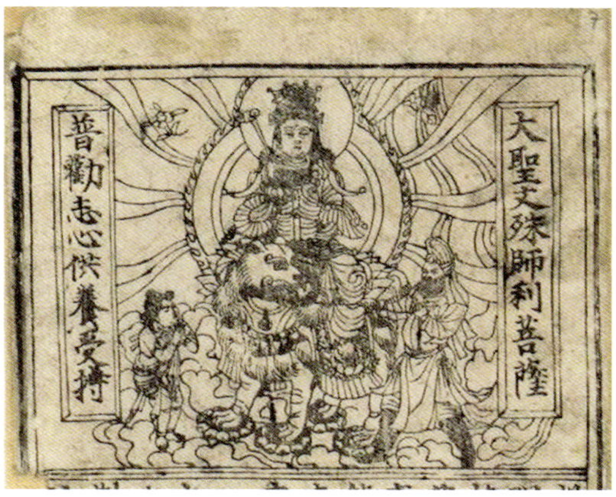


A 版上部 P.4514（2）7 法国国家图书馆藏

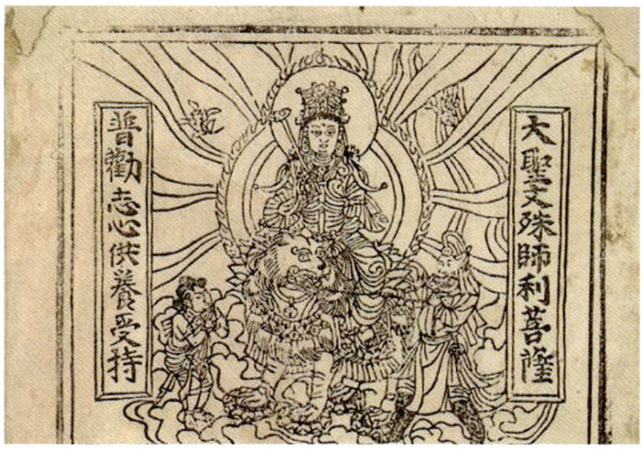


B 版上部 1919,0101,0.237 大英博物馆藏

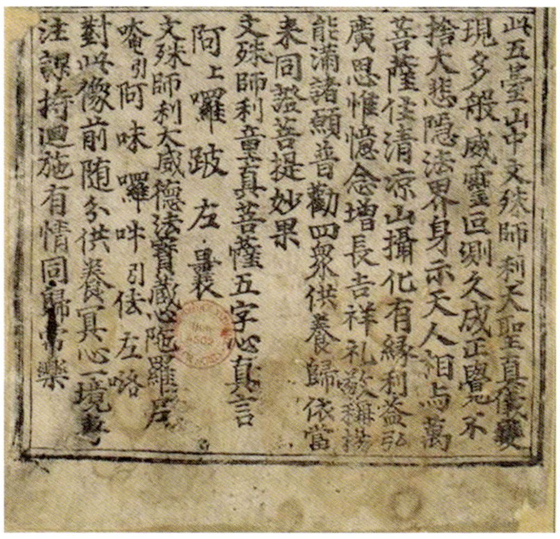


A 版下部 P.4514（2）7

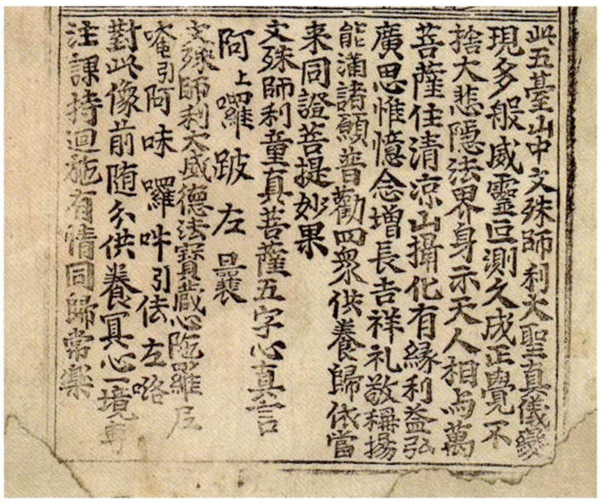


B 版下部 1919,0101,0.237

鉴于带有甲申年题记的“大圣文殊师利菩萨像”版画 P.4514（3）A 属于技法比较高超的 A 版，我们可以做出一个大胆的推论：A 版的雕印年代早于 B 版，B 版是 A 版的仿本。由于五台山文殊信仰传至敦煌后大受欢迎，需要恭请“大圣文殊师利菩萨像”版画的僧俗与日俱增，为了应对供不应求的状况，人们依照原版又雕了一块印板。能够看出雕版匠人努力追求形似原刻，但因功力稍弱导致在神采上略逊一筹。

也就是说，“大圣文殊师利菩萨像”的原始印版极有可能不是在敦煌本地雕刻的，与其画风、书风、刀法一致的“四十八愿阿弥陀佛像”“圣观自在菩萨像”“大圣地藏菩萨像”应该也不是在敦煌本地雕刻的。确由敦煌本地匠人雕刻的独立版画作品有“大圣文殊师利菩萨像”B 版（924），曹元忠舍资、雷延美雕印的“大慈大悲救苦观世音菩萨像”“大圣毗沙门天王像”（947）。

敦煌所出十世纪雕版印刷佛画中还有一种“普贤像”和“杨柳枝观音像”。它们涉及的问题更为复杂，另文再论。

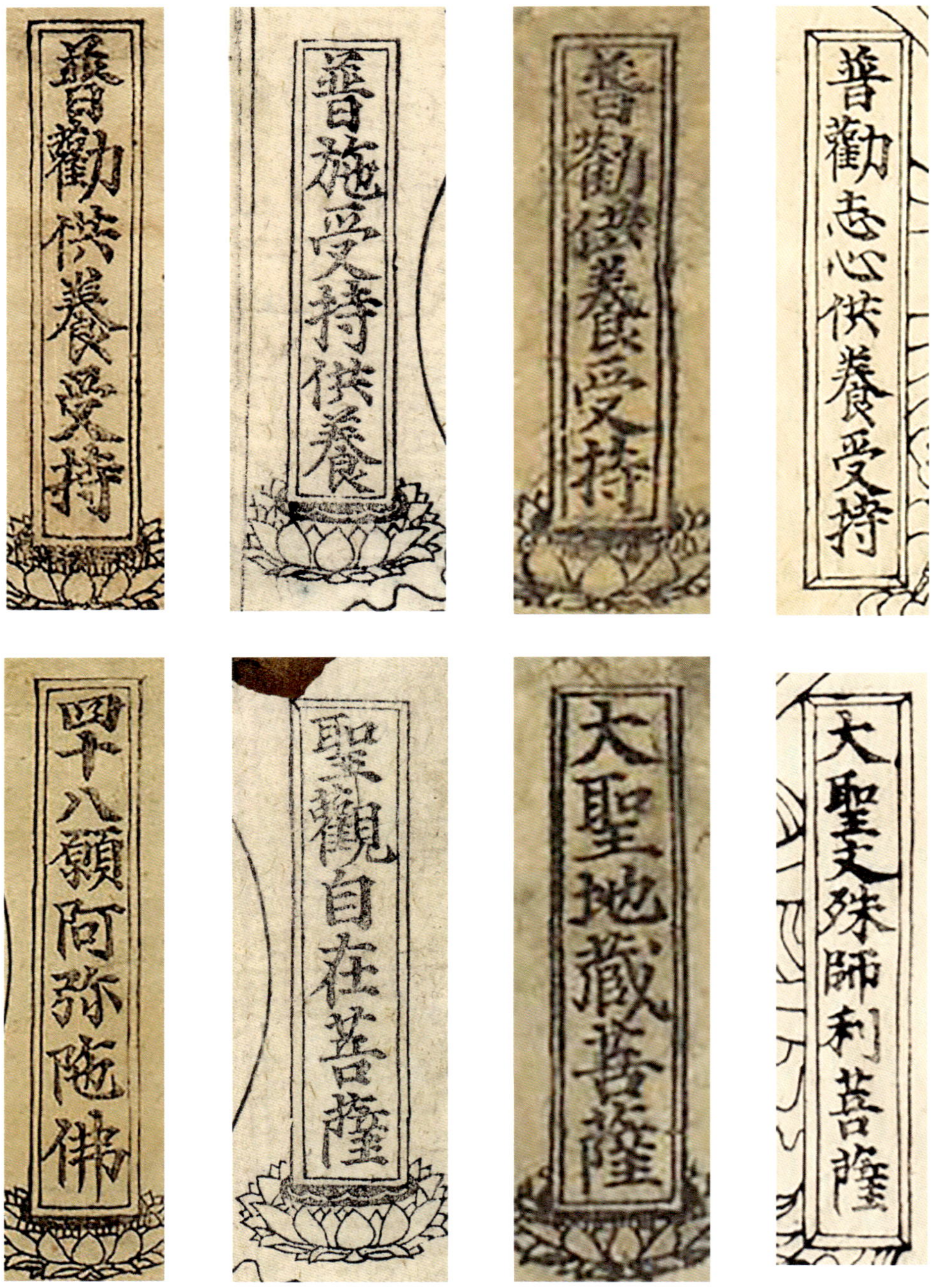

有学者认为，“大圣文殊师利菩萨像”“四十八愿阿弥陀佛像”“圣观自在菩萨像”“大圣地藏菩萨像”是蜀地刊刻的[6]。笔者认为这种说法有待论证。《国家图书馆三件早期雕版印刷佛经的修复与保护》[7]一书的第一章列出了目前全世界保存下来的重要的早期雕版印刷典籍，现根据方广锠先生《九种早期刻本佛经小记》与《国家图书馆三件早期雕版印刷佛经的修复与保护》著录的信息，将其中被认为具有“北方民间雕版风格”的几种刻本局部照片列于此，以兹对比：

（一）后唐天成二年（927）刻《佛说弥勒上生经》，卷轴装，首断尾全，123.6×26.5厘米，存5纸，国家图书馆藏。

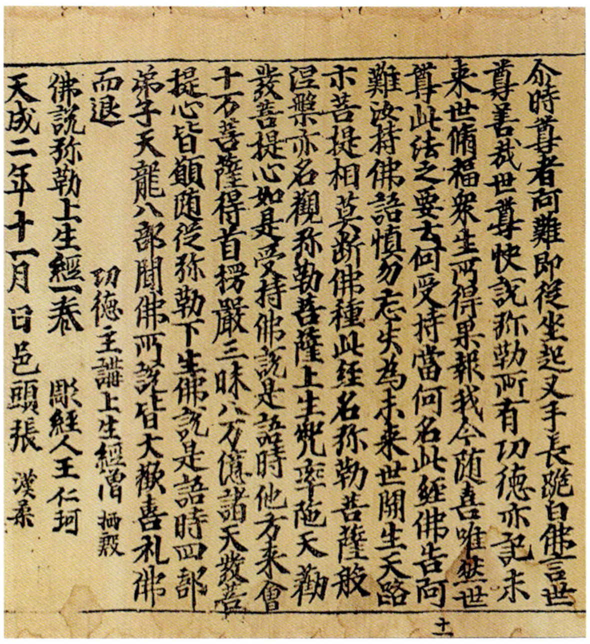
尒時尊者阿難即從坐起叉手長跪白佛言世
尊善哉世尊快說弥勒所有功德亦記未
來世脩福衆生所得果報我今隨喜唯然世
尊此法之要云何受持當何名此經佛告阿
難汝持佛語慎勿忘失為未來世開生天路
示菩提相莫斷佛種此經名弥勒菩薩般
涅槃亦名觀弥勒菩薩上生兜率陀天勸
發菩提心如是受持佛說是語時他方來會
十万菩薩得首楞嚴三昧八万億諸天發菩
提心皆願隨從弥勒下生佛說是語時四部
弟子天龍八部聞佛所說皆大歡喜礼佛
而退
功德主講上生經僧 栖殷
佛說弥勒上生經一卷 雕經人王仁珂
天成二年十一月日邑頭張 漢柔

（二）晚唐五代刻本《观弥勒菩萨上生兜率天经》，卷轴装，首残尾全，337.5×22.5厘米，存7纸，国家图书馆藏。

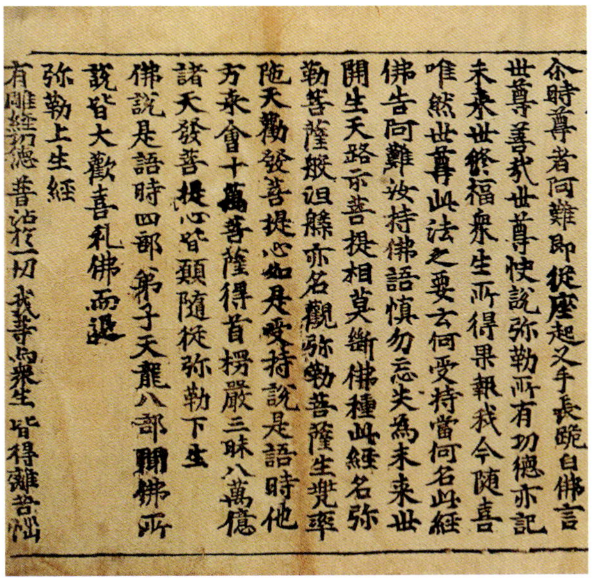
尒時尊者阿難即從座起叉手長跪白佛言
世尊善哉世尊快說弥勒所有功德亦記
未來世修福衆生所得果報我今隨喜
唯然世尊此法之要云何受持當何名此經
佛告阿難汝持佛語慎勿忘失為未來世
開生天路示菩提相莫斷佛種此經名弥
勒菩薩般涅槃亦名觀弥勒菩薩上生兜率
陀天勸發菩提心如是受持說是語時他
方來會十萬菩薩得首楞嚴三昧八萬億
諸天發菩提心皆願隨從弥勒下生
佛說是語時四部弟子天龍八部聞佛所
說皆大歡喜礼佛而退
弥勒上生經
有雕經功德普沾於一切我等與衆生皆得離苦惱

[6] 胡发强、马德，《蜀地佛教版画在五代宋初敦煌的传播》，《艺术设计研究》2024年第1期，页27。

[7] 国家图书馆古籍馆编，《国家图书馆三件早期雕版印刷佛经修复与保护》，国家图书馆出版社，2019年。

（三）五代、辽刻《妙法莲华经》卷第二，卷轴装，首残尾全，657×27厘米，存13纸，私人收藏。

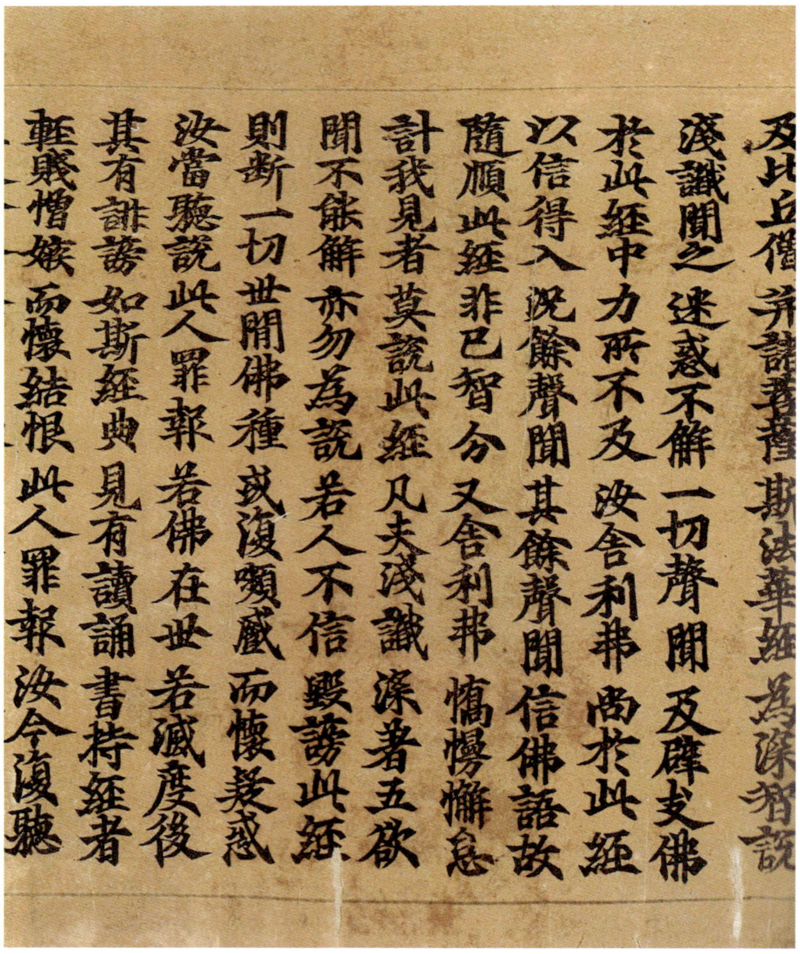

及比丘僧　并諸菩薩　斯法華經　為深智說
淺識聞之　迷惑不解　一切聲聞　及辟支佛
於此經中　力所不及　汝舍利弗　尚於此經
以信得入　況餘聲聞　其餘聲聞　信佛語故
隨順此經　非己智分　又舍利弗　憍慢懈怠
計我見者　莫說此經　凡夫淺識　深著五欲
聞不能解　亦勿為說　若人不信　毀謗此經
則斷一切　世間佛種　或復顰蹙　而懷疑惑
汝當聽說　此人罪報　若佛在世　若滅度後
其有誹謗　如斯經典　見有讀誦　書持經者
輕賤憎嫉　而懷結恨　此人罪報　汝今復聽

（四）五代至北宋初刻本《妙法莲华经》卷第六，山西省高平博物馆藏。

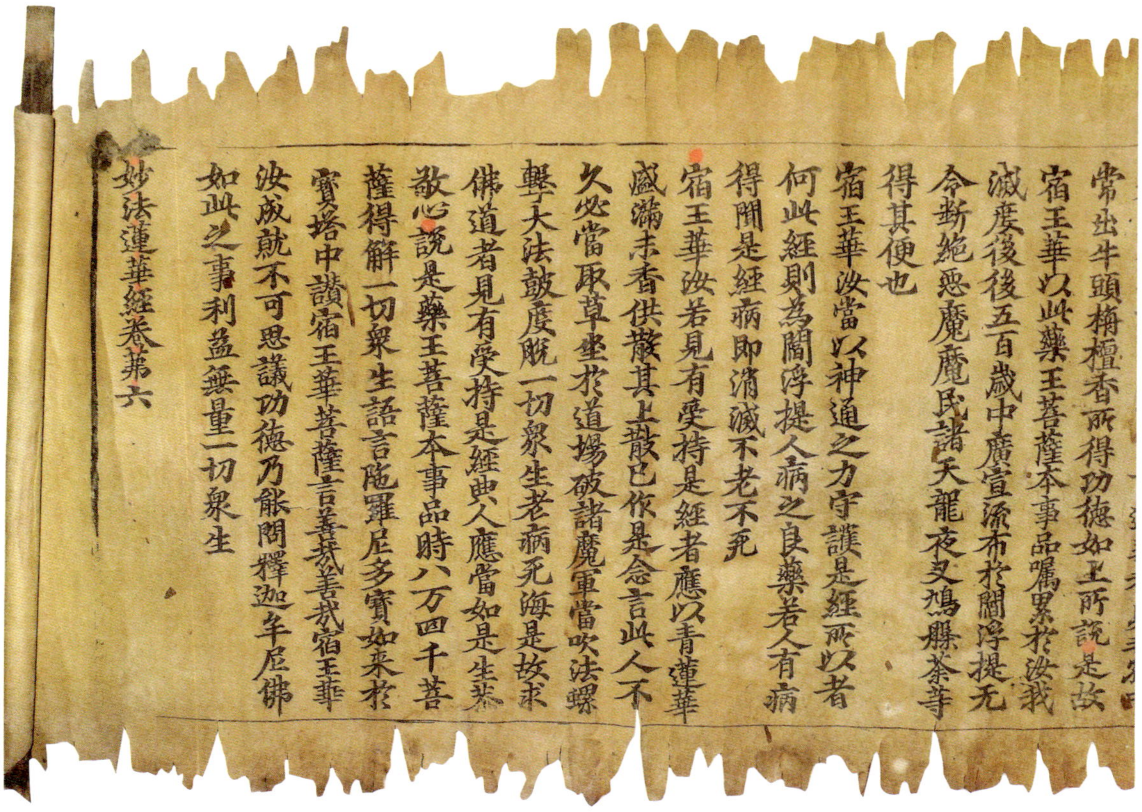

常出牛頭栴檀香所得功德如上所說是故
宿王華以此藥王菩薩本事品囑累於汝我
滅度後後五百歲中廣宣流布於閻浮提无
令斷絕惡魔魔民諸天龍夜叉鳩槃荼等
得其便也
宿王華汝當以神通之力守護是經所以者
何此經則為閻浮提人病之良藥若人有病
得聞是經病即消滅不老不死
宿王華汝若見有受持是經者應以青蓮華
盛滿末香供散其上散已作是念言此人不
久必當取草坐於道場破諸魔軍當吹法螺
擊大法鼓度脫一切眾生老病死海是故求
佛道者見有受持是經典人應當如是生恭
敬心說是藥王菩薩本事品時八万四千菩
薩得解一切眾生語言陀羅尼多寶如來於
寶塔中讚宿王華菩薩言善哉善哉宿王華
汝成就不可思議功德乃能問釋迦牟尼佛
如此之事利益無量一切眾生
妙法蓮華經卷第六

（五）五代北宋刻《弥勒下生经》，卷轴装，首断尾全，153.1×26.8 厘米，存 6 纸，国家图书馆藏。

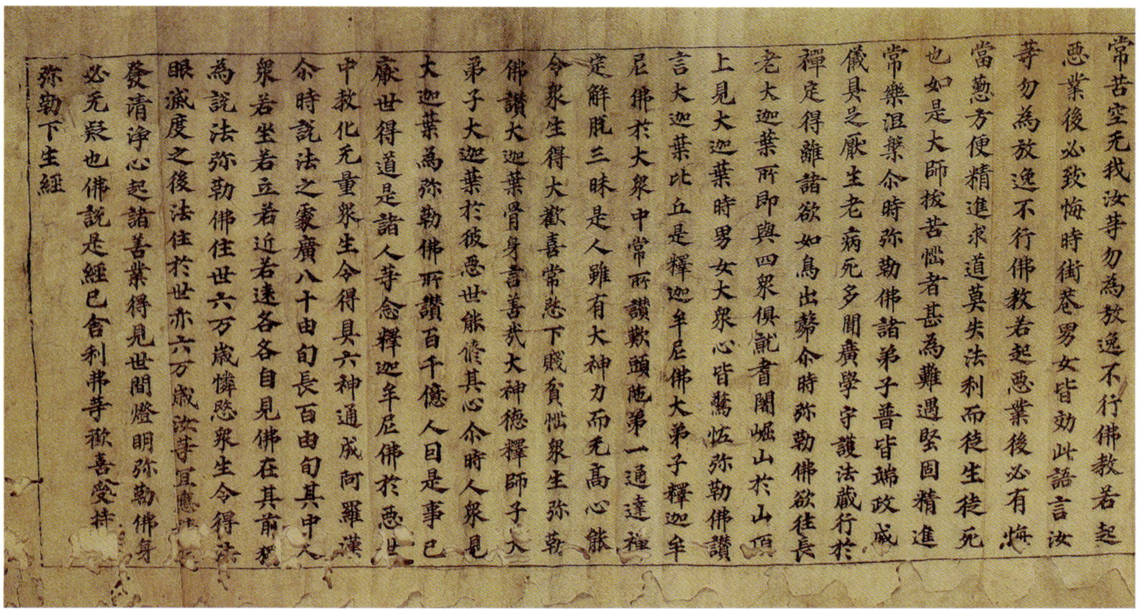

（六）晚唐五代宋初刻《傅大士颂金刚般若波罗蜜经》，私人收藏。

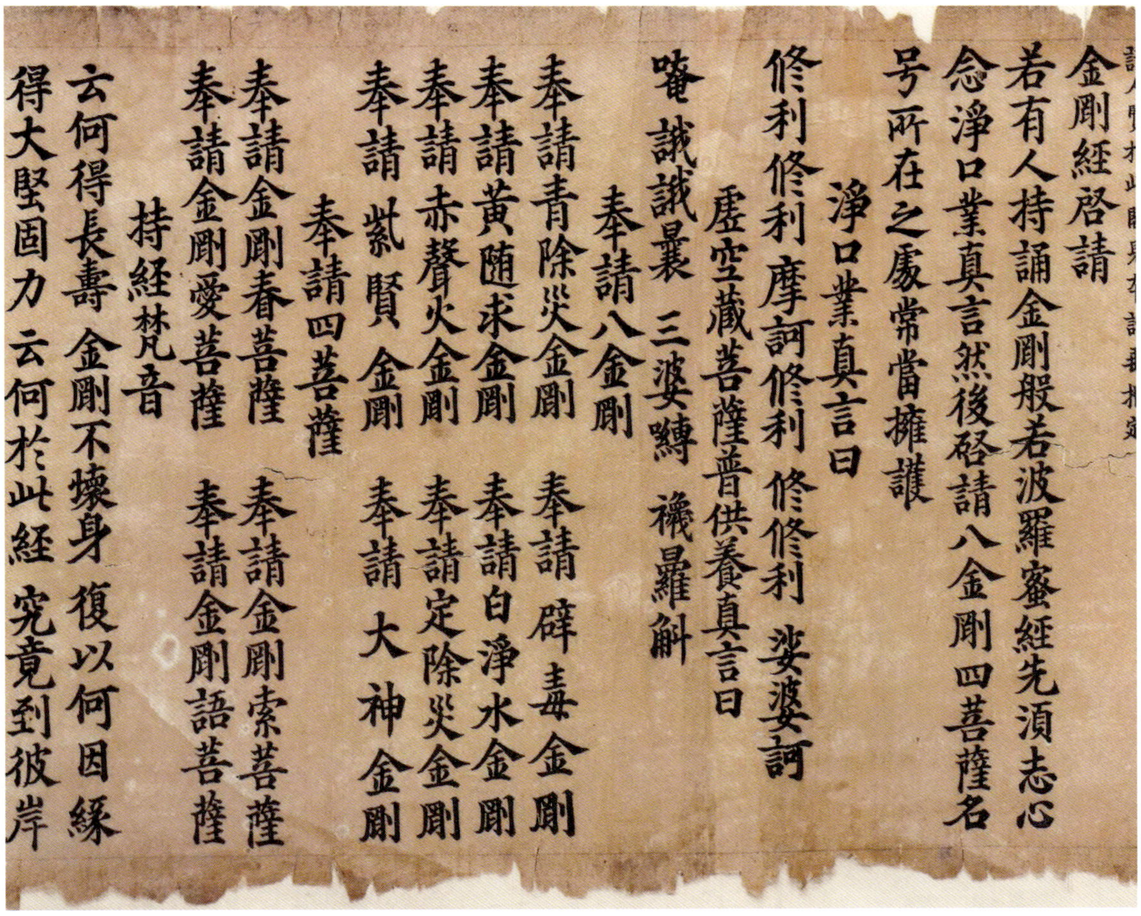

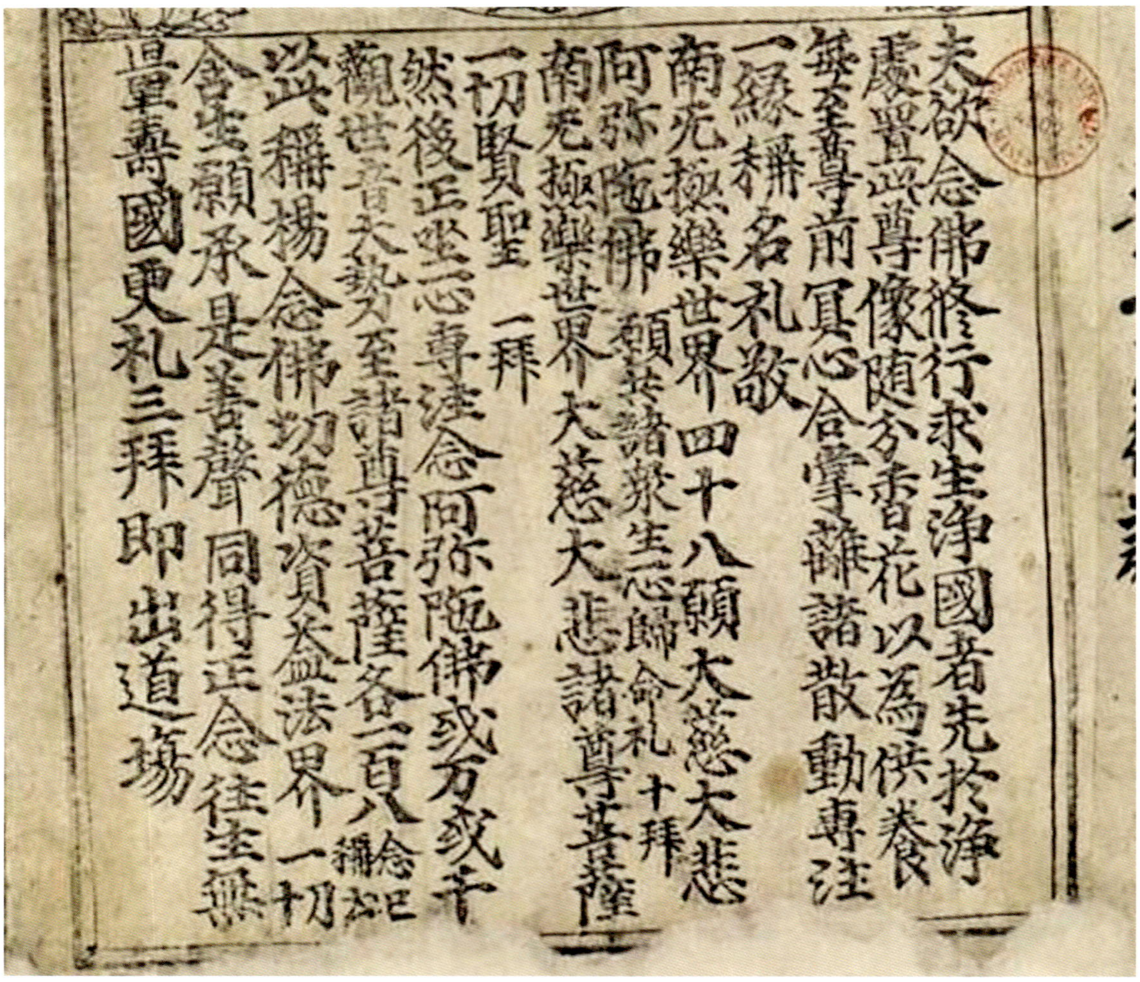

夫欲念佛修行求生淨國者先於淨
處置此尊像隨分香花以為供養
每於尊前冥心合掌離諸散動專注
一緣稱名礼敬
南无極樂世界四十八願大慈大悲
阿彌陀佛 願共諸衆生一心歸命礼 十拜
南无極樂世界 大慈大悲諸尊菩薩
一切賢聖 一拜
然後正坐一心專注念阿彌陀佛或万或千
觀世音大勢至諸尊菩薩各一百八 念已稱
此稱揚念佛功德資益法界 一切
含生願承是善聲同得正念往生無
量壽國更礼三拜即出道場

P.4514（3）A 右側“四十八愿阿弥陀像”下部分

至此一目了然，“大圣文殊师利菩萨像”（A版）“四十八愿阿弥陀佛像”“圣观自在菩萨像”和“大圣地藏菩萨像”都是在北方（有可能是山西）一带雕印的。它们于五代后唐同光二年由五台山传入敦煌，以强大的精神力量与艺术感召力为河陇注入新风，一方面成为敦煌雕版印刷技术的促进者，一方面促进了佛教在吐蕃统治敦煌结束之后的中国化、世俗化的推进。

# 尊唐——传世大理国写经漫谈

金　亮

浙江省古典文献研究会会长

许多中国人对云南大理的最初认识是通过浙江海宁人金庸。他宏大的故事架构能力、逻辑缜密的叙事手段、富有共情感的语言力量和天马行空的想象力，成为许多读者建立起大历史观的启蒙者。他在《天龙八部·释名》中写道：“‘天龙八部’这名词出于佛经。许多大乘佛经叙述佛陀向诸菩萨、比丘等说法时，常有天龙八部参与听法。如《法华经·提婆达多品》：‘天龙八部、人与非人，皆遥见彼龙女成佛。’‘非人’是形貌似人而实际不是人的众生。‘天龙八部’都是‘非人’，包括八种神道怪物，因为以‘天’及‘龙’为首，所以称为‘天龙八部’。八部者，一天，二龙，三夜叉，四乾达婆，五阿修罗，六迦楼罗，七紧那罗，八摩呼罗迦。……这部小说以‘天龙八部’为名，写的是北宋时宋、辽、大理等国的故事。大理国在唐宋时是位于现今云南省中部的一个小国，是佛教国家，皇帝都崇信佛教，往往放弃皇位，出家为僧，是我国历史上一个十分奇特的现象。据历史记载，大理国的皇帝中，圣德帝、孝德帝、保定帝、宣仁帝、正廉帝、神宗等都避位为僧。《射雕英雄传》中所写的南帝段皇爷，就是大理国的皇帝。《天龙八部》的年代在《射雕英雄传》之前。本书故事发生于北宋哲宗元祐、绍圣年间，公元1094年前后。”[1]

本文将要探讨的几种写经也是在这一时期诞生的。

唐、宋时期，在中国的西南，先后以大理地区为中心，先后建立了南诏和大理国两个地方政权。南诏和大理国几乎与唐、宋二朝相终始，可是又不受两个王朝的管辖，中国正史记录不多，方志、野史的记载也杂乱无章，使中古时代的这一西南边疆大国一直如居雾中。不过关于大理地区“尚浮屠法”[2]的记载倒是众口一词，而大理国时期传世的佛教美术作品更是为我们展示了一个颇为立体的妙香国镜像。本文旨在通过现存的几件相当于北宋时期的大理国写经，管窥这一神秘王朝。

## 一、远方来客

苏莹辉先生1980年所写《榆林窟壁画供养者题名考略》[3]一文，首次提到了安西榆林窟第19窟中的一条题记：

> 大礼平定四年四月初八日，清信重佛弟子四人/
>
> 巡礼诸贤圣迎，僧康惠光、康白登（应为“白惠光”）/
>
> 男弟子刘添敬、刘克敬。/

[1] 金庸，《天龙八部》，广州出版社，2013年，页3—5。

[2] （元）郭松年、李京撰，王叔武校注，《大理行记校注·云南志略辑校》，1986年，云南民族出版社，页23。

[3] 苏莹辉，《瓜沙史事丛考》，商务印书馆（台北），1983年，页13。

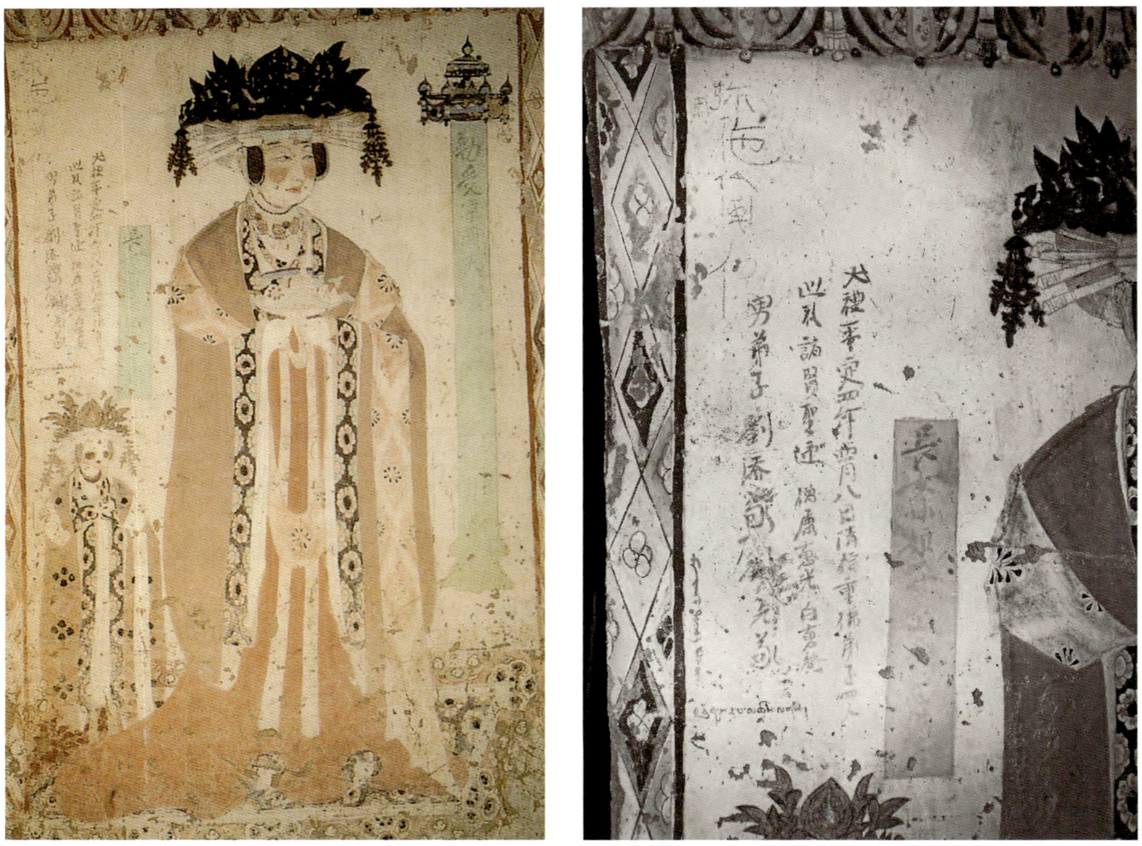

西夏 安西榆林窟第 19 窟 甬道北壁题名

榆林窟位于今甘肃省安西县西南，在唐代属于瓜州，是与沙州（敦煌）并列的边陲重镇。归义军统治瓜、沙二州时期，佛教文化特别兴盛，正所谓“莫欺沙州是小处，若论佛法出彼所”[4]。曹氏政权设立了都勾当画院，有专业的绘画手、知书手，留下了相对量大的壁画、绢画、写经、版画，在莫高窟、榆林窟中创建并重修了七十余窟。安西榆林窟第 19 窟的供养人壁画画的就是曹元忠夫妇及其家人。根据题记，其修建年代当在曹元忠夫人浔阳翟氏于后周显德四年 (957) 升为凉国夫人之后。

墨书“大礼平定四年”题记，就在甬道北壁曹元忠长女延鼐供养像的上方，3 行，高约 52 厘米，宽约 14 厘米，是迄今为止唯一有关大理国僧俗外出巡礼佛教圣迹的题记。

“大礼”作为国号最早出现于南诏。《新唐书 · 南蛮传》载，南诏王蒙世隆即位后，“遂僭称皇帝，建元建极，自号大礼国”。南诏灭亡后，历大长和国、大天兴国、大义宁国，最终建立大理国。实际上礼、理二字同音异形，经常混用。如《桂海虞衡志》云：“唐书称大礼国，今其国止用理字。”[5] 李家瑞先生《用文物补正南诏及大理国的纪年》一文指出：“南诏及大理国的纪元，往往以同音字通用，因为起初这些纪元，可能只是口耳相传，或是用汉字标白族音，所以只求音对，不限字形。”王树五先生《大理名号由来考释》亦指出：“大礼或大理名称，皆系汉语命名地名，其着眼点在于政治改革，有积极推行‘礼治’，大治大理，达到强国安民目的之含义。”

墨书“大礼平定四年”题记写于曹元忠功德窟建成之后，则此“大礼”当为“大理国”时期之“大礼”。而题记中的“平定”年号在史籍、写本及金石铭文中尚未被发现，有学者推测“平定”可能是

[4] 英国国家图书馆藏敦煌遗书，S.4359。

[5] （宋）范成大，《范成大笔记六种》，中华书局，页 130。

大理国主段智兴“安定”年号之讹，“大礼平定四年”当为“大理国安定四年”，即 1198 年[6]。当然，南诏及大理国的纪年时至今日也是不清晰、不连贯、不完整的，希望今后能够发现可以填补空白的直接文物史料。

我们可以确定的是，北宋某个时期，大理国僧俗一行四人不远万里来到边陲瓜州，于四月初八佛诞日在曾经显赫一时的归义军节度使曹元忠的功德窟中留下题记。这时的敦煌地区已归西夏政权统治，藏经洞已经封闭，其中的宝藏要等千年后才能揭秘。

## 二、一脉相承

就在远方来客到达榆林圣地之前不久，诞生了一件旷世奇作——大理国描工张胜温所作《画梵像》。此卷设色描金，卷首绘大理国王利贞皇帝（段智兴）及其扈从，继以诸佛、菩萨、罗汉、祖师、明王、龙王、护法等，卷末绘吐蕃文多心宝幢和护国宝幢，后接南诏十六国王像。乾隆皇帝将其收入《秘殿珠林》，先命丁观鹏摩写，三十年后复令黎明摩《丁观鹏摩张胜温法界源流图》，足见珍爱。

《画梵像》本无作者款识，唯卷尾有大理国盛德五年（1180）释妙光题跋，云：“大理国描工张胜温貌诸圣容，以利苍生，求我记之。”其书法脱胎于唐人写经而又富于大理风格。用硬毫笔，字画转折处筋骨硬朗，顿挫有节，个别笔画粗细夸张，具有醒目的装饰美。这是自简牍时代流传至今的一种艺术手法，汉简频见，北朝写经亦有用者。

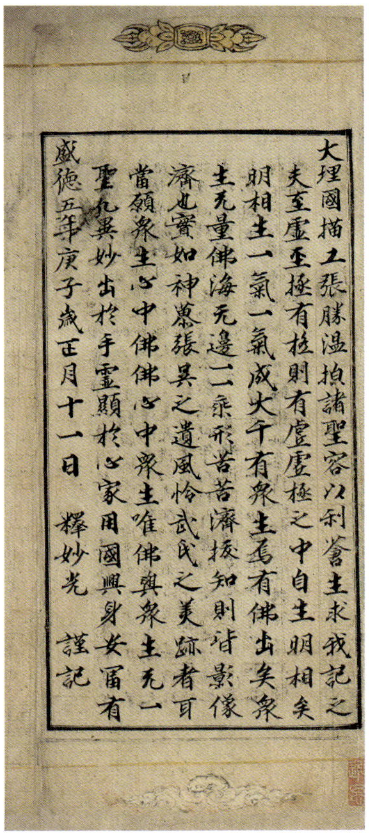
大理國描工張勝溫貌諸聖容以利蒼生求我記之
夫至虛至極有性則有虛虛極之中自生明相矣
明相生一氣一氣成大千有衆生焉有佛出矣衆
生无量佛海无邊二乘形若苦濟拔知則付影像
濟也實如神慕張吳之遺風恰武氏之美跡者可
當頷衆生心中佛佛心中衆生唯佛與衆生无一
聖凡異妙出於手靈顯於心家用國興身安富有
盛德五年庚子歲正月十一日 釋妙光 謹記

大理国盛德五年（1180）张胜温《画梵像》
释妙光题跋 中国台北故宫博物院藏

[6] 陆离，《安西榆林窟第 19 窟大礼平定四年题记考》，《敦煌研究》2011 年第 1 期，页 53。

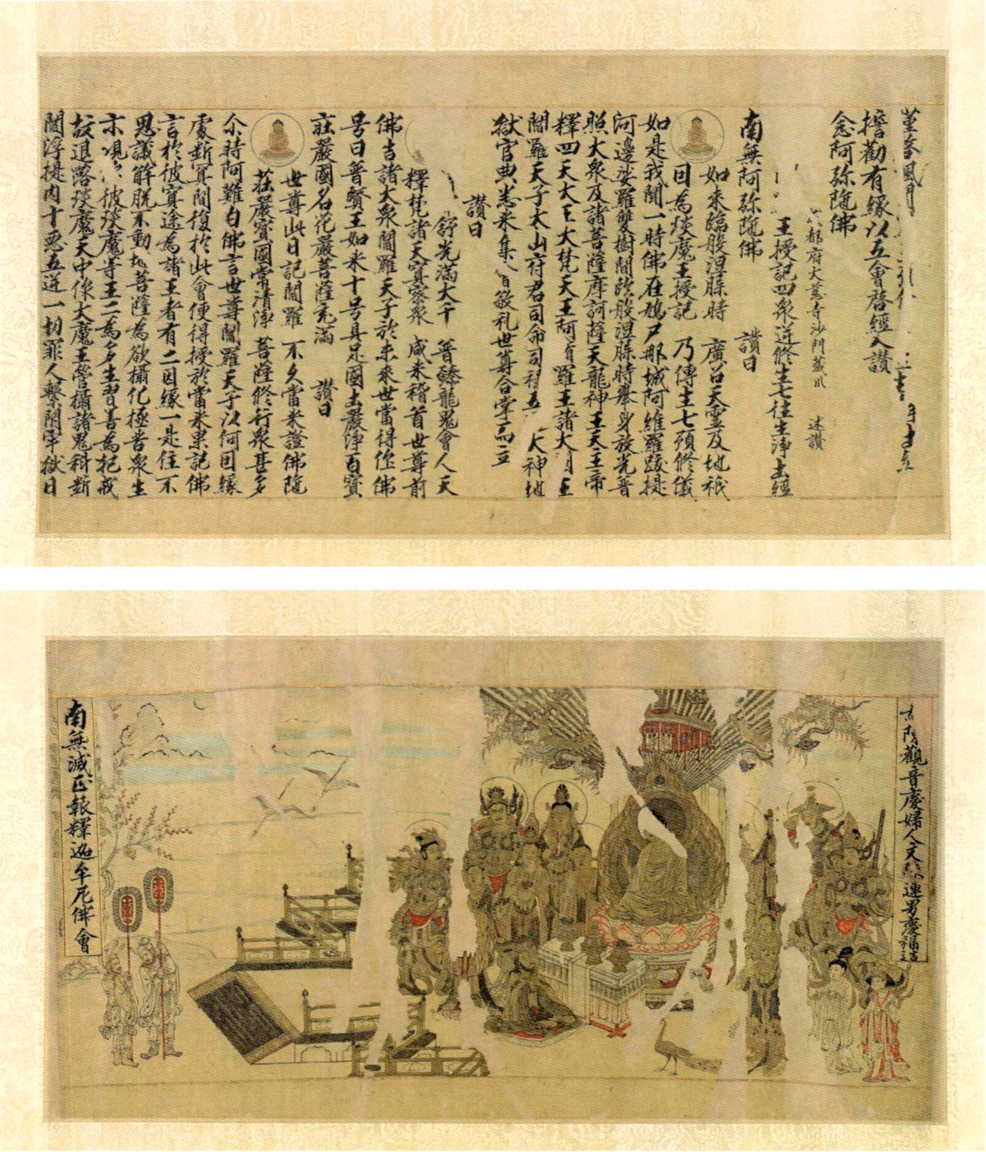

十二世纪大理国写本《佛说阎罗王授记四众预修生七往生净土经》局部 美国弗利尔美术馆藏

我们可以在敦煌写经中找到很多具有以上特点的从初唐到五代的卷子，传世大理国写经的书手仿佛刻意将其中侧锋加粗、提按顿挫的笔法和欹侧造势的章法融汇一身并发扬光大，从而形成了大理写经中极具辨识性的书法性格。

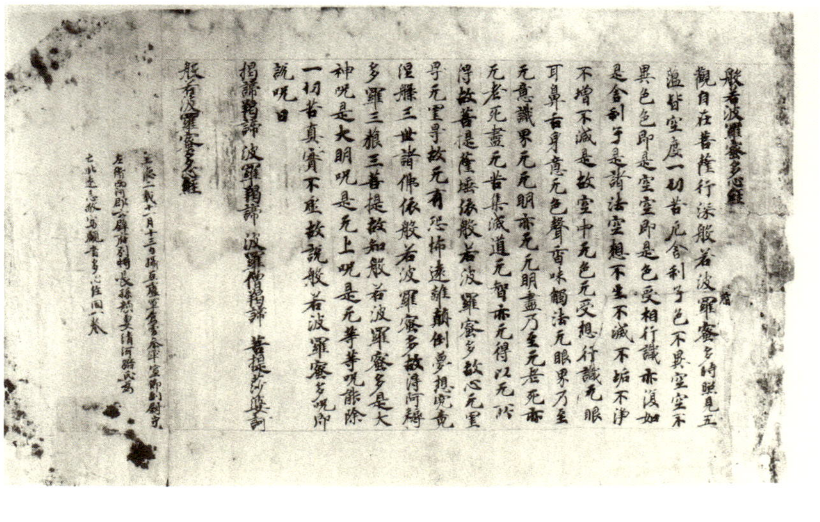

津艺 283 《般若波罗蜜多心经》局部 唐至德二年（757）写本

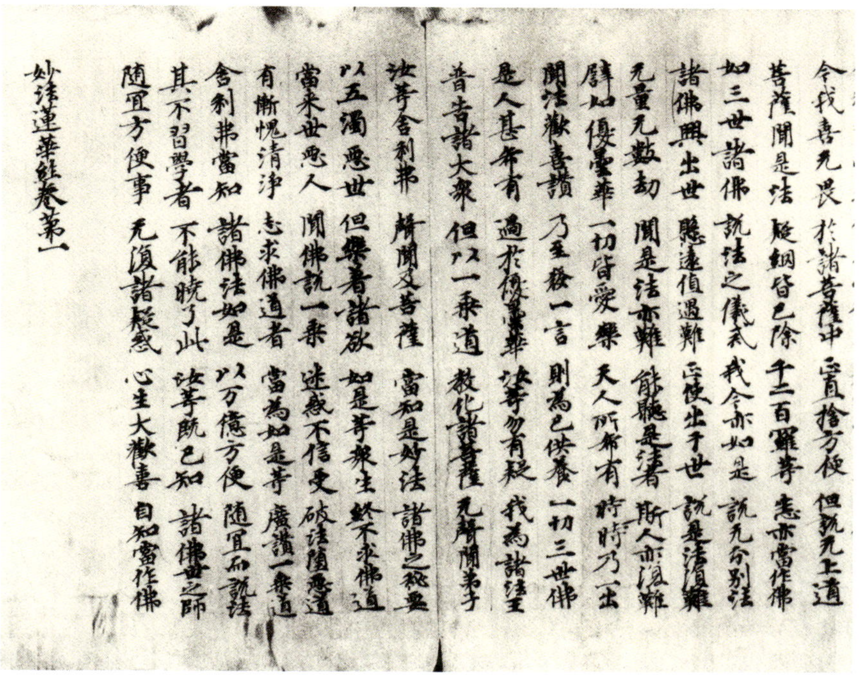

令我喜无畏 於諸菩薩中 正直捨方便 但說无上道
菩薩聞是法 疑網皆已除 千二百羅漢 悉亦當作佛
如三世諸佛 說法之儀式 我今亦如是 說无分別法
諸佛興出世 懸遠值遇難 正使出于世 說是法復難
无量无數劫 聞是法亦難 能聽是法者 斯人亦復難
譬如優曇華 一切皆愛樂 天人所希有 時時乃一出
聞法歡喜讚 乃至發一言 則為已供養 一切三世佛
是人甚希有 過於優曇華 汝等勿有疑 我為諸法王
普告諸大眾 但以一乘道 教化諸菩薩 无聲聞弟子
汝等舍利弗 聲聞及菩薩 當知是妙法 諸佛之秘要
以五濁惡世 但樂著諸欲 如是等衆生 終不求佛道
當來世惡人 聞佛說一乘 迷惑不信受 破法墮惡道
有慚愧清淨 志求佛道者 當為如是等 廣讚一乘道
舍利弗當知 諸佛法如是 以万億方便 隨宜而說法
其不習學者 不能曉了此 汝等既已知 諸佛世之師
隨宜方便事 无復諸疑惑 心生大歡喜 自知當作佛
妙法蓮華經卷第一

津艺 282 《妙法莲华经卷第一》局部 晚唐五代写本

在云南曲靖出土的《段氏与三十七部会盟碑》（971）中也能遥见姿态如大理国写经的书法。甚至传世的大理国时期的刻经也是这种风格，而完全不类宋版佛经。这是为什么呢？

《段氏与三十七部会盟碑》现代拓本

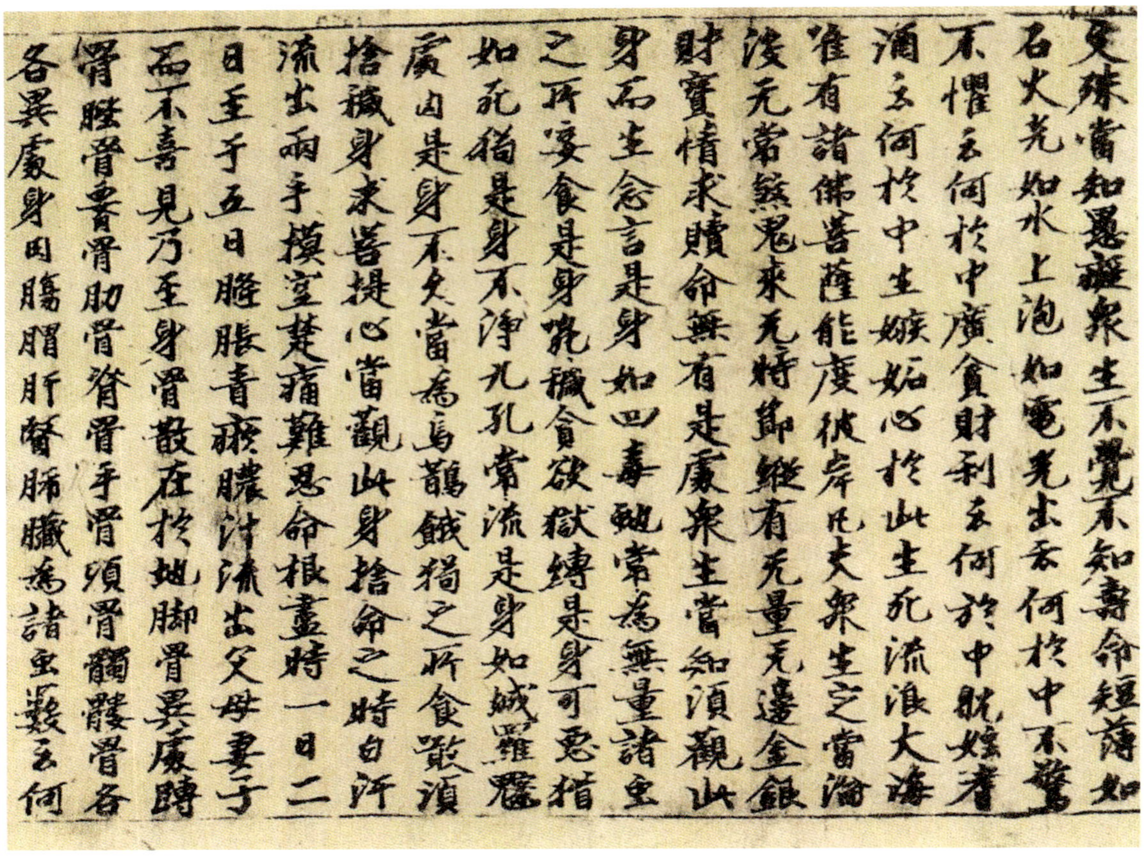
叉殊當知愚癡衆生不覺不知壽命短薄如
石火光如水上泡如電光出奈何於中不驚
不懼奈何於中廣貪財利奈何於中耽嗜者
酒奈何於中生嫉妬心於此生死流浪大海
唯有諸佛菩薩能度彼岸凡夫衆生定當淪
沒无常殺鬼來无時節縱有无量无邊金銀
財寶情求贖命無有是處衆生當知須觀此
身而生念言是身如四毒蛇常爲無量諸虫
之所唼食是身臭穢貪欲獄縛是身可惡猶
如死狗是身不淨九孔常流是身如城羅剎
處內是身不久當爲烏鵲餓狗之所食噉須
捨識身求菩提心當觀此身捨命之時白汗
流出兩手摸空楚痛難忍命根盡時一日二
日至于五日膖脹青瘀膿汁流出父母妻子
而不喜見乃至身骨散在於地脚骨異處膊
骨髀骨肋骨脊骨手骨項骨髑髏骨各
各異處身肉腸胃肝膽肺臟爲諸虫藪奈何

大理国刻本《佛说长寿命经》局部 云南省博物馆藏 国家珍贵古籍名录号 00956

云南省社科院和云南省图书馆藏《护国司南抄》，为我们探索大理写经字体的成因提供了一道直接的桥梁。《护国司南抄》是大长和国安国六年（908）大理崇圣寺主持玄鉴对唐代不空和尚所译《仁王护国般若波罗蜜多经》之指南——良贲所作《仁王经疏》的注释。今之所存本于1956年发现于云南凤仪北汤天董氏宗祠中，卷末有“保安八年佛弟子比丘释道常奉举七代先亡写疏一卷”手记，可知此卷写于1052年。此时，中国大地上存在四个“平行”政权，1052年相当于北宋皇祐四年、契丹重熙二十一年、西夏天祐垂圣三年。

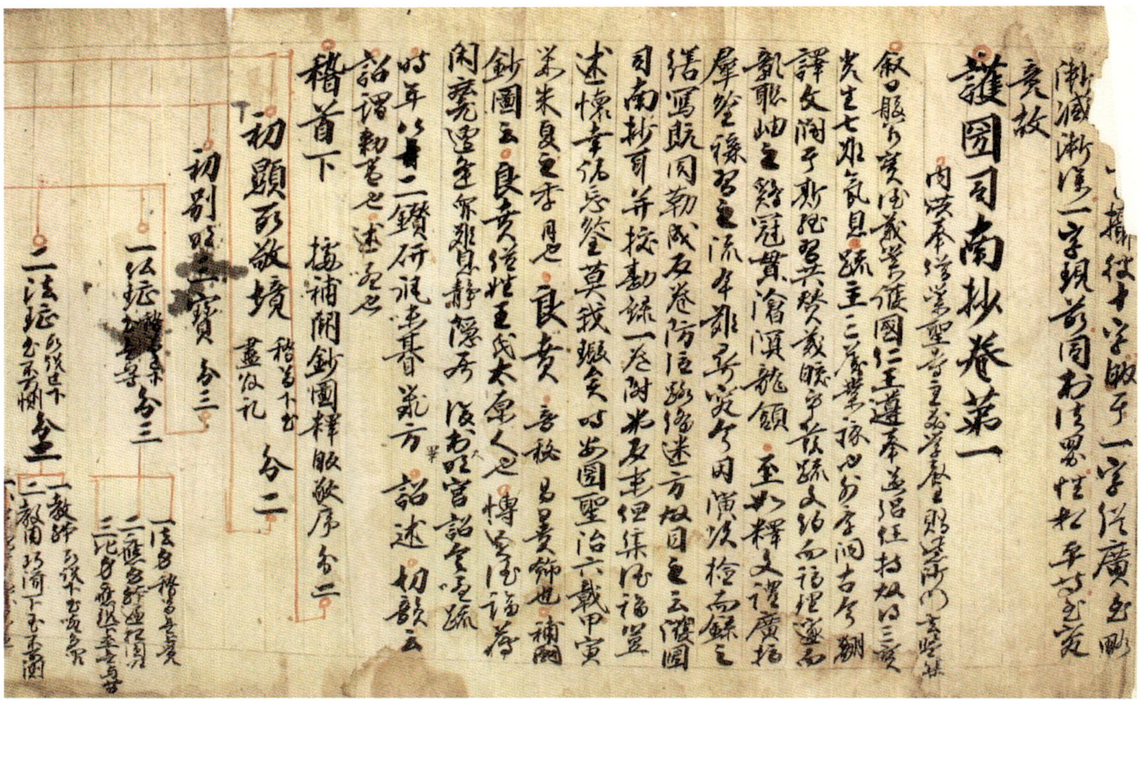
護國司南抄卷第一

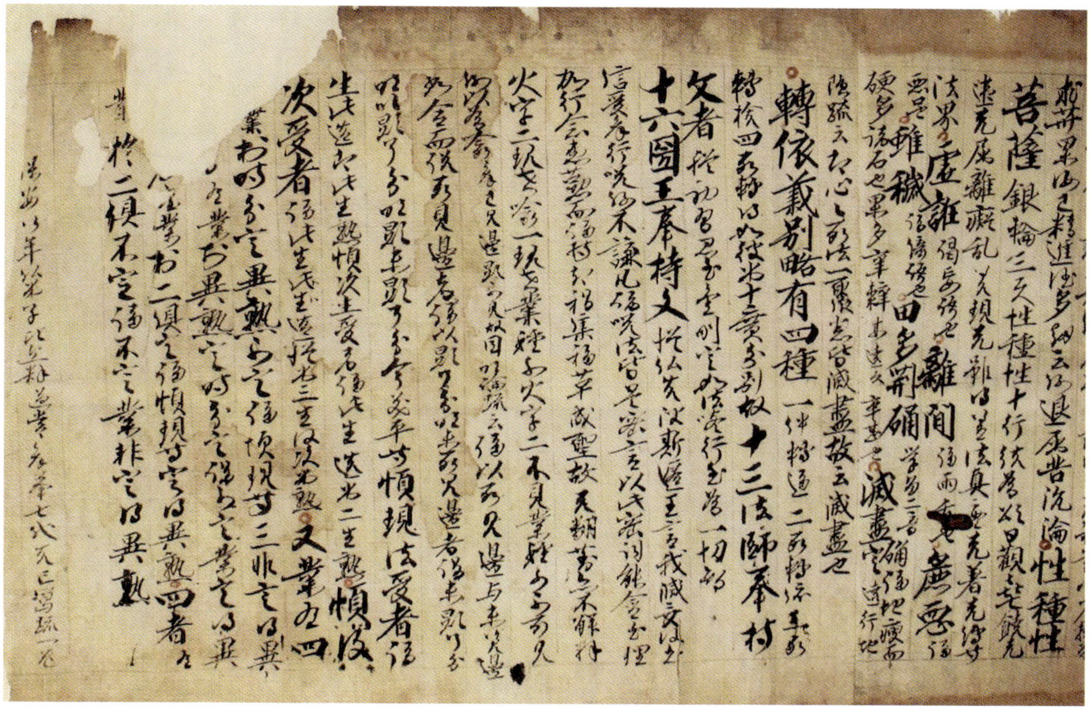

大理国保安八年（1052）写本《护国司南抄》局部 云南省社科院和云南省图书馆藏
国家珍贵古籍名录号 03063

首先，我们注意到在“护国司南抄卷第一”下一行，有“内供奉僧、崇圣寺主、义学教主、赐紫沙门玄鉴集”一行小字题名。唐至德元年（756），唐肃宗在凤翔命僧元皎主持药师道场，称元皎为“敕内供奉僧元皎”，成为在中国佛教史上“内供奉僧”这一专称之始。崇圣寺为唐代兴建的云南名寺，以“三塔”闻名于世。“义学教主”的头衔说明玄鉴具有渊博的佛学、儒学知识。“赐紫沙门”的称号说明当时云南佛教是仿唐代制度的。武则天摄政之初，沙门怀义、法朗等造《大云经疏》，为武后自立为皇帝提供了佛教经典依据。武后因此封法朗等人为县公，赐紫袈裟、银龟袋。这是中国佛教史上赐紫之始。[7]

其次，《护国司南抄》卷中使用了一些武周新字，新字与旧字并用。此时去武则天时代已逾三百多年，中原早已不再使用新字，大理地区却仍因《王仁求碑》《大理国彦贲赵兴明为亡母造墓幢》等金石碑刻之旧使用某些新字，终将其变成当地一种俗写。足见大理国受唐文化影响之深。但实际上从某种角度来说，唐朝对大理国在文化上的积极影响终于安史之乱。自天宝以来，唐军在南诏问题上屡次折戟，白居易《新丰折臂翁》“千万人行无一回”所咏叹的就是天宝十三年（754）唐军与南诏、吐蕃之战。

入宋以来，尽管大理国对宋朝屡示臣服之态，但“宋挥玉斧”，在西南采取紧缩政策，对大理国敬而远之。在《宋史》中，大理被列为“外国”，记载仅短短数百字。而作为少数民族独立政权的大理国，在统治中后期自认为是正统王朝，被称为“中国”。这与“平行政权”西夏国对自己的定位异曲同工。丝绸之路两端的两个“妙香佛国”，虽然在正史中并未留下交往的实录，其政治上的策略、文化上的认同、宗教上的一致使二者不由自主地在历史的某一时刻汇合。

明代抄本《三迤随笔》载，大理国圣德帝段素贞（1027—1041 年间在位）先于崇圣寺出家，“后游天竺，归由西域至敦煌，转长安入五台，苦研佛学”。明抄本《叶榆稗史》载，《天龙八部》中段誉的原型大理国宣仁帝段和誉（1083—1176）曾经“西出玉门。三载返，途经峨眉，抄经五载，归主东寺”。而本文开始提到的 1198 年榆林窟题记，正是大理与西夏往来的实证。这些痕迹也从一个侧面

[7] 侯冲，《大理国写经〈护国司南抄〉及其学术价值》，《云南社会科学》1994年第4期，页103。

向我们揭示，为何传世大理国写经的书法风格与敦煌晚唐、五代时期的风格更为接近，而不类同时期的宋经。

方广锠先生在《云南阿吒力教经典研究·序》中写道："佛教作为一种宗教，既有比较精细、高深的哲学形态，也有比较粗俗、普及的信仰形态。因此，它能够适应不同层次人们的不同需要。我把前一种形态称为'义理性佛教'，把后一种形态称为'信仰性佛教'。信仰性佛教的表现形式很多，诸如巡礼、拜佛、读经、造藏等。"

奥莱美术馆藏《大般若波罗蜜多经》四卷，就是"造藏"类"信仰性佛教"表现形式。此经存卷六十五：432×28.3厘米；卷八十八：374×28.3厘米；卷四百一十九：588×28.3厘米；卷五百八：517×28.3厘米。上承国家珍贵古籍《护国司南抄》，下启《画梵像》，其书风、笔法与之一脉相承，纸墨风貌是为一系，堪称北宋时期大理国造像艺术之外的又一高峰。

# 清代内府大藏经的刊刻

翁连溪

故宫博物院研究馆员

大藏经又称“一切经”，简称为藏经、契经或三藏，即将自印度和西域传译的大小乘经、律、论及贤圣集传汇编而成的大型丛书，是佛教经典的总集，卷帙极为浩繁。宋代以前，大藏经都是以手抄形式撰集，既糜财费时，又不能大量生产、广泛流传。雕版印刷术发明之后，使印制大藏经成为可能。据《佛祖统记》卷四十三载，宋太祖开宝四年 (971)，“敕高品、张从信往益州雕大藏经版”，首开雕印大藏经的先河，此后历代不绝。入清之后，藏、蒙、汉、满文大藏经皆有刻，是历代中央政府刻印大藏经文种最多的朝代。

## 一、藏文《甘珠尔》与《丹珠尔》的刊刻

相比于汉传佛教，清代诸帝对藏传佛教尤为尊崇，其中既有个人宗教信仰的倾向性，也有实际的政治需要。对于朝廷而言，佛教的意义远远超过宗教本身，可以强化对各民族地区的统治。乾隆五十年 (1785) 七月，乾隆帝在雍和宫立“喇嘛碑”，御笔亲书碑文曰：“兴黄教，即所以安众蒙古，所系非小，故不可不保护之，而非若元朝之曲庇谄敬番僧也。……若我朝之兴黄教，则大不然，盖以蒙古奉佛，最信喇嘛，不可不保护之，以为怀柔之道而已。……夫定其事之是非者，必习其事。而又明其理，然后可。予若不习番经，不能为此言。始习之时，或有议为过兴黄教者，使予徒泥沙汰之虚誉，则今之新旧蒙古畏威怀德，太平数十年，可得乎？”又特别强调：“我朝虽护黄教，正合于王制。所谓修其教不易其俗，齐其政不易其宜，而惑众乱法者，仍以王法治之，与内地齐民无异。”道理讲得很透彻，话说得也很坦白。故定鼎之后，清廷最先刊刻的就是藏文与蒙古文大藏经《甘珠尔》《丹珠尔》，汉文大藏经尚在其后。

### (一) 藏文《甘珠尔》的刊刻

西藏学者仁钦札巴 ( 即布顿 1290—1364) 曾参与西藏大藏经策巴目录校订工作，将藏译佛典分别为教敕译典 ( 即甘珠尔，又称正藏 ) 和论述译典 ( 即丹珠尔，又称副藏 ) 二部门，是西藏藏经特有的分类法。“甘”意谓教，“丹”意谓论，“珠尔”则谓翻译。《宝性论》中说：“凡与法有关具义之事，能除三界烦恼之善说，颇具明示寂静功德者，即为佛陀所说而非他。”意思是所说皆与法有关，功用在于断除三界烦恼，而果则为般涅槃。凡明示此内容者之语，依圆满正觉之佛陀而出之善说即称为“甘”，将所译的佛语集而成册就是“甘珠尔”，也就是藏文大藏经。

明永乐八年 (1410)，成祖朱棣为他去世的妃子徐氏追荐冥福，邀请藏传佛教噶玛噶举派第五世噶玛巴活佛德银协巴任总纂，敕令在南京灵谷寺刊刻《甘珠尔》，是藏文大藏经在内地的最早镂版。1410 年的《甘珠尔》被用来当作 1602 年开始刊印的万历版《甘珠尔》的蓝本，由于木刻版遭毁坏，

这些北京版的两个摹版已是凤毛麟角，十分稀少。1410 年《甘珠尔》现存的木刻版似乎成了两个《藏文大藏经》的刊印蓝本。[1]

清康熙二十二年 (1683) 八月，和硕裕亲王福全上题本《请序疏》称：“为释藏名经奉命镌梓恭请御制序文宜示永久事：窃惟嘉维诞瑞象法，肇开八正五乘，毗耶摩诘授受远矣。自汉帝梦感金仙遣使天竺，释典诸书之流传于中土者几二千年，其间虽历唐宋隆盛之朝，亦多阐明褒赞，非徒广扬佛教，正欲借以慈育万有也。恭遇我皇上聪明睿知……宵衣旰食，勤政爱民，复以万机余闲，研精六经，综览群史，廦图畴永发之渊微，鉴治运相循之理数，以至星官地志、诸子百家、稗乘纬书、仙经贝叶，莫不丙夜详探，究其旨奥，故能学洞阴阳，博极古今。……兹重刊番藏名经，用广利益，盖以上凝太皇太后、皇太后万寿无疆之祯，下锡四海臣民亿万载之祉，但四流六度，妙理难诊，非得天语发挥下土，尘迷何由共开觉路？昔唐太宗敕名僧翻译经文六百余部，特制序文；明太祖亲撰佛母像赞；永乐中校刊大藏真经，皆当开国盛事，表章梵典。况我皇上仁敬孝虑，迥非唐明三君所能比拟万一，宸翰所颁，便可烛照诸天，康济率土。伏祈皇上俯念佛果，特赐御制序文弁诸经首，开示颛蒙，昭垂万祀，庶慧日赖奎章而并焕慈云，同圣泽以长流矣。为此具本，谨题请旨。”十八日奉旨：“礼部详察典例，确议具奏。钦此。”九月初一日，礼部尚书介山具题本《覆请序疏》称：“礼科抄出和硕裕亲王福全等题……臣等窃惟释典诸书充牣秘藏，虽教有显、密之分，宗有性、相之异，要其指归在利济万品，化导群生。历代帝王往往为之流通宣布，或命翻译，或命镌梓，其教赖以弗替。至于阐物道风，恢弘胜果，尤在亲制文辞，冠之简册，方足令神人钦仰。……兹者体天地好生之心，扩圣人止孝之量。上为两宫禔福，下为百姓降祥，特命刊刻释藏名经，流通海内。顾释典难谙，梵书乍布，必得天语褒扬，方可炳著日月。允宜俯从王等所请，御制序文冠诸经首，俾琅函宝笈，沾被龙光，昭示天壤，永永无极，诚昌朝之盛事，圣代之旷典也。臣等未敢擅便，谨题请旨。”从福全题本中所言，既然“为释藏名经奉命镌梓”，是镌刻藏文《甘珠尔》已有圣命，这两道题本都是请求皇帝赐予序文。康熙帝遂于二十三年八月二十一日，颁赐《御制番藏经序》云：“……谛伏惟太皇太后遐龄永锡，斋心舍卫之城，皇太后纯嘏殷报礼祇洹之役，曩者林衡授矩，无非桂栋梅梁；于焉竹素成编，尽是雕谈奥辩。供亿靡劳于蔀屋，不涉民财；经营悉出芝宫，非关内帑。念真乘之慧业宜宣，而梵叹之潮音未广，乃稽历古传灯之录，更辑千山印钵之篇。番藏旧文，爰加镌刻，绿缥装就，八解高超，黄锦开时，七花运迈。诚以导玭晖于紫幄，分黄彩于黄图。助启芳诠，广祟大藏。颂两宫之景福，延万姓之鸿庥。式弁简端，用资褒赞云尔。”康熙帝的序文明确指出了两点，一是康熙帝为皇太后和太皇太后祈福禳灾的功德善举，同时也祈望百姓能借此得到佛的庇荫；二是特别声明，所用一切费资“不涉民财，经营悉出芝官，非关内帑”。后者是说给大臣、百姓听的，也是说给佛听的，既然为两宫祈福，当然要自出己财，才有更大的功德。其实，在王朝时代，普天之下莫非王土，芝宫不事生产，钱财来自“内帑”，没有什么本质的区别。不过，有了皇帝的序，也有了经费来源的明确指示，自然就可以校理群经，开工雕造了。

据该经载参与职官名录，领衔总理监造《大藏经》的是和硕裕亲王福全，监造官员以内阁侍读学士舒辂为首，共三十人；校阅经字喇嘛以总管京都喇嘛班第查萨克大喇嘛墨尔根绰尔济为首，番文总教习索诺颜绰尔济副之。从事具体工作的对读经字喇嘛均为黄寺的藏族喇嘛，以根敦达尔扎克龙为首，共四十人，对勘（总校对）喇嘛是章嘉胡图克图，下属住持喇嘛王予克津巴格隆、罗卜藏巴尔柱格隆等六人。监修官以内阁侍读学士食二品俸加四级乌拉代为首，共十三人。校阅序目录官为丹代、拜礼、翁英三人，翻译番字序目录官为武熙布、登德二人，翻译蒙古字序目录官为喇嘛璋、黑钧二人。满文誊录官为伊巴礼、增寿、禅布三人，汉文誊录官为曹占吉、王启沃二人，番文誊录喇嘛为罗卜藏鲁

[1] （法）海瑟・噶尔美著，熊文彬译，《早期汉藏艺术》，河北教育出版社，2001年。

雷格隆、罗卜藏拜尔济格隆、索那木林亲格隆三人。各项工作共一百零五人，几乎网罗了全部在京的藏传佛教高僧。[2]

清康熙版藏文《甘珠尔》自二十二年（1683）开雕，历时十七年，至三十九年（1700）始竣工。史称“北京版”，版藏嵩祝寺，又称“嵩祝寺版”，经文朱印，亦称“赤字版”。全部刊刻、装潢完成后，总一百零九函（夹）。首为藏、蒙、满、汉四种文字刊印的康熙帝御制序文、和硕亲王福全请序疏、礼部尚书介山覆请序疏、参与修撰的一百零五人的职官名录，及藏、蒙、满、汉四种文字刻印的《甘珠尔经》目录，共收佛教经典972种。每函（夹）由外护经版、内护经版、经叶三部分组成。外护经版上、下两块，杉木，出脊描金，髹朱漆，长73.7厘米、宽23.3厘米、厚2.5厘米。内护经版分上、下两块，均长72厘米、宽22厘米、厚2.1厘米，明黄色织锦包衬上护经版中间朱印经名，两侧“合欢门”内各有一尊金碧彩绘如来趺坐于莲花座上的说法图，有十方诸佛、八大如来、七佛、三十五如来、三世佛，并以红、黄、蓝三色织锦覆盖其上加以保护；下面的护经版有精心绘制的四大护法神，从右到左为：财续天母、偌玛堤天母、六臂怙主、财神，经叶长72厘米、宽22厘米，版框长57厘米、宽14.3厘米，每页横八行，四周双边，栏框右侧刊有汉文经名及叶码，左侧为藏文经名、页码。学界一直认为上下内护经版中佛像为彩绘，其实应为版刻填色，而佛像的风格来源于明永乐版及万历版。藏文《甘珠尔》上下内护经版有三种不同佛版画：第一，两边佛像彩绘，中间泥金书经名；第二，两边佛像为雕版印刷后填色，中间朱印经名；第三，上下内护经版佛画文字均为木板朱印。经叶为双面朱印，经叶码放整齐，经墙彩绘，出幢、鱼、瓶、莲、海螺、盘肠、宝伞、金轮吉祥瑞；为防经叶散乱，一端朱红、墨彩绘制喷焰摩尼图，另一端绘制火焰图，图中用藏文书写该卷经名，装帧极为华丽。但总起来看，永乐版的镌刻，字画遒劲，婉转如意；康熙版则刀刻偏软，线刻也不如永乐版流畅。

康熙三十九年（1700）藏文《甘珠尔》

[2] 李国强，《康熙朱印藏文〈甘珠尔〉谈略》，《故宫博物院院刊》1999年第4期，页69。

### （二）藏文《丹珠尔》的刊刻

《丹珠尔》作为西藏大藏经的副藏，意即“祖师部”或“论疏部”，主要搜集历代佛教著作，相当于汉文《大藏经》的论集部、经疏部、律疏部、论疏部、史传部等，其中还包括了部分五明杂著及西藏学者的撰述。最初形成于八世纪赤松德赞时期，被编入《丹迦目录》（其中包括甘珠尔部）。后刻板流通。各种版本的《丹珠尔》的分类及收经互有不同。如德格版《丹珠尔》分成赞颂部、秘密部、般若部、中观部、经疏部、唯识部、俱舍部、律部、佛传部、亲翰部、因明部、声明部、医明部、工巧部、明部、西藏撰部、补遗经论部等，共213函，3400余部。纳塘版《丹珠尔》则分成赞颂部、秘密部、经释部、声明部等四部分，共224函。北京版《丹珠尔》分成赞颂部、秘经疏部、经疏部等三部分。

康熙六十年（1721）二月初三日，康熙帝降旨拉锡“着刻《丹珠尔经》经版，刻完之后即送西土”，时距藏文《甘珠尔》刊成已经21年了。刊刻《丹珠尔》，首先要解决底本问题，拉锡恳请蒙古活佛哲卜尊丹巴呼图克图协助。哲卜尊丹巴呼图克图属藏传佛教格鲁派，与章嘉呼图克图并称为蒙古两大活佛，是与达赖喇嘛、班禅额尔德尼、章嘉呼图克图齐名的藏传佛教的四大活佛之一。刊刻大藏经，他自然义不容辞，遂从西藏请来一部藏文抄本《丹珠尔》。

解决了底本问题，为了顺利编辑、刻印，共挑选了符合要求的喇嘛、学者等五百余人，由扎萨克达喇嘛吉木巴扎木素、拉木巴扎木巴、索诺木绰尔济呼毕罕、扬察尔喇嘛等四人监造，喇嘛罗卜桑格隆等十多名负责校对，妙应寺达喇嘛祖勒齐木端罗布格隆负责刻写工作。并从武英殿造办处咨调画匠，以负责绘制《丹珠尔经》里面的各种图案。同时，康熙帝还钦派理藩院尚书隆科多、礼部右侍郎罗瞻总负责《丹珠尔经》经版的制作工作。[3]

雍正二年（1724），《丹珠尔》刻印完竣，总234函，3523余部，有藏、蒙古、满、汉四种文字的总目录，是现今所知《丹珠尔》第一次在内地镂版。分为赞颂部、秘经疏部、经疏部三部分，并将《宗喀巴全集》《二世章嘉全集》续刻后补于其中，是这些作品的首次入藏。乾隆二年（1737）内府又将康熙刊版《甘珠尔》与乾隆版《丹珠尔》同时刷印，北京版藏文《大藏经》印制工作至此全部完成。

## 二、蒙文《甘珠尔》与《丹珠尔》的刊刻

### （一）蒙文《甘珠尔》的刊刻

蒙文《甘珠尔》是据藏文本翻译，以蒙文传写的大藏经，又名《如来大藏经》或《番藏经》。元成宗大德年间（1297—1307），在萨迦派僧人法光的主持下，由西藏、蒙古、回鹘、汉族等各民族僧人将藏文大藏经译为蒙文，在西藏刻版刷印，在蒙古地区流通，是第一次将大藏经刊刻为蒙文，但这个本子，已无片纸只页传及今世了。清康熙年间，再刻蒙文版《甘珠尔》，不仅是藏文《甘珠尔》刊刻后的又一盛举，也是蒙古佛教史上的一件大事。

康熙五十五年（1716）乾清门侍卫拉锡为奉旨刊刻蒙文《甘珠尔经》事的奏折，记述了刊刻、办理蒙古文《甘珠尔经》的工料来源、经费支出、主持人、蓝本来源、校勘经过、誊写及镌刻人员、刊刻场所、经版存放地点，为我们了解蒙文《甘珠尔经》刊刻的全过程提供了重要数据，奏折称：“为请旨事，康熙五十五年四月初四日，奴才口奏：主子前谕一等侍卫善绶，据闻尔家中有蒙古《甘珠尔经》。

[3] 安双成，《蒙文〈甘珠尔经〉与藏文〈丹珠尔经〉制版概述》，《历史档案》1989年第2期，页90。

京城有吐蕃特《甘珠尔经》版，却无蒙古《甘珠尔经》版，倘若刻版，则甚佳也，此乃一善事，着转告乾清门侍卫拉锡，召集八旗蒙古大臣、侍卫、官员、巴克什等共同会议，若布施刊刷，非但颇益于供诵，且较抄写价廉。着将此共同会议布施，朕亦布施。钦此。窃惟圣主崇尚佛教，为仁爱众蒙古令行善事，又为《甘珠尔经》义流传万世而颁降谕旨，殊属可叹。”把刻印蒙文《甘珠尔》的缘起记载得非常清楚。康熙的谕旨，对刊经底本的使用——善寿家藏抄本；经费的来源——布施化缘；刊经的组织者——拉锡等，都做了明确的指示，并且表示“朕亦布施”，这既是为了刊经的功德，也是一个姿态，皇帝善信至此，慷慨解囊，蒙古王公贵族自然会趋之若鹜，刊经最重要的一环——不菲的费用，也就迎刃而解了。

另据拉锡奏折：“刻制蒙古《甘珠尔经》诸所用布施钱粮，既然关系甚重大，着将此交理藩院（广善库）办理。京城八旗蒙古等、外四十九旗扎萨克蒙古、游牧处察哈尔蒙古、京城喇嘛、外地喇嘛等给之布施银总数由理藩院（广善库）查明收取奏闻，以用于刻制《甘珠尔经》。为此谨奏。请旨。朱批：倘由理藩院收，此部原怠惰，交广善库一处，钱粮方可清楚。”从这段文字可以看出，刻印蒙文《甘珠尔》的圣旨一下，在蒙古族中引起了相当大的反响，蒙古王公、贵族、喇嘛纷纷予以布施。而且，康熙帝对此事的关注，可以说及于各个方面，从而为蒙文《甘珠尔》的刊刻提供了保障。

蒙古贵族不仅在资金上给予支持，对如何刻印好这部蒙文大藏，也是殚精竭虑，提出了很多好的建议，如拉锡奏折称：“喀喇沁固山贝子善巴喇什、苏尼特贝勒西哩闻此奇旨，谓吾曰：圣主弘扬佛教，俾全蒙古积福之善事，亘古未有。命镌刻《甘珠尔经》版者，实为弘扬佛教。我二人思惟，今存蒙古《甘珠尔经》俱系辗转传抄，漏讹甚多，今一经刻版，将永世流传。太皇太后之吐蕃特《甘珠尔经》版，刊校甚细，制作完备。倘蒙俞允，将我蒙古《甘珠尔》与吐蕃特《甘珠尔经》详细校勘，拾遗补阙，妥加恭刻，则不胜善哉。校此《甘珠尔经》，宜拣选多伦诺汞之诺颜席热图、达喇嘛粗勒齐森噶布楚及我等之熟悉经书之贤能喇嘛、巴克什等携我处之蒙古《甘珠尔经》前往，共同详细校勘镌刻为宜等情具奏。奉旨：甚好！着交与贝勒西哩、贝子善巴喇什等携往多伦诺尔校勘可也。再，布施不可指派，概视所愿，钦此。钦遵。”可见，这部大藏经的校理是有来自蒙古和京城的大德高僧共同完成的，目的只有一个，就是这部藏经的质量可以和藏文《甘珠尔》相媲美。康熙强调：“布施不可指派，概视所愿。”也是对蒙古人宗教意愿的极大尊重。

康熙俯允所请后，贝勒西哩、贝子善巴喇什等人即组织人员在多伦诺尔庙内开始校勘工作，据拉锡奏折：“兹于多伦诺尔庙校刊后送来蒙古《甘珠尔经》一部，百八函，经清点经，共四万五千张，为刻制蒙古《甘珠尔经》版。”至此，蒙文《甘珠尔》终于有了一部完整的稿本，刊刻可以进入实施阶段了。

拉锡奏折中说：“刻制此《甘珠尔经》于皇城内油毡房制作。缮写经文之喇嘛巴克什等，亦集于此房内缮写。将缮写经文校勘刻等等，交喇嘛巴克什等监制。制作完竣后，入进金榜库放置。”言之凿凿，似乎不应再有疑问，但这部藏经到底在何处刊印，一直是个仁者见仁、智者见智，争论不休的问题。拉锡奏折同时也说道：“查得，妙应寺大喇嘛诺尔布格隆既甚熟悉刻制图伯特、蒙古佛经之事，现将刻制《甘珠尔经》，交付诺尔布格隆制作。”诺尔布格隆刻经之地，是在油毡房还是在妙应寺，就成了一个疑问。忒莫勒先生认为：“至于皇城油毡房说，尽管有满文朱批奏折《乾清门侍卫拉锡奏为奉旨刊刻蒙古文〈甘珠尔〉经所需费用等情折》作根据，但那毕竟还是尚未实施的拟议，虽然经过康熙皇帝的允准，我们还不能将其视为已发生的历史事实。何况此油毡房及经版库究竟是何种机构？确址在哪儿？隶属于谁？尚有疑问。”先生又据《理藩院咨伊克昭盟盟长鄂尔多斯（右翼后旗）札萨克贝子喇什达尔济文》所记：“旗籍（清吏）司案呈：准典属（清吏）司移送公文内开：本司呈：嘉庆六年(1801)

仲冬二十二日军机处抄出：大学士臣庆［桂］等恭奏：遵旨，查从前各蒙古之迎请甘珠尔经、丹珠尔经，均由理藩院奏准，交妙应寺喇嘛刷印。乾隆二十六年（1761）大学士贝勒傅（恒）等奏称：各蒙古请经，若交喇嘛刷印，需时甚久，且蒙人亦感烦劳。可以的话，将此种经书交付武英殿，预先刷印数部备用，倘有各蒙古迎请，报院即可获得，实属诸多便利之事。奉旨：依议。”等资料，认为这部藏经是刻印于妙应寺（白塔寺）。先生的论证是有一些道理的，但先生印证的数据中，又有“将此种经书交付武英殿，预先刷印数部备用”之语，仍然不清楚是妙应寺刷印之后，将书交付武英殿备用，还是武英殿直接负责组织刷印？蒙文《甘珠尔》卷帙浩繁，书版不可能搬来搬去，一定要有一个相对稳定的存储处所才合常理，故笔者认为，油毡房很可能只是对经书进行校对、誊写的地方，定稿后在妙应寺雕镌印刷，刷成的经交武英殿保管，（其他论文没有此记载）古各旗请用。当然，这也只是一个推断。好在这并不是一个特别重要的问题，关键是清代完成了蒙文《甘珠尔》刊刻的盛举，至于其在何处刊印，在没有更多的资料来解决上述源文件记载的矛盾时不妨姑且存疑。

在拉锡奏折中，详列了制作蒙文《甘珠尔》所需经费，对了解蒙文《甘珠尔》的刊刻以及清内府刻书的工价有着重要的参考价值：

> 奴才与众喇嘛、巴克什等会议，以期制作精良如前所刻吐蕃特《甘珠尔经》版。此项镌刻蒙古《甘珠尔经》所需布施银，以再俭省计，一部蒙古《甘珠尔经》恭抄、粘版、镌刻，需用以红花水印有界格之二层裱褙纸共九万张，一张以九厘计，需银八百十两。其镌刻所用长二尺、宽七寸、厚一寸五分之版，共四万五千块，每块板以二钱计，需价银九千两。每块版两面刻字，以三钱五分计，镌刻四万四千七百八十块版，需用手工银一万五千六百七十三两。木版两面抛光，四面出脊，每版以三分计，制版四万五千块，需手工银一千三百五两。漆版四周，两边裹布二层，漆三次，每版以一钱三分五计，漆版四万五千块，需用手工银六千七十五两。一百八函，每函首之经版，绘雕其两边之二佛像、中间之“南无”字、四周之番草花，一块版以二两计，绘雕一百八块版，需用手工银二百十六两。第二四周绘画番草花及刻字，雕刻一块版，以一两二钱计，一百八块版，需用手工银一百二十九两六钱，一部《甘珠尔》末尾之四块版，每版绘雕四尊金刚佛、四周绘雕番草花，每块版以五两四钱计，四块版需用手工银二十一两六钱。刻竣之版，三次刷印校对贻误之字，需用台连纸一百二十篓，每篓以一两计，需银一百二十两。刷印三次，需用红花水二千四百斤，每斤以一钱五分计，需银三百五十二两八钱，三次刷印，需手工银一百二十两。置放刻竣之《甘珠尔经》经版，需用架子一百五十，架子高八尺、宽一丈，作成六层架，每个架子以十二两五钱计，需银一千九百五十二两。工匠等镌刻经文，需用高桌一百张，桌长一丈、宽一尺六寸、厚二寸、高二尺七寸之高桌一张以一两六钱计，需银一百六十两。镌刻工匠等坐凳一百条，每凳长一丈、宽五寸、高一尺七寸，每凳以二钱计，需银二十两。刻制此一部《甘珠尔经》，用银三万六千两。……将拨给写经喇嘛巴克什等饭银，缮写一张以二分五厘计，缮写九万张，需饭银二千二百五十两；缮写经文用墨五十斤，每斤墨以六钱计，需银三十两。校勘缮写《甘珠尔经》之喇嘛巴克什、改正刻版内谬离，喇嘛巴克什等共三十人，每日每人各给银一钱，共以三十月计，需饭银二千七百两。喇嘛巴克什等写经校勘时，用矮桌四十张，每矮桌以五钱银计，需银二十两。一百八函《甘珠尔》垒放时用长七尺、宽二尺二寸高桌五张，每高桌以一两五钱银计，需银七两五钱。所有缮写《甘珠尔经》喇嘛巴克什、校勘制作经文之喇嘛巴克什冬季每日用烤火木炭以一百斤计，三冬用烤火炭二万七千斤，一百斤烤火木炭，以五钱计，需银一百三十五两。每日热炕用煤以二百斤计，三冬用热炕煤五万四千斤，一百斤以

二钱计，需银一百八两。修制《甘珠尔经》喇嘛巴克什等所居官房内掘炕、制作补修门窗时，需银一百五十两，刻制此《甘珠尔经》完竣，我等蒙古人敬谨刷印一部《甘珠尔经》，为圣主万岁永恒记诵。刷印此一部《甘珠尔经》，需银二千二百八十七两四钱，刻制一部《甘珠尔经》诸项费用，耗银合计：需银共为四万三千六百八十七两九钱。

据上所载，蒙文《甘珠尔》经，“一百八函，每函首之经版，绘雕其两边之二佛像、中间之‘南无’字、四周之番草花，一块版以二两计，绘雕一百八块版，需用手工银二百十六两。第二四周绘画番草花及刻字，雕刻一块版，以一两二钱计，一百八块版，需用手工银一百二十九两六钱，一部《甘珠尔》末尾之四块版，每版绘雕四尊金刚佛、四周绘雕番草花，每块版以五两四钱计，四块版需用手工银二十一两六钱”。现存蒙文《甘珠尔》印本，末尾为五尊佛像，而且绘雕四块版轮番施印，与现存印本不同，还待研究。

蒙文《甘珠尔》经版的存世，佛像雕版的发现，通过与存世的几部印本相较，现今可知康熙五十九年（1720）刊刻的蒙文《甘珠尔》经中的扉页尾页756尊佛像，不但有雕版印刷的佛像版画、印本填色彩绘佛像版画还有彩绘佛像画三种，这些佛像为清代早期的蒙古佛像体系中非常重要的部分，为研究清代蒙古、藏传佛教图像、佛教版画史提供了新的数据。

**1. 蒙文《甘珠尔》经文字经版的整理与佛像雕版的发现**

故宫博物院藏24万块雕版中大藏经经版存6万余块，包括康熙三十九年（1700）内府刻藏文《甘珠尔》

康熙五十九年（1720）蒙文《甘珠尔》经版

经版，康熙五十九年（1720）内府刻蒙文《甘珠尔》经版，乾隆五十九年（1794）内府清字经馆刻《满文大藏经》经版，其中康熙年内府刻藏文、蒙文《甘珠尔》经版的存世，近代研究者无人提及，究其原因乃故宫博物院藏版鲜为人知。满文《大藏经》经版与蒙文《甘珠尔》经版尺寸基本一致，文字区别非专业人员很难识别，故长期混杂在一起，经整理后统计满文大藏经版有4.2万块，蒙文大藏经版1.9万块，藏文大藏经47块，其中有佛像版画雕版190余块。2009年笔者为完成《中国佛教版画全集》的出版，四处查找资料，又对故宫博物院藏佛教图像数据尤其是佛像雕版进行了细致的整理研究，在编目过程中有几块蒙文《甘珠尔》的佛像雕版，引起了我的重视，因为多年来有关蒙文《甘珠尔》经有雕版印刷的佛像，而且如此大规模，计756尊不同佛像，有关佛教版画图像学的研究都未提及。笔者近年来也进行了清代宫廷版画的研究，对于宫廷佛教版画过去一直认为《满文大藏经》中的700余幅诸佛像版画，从佛像版画史、图像学角度，版画的雕刻技法、水平以及精美程度、艺术表现手法，风格在清代佛教版画中，乃至中国传统佛教版画中也可称集大成之作。蒙文《甘珠尔》佛像经版的刊刻于康熙五十九年（1720），早于满文大藏经刊刻年代（清乾隆五十九年），两套佛像雕版之间的关系、佛像有何异同，是值得深入探讨的。

清内府自康熙八年（1669）藏文泥金写本《甘珠尔》经完成（现藏台北故宫博物院），康熙三十九年（1700）内府刻藏文《甘珠尔》、康熙五十九年（1720）内府刻蒙文《甘珠尔》、雍正年间藏文泥金写本《甘珠尔》（乾隆帝赐西藏布达拉宫）、乾隆十四年（1749）内府刻蒙文《丹珠尔》、乾隆三十五年（1770）内府藏文泥金写本《甘珠尔》（故宫博物院藏96夹，台北故宫博物院藏12夹）、乾隆五十九年（1794）刻《满文大藏经》（故宫博物院藏76夹，台北故宫博物院藏32夹）等这些大藏经插图扉画及尾页中的彩绘及版画各700多尊形态各异的佛像，有关研究者对他们之间的传承关系、底本来源、相互影响没有做过统一的研究，多为个案研究，尤其是对康熙三十九年（1700）藏文《甘珠尔》的研究，有李国强《故宫博物院院刊》1999年第4期《康熙朱印藏文〈甘珠尔〉谈略》。对康熙五十九年（1720）蒙文《甘珠尔》的研究，如德国海西希（1913—2005）《北京木刻版蒙古文喇嘛教经典》、2002年内蒙古人民出版社出版《蒙古文甘珠尔佛像大全》、2002年故宫博物院院刊第5期《关于康熙版蒙古文〈甘珠尔〉的刊刻》、宝山2007年内蒙古教育出版社出版专著《清代蒙古文出版史研究以蒙古文木刻出版为中心》、忒莫勒《关于清代北京版蒙古文甘珠尔丹珠尔的刊刻》等专著论文中都只论及彩绘佛像而未涉及经中的诸佛版画（756幅），究其原因，有四点：一、存世的几部蒙文《甘珠尔》经中的插图佛像多认为是彩绘本；二、未发现有该经的佛像雕版存世；三、清康熙内府有关修造此经的档案中提到有关刊刻该经中的佛像雕版的数量、所用工用银量的记载，大家都未仔细研究，所以才产生了研究中的遗漏；四、此经有彩绘佛像者多为清宫陈设本或朝廷颁赐各大寺院，付之墨版的佛画应为各寺院请印，大量印刷时为节省经费利于速成而用木版刷印，但从现存的佛像雕版磨损程度看，后期是经请印不多。

**2. 蒙文《甘珠尔》经及该经文字雕版、佛像雕版的现存状况**

康熙五十九年（1720）清内府刻蒙古文《甘珠尔》经，每函由经叶、内层护经版、外层护经版组成，内护经版皆为木质，中间凹进部分，上内护经版绘有彩绘佛像，中间墨色羊脑笺用蒙文沥粉贴金书顶礼佛、顶礼法、顶礼僧的敬语及每函第一部经名卷数（另有中间部分文字为朱印及整幅扉画尾画为朱印），下内护经版绘有彩绘五尊佛像，上下内护经版共有不同彩绘佛像756幅，内上经版多由五层或三层织锦经帘覆盖，经帘多为缂丝制品，有白色、黄色、红色、绿色、蓝色五色。五色分别代表五方佛，依次为：黄色——宝生佛，红色——无量光佛，绿色——不空成就佛，蓝色——不动佛，白色——卢遮那佛。每尊佛像的右下角以满文、左下角以蒙古文直书该佛名号，右边框以汉文、左边框以蒙文恭题该函（夹）的第一部经名卷次和页码。经叶四周经墙处绘八吉祥图案，两端一侧绘喷焰摩尼图，一侧绘火焰图，火焰图中又题第一部经名字样，不但美观整齐，且利用经叶页码编排不致错乱。版框纵16—16.3厘米不等，横59.5—60厘米不等，开本尺寸纵23.5厘米，横72.5厘米（文字版双面雕版，佛像版单面雕版），共108函（夹），总计41052页，上下扉画另计216页。是经现存世8部，分别收藏于国家图书馆、中国民族图书馆、内蒙古自治区图书馆、内蒙古大学图书馆、内蒙古社会科学院图书馆、蒙古国乌兰巴托、法国巴黎国家图书馆、印度新德里，有专家讲日本东京藏有一部残本，另有记载称西藏布达拉宫收藏一部，经调查布达拉宫收藏的这一部应为乾隆帝赐清雍正年泥金写本《甘珠尔》或乾隆五十九年（1794）刻朱印本《满文大藏经》。

2015年5月应法国国家图书馆、法国科学院汉学中心之邀参会并访书交流，进而对一些古籍进行调查，其中法国国家图书馆藏蒙文《甘珠尔》保存完好，品相极佳。

从存世的几部蒙文《甘珠尔》经的插图对应彩绘佛像看，只有国图、印度藏本佛像为刻印，国家图书馆藏本又无出版物，印度藏本未见，所以很多专家学者研究时都未提及雕版佛像版画之事，因为故宫博物院藏是经的佛像雕版画的发现，才引起研究者们的关注。通过将经版与印刷品的核对，并与

康熙五十九年（1720）蒙文《甘珠尔》经

存世的清内府相关档案记载参照，这几块佛像雕版确为康熙五十九年（1720）内府刻蒙文《甘珠尔》经的插图佛像版画。这批佛像版画和文字雕版的出现，对蒙文大藏经的研究、藏传佛教图像学研究、清代宫廷佛教版画的研究等有很重要的意义。

近年来笔者又将是经部分佛像图版与乾隆五十九年刻《满文大藏经》佛像版相较，满文大藏经佛像风格来源于康熙五十九年（1720）蒙文《甘珠尔》经佛像，但略有差异，蒙文《甘珠尔》经佛像又源自台北故宫博物院藏康熙八年（1669）泥金写本藏文《甘珠尔》经佛像，康熙八年泥金写本《甘珠尔》经佛像则又来源于清宫藏明代景泰年间的藏文泥金写本《甘珠尔》经佛像（现藏故宫博物院，未整理），康熙三十九年（1700）内府刻藏文《甘珠尔》经的佛像研究者误以为是彩绘佛像，经验证为雕版印本再经填色，这一发现非常有意义（另文叙）。国外研究者通过 X 光机发现个别佛经的彩绘本为木板刷印后填色本，故宫博物院藏品中如康熙三十九年（1700）刻藏文《甘珠尔》及故宫博物院藏 72 幅唐卡都为木板刷印后填色本，72 幅唐卡的雕版印刷品已经从民间发现，为乾隆年间西藏纳塘寺刊刻，经与故宫博物院藏唐卡相较无误，清宫档案中也有关于往朱印本上填色的记载，所以致力于佛教版画方面的研究者应更多关注实物彩绘佛像画深层的东西。

3. 国外回流的六块蒙文《甘珠尔》经佛像雕版及故宫博物院现存蒙文《甘珠尔》经雕版情况

康熙五十九年（1720）蒙文《甘珠尔》经版

2012 年，我院罗文华教授请我去看他友人从法国购回的 8 块蒙文经版，经确认其中 6 块与故宫博物院藏康熙五十九年（1720）内府刻蒙文《甘珠尔》佛像雕版相同，但所购经版已被改动，锯为原经版厚度的一半，个别经版两端也有裁切，另 2 块为文字版。笔者认为是外国人用此佛像雕版做装饰用，不知何时流往国外，保留至今非常珍贵，这是继故宫博物院藏 4 块蒙文《甘珠尔》佛像雕版后的另外发现，原经佛像版画应为 216 块，756 尊佛像。故宫博物院现藏蒙文《甘珠尔》文字经版如下：

| 经　名 | 现存版块 | 原版总数 |
|---|---|---|
| 诸品经 | 8620 块 | 12830 块 |
| 秘密经 | 7790 块 | 10205 块 |
| 大般若经 | 44 块 | 4873 块 |
| 第二般若经 | 1131 块 | 1346 块 |
| 第二大般若经 | 992 块 | 1457 块 |
| 第三大般若经 | 170 块 | 397 块 |
| 诸般若经 | 295 块 | 357 块 |
| 大宝积经 | 24 块 | 2262 块 |
| 华严经 | 13 块 | 1843 块 |
| 师律戒行经 | 35 块 | 1843 块 |
| 总计 | 共计 19114 块 | 37413 块（全《甘珠尔》版共 40952 块） |

故宫博物院藏有大量的满、蒙、藏、汉文种的佛经雕版、古籍雕版、文书雕版、舆图雕版等，自 1925 年故宫博物院成立后没有做精细的整理编目，2010 年故宫博物院整理重刷《满文大藏经》（清

乾隆五十九年清内府刻原版）在将经版拉往工厂刷印过程中，发现满文经版中混杂着近 2 万块蒙文《秘密经》、《诸品经》经版，当时未做分析整理，装箱运回入库。2008 年笔者负责开始整理故宫博物院藏雕版，经过几年的工作，统计故宫博物院藏雕版总计 24 万块，其中部分雕版相应的印刷纸质文献已无存，有雕版文字经过挖改，有发现前人记载已毁的雕版，拼版套版印刷的雕版等等，这些雕版的存世对文献学的研究、印刷史的研究、雕版印刷工艺的研究以及版本鉴定有着重要的意义。

### （二）蒙文《丹珠尔》经的刊刻

乾隆十四年（1749）蒙文《丹珠尔》经

蒙文《甘珠尔》刻成后，尚未来得及刻印《丹珠尔》，康熙帝已逝。至乾隆帝即位后，自然要完成乃祖未尽之事，故于乾隆六年 (1741) 下旨，命三世章嘉和噶勒丹锡呼图克图将藏文《丹珠尔》翻译成蒙文。《蒙古佛教史》对此载之甚详："二位上师遵照皇上旨意，主持其事，在翻译之前，因广大蒙古各地的语言虽大致相同，但微小的差异仍有许多，特别是翻译经典所用的词汇未曾统一厘定。各位译师按自己的意愿安立不同的词语，以致闻思经典的僧人们难以理解，故向皇帝奏闻，统一译经所用词语然后刻版印行之好处。皇帝大喜，即下令照此办理。"[4]

显然，统一佛教术语，以免翻译起来各行其是，是保证翻译质量必不可免的一步。章嘉是清代敕封给"国师"称号的唯一一位西藏活佛，也是一位精通满、藏、蒙文字的语言大师。为了确保翻译术语统一，他亲自编订了《正字法——学者之源》一书，对各种术语标注了藏、蒙两种文字进行对照，制定了翻译规则，等于是给翻译工作提供了一个统一的标准。

在规范了翻译用词后，在三世章嘉和噶勒丹锡呼图活佛的主持下，诸多精通佛典的高僧和精通藏蒙两种文字的译师开始了工作。经过十三个月的艰苦努力，到乾隆七年 (1742) 十一月，蒙文《丹珠尔》译好。乾隆帝审阅后大喜，赞不绝口，对参与翻译的人员多有赏赐，并且动用帑金进行刻印，然后颁发给蒙古各处。[5]

这次翻译使用的底本，有人说是以西藏刊印的德格版为蓝本，依据可能是雍正七年 (1729) 德格第四十二世土司却吉·登巴刻印了《甘珠尔》，其子贡嘎·次乃嘉裕继刻《丹珠尔》，这部《丹珠尔》内容丰富，刻版讲究，当时在国内就极享盛誉，且其刊刻时间与蒙文版相吻合，很容易使人把两者联

[4] 固始噶居巴·洛桑泽培著，陈庆英、乌力吉译注，《蒙古佛教史》，天津古籍出版社，2004 年，页 165—166。

[5] 固始噶居巴·洛桑泽培著，陈庆英、乌力吉译注，《蒙古佛教史》，天津古籍出版社，2004 年，页 165—166。

系到一起。印度学者罗克什·钱德拉将德格版《丹珠尔》、北京版藏文《丹珠尔》与蒙文版《丹珠尔》进行了比较研究，发现德格版的内容、排列顺序等与蒙文版皆有异，而康熙时刊藏文《丹珠尔》则与之相同，因而得出结论："蒙文版所据并非德格版""两个版本(即康熙版《丹珠尔》与蒙文版《丹珠尔》)中函册编排的一致以及作品名称和各个函的安排完全相同……甚至篇名的排列顺序也相同……现在，我们可以相当有把握地说，蒙文版依据了北京藏文版。"[6] 迄今为止，刊刻蒙文《丹珠尔》的资料，在清宫档案中尚未发现，罗克什·钱德拉的研究，解决了蒙文《丹珠尔》刊刻的一个根本问题，是有重要意义的。

据《中国蒙古文古籍总目》著录，这部蒙文《丹珠尔》刊刻于乾隆七年至十四年(1742—1749)，朱印，版框高17厘米、长59厘米，每部224函(夹)，佛版画每夹由上到下一共三张。另目录1函(夹)，由相互对照的蒙、满、藏、汉四种文种目录为一函，满文目录题名为《御制蒙古文丹珠尔总目录》，藏文目录题名为《翻译一切典籍总目三界安乐笑发莲花日》，汉文目录题名为《御制续藏经总目录》，于各目录前有雍正二年（1724）闰四月十五日《请序文》和乾隆十四年（1749）《御制续藏经序》。卷末有雍正二年秋《总目录后续》（此后续蒙文目录内无）在乾隆十四年《御制续藏经序》中，云："章嘉胡图克图原著《百千法语经》7函……宗克拔(宗格巴？)所著《百千法语经》20函同入大藏刊刻颁行。"是经刊刻未收二经大师的著作，另行刊印颁发。序中说共有135人参与译经，加笔帖式等共计163人。内蒙古自治区图书馆等收藏单位有藏。

藏传佛教格鲁派领袖七世达赖格桑嘉措(1708—1757)对这部经典成功翻译为蒙文并在北京刊刻成功很是赞赏。他说："(三世章嘉)自水狗年(藏历，乾隆六年，1741)起翻译《丹珠尔》蒙文，译成后又修改译稿，担任主校对师，对此利益众生之功德，竭尽全力。我亦曾见到大成就者章嘉活佛为有利于校订译稿而编成的《正字法》字典，它可以和从圣地印度把佛经首次译成藏文时符合法王译师们心意的《语合二卷》和《翻译名义集》等著作相媲美，受到大众赞誉。从前在西藏这块土地上，人们不明善恶之取舍，如坠黑暗之中，依仗法王译师们之鸿恩，使佛教之光辉如旭日东升。与此相同，汉地蒙古广大地区受历代皇帝之恩德，以广大智慧使佛法传布，现今又如雪域一样，定会使佛法明灯极为明亮。我非常敬仰敬慕大皇帝的功绩和这些奉命完成事业的人们，心中特别欢欣鼓舞。"[7] 从这段话中，自能感受到蒙文《丹珠尔》的刊刻，在蒙古佛教史上的重要意义，体会出这些经典的刊刻，对巩固蒙藏统治的重要作用。

## 三、汉文《龙藏经》的刊刻

《龙藏经》是中国古代官刻的最后一部汉文大藏经，又称《清敕修大藏经》《乾隆大藏经》。然而，这些名称似乎远不如《龙藏》影响更广泛，使用更频繁。何为《龙藏》？其说法有二：一曰因其每函首册刻有"皇图巩固，帝道遐昌"的御制蟠龙碑形牌记；二曰因经页边栏饰以龙纹，是以名之。其实，这并不是一个很严谨的称谓，古代皇帝称为"真龙天子"，清入关前旧京盛京称"龙兴之地"，穿的衣服是"龙袍"，坐的椅子是"龙椅"，睡的床铺是"龙床"，看的佛经当然是"龙藏"，历朝历代皇帝敕修的大藏经，由此都可称为"龙藏"。《嘉兴藏目录》载《恳免赊请经典说》曰："兹幸逢圣明，颁给龙藏"，指的就是明代敕修的《北藏》。诚然，将《乾隆大藏经》称为"龙藏"，在清代就有了，《大清重刻龙藏汇记》说："龙藏全部统结用板七万九千另三十六块，计连十五万四千二百十一连。"

[6] (印度)罗克什·钱德拉,《蒙古文〈丹珠尔目录〉前言》,《蒙古学资料与情报》1991年第3期，页51。

[7] 土观·洛桑却吉尼玛著，陈庆英、马连龙译：《章嘉国师若必多吉传》，民族出版社，1988年，页134。

即直称“龙藏”，这是对皇帝敕修大藏的尊称，与“龙牌”“龙纹”关系不大，且题名中的“大清”意义明确，不会引起误解。因此，“龙藏”之名，并不是一个专指性很强的名词，《乾隆大藏经》或《清敕修大藏经》为是（以下简称《龙藏》）。

雍正帝笃信佛教，他在《御制重刊藏经序》中，把编刻汉文《龙藏》的目的说得很清楚：“朕敕几之暇游泳梵林，浓熏般若，因阅华严，知卷帙字句之间已失其旧。爰命义学详悉推究，讹舛益出，乃知北藏板本刻于明代者，未经精校，不足据依。夫以帝王之力沥成官本，犹乃如是，则民间南藏益可知已。爰集宗教兼通之沙门在京师贤良寺，官给伊蒲，晓夜校阅，鸠工重刊，欲俾震旦所有三藏不至简错字讹，疑人耳目。”即欲通过《龙藏》的刊刻，校正前代大藏经的讹误，确立《龙藏》在大藏经中的权威地位。此外，至雍正末年，藏文《甘珠尔》《丹珠尔》，蒙文《甘珠尔》皆已敕修刻竣，唯汉文大藏经未刻。清王朝统治的毕竟是一个汉民族人口最多的国家，到这个时候还没有一部敕修的汉文《大藏经》，实在有些说不过去，也不利于安抚汉民族中的佛教信众，这可能也是雍正帝编刻《龙藏》的初衷。

雍正十一年(1733)，敕命在北京贤良寺设立藏经馆，委派庄亲王允禄、和亲王弘昼综理馆务，分设校阅官三人，由工布查、原任江苏巡抚邵基、翰林院侍读学士梁诗正三人担任；监督赫德、留德等九人；监造九龄、老格等六十四人（以上或是朝廷官员，或是有名的文人）；总率四人，带领分析语录三人，带领校阅四人，分领校阅六人等共三十八人（以上皆为南北丛林学识渊深的大德高僧），合共一百三十三人。从事刻字、刷印、折页、装订的各种匠役多达八百六十九人。其中刻字匠就多达六百九十一人。乾隆元年二月十七日庄亲王允禄等奏称：“京师刻字匠役不过四百余名，除上谕馆、武英殿等处雇用二百余名外，所余无几。……特请准交三处织造，照所定刻经版一块，工价银七钱二分之例，令其招募数百名来京刊刻。”[8] 即从江南招募的高手刻工，就近百名。可见，《龙藏》的编刻，是集全国精英才得以完成的。

《龙藏》以明永乐《北藏》为底本刊雕，至乾隆三年(1738)十二月十五印竣。雍正帝虽然没有看到这部大藏经的最后刊成，但他做了大量的前期组织、筹备工作，对于这部大藏经的刊成，是有大贡献的。全藏共收经1669部，7168卷，分装724函，7240册，又目录5册，千字文函号自“天”至“机”，有折装本、卷轴装本两种。每版25行，折为5个半叶，半叶5行，行17字。以雍正帝《御制序》始，以《御录经海一滴》止，文字校勘精准，极少讹误，数百人操劂劂，字体工整，如出一手，刀法谨严，书法刚健，装潢讲究，物料上乘，迄今历近三百年，依然纸质洁白，墨色黑亮，实为清内府刻书的上乘佳刊。

有专家说：“《龙藏》与历代官刻大藏一样，敕雕者都怀有政治企图”“并不是施主要‘广种福田’，也不是僧众要祝皇上万寿，祈求国泰民安，而是隐藏着深刻的政治意图图。”“都怀有政治企图”是不错的，对帝王来说，祈佛保佑风调雨顺、国泰民安、国祚绵长就是一个带有普遍性的政治企图，但由此就否定了大藏经刊刻的殊胜，否定了帝王“广种福田”的宗教诉求，就很难让人同意了。这关系到对中国古代佛教大藏经评价的基本问题，不得不多说几句。如专家在谈到中国第一部官刻大藏经《开宝藏》时，说：“这完全不是赵匡胤的本意，而是为了笼络人心，巩固国基。”颇有点不得已而为之的意思，但翻遍史籍，也找不出“不是赵匡胤的本意”的任何记载；谈到明成祖朱棣时又说：“永乐皇帝登极，是从侄子建文帝手里夺的皇位，不太正当，其侄失皇位后，有一种说法是落发为僧了。于是他也表示崇佛，亦雕印《南藏》与《北藏》。还重用僧人。”众所周知，“靖难之役”前，永乐帝就是一个虔诚的佛教徒，

[8] 杨玉良，《清〈龙藏经〉的刊刷情况拾遗》，《故宫博物院院刊》1989年第12期，页72。

并任用僧人姚广孝为谋主，怎么可以说因为建文帝信佛，永乐帝才“表示”信佛并刊刻大藏经呢？对雍正帝刊刻《清藏》的缘起，自表面上来分析，是因为明永乐年间在北京刻的《北藏》“尚未经精密之校订，不足为据”，故要重刻。这种理由不可信，因为永乐《北藏》传至雍正时已逾三百年，影响几无，还有什么校订精不精之说呢！《北藏》是入清之前刊刻的最后一部官刻大藏经，入清之后，历经兵燹丧乱，宋、元官刻大藏典文残落，刻版凋零，寺庙禅院供奉诵读的主要就应该是《北藏》，并且把它视为佛教典籍的官刻定本，在没有新的官刻大藏取代之前，怎么会“影响几无”？而且《北藏》经版清初储存紫禁城内，康熙时宫内用此经版刷印数部，故宫博物院现存《北藏》为康熙时内府重印本。自宋至元，刊刻大藏经是王朝时代的一个传统，清代明之后，以《北藏》为底本，校勘讹误，正是对这个传统的继承。这个传统难道就只有政治意义，没有任何文化、宗教意义么？至于所说的，因明末清初私刻《嘉兴藏》中有些著作宣传怀念前明的思想，雍正帝“既不能下令禁毁佛藏，消弭反清宣传，又不能坐视不管，任其摇动大清根基，于是便想出了重刻大藏，剔除这些书的办法”，更让人莫名所以。其实，皇帝无需禁毁整个大藏，只需一纸禁令，以“反清复明”为口实，把这些作品从《嘉兴藏》中撤出销毁就是，乾隆帝对先皇老子和自己“钦定”的《龙藏》删削增补都毫无顾忌，对一部私刻大藏，又有什么能与不能？《嘉兴藏》遂刻、遂印、遂发行流通，散藏民间寺院，年代又远、查禁销毁，确实不易。因此，笔者认为，历朝历代大藏经包括《龙藏》的刊刻，皇帝对佛教的崇信，广大佛教僧俗信众的支持，通过刻印大藏经广种福田、弘扬佛法，是一个重要目的，在刊刻中贯彻皇帝的意志，达到某种政治目的，也是必然的。就如赵朴初先生所言：“自宋初创刻大藏经，而后历朝无不以刊刻大藏经为胜国大事。”这才是历朝历代刊刻大藏经的真谛。

清朝廷动用大量人力、物力编刻的这部《大藏经》，成书后印量并不大。乾隆四年（1739）首次印了一百零四部，是为初刻原刊本，二十七年（1762）又增补刷印三部。由于乾隆三十年（1765）之后三次禁书毁版，只有这一百零七部才是乾隆三年编竣后印制的原始的完整本子。这批本子，除少量用于赏赐亲王、内府收藏外，绝大多数都发给直隶各省寺庙供奉，清宫陈设两部供奉万善殿。其后，嘉庆二十四年（1819）刷印三部，道光六年（1826）、十四年（1834）又以聚珍馆存银各刷印四部，寺庙禅院自备资金请印大致在二十部上下。入民国后，1933 年林森等人发起在南京中山陵建藏经楼，安奉历朝大藏经。当时佛教界著名人士及南北各大丛林群起响应，筹资付印达二十二部；1936 年，宋哲元等八人组织筹资刷印八部，以上也许并不是一个完整数字，尚有零星刷印未统计在内，但合并计算，自乾隆四年（1739）至 1949 年二百余年间，总数也就在一百五十至二百部之间。传至今日，仅沈阳慈恩寺、湖南省图书馆等有数的几个大型收藏单位尚存有初刻原刊本。

特别值得一提的是，乾隆十八年（1753）重修北京妙应寺白塔，立《御制重修白塔碑铭》中载：“大清乾隆十有八年，岁次癸酉秋七月，重修妙应寺石塔，朕手书《般若波罗蜜多心经》一卷及《梵文尊胜咒》，并《大藏真经》全部七百二十四函，用以为镇。”[9] 但塔中是否确实奉置了这些佛教物品，置于塔内何处，皆语焉不明，故人们一直抱着怀疑的态度。1976 年唐山地震，波及北京，白塔严重受损。1978 年对白塔进行修缮时，在塔上的铜质宝瓶内发现了《碑铭》所记的《大藏真经》（即《龙藏》）七百二十四函，从卷数和奉置时间看，正是初刻原刊而且未经抽毁的本子，十分珍贵，可惜的是宝瓶有部分焊接处有渗漏现象，使部分经卷浸湿霉烂，已难复旧观了。

《龙藏》经版刻竣，就存储在贤良寺藏经馆，后移至紫禁城武英殿内，后为请印方便，谕旨移存北京柏林寺。清末社会纷乱，经版刷印高潮已过，管理渐疏。1920 年，叶恭绰等人以“庋版房屋岁久失修，部款支绌，既属无可挹注，而常住清苦，又复难于张罗。若不及时修葺，妥为保护，实觉朽坏堪虞”

[9] 妙舟，《北平妙应寺记》，《微妙声》1937 年第 4 期。

为由，呈请北洋政府内政部，要求加强整理保护，仍归柏林寺负责。1933 年，《龙藏》经版拨交北平古物陈列所管理。1936 年对之进行了一次较全面的清理，释范成写的《修整清藏经库版架记》对这次清理记之甚详。1951 年，故宫博物院将经版移交北京图书馆（今中国国家图书馆），时尚存经版 78289 块。“文革”期间，经版从北京图书馆柏林寺版库中搬出，搁置在院内简易房内，无人问津，致使部分版片潮湿发霉。“文革”结束后，经版移交北京市文物局保护，存放于东城禄米仓智化寺内。1988 年文物出版社重印这部《大藏经》时，存经版 73024 块。2012 年，北京市文物局委托邦普公司补刻缺失版片，待补齐后刷印，经详细清点，则只余版片 69410 块了。也就是说，1949 年后，版片又已佚失一万余块，何时失去，已经难以考察了。此次补刻完成后，《龙藏》版片可复全璧，盛世修典，法宝重光，这部历经近三百年风风雨雨的《大藏经》，自此当可长存无虞。2022 年，此雕版入藏中国国家版本馆（中央总馆）。

近年笔者参与对故宫博物院藏经版的整理及对清乾隆三年（1738）刊刻的《龙藏经》原刻经版进行重新整理研究、刷印，在整理过程中发现了很多新的问题。

其一，《龙藏经》历史上对它的研究学者众多，研究的深度广度及出版传播的数量可称极致，其他佛教大藏经中无可比拟者。在整理中发现千字文“方”字号经版《维摩诘所说经》经文前有“大清乾隆三十九年（1774）十二月初六日”款识，《龙藏经》为乾隆三年刊刻完成，经文中为何出现“三十九年”款识，这是非常值得研究的问题。乾隆三年（1738）刊刻完成的《龙藏》雕版出现乾隆“三十九年十二月初六日”的款题，经查有关清内府修造《龙藏经》及有关档案中无载，研究者也未曾提及，此经版千字文为“方”字号，“方一”为《御制重刻维摩诘所说大乘经序》，从序文中可知，乾隆帝认为《维摩诘经》乃姚秦鸠摩罗什所译，是经流传中华久历千余年，不无鱼鲁舛伪之失，命章嘉国师详加译定，音研句叶，务归精审，编辑成卷，更为难得的是此块御制序原刻经版存世，但存世印本的《龙藏经》中又无此序，经多方查找调查只湖北归元寺藏《龙藏经》中有此序，其他存世各部《龙藏经》中未见。据乾隆帝御制序看，《维摩诘所说经》已于乾隆三十九年（1774）由章嘉国师重新删改厘定过，并命内府重新刻版补入，用北京白塔寺藏初印《龙藏经》本与现存其他处藏本相较[白塔寺本为初印原本，未做删改，原因为此本乾隆八年（1743）装藏入此塔]，全国其他多处藏本已删改过，但大多无此御制序，何因还待研究。经白塔寺本与现存经版新印本相较发现多处不同，如初印本名为《维摩诘所说经》，而后印本则名为《维摩诘所说大乘经》，后印本删去译者姓名，经文中也有多处增删，详见如图，对后人研究是经的内容校勘提供了新的数据。

《维摩诘所说经序》经版

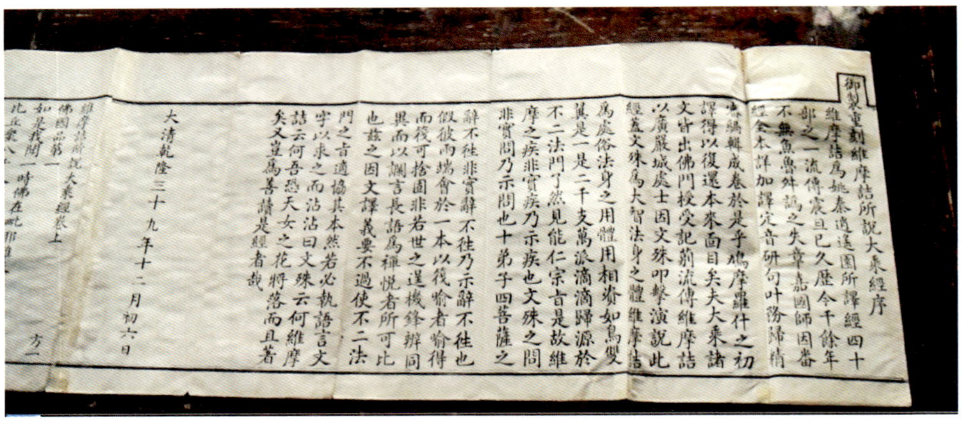


《维摩诘所说经序》

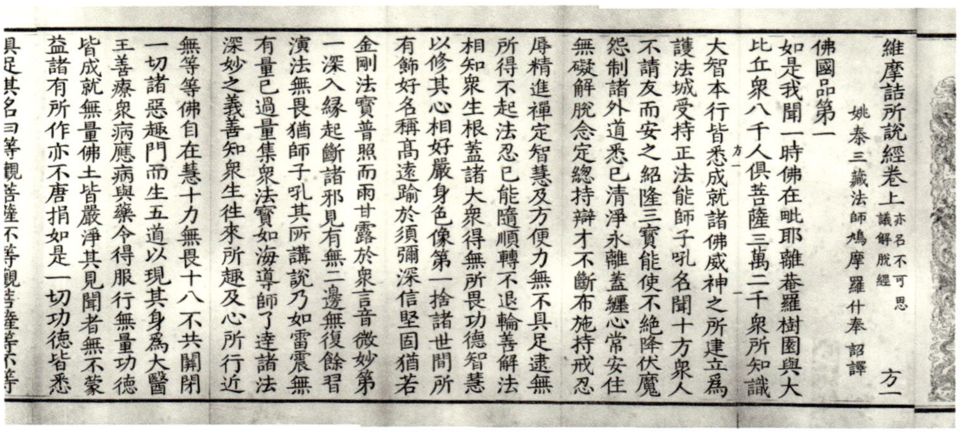


《维摩诘所说经》白塔寺初印本

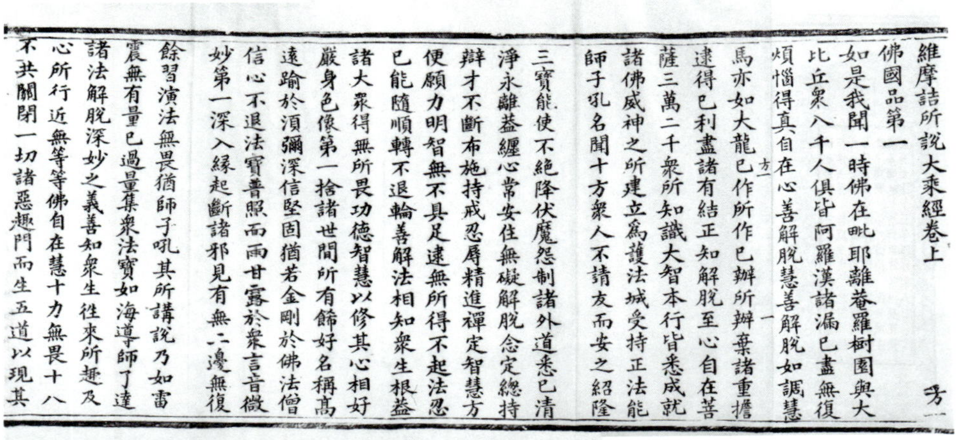


《维摩诘所说经》后印本

其二，《龙藏经》的撤毁与删改问题。乾隆帝对《龙藏经》进行了三次撤毁、删改，档案中有载，《龙藏》编刻时就从明《北藏》本中删除了《出三藏记集》《佛祖统记》《禅门口诀》等 40 种有关宋、元、明禅学的重要作品，又根据帝王好恶增入一些明清僧人的语录和雍正帝御制的《御选语录》《御录宗镜大纲》、《御录经海一滴》等书 50 种，亦即对入藏典籍已经做过一次筛选和审查，且又是敕修、钦定，本不该有什么敏感文字触及皇帝的神经，但至乾隆中叶，文字狱大炽，乾隆帝突然秋后算账，发起了一而再，再而三的焚书毁版事件。乾隆三十八年（1773）二月谕："昔我皇考曾命臣于刊刻《续藏》时，将《续藏》中所载丛杂者，量为删订。嗣朕即位后，又令大臣等复加校覆，撤去《开元释教录略》和《辨伪录》《永乐序赞文》等部。其钱谦益所著《楞严经抄》一种，亦据奏称撤毁。所有经版书籍，均经一体芟汰，期于澄阐宗门。"[10] 按照乾隆帝的说法，是雍正帝已经有对入藏典籍进行"量为删订"的考虑，不过尚未着手进行就"驾崩"了，而乾隆帝在上谕中提到的"一体芟汰"的典籍，指的是乾隆三十年（1765）、三十四年（1769）和四十一年（1776）的三次抽毁事件。

乾隆三十年（1765），"奉旨撤出钱谦益撰《大佛顶首楞严经蒙抄》一种。……计六十卷，板六百六十块"。[11] 钱谦益（1582—1664），字受之，号牧斋，晚号蒙叟、东涧老人，常熟人，明末清初著名诗人、藏书家。仕明官至礼部尚书，明亡降清，仍官礼部尚书。乾隆帝对降清的明朝臣子极为蔑视，他说："我朝开创之初，明末诸臣望风归附。……盖开创大一统之规模，自不得不加之录用，以靖人心而明顺逆。今事后平情而论，若而人者，皆以胜国臣僚，乃遭际时艰，不能为其主临危授命，辄复畏死倖生，颜降附，岂得复谓之完人？"故谕令："于国史内另立《贰臣传》一门，将诸臣仕明及仕本朝各事迹，据实直书，使不能纤微隐饰。"[12] 在降清的明臣中，钱谦益是名声最著的贰臣，乾隆帝尤为厌恶，曰："钱谦益本一有才无行之人，在前明时身跻膴仕。及本朝定鼎之初，率先投顺，洊陟列卿，大节有亏，实不足齿于人类。"[13] 甚至作诗讥讽他："平生谈节义，两姓事君王。进退都无据，文章那有光。真堪覆酒瓮，屡见咏香囊。末路逃禅去，原是孟八郎。"其人既不足齿，其书复可留存，是乾隆帝的一贯做法，撤出钱谦益的著作，是顺理成章的事。

乾隆三十四年（1769），又奉旨撤出《永乐御制序赞文》《大明仁孝皇后梦感佛说第一希有大功德经》《开元释教录略》和《辨伪录》四种十三卷，毁版一百二十八块。永乐帝发动"靖难之变"，逐走其侄子建文帝，得登大宝，《大明仁孝皇后梦感佛说第一希有大功德经》说永乐帝是在佛的庇佑下得的天下，无非想为自己正名。但在乾隆帝眼中就是"篡逆"，他说："永乐一藩臣耳，乃犯顺称兵，阴谋篡夺。"[14]《大功德经》为"以逆伐顺"的永乐帝张目，自然要裁撤。

乾隆三十八年（1773）上谕，是对这两次裁撤的一个回顾，也可以算作对《龙藏》清查的一个总结，但事情并没有完。四十一年（1776），内务府查出《华严经》《大乘显识经》《入定不定经》《方广大庄严经》《佛说证契大乘经》《大乘入楞伽经》等六种卷首有武则天《序》文。武则天授意僧法明等撰《大云经》四卷，说她是弥勒佛化身下凡，应作天下共主，声称她的龙兴乃是佛的预言，废其子唐中宗李显为庐陵王，改唐为周。武则天以一宫人之位投机钻营，借助佛的语言为女主受命于天的符谶，最终谋得大宝，对满脑子正统思想的乾隆帝来说，牝鸡司晨已属荒谬，所行猖狂悖逆更无可恕，岂能使其文字谬种流传，当然要删之以为后快。

在禁毁上述文字的同时，乾隆帝又把本朝编辑的一些佛教图籍增入大藏，计有：《御制翻译名义集》十卷、《御制大藏全咒》七十卷（即《御制满汉蒙古西番合璧大藏全咒》）、《御制大藏全咒目录》十卷、《钦定同文韵统》五卷、《维摩诘所说大乘经》三卷及满、蒙古、西番文对照的《日食经》。乾隆三年刻成《龙藏》，雕版七万九千零五十六块，经过这样一番折腾，则只有七万八千二百三十块了。

---

[10] （清）蒋良琪撰，《东华录》卷二十九，清乾隆三十年刻本。

[11] （清）释范成，《修整清藏经板库架记》，《微妙声》1937年卷1第5期。

[12] 中国第一历史档案馆编《纂修四库全书档案》，上海古籍出版社，1997年，页558。

[13] 《大清高宗纯皇帝实录》卷八百三十六，中华书局，1986年。

[14] 《大清高宗纯皇帝实录》卷一千，中华书局，1986年。

《天童密云禅师悟公塔铭》经版

在此次对《龙藏》的经版整理过程中，有同仁发现千字文“庶”字号经版，《天童密云禅师悟公塔铭》末行“天童密云禅师年谱终”，此文后雕版有字体被铲的痕迹，被铲掉删掉的是什么内容，前人无人论及，从存世的或全或残的多部印本《龙藏经》中查阅终于发现，沈阳慈恩寺藏本与其他各处藏本不同，多出内容为《天童密云禅师悟公萫铭》。《天童密云禅师悟公塔铭》作者为“海印弟子虞山蒙叟钱谦益盘谭谨造”，为何此处“塔铭”的文字在经版中被铲去，刷印成册的经文也被拆毁，在档案中还没有找到相关记载。笔者认为这与乾隆三十年（1765）撤出钱谦益撰《大佛顶首楞严经蒙抄》的原因相同，这则内容在前人学者的研究中为何无人提及，笔者猜测或是被忽略或是因研究者只是对一部经的个案研究，没能多部经之间互相查阅校勘。因此我在其他文章中也提到重视原刻书版经版的调查研究，对印刷史研究、版本著录、文献整理研究是非常重要的原始资料和依据。这二则问题的发现对今后的研究有借鉴意义。

## 四、满文《大藏经》的刊刻

就如称《乾隆大藏经》为“龙藏”一样，《满文大藏经》也是一个约定俗成的名字。满文在清称“清字”“国语”，所谓满文是后人依据语言的民族属性的称谓，清代人不会把“国语”称为满文。乾隆帝为这部《大藏经》所撰的序称《清文翻译全藏经序》。清人阿桂在《八旬万寿盛典》中则说：“乾隆五十五年，命以《清文翻译全藏经》成，皇上亲制序文申训。”[15] 故《清文翻译全藏经》才应该是它的正式书名。好在中国古代仅刻印过这一部满文大藏，称之为《满文大藏经》也不会引起任何误解。

是经刻于清乾隆三十七年至五十九年（1772—1794），是以汉文《大藏经》为主，兼以蒙文、藏文、梵文《大藏经》为底本翻译刊刻而成，清代又称《国语大藏经》《清文翻译全藏经》。[16] 共一百零八函（夹），收佛教经典六百九十九种（法鼓佛教学院据 2002 年出版是经增加三种为 732 部，目录与内容不符），计二千四百六十六卷。今故宫博物院收藏七十六函（夹），六百零五种（三万三千七百五十叶）；台北故宫博物院收藏三十二函（夹），八百余卷。较其目录、装帧形式及版框尺寸，均为清内府“清字经馆”原刻朱色初印本。每函皆由经叶、内层护经版、内经衣、外层护经版和外层经包袱组成。内护经版皆为木质，外包金黄色织锦面，内上层经版用五层织锦经帘覆盖。经帘多为缂丝制品，有黄色、红色、绿色、蓝色、白色五色。五色分别代表五方佛，依次为：黄色——宝生佛，红色——无量光佛，绿色——不空成就佛，蓝色——不动佛，白色——卢遮那佛。中间凹进部分正中呈泥金满文书顶礼佛、顶礼法、

[15]（清）阿桂，《八旬万寿盛典》，卷十四，学苑出版社，2011年。

[16] 章宏伟，《〈清文翻译全藏经〉书名、修书机构、翻译刻印时间考》，《法鼓佛学学报》2008年第2期。

顶礼僧的敬语，及本函（夹）第一部经名、卷数，两侧各彩绘佛菩萨像一尊，每尊佛像右下角书藏文、左下角书满文佛菩萨名号，又在两尊佛像的框边，由右至左以汉、蒙、藏、满四体文字用直书方式恭题该函（夹）第一部经名及经叶数（右框边书汉文经名卷数及页码）。内下层经版的凹下版面绘四或五尊护法神图像，每尊像的右下角以藏文、左下角以满文直书该佛名号，右框边以汉文、左框边以满文恭题该函（夹）的第一部经名、卷次及页码。经叶四周绘八吉祥图案，两端一侧彩绘喷焰摩尼图，一侧彩绘火焰图，火焰图中又题写该函第一部经名字样，不但整齐有序美观，而且利于经叶码放，不致错乱。外层上护经版为弧形，木质红漆描金，版面凸起，四框正中由左至右以泥金绘出胜利幢、金鱼、宝瓶、妙莲、右旋海螺、盘肠、宝伞、金轮八吉祥图案。为便于搬运及收藏保护，内层经叶、经版要用丝质黄色的经衣包裹起来，外夹板并用长约 25 米的五彩经绦把整部经函捆扎起来，外面再用 1.5 米

满文《大藏经》及经版

见方的绸面黄色丝棉经袱包裹，用黄色笺条粘于包裹外，注明该函卷数，就成为一部完整的经函（夹）。

咸丰四年（1854）俄国汉学家瓦西里首先言及此书，自此后穆璘德、劳费尔、伯希和、内腾虎次郎、福克思等东方学家对于《满文大藏经》的有无以及是否尚存于世等问题进行了长期讨论。嗣后，故宫博物院成立，《满文大藏经》复现于世。[17] 据载，1932 年日本人多田等观（原日本东北大学讲师）在承德避暑山庄调查时又发现珠像寺珍藏一部，但今已不知去向。钱婉约著《日本学人中国访书记》中提到，日本近代中国学开创者内藤胡南 (1866—1934) 于 1902 年在奉天喇嘛教寺中发现“东洋学上非常重要的宝物”——《满文大藏经》，在日本军方出面强行压价买下了奉天城北郊法轮寺收藏的《满文大藏经》和黄寺收藏的明代泥金写本《蒙文大藏经》，一起带回日本，藏于东京大学，1923 年关东大地震中被烧毁。另有记载称，法国巴黎图书馆收藏一部，京都大谷大学存一部，但未见《世界满文文献目录》著录。笔者到法国国家图书馆看书，确认无是经，藏有一部康熙五十九年（1720）蒙文《甘珠尔》。现已知西藏布达拉宫收藏一部（缺一函），笔者调查发现英国藏有一函，国内一公藏单位藏有一部。除上述以外，《满文大藏经》再无存世的记载。[18] 据清嘉庆朝礼亲王昭梿《啸亭杂录续录》中所载，为刷印该书所雕刻的几万块梨木经版尚存：“初储经板于馆中，后改为实录馆，乃移其板于五凤楼中存储焉。”[19] 外界鲜为人知。幸运的是，这批数以万计的经版，现今仍完整保存于故宫博物院。

满文《大藏经》的译刻是一项大规模的文化活动，如此大规模文化活动的出现，往往有其深层的历史文化背景。清王朝进入乾隆时期，政权稳定，经济繁荣，文化高度发展。美国学者爱德华·麦克诺尔·伯恩斯曾在《世界文明史》中概括说：“可以毫不夸张地说，在十八世纪，中国不仅在疆域和人口方面冠于全球，同时也是世界上管理得最好的、最文明的国家之一。”乾隆三十八年 (1773)《四库全书》开馆纂修，《满文大藏经》是与《四库全书》几乎同步推出的又一项浩繁艰巨的文化工程，乾隆帝视它与《四库全书》、“十全武功”之记述同等重要，它也是满族文化史乃至整个清代文化史中的大事。

三世章嘉国师为此经编译发凡起例，而《满文大藏经》以翻译佛的教义为主，其他后世的论述则不必翻译，并得到乾隆的首肯并实施，蒙古地区兴建的藏传佛教寺院更为盛行，除清廷敕令修建的寺院外，蒙古的王公贵族也竞相兴建，到清末漠南蒙古（今内蒙古）藏传佛教寺院达千所之多，每旗都有寺院。

顺治帝多次遣使延请五世达赖，1653 年册封五世达赖为“西天大善自在佛所领天下释教普通瓦赤喇但喇达赖喇嘛”颁发金册金印，对格鲁派又一大活佛系统的权力地位以正式明确。康熙五十二年（1713）册封五世班禅为“班禅额尔德尼”。

康熙二十二年 (1683)，《圣祖重刻〈番藏经〉序》称：“祝颂两宫之景福，延万姓之鸿庥，番藏旧文，爰加镌刻。”经过十多年，藏文《甘珠尔》刊刻完成。康熙五十五年（1716）后又刊刻了蒙文《甘珠尔》，六十年（1721）又继刻藏文《丹珠尔》，乾隆十四年（1749）完成。雍正十一年 (1733)，雍正帝又下令以明代汉文《北藏》为底本刊刻汉文《大藏经》。乾隆三年 (1738) 完成，又称《龙藏》。乾隆六年至十四年 (1741—1749) 又将藏文《丹珠尔》译成蒙文，与康熙五十九年（1720）译刻的蒙文《甘珠尔经》合成为一部完整的蒙文《大藏经》。至此，清宫中刊刻的《大藏经》已有藏文、蒙文和汉文三种。据《乾隆朝上谕档》记载，文殊大皇帝（乾隆帝）认为，自己出身的满族人口众多，信仰佛教者也为数

---

[17] 韩儒林，《穹庐集》，上海人民出版社，1982 年，页 413。

[18] 赵玲、牛伯忱，《避暑山庄及周围寺庙》，三秦出版社，2003 年。原藏有满文《大藏经》三部，藏法国巴黎图书馆一部，“殊像寺两侧山墙，经橱存放两部。日本盘踞承德时运至东京一部，现一部下落不明”。

[19] （清）昭梿撰：《啸亭杂录续录》卷一“清经字馆”中华书局，1980 年，页 385。

不少，但是语言文字与别族不同，以前也没有译为满文之佛教经典。若将佛说《甘珠尔》译成满文实是造福于后代之善举。遂命章嘉国师将《甘珠尔》译成满文，从学府中成绩优异人员和在京喇嘛中选择通晓语言文字者与几名学识精深的和尚一起开始翻译经卷。乾隆帝于三十八年（1773）二月初十日降旨："《大藏》汉字经函刊行已久，现时蒙古字经亦具翻译付镌，惟清字经尚未办及……"又下旨：以汉文"《大藏经》中咒语乃诸佛秘密心印，非可以文义强求，是以概不翻译，惟是咒中字样，当时译经者仅依中华字母约略对音，与竺乾梵韵不啻毫厘千里之谬，甚至同一汉字亦彼此参差……"针对"国语骑射"的基本国策，乾隆帝认为开国至今未能刊刻国语《大藏经》，"揆之阐教同文之义，寔为阙略，因特开清字经馆"，翻译刊刻满文《大藏经》。关于清字经馆的设置开馆时间有很多不同观点，据章宏伟先生《清文全藏经翻译刻印起止时间研究》一文中首次提出于乾隆三十六年 (1771)，此推论乃以内府档案为据。据中国第一历史档案馆所藏的内务府满文档案中有一则从"内务府军机处抄出"的永瑢、永璇、和珅、福隆安四人的奏折。从奏折可知，乾隆三十六年 (1771)，章嘉呼图克图已就翻译满文《甘珠尔》经上奏乾隆帝，并同时提出了翻译满文《甘珠尔》经的原则：内容只选择让众生皈依佛教的经文，译经先从般若经开始，从汉文译满，再用藏、汉文经文来仔细校勘。章嘉国师的奏折呈交后，乾隆帝立即做了批示，马上照办，并钦点永瑢、永璇、和珅、福隆安四人与章嘉共同办理此事。乾隆三十六年 (1771) 十二月十五日永瑢、永璇、和珅、福隆安四人奏："这次办《甘珠尔》时，理应找一个近处，双城（紫禁城）找一个地方。内翻书房太小，翻译馆员也比较少。如果紫禁城外面还要找别的房子，比内翻书房还远了，干活不方便。臣等看得经咒馆内闲置房比较多，又在紫禁城内，很近很方便。如可以，尽可能地多占几间他们的房子，在那里办理经。"这份奏折除明确了清字经馆成立的约略时间、选址方案，还就人员选配、费用安排、译校程序、归属用印诸问题做了通盘安排，并付诸实施。从中还可知，此"译经处"（即清字经馆的前身）是专为修《清文翻译全藏经》而设，辖属内务府。

清字经馆位于紫禁城中西华门内。设置之始，乾隆帝谕旨："简派皇子、大臣于满洲、蒙古人员内，择其通晓翻译者，将藏经所有蒙古字、汉字两种悉心校核，按部翻作清文。并命章嘉国师董其事，每得一卷，即令审正进呈，候朕裁定。今据章嘉国师奏称：唐古忒《甘珠尔》经一百八部，俱系佛经。其《丹珠尔》经内额讷特珂克得道大喇嘛等所传经二百二十五部。至汉字《甘珠尔》经，则西方喇嘛及中国僧人所撰，全行列入。今拟将大般若、大宝积、大集华严、大般涅槃、中阿含等经及大乘律全部翻译。其五大部支派等经八种并小乘律，皆西土圣贤撰集，但内多重复，似应删繁就简。若大乘论、小乘论共三千六百七十六卷，乃后代祖师在此土撰述，本非佛旨，无庸翻译等语。所奏甚合体要，自应照拟办理……"并选派人员包括总裁四人，副总裁三人，提调官五人，纂修官九人，收掌官十八人，阅经总裁一人，阅经副总裁四人，办理经咒喇嘛四人，校对喇嘛四人，总校僧人二人，诸经僧四人，共九十六人。其中总裁有和硕质亲王永瑢、多罗义郡王永璇、太子太保文华殿大学士和珅、副总裁为吏部尚书金简及西藏著名高僧章嘉呼图克图国师等，他们皆精通经史，博学多闻，这使满文《大藏经》的翻译、刊刻在人力上有了可靠的保障。为使译经顺利进行，乾隆帝又下旨："兹清字经馆正当发凡起例之始，如不立定规条，致禅和唾余剽窃，亦得因缘贝夹，淆乱经函，转乖敷扬内典之指，可将章嘉国师奏定条例清单，交馆详晰办理……"并降旨规定："除现在刊定藏经毋庸再为删削外，嗣后凡别种语录著述，只许自行存留，倘有无识僧徒妄思裒辑汇录，诡称续藏名目，觊欲窜淆正典者，俱一概永行禁止。"[20] 在乾隆帝的严格要求下，译经工作顺利展开，每译完一函由章嘉国师详加校审，逐卷进呈皇上审阅。皇上在审阅中又更正其中一些有疑惑及不妥当之处。皇上悉心审阅后，还要作译记。因此经过多年，始告全部译成。

[20] 《清高宗实录》卷九百二十六"乾隆三十八年二月甲戌"，中华书局，1985年。

经过十八年的努力，至乾隆五十五年（1790），《满文大藏经》翻译工作全部完成，部分经卷印刷成帙。同年二月乾隆帝亲撰《清文翻译全藏经序》云："为事在人，成事在天，天而不佑，事何能成？人而不为，天何从佑？然而为事又在循理，为不循理之事，天不佑也！予所举之大事多矣，皆赖昊乾默佑，以底有成。则予之所感贶奉行之忱，固不能以言语形容。而方寸自审，实不知其当何如也？武功之事，向屡言之，若订《四库全书》及以国语译汉全藏经二事，胥举于癸巳年六旬之后，既而悔之，恐难观其成，越十余载而全书成，兹未逮二十载而所译汉全藏经又毕蒇。夫耳顺古希，已为人生所艰致，而况八旬哉！兹以六旬后所创为之典，逮八旬而得观国语大藏之全成，非昊乾嘉庇，其孰能与于斯！而予之所以增惕钦承者，更不知其当何如矣！至于以国语译大藏，恐人以为惑于祸福之说，则不可不明示其义。夫以祸福趋避教人，非佛之第一义谛也。第一义谛，佛且本无，而况祝于祸福乎！但众生不可以第一义训之，故以因缘祸福引之，由渐入深而已。然予之意仍并不在此，盖梵经一译而为番，再译而为汉，三译而为蒙古，我皇清主中国百余年，彼三方久属臣仆而独缺国语之大藏，可乎！以汉译国语，俾中外胥习国语，即不解佛之第一义谛，而皆知尊君亲上，去恶从善，不亦可乎！是则朕以国语译大藏之本意，在此不再彼也。兹以耄耋观蒇事，实为大幸，非溺于求福之说，然亦即蒙天福佑，如愿臻成所为，益深畏满怵惕儆戒而已耳。是为序。"[21] 此外，出于统治需要，乾隆帝必须致力于保存弘扬满族的文化习俗，他在位期间曾编辑翻译了大量的满文书籍，如《钦定清汉对音字式》《新旧清语汇书》《御制五体清文鉴》《五体字书》《满蒙文鉴》《满蒙汉三和切音清文鉴》《御制增订清文鉴》等。这些书籍的编辑出版，为当时满族文化的发展，也为满文《大藏经》的翻译、刊刻和使用奠定了基础。鉴于佛教文化尤其是藏传佛教文化对清帝国的影响，为争取控制西藏并收服蒙古各部，乾隆朝还修建了众多的寺庙，在部分寺庙中由满族人出家做喇嘛、任主持，诵满文佛经，从而加大了满文佛经的需要，促进了《满文大藏经》的译刻。

在《满文大藏经》翻译告竣且部分经卷刷印完成的同年十二月，清字经馆遭遇大火，损失严重。据《乾隆朝上谕档》记载："西华门内之清茶房外果房失火，延烧房屋及乐器，经奏间被焚烧……至此项经卷虽未全行焚毁，但一经搬损，必致残缺失次。其版片俱系梨木，不但已经刊刻者徒费工料，即奉经刻字者亦觉可惜，所有被烧刻字版是否存有刷印底稿，若竟连底稿被毁不全，岂不更为费事！此项经卷内如《大般若》《二般若》等经，曾经各刷十分，颁发盛京前、后藏等处供奉，如现在经馆内所存版片、卷页多有不全，尚可从容缓办。其亍经颁发各经最关紧要，其中每部经文，有已经刊刻完竣刷印成部，版片、卷页多被烧毁者；有版片虽经烧毁，而刷印卷页尚存者；有刷印卷页烧毁，而版片尚存者；有版片未经刊刻完竣即被烧毁者，均不可不详细检查，将所存版片、卷页逐一核对，以便互相补辑，俾臻完善。"[22] 由此可知，乾隆五十五年（1790）《满文大藏经》只是完成了翻译，尚未能全部付梓，刊刻完成者也有部分被焚。现存的《满文大藏经》中，部分经叶经版为五十五年（1790）后重新雕版印刷的。另据乾隆五十九年（1794）清内府《活计档》记载："所有本馆办理颁发《大般若》《阿含》等经统计一百零八套，每套十二分，陆续实收过此处装函，共壹千贰佰玖拾陆套，相应付覆查明，可也。等同回明。"[23] 另据档案记载，《满文大藏经》刊刻中的工价、经费、使用情况：

查清字经馆应行翻办刊刻刷裱装潢全藏大般若等经至师律戒行经共二千五百九十六套，计一百八套，每套十二分，统计一千二百九十六套。自三十七年开馆起至五十八年正月，

[21] 《清高宗实录》卷九百二十六"乾隆三十八年二月甲戌"，中华书局，1985年。

[22] 中国第一历史档案馆编，《乾隆朝上谕档》"乾隆五十五年五月十二日"，档案出版社，1991年，15册，页669。

[23] 中国第一历史档案馆藏乾隆五十九年二月《活计档》。

共颁发过大般若等经一千一百四套，共用过刻字工价银三万二千一百二十两，写版工价银二千三百六十七两七钱，漆边工价银五千四百四两六钱，刷裱工价银一千六百三十四两三钱，绘画佛像工价银三千一百五十五两九钱，办买棉连四纸价银一万二千四百五十七两六钱，办买太史连纸毛头纸黄笺纸黄布包袱木盘等项物料工价银四千三百八十一两五钱，办买红花水价银一万二千六百三十三两三钱。纂修翻译收掌誊录校对和尚喇嘛供事苏拉人等饭事计二十一年用银一千六百十五两五钱。恩赏闲散人钱粮计二十一年共用银十一万九千二百十六两。每月需用纸张笔墨计二十一年通计共用过银一万八百十五两八钱。以上共用过银五十一万四千八百三十两八钱。现在刊刻师律戒行经十六套，计应刷裱一百九十二套，所有刊刻、写版、漆边、刷裱工价，采买纸张、红花水、笔墨以及公费饭食等项经贸部尚需银四五千两，行取梨版价值每块四钱，共约需银二万五千六百余两，运版脚价约需银二千五百余两，棉连四纸约需银九千一百余两，白本纸、榜纸共约需银一千三十余两，装潢每套二十五两四钱，统计装潢一千二百九十六套，共约需银三万三千四十三两。据统计，纂修、翻译、刊刻、刷裱、装潢全藏经完竣，约需物料工价银五十九万一千余两。

据上所述，清字经馆陆续收过装函佛经 1296 函，每部《满文大藏经》108 函。全部《满文大藏经》刷印装潢的完成应为乾隆五十九年（1794），共刷印 12 部，分别供奉在西藏布达拉宫（三界殿）、扎什伦布寺（汉地殿），北京宗镜大昭之庙（宗镜大昭之庙日台北楼、白台南楼）、香山宝谛寺，热河殊像寺、普陀宗乘寺（都是殿群楼西而下第三层七间内）、须弥福寿寺（北楼三层），盛京（沈阳）法轮寺等地。五十九年（1794）后未见重新刷印的记载。

# 清乾隆内府藏文羊脑笺泥金写本《甘珠尔》经写绘制作考述

翁连溪

故宫博物院研究馆员

清乾隆内府藏文羊脑笺泥金写本《甘珠尔》经，是清内府继藏文《甘珠尔》《丹珠尔》经、蒙古文《甘珠尔》《丹珠尔》经、汉文《龙藏经》（以上为内府刻本大藏经）及清康熙八年（1669）藏文羊脑笺泥金写本《甘珠尔》经、清雍正藏文羊脑笺泥金写本《甘珠尔》经（现藏西藏布达拉宫，18世纪乾隆帝赐给七世达赖喇嘛）、清内府中正殿东配殿藏清康熙初年藏文羊脑笺泥金写本《甘珠尔》经（即1923年过火经）完成后的又一项大藏经工程。

此经为乾隆三十二年（1767）至三十五年（1770）由乾隆帝下旨、内务府监理制作完成的一部现存世最为精美的藏文泥金写本《大藏经》。其装帧形式为梵夹装，每函（夹）二百至五百余叶不等，每页长75厘米，宽28.5厘米，羊脑笺（宣德笺），两面藏文泥金书写，全藏所收内容依序为：秘密部、般若部、宝积部、华严部、诸经部、戒律部等，共收经典一千余种（附汉文目录）。是经共108函（夹），现故宫博物院收藏96函（夹），三万零七十八页，台北故宫博物院收藏12函（夹），经文献记载与实物相较，两地所藏为一部完整的《大藏经》。

目前所知存世的由清内府办理的羊脑笺泥金写本《甘珠尔》经共计四部。一为清康熙八年（1669）羊脑笺泥金写本（现藏台北故宫博物院），二为清内府中正殿东配殿藏清康熙初年藏文羊脑笺泥金写本《甘珠尔》经（即过火经），三为清雍正羊脑笺泥金写本（现藏西藏布达拉宫，18世纪乾隆帝赐给七世达赖喇嘛[1]），四为乾隆三十五年（1770）羊脑笺泥金写本（故宫博物院与台北故宫博物院所藏）。[2]

此经为清乾隆三十二年（1767）乾隆皇帝下旨由内府监理，经四年完成的一部现存世最为精美的羊脑笺泥金写本的藏文《甘珠尔》经。自乾隆三十二年（1767）皇帝下旨至乾隆三十五年（1770）最终工程完竣，乾隆帝从底本选用、装潢形式到制作的具体要求，通过与臣工的有效沟通，事无巨细地把自己的制作理念灌输到是经的制作中，对出现的问题亲自下旨并验看修改。本文拟通过宫廷内府制造活计的第一手档案史料，使我们了解乾隆帝如何掌控这部佛经的制作，由此对佛经用料的来源、材料的品质、名称、制作工艺等一些令人困惑的问题作出论述。

本文从故宫博物院所藏乾隆三十五年（1770）羊脑笺泥金写本《甘珠尔》经的实物着手，结合清宫档案对是经的制作缘由、制作工艺、用料、所需经费，内府所藏泥金写本藏文《甘珠尔》经的数量，存放地点、大小尺寸，内护经版、经叶用纸的制作方法，佛像画的绘制等等问题进行介绍，并通过爬梳内府档案结合实物考证，最终为我们了解是经的写绘制作过程提供重要资料。文后附泥金写《甘珠尔》经中的汉文目录，将给研究者带来方便，也能对藏文《甘珠尔》经收经内容作一个总体直观的了解。

[1] 西藏布达拉宫管理处，《雪域圣殿——布达拉宫》，中国旅游出版社，2006年。

[2] 据杨玉良《紫禁城》1988年4期云："目前所知仅三种：一为明景泰年间写本，一为清康熙八年（1669）写本，一为乾隆三十五年（1770）写本。景泰年间写本在乾隆年间仍贮之内府，此后不知去向。"据上所讲现存世两部。

## 一、清乾隆羊脑笺泥金写本《甘珠尔》经的制作缘起

佛教起源于公元前五世纪的古印度，大约于公元纪元前后的两汉时期传入中国，同时佛经的各种文字的互译也随之展开。至元代皇室贵族对佛教崇奉信仰，藏传佛教开始盛行元朝宫廷，建佛堂迎请高僧喇嘛写刻佛经，修法、诵经，无所不及。对佛教的信奉经元明数百年而不衰，至清代的顺、康、雍、乾几朝则更为繁盛。伴随着藏族高僧大德进入宫廷，藏传佛教的法物如金铜佛像、唐卡、法器，尤为重要的是藏文佛经的传入，丰富了清宫佛经的收藏，并成为清宫佛经收藏的重要文种。康熙本最早著录于清乾隆九年（1744）内府所编《秘殿珠林石渠宝笈初编》，著录全称《太皇太后钦命修造镶嵌珠宝磁青笺释迦牟尼佛授口传清经》。是经为太皇太后（康熙帝的祖母博尔济吉特氏，1613—1688）命康熙帝仿抄清宫所藏明代遗留的藏文泥经写本《甘珠尔》经，于康熙八年（1669）十月写造而成。

故宫博物院现藏乾隆三十五年（1770）清内府藏文泥金写本《甘珠尔》写绘、装潢等所用底本即为清宫慈宁宫所藏清康熙八年（1669）泥金写本《甘珠尔》经（现藏台北故宫博物院）。乾隆帝为完成这部藏文《甘珠尔》经耗费不少心力并有很多感叹。据《御制金书甘珠尔大藏经序》云:

法藏之兴夐乎辽哉，或者泥东土之文欲尽通西来之意，则经之以译而传者半，以译而晦者亦半，盖彼中善知识操迦毗罗卫本音诠演，常资笔述而震旦名流如生，肇融睿诸人付授写宣动资疑纲甚且波澜在口用文字结习穿穴纠纷莫究诘，于是推阐元风者转以不见未译之经为憾。故以汉经求番经则明之槃佥也，以番经证梵经则鱼免之筌蹄也。前者翻译名义集正讹已切辩之，兹检内府旧贮甘珠尔经而其说尤信，经字皆西番，页准贝夹为卷，二千四百五十有七，为函一百有八。相传明永乐间遣使自西域求归，景泰间录度秘阁。我皇祖圣祖仁皇帝康熙八年祇承重闱懿旨肩金涓纸载辑全藏告竣，御制序文冠于简端精严殊胜功德希有，腾尝逖稽内典自四十二章以来，累代古德敷扬何汉不沿乎梵独缘缁徒日抱手钞副墨，而诸经原本率为建塔弃置世远就湮。今综核华藏所裒若首楞严全册，前后名宿具称并无竺乾蓝本，其中兼列梵文者又仅有□喇阿迎噶陀罗尼，此芗林掌故较然足征者，然则是经也，部居州次蔚为木管初编讵非续慧之真灯，而开宗之实器哉。岁纪辛卯为我圣母皇太后八旬万寿庆辰，既简词臣（36）于内廷预缮华严经敬祝，纯嘏继念、番藏巨帙以精微则直溯真言，以广大则兼包法海，申命分局遴员薰沐腾写，第其甲乙绨袠装潢庶几呗赞护持。如见宝界拈花人天记□历过现二劫千如来，本面目一时涌现人间，与我圣母仁恩福量筹算延洪所以锦亿万恒沙元会之数，用大慈氏愿力敛锡循环永永无极。而朕法祖奉慈之诚恳，又不惟瓣香鹫岭举似忉利天金光明纂为教乘数典焉尔。

乾隆三十五年（1770）七月二十五日（藏、满、蒙、汉四体序）

四体御制序

序中明确指出，这部佛经主要是乾隆皇帝为庆祝其母崇庆皇太后八旬万寿而制作，全经为108函（夹），以康熙七年（1668）本“申命分局遴员薰沐腾写”，但根据档案记载，乾隆三十五年（1770）完成的藏文写本《甘珠尔》（以下简称乾隆本）经在抄录过程中内容略有增加，如：康熙写本御制序为满藏两种文字，乾隆本奉旨增为藏满蒙汉四种文字，另增加西番字《楞严经》一部。

另据乾隆内府三十三年（1768）四月初四档案记载：“于四月初四日，造办处谨奏为奏闻事今为成造《甘珠尔》经一部，系遵旨照依慈宁宫现供之经款式做法，按中正殿西配殿尺寸大小成造，但查慈宁宫经上首页系圣祖仁皇帝清字西番字序文，今现造之经，奉旨着写四样字序文，应行请钦安，新序文交与懋勤殿经咒馆书写呈览，再旧经墙上经名，亦系清字西番字，今一并拟四样字缮折交太监胡世杰转奏。奉旨经页周围留五分，石青纸边花边照样准画经堂放大写的字多，一百八套内可撙得多少套，着约估具奏，其欢门经板照样准做，再欢门上俱用珠子镶嵌，在广储司挑用，如足用不足用亦声明具奏，经序着交大学士刘纶拟写四样字，新序呈览。经套上经名亦着写四样字。钦此。”

乾隆泥金写本《甘珠尔》经 经墙

而关于慈宁宫和中正殿摆设的这几部《甘珠尔》经也有相关的档案记载。据乾隆二十二年（1757）清内府档案记载：

> 太监胡世杰传旨：“着阿禄将中正殿现供《甘珠尔》经二部，慈宁宫现供《甘珠尔》经一部，每部共有多少页，约估造经一部用磁青纸多少张，再现有磁青纸足用不足用？查明具奏。钦此。”
>
> “催长四五德将查得中正殿现供《甘珠尔》经二部，内东配殿之经，高一尺一分、宽二尺七寸，西配殿之经，高八寸九分、宽二尺三存四分，慈宁宫现供《甘珠尔》经一部，高一尺二分、宽二尺七寸二分。缮折交太监胡世杰转奏。奉旨：准照西配殿供奉经之尺寸一样成造。钦此。”

由此可知，乾隆三十二年（1767），除了慈宁宫存放《甘珠尔》经外，中正殿东、西配殿还存有两部《甘珠尔》经。据宣统二年（1910）《东配殿西配殿水经殿》目录记载：“东配殿中有神台上小搭垛三层，上供《龙藏经》一百八部，上下板俱系赤金欢门，磁青纸泥金西番字，每部随织金龙袱一个，锡箱一个。西配殿有左右木搭垛三层，上供《藏经》一百八部，并且每部上板和下板都镶嵌有珠子、珊瑚、松石、宝石若干。”

清内府慈宁宫现供的一部《甘珠尔》经，应为康熙八年（1669）内府写本。中正殿藏《甘珠尔》经二部，其中一部为西配殿明景泰八年（1456）写本[3]（过火经），应为现存最早的泥金写本藏文《甘珠尔》经之一，可为国之瑰宝。另为东配殿一部无镶嵌珠宝的清康熙初年内府藏文羊脑笺泥金写本（过火经）。

由上档案亦可知乾隆本《甘珠尔》经系照慈宁宫咸若馆现供之经，即康熙八年（1669）泥金写本《甘珠尔》款式做，尺寸按中正殿西配殿经，即景泰七年（1456）泥金写本《甘珠尔》尺寸制作。（此处记载应该有误，当是按中正殿东配殿经，即清康熙初年藏文羊脑笺泥金写本《甘珠尔》尺寸制作）

## 二、清乾隆羊脑笺泥金写本《甘珠尔》经现存世状况

现藏故宫博物院的乾隆三十五年（1770）泥金写本《甘珠尔》经存九十六函，三万零五百二十三页（每函页数、经名见附表），台北故宫博物院保存十二函，全藏部类分为：秘密部、般若部、宝积部、华严部、诸经部、戒律部六部，故宫博物院所缺的有《秘密经》一卷至二十卷，其中缺五、六、七、八卷；二大般若一至四卷，缺第二卷；三大般若一卷，全缺；大宝积经一至六卷，缺四至五卷；律师戒行经一至十五卷，缺六卷、八卷；圣胜法念住经一至三卷，缺二至三卷。台北故宫博物院所存为故宫博物院所缺部分。[4]

在第一百函《律师戒行经》外黄棉布包袱上贴有两条黄纸签上面书："咸丰七年二月二十三日交来补修整齐银镀金经版一幅。□□回銮口九月初一日遣派□□□李连英至临溪亭口拈香毕并查点各殿陈设，已及慈荫□□□□□□□落地等情，业经奏明。奉懿旨：着该处首领太监会同该管官口口将该经□□□□□□□本处□□□。"由此可知，这部《律师戒行经》咸丰七年（1857）修整过一幅经版，到了光绪年间，总管太监李连英在查点各殿陈设时发现此经散落在地，又奏准送造办处修整，经查当时修整的散落在地的佛经不止一函，是经的散落被破坏应为庚子事变清光绪二十六年（1900）八国联军入住紫禁城后所为。据清光绪二十七年（1901），慈宁宫花园档案房记载，光绪二十七年（1901）皇太后回銮后九月初一日，派遣总管李连英至临溪亭拈香毕，并点查各殿陈设，"以乃慈荫楼，楼上经包，经庚子兵乱，已经散落在地等情，业经奏明，奉太后懿旨着本处首领太监会同该管官员等将经包照旧包放原处，钦此，本处档案房特记"。以上签条与档案记载相符，民国时故宫工作人员整理时发现，108 函经中有 18 函经前后护经内夹版所嵌金佛光欢门与七珍均缺外丝带，其中故宫博物院藏有 15 函，台北有 3 函。

乾隆写本《甘珠尔》经装潢形式为梵夹装，每函由外护经版上下二块为实木雕朱漆填金版，外缚五彩厚丝带，长三十至四十米，附有铜胎鎏金透雕金龙带扣。护经版内配有白哈达一条，外黄棉布包袱外缚五彩丝带，内又包袱三层为：黄面红里夹袱，缚黄布，黄绸布。三层包袱内为内护经版上下两块，长 75.2 厘米，宽 28.7 厘米，厚 2.5 厘米，实木胎，正面外裱库磁青纸，再以泥金描绘各种图案，上内护经版的上面四周边栏西番莲图案中绘"时轮金刚咒牌"，里面的边栏绘有莲花座，并绘白螺、鲜花、熏香、油灯、摩尼宝、琵琶等。边栏内经版中央成凹形，两侧各绘彩色佛像一尊，并冠于錾金欢门二座，佛像下方左右书满文藏文佛像尊号，其上镶嵌有东珠、乌拉大珍珠、珊瑚、绿松石、青金石、孔雀石等珠宝。二佛欢门之间錾金瓔珞之下墨色羊脑笺上浮雕三行金字。首行梵文，次行梵文转写字母，三行为藏文，首二行意为"南无佛陀耶"，"南无达摩耶""南无僧伽耶"，末行意为"礼敬三宝"。

上版内护经中央凹形处，覆盖五层彩色缂丝经帘，五色分别代表五方五佛，依次是：黄色代表

[3]《御制金书甘珠尔大藏经序》："相传明永乐间遣使自西域求归，景泰间录度秘阁。"

[4]《台北故宫博物院普通旧籍目录》，台北故宫博物院，1970 年，页 251。

时轮金刚咒牌

内护经版

内护经版

宝生佛，红色代表无量光佛，绿色代表不空成就佛，蓝色代表不动佛，白色代表卢遮那佛，每层经帘的周边用金、红、绿、蓝、白五色丝线织出飞龙戏珠十条，黄色经帘栏框内以金线织出三行兰札体的梵文，一二行为梵文五十个字母，接着为“十二因缘咒”及结束语“顾吉祥”。此咒意为“诸法从缘起，如来说是因，彼法因缘尽是大沙门说”，依据经典记载：若绘造佛像安置此咒，则如佛亲临现身，此咒又包含三藏要义，凡修功德，持诵之必定成辨。据清代译师工布查布的解释，梵文为梵天所创具有神圣性，又是佛典的原文，有大摄受力“凡见者、阅者、念者、触者、书写、佩带、礼拜、供养、右绕者，咸获利益”。红色经帘则以金线织出（缂丝）黄色经帘的梵文转写字母，而绿蓝色经帘上分别用五色丝线织出八瑞相图案八吉祥图案。

五色经帘

五色经帘

五色经帘

五色经帘

下层内护经版与上层护经版大体相似，只中间凹进处为五座佛像及欢门，每尊佛像下方两侧满、藏文书该佛像的名称；下经版的封面为三组交杵金刚图案。金刚杵为佛教法器，象征能摧减烦恼的菩提心，为诸尊持物或修法的道具。首函内首附有乾隆三十五年（1770）七月二十五日《御制金书甘珠尔经序》[5]，每函前均附每函经所收目录，序文、目录为藏、满、蒙、汉四种文字书写，经叶以藏文字母序依次叠放，前后侧面经墙以泥金绘胜利幢、金鱼、宝瓶、妙莲、右旋螺、吉祥结、宝伞、法轮、八吉祥图案，左右两侧经墙绘喷焰摩尼宝图案及本函部类，函号经文标目。这些图案显示了经典庄严肃穆又防止经叶排放错乱。

下面著录本经第一函使研究者、读者更了解真实名经，秘密经第一函共 329 页，计序文 15 页，目

[5] “金书”同泥金书写，清内府写本多用泥金、御墨、上等徽墨书写，而泥金则多用于佛经的抄写。泥金写本亦称金书，所用泥金据明《绘事指蒙》记载：“用无油极净碗碟一个，用好明胶浓煎些，用指醮胶在碟内却以胶指头粘金箔，碟内和成膏多煞然无数为度。然后用净水拆开稀，如水，待金澄定倾去胶水，火上顿干，方成一造。……十张金内入银箔一二张则明。”使用时用开水化开，用笔润白芨水或胶水沾泥金可书写绘画。明清内府所用金箔多在苏州监造，帝王名臣写经多为泥金写本，由于保护得当至今仍金光闪闪完好如初。另外《芥子园画谱》《天工开物》等书对泥金的制作也有记载。

录3页，汉、满、蒙、藏文对照。库磁青纸附页1页，库磁青纸木胎内夹板2块。红漆金经文外护经木夹板2块，有微碰伤。带佛像内护经版木夹板2块，有微碰伤。第一块下护经版有黄、红、绿、蓝、白色缂丝佛帘5份，彩绘佛像5幅，金质佛光5座，镶嵌珍珠16颗、珊瑚珠14颗、蓝松石16颗、绿松石12颗。第二块上护经版有红、黄、绿、蓝、白色缂丝夹佛帘5份，彩绘佛像2幅，金质佛光2座，金质龙头9个，海水9个，镶嵌大小珍珠41颗、珊珠14颗、蓝松石10颗、绿松石10颗。经夹外附蓝白色哈达各1块。黄布单包袱1块。黄缎绣金龙夹包袱1块，附丝质带子1条。黄布棉包袱1块。捆经丝带1根上附錾金带头1个。（附本函收经目录）

## 三、清乾隆羊脑笺泥金写本《甘珠尔》经佛像绘制

《甘珠尔》经共108函（夹），每函夹上下内护经版的内侧，计上经版彩绘2尊佛像，下经版绘5尊，每函共7尊，108函共756尊，每尊像左右下角分书满文、藏文尊名。上护经版尊像以印度祖师、佛菩萨为主，下护经版以护法为主，下护经版五位尊像中以中间一位为最尊，两侧多为伴神，756尊神像其中祖师部有：圣天祖师、世亲祖师、无着祖师、法称祖师、功德光祖师、释迦光祖师等。菩萨部包括：文殊菩萨、金刚手菩萨、观自在菩萨、地藏菩萨、普览菩萨、空行母、白伞盖佛母、金刚亥母、无我亥母等。其余各尊像如金刚总持、金刚萨垂、时轮金刚、金刚明王、金刚变化身。护法部佛像其中有：吉祥天母、持八宝母、大黑天、大龙王、四大天王、十八罗汉等等。

乾隆本泥金藏文《甘珠尔》经756尊彩绘佛像中有些形象奇特，其中有的面部忿怒狰狞，有的祥和安静愉悦，有的天女体态轻盈妩媚可爱，在这些神像的背后以七彩的祥云柔和的色彩及炽热的火焰组成金的欢门及各种龙纹花卉纹饰烘托着佛像的庄严，彰显出诸佛菩萨的祥和宁静。这些佛像配物的绘制多以红、黄、绿三色为主，重点部位并施以泥金点绘，这756尊佛像是存世的各种佛教图像文献资料中收佛像最为丰富、绘制装潢最为精美的，[6] 但这些佛像长期以来由何处何人所画没有明确记载，清乾隆三十二年（1767）六月档案为我们提供了答案：

> 皇帝命："库掌四德为造《甘珠尔》经一部，经头经尾上欢门画像佛756尊，请交中正殿画佛像喇嘛在造办处画。"

据上记载，这批佛像应为清宫中正殿喇嘛所绘，中正殿是清宫重要的佛堂，不但收藏着大量的佛经、佛造像，还有很多著名的高僧大德及藏传佛教绘画大师。从这些彩绘佛像作品中可以看出，这些画师在吸收印度、尼泊尔及汉地佛像绘画艺术的基础上加入本民族的特点，在清代佛教绘画艺术中占有重要地位，较满文《大藏经》中的彩绘佛像画、蒙文《甘珠尔》经的彩绘佛像画更为精细、精美，并依"遵准量度法为之"。

此外这756尊佛像中有部分重复的内容，但也是已知收佛像最多的图案集之一，其佛像图案集已出版的有《三百佛像集》《五百佛像集》《乾隆满文大藏经绘画》《蒙文甘珠尔图像集》《宝相楼佛

---

[6]　清乾隆五十九年（1794）印制的《满文大藏经》共收彩绘佛像709尊，台北故宫博物院康熙八年（1669）藏文《甘珠尔》经收彩绘佛像同为756尊。

像群诸尊》等等。但其中多为雕版印刷品，图像不清晰，满文《大藏经》[7]、蒙文《甘珠尔》经[8]图像集虽是彩绘，但无论所绘佛像诸神的形态、色彩、精细程度、佛像的数量都与此经所绘佛像众神有一定的差距，乾隆泥金写本《甘珠尔》经佛像众神集是存世佛像集中最值得研究的。

康熙三十六年（1697）清内务府下设中正殿念经处，专门管理藏传佛教事务，办造佛像，《光绪朝大清会典事例》卷八百八十六：在藏传佛教传统中高级僧人受到良好的艺术教育是完全正常的事，例子很多，如五世达赖、三世章嘉、二世哲布尊丹巴等都有很深的艺术修养，所以清宫中正殿喇嘛对御制佛像中正殿的喇嘛画师来说是一种正常事务，更是一种神圣的宗教行为，是对诸佛菩萨的礼赞与奉献，而不是想象力、创造力的自我表现，所以他们必须严格遵守戒律的规定，以至诚之心遵照《佛像造量度经》的尺度和诸尊像的仪轨所规定的尺寸、比例、颜色、形象绘制，是这些虔诚的喇嘛画师为我们留下了这些带有众多神秘色彩的尊像，为今后图像学的研究提供了新的资料。

## 四、明清内府泥金写本《甘珠尔》经的存世情况

椐清乾隆八年（1743）所编的清内府藏佛教书画目录《秘殿珠林石渠宝笈合编》[9]第一册著录：收藏文泥金写本《龙藏经》二部（卷之三十四回供奉经典目录西域等体文字）。

> 1. 太皇太后钦命修造镶嵌珠宝磁青笺泥金书西域字龙藏经一部，共108本，内有释迦牟尼佛口授口传诸经。以上俱贮慈宁宫。
>
> 2. 明景泰年造镶嵌珠宝磁青笺泥金书西域字龙藏经一部，共108本，内有释迦牟尼口授口传诸经。以上俱贮中正殿。

前述清内府乾隆三十二年（1767）档案记载，中正殿现供《甘珠尔》经二部，东西配殿各储一部。乾隆三十五年（1770）清内府泥金写本《甘珠尔》经完成后，清宫此时已收贮泥金写本《甘珠尔》经四部，现今清内府所藏这四部泥金写本藏文《甘珠尔》经存于何处？经查其中康熙八年（1669）贮慈宁宫的泥金写本《甘珠尔》经，现贮台北故宫博物院[10]。乾隆三十五年（1770）泥金写本《甘珠尔》经108函（夹），96函（夹）故宫博物院收藏，12函（夹）台北故宫博物院收藏，两地为完整的一部。1923年6月26日夜，建福宫突发大火，中正殿东、西配殿也付之一炬。从中抢救出清内府中正殿东配殿藏清康熙初年藏文羊脑笺泥金写本《甘珠尔》经（即过火经）[11]，现故宫博物院与另一家公藏单位分别有存。另有一部为西配殿所藏明景泰七年（1456）藏文羊脑笺泥金写本《甘珠尔》（过火经），今藏故宫博物院。

---

[7] 翁连溪，《清代内府满文大藏经的刊刻》，《故宫博物院院刊》，2001年第6期。

[8] 蒙文《甘珠尔》经，康熙五十九年（1720）清内府刊朱印本，经版插图上护经版2幅佛像，下护经版5幅，全经108函，共收佛像756尊。（格·拉西色楞，《蒙古文〈甘珠尔〉佛像大全》，内蒙古人民出版社，2006年）。

[9] 《秘殿珠林石渠宝笈合编》，上海书店，1988年。

[10] 《院藏藏传佛教文物》，台北故宫博物院，2016年5月，页23。

[11] 据溥佳《清宫回忆》记载："大火不仅把这一代百年的宏伟建筑付之一炬，而且把宫内所藏无数奇珍异宝也全烧毁，……这里边除供有金佛、金塔、各种金质法器，还藏有藏文经版，还有敬慎斋所藏的明景泰年间（明代宗1450—1457）刻制的大藏经板数千块，广生楼珍藏的藏文大藏经，中正殿全藏真经一部，和历代名人书画等。"

清康熙八年（1669）藏文羊脑笺泥金写本《甘珠尔》经

清乾隆年弘历赐西藏布达拉宫泥金写本《甘珠尔》经

清内府中正殿东配殿藏清康熙初年藏文羊脑笺泥金写本《甘珠尔》经（过火经）

清内府中正殿西配殿明景泰七年（1456）藏文羊脑笺泥金写本《甘珠尔》经（过火经）

## 五、清乾隆羊脑笺泥金写本《甘珠尔》经制作的档案记录

据档案与现存实物证实，有清一代清内府写本、刻本大藏经工程多达7次。其中刻本大藏经所遗存档案较多，内容相当丰富，整理较为完整，而写本大藏经的存世现状、收藏情况等清内府遗存档案无多，对学者了解研究清内府写本大藏经的写绘、用工用料情况造成一些困难。以下通过整理内务府造办处活计房登录皇帝交办活计所下的旨意办理情况，使研究者了解这部大藏经的成书过程提供了方便。档案摘录如下：

乾隆三十二年（1767）各作成作活计清档

二十一日，催长四五德来说：太监胡世杰传旨着阿福将中正殿现供《甘珠尔》经二部，慈宁宫现供《甘珠尔》经一部，每部共有多少页，约估造经一部用磁青纸多少张，再现有磁青纸足用不足用？查明具奏。钦此。

于十二月初九日催长四五德将查得中正殿现供《甘珠尔》经二部，内东配殿之经，高一尺一分、宽二尺七寸，西配殿之经，高八寸九分、宽二尺三寸四分，慈宁宫现供《甘珠尔》经一部，高一尺二分、宽二尺七寸二分。缮折交太监胡世杰转奏。奉旨准照西配殿供奉经之尺寸一样成造。钦此。

于十二月二十七日，催长四德五德笔帖式富呢呀汉为造《甘珠尔》经一部，计一百八套，经页高八寸九分、宽二尺三寸四分，共经页三万七千一百七十页，今收茶库磁青纸二万四百张，内挑得二面堪用磁青纸八千七百三十六张，一面堪用磁青纸八千三百五十七张，二共挑得磁青纸一万七千九十三张，约裁经页三万八千七百四十余页足敷应用，其余磁青纸三千三百七张缴还茶库，缮折交太监胡世杰转奏。奉旨知道了。钦此。

于三十三年正月十七日，催长四德五德笔帖式富呢呀汉将慈宁宫佛堂现供《甘珠尔》经一部，随红漆外经板，磁青纸里经板，头本系金台撒欢门上嵌东珠镶嵌。余者一百七本系金台撒欢门上嵌饭块正珠、松石、青金、珊瑚镶嵌，织金五彩五色经帘。

中正殿西配殿现供《甘珠尔》经一部，随红漆外经板，磁青纸里经板，金台撒欢门上嵌珠子、红蓝宝石、松石、青金、珊瑚裸子镶嵌五色片金经帘。东配殿现供甘珠经一部随红漆外经板、磁青纸里经板、金台撒欢门、织金五彩经帘，俱交太监胡世杰呈览。奉旨：新造经一部，准照西配殿现供经之尺寸成造。经序目录写满汉蒙古西番四样字，其经板欢门镶嵌俱照慈宁宫现供之经一样成造，经帘交苏州织做，织金五彩五色经帘。钦此。

于三十三年三月十九日，造办处谨奏为奏闻事臣等敬谨查看得《甘珠尔》经一部，计一百八套，随派员详细约估得，经每套高八寸九分、宽二尺三寸四分，一百八套。共计三万七千二百七十页。每页心净高六寸一分、宽一尺九寸六分，纸上压羊脑光墨，按造办处做过之例，每见方一尺用墨一钱一分，烟子三钱六分、番经匠一工，每二尺六寸用鸡子一个，每九尺用羊脑子一个，每四十页裁齐上榨搭色用书匠一工，共用工八万九千八百九工，约用工料银一万四千四百四十八两六钱三分八厘。磁青纸画泥金八吉祥经页二面，边栏画泥金番草花卉。此三项除空地画金七成，共折见方尺二万一百七十一尺七寸，每尺照例用金二百四十三张，共用飞金四百九十万一千六百九十八张，仍行取宫殿工程处南来飞金应用，每尺用画匠三工七分，共约用画匠七万四千八百二工。并买办广胶等约用工料银一万一千六百十六两五钱八分二厘，经板上做金研撒欢门一百八分，约用八成金二千九百七十两，请向广储司银库领用，每金活重一两，用研撒匠三工五分一厘，共工一万四百二十四工五分。并买办酸梅等，约用工料银一千六百三十八两五钱零。以上通共用工十七万五千三十五工分，计银二万六千九百五十五两四钱，零买办物料用银七百四十八两三钱，零及行取各项材料谨缮细数清单一并恭呈。

御览至经上雕硃漆填金经板二百十六块，如在造办处成做所需钱粮较费，且活计不及苏州漆饰精细节省，请将经板并经帘等俱行苏州织造处成做，其经上写泥金四样字，并经板上堆砌西番金字，所用飞金交经咒馆办理，约估得时再行其奏。所用磁青纸由茶库领用，墨六百十一斤请向懋勤殿领用，伏思恭办《甘珠尔》经一部，钱粮重大，制造粗细，如交该作承办是非慎重，钱粮活计之道臣等另行派员敬谨监视成造，臣等仍不时稽查毋使活计粗糙，钱粮致有靡费，统俟工竣之日详加确实查核，缮折交太监胡世杰具奏。奉旨：知道了。钦此。

于三月二十六日，据懋勤殿为造《甘珠尔》经用墨六百十一斤，查得现存墨四百余斤，请先发给四百斤，其余留用等因具奏。奉旨：成造《甘珠尔》经所用墨，亦系陆续应用先发给四百斤，其余再发给。钦此。

于四月初四日，造办处谨奏为奏闻事今为成造《甘珠尔》经一部，系遵旨照依慈宁宫现供之经款式做法，按中正殿西配殿经尺寸大小成造，但查慈宁宫经上首页系圣祖仁皇帝清字西番字序文，今现造之经，奉旨着写四样字序文，应行请钦安，新序交与懋勤殿经咒馆书写呈览，再旧经墙上经名，亦系清字西番字，今一并拟四样字缮折交太监胡世杰转奏。奉旨经页周围留五分，石青纸边花边照样准画经堂放大写的字多，一百八套内可撙得多少套，着约估具奏其欢门经板照样准做，再欢门上俱用珠子镶嵌，在广储司挑用，如足用不足用亦声明具奏，经序着交大学士刘纶拟写四样字新序呈览。经套上经名亦着写四样字。钦此。

于五月十二日，催长四德五德来说太监胡世杰传旨着问额驸福，现办《甘珠尔》经如何？呈准样式如何办理之处详细查明回奏，并将慈宁宫中正殿现有甘珠经每样送进一部呈览。钦此。

于十四日，催长四德五德笔帖式富呢呀汉将查得成造《甘珠尔》经一部，计经页三万五千八百余页，现裁得磁青纸经页二千三百二十四页，内压得羊脑经页一百八十页，画得边线经页五十八页，画得番草经页二十页，所用飞金四百九十万一千六百九十八张。并将经板一块，经袱二块，经绦一根，随述旨折片一件交太监胡世杰呈览。奉旨：经袱着照慈宁宫织黄段经袱一样，交南边织做一百八分随带子一并织来，其缠经绦并铲子俱着武备院照样成造，欢门上镶嵌仍用青金、珊瑚、松石，并珠子夹间镶做，余知道了。钦此。

于二十九日，催长四德将《甘珠尔》经板上欢门应用大珠子四千四百二十八颗，小珠子一千七百二十八颗，青金二千八百八块，珊瑚三千二十四块，松石二千三百七十六块，粘得蜡样交太监胡世杰呈览，奉旨珠子向广储司挑用，其青金、珊瑚、松石在造办处库内挑选材料呈览，如不足用声明具奏。钦此。

于六月初三日，谨奏，为奏闻事查成造甘珠经，现今臣等遵旨，将经页撙节经心展放宽大，连新添西番字楞严经一部，共计三万五千八百页，除原约估造经欢门，并经头尾板经墙画金所用金两、工料等仍照原奏估计办理外，其经心展放宽大尺寸，所有压羊脑画金番草边应用飞金工科银两，臣等谨缮约估清单，并原奏约估清单恭呈御览，为此谨奏。奉旨：知道了。钦此。

于初七日，催长四德五德为做经板上欢门挑得造办处库贮珊瑚一万余颗，尺寸不足应用，青金材料内足做镶嵌七百二十块，尚少镶嵌二千八十八块，松石材料内足做镶嵌二千三百七十六块，虽系足用不能一色，交太监胡世杰持进呈览。奉旨：珊瑚向广储司挑用，青金足做多少先做多少，其不足者俟外进到时再行补做，松石着先做几块呈览。钦此。

于十六日，库掌四德为做甘珠经欢门上镶嵌做得松石珠十五个，颜色不一色，青金珠四个，并查得银库珊瑚珠造甘珠经工镶嵌足用，挑得一串，计一百二十九个，交太监胡世杰呈览。奉旨：松石珠挑好颜色的做查，库贮绿苗石、孔雀石呈览，其珊瑚珠挑小些的用。钦此。

于十八日，库掌四德笔帖式富呢呀汉将查得库贮孔雀石、笔筒绿苗石盆等七件，绿苗石材料十七块，内料估得孔雀石笔筒一件，绿苗石材料十七块可做镶嵌珠儿，其余俱不可做，并松石珠十五个，交太监胡世杰呈览，奉随挑出松石珠七个。旨现做松石珠儿，照挑出松石珠七个之颜色平常之材料俱不必做，其孔雀石笔筒一件，绿苗石材料十七块，俱准做镶嵌珠儿用足做多少做多少。钦此。

于二十三日，库掌四德为造《甘珠尔》经一部，经头经尾上欢门画像佛七百五十六尊，请交中正殿画佛像喇嘛在造办处画。再请领珠子一分，按样成做镶嵌并将割得绿苗石镶嵌材料一并交胡世杰口奏。奉旨：佛像准着喇嘛在造办处画，珠子准挑好些的一分在头本上用，其绿苗石镶嵌俱在后面，加间松石镶嵌用头一本俱用松石镶嵌。钦此。

于二十九日，库掌四德催长五德来说太监胡世杰传旨，现做《甘珠尔》，经板上所嵌镶珊瑚珠不必用广储司的里边挑用，如不足再向广储司的里边挑用。钦此。

于七月初三日，内务府大臣三挑出三分下三等东珠四十一颗，选出乌拉大珍珠十六颗，交太监胡世杰呈览。奉旨：着交造办处现造经板头本上嵌用。钦此。

于初六日，库掌四德笔帖式富呢呀汉将为做得经头、经尾、经身一部，经序因该馆尚未写得是以经身周围未画经八吉祥，合并声明其工料银两如何节省之处俟造成二三部后得有确数再行具奏呈览。奉旨：经上汉字写的平常着查何人写的，再，欢门上松石镶嵌不好，在里边查好些的松石交出成做。余知道了。钦此。

于初七日，臣永瑢臣福隆安谨奏，遵旨将《甘珠尔》经目录汉字，系何人缮写之处，询问乌勒穆齐，据称，向来凡有满汉合璧咒语俱系在馆笔帖式等缮写，此次甘珠经目录是以仍令笔帖式等缮写等语，伏思经文目录理应择翰林中字画端楷者，如式缮写。此次该馆仍照向例令笔帖式等缮写，臣等亦未看出俱属疏忽，除将现在目录换下外，其御制序文四样字内满洲蒙古字，请交内阁择选字画端楷之中书缮写呈览，后俟发下时臣等将目录一并交懋勤殿谨敬缮写。折片交太监胡世杰具奏。奉旨：现写得经目录，如擦去金另写使得，即擦去另写；如擦去难写，不必动即用，以后经序准着翰林中书缮写，再，欢门上镶嵌珠子、珊瑚、青金、松石俱各劄开镶嵌。钦此。

于七月二十二日，笔帖式富呢呀汉将做得《甘珠尔》经金欢门上嵌得半圆镶嵌样一件，并做得青金珊瑚松石珠各二个，东珠二颗，小正珠二颗，并做松石珠札下回残一包，重三两四钱一分，持赴热河交太监胡世杰呈览。奉旨：欢门上所用东珠、青金、珊瑚、松石镶嵌准照样劄用，缨络上小正珠着整镶用其松石回残一包着在《甘珠尔》经板上做镶嵌用足，做多少做多少其不足松石向里边挑用。钦此。

于十一月初十日，库掌五德来说太监胡世杰传旨，着传与额驸福将现写办《甘珠尔》经明日安在斋宫呈览。钦此。

于十九日，库掌四德等将苏州送到织黄缎经袱二十分，随金黄缎五卷，织七色线带二十条交太监胡世杰呈览，奉旨着交造办处成做。钦此。

于三十四年二月十三日，库掌四德为做《甘珠尔》经上镶嵌应用大珠子四千四百二十八颗札做应用二千二百十四颗、内交过四十一颗、应请二千一百七十三颗、小珠子一千七百二十八颗内交过十六颗、应请一千七百十二颗。珊瑚珠三千二十四个札做应用一千五百十二个内交过一百八个，应请一千四百四个，松石珠二千三百七十六个，札做应用一千一百八十八个，应请青金珠二千八百八个，札做应用一千四百四个，应请缮折持进交太监胡世杰具奏。随交珊瑚念珠十三盘、内七盘各随金佛头，六盘各随金佛头塔纪念，玉八宝四件，俱记珠一百八个。奉旨将念珠上金佛头塔记念容化，玉八宝拆下做材料用，珊瑚珠在《甘珠尔》经上做镶嵌用，其所请珠子着交三和，向银库旧存珠子内照札做数目并新到来珠子内挑选呈览，将做松石珠儿材料送进呈览，其青金珠儿尽现有材料成做。钦此。

随将库贮做珠儿松石材料一百五十余两，并将先做得松石珠儿绿苗石珠儿呈览，奉旨经板上应用松石珠儿，仍用库贮材料内挑选上好者成做，再将绿苗石珠儿光好数个呈览。钦此。

于二月十七日，内务府大臣三 ，将银库挑得二分下三等东珠四百十颗，劄开用足镶嵌经板二十分，小珠子三百二十颗，持进交太监胡世杰呈览。奉旨准交造办处镶嵌经板用。钦此。

于二十四日，库掌四德五德来说太监胡世杰交珊瑚珠大小五百五个，库法重十一两四钱。传旨珊瑚珠内拣选好的在甘珠经板上嵌用，将原先交出珊瑚珠内有大的换下交进。钦此。

于三月初二日，库掌四德五德将二次交出珊瑚手串十四盘，计珠一千五百十二个，又交出云肩上换下珊瑚珠五百五个，选得可做镶嵌二百十六个，其余二百八十九个，并原交出手串内选得上好珊瑚手串二盘，各随金佛头塔记念，玉八宝四个，计珠二百十六个，交太监胡世杰呈览，奉旨将珊瑚手串二盘，并珊瑚珠二百八十九个，俱交王成。钦此。

于六月十五日，库掌四德五德将珊瑚回残十五两内挑选得十三两，可做《甘珠尔》经上半圆镶嵌一百五十四块，随将先交出珊瑚念珠内挑出一盘，计珠一百八个，内仍在经板上用三十一个，新做如意上用六十六个，余剩十一个，并不足做镶嵌用珊瑚回残二两，交太监胡世杰呈览。奉旨：珊瑚回残并珠儿三十一个，准在经板上做镶嵌用，如意上珊瑚珠亦准用余剩珊瑚珠十一个，着交王成其不足做镶嵌珊瑚回残二两做材料用。钦此。

于十月初三日，库掌四德五德来说：太监胡世杰交内务府大臣三，银库挑得三分下三等东珠四十一颗、二等下三等东珠一百六十四颗、乌拉大珍珠一百七十六颗。传旨将三等东珠俱一劄两半，并小珠镶嵌经板用。钦此。

于三十五年二月初七日，库掌四德等为造《甘珠尔》经板欢门上镶嵌一百八份镶嵌得三十二分尚未镶嵌七十六分，今请领四十分，计用大珠子八百二十颗，小珠子六百四十颗，缮折并拔得珠子蜡样呈览。奉旨：着交三和，向广储司银库挑用。钦此。

于初十日总管内务府大臣三，交来三分下三等东珠二百五十一颗，二分下四等东珠一百三十六颗，乌拉大珍珠六百四十颗。

以上档案记载清朝皇宫总管宫禁事务，即“奉天子之家事”的机构——内务府。内务府管理下的养心殿造办处则为宫廷御用制作活计的作坊，而以上档案为造办处的文书档案，是内务府造办处活计房登录皇帝交办写绘制作《大藏经》工程所下的旨意与办理情况，以及其他各处奉旨制办工程来帖等。以上所载档案提供了乾隆帝为制作《大藏经》下旨宫廷及苏州、扬州等作坊制造活计的第一手资料，通过这些档案对了解皇帝如何掌控这部《大藏经》的制作提供了重要的资料。

# 后记

看着办公室窗外熙熙攘攘的人群，我曾一度纠结，在电子产品大行其道、人工智能跃跃欲试的今天，实体书尤其是古书，是否还有意义？这当然不是杞人忧天的想法，如果书籍只是文本的载体，那么它被数字化存储取代是指日可待的事。但书籍的意义远大于此，除了承载知识和思想，它的材质、字体、插图、版式、装潢、钤印、题跋等同时担负着与读者对话的功能。例如，阅读唐代诗人杜牧亲笔所书《张好好诗》、宋版《樊川文集》、现代排印本、电子版杜牧诗文集的体验感和获得感是截然不同的。这也正是为何雕版印刷术的发明不仅没能取代抄本，反而使写本时代的遗存愈显宝贵的原因之一。作为物质的实体书籍既是供人阅读的实用品，又因制作者、使用者和传承者而成为独一无二的艺术品。我把珍本、善本当作真正的顶级奢侈品，在它们身上我看到严肃的智慧、谦逊的博学和厚重的文明，不敢独专，唯如古希腊哲言：发现、热爱、奉献这星穹般的美。

古今中外有不少“行有余力”则以收藏者，最令我钦佩的是“景仁榜”上如张伯驹、马衡、郑振铎等“藏而为公”的人。他们一生坐拥百城，却不以收藏获利，把国宝级别的私人藏品捐赠给博物馆成为公器，积极投身公共博物馆事业和大众审美教育。世界上也有很多著名的私人博物馆，比如盖蒂中心、摩根图书馆、弗利尔美术馆、纽约当代美术馆、古根海姆收藏馆等等，它们都有一个相似的特点——在永久保存藏品的基础上，向对艺术感兴趣的学者、民众开放，增添生活情趣，致力知识进步，鼓励学术研究，将私藏升级为具有公众教育价值的机构。

“奥莱美术馆”建立的初衷也是如此。金匮石室，汉简杀青，固不可得，自 20 世纪 90 年代以来，我致力于搜集敦煌遗书等早期写本刻本、宋元佛经、海内孤本，虽不敢称闳富，亦有铭心之物。五代后晋开运四年（947）归义军节度使曹元忠舍资雕造的《大慈大悲救苦观世音菩萨像》是我国现存最早的年款、刻工俱全的雕版印刷品，品相之完美超过了英、法博物馆的藏品；品类多样的陀罗尼经咒是研究唐代纸张不可或缺的宝贵资料，其丰富的形制为宿白先生《唐宋时期的雕版印刷》一书提供了重要的补充；在我收藏的几种五代吴越国王钱俶舍资刻印的《雷峰塔经》身上，充分体现了收藏家对书籍的影响，每一段题跋都讲述了一个故事，每一种装帧都成就了一件艺术，展卷如读史；即将出版的《缉熙堂藏西夏文文献》收录西夏文写本、刻本、版画数种，具有较高的学术价值，堪称丝绸之路上熠熠生辉的瑰宝；而看到2020年从法国回流的两册国宝《永乐大典》作为缉熙堂当之无愧的桂冠，在美术馆中央的展柜中每每引人流连，真觉是我之大幸、文化之大幸！

今年十一月，在各界哲友慷慨无私的帮助下，奥莱美术馆成功举办了“**琳琅萃珍——唐宋元明清典籍特展**”。这是一次以中国古代书籍史为主线，但把珍本作为顶奢艺术品陈设的展览。取名“琳琅萃珍”既说明展品规格之高标，版本之丰富，又寓意群策群力之功。最后，我要感谢国家图书馆（国家古籍保护中心）、中共浙江省委宣传部、浙江省文化广电和旅游厅的专业指导，感谢中国古籍保护协会、杭州国家版本馆和浙江图书馆的倾力协助，感谢总策划翁连溪老师、学术指导范景中、褚树青、胡海荣老师的严格把关，策展人余良峰、张艳艳、焦傲的群策群力，感谢龙图阁藏书楼，感谢藏书家王水衷、袁立章、沈岗、张玉坤、侯自兴、刘禹、童志新、及章伟、任国辉的大力支持，特别感谢杭州国家版本馆吴雪勇馆长的全程指导和幕后为本次展览默默贡献力量的各位同仁。感谢中国书店出版社张东晓社长及辛迪总编的大力支持。你们是守护中华文明精髓的中坚力量，是照亮民族未来的光！

科技会提高生产效率，重塑思维方式，改变社交行为，但科技不会泯灭人类对智慧和美的追求。正因如此，沧海桑田，艺术永存。做思想与情操的守护者，奥莱美术馆与你同行。

金亮

**图书在版编目（CIP）数据**

琳琅萃珍 : 唐宋元明清典籍特展 / 奥莱美术馆编 ;
翁连溪 , 金亮主编 . -- 北京 : 中国书店 , 2024. 12.
ISBN 978-7-5149-3682-7

Ⅰ . Z424

中国国家版本馆 CIP 数据核字第 20240K4T17 号

| | |
|---|---|
| 学术顾问 | 范景中　翁连溪　王水衷　褚树青 |
| 策划统筹 | 吴雪勇　余良峰　胡海荣 |
| 主　　编 | 翁连溪　金　亮 |
| 执行主编 | 张艳艳　焦　傲　洪　奔 |
| 编　　委 | （按姓氏笔画排序） |
| | 丁德朝　及章伟　王　帅　米　尔　刘　禹　刘洪金　任国辉　许昊天　沈　岗　沈　威 |
| | 李林昊　李　陆　辛　渭　陈　峰　陈俊儒　张玉坤　张　宇　张传奇　张晓辉　吴京攀 |
| | 净　善　周　艳　侯自兴　赵　卓　袁立章　敖日格乐　崔　雄　童志新　韩　超 |
| 展品摄影 | 孟　超 |
| 装帧设计 | 孟　超 |

琳琅萃珍——唐宋元明清典籍特展

| | |
|---|---|
| 责任编辑 | 李宏书　赵小波　赵文杰 |
| 出版发行 | 中国书店 |
| 地　　址 | 北京市西城区琉璃厂东街 115 号 |
| 邮　　编 | 100050 |
| 印　　刷 | 浙江海虹彩色印务有限公司 |
| 版　　次 | 2024 年 12 月第 1 版 |
| 印　　次 | 2024 年 12 月第 1 次印刷 |
| 开　　本 | 787 mm×1092 mm　1/8 |
| 印　　张 | 58 |
| 书　　号 | ISBN 978-7-5149-3682-7 |
| 定　　价 | 1980.00 元 |